Springer-Lehrbuch

D1665816

Christian Armbrüster

Examinatorium Privatversicherungsrecht

Über 850 Prüfungsfragen
und 5 Klausurfälle

2. Auflage

 Springer

Christian Armbrüster
Fachbereich Rechtswissenschaft
Freie Universität Berlin
Berlin, Deutschland

ISSN 0937-7433   ISSN 2512-5214 (electronic)
Springer-Lehrbuch
ISBN 978-3-662-58653-2   ISBN 978-3-662-58654-9 (eBook)
https://doi.org/10.1007/978-3-662-58654-9

Die Deutsche Nationalbibliothek verzeichnet diese Publikation in der Deutschen Nationalbibliografie; detaillierte bibliografische Daten sind im Internet über http://dnb.d-nb.de abrufbar.

Springer

Springer ist ein Imprint der eingetragenen Gesellschaft Springer-Verlag GmbH, DE und ist ein Teil von Springer Nature.
Die Anschrift der Gesellschaft ist: Heidelberger Platz 3, 14197 Berlin, Germany

Vorwort

Muss der Versicherer den Versicherungsnehmer auch nach Vertragsschluss beraten? Ist die Arglistanfechtung möglich, wenn der Versicherungsnehmer einen Umstand arglistig verschwiegen hat, nach dem er nicht in Textform gefragt wurde? Geht ein Schadensersatzanspruch gegen den schädigenden Dritten auch dann nach § 86 VVG auf den Versicherer über, wenn letzterer gar nicht zur Leistung verpflichtet war?

Dies sind nur drei von vielen Fragen, die sich einem lernenden ebenso wie dem schon praktizierenden Versicherungsrechtler stellen können. Dabei geht es einerseits um den unabdingbaren Grundstock an Wissen über das positive Recht. Wie stets in der Juristerei gibt es andererseits auf viele Fragen mehr als eine einzige vertretbare und damit „richtige" Antwort. Umso wichtiger ist es, die maßgeblichen Argumente zu kennen, um auf deren Grundlage eine eigenständige Ansicht entwickeln zu können.

Dieses Examinatorium soll es ermöglichen, sowohl das unabdingbare Grundwissen als auch die Argumentation zu Streitfragen eigenständig zu wiederholen und zu vertiefen. Das Werk richtet sich an die Studierenden der Schwerpunktausbildung im Privatversicherungsrecht an Universitäten, aber auch an Fachhochschulen und Versicherungsakademien. Zugleich soll das Buch es dem im Berufsleben stehenden Praktiker ermöglichen, sein Expertenwissen zu überprüfen und auszubauen. Thematisch steht der Allgemeine Teil des VVG im Mittelpunkt; hinzu kommen spartenspezifische Schwerpunkte insbesondere zur Wohngebäude-, Haftpflicht-, Rechtsschutz-, Lebens-, Berufsunfähigkeits- und Krankenversicherung. Weitere Abschnitte betreffen das Versicherungsaufsichts- und -unternehmensrecht, das Europäische Versicherungsvertragsrecht und das Kollisionsrecht.

An die über 850 Prüfungsfragen schließen sich fünf Übungsfälle auf dem Niveau der universitären Abschlussprüfung im Schwerpunktstudium sowie ein Prüfungsschema für versicherungsvertragliche Ansprüche an. Schrifttums- und Rechtsprechungshinweise wurden bewusst knapp gehalten, da es sich nicht um ein Lehrbuch handelt – ein solches habe ich unter dem Titel „Privatversicherungsrecht" (2. Aufl. 2019; im Folgenden zitiert als: PVR) im Verlag *Mohr Siebeck* veröffentlicht –, sondern um ein Instrument zur Wissenskontrolle. Eine Literaturliste findet sich im Anhang.

Überzeugend ist eine juristische Argumentation immer dann, wenn sie das Ergebnis einer eigenständigen Auseinandersetzung mit der Rechtsfrage darstellt.

Daher bietet das Examinatorium bei umstrittenen Themen einen Überblick zum Streitstand und zu den wesentlichen Argumenten, hält sich aber mit eigenen Ansichten eher zurück. Wer sich auf dieser Grundlage unbefangen eine eigene Meinung bildet, dem wird auch eine schlüssige und zugleich auf die Besonderheiten des jeweiligen Falles eingehende Problemlösung gelingen.

Bei der Erstellung der Neuauflage haben vom Lehrstuhlteam namentlich *Felix Greis, Maximilian Kosich, Dan Schilbach* und *Vincent Wächter* wertvolle Unterstützung geleistet. Nützliche Hinweise wurden zudem von Studierenden des Schwerpunktstudiums Privatversicherungsrecht an der Freien Universität Berlin beigesteuert. Ihnen allen sei an dieser Stelle gedankt.

Ein Werk wie das vorliegende lebt in ganz besonderer Weise davon, dass es den Bedürfnissen seiner Adressaten bestmöglich gerecht wird. Der Autor freut sich daher auf Anregungen (c.armbruester@fu-berlin.de).

Berlin, im November 2018   Christian Armbrüster

Inhaltsverzeichnis

Allgemeiner Teil des VVG

A. Grundlagen

▶ Was ist ein (Privat-)Versicherungsverhältnis? 1

Nach der herkömmlichen Definition der Rechtsprechung liegt ein Versicherungsgeschäft im aufsichtsrechtlichen Sinne vor, wenn gegen Entgelt für den Fall eines ungewissen Ereignisses bestimmte Leistungen versprochen werden. Dabei wird das übernommene Risiko auf eine Vielzahl von durch die gleiche Gefahr bedrohten Personen verteilt, und der Risikoübernahme liegt eine auf dem Gesetz der großen Zahl beruhende Kalkulation zugrunde (s. BGH VersR 1964, 497, 498; vgl. PVR Rn. 683 ff.). Wie schon vor der VVG-Reform 2008 hat der Gesetzgeber darauf verzichtet, eine – ohnehin schwierige – Definition für das Versicherungsverhältnis zu kodifizieren. Als Grund hierfür wird angeführt, dass bei einer Legaldefinition die Gefahr bestünde, zukünftige noch nicht absehbare Entwicklungen auf dem Markt der Versicherungsprodukte ungewollt vom Geltungsbereich des VVG auszuschließen (vgl. Regierungsbegründung zum VVG, BT-Drs. 16/3945 [im Folgenden: Reg-Begr.], S. 141). Das Gesetz beschreibt in § 1 VVG lediglich die wechselseitigen Hauptleistungen. Hierbei handelt es sich jedoch weder um eine Legaldefinition noch um eine Anspruchsgrundlage, sondern im Wesentlichen um eine Klarstellung, für welche vertraglichen Schuldverhältnisse das VVG zur Anwendung gelangt. Von praktischer Bedeutung ist eine Definition des Versicherungsvertrages – durch den ein privates Versicherungsverhältnis begründet wird – meist ohnehin nur für die Abgrenzung der Versicherung zu anderen Vertragstypen im Aufsichtsrecht.

Abzugrenzen ist das privatrechtliche von dem sozialrechtlichen Versicherungsverhältnis. Bei letzterem wird Versicherungsschutz kraft Gesetzes gewährt; zudem gilt das Prinzip des sozialen Ausgleichs (s. PVR Rn. 247 ff.).

© Springer-Verlag GmbH Deutschland, ein Teil von Springer Nature 2019
C. Armbrüster, *Examinatorium Privatversicherungsrecht*, Springer-Lehrbuch,
https://doi.org/10.1007/978-3-662-58654-9_1

2 ▶ Wer sind bei einem Versicherungsvertrag die Vertragspartner?

Parteien sind auf der einen Seite der Versicherer (aufsichtsrechtlich: das Versicherungsunternehmen), auf der anderen Seite der Versicherungsnehmer. Dabei ist auf beiden Seiten Stellvertretung zulässig; auf Seiten des Versicherers bildet sie auch den Regelfall (s. PVR Rn. 71 ff.).

3 ▶ Wer ist Versicherter?

Versicherter ist, wer Träger des durch den Vertrag versicherten Interesses ist. In der Praxis sind Versicherter und Versicherungsnehmer meist personenidentisch (sog. Eigenversicherung, d. h. Versicherung eigener Interessen des Vertragsschließenden), weshalb in diesen Fällen nur vom Versicherungsnehmer gesprochen wird. Eigenständige Bedeutung erlangt der Versicherte hingegen in der Fremdversicherung (s. Frage 4). Freilich ist die Terminologie nicht immer einheitlich. Dies gilt auch für das Gesetz. So darf das VVG dort, wo es vom „Versicherungsnehmer" spricht und dabei von der Versicherung eigener Interessen als Regelfall ausgeht, nicht immer wörtlich genommen werden. Sofern es nämlich nicht auf die Stellung des Versicherungsnehmers als Vertragspartner ankommt, sondern auf die Eigenschaft als Träger des versicherten Interesses, muss man in der Fremdversicherung auf den Versicherten statt auf den Versicherungsnehmer abstellen (s. PVR Rn. 81).

4 ▶ Wann sind Versicherter und Versicherungsnehmer verschiedene Personen?

In manchen Fällen ist der Versicherungsvertrag als echter Vertrag zugunsten Dritter (§ 328 BGB) ausgestaltet. Man spricht dann von einer *Versicherung für fremde Rechnung* oder von einer *Fremdversicherung*; sie ist in §§ 43 ff. VVG geregelt. Versicherter ist hier die Person, die Versicherungsschutz genießt. Sie hat einen eigenen Anspruch gegen den Versicherer (§ 44 Abs. 1 S. 1 VVG). Versicherungsnehmer ist der Vertragspartner des Versicherers. Allerdings ist die Terminologie des VVG insoweit uneinheitlich. So wird in der Lebensversicherung (§§ 150 ff. VVG) der Drittbegünstigte als Bezugsberechtigter bezeichnet (s. PVR Rn. 80).

5 ▶ Welche Hauptpflichten treffen die Vertragspartner?

Der Versicherungsnehmer hat die Pflicht zur Prämienzahlung. Die Pflicht des Versicherers ist streitig (s. auch Fragen 227 ff.):

Nach der Gefahrtragungslehre besteht die Leistung in der Tragung der versicherten Gefahr während der Vertragslaufzeit (s. OLG Nürnberg VersR 2000, 437, 440).

Die Geldleistungstheorie (heute wohl h. M.) sieht die Leistung in der Erbringung einer Geldleistung nach Eintritt des Versicherungsfalls (s. P/M/*Armbrüster* § 1 Rn. 121 ff.). Dabei soll die organisatorische Tätigkeit des Versicherers lediglich zur Vorbereitung der eigentlichen Leistung, nämlich regelmäßig einer Geldleistung, dienen. Der Versicherer verspricht dem Versicherungsnehmer eine durch den Eintritt des Versicherungsfalls bedingte Hauptleistung.

Eine weitere Ansicht begreift den Versicherungsvertrag als Geschäftsbesorgungsvertrag, bei dem der Versicherer als Treuhänder fungiert (s. *Schünemann* JZ 1995, 430, 432). Demnach ist die Prämie nur insoweit eine Gegenleistung des Versicherungsnehmers, wie damit Dienstleistungen des Versicherers vergütet werden, insbesondere die Organisation der Risikogemeinschaft.

Ob sich der VVG-Reformgesetzgeber einer der Ansichten angeschlossen hat, ist umstritten (s. PVR Rn. 1235 ff.). Die praktische Bedeutung des Theorienstreits ist allerdings überschaubar. Virulent geworden ist die Frage nach der Leistung des Versicherers aber in jüngerer Zeit im Zusammenhang mit den Rechtsfolgen der Unionsrechtswidrigkeit von § 5a Abs. 2 S. 4 VVG a. F. Hier kann sich für die bereicherungsrechtliche Rückabwicklung von Versicherungsverträgen, denen der Versicherungsnehmer nach längerer Laufzeit widersprochen hat, die Frage stellen, ob der Versicherer als Gegenleistung für die vom Versicherungsnehmer gezahlte Prämie eine Gefahr getragen hat (s. PVR Rn. 1239). Dabei geht es in der Praxis in aller Regel um Lebensversicherungsverträge, die nach der alten Rechtslage in der Zeit von Ende 1994 bis Ende 2007 auf Grundlage des Policenmodells (s. Frage 138) geschlossen worden sind. Für viele dieser sog. Altverträge ist dies angesichts ihrer langen regulären Laufzeit weiterhin bedeutsam.

▶ Was versteht man unter einer Versicherungssparte?   6

Eine Versicherungssparte (gleichbedeutend: Versicherungszweig) fasst verwandte Versicherungsarten zusammen. Einige Versicherungszweige sind im VVG explizit geregelt, beispielsweise die Haftpflichtversicherung (§§ 100–124 VVG), die Rechtsschutzversicherung (§§ 125–129 VVG) oder die Lebensversicherung (§§ 150–171 VVG). Zu den im VVG nicht geregelten Versicherungssparten zählen etwa die Kreditausfallversicherung, die Vertrauensschadenversicherung, die D&O-Versicherung oder die Cyberversicherung (s. PVR Rn. 102 ff.).

▶ Eine Summenversicherung ist stets Personenversicherung, nicht aber   7
   umgekehrt. Wie lässt sich dieser Satz erklären?

Personenversicherungen sind Versicherungen, die sich auf eine Person beziehen. Sie sind zwar meist Summenversicherungen, aber nicht zwingend.

Bei einer Summenversicherung leistet der Versicherer nach Eintritt des Versicherungsfalls einen bestimmten vereinbarten Betrag, und zwar völlig unabhängig von einem konkret eingetretenen Vermögensschaden (abstrakte Bedarfsdeckung). Den Gegensatz dazu bildet die Schadensversicherung, bei welcher der Versicherer einen tatsächlich entstandenen Vermögensschaden zu ersetzen hat (konkrete Bedarfsdeckung).

Bei Summenversicherungen handelt es sich daher regelmäßig um Personenversicherungen (einzige, durch das aufsichtsrechtliche Spartentrennungsgebot bedingte Ausnahme: Unfallversicherung). Eine Personenversicherung kann aber auch als Schadensversicherung ausgestaltet sein (vgl. § 192 Abs. 1 VVG für die Krankheitskostenversicherung). Wichtige Beispiele für eine Personenversicherung, die zugleich Summenversicherung ist, sind die Kapital- und die Risikolebensversicherung sowie die Berufsunfähigkeitsversicherung (s. PVR Rn. 465 ff., 479).

8 ▶ Wann liegt in der Schadensversicherung eine Über-, wann eine Unterversicherung vor?

Bei einer Überversicherung (§ 74 VVG) ist die Versicherungssumme (d. h. der Betrag, bis zu dem der Versicherer haftet) höher als der Versicherungswert (d. h. der Geldwert des versicherten Interesses). Das Gesetz unterscheidet insoweit in § 74 VVG zwischen einer Überversicherung ohne betrügerische Absicht (Abs. 1) und einer solchen in betrügerischer Absicht (Abs. 2). Wird eine unter dem Versicherungswert liegende Versicherungssumme vereinbart, so handelt es sich um eine Unterversicherung i. S. von § 75 VVG (s. PVR Rn. 1460 ff.).

9 ▶ Welche Folgen haben Über- und Unterversicherung, wenn ein Versicherungsfall eingetreten ist?

Bei einer Überversicherung zahlt der Versicherungsnehmer eine höhere Prämie, bekommt aber nach Eintritt des Versicherungsfalls nur den tatsächlichen Schaden ersetzt. Hat der Versicherungsnehmer eine Überversicherung in betrügerischer Absicht geschlossen, so ist der Vertrag nach § 74 Abs. 2 VVG sogar nichtig. Den Versicherer trifft keine Leistungspflicht; er hat aber einen Anspruch auf die Prämie bis zu dem Zeitpunkt, zu dem er von den die Nichtigkeit begründenden Umständen Kenntnis erlangt.

Liegt eine erhebliche Unterversicherung vor, so muss der Versicherer nach Eintritt des Versicherungsfalls nur nach dem Verhältnis der Versicherungssumme zu dem höheren Versicherungswert leisten (sog. Proportionalitätsregel; § 75 VVG; s. Frage 363). Da der Versicherungsnehmer eine zu geringe Prämie gezahlt hat, erhält er auch nicht die volle Entschädigung. Dies gilt aber nur dann, wenn die Versicherungssumme *erheblich* niedriger ist als der Versicherungswert bei Eintritt des Versicherungsfalls. Wann eine Unterversicherung „erheblich" ist, richtet sich nach den Umständen des Einzelfalls. Dabei lässt sich für die Schwelle ebenso wie bei der Taxe ein Richtwert von 10 % ansetzen (s. *Wandt* Rn. 787). § 75 VVG kann auch zum Nachteil des Versicherungsnehmers abbedungen werden (vgl. § 87 VVG). Resultiert die Unterversicherung aus einer unzureichenden Beratung durch den Versicherer, so kann der Versicherungsnehmer der Kürzung wegen Unterversicherung im Einzelfall einen Schadensersatzanspruch nach § 6 Abs. 5 VVG entgegenhalten (s. BGH VersR 2011, 622 Rn. 10; vgl. PVR Rn. 1461 ff.).

10 ▶ Was ist die BaFin?

Die BaFin ist die Bundesanstalt für Finanzdienstleistungsaufsicht mit Sitz in Bonn und Frankfurt am Main. Sie ist eine bundesunmittelbare, rechtsfähige Anstalt des öffentlichen Rechts. Sie unterliegt der Rechts- und Fachaufsicht des Bundesministeriums der Finanzen. Seit ihrer Schaffung zum 01.05.2002 ist sie die gemeinsame Bundesaufsichtsbehörde für das Kreditwesen, das Versicherungswesen und den Wertpapierhandel (sog. Allfinanzaufsicht). Die für den Versicherungssektor zuständigen Abteilungen sind am Dienstsitz Bonn angesiedelt. Auf europäischer Ebene ist im Jahr 2003 die European Insurance and Occupational Pensions Authority (EIOPA) als Aufsichtsbehörde hinzugetreten (s. PVR Rn. 149 f.; Frage 781; näher zum Aufsichtsrecht s. Kap. „Versicherungsaufsichtsrecht").

▶   Welches sind die wichtigsten Aufgaben der BaFin im Versicherungssektor?   **11**

Die versicherungsrechtlichen Aufgaben der BaFin ergeben sich aus § 294 VAG. Aufgabe der BaFin ist es insoweit im Wesentlichen, die Funktionsfähigkeit, Stabilität und Integrität des deutschen Versicherungswesens zu sichern, indem sie etwa Zugangserlaubnisse erteilt oder mit Hilfe der ihr durch Gesetz verliehenen Eingriffsbefugnisse gegen Versicherungsunternehmen vorgeht. Allgemein kommt ihr die Aufgabe der Rechts- und Missstandsaufsicht zu. Sie hat dabei auf die Belange der Versicherten zu achten (§ 294 Abs. 2 S. 2 VAG). Allerdings wird sie bei der Erfüllung ihrer Aufgaben gem. § 294 Abs. 8 VAG ausschließlich im öffentlichen Interesse tätig (s. PVR Rn. 142 ff.; Frage 773). Dies ist insofern von Bedeutung, als gegen die BaFin gerichtete Amtshaftungsansprüche nach Art. 34 GG i. V. m. § 839 BGB mangels Drittbezogenheit der Amtspflicht ausgeschlossen sind. Die Vorläuferbehörde der BaFin, das BAV (Bundesaufsichtsamt für das Versicherungswesen), war bis 1994 umfassend für die Vorabgenehmigung von AVB zuständig. Im Zuge von Deregulierungsmaßnahmen, die durch europäisches Richtlinienrecht ausgelöst worden waren, wurde diese Vorabkontrolle aber weitgehend abgeschafft.

Versicherungsnehmer haben die Möglichkeit, sich bei der BaFin über einen Versicherer zu beschweren. Bei jenem Beschwerderecht handelt es sich um eine Ausprägung des in Art. 17 GG garantierten Petitionsrechts. Dieses Verfahren gehört ebenfalls zur Missstandsaufsicht.

▶   Was ist der Versicherungsombudsmann e. V.?   **12**

Der Versicherungsombudsmann e. V. ist ein nichtwirtschaftlicher Verein zur Förderung der außergerichtlichen Streitbeilegung zwischen Versicherern und Versicherungsnehmern. Mitglieder sind der Gesamtverband der Deutschen Versicherungswirtschaft e. V. (GDV) und seine Mitgliedsunternehmen. Neben dem GDV sind dem Verein mittlerweile 295 Versicherungsunternehmen (Stand: Oktober 2018) und damit nahezu alle auf dem deutschen Markt tätigen Versicherer beigetreten.

▶   Welche Aufgaben nimmt er wahr?   **13**

Der Versicherungsombudsmann e. V. hat die satzungsgemäße Aufgabe, zur außergerichtlichen Streitschlichtung zwischen Versicherungsnehmern und Versicherern beizutragen. Der Ombudsmann ist ein unabhängiges Organ; er unterliegt bei seiner Tätigkeit keinen Weisungen. Derzeitiger Ombudsmann ist Prof. *Dr. Günter Hirsch*, vormals Richter am EuGH sowie Präsident des BGH. Designierter Nachfolger ab dem 01.04.2019 ist *Dr. h.c. Wilhelm Schluckebier*, vormals Richter am BGH und Richter des Bundesverfassungsgerichts.

Die Streitschlichtung vor dem Versicherungsombudsmann ist für den beschwerdeführenden Versicherungsnehmer kostenlos. Das Verfahren ist für den Versicherungsnehmer zudem auch deshalb interessant, weil es verglichen mit einem gerichtlichen Verfahren zügig abläuft (durchschnittliche Verfahrensdauer zulässiger Beschwerden in den Jahren 2016 und 2017: 2,8 Monate). Entscheidungen des Ombudsmanns sind bis zu einem Streitwert von 10.000 € für den Versicherer verbindlich, nicht dagegen für den Versicherungsnehmer. Ihm bleibt auch dann der Rechtsweg zu den Zivilgerichten offen, wenn er beim Ombudsmann unterliegt (Erfolgsquote im Jahr 2017: 23,6 % in der Lebensversicherung, 43,0 % in den übrigen Sparten). Übersteigt der Streitwert einen Betrag von 10.000 €, so gibt der Ombudsmann bis zu einem Streitwert von 100.000 € – bei diesem Betrag endet seine Kompetenz – eine unverbindliche Empfehlung ab, der sich die Versicherer erfahrungsgemäß aber in aller Regel anschließen (Näheres unter www.versicherungsombudsmann.de). Die privaten Krankenversicherer haben einen eigenen Ombudsmann, der im Gegensatz zum Versicherungsombudsmann aber keine Kompetenz zur verbindlichen Streitentscheidung hat, sondern lediglich sog. Förmliche Empfehlungen ausspricht (s. PVR Rn. 162 ff.).

14 ▶ Was ist ein Versicherungsverein auf Gegenseitigkeit (VVaG) und was unterscheidet ihn von anderen Versicherungsunternehmen?

Der VVaG ist eine Rechtsform, die ausschließlich für den Betrieb von Versicherungsgeschäften entwickelt wurde. Es handelt sich um einen wirtschaftlichen Verein i. S. von § 22 BGB, folglich um eine juristische Person des Privatrechts. Der VVaG unterscheidet sich von anderen Versicherungsunternehmen insbesondere dadurch, dass der Verein von den versicherten Mitgliedern getragen wird. Er beruht daher ebenso wie die Genossenschaft auf dem Grundgedanken der Selbsthilfe: Personen, die ein bestimmtes wirtschaftliches Interesse verfolgen – hier: die Absicherung von gleichartigen Risiken –, schließen sich zusammen, um dieses Ziel gemeinsam möglichst effizient durch Leistung eigener Beiträge (Eigenkapital) zu erreichen. Die Kunden des Versicherers, d. h. die Versicherungsnehmer, sind also gleichzeitig seine Mitglieder. Auf den VVaG finden nicht die Vorschriften zum Vereinsrecht, sondern speziell auf die Versicherungsbranche zugeschnittene Regelungen Anwendung, die sich – systematisch verfehlt (s. Frage 796) – in §§ 171 – 210 VAG und damit im Versicherungsaufsichtsrecht wiederfinden (s. PVR Rn. 46 ff.).

15 ▶ Welche ökonomischen Funktionen übernimmt eine Versicherung für den Einzelnen sowie volkswirtschaftlich betrachtet?

Bei einer Versicherung werden Risiken auf einen Rechtsträger transferiert, der aufgrund der aufsichtsrechtlichen Vorgaben regelmäßig über eine hinreichende Liquidität verfügt. Dadurch unterscheiden sich Versicherungsverträge von klassischen Austauschverträgen. Während bei jenen eine Existenzbedrohung allenfalls für den Vertragspartner entstehen kann, etwa durch Übersicherung oder hohe Haftungsrisiken, zielt der Versicherungsvertrag gerade darauf ab, den Versicherungsnehmer von bestimmten, auf vertragsexternen Umständen beruhenden Risiken zu entlasten. Dadurch kann die Versicherung besondere einzel- wie gesamtwirtschaftliche Funktionen übernehmen (s. zum Ganzen PVR Rn. 218 ff., 236 ff.).

Für den Einzelnen hat eine Versicherung vor allem eine Sicherungsfunktion, da mit ihr bestimmte Risiken (z. B. die wirtschaftlichen Auswirkungen des Todes eines Versorgers für Hinterbliebene) von ihm auf eine Versichertengemeinschaft abgewälzt werden. Infolge der damit erzielbaren finanziellen Sicherheit kann er diejenigen mehr oder minder konkreten Pläne, die er für die Verwendung seiner vorhandenen Vermögenswerte (Aktiva) oder für den Einsatz seiner Kreditfähigkeit hat, gegen bestimmte Risiken absichern (sog. *Plansicherungstheorie*). Insbesondere in der Lebensversicherung sind häufig mehrere Sicherungszwecke miteinander verbunden. So möchte der Versicherungsnehmer einer kombinierten Kapital- und Risikolebensversicherung zugleich eine Eigenvorsorge für sich selbst (Altersvorsorge im Erlebensfall, d. h. wenn er bei Fälligkeit der Versicherungsleistung lebt) und eine Fremdvorsorge für Hinterbliebene (im Todesfall) erreichen. Darüber hinaus erweitert die Versicherung die dem Versicherungsnehmer offen stehenden Handlungsspielräume. So ist die Ersetzung der Eigenkapitalvorsorge etwa bei der Versicherung von industriellen Haftpflichtrisiken wichtig, da sie dem Unternehmer Entscheidungen ermöglicht, die er ohne diese Absicherung wegen des finanziellen Risikos nicht treffen würde. Insofern kommt der Versicherung eine Innovationsfunktion zu. Schließlich kann Versicherungsschutz je nach den vereinbarten Konditionen auch eine verhaltenssteuernde Wirkung haben, die zur Verminderung von Risiken führt.

Grundlegende gesamtwirtschaftliche Bedeutung hat die *Existenzsicherungsfunktion* der Versicherung. Auch auf volkswirtschaftlicher Ebene wirkt sich etwa die soeben erwähnte, durch Versicherungsschutz ermöglichte höhere wirtschaftliche Wagnisbereitschaft positiv aus. Letzteres gilt auch für die verhaltenssteuernde Wirkung; man denke nur an die möglichen kostenentlastenden Auswirkungen von Nichtrauchertarifen für das Gesundheitssystem. Schließlich liegt das von Versicherern betriebene oder zumindest überwachte professionelle Schadensmanagement, welches den Versicherungsnehmern bereits vor Eintritt des Versicherungsfalls schadensvorbeugende Obliegenheiten auferlegt und danach zur Schadensbegrenzung beitragen soll, im gesamtwirtschaftlichen Interesse.

▶ Welche wichtigen Prinzipien bilden die Grundlage für die Prämienkalkulation der Versicherungsunternehmen?   16

Eine Vielzahl gleichartiger Risiken wird in einer sog. Gefahren- oder Risikogemeinschaft zusammengefasst. Durch Bildung einer solchen Gemeinschaft werden Einzelne vor der Verwirklichung bestimmter Risiken geschützt und damit Gefahren beherrschbar gemacht. Grundlage für die Kalkulationen der Versicherungsunternehmen ist das sog. Gesetz der großen Zahl. Aufgrund stochastischer (wahrscheinlichkeitsbezogener) Berechnungen lassen sich die für die Deckung der jeweiligen Risiken einer bestimmten Risikogemeinschaft künftig benötigten Beträge für längere Zeiträume mit einer gewissen Wahrscheinlichkeit prognostizieren.

Eine weitere grundlegende Maxime für die Prämienkalkulation ist das Äquivalenzprinzip. Es besagt, dass die Höhe der zu zahlende Prämie sich nach dem Umfang des kollektivierten Risikos zu richten hat. Dabei bemisst sich die Prämienhöhe nicht am individuellen Risiko des einzelnen Versicherungsnehmers, sondern davon mehr oder minder abstrahiert. Der Gegensatz zum Äquivalenzprinzip ist vor allem bei der gesetzlichen Krankenversicherung als einem Zweig der Sozialversicherung zu finden: Trotz unterschiedlicher Risiken (Alter, Vorerkrankungen) werden die Beiträge ausschließlich einkommensabhängig berechnet, und trotz demnach unterschiedlicher Beitragshöhen erhalten alle Versicherungsnehmer im Versicherungsfall (also: bei medizinischer Behandlung einer Krankheit) die gleichen Leistungen. Die Sozialversicherung ist daher durch eine soziale Ausgleichsfunktion, das sog. Solidarprinzip, geprägt, wonach der finanziell Leistungsfähigere für den finanziell Schwächeren mit aufzukommen hat (s. PVR Rn. 247 ff., 264 ff.).

B. Allgemeine Versicherungsbedingungen (AVB)

17 ▶   Wonach richtet sich grundsätzlich die Auslegung von AVB?

AVB sind so auszulegen, wie ein durchschnittlicher Versicherungsnehmer bei aufmerksamer Durchsicht, verständiger Würdigung und unter Berücksichtigung des erkennbaren Sinnzusammenhangs die jeweils gewählte (Wort-)Fassung verstehen muss (st. Rspr.; s. BGH VersR 2018, 339 Rn. 18). Insoweit kommt einem vom Versicherer verfolgten Regelungszweck nur dann Bedeutung für die Auslegung zu, wenn dieser Zweck in den verwendeten Formulierungen dem typischerweise angesprochenen Versicherungsnehmerkreis erkennbar war (s. BGH VersR 2012, 1149 Rn. 21; s. aber auch Frage 18). Dabei kommt es auf den gewöhnlichen Sprachgebrauch an. Es ist daher zu fragen, welche Bedeutung ein durchschnittlicher, verständiger, aber versicherungsrechtlich nicht vorgebildeter Versicherungsnehmer den vom Versicherer verwendeten Begriffen und Formulierungen beimisst.

18 ▶   Gibt es eine Ausnahme von diesem Grundsatz?

Ja, wenn es sich um *Rechtsbegriffe* handelt, die einen fest umrissenen Bedeutungsgehalt haben (letztere Voraussetzung ist im Schrifttum bestr.). Nach ständiger Rechtsprechung ist bei ihnen grundsätzlich deren *rechtstechnische Bedeutung* maßgeblich (s. BGH r + s 2013, 334 Rn. 12: „Effekten"; VersR 2011, 1179 Rn. 14: „Schäden"). Dies gilt nicht für Fachausdrücke aus anderen Lebensbereichen. Deren begrifflich-fachlicher Bedeutungsgehalt ist für die Auslegung von AVB unerheblich.

19 ▶   Was gilt, wenn nach erfolgter Auslegung Zweifel bleiben?

In diesem Fall greift zu Ungunsten des Versicherers die sog. Unklarheitenregel (§ 305c Abs. 2 BGB) ein. Danach ist die Klausel zum Nachteil des Verwenders auszulegen (s. umfassend *Pilz*, Missverständliche AGB, 2009, S. 127 ff.).

Es genügt jedoch nicht, dass Streit über die Auslegung herrscht. Vielmehr ist erforderlich, dass ein nicht behebbarer Zweifel bleibt und mindestens zwei Auslegungsmöglichkeiten rechtlich vertretbar sind (s. BGH VersR 1996, 622). Zwar vertretbare, aber völlig fernliegende Auslegungsoptionen bleiben dabei außer Betracht (s. BGH VersR 2014, 603 Rn. 25).

▶ Welche Auslegungsmethode für Gesetze findet auf AVB nach h. M. keine   **20**
   Anwendung?

Die historische Auslegung, da der Versicherungsnehmer die Entstehungsgeschichte der AVB üblicherweise nicht kennen kann und muss (st. Rspr.; s. BGH VersR 2000, 1090, 1091; L/R/*Rixecker* § 1 Rn. 38).

Nach einer Gegenmeinung soll die historische Auslegung jedoch dann statthaft sein, wenn sie zu einem für den Versicherungsnehmer günstigeren Ergebnis führt (s. OLG Nürnberg VersR 2002, 605 f.; VersRHdb/*Beckmann* § 10 Rn. 169; P/M/*Armbrüster* Einl. Rn. 284; PVR Rn. 546 ff., 553 ff.).

▶ Können auch handschriftliche Zusätze und Eintragungen durch den Ver-   **21**
   sicherungsvertreter AVB darstellen?

Ja, wenn sie aus dem Gedächtnis niedergeschrieben und für eine Vielzahl von Fällen verwendet werden (s. BGHZ 141, 108, 109 f. = VersR 1999, 741; MünchKommBGB/*Basedow* § 305 BGB Rn. 13; *Wandt* Rn. 213).

Dahinter steht die Überlegung, dass es keinen Unterschied machen kann, zu welchem Zeitpunkt die Vorformulierung zu Papier gebracht wird. Entscheidend ist allein die fehlende Einflussmöglichkeit des Vertragspartners. Deshalb ist die Beurteilung danach vorzunehmen, ob die handschriftlichen Zusätze vom Versicherer ernsthaft zur Disposition gestellt werden.

▶ Wie werden die AVB Vertragsbestandteil?   **22**

Grundsätzlich setzt die Einbeziehung von AVB einen entsprechenden Hinweis des Versicherers, die Möglichkeit der Kenntnisnahme des potenziellen Versicherungsnehmers von deren Inhalt sowie dessen Einverständnis voraus (§ 305 Abs. 2 BGB). Wenn der Vertragsinteressent die AVB bereits bei Antragstellung erhält (sog. Antragsmodell), können sie problemlos einbezogen werden. Schwierigkeiten ergeben sich, wenn dennoch die Voraussetzungen des § 305 Abs. 2 BGB einmal nicht erfüllt sein sollten, etwa dann, wenn die AVB dem Versicherungsnehmer erst mit der Zusendung des Versicherungsscheins zur Verfügung gestellt werden (sog. *Policenmodell*; s. dazu PVR Rn. 975 ff. und Frage 142). Zwar hindert dies nach zutreffender Auffassung nicht das Zustandekommen des Versicherungsvertrags mangels essentialia negotii (s. MünchKommVVG/*Reiff* AVB Rn. 26). Nichtsdestotrotz stellt sich mangels Einbeziehung die Frage, auf welcher vertraglichen Grundlage der Versicherer nunmehr zur Gewährung von Deckungsschutz verpflichtet ist. Dies wird in der Literatur unterschiedlich beurteilt.

Einige wollen im Falle gescheiterter Einbeziehung § 306 Abs. 2 BGB anwenden und mittels ergänzender Vertragsauslegung die marktüblichen Versicherungsbedingungen in den Vertrag einbeziehen. Zur Begründung wird insbesondere auf den Ausnahmecharakter des § 49 Abs. 2 S. 1 VVG verwiesen (s. P/M/*Rudy* § 7 Rn. 53; VersRHdb/*K. Johannsen* § 8 Rn. 20). Andere befürworten eine analoge Anwendung des § 49 Abs. 2 S. 1 VVG und stellen mithin auf die unternehmensüblichen AVB des konkreten Versicherers ab (s. Münch-KommVVG/*Armbrüster* § 7 Rn. 155; M/S/*Spuhl* Rn. 45). Hierfür lässt sich anführen, dass markteinheitliche „Standard"-AVB nach Abschaffung der aufsichtsbehördlichen Vorabkontrolle im Jahre 1994 nicht existieren. Vielmehr sind die Versicherungsunternehmen bei der Gestaltung ihrer Produkte, wie sie sich in den Vertragsbedingungen spiegelt, in gewissen, durch die (halb)zwingenden objektiv-rechtlichen Vorgaben bestimmten Grenzen frei. Dementsprechend orientieren sich keineswegs alle Versicherer durchgängig an den unverbindlichen AVB-Empfehlungen des GDV. Eine marktübliche Grundlage für Versicherungsverträge gleicher Art zu ermitteln, ist daher mit großen praktischen Schwierigkeiten verbunden und wird dem Interesse des Versicherungsnehmers an Klarheit über den Umfang und den Bestand seines Deckungsschutzes nicht gerecht. Ferner würde die Einbeziehung unternehmensfremder AVB dazu führen, dass Versicherungsnehmer mit unterschiedlicher Risikostruktur in ein und demselben Kollektiv versichert wären. Dies kann mit Blick auf die Funktionsweise der Privatversicherung nicht überzeugen.

23 ▶   Wie werden die AVB in einen Vertrag zur vorläufigen Deckung eines Risikos (s. Frage 169) einbezogen?

Bei einer vorläufigen Deckung, wie sie z. B. in der Kfz-Haftpflichtversicherung häufig vereinbart wird, müssen die Versicherungsbedingungen nach § 49 Abs. 2 S. 1 VVG nicht bereits bei Vertragsschluss vorliegen. Die AVB werden abweichend von § 305 Abs. 2 BGB auch dann Vertragsbestandteil, wenn der Versicherer nicht ausdrücklich auf sie hinweist. Es gelten dann diejenigen Bedingungen, die der Versicherer üblicherweise für Verträge über vorläufige Deckung verwendet. Gibt es keine Spezialbedingungen, so gelten die für den Hauptvertrag vorgesehenen AVB (s. L/P/*Kammerer-Galahn* § 49 Rn. 8). Im Zweifel gelten diejenigen Bedingungen, die für den Versicherungsnehmer am günstigsten sind (§ 49 Abs. 2 S. 2 VVG). Dabei soll es darauf ankommen, welche AVB-Fassung für den Versicherungsnehmer im konkreten Einzelfall die günstigere ist (s. RegBegr. S. 74).

24 ▶   Erläutern Sie, was mit folgender AVB-Klausel rechtlich bezweckt wird: „Für die Richtigkeit der Angaben bin ich (Versicherungsnehmer) allein verantwortlich, auch wenn ich den Antrag nicht selbst ausgefüllt habe. Der Vermittler darf keine verbindlichen Erklärungen abgeben."

Durch diesen Hinweis soll die Vollmacht des Versicherungsvertreters zur Entgegennahme mündlicher Angaben eingeschränkt werden.

▶　　Ist eine solche Regelung wirksam?　　　　　　　　　　　　　　　**25**

Nein. Nach § 69 Abs. 1 Nr. 1 VVG gilt der Versicherungsvertreter als bevollmächtigt, vorvertragliche Anzeigen und sonstige Erklärungen des Versicherungsnehmers entgegenzunehmen. Eine Beschränkung der Vertretungsmacht nach § 69 VVG in AVB ist gem. § 72 VVG unwirksam. Eines Rückgriffs auf die §§ 307 ff. BGB bedarf es insoweit – anders als nach der alten Rechtslage (s. BGHZ 116, 387, 390 f. = VersR 1992, 217) – nicht (vgl. P/M/*Dörner* § 72 Rn. 1).

▶　　Warum ist die Einordnung einer solchen Regelung als AVB zweifelhaft?　　**26**

De facto handelt es sich dabei um eine einseitige Erklärung, wobei umstritten ist, ob sie als Erklärung des Versicherers (so wohl im Erg. P/M/*Prölss*, 27. Aufl. 2004, Vorbem. I Rn. 54a) oder des Versicherungsnehmers anzusehen ist (s. VersRHdb/*Beckmann* § 10 Rn. 36).

　　Wegen des Schutzzwecks der §§ 305 ff. BGB wird aber eine Behandlung wie AVB überwiegend als sachgerecht angesehen (s. L/P/*Koch* § 72 Rn. 7 f.). Durch Einführung des § 72 VVG hat der Streit insoweit jedoch seine praktische Bedeutung verloren, da es auf die Einordnung als AVB für die Unwirksamkeit der Klausel nicht mehr ankommt (s. Fragen 75, 291).

▶　　Warum gilt eine strikte Anwendung des § 306 Abs. 2 BGB als proble-　　**27**
　　matisch?

Rechtsfolge des § 306 Abs. 2 BGB ist, dass die gesetzlichen Vorschriften Anwendung finden. Im Versicherungsrecht sind viele (insbesondere: neuartige) Versicherungszweige aber überhaupt nicht gesetzlich geregelt (s. Frage 6). Es existieren also gar keine gesetzlichen Vorschriften, auf die anstelle der nicht wirksam einbezogenen oder unwirksamen AVB-Klauseln zurückgegriffen werden könnte. Der BGH geht allerdings davon aus, dass auch die Regeln über die ergänzende Vertragsauslegung angesichts ihrer normativen Grundlagen in §§ 133, 157 BGB sowie in § 242 BGB zu den gesetzlichen Vorschriften i. S. von § 306 Abs. 2 BGB zählen. Damit stellt sich aber das Problem, dass der Inhalt einzelner Verträge auf der Auslegung durch die jeweils im Einzelfall zuständigen Gerichte beruhen würde (s. *Wandt* Rn. 239 ff.). Bei einer Vielzahl gleich lautender unwirksamer Klauseln käme es also aufgrund der unterschiedlichen Auslegungen der verschiedenen Gerichte zu voneinander abweichenden Vertragsinhalten, da sich die Rechtskraft der Urteile nur auf die Parteien des jeweiligen Rechtsstreits erstreckt (s. *Wandt* Rn. 243; vgl. auch PVR Rn. 629 ff.). Verschiedene Vertragsinhalte führen indes zu unterschiedlichen Risikoprofilen der im Kollektiv Versicherten, so dass Inäquivalenz zwischen kalkulierter Prämie und übernommenem Risiko droht (s. auch MünchKommVVG/*Bruns* § 307 BGB Rn. 53). In der Lebens-, Berufsunfähigkeits- und Krankenversicherung hat der Gesetzgeber freilich besondere gesetzliche Ersetzungsbefugnisse des Versicherers geschaffen, die § 306 Abs. 2 BGB und damit den Grundsätzen über die ergänzende Vertragsanpassung vorgehen (vgl. §§ 164, 176, 203 Abs. 4 VVG).

Für die Haftpflichtversicherung hat der BGH entschieden, dass sowohl eine materielle Inhalts- als auch eine Transparenzkontrolle der Definition des Versicherungsfalls ausscheiden, weil mangels gesetzlicher Definition in der Haftpflichtversicherung keine Regelung zum Versicherungsschutz als solchem und zur Einordnung des Versicherungsfalls existiere (BGH VersR 2014, 625 Rn. 33 ff.; krit. dazu *Koch*, VersR 2014, 1277 ff.). Der Versicherungsnehmer stünde im Fall der Unwirksamkeit der Klausel insoweit schlechter. Denn wo eine gesetzliche Auffangregelung fehlt, hat die Unwirksamkeit von essentialia negotii die Unwirksamkeit des gesamten Vertrags zur Folge. Der Versicherungsnehmer verlöre dann jeglichen Versicherungsschutz (s. dazu Frage 546).

28 ▶   Wann kann eine Klausel trotz eines üblichen Inhalts „überraschend"
i. S. von § 305c Abs. 1 BGB sein?

Die Klausel kann auch dann als überraschend einzuordnen sein, wenn sie an einer systematisch ungewöhnlichen Stelle steht, an welcher sie der Vertragspartner des Verwenders nicht erwarten würde (s. BGH NJW 2010, 3152 Rn. 27 (nicht versicherungsrechtlich); *Wandt* Rn. 225). Dies ist z. B. der Fall bei Ausschlussfristen, die ohne Überschrift und gesonderten Hinweis im Abschnitt „Schlussvorschriften" aufgeführt sind.

29 ▶   Welche Regelungen in AVB unterliegen der Inhaltskontrolle nach
§§ 307 ff. BGB?

Der Inhaltskontrolle unterliegen nur solche Regelungen, die nicht die Hauptleistungspflichten aus dem Versicherungsvertrag betreffen und von gesetzlichen Vorschriften abweichen (vgl. § 307 Abs. 3 S. 1 BGB). Im Versicherungsrecht ist eine Abgrenzung allerdings problematisch, da es sich bei Versicherungen um ein reines Rechtsprodukt handelt, das seine Gestalt in erster Linie überhaupt erst durch die AVB erhält.

Daher wird allgemein vertreten, dass lediglich die allgemeinste Umschreibung des versicherten Objekts und der versicherten Gefahr, „ohne die ein wirksamer Vertrag mangels Bestimmtheit nicht mehr anzunehmen wäre" (st. Rspr.; s. BGH VersR 1999, 710, 711), der Kontrolle entzogen sind (s. PVR Rn. 598). Was die zu zahlende Prämie angeht, so ist eine Bestimmung über deren Höhe nicht AGB-rechtlich kontrollfähig, wohl aber sind dies etwa Prämienanpassungsklauseln.

Nicht der Inhaltskontrolle unterliegt nach der Rechtsprechung des BGH die Definition des Versicherungsfalls in der Haftpflichtversicherung (BGH VersR 2014, 625; s. Frage 27)

30 ▶   Welcher AGB-rechtlichen Kontrolle unterliegen selbst die Hauptleistungspflichten eines Versicherungsvertrages?

Eine Transparenzkontrolle nach § 307 Abs. 1 S. 2 BGB findet auch bei solchen Klauseln statt, die nur die Hauptleistungspflichten der Parteien regeln. Dies ergibt sich schon aus der Regelung in § 307 Abs. 3 S. 2 BGB (anders aber BGH VersR 2014, 625 Rn. 35).

▶   Unterliegen deklaratorische Klauseln der AGB-Kontrolle?   **31**

Im Ausgangspunkt unterliegen AVB, welche einzig das Gesetz wortlautgetreu wiedergeben (sog. deklaratorische Klauseln im engeren Sinne) und solche, die das Gesetz mit eigenen Worten paraphrasieren (sog. deklaratorische Klauseln im weiteren Sinne) jedenfalls keiner *inhaltlichen* Überprüfung durch die Gerichte (s. Münch-KommVVG/*Bruns* § 307 BGB Rn. 5). Eine Kontrolle des Gesetzgebers durch die einfachen Gerichte würde gegen den in Art. 20 Abs. 3 GG verankerten Gewaltenteilungsgrundsatz verstoßen. Freilich bleibt mit Blick auf deklaratorische Klauseln im weiteren Sinne eine Transparenzkontrolle möglich (s. PVR Rn. 614 f.). Der hiergegen erhobene Einwand, gem. § 306 Abs. 2 BGB trete jedenfalls anstelle der intransparenten Gesetzesparaphrase einzig die ohnehin ex ante gewollte gesetzliche Regelung (s. P/M/*Prölss*, 28. Aufl. 2010, Vorbem. I Rn. 66), überzeugt nicht. Zwar werden im Individualprozess in der Tat materielle Auswirkungen einer derartigen Kontrolle regelmäßig nicht feststellbar sein. Indessen sollte ein Vorgehen gegen intransparente AVB im Verbandsklageverfahren auch insoweit möglich bleiben, wie es um die Klarheit und Verständlichkeit von das Gesetz paraphrasierenden Klauseln geht. Denn auch insofern besteht ein berechtigtes Interesse des Versicherungsnehmers daran, über die aus dem Vertrag folgenden Rechte und Pflichten in übersichtlicher und verständlicher Weise unterrichtet zu werden.

Ein praxisrelevantes Beispiel für eine im weiteren Sinne deklaratorische Klausel bietet die Schadenminderungsobliegenheit in der Rechtsschutzversicherung (vgl. Ziff. 4.1.1.4 ARB 2012).

▶   Wo ist geregelt, welchen Mindestinhalt AVB haben müssen?   **32**

Eine Regelung zum Mindestinhalt von AVB enthielt § 10 Abs. 1 VAG a. F. Demnach mussten in den AVB Angaben enthalten sein über:

• den Versicherungsfall und Risikoausschlüsse;
• die Leistungspflicht des Versicherers;
• die Prämie und den Prämienverzug;
• vertragliche Gestaltungsrechte beider Vertragspartner sowie Obliegenheiten und Anzeigepflichten;
• Ausschlussfristen;
• die inländischen Gerichtsstände sowie
• die Grundsätze der Überschussbeteiligung.

Der Standort dieser Norm im VAG war systematisch verfehlt. Sie ist durch das Gesetz zur Modernisierung der Finanzaufsicht über Versicherungen ersatzlos gestrichen worden (s. BGBl. 2015 I S. 434). Nunmehr macht § 1 VVG-InfoV umfassende Vorgaben für die Informationspflichten des Versicherers, in denen sich auch der in § 10 Abs. 1 VAG a. F. enthaltene Katalog inhaltlich wiederfindet. Gesetzliche Regeln für den Mindestinhalt der AVB stellt der Gesetzgeber hingegen nicht mehr auf.

33 ▶ **Was hat der BGH zu AVB über den Rückkaufswert in der Lebensversicherung in einem Grundsatzurteil im Jahr 2005 entschieden?**

Der BGH hatte bereits im Jahr 2001 Vertragsklauseln zum Rückkaufswert bei Kündigung des Versicherungsvertrages für unwirksam nach § 307 Abs. 1 S. 2 BGB erklärt, da sie intransparent seien und den Versicherungsnehmer unangemessen benachteiligen würden. Dieser könne nämlich beim Vertragsschluss nicht überschauen, welche finanziellen Nachteile eine alsbaldige Kündigung des Lebensversicherungsvertrages mit sich bringt (s. BGH VersR 2001, 841 ff.). Der Sache nach ging es um Klauseln, die dem Versicherungsnehmer die negativen Folgen der Abschlusskostenverrechnung mit den Erstprämien (sog. Zillmerung; s. dazu Fragen 35, 54 und 720 ff.) bei frühzeitiger Vertragsbeendigung durch den Versicherungsnehmer nicht hinreichend verdeutlichten. Im Jahr 2005 stellte der BGH sodann fest, dass eine wegen Intransparenz unwirksame Klausel nicht im Treuhänderverfahren durch eine inhaltsgleiche, transparente Klausel ersetzt werden könne, da sich der bei Vertragsschluss eingetretene Informationsnachteil des Versicherungsnehmers dadurch nicht mehr beseitigen lasse (s. BGHZ 164, 297, 315 f. = VersR 2005, 1565, 1570 und dazu Frage 721). Vielmehr müsse die aufgrund von Intransparenz unwirksame Klausel durch eine den Versicherungsnehmer im Ergebnis materiell besser stellende, transparente Klausel ersetzt werden. Dies folge aus der Erwägung, dass die mit der Intransparenz entsprechender Klauseln einhergehende Verschleierung wirtschaftlicher Nachteile nicht rückwirkend durch eine inhaltsgleiche, aber transparente Regelung beseitigt werden könne. Es erscheine durchaus denkbar, dass der Versicherungsnehmer im Falle genauer Kenntnis von den wirtschaftlichen Folgen des Zillmerverfahrens vom Vertragsschluss Abstand genommen hätte.

34 ▶ **Was lässt sich der Ansicht des BGH entgegenhalten?**

Die Unwirksamkeit einer Klausel nach § 307 Abs. 1 S. 2 BGB soll den Versicherungsnehmer nur vor Nachteilen wegen Intransparenz schützen. Er soll im Rahmen des Zumutbaren davor bewahrt werden, angesichts der Ungewissheit über den objektiv-rechtlichen Gehalt von AVB ihm zustehende Rechte nicht geltend machen zu können. Ferner soll er in die Lage versetzt werden, wirtschaftliche Belastungen, die mit dem Vertragsschluss oder der Geltendmachung von Rechten aus dem Vertrag einhergehen, bei seinem Entscheidungsfindungsprozess berücksichtigen zu können (s. BGH VersR 1997, 1517, 1519). Dem wird durch die Ersetzung der intransparenten durch eine transparente Regelung umfänglich Rechnung getragen. Auch ließen sich so die mit der „freihändigen" ergänzenden Vertragsauslegung einhergehenden Unsicherheiten vermeiden (s. PVR Rn. 611). Entsteht dem

Versicherungsnehmer durch die intransparenten Angaben in den AVB darüber hinaus ein Schaden, so kann er diesen ggf. nach §§ 280 Abs. 1 S. 1, 241 Abs. 2, 311 Abs. 2 BGB liquidieren.

▶   Weshalb erscheint die in den letzten Jahren ergangene Rechtsprechung   **35**
    des BGH zur materiellen Unangemessenheit der Zillmerung mit Blick auf
    die Judikate von 2001 und 2005 bedenklich?

Im Jahr 2012 hat der BGH (VersR 2012, 1149 ff.) die Klauseln zur Verrechnung der Abschlusskosten mit den ersten Prämien, die zwischenzeitlich in Reaktion auf die vorangegangene Judikatur zur Intransparenz transparent gestaltet worden waren, für inhaltlich unangemessen i. S. von § 307 Abs. 1 S. 1 BGB erachtet und für unwirksam erklärt. Dabei beruft der BGH sich auf eine Entscheidung des BVerfG aus dem Jahre 2006 (VersR 2006, 489 ff.). Demnach ist es mit der Eigentumsgarantie des Art. 14 GG unvereinbar, wenn der Versicherungsnehmer bei frühzeitiger Vertragsbeendigung aufgrund der Zillmerung lediglich Anspruch auf einen äußerst geringen Rückkaufswert hat. Die Entscheidung zeigt, dass eine ursprünglich allein wegen Intransparenz für unwirksam befundene Klausel wenig später durch den BGH auch wegen inhaltlicher Unangemessenheit verworfen werden kann. Insgesamt ist eine gewisse Tendenz des BGH erkennbar, vorrangig auf § 307 Abs. 1 S. 2 BGB zurückzugreifen, um eine meist aufwändigere Begründung mit Blick auf eine inhaltliche Unangemessenheit der Klausel zu vermeiden. Kommt es später zu einem weiteren Gerichtsverfahren, in dem dann auch die inhaltliche Unangemessenheit der Klausel höchstrichterlich bejaht wird, so gehen damit erhebliche Unsicherheiten für die Klauselgestaltung einher (s. zum Ganzen PVR Rn. 609 ff.).

▶   Was ist unter dem sog. Produktfreigabeverfahren zu verstehen?   **35a**

Das Produktfreigabeverfahren ist ein Bestandteil der aufsichtsrechtlich vorgeschriebenen Geschäftsorganisation vor allem der Versicherer, aber auch der sonstigen Vertreiber von Versicherungsprodukten (Vermittler, Makler). Dabei haben die Unternehmen Kriterien aufzustellen, anhand derer neue oder wesentlich veränderte Versicherungsprodukte so gestaltet werden, dass sie dem Bedarf der Versicherungsnehmer gerecht werden. Dafür ist insbesondere der Zielmarkt, also der Kreis der potenziellen Kunden des jeweiligen Produkts, festzulegen. Hintergrund ist, dass seit Abschaffung der Vorabkontrolle von AVB durch die Aufsichtsbehörde im Jahr 1994 die Versicherungsprodukte verschiedener Anbieter für ein und dasselbe Risiko sich teils deutlich unterscheiden. Im Zuge der IDD-Umsetzung hat der Gesetzgeber daher in §§ 23 Abs. 1a–1d VAG mit Wirkung seit 23.02.2018 die Implementierung des Produktfreigabeverfahrens vorgeschrieben. De facto hat der Gesetzgeber damit die Verantwortung für die Bedarfsgerechtigkeit der Versicherungsprodukte in gewissem Umfang von der Versicherungsaufsicht auf die Versicherer und sonstigen Vertreiber von Versicherungsleistungen verschoben (zu Einzelheiten s. *Reiff*, r+s 2016, 593, 599 f.).

C. Halbzwingende Vorschriften

36 ▶   Was versteht man unter halbzwingenden Vorschriften? Nennen Sie Bei-
            spiele aus dem VVG!

Halbzwingende Vorschriften sind Regelungen, die nicht zum Nachteil des Versicherungsnehmers abänderbar sind. Ihm vorteilhaftere Vereinbarungen sind hingegen
zulässig. Im VVG werden die halbzwingenden Vorschriften häufig in einer Norm
am Ende des jeweiligen Abschnitts zusammengefasst. Beispiele für solche Normen
sind die §§ 18, 32, 42, 67, 87, 112 VVG.

37 ▶   In welchem Verhältnis stehen die halbzwingenden Vorschriften des VVG
            zu den §§ 305 ff. BGB?

Der BGH (s. BGHZ 191, 159 = VersR 2011, 1550 Rn. 19) wendet die §§ 305 ff.
BGB neben den halbzwingenden Vorschriften des VVG an (so etwa auch L/R/*Rixecker* Vor § 1 Rn. 72: keinem Regime gebühre der Vorzug). Nach anderer Ansicht
sind letztere in ihrem Anwendungsbereich im Verhältnis zu den allgemeinen Bestimmungen über die Inhaltskontrolle von AGB als leges speciales anzusehen
(s. ausführlich PVR Rn. 586 ff.). Auf der Rechtsfolgenseite ist demnach freilich
§ 306 Abs. 2 BGB analog heranzuziehen (s. Frage 39), so dass die praktischen
Ergebnisse regelmäßig identisch sind.

38 ▶   Welche Rechtsfolgen sind an die halbzwingenden Vorschriften des VVG
            geknüpft?

Der Wortlaut der halbzwingenden Vorschriften des VVG hat sich durch die Reform
von 2008 in einem wesentlichen Punkt geändert: Vor der VVG-Reform hieß es in
den entsprechenden Regelungen, der Versicherer könne sich nicht auf solche Regelungen berufen, die gegen eine halbzwingende Vorschrift verstoßen; Rechtsfolge
war demnach nicht die Unwirksamkeit der Bestimmung, so dass § 139 BGB nicht
zur Anwendung kam und der Vertrag im Übrigen wirksam blieb (s. BGH VersR
1967, 771). Ob dies angesichts der sprachlichen Neufassung der halbzwingenden
Vorschriften im Zuge der VVG-Reform auch weiterhin gilt, ist umstritten. Teils
wird vertreten, dass Vereinbarungen, die zum Nachteil des Versicherungsnehmers
von halbzwingenden Vorschriften abweichen, nach § 134 BGB i. V. m. der jeweiligen Norm des VVG, die den halbzwingenden Charakter festlegt, nichtig sind
(s. *Bruns* § 4 Rn. 27; *Wandt* Rn. 185 f.). Hierfür lassen sich die sprachliche Neufassung der halbzwingenden Vorschriften und deren umfassender Schutzzweck anführen (s. PVR Rn. 585). Andere hingegen gestehen dem Versicherungsnehmer ein
Wahlrecht zwischen der gesetzlichen und der (eigentlich unwirksamen) vertraglichen
Regelung zu (s. P/M/*Prölss*, 28. Aufl. 2010, § 18 Rn. 8). Hierfür spreche, dass sich
im Rahmen der gebotenen abstrakt-generellen Beurteilung der Nachteiligkeit einer
Vertragsbestimmung Fälle ergeben können, in denen die Geltung der gegen halbzwingendes Recht verstoßenden Abrede für den Versicherungsnehmer im Einzelfall

vorteilhaft sein kann. Sofern hiergegen eingewandt wird, dass auch im Rahmen der AGB-Kontrolle nach §§ 307 ff. BGB kein Wahlrecht des Vertragspartners zwischen gesetzlicher und unangemessen benachteiligender vertraglicher Rechtslage besteht, wird übersehen, dass es der Verwender theoretisch in der Hand hätte, die unwirksame AVB durch eine Individualvereinbarung zu ersetzen, sollte er an ihrer grundsätzlichen Geltung für die Zukunft festhalten wollen. Der Versicherungsnehmer wird einer solchen Vereinbarung regelmäßig dann zustimmen, wenn sie ihm im konkreten Fall vorteilhaft ist.

Gleichwohl wird man im Ergebnis davon auszugehen haben, dass der Versicherungsnehmer vor den ihm nachteiligen Abweichungen durch eine Unwirksamkeit effektiver bewahrt wird. Zudem lässt sich das Verhältnis zu § 306 BGB auf diese Weise sachgerecht bestimmen (s. PVR Rn. 585). Weil der Versicherer sich nach § 242 BGB in der Regel nicht auf den Verstoß gegen eine dem Schutz des Versicherungsnehmers dienende Vorschrift berufen kann, besteht auch bei endgültiger Unwirksamkeit häufig ein Wahlrecht des Versicherungsnehmers (P/M/*Armbrüster*, § 18 Rn. 8).

▶   Welche Auswirkungen hat die Unwirksamkeit einer Klausel auf den übri-   **39**
       gen Vertrag?

Grundsätzlich hat die Unwirksamkeit eines Vertragsteils – mangels eines feststellbaren, entgegenstehenden Willens der Vertragsparteien (vgl. § 139 BGB) – die vollständige Unwirksamkeit auch des restlichen Vertrages zur Folge. Indessen soll der Versicherungsnehmer im Falle eines Verstoßes gegen halbzwingendes Recht nicht seinen Deckungsschutz verlieren. Auch kann es nicht überzeugen, ihn im Verhältnis zu den Rechtsfolgen einer Unwirksamkeit nach §§ 307 ff. BGB schlechter zu stellen. Aufgrund des Schutzzwecks der halbzwingenden Vorschriften, den Versicherungsnehmer vor einer Übervorteilung durch den Versicherer effektiv zu schützen, ist daher eine Analogie zu § 306 Abs. 2 BGB angezeigt (s. PVR Rn. 589).

▶   Nach welchem Maßstab wird beurteilt, ob durch eine Klausel von einer   **40**
       Vorschrift zum Nachteil des Versicherungsnehmers abgewichen wird?

Ob die Klausel für den Versicherungsnehmer bei einer typisierenden Betrachtungsweise (abstrakt) oder aber im Einzelfall (konkret) nachteilig sein muss, ist umstritten. Nach einer Ansicht soll die Nachteiligkeit einer AVB für den Versicherungsnehmer stets nach den Umständen des konkreten Falles zu bestimmen sein (s. MünchKommVVG/*Fausten* § 18 Rn. 23 f.). Hierfür spricht insbesondere § 310 Abs. 3 Nr. 3 BGB, der für die AGB-Kontrolle von Verbraucherverträgen die Berücksichtigung der den Vertragsschluss begleitenden (Einzelfall-)Umstände vorschreibt. Gleiches soll auch mit Blick auf die halbzwingenden Vorschriften des VVG gelten. Die Gegenansicht stellt hingegen auf eine typisierende Betrachtungsweise ab (s. OLG Koblenz VersR 2008, 383, 384; *Klimke*, Die halbzwingende Vorschriften des VVG, S. 74 ff.; PVR Rn. 584). Hierfür lässt sich das Geschäftsmodell der Versicherung anführen, für das es mit Blick auf die Bündelung von Risiken allein auf die Wirksamkeit einer AVB im Kontext der Versichertengemeinschaft ankommt, also auf den „typischen Fall". Dementsprechend ist auch bei der Auslegung von AVB ebenfalls grundsätzlich eine abstrakt-generelle Betrachtung der jeweiligen Klausel maßgeblich (durchschnittlicher Versicherungsnehmer; s. Frage 17). Hinzu kommt, dass sich eine Einzelfallbetrachtung durchaus auch zu Lasten des Versicherungsnehmers auswirken könnte. Wenn daher die zuerst genannte Ansicht mit der verbraucherschützenden Zweckrichtung der halbzwingenden Vorschriften begründet wird, kann dies nicht überzeugen.

41 ▶   Wie sind Klauseln zu behandeln, die für den Versicherungsnehmer sowohl Vor- als auch Nachteile beinhalten?

Es ist eine Saldierung vorzunehmen. Überwiegen die Nachteile, so darf sich der Versicherer nicht auf die Vereinbarung berufen (s. P/M/*Armbrüster* § 18 Rn. 4f.; § 42 Rn. 1; *Klimke*, Die halbzwingenden Vorschriften des VVG, S. 56). Umstritten ist dabei freilich, inwieweit bei der Beurteilung der Nachteiligkeit einer Vertragsklausel Vorteile zu berücksichtigen sind, die der Versicherer als Kompensation gewährt. Nach der sog. engen Kompensationstheorie sind nur solche vertraglichen Vorteile zu berücksichtigen, die im konkreten Fall mit den nachteiligen Wirkungen der in Rede stehenden Vertragsabrede zusammentreffen (s. RGZ 162, 238, 242). Nach der sog. weiten Kompensationstheorie sind hingegen auch solche Vorteile zu berücksichtigen, die der Versicherer für möglicherweise entstehende Belastungen gewährt, und zwar unabhängig davon, ob diese Vorteile dem Versicherungsnehmer im konkreten Fall auch zugute kommen (s. PVR Rn. 591). Hierfür spricht, dass der Versicherungsnehmer auch unabhängig von den strengen Anforderungen der engen Kompensationstheorie ein Interesse an etwaigen sonstigen Vorteilen haben kann. Eine Gesamtsaldierung innerhalb des Regelungskonzepts der AVB ist hingegen unzulässig (s. BK/*Riedler* § 42 Rn. 2).

42 ▶   Gelten die halbzwingenden Vorschriften des VVG auch für die Versicherung von Großrisiken?

Nein. Gem. § 210 VVG finden die Beschränkungen der Vertragsfreiheit nach dem VVG für die Versicherung von Großrisiken keine Anwendung. Der Begriff des Großrisikos wird in § 210 Abs. 2 VVG definiert.

43 ▶   Warum würde folgende Klausel eines Krankenversicherungsvertrages keine Wirkung entfalten: „Der Versicherungsschutz erstreckt sich nicht auf erkannte oder unerkannte Erkrankungen innerhalb der letzten zwölf Monate vor Beginn des Versicherungsschutzes"?

Die Klausel weicht zum Nachteil des Versicherungsnehmers von den §§ 19 ff. VVG ab. Nach diesen Vorschriften verliert der Versicherungsnehmer den Versicherungsschutz nur, wenn er ihm bekannte gefahrerhöhende Umstände verschweigt. Die Klausel schließt hingegen auch solche Umstände aus, von denen der Versicherungsnehmer keine Kenntnis hatte. Da die §§ 19 ff. VVG nach § 32 S. 1 VVG zu den halbzwingenden Vorschriften des Gesetzes gehören, ist die Klausel unwirksam.

D. Vermittlerrecht

▶ Was versteht man unter einem Versicherungsvermittler und unter einem   44
Versicherungsvertreiber?

Versicherungsvermittler sind Versicherungsvertreter und Versicherungsmakler (s. die Legaldefinition in § 59 Abs. 1 S. 1 VVG).

Der durch die IDD eingeführte Begriff „Versicherungsvertreiber" umfasst neben den Versicherungsvermittlern auch Versicherungsunternehmen, die ihre Produkte selbst vertreiben (Art. 2 Abs. 1 Nr. 8 IDD, § 1a Abs. 1 VVG).

▶ Von welcher Personengruppe sind die Versicherungsvermittler abzu-   45
grenzen?

Nicht zu den Versicherungsvermittlern zählt der Versicherungsberater (Legaldefinition in § 59 Abs. 4 VVG). Für sein Berufsbild prägend ist die Unabhängigkeit von der Versicherungswirtschaft. Diese schlägt sich vor allem in dem unbedingten Provisionsannahmeverbot (§ 34d Abs. 2 S. 4 GewO) nieder. Durch die Trennung der Vorschriften über die Versicherungsberatung von denjenigen über die Versicherungsvermittlung wird sichergestellt, dass der Beruf des Versicherungsberaters auch weiterhin eine mit dem Rechtsanwaltsberuf vereinbare Tätigkeit ist (BT-Drs. 16/1935 S. 21). Für Versicherungsberater gelten jedoch gem. § 68 S. 1 VVG einige Vorschriften über Versicherungsmakler entsprechend. Dies betrifft insbesondere die Bestimmungen über die Beratungs-, Frage- und Dokumentationspflichten (§ 61 Abs. 1 VVG). Obgleich die Versicherungsberatung in Deutschland bislang nur eine geringe praktische Bedeutung hat und immer wieder rechtspolitisch von der Abschaffung bedroht ist (s. *Durstin/Peters*, VersR 2007, 1456 ff.), hat das BVerfG (BVerfGE 75, 284, 295 ff. = VersR 1988, 145, 147 ff.) dem Berufsbild des Versicherungsberaters Bestandsschutz gewährt.

▶ Wer ist Versicherungsvertreter im Sinne des VVG und inwieweit weicht   46
diese Definition vom HGB ab?

Nach der Legaldefinition des § 59 Abs. 2 VVG ist Versicherungsvertreter, wer von einem Versicherer oder von einem Versicherungsvertreter (dann Untervermittler) damit betraut ist, gewerbsmäßig Versicherungsverträge zu vermitteln oder abzuschließen. Abweichend von § 84 Abs. 1 HGB werden demnach auch Personen erfasst, die nicht ständig damit betraut sind, für den Unternehmer Geschäfte zu vermitteln oder abzuschließen (s. L/P/*Baumann*, § 59 Rn. 10). Auch sog. Gelegenheitsvermittler fallen unter § 59 Abs. 2 VVG, sofern sie ihre Tätigkeit aufgrund einer Vereinbarung mit dem Versicherer ausüben. Auch der von mehreren Versicherern betraute Mehrfachvertreter ist Versicherungsvertreter i. S. von § 59 Abs. 2 VVG.

47 ▶ Von welchem Personenkreis ist der Versicherungsvertreter abzugrenzen?

Der Versicherungsvertreter ist abzugrenzen vom bloßen „Tippgeber", der lediglich auf die Möglichkeit zum Abschluss eines Versicherungsvertrages hinweist oder den Kontakt zwischen einem Vertragsinteressenten und einem Versicherungsvermittler oder dem Versicherer selbst herstellt. Er ist gerade nicht damit betraut, den Vertragsschluss mit dem Versicherer zu vermitteln oder gar den Vertrag für diesen abzuschließen. Über die reine Weitergabe von Kontaktdaten darf das Verhalten des Tippgebers freilich nicht hinausgehen. Insbesondere darf seine Empfehlung nicht bereits auf ein bestimmtes Produkt konkretisiert sein (s. BGH VersR 2014, 497 Rn. 18 ff.; PVR Rn. 710). Praktisch bedeutsam ist die Abgrenzung insbesondere für die Anwendbarkeit der §§ 34d GewO, 59 ff. VVG.

48 ▶ Wer ist Versicherungsmakler im Sinne des VVG? In welchen Versicherungssparten sind die meisten Makler tätig?

Nach der Legaldefinition des § 59 Abs. 3 VVG ist Versicherungsmakler, wer gewerbsmäßig für den Auftraggeber die Vermittlung oder den Abschluss von Versicherungsverträgen übernimmt, ohne von einem Versicherer oder von einem Versicherungsvertreter damit betraut zu sein. Der Makler wird also im Gegensatz zum Versicherungsvertreter vom Versicherungsnehmer mit einem Vermittlungsgeschäft betraut. Während der Versicherungsvertreter das Interesse des Versicherers wahrzunehmen hat, steht der Versicherungsmakler im Verhältnis zum Versicherer auf der Seite des Versicherungsnehmers als dessen Interessenwahrer und treuhänderischer Sachwalter (BGH VersR 2014, 625 Rn. 25). Dabei erschöpft sich seine Aufgabe nicht in der Vertragsvermittlung, sondern sie liegt insbesondere in der (zumeist vertraglich vereinbarten) andauernden Betreuung des Kunden. Er steht im „Lager" des Versicherungsnehmers. Freilich wird man eine gewisse rechtliche Bindung auch zum Versicherer nicht von der Hand weisen können, und zwar insbesondere deshalb, weil dieser regelmäßig die Vergütung des Maklers (sog. Courtage) für den Versicherungsnehmer übernimmt (s. Frage 53). Die Maklertätigkeit in Deutschland konzentriert sich stark auf die Vermittlung von Versicherungen für gewerbliche Risiken (etwa Betriebsunterbrechungsversicherung, Gebäudefeuerversicherung, D&O-Versicherung, Produkthaftpflichtversicherung, etc.); man spricht vom sog. Industriemakler (s. PVR Rn. 751). Im Massengeschäft mit Verbrauchern ist die Vermittlung durch einen Makler hingegen in der Praxis eher selten; sie ist etwa bei der privaten Krankenversicherung anzutreffen. Auch Online-Vergleichsportale können als Versicherungsmakelei einzuordnen sein (s. OLG München VersR 2017, 1270 ff. – „Check24").

▶   Welche gesetzlichen Pflichten treffen den Versicherungsmakler?   **49**

Der Makler ist Sachwalter (d. h. Interessenwahrer) des Versicherungsnehmers; er steht in dessen Lager. Nach § 60 Abs. 1 VVG ist der Makler deshalb verpflichtet, diesen auf Grundlage einer umfassenden Markt- und Risikoanalyse bedarfsgerecht zu beraten (PVR Rn. 760). Er hat seinem Rat insbesondere eine hinreichende Zahl von auf dem Markt angebotenen Versicherungsverträgen unterschiedlicher Versicherer zu Grunde legen. Dafür muss sich der Versicherungsmakler eine fachliche Grundlage in einem Umfang verschaffen, der ihn in die Lage versetzt, eine sachgerechte, den individuellen Bedürfnissen des Kunden entsprechende Empfehlung für einen konkreten Versicherungsvertrag abzugeben. Sein Beratungsverhalten hat sich an dem so ermittelten konkreten Bedarf des Vertragsinteressenten auszurichten (s. BGH VersR 2014, 625 Rn. 25). Jedenfalls hat er darüber aufzuklären, welche der in Rede stehenden Risiken auf welche Weise am effektivsten abgesichert werden können. Nach § 60 Abs. 1 S. 2 VVG kann der Versicherungsmakler im Einzelfall mit dem Versicherungsnehmer vereinbaren, dass er ihn abweichend von S. 1 jener Vorschrift aufgrund einer eingeschränkten Vertragsauswahl berät. Hierauf hat er freilich vor Abgabe der auf den Vertragsschluss gerichteten Erklärung des Versicherungsnehmers hinzuweisen.

▶   Ist die Beschreibung der Maklerpflichten in § 60 Abs. 1 VVG abschlie-   **50**
     ßend?

Das hängt von der Ausgestaltung des Maklervertrages im Einzelfall ab (s. Münch-KommVVG/*Armbrüster* § 6 Rn. 351; PVR Rn. 726; Einzelheiten str.). In der Praxis übernimmt der Makler regelmäßig eine über die Vermittlung des Vertrages hinausreichende laufende Betreuung des Versicherungsnehmers. Hiervon ging mit Blick auf § 6 Abs. 6 VVG ersichtlich auch der Gesetzgeber aus (zur Problematik einer teleologischen Reduktion dieser Bereichsausnahme s. PVR Rn. 726). Hat der Makler im Vertrag die laufende Betreuung übernommen, so schuldet er auch die Überprüfung und Verwaltung bestehender Versicherungen sowie die Beratung des Versicherungsnehmers in allen Versicherungsangelegenheiten.

▶   Verringert sich die Intensität der Beratungspflichten bei Produkten mit   **51**
     nur geringem Prämienaufkommen?

Gem. § 61 Abs. 1 S. 1 VVG hat der Versicherungsvermittler den Versicherungsnehmer „auch unter Berücksichtigung eines angemessenen Verhältnisses zwischen Beratungsaufwand und der vom Versicherungsnehmer zu zahlenden Prämien" zu beraten (sog. *Proportionalitätsregel*; s. auch Frage 61; zu der davon zu unterscheidenden Proportionalitätsregel des § 75 VVG s. Frage 363). Dieser Anforderung liegt offenbar die Vorstellung des Gesetzgebers zugrunde, dass Standardprodukte mit nur geringem Prämienaufkommen keinen besonderen Beratungsbedarf auslösen können. Das trifft indessen nicht stets zu. So kann z. B. auch bei einer Privathaftpflichtversicherung als einem Standardprodukt mit niedriger Prämie hinsichtlich möglicherweise existenzbedrohender Risikoausschlüsse ein gesteigerter Beratungsbedarf bestehen (s. L/P/*Baumann*, § 61 Rn. 9). Daher wird in der Literatur vertreten, dass die vom Gesetzgeber vorgesehene Proportionalitätsregel jedenfalls bei bestehendem Beratungsanlass grundsätzlich unbeachtlich sei (s. *Pohlmann*, VersR 2009, 327, 328 ff.; B/M/*Schwintowski* § 6 Rn. 28). Nach anderer Ansicht kommt es demgegenüber darauf an, ob der Versicherungsnehmer bereit wäre, die mit dem Beratungsmehraufwand einhergehenden Kosten separat zu tragen (s. PVR Rn. 849).

52 ▶ Warum steht der Versicherungsmakler in einem „Doppelrechtsverhältnis"?

Auf der einen Seite ist der Versicherungsmakler treuhänderischer Sachwalter des Versicherungsnehmers aufgrund des Maklervertrages (s. Frage 49). Auf der anderen Seite entsteht mit Aufnahme der Vermittlungstätigkeit ein gesetzliches Schuldverhältnis zum Versicherer, aus welchem sich Informations- und Rücksichtnahmepflichten ergeben (vgl. § 98 HGB). Man spricht von einem „Doppelrechtsverhältnis" oder auch von der Doppelfunktion des Versicherungsmaklers (s. OLG Frankfurt/M., VersR 1995, 93; MünchKommVVG/*Reiff* § 59 Rn. 43). Dieses Verhältnis zwischen Makler und Versicherer kann noch dadurch rechtsgeschäftlich verstärkt werden, dass der Versicherer dem Makler vertragliche Vollmachten erteilt (sog. *Maklerklausel*; s. dazu PVR Rn. 771 ff.). Kollidieren die dem Makler gegenüber dem Versicherer bestehenden Pflichten mit den Interessen des Versicherungsnehmers, so hat der Makler letztere vorrangig zu wahren.

53 ▶ Gegen wen richtet sich der Provisionsanspruch des Versicherungsmaklers?

Die Courtage (= Provision) erhält der Versicherungsmakler regelmäßig nicht vom Versicherungsnehmer, sondern von demjenigen Versicherer, mit dem der Versicherungsvertrag zustande gekommen ist (s. BGHZ 94, 356, 359 f. = VersR 1985, 930, 931). Unstreitig ist insoweit, dass ein solcher Anspruch besteht. Lebhaft diskutiert wird freilich, woraus er sich ergibt. Einige leiten ihn aus *Gewohnheitsrecht* her (s. LG Hamburg MDR 1961, 945). Andere hingegen sehen in der Übernahme der Courtage durch den Versicherer einen *Handelsbrauch* i. S. von § 346 HGB. Teilweise wird eine *Kombination* aus dem in § 354 Abs. 1 HGB verankerten allgemeinen Rechtsgedanken und Handelsbrauch abgestellt (s. L/P/*Baumann*, § 59 Rn. 45). Auch wird vertreten, dass bei Abschluss des Versicherungsvertrages zugleich ein *konkludenter Vertrag* zwischen Versicherungsmakler und Versicherer zustande kommt, wonach der Versicherer die Zahlung der Courtage gegenüber dem Makler übernimmt. Hierbei handelt es sich dann um einen Vertrag zugunsten des Versicherungsnehmers i. S. der §§ 328 ff. BGB (s. PVR Rn. 753).

▶ Was wird hinsichtlich der Übernahme der Courtage durch den Versiche- **54**
rer derzeit diskutiert?

Derzeit viel diskutiert wird die Frage, ob nicht aus Gründen des Verbraucherschutzes und insbesondere der Kostentransparenz eine Umstellung auf ein sog. Honorar-
beratungssystem erforderlich ist, wie es rechtlich ohne Weiteres zulässig ist und
derzeit bereits bisweilen praktiziert wird (s. *Kuhlen/Tiefensee*, VuR 2012, 17 ff.).
Der Versicherer würde dann im maklerbasierten Geschäft allein sog. Nettopolicen
vermitteln (s. etwa BGH VersR 2014, 877 ff.). Der Versicherungsnehmer trägt dabei
selbst unmittelbar die Vermittlungskosten für den Vertrag; er kann diese also auch
schneller und einfacher überblicken. Insbesondere wird ihm leichter erkennbar,
welches eigene wirtschaftliche Interesse der Makler am Zustandekommen des Versicherungsvertrages tatsächlich hat. Freilich ist eine solche Umstellung allein unter
dem Gesichtspunkt der Kostentransparenz nicht zwingend erforderlich. Zwar ent-
lohnt in praxi derzeit regelmäßig der Versicherer den Versicherungsmakler. Die Abschlusskosten werden jedoch im Rahmen der Prämienkalkulation auf den Versicherungsnehmer umgelegt (zur sog. Zillmerung s. BGH VersR 2011, 1149 ff.). Der
Versicherungsnehmer finanziert also die kalkulatorisch auf seinen Vertrag entfallenden Abschlusskosten regelmäßig selbst. Zudem muss der Versicherer die in die Prämie einkalkulierten Abschlusskosten gem. § 7 Abs. 1 VVG i. V. m. §§ 2 Abs. 1
Nr. 1, 3 Abs. 1 Nr. 1 VVG-InfoV bei wichtigen Versicherungszweigen wie insbesondere der Lebens- und der Krankenversicherung dem Versicherungsnehmer offenlegen. Da letzterer diese Informationen vor Abgabe seiner Vertragserklärung erhalten haben muss, besteht insoweit keine erhebliche Schutzlücke, die durch eine
Umstellung des Vergütungssystems geschlossen werden müsste. Gegen eine solche
Umstellung spricht, dass bislang in Verbraucherkreisen nur eine geringe Bereit-
schaft feststellbar ist, die Maklercourtage selbst separat zu tragen. Dies könnte dazu
führen, dass vermehrt von einer eigentlich gebotenen Beratung Abstand genommen
wird, indem Vertragsschlüsse etwa über das Internet erfolgen (s. PVR Rn. 755 ff.).

▶ Was ist unter dem „Schicksalsteilungsgrundsatz" zu verstehen? **55**

Kurz gesagt: Die Provision teilt – vorbehaltlich abweichender Abreden – das
Schicksal der Prämie (s. P/M/*Dörner* § 59 Rn. 91 f.). Der Versicherer kalkuliert den
Provisionsanspruch des Maklers in die Versicherungsprämie mit ein (zur Prämienkalkulation allgemein s. PVR Rn. 267 ff.). Die Prämie enthält daher einen Provisi-
onsanteil, den der Versicherer an den Makler weitergibt. Der Provisionsanspruch
hängt nicht nur vom Zustandekommen des Versicherungsvertrages, sondern auch
davon ab, ob der Versicherungsnehmer seine Prämienschuld erfüllt (§ 92 Abs. 4
HGB analog). Der Anspruch des Maklers gegen den Versicherer steht unter der aufschiebenden Bedingung (§ 158 Abs. 1 BGB) der Prämienzahlung. Wird die Prämie
nicht mehr gezahlt (z. B. weil der Versicherungsnehmer den Versicherungsvertrag
gekündigt hat), so entfällt auch der in der zukünftigen Prämienschuld enthaltene
Anteil der Maklerprovision. Muss der Versicherer die zur Finanzierung der bereits

gezahlten Provision bestimmten Beiträge dem Versicherungsnehmer zurückerstatten (z. B. aus Leistungskondiktion nach Anfechtung des Vertrags gem. § 142 Abs. 1 BGB oder im Falle von vor 2008 im Policenmodell (s. Frage 138) geschlossenen Altverträgen nach einem Widerspruch gem. § 5a Abs. 1 VVG a. F.), so hat auch der Makler dann, wenn der Beendigungsgrund innerhalb eines bestimmten Zeitraums seit Vertragsschluss (vereinbart sind oft drei bis fünf Jahre) eintritt, die bereits empfangene Provision zurückzuzahlen. Der Provisionsanspruch ist insoweit auflösend bedingt (sog. Stornohaftung des Maklers). Freilich ist der Versicherer analog § 87a Abs. 3 HGB dazu verpflichtet, notleidende Verträge ggf. nachzubearbeiten und den Makler auf die Gefahr einer Stornierung hinzuweisen (str.; offen lassend BGH VersR 2011, 345 Rn. 17 m. N. zum Streitstand).

56 ▶ Welche Pflichten hat der Makler aus dem Maklervertrag?

- Risiko- und Objektprüfungspflicht;
- Aufklärungs- und Beratungspflicht;
- Markt- und Angebotsanalysepflicht;
- Deckungsanalysepflicht.

57 ▶ Wie haftet der Makler seinem Kunden, wenn er die Pflichten aus dem Maklervertrag unzureichend erfüllt?

Der BGH behandelt den Versicherungsmakler nach den zur Berufshaftung qualifizierter Berater (Rechtsanwälte, Steuerberater, Wirtschaftsprüfer etc.) entwickelten Regeln. Der Versicherungsmakler haftet seinem Kunden bei Verletzung der Pflichten aus dem Maklervertrag nach §§ 280 Abs. 1, 241 Abs. 2 BGB sowie aus § 63 VVG. Zudem können dem Versicherungsnehmer Ansprüche aus § 98 HGB und aus Delikt zustehen. Hinsichtlich der Anspruchsausfüllung gilt für die Haftung nach § 63 VVG Folgendes: Wenn der Makler es unterlassen hat, für einen bedarfsgerechten Versicherungsschutz zu sorgen, muss er den Versicherungsnehmer so stellen, wie wenn dieser einen Vertrag mit dem erforderlichen Deckungsumfang abgeschlossen hätte (sog. *Quasideckung*; s. BGH VersR 2014, 625 Rn. 19). Hätte der Versicherungsnehmer demgegenüber bei ordnungsgemäßer Beratung überhaupt keinen Vertrag geschlossen, so besteht sein Schaden in den bereits geleisteten und zukünftig noch zu zahlenden Prämien. Allerdings ist er verpflichtet, den Vertrag zum nächstmöglichen Zeitpunkt durch Kündigung zu beenden (s. L/P/*Baumann*, § 63 Rn. 10). Die im Übrigen neben einen Anspruch aus § 63 VVG tretenden Anspruchsgrundlagen können insbesondere dann bedeutsam werden, wenn der Versicherungsnehmer auf die Beratung gem. § 61 Abs. 2 VVG wirksam verzichtet hat.

58 ▶ Wer trägt die Beweislast für das objektive Fehlverhalten des Maklers?

Die Beweislast für das objektive Fehlverhalten trägt, den allgemeinen Regeln entsprechend, der Versicherungsnehmer (s. OLG Hamm VersR 2001, 583, 584); zur Beweislast für das Vertretenmüssen s. Frage 64. Ihm obliegt es mithin zu beweisen, dass der Makler seine Pflicht zur umfassenden Beratung und Aufklärung nicht ordnungsgemäß erfüllt hat. Dem Versicherungsnehmer wird damit der Beweis einer negativen Tatsache aufgebürdet. Freilich kann vom Makler im Einzelfall verlangt werden, dass er hinsichtlich der Vorwürfe des Versicherungsnehmers, sofern es sich hiernach um ein internes Fehlverhalten handelt (z. B. unzureichende Marktanalyse), wenigstens substanziiert vorträgt und sich nicht lediglich auf ein einfaches Bestreiten beschränkt (s. L/R/*Rixecker* § 63 Rn. 8).

▶ Wie kommt die Rechtsprechung dem Versicherungsnehmer bei Vorliegen eines objektiven Fehlverhaltens des Versicherungsmaklers entgegen? **59**

Die Rechtsprechung hilft dem Versicherungsnehmer bei dem ihm obliegenden Beweis der haftungsausfüllenden Kausalität, also der Kausalität zwischen der Pflichtverletzung und dem eingetretenen Schaden (s. MünchKommVVG/*Reiff* § 63 Rn. 51). Dem Versicherungsnehmer kommt hier die Vermutung aufklärungsrichtigen Verhaltens zugute. Dies bedeutet: Um sich zu entlasten, muss der Versicherungsmakler beweisen, dass der Schaden auch bei ordnungsgemäßer Aufklärung und Belehrung eingetreten wäre (sog. *Sachwalterurteil*: BGHZ 94, 356, 359 und 362 f. = VersR 1985, 930, 931; s. auch PVR Rn. 768; näher zur Vermutung aufklärungsrichtigen Verhaltens – freilich in anderem Kontext – *M. Schwab*, NJW 2012, 3274 ff.).

▶ Welche Pflichten treffen sowohl den Versicherungsvertreter als auch den Versicherungsmakler? **60**

• *Statusbezogene Informationspflichten*: Beim ersten Geschäftskontakt hat der Vermittler dem Vertragsinteressenten neben weiteren Umständen insbesondere mitzuteilen, ob er als Versicherungsmakler, -vertreter, oder -berater tätig wird (§ 11 Abs. 1 Nr. 3 VersVermV). Die Mitteilung muss in Textform erfolgen (§ 126b BGB). Insoweit genügt es beim Online-Vertrieb nicht, wenn die Webseite des Vermittlers lediglich einen Hyperlink vorsieht, an dessen Ende die Informationen in einer „Nur-Lese"-Version abrufbar sind (OLG München VersR 2017, 1270, 1273). Zur zeitlichen Bestimmung des ersten Geschäftskontakts s. etwa Pk/*Michaelis* § 11 VersVermV Rn. 5; *A. Fischer*, BB 2016, 3082, 3086.
• *Hinweispflichten*. Versicherungsmakler, die nach § 60 Abs. 1 S. 2 VVG auf eine eingeschränkte Auswahl hinweisen, und Versicherungsvertreter müssen dem Versicherungsnehmer nach § 60 Abs. 2 VVG mitteilen, auf welcher Markt- und Informationsgrundlage sie ihre Leistung erbringen. Zudem haben sie die ihrem Rat zu Grunde gelegten Versicherer zu benennen. Dies hat vor Abgabe der Vertragserklärung des Versicherungsnehmers zu geschehen (§ 62 Abs. 1 VVG). Nach § 60 Abs. 3 VVG kann der Versicherungsnehmer auf diese Mitteilungen verzichten. Dies ist aber nur durch eine gesonderte schriftliche Erklärung möglich, also insbesondere nicht in AGB.

• *Beratungs- und Dokumentationspflichten.* Den Versicherungsvermittler treffen
nach § 61 VVG Beratungs- und Dokumentationspflichten. So muss er den Versicherungsnehmer nach seinen Wünschen und Bedürfnissen befragen, jedenfalls
soweit die Komplexität der Versicherung oder die Person des Versicherungsnehmers hierfür Anlass geben. Sodann muss der Vermittler den Versicherungsnehmer beraten und Gründe für jeden zu einer bestimmten Versicherung erteilten
Rat angeben. Dabei soll ein angemessenes Verhältnis zwischen Beratungsaufwand und vom Versicherungsnehmer zu zahlender Prämie berücksichtigt werden
(Proportionalitätsregel; s. Frage 51). Schließlich muss der Vermittler die Beratung dokumentieren, und zwar wiederum unter Berücksichtigung der Komplexität des angebotenen Vertrags. Der Versicherungsnehmer kann unter den besonderen Voraussetzungen des § 61 Abs. 2 VVG auf diese Beratung und Dokumentation
verzichten (kritisch B/M/*Schwintowski* § 61 Rn. 40 ff.).

61 ▶ Besteht die Beratungspflicht im Hinblick auf die gesamte Risiko- und Ver-
sicherungssituation des Versicherungsnehmers?

Grundsätzlich ist dies nicht der Fall. Die Beratungspflicht ist gegenständlich auf den
durch die konkrete Anfrage des Versicherungsnehmers umschriebenen Versiche-
rungsbedarf beschränkt. Dies wird deutlich durch die gesetzliche Formulierung „soweit … Anlass besteht" (s. *Reiff,* VersR 2007, 717, 725; näher zu möglichen Bera-
tungsanlässen MünchKommVVG/*Armbrüster* § 6 Rn. 183 ff.). Beispielsweise muss
der Vermittler bei der Beratung über eine private Krankenversicherung den Versicherungsnehmer nicht auch noch über einen eventuell bestehenden Bedarf an Haftpflichtversicherungsschutz aufklären. Tritt allerdings während des Beratungsge-
sprächs für den Vermittler erkennbar zu Tage, dass auch über die konkrete Anfrage
hinausgehender Beratungsbedarf besteht, so hat er seine Beratung hierauf zu erstrecken (näher L/P/*Baumann*, § 61 Rn. 5 ff.).

62 ▶ Die Informationen nach § 61 Abs. 1 VVG müssen dem Versicherungsnehmer vor Vertragsschluss zur Verfügung stehen (§ 62 Abs. 1 VVG). Folgt
daraus, dass nicht nur die Übermittlung der Dokumentation, sondern
auch die Beratung des Kunden zwar vor Vertragsschluss erfolgen muss,
aber auch nach Abgabe der bindenden Vertragserklärung der Versicherungsnehmers erfolgen kann?

Das ist zweifelhaft. Bereits hinsichtlich des Zeitpunkts der Dokumentationsüber-
mittlung – insoweit steht fest, dass der Vermittler diese lediglich vor Annahme eines
bereits abgegebenen, bindenden Antrags des Versicherungsnehmers durch den Versicherer zur Verfügung stellen muss (s. L/P/*Baumann*, § 62 Rn. 3) – ist die Vorschrift
rechtspolitisch kritisiert worden (s. *Reiff,* VersR 2007, 717, 727; Pk/Hk/*Schwintowski* § 62 Rn. 6). Eine Auslegung des § 62 Abs. 1 VVG in dem Sinne, dass auch eine erst
nach Abgabe der bindenden Vertragserklärung des Versicherungsnehmers erfolgende
Beratung noch rechtzeitig wäre, solange sie vor Annahme des Antrags durch den Versicherer erfolgt, wird daher von einer in der Literatur vertretenen Ansicht abgelehnt.
Der erst nach Abgabe seiner Vertragserklärung informierte Versicherungsnehmer

könne nämlich den Vertragsschluss nicht mehr einseitig verhindern. Dies widerspreche dem gesetzlichen Leitbild vom mündigen Verbraucher, der die Gelegenheit haben soll, alle Informationen und Ratschläge zu würdigen, bevor er eine vertragliche
Bindung eingeht. Die Gesetzesbegründung geht wohl davon aus, dass die Beratung
bereits vor Abgabe der Vertragserklärung des Kunden erfolgen muss (s. BT-
Drs. 16/1935, S. 25: „In Anbetracht der Befragungspflicht des Versicherungsvermittlers ist der Kunde hinreichend geschützt, wenn er die vollständigen Unterlagen
erst zum Zeitpunkt des Vertragsschlusses erhält, die ihm dann als Grundlage zur
Geltendmachung etwaiger Rechte dienen"). Daraus lässt sich folgern, dass demnach
die Beratung selbst bereits vor Abgabe der unmittelbar auf den Vertragsschluss gerichteten Erklärung des Versicherungsnehmers zu erfolgen hat. Andernfalls ist sie
nicht rechtzeitig. Beim Vertragsabschluss nach dem Invitatio-Modell (s. Frage 143)
hat die Beratung nach Sinn und Zweck des § 61 VVG vor Abgabe der unverbindlichen
Vertragsanfrage des Versicherungsnehmers zu erfolgen (s. P/M/*Dörner* § 62 Rn. 3).

▶   In welcher Form müssen Informationen nach § 60 Abs. 2 oder § 61 Abs. 1   **63**
      VVG übermittelt werden?

§ 62 Abs. 1 VVG schreibt vor, dass die Informationen in *Textform* i. S. von § 126b
BGB übermittelt werden müssen. Stattdessen dürfen sie mündlich übermittelt werden, wenn der Versicherungsnehmer dies wünscht oder wenn und soweit der Versicherer vorläufige Deckung gewährt (§ 62 Abs. 2 VVG). Die Informationen sind
dann aber unverzüglich nach Vertragsschluss in Textform zu übermitteln.
    § 62 Abs. 1 VVG weicht damit von §§ 6 Abs. 2, 6a Abs. 1, 2 VVG ab, die eine
Übermittlung der Beratungsdokumentation grundsätzlich in Papierform vorschrei-
ben. Der Gesetzgeber hat freilich klar zum Ausdruck gebracht, dass die Formvorgaben des § 6a VVG auch für Vermittler gelten sollten (§ 59 Abs. 1 S. 2 VVG).
Folglich ist hinsichtlich der Beratungsdokumentation nicht auf die Einhaltung der
Textform, sondern auf die Einhaltung der Vorgaben des § 6a VVG abzustellen.

▶   Welche Rechtsfolge kann eintreten, wenn ein Versicherungsvermittler   **64**
      eine seiner gesetzlichen Pflichten verletzt?

Er kann nach § 63 VVG zum Schadensersatz verpflichtet sein (zum Anspruchsinhalt
s. Frage 59). Bei der Verletzung einer Pflicht aus § 61 Abs. 1 VVG entfällt eine Haftung
des Vermittlers, soweit der Versicherungsnehmer vor Abschluss des Vertrages nach
§ 61 Abs. 2 VVG auf eine Beratung verzichtet hat. Die Beweislast ist im Einklang mit
§ 280 Abs. 1 BGB geregelt. Aus der sprachlichen Formulierung der Vorschrift ergibt
sich, dass es dem Versicherungsvermittler (ebenso wie nach § 280 Abs. 1 BGB ganz
allgemein dem Schuldner) obliegt, sich vom Verschuldensvorwurf zu entlasten.

▶   Ist § 63 VVG abschließend?   **65**

Für die Haftung des Versicherungsvertreters gegenüber dem Versicherungsnehmer
wegen Beratungspflichtverletzungen (§§ 60, 61 VVG) ist § 63 VVG nicht abschließend. Daneben kommen im Einzelfall auch Ansprüche aus culpa in contrahendo

(§§ 280 Abs. 1, 241 Abs. 2, 311 Abs. 3 S. 1, 2 BGB) in Betracht. Freilich werden
diese aufgrund der von der Rechtsprechung aufgestellten hohen Anforderungen nur
selten begründet sein, so dass der Fokus in der Rechtspraxis vielfach auf § 63 VVG
liegt (s. *Wandt* Rn. 412). Für eine Haftung aus c. i. c. ist es nämlich erforderlich, dass
der Vertreter entweder ein unmittelbares eigenes, gesteigertes wirtschaftliches Interesse am Abschluss des Versicherungsvertrages hat (wofür ein Provisionsinteresse
grundsätzlich nicht genügt) oder dass er im Einzelfall gegenüber dem Versicherungsnehmer im Rahmen der Vertragsanbahnung besonderes, über das gewöhnliche Maß
hinausgehendes Vertrauen für sich in Anspruch nimmt. Für die Verletzung nicht von
§ 63 VVG erfasster Pflichten haftet der Makler ohnehin nach § 280 Abs. 1 BGB. Dies
sind insbesondere Pflichten, die während der Laufzeit des Versicherungsvertrages zu
erfüllen sind, sofern er auch die laufende Betreuung im Maklervertrag übernommen
hat (s. P/M/*Dörner* § 63 Rn. 6; *Reiff*, VersR 2007, 717, 727; s. Frage 57).

66 ▶ Besteht die Schadensersatzpflicht aus § 63 VVG für alle in Betracht kommenden Verletzungen der in §§ 60 ff. VVG genannten Pflichten?

§ 63 VVG verweist ausdrücklich auf §§ 60, 61 VVG. Teilweise wird angenommen,
dass damit gerade nicht auf § 62 VVG verwiesen und eine Verletzung der Dokumentationspflicht aus § 62 Abs. 1 VVG mithin nicht vom Gesetz sanktioniert wird
(s. M/S/*Spuhl* Rn. 525, der eine Anwendung von § 280 BGB erwägt, im Erg. aber
ablehnt). Dem ist jedoch entgegenzuhalten, dass die Dokumentationspflicht bereits
in § 61 Abs. 1 S. 2 VVG normiert ist und in § 62 Abs. 1 VVG nur konkretisiert wird.
§ 63 VVG erfasst somit auch Verletzungen der Pflicht aus §§ 61 Abs. 1 S. 2, 62
Abs. 1 VVG. Eine Lücke besteht nicht (s. Hk/*Münkel* § 63 Rn. 5; Münch-
KommVVG/*Reiff* § 63 Rn. 11).

67 ▶ Welche Rechtsfolge tritt ein, wenn ein Versicherungsvertreter dem Versicherungsnehmer gegenüber als Versicherungsmakler auftritt?

Nach § 59 Abs. 3 S. 2 VVG gilt diese Person dann als Versicherungsmakler mit allen
daraus folgenden Verpflichtungen (sog. *Pseudomakler*). Unberührt bleibt eine etwaige Haftung des Versicherers für seinen Vertreter. Sie kommt auch nach einer
Beendigung des Vermittlervertrages nach den Grundsätzen der Rechtsscheinhaf-
tung (vgl. § 171 BGB) in Betracht.

68 ▶ Wie sind die Rechtsverhältnisse zwischen den am Vertragsschluss Beteiligten
ausgestaltet, wenn der Vertrag von einem Pseudomakler vermittelt wird?

Zu unterscheiden sind drei rechtliche Beziehungen:

• Versicherer/Pseudomakler
• Pseudomakler/Versicherungsnehmer
• Versicherer/Versicherungsnehmer

Die ersten beiden dieser drei Rechtsverhältnisse werfen keine besonderen Probleme auf. Der Pseudomakler bleibt im Verhältnis zu seinem Versicherer Vertreter. Im Verhältnis zwischen Versicherungsnehmer und Pseudomakler gilt § 59 Abs. 3 S. 2 VVG. Der Pseudomakler haftet dem Versicherungsnehmer wie ein Makler, also namentlich nach § 63 VVG, sowie nach den allgemeinen Grundsätzen (s. L/P/*Baumann*, § 59 Rn. 53). Umstritten ist, was im Verhältnis Versicherer/Versicherungsnehmer gilt. Praktisch bedeutsam ist diese Frage insbesondere für die Anwendbarkeit der §§ 69 ff. VVG, die auf den Makler nach ihrem eindeutigen Wortlaut keine Anwendung finden. Auch ist § 59 Abs. 3 S. 2 VVG sprachlich eindeutig gefasst. Die Bestimmung fingiert gegenüber dem Versicherungsnehmer die Vermittlung des Vertrages durch einen Makler, so dass Bestimmungen, deren Anwendbarkeit die Vermittlung durch einen Vertreter voraussetzen, nicht herangezogen werden können. Hierfür spricht auch, dass das äußere Bild des Pseudomaklers nicht in die Sphäre des Versicherers, sondern vielmehr in diejenige des Versicherungsnehmers weist. Nichtsdestotrotz wird in der Literatur teils für eine nur eingeschränkte Fiktionswirkung des § 59 Abs. 3 S. 2 VVG plädiert (s. zum Ganzen MünchKommVVG/*Reiff* § 59 Rn. 50 f.).

▶ Welche Unterscheidung hinsichtlich des Umfangs der Vertretungsmacht   69
kann man bei Versicherungsvertretern treffen?

Hinsichtlich des Umfangs der Vertretungsmacht lässt sich zwischen Vermittlungs- und Abschlussvertretern unterscheiden. Diese Differenzierung ist bereits im Gesetz angelegt (vgl. § 71 VVG).

▶ Von welchem Fall geht das Gesetz als Normalfall aus?   70

Das Gesetz geht grundsätzlich vom Fall eines reinen *Vermittlungsvertreters* aus. Der Vermittlungsvertreter ist ohne gesonderte Bevollmächtigung nur zu den in § 69 VVG geregelten Handlungen befugt. Der Abschluss von Verträgen gehört nicht dazu. Dies kann nur durch besondere Vollmacht des Versicherers geschehen. Dann ist der Versicherungsvertreter ein *Abschlussvertreter* (§ 71 VVG).

▶ Welchen Umfang hat die Vertretungsmacht des Abschlussvertreters?   71

Der Abschlussvertreter ist vom Versicherer bevollmächtigt, Versicherungsverträge abzuschließen. Dabei kann die Vollmacht entweder aus Rechtsgeschäft oder aus Rechtsschein (Duldungs- sowie Anscheinsvollmacht) folgen (s. L/P/*Koch*, § 71 Rn. 6). Zum Abschluss von Versicherungsverträgen zählt auch die Erteilung einer vorläufigen Deckungszusage (s. MünchKommVVG/*Reiff* § 71 Rn. 5; Frage 169). Der Abschlussvertreter ist gem. § 71 VVG überdies befugt, für den Versicherer bestehende Versicherungsverträge zu ändern oder zu verlängern sowie die Kündigung oder den Rücktritt zu erklären. Diese Befugnisse hat ein Vermittlungsvertreter nicht (s. Frage 70).

72 ▶ Welche Befugnisse haben sowohl der Vermittlungs- als auch der Abschlussvertreter?

Vermittlungsvertreter und Abschlussvertreter haben die in § 69 VVG geregelte (passive) Vertretungsmacht. Demnach sind sie kraft Gesetzes z. B. bevollmächtigt, Vertragsanträge oder deren Widerruf sowie die vor Vertragsschluss abzugebenden Anzeigen und sonstigen Erklärungen vom Versicherungsnehmer entgegenzunehmen (s. P/M/*Dörner* § 69 Rn. 1; a. A. BK/*Gruber* § 43 Rn. 2: rechtsgeschäftliche Vollmacht mit gesetzlich vorgeschriebenem Inhalt).

73 ▶ Was folgt daraus?

Daraus folgt, dass sich der Versicherer dann, wenn der Versicherungsnehmer dem das Antragsformular ausfüllenden Versicherungsvertreter einen nach § 19 VVG anzeigepflichtigen Umstand mitgeteilt hat, nicht auf die fehlende Fixierung im Antrag berufen kann.

74 ▶ Wo findet die Zurechnung über §§ 69, 70 VVG ihre Grenze?

Eine Zurechnung der Kenntnis des Versicherungsvertreters über §§ 69, 70 VVG scheidet aus, wenn Versicherungsnehmer und Versicherungsvertreter *kollusiv zusammenwirken*. Der Vorwurf eines kollusiven Zusammenwirkens trifft den Versicherungsnehmer als Antragsteller dann, wenn er weiß und billigt, dass der Vertreter erhebliche Umstände dem Versicherer nicht mitteilen wird, um diesen zur Annahme des Antrags zu bewegen (s. OLG Hamm r+s 1999, 11 f.).

Eine weitere Grenze findet die Zurechnung über §§ 69, 70 VVG, wenn der Vertreter von seiner Vertretungsmacht in ersichtlich verdächtiger Weise Gebrauch macht, so dass beim Vertragspartner begründete Zweifel entstehen müssen, ob nicht ein Treueverstoß des Vertreters gegenüber dem Vertretenen vorliegt (s. *Karczewski*, r+s 2012, 521, 528).

Allerdings ist gerade im Versicherungsrecht aufgrund der besonderen Stellung des Versicherungsvertreters ein strenger Maßstab an die Evidenz des Vollmachtsmissbrauchs zu stellen (vgl. BGH VersR 2008, 765 Rn. 9 ff.; OLG Saarbrücken VersR 2013, 1030, 1033; s. zum Ganzen PVR Rn. 749).

75 ▶ In welcher Weise kann der Versicherer die Befugnisse des Versicherungsvertreters einschränken?

§ 72 VVG schließt zum Schutz des Versicherungsnehmers generell aus, dass ihm Beschränkungen der dem Vertreter nach den §§ 69, 71 VVG eingeräumten Vollmacht über die AVB entgegengehalten werden können. Dies gilt auch im Verhältnis zu Dritten, wie z. B. dem Erwerber der versicherten Sache gem. § 96 Abs. 2 VVG. Eine Beschränkung der Empfangsvollmacht nach § 69 Abs. 1 VVG liegt auch in einer Klausel, die für Erklärungen des Versicherungsnehmers gegenüber dem Vertreter die Schrift- oder Textform verlangt (RegBegr. S. 78). Freilich bleibt es dem Versicherer unbenommen, die Vertretungsmacht des Versicherungsvertreters im Innenverhältnis zu begrenzen (s. FAKomm VersR/*Baumann* § 72 Rn. 3). Dabei muss zwischen dem rechtlichen Können im Außenverhältnis und dem rechtlichen

Dürfen im Innenverhältnis unterschieden werden: Im Außenverhältnis ist der Versicherer an das Handeln des Vertreters gebunden, während letzterer sich im Innenverhältnis wegen Pflichtverstoßes schadensersatzpflichtig machen kann.

▶ Wird dem Versicherer die Kenntnis des Versicherungsvertreters generell zugerechnet? **76**

Grundsätzlich ja, und zwar gem. § 70 S. 1 VVG. Einzig Kenntnisse, welche der Versicherungsvertreter außerhalb seiner Tätigkeit als Versicherungsvertreter erlangt (sog. *privates Wissen*), sind dem Versicherer nicht zurechenbar (§ 70 S. 2 VVG; s. dazu *Karczewski*, r + s 2012, 521, 527 f.). Freilich können sich in Grenzfällen Abgrenzungsfragen ergeben. Dies gilt insbesondere dann, wenn der Vertreter gewisse Kenntnisse zwar im Zusammenhang mit seiner Tätigkeit, aber ohne konkreten Bezug zu dem betreffenden Vertrag erlangt. Richtigerweise wird man in Anbetracht der schutzwürdigen Interessen des Versicherungsnehmers auch in einem solchen Fall von einer Zurechnung auszugehen haben (s. PVR Rn. 743; a. A. *Wandt* Rn. 427; L/R/*Rixecker* § 70 Rn. 4). Die Bestimmung ist in AVB nicht zum Nachteil des Versicherungsnehmers abdingbar (s. L/P/*Koch* § 70 Rn. 17; instruktiv BVerwG VersR 1998, 1137 f.). Eine entsprechende Individualvereinbarung zwischen Versicherer und Versicherungsnehmer bleibt indessen möglich (s. PVR Rn. 747).

▶ Findet im Fall einer individualvertraglich ausgeschlossenen Vertretungsmacht gleichfalls eine Wissenszurechnung zum Versicherer statt? **77**

Dies ist jedenfalls nach den Grundsätzen zur Wissensvertretung analog § 166 BGB möglich. Dabei müssen freilich die Voraussetzungen der Wissensvertretung im Einzelfall vorliegen (zu ihnen s. PVR Rn. 1693 ff.)

▶ Wie kann es zu einer Erweiterung der Vertretungsmacht des Versicherungsvertreters kommen? **78**

Der Versicherer kann die Vertretungsmacht eines Versicherungsvertreters über die §§ 69 ff. VVG hinaus durch Rechtsgeschäft erweitern. Praktisch bedeutsamer ist aber eine Ausdehnung nach den zivilrechtlichen Regeln über die Anscheins- oder Duldungsvollmacht.

E. Pflichten und Obliegenheiten vor Vertragsschluss

I. Vorvertragliche Pflichten des Versicherers

1. Tatbestände

▶ Welche Pflichten treffen den Versicherer vor Vertragsschluss? **79**

Den Versicherer treffen vor Vertragsschluss Beratungs- und Informationspflichten nach §§ 6 und 7 VVG (s. dazu PVR Rn. 811 ff., 893 ff.).

80 ▶ In welchem Verhältnis stehen die Beratungspflichten des § 6 VVG zu denjenigen des Versicherungsvermittlers nach § 61 VVG?

Die vorvertraglichen Pflichten des Versicherers nach § 6 Abs. 1, 2 VVG entsprechen
im Wesentlichen denen des Versicherungsvermittlers nach § 61 Abs. 1 VVG; die
gesetzlichen Regelungen sind insoweit weitgehend wortgleich. So kommen Schadensersatzansprüche gegen den Versicherer nach § 6 Abs. 5 VVG in Betracht,
ebenso wie dies nach § 63 VVG gegen den Vermittler der Fall ist. Die sowohl dem
Versicherer als auch dem Vermittler obliegende Frage- und Beratungspflicht ist dem
Versicherungsnehmer gegenüber aber nur einmal zu erfüllen. Anders als der Versicherungsvermittler ist der Versicherer nach § 6 Abs. 4 S. 1 VVG auch nach Vertragsschluss während der gesamten Dauer des Versicherungsverhältnisses zur Beratung
verpflichtet, soweit für den Versicherer ein Anlass zur Nachfrage und Beratung erkennbar ist. Zudem kommt es in der Praxis regelmäßig vor, dass der Versicherungsmakler vertraglich über die Unterstützung des Versicherungsnehmers vor dem und
beim Vertragsschluss hinaus auch die laufende Betreuung des Versicherungsverhältnisses übernimmt (s. PVR Rn. 726; s. auch Frage 50).

81 ▶ Wie erfüllt der Versicherer seine Pflichten, wenn der Vertrag durch einen
Versicherungsvertreter vermittelt wird?

Nimmt der Versicherer die Dienste eines Versicherungsvertreters in Anspruch, so
erfüllt der Vertreter gleichzeitig die Pflicht des Versicherers nach § 6 Abs. 1 S. 1
VVG, da er aufgrund des Versicherungsvertretervertrages mit dem Versicherer für
diesen handelt (s. RegBegr. S. 58). Er wird insoweit als Erfüllungsgehilfe des
Versicherers tätig (s. BGH VersR 1992, 217; PVR Rn. 729). Zu unterscheiden vom
Versicherungsvertreter, der nach § 59 Abs. 2 VVG *gewerbsmäßig* handelt und mithin selbstständiger Handelsvertreter i. S. von §§ 84 ff. HGB ist, sind die vom Versicherer angestellten *Außendienstmitarbeiter*, die umgangssprachlich oft gleichfalls – rechtlich unzutreffend – als „(Versicherungs-)Vertreter" bezeichnet werden
(s. PVR Rn. 713, 720). Bei solchen Außendienstmitarbeitern folgt die Eigenschaft
als Erfüllungsgehilfe ohne Weiteres aus den ihnen in ihrem Anstellungsverhältnis
übertragenen Aufgaben.

82 ▶ Welche Pflichten bestehen bei Vermittlung durch einen Versicherungsmakler?

Kommt der Versicherungsmakler seiner Pflicht aus § 61 Abs. 1 VVG nach, so kann
er damit nicht gleichzeitig eine Verpflichtung des Versicherers erfüllen, weil er nicht
als Vertreter des Versicherers, sondern für den Versicherungsnehmer tätig wird. Um
eine überflüssige Doppelberatung zu vermeiden, entfällt gem. § 6 Abs. 6 Fall 2
VVG die Beratungspflicht des Versicherers vor und nach Vertragsschluss, wenn der
Vertrag durch einen Makler vermittelt worden ist. Die Bereichsausnahme ist auch
im Zuge der IDD-Umsetzung letztlich unangetastet geblieben (s. dazu *Beenken*, r+s
2017, 617, 619). Umgekehrt ist § 6 Abs. 6 Fall 2 VVG aber in denjenigen Fällen

teleologisch zu reduzieren, in denen im Maklervertrag vorgesehen ist, dass sich die Pflichten des Maklers nur bis zum Vertragsschluss erstrecken (s. Frage 50; PVR Rn. 726).

▶ Welche weiteren Ausnahmen von der Beratungspflicht bestehen? 83

Der Versicherer schuldet dann keine Beratung, wenn es sich um einen Versicherungsvertrag über ein Großrisiko handelt (§ 6 Abs. 6 Fall 1 VVG; s. PVR Rn. 881). Die Bereichsausnahme für den Abschluss von Versicherungsverträgen unter ausschließlicher Verwendung von Fernkommunikationsmitteln wurde durch das Gesetz zur Umsetzung der Richtlinie (EU) 2016/97 (IDD-Umsetzungsgesetz, BGBl. I 2017 Nr. 52, S. 2789) zum 23.02.2018 aufgehoben. Die Regelung war schon unter Geltung der alten Vermittler-RL (2002/92/EG) kritisiert worden, unter anderem deshalb, weil für den von Versicherungsvermittlern betriebenen Fernabsatz eine entsprechende Ausnahme nicht bestand. Insoweit wurde teilweise eine analoge Anwendung des § 6 Abs. 6 VVG a. F. auf die Vermittlung vorgeschlagen (*Armbrüster*, r+s 2017, 57, 59; a. A. OLG München VersR 2017, 1270, 1271).

Der Gesetzgeber hat die Streichung der Bereichsausnahme damit gerechtfertigt, dass eine derartige Ausnahme in der IDD (Insurance Distribution Directive) nicht vorgesehen und auch nicht mehr sinnvoll sei, da inzwischen auch beim Vertragsschluss im Fernabsatz nach § 6 VVG beraten und dokumentiert werden könne (BT-Drs. 18/11627, S. 43). Im Gegenzug hat der Gesetzgeber freilich einen Beratungsverzicht in Textform zugelassen (§ 6 Abs. 3 S. 2 VVG).

▶ Führen die in § 6 Abs. 6 VVG vorgesehenen Ausnahmen zum generellen 84
Ausschluss jeglicher vorvertraglicher Beratungspflicht des Versicherers?

Eine Beratungspflicht bleibt nach allgemeinen Regeln des Vertragsrechts möglich. Der Versicherer muss den Versicherungsnehmer dann beraten, wenn dieser einer offensichtlichen Fehlvorstellung unterliegt oder wenn sich ein Beratungsbedürfnis aus der Sachlage von selbst ergibt (s. BGHZ 47, 101, 107 f.). Trotz § 6 Abs. 6 VVG, wonach die Beratungspflicht des Versicherers gem. Abs. 1 bis 5 ausgeschlossen ist, kann der Versicherer allerdings ausnahmsweise auch bei Einschaltung eines Versicherungsmaklers gem. § 242 BGB zur Aufklärung verpflichtet sein. Eine Verletzung dieser vorvertraglichen Pflicht vermag Schadensersatzansprüche nach §§ 280, 311 BGB auszulösen (s. PVR Rn. 727 ff.).

▶ Ist ein Verzicht nach § 6 Abs. 3 VVG als formularmäßige Vereinbarung 85
möglich?

Aus § 6 VVG lässt sich kein gesetzliches Leitbild herleiten, mit dem eine Verzichtserklärung unvereinbar wäre. Dementsprechend ist nicht erkennbar, weshalb eine formularmäßige Vereinbarung einer Inhaltskontrolle nach § 307 Abs. 1, Abs. 2 Nr. 1 BGB nicht standhalten sollte (a. A. *Franz*, VersR 2008, 298, 300; *Schimikowski*, r + s 2007, 133, 136). Zwar ist es dem Gesetzgeber ein wichtiges Anliegen, den

Versicherungsnehmer durch die Beratung nach § 6 Abs. 1 VVG zu schützen. Zugleich eröffnet er ihm unter den Voraussetzungen des Abs. 3 jedoch die Möglichkeit, auf diesen Schutz zu verzichten. In Anlehnung an die Rechtsprechung des BGH zu §§ 19 Abs. 5 S. 1, 28 Abs. 4 VVG (BGH VersR 2016, 780 Rn. 13ff.; VersR 2013, 297 Rn. 17 ff.) ist davon auszugehen, dass dem Erfordernis einer gesonderten schriftlichen Erklärung bereits dann entsprochen wird, wenn sich die Verzichtserklärung durch ihre Platzierung sowie die drucktechnische Gestaltung so deutlich vom übrigen Text abhebt, dass der Versicherungsnehmer sie nicht übersehen kann. Dieser zutreffenden Rechtsprechung liegt der Gedanke zu Grunde, dass die gebotene Intensität des Warneffekts nicht allein durch eine gesonderte Mitteilung erreicht werden kann (s. PVR Rn. 767). Der Versicherungsnehmer wird zudem dadurch hinreichend geschützt, dass § 6 Abs. 3 VVG für einen Verzicht grundsätzlich die Schriftform vorschreibt, die nach § 126 Abs. 1 BGB eine eigenhändige Unterschrift erfordert (s. PVR Rn. 878). Freilich kann der Versicherungsnehmer gem. § 6 Abs. 3 S. 2 VVG n. F. im Fernabsatz einen Beratungsverzicht auch in Textform erklären. Letzteres trägt dem Umstand Rechnung, dass ein Beratungsverzicht im Online-Vertrieb anderenfalls einen Medienbruch erfordern würde (*Armbrüster*, r+s 2017, 57, 58). Darüber hinaus kann eine standardisierte Verzichtserklärung dann, wenn sie dem Vertragsinteressenten aufgedrängt wird, ggf. einen Missstand i. S. v. § 298 Abs. 1 S. 2 VAG darstellen und die Aufsichtsbehörde zum Einschreiten berechtigen.

86 ▶ Exkurs: Die Beratungspflicht des Versicherers besteht nach § 6 Abs. 4 S. 1 VVG auch nach Vertragsschluss. Muss der Versicherer deshalb bei Verhandlungen über die Verlängerung oder Änderung eines bestehenden Vertrages darauf hinweisen, dass es zwischenzeitlich neue, dem Versicherungsnehmer zumindest auch günstigere AVB gibt?

Diese Frage war vor der Normierung des § 6 Abs. 4 VVG im Zuge der VVG-Reform umstritten. In der Rechtsprechung wurde seinerzeit eine solche Hinweispflicht insbesondere dann oft verneint, wenn die geänderten AVB für Versicherungsnehmer teils günstiger, teils ungünstiger sind als die bisherigen (s. etwa OLG Hamburg VersR 1988, 620; OLG Hamm VersR 2000, 1231). Richtig erscheint es folgendermaßen zu differenzieren: Steht der Versicherer mit dem Versicherungsnehmer ohnehin in Verhandlungen, entstehen durch die Beratung keine unzumutbaren Kosten, so dass eine Beratung zu erfolgen hat (sog. *Hinwirkungspflicht* des Versicherers). Dies gilt hingegen nicht, wenn der Versicherer erst an den Versicherungsnehmer herantreten müsste. Denn in diesem Fall wurde zum einen kein Vertrauenstatbestand geschaffen, zum anderen wäre dem Versicherer ein solcher Mehraufwand nicht zuzumuten (s. PVR Rn. 869).

87 ▶ Gelten im Online-Vertrieb geringere Anforderungen an die Beratungspflicht des Versicherers?

Nein. Nach den Vorstellungen des europäischen Richtliniengebers sollen für den Online-Vertrieb dieselben Anforderungen wie für den herkömmlichen, analogen

Vertrieb gelten (vgl. ErwG. 6 IDD). Der Versicherer wird hierdurch nicht vor unüberwindbare Herausforderungen gestellt (a. A. *Beenken*, r+s 2017, 617, 619). Denn diejenigen Informationen, die der Versicherer zur Erteilung eines bedarfsgerechten Rates benötigt, kann er auch mittels eines entsprechend programmierten Algorithmus' erhalten. Bei Massenprodukten bieten sich digitalisierte Fragenkataloge und entsprechende Erklärungsfelder an. Bei komplexen Produkten, etwa einer kombinierten kapitalbildenden und Risikolebensversicherung, können Fragenkataloge durch interaktive Elemente wie etwa eine Instant-Chat-Funktion oder eine Videotelefonie-Maske ergänzt werden.

▶ In welcher Form ist dem Versicherungsnehmer die Beratungsdokumentation zur Verfügung zu stellen? **87a**

Für die Übermittlung des erteilten Rates und der Gründe verweist § 6 Abs. 2 VVG n. F. auf § 6a VVG, wonach im Grundsatz eine Übermittlung in Papierform vorgeschrieben ist (§ 6a Abs. 1 VVG; BT-Drs. 18/11627, S. 45). Substituiert werden kann die Papierform unter den Voraussetzungen des § 6a Abs. 2 VVG durch die Übermittlung auf einem anderen dauerhaften Datenträger (§ 126b BGB) oder durch die Übermittlung über eine Webseite. Dies setzt voraus, dass die Auskunfterteilung über ein anderes Medium als Papier angemessen ist. Dies ist jedenfalls dann der Fall, wenn der Versicherungsnehmer nachweislich regelmäßig Internetzugang hat. Ein solcher Nachweis ist insbesondere in der Übermittlung einer E-Mail-Adresse durch den Versicherungsnehmer für das konkret in Rede stehende Geschäft zu sehen (§ 6a Abs. 3 S. 1 und S. 2 VVG).

▶ Kann der Versicherungsnehmer auf den Erhalt einer Beratungsdokumentation verzichten? **87b**

Ja. Ebenso wie auf die Beratung kann der Versicherungsnehmer auch auf die Dokumentation einer erfolgten Beratung verzichten (§ 6 Abs. 3 S. 1 VVG). Voraussetzung ist, dass der Verzicht in einer gesonderten schriftlichen Erklärung erfolgt, in welcher der Versicherer den Versicherungsnehmer darauf hinweist, dass sich ein Verzicht nachteilig auf seine Möglichkeit auswirken kann, gegen den Versicherer einen Schadensersatzanspruch nach § 6 Abs. 5 VVG geltend zu machen. Im Fernabsatz kann der Verzicht gem. § 6 Abs. 3 S. 2 VVG in Textform (§ 126b BGB) erfolgen.

▶ Zu welchem Zeitpunkt muss dem Versicherungsnehmer die Beratungsdokumentation zugegangen sein? **87c**

Wird der Vertrag durch einen Vermittler abgeschlossen, so muss der Vermittler die Dokumentation in Textform vor Vertragsschluss an den Versicherungsnehmer übermitteln (§ 62 Abs. 1 VVG). Beim Antragsmodell ist demnach auch eine Übermittlung nach Abgabe der bindenden Vertragserklärung durch den Versicherungsnehmer möglich, sofern diese nur vor der Annahme des Versicherers erfolgt.

Eine inhaltsgleiche Regelung sah § 6 Abs. 2 S. 1 VVG bis zum 22.02.2018 auch für den Direktvertrieb vor. Durch das IDD-Umsetzungsgesetz ist diese Bestimmung weggefallen; sie hat auch in § 6a VVG keine Entsprechung gefunden. Die hierdurch entstandene Regelungslücke ist als Redaktionsversehen anzusehen; sie muss durch eine analoge Anwendung des § 62 Abs. 1 VVG auf den Direktvertrieb geschlossen werden.

87d ▶ Welche Informationspflichten treffen den Versicherer vor Vertragsschluss?

Der Versicherer muss dem Versicherungsnehmer seine Vertragsbestimmungen einschließlich der AVB sowie die in der VVG-InfoV bestimmten Informationen in Textform (§ 126b BGB) mitteilen. Dies folgt aus § 7 Abs. 1 S. 1 VVG (s. PVR Rn. 893 ff.). Seit dem 23.02.2018 ergeben sich aus den §§ 7a–7d VVG besondere Informationspflichten für Querverkäufe, Versicherungsanlageprodukte und für bestimmte Gruppenversicherungsverträge, nämlich Restschuldversicherungen.

88 ▶ Welchen Zweck verfolgt die Regelung in § 7 VVG über vorvertragliche Informationspflichten?

§ 7 VVG entspricht im Grundsatz der allgemeinen bürgerlich-rechtlichen Vorschrift für außerhalb von Geschäftsräumen geschlossene Verträge und für Fernabsatzverträge in § 312d Abs. 1 S. 1 BGB. Zweck derartiger vorvertraglicher Informationspflichten ist es, dem Verbraucher eine rationale, informierte Entscheidung über den Vertragsschluss zu ermöglichen (s. *Schimikowski*, r+s 2007, 133, 134; PVR Rn. 811, 894). Leitbild ist der autonome, selbstverantwortlich im Rechtsverkehr handelnde Verbraucher.

89 ▶ Was fordert die VVG-InfoV für sämtliche Versicherungszweige?

Für alle Versicherungszweige gilt § 1 VVG-InfoV. Erforderlich sind danach Informationen zum Versicherer (Nr. 1–5), zu den angebotenen Leistungen (Nr. 6–11), zum Vertrag (Nr. 12–18) und zum Rechtsweg (Nr. 19–20).

90 ▶ Stellen Informationen, die der Versicherer nach § 7 VVG i. V. mit der VVG-InfoV den Versicherungsnehmern mitteilt, AGB dar?

Eine derartige Information kann als AGB zu qualifizieren sein, auch wenn es sich nicht um das Bedingungswerk des Versicherers handelt. Voraussetzung ist, dass die Verbraucherinformation unmittelbar den Vertragsgegenstand beschreibt. In diesem Fall sind die §§ 305 ff. BGB zu beachten. In aller Regel handelt es sich freilich um „reine" Informationen, die keinen den Vertragsgegenstand regelnden Charakter haben und die daher keine AVB darstellen (s. *Präve*, VersR 2008, 151, 152; PVR Rn. 899).

▶ Was kann aus aufsichtsrechtlicher Sicht geschehen, wenn ein Versicherer **91**
den Vorgaben des § 7 VVG oder der VVG-InfoV zuwiderhandelt?

Die BaFin als Aufsichtsbehörde (s. Frage 10) kann nach § 294 Abs. 3 i. V. mit § 298 Abs. 1 S. 1 VAG einschreiten. Demnach verfügt die Behörde über ein abgestuftes Sanktionsinstrumentarium. Bei nachhaltiger, schwerwiegender Verletzung der Verpflichtung kann ein Widerruf der Erlaubnis des Versicherers zum Geschäftsbetrieb in Betracht kommen (s. PVR Rn. 906).

▶ Wann müssen die Informationen erteilt werden? **92**

Die Informationen müssen nach § 7 Abs. 1 S. 1 VVG rechtzeitig vor Abgabe der Vertragserklärung des Versicherungsnehmers übermittelt werden (s. PVR Rn. 900).

▶ Was bedeutet „rechtzeitig" in § 7 Abs. 1 S. 1 VVG? **93**

Wann eine Information als rechtzeitig erfolgt anzusehen ist, muss anhand der tatsächlichen Umstände des Vertragsschlusses sowie der Art, des Umfangs und der Bedeutung des Geschäfts ermittelt werden. Zweifelsfälle sind im Sinne des Verbraucherschutzes und zu Lasten des Informationspflichtigen zu lösen. Mit Blick auf den Schutzzweck des § 7 Abs. 1 S. 1 VVG, der darin besteht, dem Versicherungsnehmer eine informierte Entscheidung zu ermöglichen (s. Frage 88), darf es eine Mindestfrist nicht geben. Der Versicherungsnehmer muss jedoch in der Lage sein, die Informationen bei seiner Entschließung zu berücksichtigen, und er darf nicht zeitlich unter Druck gesetzt werden (s. PVR Rn. 900).

▶ Unter welchen Voraussetzungen kann der Versicherungsnehmer auf **94**
diese Informationen verzichten?

Nach § 7 Abs. 1 S. 3 Halbs. 2 VVG kann der Versicherungsnehmer durch *gesonderte schriftliche Erklärung* auf die Informationen vor Abgabe seiner Vertragserklärung verzichten. Der mündige Verbraucher soll die Möglichkeit behalten, sich für den Abschluss des gewünschten Versicherungsvertrags schon vor Überlassung sämtlicher Informationen zu entscheiden. Nach der Gesetzesbegründung soll ein formularmäßiger Verzicht nicht möglich sein (RegBegr. S. 60), also insbesondere in den AVB. Voraussetzung ist vielmehr, dass der Verzicht gesondert erklärt und eigenhändig vom Versicherungsnehmer unterschrieben wird (§ 126 BGB). Eine Vorformulierung durch den Versicherer ist jedoch ebenso wie bei § 6 Abs. 3 VVG (s. dazu Frage 85) möglich (s. PVR Rn. 902; str.). Der BGH hat sich dazu bislang nicht explizit geäußert. Nach Auffassung des IV. Zivilsenats erfordert ein wirksamer Verzicht aber ein besonderes Erklärungsbewusstsein des Versicherungsnehmers. Der Verzicht muss dem Versicherungsnehmer bewusst vor Augen geführt werden, so dass die Warnfunktion sichergestellt wird (BGH VersR 2017, 997 Rn. 17 f.).

95 ▶ Widerspricht die Verzichtsmöglichkeit dem Verbraucherschutz?

Das ist wohl zu verneinen. Die Verzichtsmöglichkeit kann dem Versicherungsnehmer auch nutzen. So hat er womöglich Interesse an einem möglichst schnellen Versicherungsschutz und keinen Informationsbedarf. Damit dient die Verzichtsmöglichkeit dem Ziel, den mündigen Verbraucher in seiner Eigenverantwortlichkeit zu stärken (*Franz*, VersR 2008, 298, 301). Zweifelhaft erscheint jedoch, ob der Verzicht mit den Vorgaben der Fernabsatzrichtlinie (2002/65/EG), der Lebensversicherungs-Richtlinie (2002/83/EG) sowie der Solvency II-Richtlinie (2009/138/EG), welche die Zulässigkeit eines Verzichts offen lassen, vereinbar ist. Die besseren Gründe sprechen dafür, § 7 Abs. 1 S. 3 Halbs. 2 VVG europarechtskonform in dem Sinne einschränkend auszulegen, dass im Fernabsatz und im Anwendungsbereich der Lebensversicherungs-Richtlinie ein Verzicht ausscheidet (s. PVR Rn. 903).

2. Rechtsfolgen von Pflichtverletzungen

96 ▶ Wie wird eine Verletzung der Informationspflicht sanktioniert?

Die Verletzung der Informationspflicht aus § 7 Abs. 1 S. 1 VVG zieht einschneidende Rechtsfolgen nach sich: Zum einen kann die Widerrufsfrist des § 8 Abs. 2 Nr. 1 VVG erst beginnen, wenn dem Versicherungsnehmer die Informationen zugegangen sind. Dies bedeutet, dass der Versicherungsnehmer unter Umständen noch nach längerer Zeit seine Vertragserklärung widerrufen kann. Es entsteht mithin ein sog. *ewiges Widerrufsrecht*, das zur schwebenden Unwirksamkeit des Vertrags führt. Der Versicherungsnehmer kann dann zumindest nach § 9 Abs. 1 S. 2 VVG die für das erste Jahr gezahlte Prämie zurückverlangen. Zum anderen kommen Schadensersatzansprüche des Versicherungsnehmers nach §§ 280 Abs. 1, 311 Abs. 2 Nr. 1 BGB in Betracht (s. PVR Rn. 904). Nach Ansicht des BGH (VersR 2017, 997 Rn. 35) entfalten die Widerrufsregelungen der §§ 8, 9 VVG keine Sperrwirkung gegen einen solchen Schadensersatzanspruch, da diese Regeln eine andere Schutzrichtung haben. Hinsichtlich einer Rückabwicklung des Vertrags handelt es sich bei § 8 Abs. 2 S. 1 Nr. 1 VVG indessen um eine abschließende Sonderregelung (s. PVR Rn. 1003). Schließlich können Verbraucherverbände nach § 2 UKlaG einen Unterlassungsanspruch gegen den Versicherer geltend machen. Dieser Anspruch besteht, wenn der Unternehmer gegenüber dem Verbraucher Informationspflichten nicht erfüllt und wenn insoweit eine ernsthafte Wiederholungsgefahr besteht (s. *Schimikowski*, r+s 2007, 133, 137).

97 ▶ Was kann der Versicherungsnehmer verlangen, wenn der Versicherer eine Aufklärungspflicht verletzt?

Es kommen Schadensersatzansprüche aus § 6 Abs. 5 VVG und Ansprüche aus der gewohnheitsrechtlichen Erfüllungshaftung in Betracht (s. dazu Fragen 98 ff.; eingehend PVR Rn. 880 ff.).

▶   Auf welches Interesse ist die Haftung aus § 6 Abs. 5 VVG gerichtet?   **98**

Die Haftung aus § 6 Abs. 5 VVG ist grundsätzlich allein auf den Ersatz des Vertrauensschadens (gleichbedeutend: negativen Interesses) gerichtet, also i. d. R. auf die Umstufung in einen günstigeren Prämientarif oder auf eine Lösung vom Vertrag. Nur wenn der Versicherungsnehmer nachweisen kann, dass er bei richtiger Beratung anderweitig ausreichend Versicherungsschutz erlangt hätte (Kausalität zwischen Pflichtverletzung und Schaden), ist er so zu stellen, als würde ein solcher Versicherungsschutz tatsächlich bestehen. Insoweit hat § 6 Abs. 5 VVG strengere Voraussetzung als die gewohnheitsrechtliche Erfüllungshaftung (s. Frage 99), welche kein Kausalitätserfordernis kennt (s. PVR Rn. 889).

▶   Kann der Versicherungsnehmer dann, wenn ihm der Versicherungsver-   **99**
          treter den Umfang des Versicherungsschutzes unzutreffend weit darge-
          stellt hat, den Ersatz seines Erfüllungsinteresses (gleichbedeutend: posi-
          tives Interesse) verlangen?

Dies hängt davon ab, ob man die Regeln der *gewohnheitsrechtlichen Erfüllungshaftung* auch nach der VVG-Reform heranzieht (s. dazu Fragen 103 f.). Nach diesen zum alten Recht entwickelten, ungeschriebenen Regeln gilt Folgendes: Macht ein Versicherungsvertreter oder eine ihm gleichzustellende Person gegenüber einem potenziellen Versicherungsnehmer bestimmte Angaben über den Umfang des Versicherungsschutzes, so darf der Kunde auf deren Richtigkeit vertrauen, es sei denn, ihm ist ein erhebliches Eigenverschulden anzulasten (s. BGHZ 40, 22, 24 f. = VersR 1963, 768). Auf ein Verschulden des Versicherers kommt es nicht an. Der Vertrag gilt dann als mit dem Inhalt zustande gekommen, der sich aus den Aussagen des Vertreters ergibt.

▶   Verlangt die gewohnheitsrechtliche Erfüllungshaftung, dass der Versi-   **100**
          cherungsvertreter falsche Angaben macht, oder genügt es, wenn er den
          irrigen Vorstellungen des Versicherungsnehmers nicht widerspricht?

Für die Erfüllungshaftung genügt es, wenn der Versicherungsvertreter bemerkt, dass sich der Versicherungsnehmer unzutreffende Vorstellungen von vertragswesentlichen Umständen macht, und er diesen Vorstellungen nicht widerspricht.

▶   Wann liegt ein erhebliches Eigenverschulden des Versicherungsnehmers   **101**
          vor, das eine gewohnheitsrechtlichen Erfüllungshaftung entfallen lässt?

Der Versicherungsnehmer darf den Aussagen des Versicherungsvertreters nicht schrankenlos vertrauen. Ein erhebliches Eigenverschulden des Versicherungsnehmers liegt insbesondere dann vor, wenn die Aussagen des Vertreters im Widerspruch zu dem klaren und eindeutigen Wortlaut der AVB stehen. Dies gilt auch dann, wenn sich der Versicherungsnehmer die Bedingungen bei Vertragsschluss nicht aushändigen ließ und sie deshalb nicht gelesen hat: Es genügt, dass er sie sich hätte besorgen und lesen können.

102 ▶▶   Inwiefern kommt bei der Erfüllungshaftung das sog. Alles-oder-nichts-
Prinzip zum Tragen?

Es gibt keine Abstufung hinsichtlich des Mitverschuldens des Versicherungsnehmers. § 254 BGB gilt nämlich nur für Schadensersatzansprüche, nicht für
Erfüllungsansprüche. Handelte der Versicherungsnehmer mit einem erheblichen
Eigenverschulden (grobe Fahrlässigkeit), so hat er keinen Anspruch aus Vertrauens-
haftung. Trifft ihn hingegen kein oder nur ein unerhebliches Verschulden, so kommt
der Vertrag mit dem vom Kunden erwarteten Inhalt zustande, selbst wenn der Versicherer derartige Verträge sonst nicht schließt. Somit bedarf es für den Anspruch
aus Erfüllungshaftung anders als für denjenigen aus § 6 Abs. 5 VVG keines Kausa-
litätsnachweises. In diesem „entweder – oder" kommt das bis zur Reform das VVG
beherrschende „Alles-oder-nichts-Prinzip" zum Ausdruck. Der Umstand, dass dieses Prinzip durch die Reform weitgehend abgeschafft wurde, ist ein Argument dafür, dass auch die gewohnheitsrechtliche Erfüllungshaftung durch die VVG-Reform
abgeschafft worden ist (s. Frage 104).

103 ▶▶   Welche Gründe sprechen dafür, das Rechtsinstitut der gewohnheitsrechtlichen Erfüllungshaftung auch nach der VVG-Reform anzuerkennen?

Nur wenn der Versicherungsnehmer nachweisen kann, dass er bei richtiger Beratung anderweitig ausreichend Versicherungsschutz erlangt hätte, ist er bei einem
Anspruch aus § 6 Abs. 5 VVG so zu stellen, als ob Versicherungsschutz tatsächlich
bestand (Ersatz des positiven Interesses). Sofern dieser Nachweis nicht gelingt, ist
der Anspruch i. d. R. nur auf eine Freistellung vom Vertrag gerichtet (Ersatz des
negativen Interesses). Das schutzwürdige Interesse des Versicherungsnehmers ist
aber nach Eintritt eines Schadens auf dessen Ersatz nach Maßgabe der mit dem Versicherungsvertreter getroffenen Vereinbarungen und nicht auf bloße Freistellung
vom Vertrag gerichtet. Die Rechtsprechung hat die versicherungsrechtliche Erfüllungshaftung entwickelt, um dem Versicherungsnehmer, den kein erhebliches Eigenverschulden trifft, den Ersatz seines positiven Interesses zu gewähren, ohne dass
es auf die Kausalität zwischen Pflichtverletzung und Schaden ankommt (s. PVR
Rn. 884 ff.).

104 ▶▶   Und welche Argumente sprechen dagegen?

Nach der Gegenansicht hat der Gesetzgeber die Frage, welche Folgen eine unzutreffende Aussage des Versicherungsvertreters über den Umfang des Versicherungsschutzes hat, durch § 6 Abs. 5 VVG abschließend und abweichend von der früheren
Rechtslage, in der die Erfüllungshaftung einen dogmatischen Fremdkörper dar-
stellte, neu geregelt. Zugunsten des Versicherungsnehmers kann nunmehr ein erhebliches Eigenverschulden nur noch zur Anspruchskürzung gem. § 254 BGB und
in der Regel nicht mehr zum völligen Wegfall des Anspruchs führen. Das Schutzbedürfnis des Versicherungsnehmers gebietet es, einen Schadensersatzanspruch anzuerkennen, wenn er bei ordnungsgemäßer Beratung auf andere Weise vorgesorgt

hätte. Dieser Schutz erscheint aber dann nicht geboten, wenn der Versicherungsnehmer eine solche Wahl überhaupt nicht hatte, da ein entsprechender Versicherungsschutz am Markt gar nicht erhältlich ist. In diesem Fall ist sein Vertrauen nämlich nicht als schutzwürdig anzusehen (s. zum Ganzen PVR Rn. 884 ff.).

II. Vorvertragliche Pflichten und Obliegenheiten des Versicherungsnehmers

▶   Welche vorvertragliche Pflicht trifft den Versicherungsnehmer?   **105**

Nach § 19 Abs. 1 VVG hat der Versicherungsnehmer dem Versicherer alle ihm bekannten Gefahrumstände, die für den Entschluss des Versicherers, den Vertrag mit dem vereinbarten Inhalt zu schließen, bedeutsam sind und nach denen der Versicherer in Textform gefragt hat, anzuzeigen (s. PVR Rn. 908 ff.).

▶   Handelt es sich dabei tatsächlich um eine Pflicht?   **106**

Nein. Das Gesetz spricht zwar von einer Pflicht, die vorvertragliche Anzeigepflicht ist jedoch eine Obliegenheit des Versicherungsnehmers und keine echte Rechtspflicht. Die Befolgung der Verhaltensregel ist nämlich vom Versicherer nicht einklagbar, liegt aber im eigenen Interesse des Versicherungsnehmers, um den Leistungsanspruch gegen den Versicherer nicht zu verlieren (s. PVR Rn. 1652 ff.).

▶   Welche Unterschiede bestehen zwischen Pflichten und Obliegenheiten?   **107**

Die Erfüllung einer Obliegenheit liegt zwar im Interesse des Versicherungsnehmers; er ist aber nicht verpflichtet sie zu erfüllen. Vielmehr führt ein Verstoß gegen die Obliegenheit unmittelbar zu einem Rechtsnachteil des Versicherungsnehmers. Anders als bei einer „echten" Rechtspflicht ist die Erfüllung einer Obliegenheit vom Versicherer nicht einklagbar, und die Nichterfüllung löst keine Schadensersatzpflicht des Versicherungsnehmers aus (s. PVR Rn. 1652 ff.).
Nach der sog. Voraussetzungstheorie ist die Erfüllung einer Obliegenheit objektive Voraussetzung für die Erhaltung der Rechte des Versicherungsnehmers (BGHZ 24, 378 = VersR 1957, 458; zu dieser sowie weiteren Theorien zu der Frage nach der Rechtsnatur von Obliegenheiten s. PVR Rn. 1652 ff.).

▶   Können auch allgemein gefasste Fragen nach Krankheiten, Störungen, Behandlungen in den letzten fünf Jahren die Anzeigeobliegenheit auslösen?   **108**

Das ist fraglich. Nach einer Ansicht soll die Anzeigeobliegenheit auch bei derart allgemein gehaltenen Fragen bestehen, selbst wenn der Versicherer die nach seinen Risikoprüfungsgrundsätzen konkret gefahrerheblichen Umstände hierbei nicht im Einzelnen oder exemplarisch erfragt. Dafür soll sprechen, dass schon aus Gründen der Praktikabilität pauschale Fragen (auch Generalfragen oder globale Fragen) möglich sein müssten. Dies folge auch daraus, dass § 19 Abs. 1 S. 1 VVG ausdrücklich zwischen der Fragestellung des Versicherers und der Gefahrerheblichkeit eines dem Antragsteller bekannten Umstandes unterscheide.

Nach der Gegenansicht bedarf es jedenfalls jenseits der Frage nach Krankheiten einer gewissen Konkretisierung (auf gesundheitliche Beschwerden bestimmter, grob umrissener Art). So soll eine Frage wie „Leiden/litten Sie an Störungen?" die Anzeigeobliegenheit nicht auslösen (*Rixecker*, zfs 2007, 369, 370). Dies wird damit begründet, dass die Neuregelung das Risiko einer Fehleinschätzung, ob ein Umstand gefahrerheblich ist oder nicht, in vollem Umfang auf den Versicherer verlagern will (s. RegBegr. S. 64; *Reusch*, VersR 2007, 1313, 1314).

109 ▶ Was gilt bei unklar gefassten Fragen?

Unklare Fragen gelten nicht als von vornherein nicht gestellt; sie sind kein „nullum" (s. P/M/*Armbrüster* § 19 Rn. 41; str.). Vielmehr bleibt es dabei, dass die gestellten Fragen auszulegen sind, etwaige Unklarheiten nach dem in der Unklarheitenregel des § 305c Abs. 2 BGB zum Ausdruck kommenden Grundgedanken zu Lasten des Versicherers gehen und in verbleibenden Zweifelsfällen die Unklarheit der Frage bei der Bewertung des Verschuldens des Antragstellers zu berücksichtigen ist (vgl. auch PVR Rn. 917). Den Versicherer trifft zudem eine Nachfrageobliegenheit, wenn der Versicherungsnehmer ersichtlich unvollständige oder unklare Antworten gegeben hat (s. Frage 121).

110 ▶ Ist der Versicherer schutzlos, wenn er nach einem gefahrerheblichen Umstand nicht oder nur mündlich fragt und der Versicherungsnehmer diesen arglistig verschweigt?

In diesem Fall kann der Versicherer den Vertrag nach § 22 VVG i. V. m. § 123 BGB anfechten (s. RegBegr. S. 64; kritisch M/S/*Marlow*, Rn. 168: das Anfechtungsrecht sei hier zweifelhaft, da § 19 Abs. 1 VVG eine Anzeigeobliegenheit nur bei ausdrücklicher Nachfrage des Versicherers in Textform statuiert). Dies folgt aus dem Zweck der Frageobliegenheit: Sie soll den Versicherungsnehmer von der Ungewissheit darüber entlasten, welche Umstände er dem Versicherer offenbaren muss. Wer indessen einen Umstand arglistig verschweigt, dem ist gerade die Bedeutung jenes Umstandes für die Entschließung des Versicherers bewusst; er verdient daher keinen Schutz (s. PVR Rn. 1038). Zu den Anforderungen an eine Offenbarungspflicht s. Frage 114.

111 ▶ Kann der Versicherer seine auf den Versicherungsvertrag gerichtete Willenserklärung wegen Irrtums über gefahrerhebliche Umstände nach § 119 BGB anfechten?

Nein. Dies ergibt sich aus einem Umkehrschluss zu § 22 VVG. Hat der Versicherer Fehlvorstellungen über das zu versichernde Risiko, so sind die §§ 19 ff. VVG vorrangige Spezialvorschriften. Eine Anwendung des § 119 BGB ist daher grundsätzlich ausgeschlossen. Eine Anfechtung wegen eines Inhaltsirrtums nach § 119 Abs. 1 Fall 1 BGB kommt aber ausnahmsweise dann in Betracht, wenn der Versicherer sich über die objektive Bedeutung einer von ihm verwendeten AVB irrt, etwa weil es zu dieser noch keine höchstrichterliche Rechtsprechung gibt. Voraussetzung ist aber, dass die Klausel einer AGB-Kontrolle standhält; andernfalls drohen die §§ 305 ff. BGB leerzulaufen (s. PVR Rn. 1033 f.).

▶ Wann muss der Versicherungsnehmer die Gefahrumstände anzeigen? 112

Entscheidender Zeitpunkt für die Erfüllung der Anzeigeobliegenheit ist die Abgabe der *Vertragserklärung des Versicherungsnehmers.* Zwischen dessen Vertragserklärung und Vertragsschluss besteht eine Nachmeldeobliegenheit nur bei entsprechender zusätzlicher Nachfrage des Versicherers in Textform (§ 19 Abs. 1 S. 2 VVG). Dies stellt eine wichtige Neuerung im Vergleich zur alten Rechtslage dar, nach der die Anzeigeobliegenheit bis zum Vertragsschluss und damit auch noch nach Abgabe der Vertragserklärung zu erfüllen war (vgl. § 16 Abs. 1 S. 1. VVG a. F.; s. PVR Rn. 910, 920).

▶ Darf der Versicherer nach jeglichem Umstand fragen? 113

Nein. Die vorvertragliche Anzeigepflicht bezieht sich nach der ausdrücklichen Regelung in § 19 Abs. 1 S. 1 VVG allein auf solche Gefahrumstände, die für die Entscheidung des Versicherers darüber, ob und ggf. mit welchem Inhalt er einen Vertrag mit dem Kunden schließen will, *erheblich* sind. Antwortet der Kunde auf Fragen nach nicht vertragsrelevanten Tatsachen unzutreffend, so zieht dies daher nicht die Folgen der §§ 19 Abs. 2–6, 20, 21 VVG nach sich.

▶ Hat der Versicherungsnehmer auch Gefahrumstände anzuzeigen, nach 114
denen der Versicherer nicht in Textform gefragt hat?

Grundsätzlich nicht. Seitdem im Zuge der VVG-Reform in § 19 Abs. 1 VVG ausdrücklich eine Frageobliegenheit des Versicherers in Textform normiert worden ist, kommt eine Anzeigepflicht ohne entsprechende formgerechte Frage in der Regel nicht mehr in Betracht. Allerdings gibt es auch Gefahrumstände, deren Gefahrerheblichkeit auf der Hand liegt. Ganz ausnahmsweise sind solche Umstände auch ungefragt zu offenbaren. Jedenfalls dann, wenn es treuwidrig erscheint, dass der Versicherungsnehmer einen ganz offensichtlich gefahrerheblichen Umstand verschweigt, ergibt sich aus § 242 BGB eine solche Anzeigeobliegenheit (s. PVR Rn. 913 ff.; zu den Folgen s. Frage 110). Die Rspr. meint teils, dass eine spontane Anzeigepflicht nur bei Umständen besteht, die zwar offensichtlich gefahrerheblich, aber so ungewöhnlich sind, dass eine auf sie abzielende Frage nicht erwartet werden kann (OLG Celle r+s 2016, 500 Rn. 63; OLG Hamm r+s 2017, 68 Rn. 10).

115 ▶ Wen trifft die Beweislast für eine Anzeigepflichtverletzung des Versicherungsnehmers?

Die Beweislast trifft insoweit gem. § 69 Abs. 3 S. 2 VVG den Versicherer. Diese Regelung gilt – wie schon ihre systematische Stellung zeigt – zwar nur im Verhältnis des Versicherungsnehmers zum durch einen Versicherungsvertreter repräsentierten Versicherer. Sie ist allerdings gesetzlicher Ausdruck des generellen ungeschriebenen Grundsatzes, wonach jede Partei diejenigen Tatsachen zu beweisen hat, auf die sie sich im Prozess beruft (s. auch Frage 265). Daher gilt Gleiches auch dann, wenn sich Versicherungsnehmer und Versicherer im Direktvertrieb unmittelbar gegenüberstehen (s. L/R/*Rixecker* § 69 Rn. 17; s. auch PVR Rn. 735; Grundsätzliches zu den Beweisregeln: PVR Rn. 1798 ff.).

116 ▶ Welche Rechtsfolgen kommen bei einer Anzeigepflichtverletzung des Versicherungsnehmers in Betracht?

In Betracht kommen ein Rücktritts- (§ 19 Abs. 2 VVG), ein Kündigungs- (§ 19 Abs. 3 S. 2 VVG) sowie ein Vertragsanpassungsrecht des Versicherers (§ 19 Abs. 4 S. 2 VVG). Zu Einzelheiten s. PVR Rn. 923 ff.

117 ▶ Welche allgemeinen Voraussetzungen bestehen für alle drei Gestaltungsrechte (dazu PVR Rn. 931 ff.)?

1. *Belehrungserfordernis.* Der Versicherer kann ein Gestaltungsrecht nach § 19 Abs. 2–4 VVG nur dann geltend machen, wenn er den Versicherungsnehmer durch gesonderte Mitteilung in Textform auf die Folgen einer Anzeigepflichtverletzung hingewiesen hat (§ 19 Abs. 5 S. 1 VVG).
2. *Frist-, Schriftform- und Begründungserfordernis.* Der Versicherer kann gem. § 21 Abs. 1 VVG die ihm nach § 19 Abs. 2 bis 4 VVG zustehenden Rechte nur innerhalb eines Monats ab Kenntnis von dem Anzeigepflichtverletzung schriftlich geltend machen. Er muss die Ausübung seiner Rechte begründen, also Umstände angeben, auf die er seine Erklärung stützt.
3. *Kein Erlöschen durch Zeitablauf.* Die Rechte nach § 19 Abs. 2 bis 4 VVG erlöschen fünf Jahre nach Vertragsschluss; bei vorsätzlicher oder arglistiger Anzeigepflichtverletzung verdoppelt sich die Frist auf zehn Jahre (§ 21 Abs. 3 VVG).
4. *Keine Kenntnis des Versicherers.* Die Rechte sind gem. § 19 Abs. 5 S. 2 VVG ausgeschlossen, wenn der Versicherer positive Kenntnis von dem nicht angezeigten Gefahrumstand oder von der Unrichtigkeit der Anzeige hatte. Ein Kennenmüssen ist der Kenntnis hier nicht gleichgestellt, so dass den Versicherer auch keine Nachforschungsobliegenheit trifft.

118 ▶ Muss die Belehrung auf einem vom Antragsformular getrennten Schriftstück erfolgen?

Dies ist umstritten. Nach einer Ansicht ist die Frage zu bejahen; dabei wird insbesondere darauf verwiesen, dass der Gesetzgeber in § 19 Abs. 5 S. 1 VVG eine

„gesonderte Mitteilung" verlangt, während er an anderer Stelle daneben als Alternative von einem „auffälligen Hinweis" spricht (§§ 51 Abs. 1, 52 Abs. 1 S. 2 VVG). Die Gegenansicht lässt es genügen, wenn die Mitteilung vom übrigen Antragstext räumlich deutlich getrennt und in besonderer Gestaltung erfolgt, d. h. drucktechnisch hervorgehoben (etwa durch Farbe, Schriftgröße, Fettdruck, Rahmen). Dieser Sichtweise hat sich mittlerweile der BGH (VersR 2016, 780 Rn. 13 ff. [zu § 19 Abs. 5 VVG]; VersR 2013, 297 Rn. 15 ff. [zu § 28 Abs. 4 VVG]) angeschlossen. Dafür spricht insbesondere, dass nicht formale Kriterien im Vordergrund stehen sollten, sondern der Zweck der Hinweispflicht, den Versicherungsnehmer vor den Folgen einer Obliegenheitsverletzung zu warnen. Dieser Warnfunktion wird am ehesten Rechnung getragen, wenn ihm die Folgen seiner Anzeigepflichtverletzung in räumlichen Zusammenhang mit den Fragen in hervorstechender Art und Weise verdeutlicht werden (s. PVR Rn. 932). Freilich ginge es zu weit, aufgrund dieser Erwägung umgekehrt ein separates Schriftstück als nicht ausreichend anzusehen.

▶ Muss die bei der Ausübung eines Gestaltungsrechts anzugebende Begründung richtig sein? **119**

Nein. Die Begründung muss nicht zutreffen, damit die Erklärung wirksam ist. Sie muss aber über eine bloße formelhafte Bezugnahme auf das Gesetz hinausgehen; eine inhaltsleere Floskel genügt daher nicht (s. *Rixecker*, zfs 2007, 369, 370). Zweck der Begründungspflicht ist es nämlich, es dem Versicherungsnehmer zu ermöglichen, die Berechtigung der Erklärung zu überprüfen.

▶ Unter welchen (besonderen) Voraussetzungen kann der Versicherer bei vorvertraglicher Anzeigepflichtverletzung des Versicherungsnehmers vom Vertrag zurücktreten? **120**

Ein Rücktrittsrecht des Versicherers setzt neben den allgemeinen Voraussetzungen der §§ 19 Abs. 5, 21 Abs. 1 VVG zunächst nur die Anzeigepflichtverletzung des Versicherungsnehmers voraus (§ 19 Abs. 2 VVG). Für sie ist der Versicherer beweispflichtig (s. PVR Rn. 1804). Das Gesetz sieht jedoch eine Reihe von Ausschlussgründen vor, für deren Vorliegen der Versicherungsnehmer die Beweislast trägt:

• Kann der Versicherungsnehmer nachweisen, dass er die Anzeigepflicht weder vorsätzlich noch grob fahrlässig verletzt hat, so kann der Versicherer nicht zurücktreten (§ 19 Abs. 3 S. 1 VVG).
• Dasselbe gilt, wenn der Versicherungsnehmer beweist, dass der Versicherer Kenntnis von den nicht angezeigten Gefahrumständen oder von der Unrichtigkeit der Anzeige hatte (§ 19 Abs. 5 S. 2 VVG).
• Kann der Versicherungsnehmer sich vom Vorwurf des Vorsatzes entlasten, nicht jedoch von demjenigen grober Fahrlässigkeit, so ist das Rücktrittsrecht des Versicherers ausgeschlossen, wenn der Versicherungsnehmer nachweisen kann, dass der Versicherer den Vertrag auch bei Kenntnis der nicht angezeigten Umstände,

wenn auch zu anderen Bedingungen, geschlossen hätte (§ 19 Abs. 4 S. 1 VVG).
Dabei muss der Versicherer es dem Versicherungsnehmer ermöglichen, diese anderweitige Vertragsabschlussbereitschaft zu beweisen und dafür seine Risiko-
prüfungsgrundsätze offenbaren (s. *Rixecker*, zfs 2007, 369, 371).

121 ▶ In welchem weiteren Fall ist ein Rücktritt nach den §§ 19 ff. VVG ausgeschlossen?

Der Versicherer verliert sein Rücktrittsrecht, wenn er bei offensichtlich unklaren
oder unvollständigen Angaben des Versicherungsnehmers Rückfragen unterlassen
hat und der Vertrag zustande gekommen ist (s. BGHZ 117, 385, 387 f. = VersR
1992, 603, 604). Denn der Versicherer darf die Risikoprüfung trotz gegebenem Anlass nicht unterlassen, wenn er Prämien einzieht, den Versicherungsschutz aber verweigern kann (Kooperationsgebot; § 242 BGB). Es handelt sich hierbei um eine
Nachfrageobliegenheit des Versicherers, die er beachten muss, wenn er sein Rücktrittsrecht nicht verlieren will (s. PVR Rn. 921 f.; MünchKommVVG/*Langheid* § 19
Rn. 87 ff.).

122 ▶ Muss der Versicherer nach erfolgtem Rücktritt nochmals den Rücktritt erklären, wenn er von weiteren Rücktrittsgründen Kenntnis erlangt hat?

Das ist zweifelhaft. Nach § 21 Abs. 1 S. 3 Halbs. 2 VVG kann der Versicherer nachträglich weitere Umstände zur Begründung seiner Erklärung angeben. Darunter
sind auch weitere Rücktrittsgründe zu verstehen. Ein neuer Rücktrittsgrund könnte
also auch nach erfolgtem Rücktritt nachgeschoben werden, ohne dass es einer er-
neuten Rücktrittserklärung bedarf. Entscheidend wäre nur, dass bezüglich des nachgeschobenen Rücktrittsgrundes die Frist nach § 21 Abs. 1 S. 1 VVG noch nicht
verstrichen ist. Ein darauf gestützter Rücktritt müsste also noch rechtzeitig sein
(§ 21 Abs. 1 S. 3 Halbs. 2 VVG). Die Frist für den nachgeschobenen Grund beginnt
in diesem Fall mit Kenntnis von dem jeweiligen Grund.
   Allerdings kann § 21 Abs. 1 S. 3 Halbs. 2 VVG auch anders ausgelegt werden:
Geht man davon aus, dass sich das Wort „diese" auf „Erklärung" und nicht auf
„weitere Umstände" bezieht, so können weitere, bisher unbekannte Rücktrittsgründe nicht nach Ablauf der Monatsfrist für den bereits erklärten Rücktritt zur
Stützung der ersten Rücktrittserklärung nachgeschoben werden. In dem Fall
müsste vielmehr innerhalb der dann neu laufenden Monatsfrist erneut der Rücktritt erklärt werden (so *Lange*, r + s 2008, 56, 60; *Reusch*, VersR 2007, 1313,
1322).

123 ▶ In welchem Zusammenhang muss in diesem Fall der ursprünglich vor-
getragene Grund mit dem nachgeschobenen stehen?

Der Wortlaut des § 21 Abs. 1 S. 3 Halbs. 2 VVG lässt diese Frage offen. Voraussetzung dürfte sein, dass der ursprünglich vorgebrachte Grund mit dem nachgeschobenen in einem *inneren Zusammenhang* steht. § 21 Abs. 1 S. 3 Halbs. 2 VVG

ist damit so zu verstehen, dass lediglich eine Konkretisierung (Untermauerung) des zunächst vorgebrachten Grundes nachgeschoben werden kann. Andernfalls könnte der Versicherer daraus einen Vorteil erlangen, dass er zunächst „ins Blaue hinein" eine Anzeigepflichtverletzung vorbringt und das bereits ausgeübte Gestaltungsrecht später auf ganz andere Umstände stützt. Die weiteren Gründe gehen dem Versicherer nicht verloren; freilich muss er das Gestaltungsrecht dann, wenn er sie vorbringt, erneut ausüben, und zwar innerhalb der Frist des § 21 Abs. 3 VVG (s. Frage 122). In der Praxis ist dieses Problem vor allem dann von Bedeutung, wenn nach Ausübung des Gestaltungsrechts, aber vor Mitteilung des zweiten und allein tragfähigen Umstandes der Versicherungsfall eintritt (s. PVR Rn. 948 f.).

▶ Welche Folgen hat der Rücktritt des Versicherers nach den §§ 19 ff. VVG? **124**

Durch den Rücktritt wandelt sich das Versicherungsverhältnis in ein Rückgewährschuldverhältnis i. S. der §§ 346 ff. BGB um. Bereits vom Versicherer erbrachte Leistungen muss der Versicherungsnehmer daher zurückgewähren. Die Leistungspflicht des Versicherers wird grundsätzlich rückwirkend beseitigt (s. PVR Rn. 924). Im Gegenzug kann der Versicherungsnehmer die geleisteten Prämien herausverlangen.

▶ Welche Besonderheit besteht bei einem Rücktritt nach Eintritt des **125** Versicherungsfalls?

Der Versicherer ist nach § 21 Abs. 2 S. 1 VVG zwar grundsätzlich leistungsfrei, der Versicherungsnehmer kann aber einen *Kausalitätsgegenbeweis* erbringen: Der Versicherer muss leisten, wenn sich die Verletzung der Anzeigepflicht auf einen Umstand bezieht, der weder für den Eintritt oder die Feststellung des Versicherungsfalls noch für die Feststellung oder den Umfang der Leistungspflicht des Versicherers ursächlich ist. Bei arglistiger Anzeigepflichtverletzung ist der Kausalitätsgegenbeweis freilich gem. § 21 Abs. 2 S. 2 VVG versperrt (s. PVR Rn. 924).

▶ Kommt ein Rücktrittsrecht des Versicherers nach den §§ 19 ff. VVG auch **126** bei einem Vertrag über vorläufige Deckung (s. Frage 169) in Betracht?

Die vorvertragliche Anzeigepflicht soll den Versicherer in die Lage versetzen, das zu übernehmende Risiko richtig einzuschätzen und auf dieser Grundlage eine angemessene Prämienkalkulation vorzunehmen. An der Gefahrerheblichkeit eines Umstandes fehlt es, wenn der Versicherer insoweit gar keine Risikoprüfung vornimmt. Gerade dies ist der Fall, wenn die vorläufige Deckung (§ 49 VVG) bereits mit dem Zugang des Antrags zum Hauptvertrag beim Versicherer einsetzt. Ein Rücktrittsrecht des Versicherers nach den §§ 19 ff. VVG scheidet daher insoweit grundsätzlich aus. Dies gilt jedoch nicht, wenn der Vertrag über vorläufige Deckung Bezug auf im Antrag zum Hauptvertrag angezeigte Umstände nimmt (s. Hk/*Karczewski* § 49 Rn. 14).

127 ▶▶   Wann steht dem Versicherer ein Kündigungsrecht zu?

Ein Kündigungsrecht kommt dann in Betracht, wenn der Versicherungsnehmer nachweisen kann, dass er die Anzeigepflichtverletzung weder vorsätzlich noch grob fahrlässig begangen hat. Der Versicherer kann den Vertrag mit einer Frist von einem Monat kündigen (§ 19 Abs. 3 S. 2 VVG). Damit handelt es sich um eine der wenigen Situationen, in denen dem Versicherungsnehmer auch ohne eigenes Verschulden aus einer Obliegenheitsverletzung ein Nachteil erwächst (s. PVR Rn. 927).

Dieses Recht ist wiederum dann ausgeschlossen, wenn der Versicherungsnehmer nachweisen kann, dass der Versicherer den Vertrag auch bei Kenntnis der nicht angezeigten Umstände geschlossen hätte, wenn auch zu *anderen Bedingungen* (§ 19 Abs. 4 S. 1 VVG; vgl. dazu noch Frage 128), oder wenn der Versicherer *Kenntnis* von dem nicht angezeigten Gefahrumstand oder der Unrichtigkeit der Anzeige hatte (§ 19 Abs. 5 S. 2 VVG).

128 ▶▶   Wann besteht ein Vertragsanpassungsrecht des Versicherers?

Ein Vertragsanpassungsrecht nach § 19 Abs. 4 S. 2 VVG steht dem Versicherer dann zu, wenn sein Rücktritts- oder Kündigungsrecht nach § 19 Abs. 4 S. 1 VVG ausgeschlossen ist, weil er den Vertrag auch bei Kenntnis der nicht angezeigten Umstände geschlossen hätte, wenn auch zu *anderen Bedingungen*. Die anderen Bedingungen werden dann rückwirkend Vertragsbestandteil. Lediglich dann, wenn der Versicherungsnehmer die Anzeigepflichtverletzung nicht zu vertreten hat, werden die Bedingungen erst ab der laufenden Versicherungsperiode Vertragsbestandteil (§ 19 Abs. 4 S. 2 VVG). Der Versicherungsnehmer kann gem. § 19 Abs. 6 VVG den Vertrag unter bestimmten Voraussetzungen kündigen (s. PVR Rn. 928 ff.)

129 ▶▶   Welchen Zweck verfolgt § 19 Abs. 4 S. 2 VVG?

Wenn dem Versicherer schon versagt wird, sich vom Vertrag zu lösen, dann soll er wenigstens die Möglichkeit haben, das durch die Anzeigepflichtverletzung gestörte Gleichgewicht von Prämie und Risiko nachträglich wiederherzustellen (Äquivalenzprinzip).

130 ▶▶   Kann der Versicherer sein Vertragsanpassungsrecht ggf. auch ohne vorherige Erklärung von Kündigung oder Rücktritt ausüben?

Ja. Wenn die Erklärung von Voraussetzungen des Vertragsanpassungsrechts vorliegen, muss der Versicherer nicht „sehenden Auges" ein ausgeschlossenes Gestaltungsrecht erklären. Freilich hat der Versicherer auch die Möglichkeit, eine Vertragsanpassung nur hilfsweise zu einem vorrangig erklärten Rücktritt oder einer Kündigung geltend zu machen (s. PVR Rn. 939).

131 ▶▶   Kann das Vertragsanpassungsrecht auch dann ausgeübt werden, wenn bereits ein Versicherungsfall eingetreten ist?

Das ist zweifelhaft. Der Wortlaut der Norm differenziert nicht danach, ob bereits ein Versicherungsfall eingetreten ist oder nicht. Es wird allerdings vorgeschlagen, § 19 Abs. 4 S. 2 VVG für Fälle eines nach § 19 Abs. 4 S. 1 VVG ausgeschlossenen Kündigungsrechts teleologisch zu reduzieren, wenn bereits ein Versicherungsfall eingetreten ist (s. M/S/*Marlow*, Rn. 187). Dies wird folgendermaßen begründet: Eine Kündigung wirke nur für die Zukunft. Sie führe im Gegensatz zum Rücktritt nicht zur Leistungsfreiheit für bereits eingetretene Versicherungsfälle. Ein Kündigungsrecht bestehe dann, wenn der Versicherer den nicht angezeigten Umstand als so schwerwiegend ansieht, dass er den Vertrag bei ordnungsgemäßer Anzeige nicht geschlossen hätte. Hält er den Umstand für weniger entscheidend und hätte er den Vertrag bei Kenntnis zu anderen Bedingungen, z. B. unter Vereinbarung eines Risikoausschlusses, geschlossen, so komme das Vertragsanpassungsrecht in Betracht. Dies dürfe dann aber nicht über die Ausschlussklausel rückwirkend zur Leistungsfreiheit des Versicherers führen, weil sonst die Nichtangabe eines vom Versicherer stärker gewichteten Umstandes geringere Rechtsfolgen für den Versicherungsnehmer auslöse. Darin läge ein Wertungswiderspruch.

Die Gegenansicht führt an, dass eine teleologische Reduktion eine Besserstellung des einfach fahrlässig handelnden Versicherungsnehmers gegenüber dem Versicherungsnehmer, der seine Anzeigepflicht ordnungsgemäß erfüllt hat, zur Folge hätte. Letzterer wäre nämlich von vornherein mit einem Risikoausschluss belastet (s. PVR Rn. 930).

F. Vertragsschluss

▶   Wie erfolgt der Vertragsschluss bei einem Versicherungsvertrag?   132

Der Versicherungsvertrag ist ein besonderer schuldrechtlicher Vertrag. Es gelten die allgemeinen Regeln des BGB über den Vertragsschluss. Der Vertrag kommt mithin durch Antrag und Annahme i. S. der §§ 145 ff. BGB zustande. Die allgemeinen Regeln werden durch die besonderen Vorschriften der §§ 5, 7–9 und 49 VVG ergänzt und teils modifiziert (s. PVR Rn. 957 ff.).

▶   Besteht im Privatversicherungsrecht Vertragsfreiheit?   133

Die Vertragsfreiheit wird im Privatversicherungsrecht durch einige Kontrahierungszwänge (z. B. § 5 Abs. 2 PflVG) und durch zwingende sowie insbesondere durch halbzwingende Vorschriften (z. B. §§ 18, 32 VVG; s. Frage 36) eingeschränkt (näher PVR Rn. 583 ff., 666 ff.).

▶   Sind beim Abschluss eines Versicherungsvertrags Formvorschriften zu   134
     beachten?

Das Gesetz sieht für den Abschluss von Versicherungsverträgen grundsätzlich keine Formerfordernisse vor. In der Praxis erfolgt der Vertragsschluss gleichwohl zu Beweiszwecken in der Regel schriftlich. Was sonstige Erklärungen angeht, so ist der Gesetzgeber mittlerweile vom Erfordernis der Schriftform i. S. des § 126 BGB, die grundsätzlich eine eigenhändige Namensunterschrift erfordert und damit im modernen elektronischen Geschäftsverkehr unpraktikabel erscheint, weitgehend abgerückt. Stattdessen sieht das VVG vielfach die Textform i. S. des § 126b BGB vor. Dies gilt insbesondere für Informationspflichten, etwa diejenige nach § 7 Abs. 1 VVG. Regelmäßig ist jedoch dort, wo ein erhöhtes subjektives Risiko besteht (§§ 150 Abs. 2 S. 1, 179 Abs. 2 S. 1 VVG), die Schriftform ausdrücklich vorgeschrieben. Für die SEPA-Lastschrift besteht – anders als für die frühere, noch bis zum 31.01.2014 möglich gewesene Einzugsermächtigung im Lastschriftverfahren – kein Schriftformerfordernis; vielmehr hängt hier die Art und Weise der Zustimmung gem. § 675j Abs. 1 S. 3 BGB von der Vereinbarung zwischen Zahler und Zahlungsdienstleister ab.

134a ▶ Was versteht man unter einer fortgeschrittenen Webseite (sophisticated website)? Kann die Textform durch den Einsatz einer solchen Webseite eingehalten werden?

Unter fortgeschrittenen Webseiten versteht man nach einem Bericht der EFTA-Aufsichtsbehörde ESME vom Juni 2007, dem sich der EFTA-Gerichtshof (VersR 2010, 793 ff.) angeschlossen hat, zwei unterschiedliche Webseitengestaltungen: Zum einen kann die Webseite so programmiert sein, dass der Vertragsinteressent sein rechtsverbindliches Angebot erst abzugeben vermag, wenn er die in Textform zu erteilenden Informationen von der Webseite des Vertreibers heruntergeladen hat (sog. Zwangsdownload). Zum anderen können die Informationen auch als pdf-Datei in einen für den Versicherungsnehmer eingerichteten, persönlichen und passwortgeschützten Speicherbereich eingestellt werden, der über die Webseite des Vertreibers erreichbar ist.

Ein Zwangsdownload erfüllt die Anforderungen an einen dauerhaften Datenträger; er wahrt damit die Textform (*Reiff*, ZfS 2012, 432 437). Fraglich ist demgegenüber, ob auch die Einrichtung eines persönlichen Speicherbereichs den Erfordernissen des § 126b BGB entspricht. Dagegen lässt sich vorbringen, dass der Speicherbereich meist auf einem vom Versicherer kontrollierten Speichermedium (Server) eingerichtet und die zu erteilenden Informationen daher stets seinem Zugriff unterliegen (*Schirmbacher* CR 2010, 265, 266). Nichtsdestotrotz hat der EuGH eine Webseite mit persönlichem Speicherbereich als dauerhaften Datenträger angesehen (NJW 2017, 871 ff.).

135 ▶ Nach welchen Modellen kann im Versicherungsvertragsrecht ein Vertrag geschlossen werden?

In Betracht kommen insbesondere das Antrags- und das Invitatio-Modell (s. PVR Rn. 964 ff.). Das bis zur VVG-Reform im Vordergrund stehende sog. Policenmodell (s. Frage 138) ist praktisch durch die Regelung des § 7 VVG abgeschafft worden

(s. Frage 139). Denn die Übermittlung der vorvertraglichen Informationen nach Antragsstellung mit Zusendung der Police ist grundsätzlich verspätet. Der EuGH hat die Regelung in § 5a Abs. 2 Satz 4 VVG a. F. zum früheren Widerspruchsrecht für europarechtswidrig erklärt (VersR 2014, 225 Rn. 26 ff.; s. Frage 139). Die fehlende Übermittlung der Informationen führt zu einem „ewigen" Widerrufsrecht, so dass der Vertrag bis zur Ausübung des Widerrufsrechts schwebend wirksam ist (MünchKommVVG/*Armbrüster* § 7 Rn. 48). Grenzen werden der Ausübung des Widerrufsrecht allein durch Verwirkung und Rechtsmissbrauch gesetzt.

▶   Was versteht man unter dem Antragsmodell?   **136**

Beim Antragsmodell liegen dem Versicherungsnehmer bereits bei Antragstellung die Versicherungsbedingungen und die gesetzlich vorgeschriebenen Informationen (§ 7 VVG) vor. Der Antrag i. S. des § 145 BGB geht sodann von ihm aus. Er ist gem. §§ 145, 130 Abs. 1 BGB an den Antrag gebunden. Der Versicherer kann den Antrag allerdings nur innerhalb der Fristen der §§ 147 Abs. 2, 148 BGB annehmen. Mit der Annahme durch den Versicherer kommt der Vertrag zustande. Diese Annahme erfolgt meist konkludent durch Zusendung des Versicherungsscheins. Für die Einbeziehung der AVB gelten die allgemeinen Regeln (§§ 305 ff. BGB). Zahlreiche Vorschriften des Gesetzes sind auf das Antragsmodell zugeschnitten (§§ 7 Abs. 1, 8 Abs. 2 S. 1 Nr. 1, 33 Abs. 1 VVG); auch in der Praxis bildet es den Regelfall. Zu Einzelheiten s. PVR Rn. 964 ff.

▶   Führt eine Verletzung der Informationspflicht des Versicherers aus § 7   **137**
     VVG zur Unwirksamkeit eines vom Versicherungsnehmer gestellten
     Antrags?

Nein; diese Rechtsfolge ist dem Gesetz nicht zu entnehmen. Ein ohne die nach § 7 VVG erforderlichen Informationen gestellter Antrag des Versicherungsnehmers ist wirksam. Sanktioniert wird die Verletzung der Informationspflicht zum einen dadurch, dass die Widerrufsfrist erst zu laufen beginnt, wenn dem Versicherungsnehmer die Informationen zugegangen sind (§ 8 Abs. 2 Nr. 1 VVG), zum anderen dadurch, dass Schadensersatzansprüche des Versicherungsnehmers aus §§ 280 Abs. 1, 311 Abs. 2 Nr. 1 BGB in Betracht kommen (zu letzterem s. BGH VersR 2018, 211 Rn. 13 f.). Zudem können Verbraucherverbände nach § 2 UKlaG gegen den Versicherer vorgehen (s. PVR Rn. 904).

▶   Wie kommt der Vertrag nach dem Policenmodell zustande?   **138**

Beim Policenmodell stellt der zukünftige Versicherungsnehmer den Antrag auf Abschluss des Versicherungsvertrages, ohne dass ihm zu diesem Zeitpunkt die Versicherungsbedingungen vorliegen. Der Versicherer übermittelt dem Versicherungsnehmer die AVB zusammen mit der Police, wodurch der Vertrag zustande kommt (s. PVR Rn. 975 ff.).

139 ▶   Ist das Policenmodell auch nach der VVG-Reform noch anwendbar?

Das ist zweifelhaft. Bis zur VVG-Reform war in der Praxis das Policenmodell der Regelfall; durch § 5a Abs. 1 S. 1 VVG a. F. wurde es ausdrücklich ermöglicht. Nach einer Ansicht soll der Vertragsschluss im Policenmodell materiell-rechtlich weiterhin möglich sein (s. *Römer*, VersR 2006, 740, 741 f.). Das neue VVG schreibe nicht vor, dass ein Antrag nur vom Versicherer gestellt werden kann, und knüpfe die Wirksamkeit der Vertragserklärungen nicht an die Informationserteilung. Nach anderer Ansicht ist das Policenmodell als abgeschafft anzusehen (so wohl *Rixecker*, zfs 2007, 495) oder jedenfalls nur noch begrenzt anwendbar, nämlich in den Konstellationen, in denen eine Information vor Abgabe der Vertragserklärung des Versicherungsnehmers nicht erforderlich ist. Letzteres ist nach § 7 Abs. 1 S. 3 VVG der Fall bei Fernabsatzverträgen und beim Verzicht des Versicherungsnehmers auf die vorherige Information (PVR Rn. 975). Schon vor der VVG-Reform bestand zudem Streit darüber, ob der Vertragsschluss nach dem Policenmodell nach § 5a VVG a. F. den europarechtlichen Anforderungen genügt. Dies betrifft in erster Linie die Frage, ob die Regelung des § 5a Abs. 2 S. 4 VVG a. F., wonach das Widerspruchsrecht des Versicherungsnehmers auch trotz fehlender Informationserteilung ein Jahr nach Zahlung der ersten Prämie erlischt, mit der Richtlinienvorgabe zu vereinbaren ist, wonach der Versicherungsnehmer bis zur Übermittlung der Verbraucherinformation nicht vertraglich gebunden sein soll. Der EuGH hat diese Bestimmung in einem Vorabentscheidungsverfahren auf eine Vorlage des BGH im Jahr 2013 für unionsrechtswidrig erklärt (VersR 2014, 225; zu den Rechtsfolgen s. BGH VersR 2014, 817 und Frage 140). Dagegen sieht der BGH das Policenmodell nicht generell als unionrechtswidrig an, da die maßgeblichen Richtlinien insoweit keine Vorgaben machen, wie der Vertragsschluss vollzogen werden muss (BGH VersR 2014, 1065 Rn. 21). Zur Vorlage an den EuGH hat sich der BGH insoweit bislang mangels Entscheidungserheblichkeit nicht veranlasst gesehen (BGH VersR 2014, 1065 Rn. 16; s. näher Frage 849).

140 ▶   Welche Auswirkungen hat die Entscheidung des EuGH von 2013 für Versicherungsverträge, die auf Grundlage des Policenmodells nach altem Recht geschlossen wurden?

Der BGH hat auf Grundlage der Vorabentscheidung des EuGH, an dessen Auslegung die nationalen Gerichte gebunden sind (Grundsatz der Unionstreue gem. Art. 4 Abs. 3 EUV sowie Umsetzungsgebot gem. Art. 288 Abs. 3 AEUV), entschieden, dass § 5a Abs. 2 S. 4 VVG a. F. richtlinienkonform einschränkend auszulegen ist (s. BGH VersR 2014, 817). Demnach enthält § 5a Abs. 2 S. 4 VVG a. F. eine planwidrige Regelungslücke. Sie sei richtlinienkonform dergestalt zu schließen, dass die Vorschrift im Bereich der Lebens- und Rentenversicherung und der Zusatzversicherungen zur Lebensversicherung nicht anwendbar ist. Dies gelte allerdings nicht für die übrigen Versicherungsarten, da letztere nicht in den Anwendungsbereich der Zweiten und der Dritten Richtlinie Lebensversicherung fallen, mit der Folge, dass § 5a Abs. 2 S. 4 VVG a. F. weiterhin auf jene Versicherungen

uneingeschränkt anzuwenden sei. Im Falle der Unanwendbarkeit des § 5a Abs. 2
S. 4 VVG a. F. bestehe hingegen das Widerspruchsrecht des Versicherungsnehmers,
der nicht ordnungsgemäß über sein Widerspruchsrecht belehrt worden ist und/oder
die Versicherungsbedingungen oder eine Verbraucherinformation nicht erhalten hat,
grundsätzlich fort.

Die Entscheidung des BGH hat zur Folge, dass ein Versicherungsnehmer bei unzureichender Informationserteilung auch noch viele Jahre nach Vertragsschluss von
seinem Widerspruchsrecht Gebrauch machen kann. In diesem Fall ist allerdings
nach Auffassung des BGH bei der bereicherungsrechtlichen Rückabwicklung der
erlangte Versicherungsschutz zu berücksichtigen. Hierbei wird angeführt, dass eine
Verpflichtung des Versicherers zur Rückgewähr sämtlicher Prämien zu einem Un-
gleichgewicht innerhalb der Gemeinschaft der Versicherten führen würde. Daher
müsse sich der Versicherungsnehmer im Rahmen der bereicherungsrechtlichen
Rückabwicklung den Versicherungsschutz anrechnen lassen, den er jedenfalls bis
zur Ausübung des Widerspruchsrechts genossen hat. Erlangter Versicherungsschutz
sei ein Vermögensvorteil, dessen Wert nach den §§ 812 Abs. 1 S. 1, 818 Abs. 2 BGB
zu ersetzen ist. Der Wert des Versicherungsschutzes könne unter Berücksichtigung
der Prämienkalkulation bemessen werden; bei Lebensversicherungen könne etwa
dem Risikoanteil Bedeutung zukommen (s. BGH VersR 2014, 817 Rn. 45; eingehend zum Problem des sog. „ewigen Widerrufsrechts" PVR Rn. 1010; *Armbrüster*,
VersR 2012, 513 ff.). Bei fondsgebundenen Lebensversicherungen hat der Versicherungsnehmer das Entreicherungsrisiko zu tragen (BGH VersR 2018, 535 Rn. 13 ff.
[auch Totalverlust]; *Armbrüster*, NJW 2015, 3065, 3067; a. A. *Ebers* VersR 2018,
911 f.; s. zum Ganzen PVR Rn. 1575).

Zu beachten ist aber, dass sich die Entscheidungen des EuGH und des BGH nur
mit den „kranken" Fällen befassen, in denen der Versicherungsnehmer überhaupt
nicht oder nur unzureichend über sein Widerspruchsrecht belehrt worden ist. Die
Gerichte hatten nicht darüber zu entscheiden, ob das Policenmodell generell europarechtswidrig ist und damit auch die „gesunden" Verträge unwirksam sind. Allerdings hat der BGH dies wenig später in einer anderen Rechtssache ausdrücklich
verneint (s. Frage 139).

▶   Ist ein Antrag des künftigen Versicherungsnehmers, der ohne vorherige   **141**
    Überlassung der AVB gestellt wird, hinreichend bestimmt?

Ja. Der Versicherungsnehmer beantragt den Vertragsschluss dann zu den üblichen
Bedingungen. § 49 Abs. 2 S. 2 VVG regelt dies für den Bereich der vorläufigen
Deckung (s. Frage 169) sogar ausdrücklich.

▶   Wie werden bei einer Anwendung des Policenmodells die AVB in den   **142**
    Vertrag einbezogen?

Das ist fraglich. Grundsätzlich muss der Verwender von AGB der anderen Vertragspartei die Möglichkeit verschaffen, bei Vertragsschluss in zumutbarer Weise vom
Inhalt der AGB Kenntnis zu nehmen (§ 305 Abs. 2 Nr. 2 BGB). Bei § 5a VVG a. F.

handelte es sich um eine versicherungsvertragsrechtliche Sonderregelung zu § 305 Abs. 2 Nr. 2 BGB. Seit dem Wegfall dieser Norm im Zuge der VVG-Reform fehlt es an einer ausdrücklichen Regelung, die eine Ausnahme von § 305 Abs. 2 Nr. 2 BGB zulässt. Eine Möglichkeit bestünde darin, die Vorschrift des § 49 Abs. 2 VVG über die Einbeziehung der AVB bei Verträgen über vorläufige Deckung analog anzuwenden (so M/S/*Spuhl*, Rn. 45; kritisch *Wandt* Rn. 222). Alternativ wird vorgeschlagen, im Wege ergänzender Vertragsauslegung die *marktüblichen* AVB für die jeweilige Sparte als einbezogen anzusehen (s. *Wandt* Rn. 328). Eine andere Auffassung spricht sich im Rahmen der ergänzenden Auslegung mit Hinweis auf die Parallele zur vorläufigen Deckung für die Einbeziehung der *unternehmensüblichen* AVB aus (s. PVR Rn. 537; *Armbrüster*, r + s 2008, 493, 503).

143 ▶ Was versteht man unter dem Invitatio-Modell?

Beim Invitatio-Modell wird der Versicherungsnehmer bereits beim ersten Termin beraten; er teilt dem Versicherer Anzeigen zu Gefahrumständen, seine Zustimmung zum SEPA-Lastschriftverfahren, seine Einwilligung in die Erhebung von Gesundheitsdaten (vgl. § 213 VVG) usw. mit. Statt der Abgabe einer Vertragserklärung bittet er jedoch nur um Abgabe eines verbindlichen Angebots; sog. invitatio ad offerendum (s. *Franz*, VersR 2008, 298, 302). Möchte der Versicherer den Vertrag abschließen, so übersendet er dem Versicherungsnehmer den Versicherungsschein und alle erforderlichen Informationen. Erst darin liegt ein Antrag auf Abschluss eines Versicherungsvertrages. Diesen Antrag kann der Versicherungsnehmer ausdrücklich oder konkludent durch Zahlung der Erstprämie annehmen (s. PVR Rn. 971).

144 ▶ Kann eine konkludente Annahme auch darin gesehen werden, dass der Versicherungsnehmer den Prämieneinzug durch den Versicherer duldet?

Nein. Die Erteilung einer SEPA-Lastschriftermächtigung durch den Versicherungsnehmer ist dahingehend auszulegen, dass sie unter der stillschweigenden aufschiebenden Bedingung steht, dass ein Vertrag zustande kommt. Der Versicherer kann zudem eine Prämie erst einziehen, wenn diese fällig ist, was wiederum das Zustandekommen eines wirksamen Versicherungsvertrags voraussetzt. Was dabei im allgemeinen Vertragsrecht gilt, ist auch im Versicherungsvertragsrecht zu beachten: Schweigen oder bloßem Unterlassen kann grundsätzlich kein Erklärungswert beigemessen werden. Vor Vertragsschluss darf der Versicherer daher von der Einzugsermächtigung gar keinen Gebrauch machen (s. PVR Rn. 972).

145 ▶ Kann allein der Ablauf einer vom Versicherer gesetzten Bindungsfrist als Annahmeerklärung gelten (sog. „Fiktionslösung")?

Nein. Dies gilt selbst dann, wenn diese Rechtsfolge in der invitatio des Versicherungsnehmers vorgesehen ist oder der Versicherer sie ihm im Anschreiben mitteilt. Zwar liegt kein Verstoß gegen § 308 Nr. 5 BGB vor, da diese Norm nur für die Fiktion von Erklärungen im Rahmen der Vertragsdurchführung gilt (s. *Franz*, VersR

2008, 298, 302). Es ist jedoch generell nicht möglich in AVB zu regeln, wie Schweigen im Stadium des Vertragsschlusses rechtlich zu werten ist. Denn die Annahmeerklärung bringt den Vertrag erst zustande, dessen Grundlage die AVB sind (s. M/S/*Spuhl*, Rn. 38; a. A. *Schimikowski*, r + s 2006, 441, 446).

▶   Welche Vorteile hat das Invitatio-Modell?   **146**

Vorteilhaft für den Versicherer ist es, dass der äußere Ablauf des Vertragsschlusses weitgehend dem bewährten Policenmodell folgen kann. Dadurch wird etwa das Risiko eines vergeblichen Informationsaufwands begrenzt: Nach § 7 Abs. 1 S. 1 VVG müssen die erforderlichen, zum Teil mehrere Dutzend Seiten umfassenden Unterlagen rechtzeitig übermittelt werden; kommt es jedoch nicht zur Abgabe des Antrags des Versicherungsnehmers, so erweist sich der vom Versicherer betriebene Informationsaufwand als vergebens (s. PVR Rn. 970 f.).

Auch Verbraucherschutzgesichtspunkte sprechen für das Invitatio-Modell: Dem Versicherungsnehmer liegen die Informationen nach § 7 VVG in jedem Fall rechtzeitig vor. Er hat genügend Zeit, die AVB zur Kenntnis zu nehmen und über den Vertragsschluss zu entscheiden. Dagegen kann die „rechtzeitige" Übermittlung der Informationen nach § 7 VVG im Antragsmodell problematisch sein, wenn der Vermittler dem Versicherungsnehmer die AVB und die weiteren Unterlagen erst kurz vor Antragstellung des Versicherungsnehmers übergibt. Nach einer im Schrifttum geäußerten Einschätzung soll es beim Invitatiomodell sogar wahrscheinlicher sein, dass der Versicherungsnehmer die Informationen auch tatsächlich zur Kenntnis nimmt, da dieser das Gefühl habe, es werde nun „ernst", wenn er die Unterlagen zusammen mit der Police zugeschickt bekommt (s. *Schimikowski*, r + s 2006, 441, 446).

▶   Was spricht gegen das Invitatio-Modell?   **147**

Der Versicherungsnehmer muss ein zweites Mal aktiv werden, um den Vertragsschluss herbeizuführen, nachdem er bereits die invitatio auf den Weg gebracht hat. Anders als nach dem früheren Policenmodell reicht es nämlich nicht aus, einfach den Widerspruch zu unterlassen, damit Versicherungsschutz besteht. Zudem passen viele Vorschriften des reformierten VVG nicht, da ihnen die Vorstellung vom Antragsmodell zugrunde liegt (s. *Franz*, VersR 2008, 298, 302), so z. B. § 8 Abs. 2 VVG für den Beginn der Widerrufsfrist. Wendete man diese Vorschrift wörtlich an, so würde die Widerrufsfrist mit Zusendung des Versicherungsscheins und damit zu einem Zeitpunkt zu laufen beginnen, zu dem der Vertrag überhaupt noch nicht zustande gekommen ist. Daher ist § 8 Abs. 2 S. 1 VVG beim Vertragsschluss nach dem Invitatio-Modell so auszulegen, dass die Frist erst mit Zugang der Annahmeerklärung des Versicherungsnehmers beim Versicherer beginnt (näher Frage 151). Fraglich ist auch, ob es sich bei den Formularen, die der Versicherungsnehmer erstmalig dem Versicherer übermittelt, tatsächlich noch um eine invitatio ad offerendum handelt. Der Versicherungsnehmer wird dem Versicherer z. B. zu diesem Zeitpunkt bereits eine SEPA-Lastschriftermächtigung erteilen und seine Ärzte von der Schweigepflicht entbinden. Derartige Erklärungen wird man kaum abgeben, wenn man lediglich eine unverbindliche invitatio ad offerendum auf den Weg bringen möchte. Daher könnte der Rechtsanwender im Wege der Auslegung (§§ 133, 157 BGB) zu dem Ergebnis gelangen, dass der Versicherungsnehmer bereits ein verbindliches Angebot abgegeben hat (s. PVR Rn. 973).

Zudem könnte der Versicherungsnehmer dadurch, dass der Versicherer mit seinem Antrag auch bereits den Versicherungsschein übersendet, aus dem sich der Umfang des Deckungsschutzes ergibt, über den Zeitpunkt seiner Bindung verunsichert werden.

Schwierigkeiten bereitet auch die Anwendung des § 19 Abs. 1 VVG auf das Invitatio-Modell. Hier besteht die vorvertragliche Anzeigeobliegenheit bis zum Zeitpunkt der Abgabe der Vertragserklärung des Versicherungsnehmers. Hat der Versicherungsnehmer die Fragen des Versicherers bereits mit seiner invitatio zutreffend beantwortet, so besteht eine erweiterte Anzeigeobliegenheit gem. § 19 Abs. 1 S. 2 VVG nur dann, wenn der Versicherer die Fragen in Textform wiederholt (s. Frage 112).

Außerdem gilt § 33 Abs. 1 VVG zur Fälligkeit der Erstprämie zwei Wochen nach Übersendung des Versicherungsscheins nicht, da zu diesem Zeitpunkt mangels Vertragsschlusses ein fälliger Anspruch auf Zahlung der Erstprämie noch nicht besteht.

Aus den genannten Gründen eignet sich das Invitatio-Modell allenfalls für komplexere Versicherungsprodukte mit aufwändiger Information zur Aufwandsbegrenzung, z. B. in der Lebensversicherung. Ansonsten empfiehlt sich ein Vertragsschluss auf Basis des Invitatio-Modells mit Blick auf die Fülle von Rechtsfragen, die mit ihm verbunden sind, in aller Regel nicht (s. MünchKommVVG/*Armbrüster* § 7 Rn. 41 ff.; *Gaul*, VersR 2007, 21, 24).

148 ▶   Wie kann sich der Versicherungsnehmer nach Vertragsschluss wieder vom Vertrag lösen?

Der Versicherungsnehmer kann nach § 8 Abs. 1 VVG seine Vertragserklärung innerhalb von zwei Wochen in Textform widerrufen. Der Widerruf muss keine Begründung enthalten; er steht grundsätzlich allen Versicherungsnehmern unabhängig von ihrer Rechtsform und Verbrauchereigenschaft zu. Lediglich in den Fällen des § 8 Abs. 3 Nr. 1–4 VVG besteht kein Widerrufsrecht.

149 ▶   Kann der Versicherungsnehmer seine auf den Vertragsschluss gerichtete Willenserklärung widerrufen, wenn es sich um einen außerhalb von Geschäftsräumen geschlossenen Vertrag i. S. von § 312b BGB oder um einen Fernabsatzvertrag i. S. von § 312c BGB handelt?

Nein. Die Vorschriften für den Widerruf bei außerhalb von Geschäftsräumen geschlossenen Verträgen und Fernabsatzverträgen gem. §§ 312b, 312c, 312g Abs. 1, 355 BGB finden nach § 312 Abs. 6 BGB weitgehend keine Anwendung auf Versicherungsverträge (s. aber auch § 312 Abs. 5 BGB).

▶ Wann beginnt die Widerrufsfrist? Kann der Versicherer die Frist auch nach   **150**
Vertragsschluss noch in Gang setzen?

Die Widerrufsfrist beginnt an dem Tag, an dem der Versicherungsnehmer den Versicherungsschein, die Informationen nach § 7 VVG und eine den Anforderungen
des § 8 Abs. 2 Nr. 2 VVG genügende Belehrung in Textform erhält. Beim Vertragsschluss im Antrags- oder Policenmodell ist der entscheidende Zeitpunkt der Zugang
des (allein noch fehlenden) Versicherungsscheins. Beim Invitatio-Modell beginnt
die Widerrufsfrist frühestens mit Vertragsschluss (s. Frage 151; PVR Rn. 999).
    Hat es der Versicherer versäumt, die Informationen nach § 8 Abs. 2 S. 1 Nr. 1
VVG zu übermitteln, so kann er den Lauf der Widerrufsfrist jederzeit durch eine
spätere Übermittlung in Gang setzten (OLG Brandenburg VersR 2016, 377, 381;
P/M/*Armbrüster* § 8 VVG Rn. 30). Streitig ist, ob sich der Versicherungsnehmer im
Falle einer Informationsübermittlung erst nach Vertragsschluss nach Ablauf der da-
durch in Gang gesetzten Widerrufsfrist gestützt auf §§ 280 Abs. 1, 311 Abs. 2, 241
Abs. 2 BGB noch vom Vertrag lösen kann (s. dazu Frage 96).

▶ Wann beginnt die Widerrufsfrist beim Vertragsschluss im Invitatio-Mo-   **151**
dell?

Das ist problematisch. Stellt man auf den Wortlaut des § 8 Abs. 2 VVG ab, so würde
die Frist bereits beginnen, noch bevor der Versicherungsnehmer die Annahme erklärt hat, da ihm bereit zu diesem Zeitpunkt sämtliche nach § 8 Abs. 2 VVG erforderlichen Unterlagen vorliegen. Zu diesem Zeitpunkt ist ein Widerrufsrecht aber
sinnlos, da noch kein Vertrag zustande gekommen ist (s. *Franz*, VersR 2008, 298,
302). Die Widerrufsfrist kann daher frühestens mit Vertragsschluss beginnen, d. h.
mit Zugang der Annahmeerklärung beim Versicherer (s. PVR Rn. 974). In der nach
§ 8 Abs. 2 Nr. 2 VVG erforderlichen Belehrung über den Fristbeginn muss der Versicherer den Versicherungsnehmer dann darauf hinweisen, dass die Frist am Tag des
Zugangs der Annahmeerklärung beginnt.

▶ Kann auch eine falsche Belehrung oder unvollständige Information den   **152**
Lauf der Widerrufsfrist auslösen?

Insoweit ist zwischen den AVB und den sonstigen Vertragsinformationen zu differenzieren.
    Was die *AVB* betrifft, so ist es unschädlich, wenn einzelne AVB unwirksam sind.
Zudem wird dem Erfordernis des § 8 Abs. 2 S. 1 Nr. 1 VVG auch dann Genüge getan, wenn die AVB unvollständig übermittelt werden. Letzteres hat lediglich zur
Folge, dass die fehlenden Klauseln gem. § 305 Abs. 2 BGB nicht Vertragsbestandteil werden.
    Geht es um die *sonstigen Vertragsinformationen*, so ist zu beachten, dass die Wider-
rufsfrist nur dann nicht zu laufen beginnt, wenn dem Versicherungsnehmer solche Informationen fehlerhaft oder überhaupt nicht übermittelt werden, die für dessen Entschließung über die vertragliche Bindung *wesentlich* sind. Dies erfordert der

Schutzzweck der §§ 7 Abs. 1 S. 1, 8 Abs. 2 S. 1 Nr. 1 VVG, der darin besteht, durch rechtzeitige Information dem Versicherungsnehmer die Entscheidung über den Vertragsschluss zu erleichtern. Für unwesentliche Mängel, wie Schreibfehler oder redaktionelle Ungenauigkeiten, aber auch andere nebensächliche Fehlinformationen (etwa zu technischen Fragen wie der Anschrift der BaFin), gilt daher, dass die Widerrufsfrist trotz unzureichender Information zu laufen beginnt. Vor diesem Hintergrund ist § 8 Abs. 2 S. 1 Nr. 1 VVG insoweit teleologisch zu reduzieren (s. PVR Rn. 1005).

153 ▶   **Welche Rechtsfolgen löst der Widerruf aus?**

Grundsätzlich gelten die allgemeinen Regeln der §§ 355, 357a BGB. § 9 VVG kommt zur Anwendung, wenn der Versicherungsschutz vor Ende der Widerrufsfrist beginnt. Einer ausdrücklichen Zustimmung zu dem Versicherungsbeginn bedarf es entgegen dem Wortlaut des § 9 Abs. 1 S. 1 VVG nicht, da der Versicherungsbeginn regelmäßig von einer Parteivereinbarung abhängt. Es genügt vielmehr, dass der Versicherungsnehmer über das Widerrufsrecht belehrt wurde, der Beginn des Versicherungsschutzes vor Ablauf der Widerrufsfrist liegt und die Prämie vertragsgemäß gezahlt wird.

Nach § 9 Abs. 1 S. 1 VVG muss der Versicherer denjenigen Teil der Prämien unverzüglich zurückzahlen, der auf die Zeit nach Zugang des Widerrufs entfällt. Im Umkehrschluss folgt daraus, dass der Versicherer die von ihm vereinnahmten Prämien behalten darf, soweit sie auf den Zeitraum bis zu diesem Stichtag entfallen. Während des prämienbelasteten Zeitraums erhaltene Versicherungsleistungen muss der Versicherungsnehmer nicht zurückgewähren. Diese Rechtsfolgen entsprechen im Ergebnis derjenigen einer *Kündigung*. Hat der Versicherer den Versicherungsnehmer nicht ordnungsgemäß i. S. von § 9 Abs. 1 S. 1 VVG belehrt, so muss er zusätzlich noch die für das erste Jahr des Versicherungsschutzes gezahlten Prämien erstatten; die Rechtsfolgen ähneln dann mithin insoweit denjenigen eines *Rücktritts*. § 9 Abs. 1 S. 2 Halbs. 1 VVG ist wegen der Begrenzung auf die Prämien für das erste Jahr des Versicherungsschutzes europarechtlich bedenklich. Eine solche Einschränkung lässt sich nämlich der Fernabsatzrichtlinie II, die eine vollständige Rückabwicklung anordnet, nicht entnehmen. Die Europarechtswidrigkeit betrifft zwar nur Fernabsatzverträge; rechtspolitisch erscheint es gleichwohl geboten, die Begrenzung in § 9 Abs. 1 S. 2 VVG umfassend zu streichen.

Soll der Versicherungsschutz erst nach dem Ende der Widerrufsfrist beginnen, so sind nach §§ 355 Abs. 3 S. 1, 357a BGB sämtliche Prämien und auch bereits erbrachte Versicherungsleistungen zurückzugewähren; die §§ 9, 152 Abs. 2 VVG sind dann nicht anzuwenden (s. PVR Rn. 1019 ff.).

154 ▶   **Verzichtet der Versicherungsnehmer konkludent auf sein Widerrufsrecht, wenn er während der Widerrufsfrist Ansprüche wegen des Eintritts des Versicherungsfalls geltend macht?**

Nein. Aus § 9 Abs. 1 S. 2 Halbs. 2 VVG folgt, dass ein Widerruf auch dann möglich bleibt, wenn der Versicherungsnehmer bereits Leistungen aus dem Vertrag in Anspruch genommen hat.

▶ Hat der Versicherer die Prämien auch dann zurückzugewähren, wenn der 155
Versicherungsnehmer Leistungen aus dem Versicherungsvertrag in Anspruch genommen hat?

Grundsätzlich trifft den Versicherer in diesem Fall keine Pflicht zur Rückgewähr der
Prämien für das erste Jahr, wie sich aus § 9 Abs. 1 S. 2 Halbs. 2 VVG ergibt. Die
Regelung ist für den Versicherungsnehmer immer dann nachteilig, wenn die emp-
fangenen Leistungen nicht mindestens so hoch sind wie die gezahlten Prämien. Einen derartigen Nachteil verbietet jedoch die Fernabsatzrichtlinie II (vgl. auch Frage
153). Deswegen ist die Vorschrift dahingehend richtlinienkonform auszulegen, dass
sie nur dann eingreift, wenn die vom Versicherer erbrachten Leistungen die Summe
der bis zum Zugang des Widerrufs geleisteten Prämien erreichen oder übersteigen
(s. PVR Rn. 1024).

▶ Welche Besonderheiten bestehen beim Widerruf einer Lebensversiche- 156
rung?

Abweichend von § 8 Abs. 1 S. 1 VVG beträgt die Widerrufsfrist hier 30 Tage (§ 152
Abs. 1 VVG). Der Versicherer muss nach erfolgtem Widerruf auch den Rückkaufs-
wert einschließlich der Überschussanteile nach § 169 VVG zahlen (§ 152 Abs. 2
VVG).

▶ Was gilt, wenn der im Versicherungsschein festgelegte Inhalt vom Antrag 157
oder von vorangegangenen Vereinbarungen abweicht?

Nach § 5 Abs. 1 VVG gilt eine solche Abweichung als genehmigt, wenn der Versicherungsnehmer nicht innerhalb eines Monats nach Zugang des Versicherungsscheins in Textform widerspricht und wenn der Versicherer den Versicherungsnehmer auf diese Rechtsfolge nach Maßgabe des § 5 Abs. 2 VVG hingewiesen hat.
Wird der Versicherer den in dieser Vorschrift für den Hinweis aufgestellten Anforderungen nicht gerecht, so gilt der Versicherungsvertrag gem. § 5 Abs. 3 VVG als
mit dem Inhalt des Antrags des Versicherungsnehmers geschlossen (zu Einzelheiten
s. PVR Rn. 980 ff.).

▶ Von welcher allgemeinen Vorschrift wird durch die Billigungsklausel des 158
§ 5 VVG abgewichen?

Die Billigungsklausel des § 5 VVG stellt eine Spezialregelung zu § 150 Abs. 2 BGB
dar; sie geht dieser vor (OLG Hamm VersR 1989, 946). Normalerweise wäre nach
jener Vorschrift die abweichende Annahmeerklärung des Versicherers als neuer Antrag anzusehen. Die auf den ersten Blick für den Versicherungsnehmer ungerechte
Regelung bezweckt in Wahrheit dessen Schutz. Denn andernfalls bestünde die Gefahr, dass der Antragsteller überhaupt keinen Versicherungsschutz erlangt (s. PVR
Rn. 980 ff.).

159 ▶ Muss der Versicherer nach § 5 Abs. 2 VVG auch auf für den Versicherungsnehmer günstige Abweichungen hinweisen?

Dies ist umstritten. Nach einer Ansicht kommen die Abs. 2 und 3 des § 5 VVG nur
zur Anwendung, wenn die Abweichungen für den Versicherungsnehmer ungünstig
sind. Bei ihm günstigen Abweichungen bedürfe er hingegen des Schutzes dieser
Regelungen nicht (s. BGH VersR 1976, 477, 478; P/M/*Rudy* § 5 Rn. 7 f.). Andere
lehnen jedwede Differenzierung ab, da eine solche von § 5 VVG nicht vorgesehen
sei (s. L/P/C. *Schneider* § 5 Rn. 16). Richtigerweise ist es dem Versicherer gem.
§ 242 BGB zu verwehren, sich im Falle von für den Versicherungsnehmer günstigen
Abweichungen darauf zu berufen, dass die Voraussetzungen für die Fiktion der Genehmigung mangels Hinweises nach § 5 Abs. 2 VVG nicht erfüllt sind. Auf diese
Weise erlangt der Versicherungsnehmer ein Wahlrecht (s. PVR Rn. 985).

160 ▶ Kann der Versicherer, der im Versicherungsschein von dem Antrag oder
den vorherigen Vereinbarungen abgewichen ist und einen nach § 5
Abs. 2 VVG erforderlichen Hinweis unterlassen hat, seine Willenserklärung wegen Irrtums nach § 119 Abs. 1 BGB anfechten, um der Folge des
§ 5 Abs. 3 VVG zu entgehen?

Nach einer Ansicht ist eine Irrtumsanfechtung neben § 5 Abs. 3 VVG nicht möglich, da der Versicherer aufgrund einer gesetzlichen Fiktion und nicht einer Willenserklärung gebunden ist. Diese Lösung entspricht dem Gedanken, dass auch der
Kunde durch § 5 Abs. 3 VVG in seinem Interesse an schneller Klärung und baldi-
gem Versicherungsschutz geschützt werden soll. Nach anderer Meinung
(s. P/M/*Rudy* § 5 Rn. 16) kann der Versicherer einen nach § 5 Abs. 3 VVG zustande
gekommenen Vertrag mittels Anfechtung vernichten, da § 5 Abs. 3 VVG insoweit
nur eine Dissensvermeidungsfunktion zukommt. Eine Anfechtung kann freilich
nicht darauf gestützt werden, dass sich der Versicherer über die Fiktionswirkung
seiner Erklärung irrt, da es sich dabei um einen unbeachtlichen Rechtsfolgenirrtum
handelt.

161 ▶ Findet § 5 VVG auch auf das Invitatio-Modell Anwendung?

Grundsätzlich nein, denn § 5 Abs. 1 VVG erfordert nach seinem Wortlaut einen Antrag des Versicherungsnehmers. Dieser geht beim Invitatio-Modell aber gerade vom
Versicherer aus. Daher wird teils vertreten, § 5 Abs. 1 VVG analog auf das Invitatio-
Modell anzuwenden (s. *Klimke*, VersR 2011, 1244, 1248). Demnach ist der Versicherer gehalten, den Versicherungsnehmer analog § 5 Abs. 2 S. 2 Halbs. 2 VVG auf
Abweichungen des Versicherungsscheins von der invitatio hinzuweisen. Andernfalls gelte der Vertrag analog § 5 Abs. 3 VVG als mit dem Inhalt der invitatio geschlossen. Dagegen spricht jedoch die Überlegung, dass es sich bei der invitatio
nicht um eine rechtlich bindende Vertragserklärung handelt. Es bleibt daher dem
Versicherungsnehmer überlassen zu entscheiden, ob er das Angebot trotz der Abweichungen annehmen möchte (s. PVR Rn. 988 f.).

G. Haftungsbeginn

▶ Erläutern Sie den formellen, materiellen und technischen Versicherungs-   **162**
beginn!

• Der *formelle Versicherungsbeginn* ist der Zeitpunkt des Vertragsschlusses.
• Der Zeitpunkt, ab welchem aus dem Vertrag Versicherungsschutz besteht, wird
als *materieller Versicherungsbeginn* bezeichnet.
• Der *technische Versicherungsbeginn* ist der Beginn der Prämienzahlungspflicht
(s. PVR Rn. 961).

▶ Was versteht man unter dem Einlösungsprinzip?   **163**

Unter dem Einlösungsprinzip ist der Umstand zu verstehen, dass nach § 37 Abs. 2
S. 1 VVG der materielle Versicherungsschutz durch den Versicherer erst mit Zahlung der Erstprämie gewährt wird (s. PVR Rn. 1067).

▶ Aus welchen Gründen sieht das Einlösungsprinzip derart einschnei-   **164**
dende Rechtsfolgen für den Versicherungsnehmer vor?

Das Einlösungsprinzip hängt zum einen mit dem Kollektivgedanken zusammen:
Wer nicht einmal in der Lage ist, sich wenigstens zu Beginn des Vertragsverhältnisses vertragstreu zu verhalten, verdient keine Leistungen aus einem Kollektivver-
mögen, zu dem er selbst nichts beigesteuert hat (s. PVR Rn. 1069, 1619).
   Zum anderen ist die Besserstellung des Versicherers im Vergleich zu den allgemeinen bürgerlich-rechtlichen Regelungen durch den Umstand gerechtfertigt, dass er auf
die Prämienzahlungen zwingend angewiesen ist, um in derselben Risikogemeinschaft eintretende Schadensfälle zu regulieren. Darüber hinaus ist es meist unwirt-
schaftlich, einzelne – oft niedrige – Prämien zwangsweise einzutreiben (s. PVR
Rn. 1069).

▶ Wann ist der Versicherer trotz Nichtzahlung der Erstprämie durch den   **165**
Versicherungsnehmer zur Leistung verpflichtet?

Der Versicherer muss leisten, wenn der Versicherungsnehmer nachweisen kann, dass
er die Nichtzahlung nicht zu vertreten hat (§ 37 Abs. 2 S. 1 Halbs. 2 VVG), oder wenn
der Versicherer den Versicherungsnehmer über die Rechtsfolge der Leistungsfreiheit
nicht oder nicht ordnungsgemäß belehrt hat (§ 37 Abs. 2 S. 2 VVG; s. PVR Rn. 1067).

▶ Wann kann sich der Versicherer nicht auf die Leistungsfreiheit nach § 37   **166**
Abs. 2 S. 1 VVG berufen, obwohl der Versicherungsnehmer die Prämie
nicht (vollständig) gezahlt hat?

Dem Versicherer kann es nach § 242 BGB verwehrt sein sich nach § 37 Abs. 2 S. 1
VVG auf Leistungsfreiheit zu berufen, wenn der Versicherungsnehmer sich nur mit

einem geringfügigen Prämienbetrag in Verzug befindet (s. BGH VersR 1988, 484; P/M/*Reiff* § 37 Rn. 11; keine inhaltliche Änderung durch die VVG-Reform: Reg-Begr. S. 71). Eine Berufung auf Leistungsfreiheit kann ferner auch dann nach Treu und Glauben ausscheiden, wenn der Versicherer eine ihm bekannte Aufrechnungs-möglichkeit hat (s. PVR Rn. 1627).

167 ▶   Was ist unter einer erweiterten Einlösungsklausel zu verstehen?

Bei einer erweiterten Einlösungsklausel beginnt die Haftung des Versicherers zum vereinbarten Zeitpunkt, sofern die Prämie nach späterer Aufforderung unverzüglich oder innerhalb eines bestimmten Zeitraums entrichtet wird. Bei dieser Gestaltung ist § 37 Abs. 2 S. 1 VVG zugunsten des Versicherungsnehmers abbedungen. Bis-weilen ergibt sich eine derartige Abrede auch konkludent aus den Umständen. Rechtlich geht es dabei nicht um eine Stundung; vielmehr wird lediglich die Leis-tungspflicht des Versicherers von der Prämienzahlung losgelöst (s. PVR Rn. 1070).

168 ▶   Die Anwendbarkeit von § 37 Abs. 2 S. 1 VVG („Einlösungsprinzip") kann
          ausdrücklich oder stillschweigend vertraglich ausgeschlossen werden.
          Nennen Sie Beispiele!

• Bei Vereinbarung einer erweiterten Einlösungsklausel beginnt der Versiche-rungsschutz zum vereinbarten Zeitpunkt, wenn die Prämie nach Aufforderung unverzüglich gezahlt wird (s. Frage 167).
• Bei einer vorläufigen Deckung (s. Frage 169) soll die Prämie regelmäßig nach-träglich gezahlt werden (meist erst nach Abschluss des Hauptvertrages), da hier der Versicherungsnehmer gerade ein Interesse an einem schnell einsetzenden Versicherungsschutz hat (s. PVR Rn. 1071).
• Außerdem kann der Versicherer auf das Einlösungsprinzip ausdrücklich ver-zichten.
• Bei einer Rückwärtsversicherung gilt § 37 Abs. 2 VVG bereits aufgrund der Re-gelung in § 2 Abs. 4 VVG nicht.

169 ▶   Was ist unter einer Zusage vorläufiger Deckung zu verstehen?

Die vorläufige Deckungszusage ist die verbindliche Zusage eines Versicherers ge-genüber einem Antragsteller, ein versicherbares Risiko nach vereinfachter Risiko-prüfung bis zur endgültigen Annahme oder Ablehnung des Antrags in Deckung zu nehmen (s. *Nickel*, ZVersWiss 1986, 79; vgl. auch die Begriffsbestimmung der Rechtsprechung: BGH VersR 1976, 160, 161). Trotz der missverständlichen Formu-lierung „Zusage" handelt es sich bei der vorläufigen Deckungszusage nicht um eine einseitige Erklärung des Versicherers, sondern um einen echten, freilich auf kürzere Dauer angelegten, Versicherungsvertrag i. S. von § 1 VVG, der vom späteren Haupt-vertrag unabhängig ist (s. PVR Rn. 1075). Geregelt ist die vorläufige Deckung in den §§ 49 ff. VVG.

▶ In welchem Versicherungszweig spielt die Vereinbarung einer vorläufi   **170**
    gen Deckung eine besonders wichtige Rolle?

In der Praxis kommt der vorläufigen Deckungszusage vor allem in der Kfz-
Haftpflichtversicherung eine besondere Bedeutung zu. Übermittelt der Versicherer die
elektronische Versicherungsbestätigung (eVB; bis 2008: sog. Doppelkarte) an den Versicherungsnehmer, so ist davon auszugehen, dass der Versicherer die vorläufige Deckung übernimmt. Hat der Versicherungsnehmer neben der Kfz-Haftpflichtversicherung
zugleich eine Kfz-Kaskoversicherung beantragt, so erstreckt sich die vorläufige Deckung im Zweifel auch auf letztere (s. PVR Rn. 1077).

▶ Wie verhalten sich formeller und materieller Versicherungsbeginn bei   **171**
    der vorläufigen Deckung?

Bei der vorläufigen Deckung ist § 37 Abs. 2 S. 1 VVG regelmäßig abbedungen.
Formeller und materieller Versicherungsbeginn fallen dann zusammen. Nach § 51
Abs. 1 VVG kann der Versicherungsschutz aber (ausnahmsweise) auch bei einem
Vertrag über vorläufige Deckung von der Zahlung der Erstprämie abhängig gemacht werden. Der Versicherer muss den Versicherungsnehmer auf diese Voraussetzung durch gesonderte Mitteilung in Textform hinweisen (s. PVR Rn. 1079).

▶ Bestehen bei Verträgen über vorläufige Deckung Besonderheiten in Be   **172**
    zug auf die vorvertraglichen Informations- und Beratungspflichten des
    Versicherers?

Ja. Nach § 49 Abs. 1 VVG kann vereinbart werden, dass dem Versicherungsnehmer
die Vertragsbestimmungen und die nach § 7 VVG erforderlichen Informationen nur
auf Anforderung und spätestens mit dem Versicherungsschein zu übermitteln sind.
Aufgrund der kurzen Dauer des Vertrages und der Beendigungsmöglichkeiten nach
§ 52 VVG liegt darin keine unangemessene Benachteiligung des Versicherungsnehmers, weil damit seinem Interesse an schnellem Versicherungsschutz Rechnung getragen wird. Für den Hauptvertrag ist jedoch § 7 VVG maßgebend. Die Beratungspflichten nach §§ 6, 61 VVG bestehen dagegen auch bei Verträgen über vorläufige
Deckung. Gem. §§ 6 Abs. 2 S. 2, 62 Abs. 2 VVG sind freilich die Anforderungen an
die Übermittlung von Informationen gemindert (s. PVR Rn. 1079).

▶ Wie werden bei Verträgen über vorläufige Deckung die AVB in den Ver   **173**
    trag einbezogen, wenn sie bei Vertragsschluss dem Versicherungsnehmer noch nicht vorliegen?

Nach § 49 Abs. 2 VVG – einer Spezialregelung zu § 305 Abs. 2 BGB – werden dann
diejenigen AVB Vertragsbestandteil, die der Versicherer zu diesem Zeitpunkt üblicherweise für vorläufigen Versicherungsschutz verwendet. Gibt es solche AVB
nicht, so werden die vom Versicherer für den Hauptvertrag verwendeten Bedingungen einbezogen. Bei Zweifeln darüber, welche AVB maßgebend sind, werden die

für den Versicherungsnehmer günstigsten AVB Vertragsbestandteil (Günstigkeits-
prinzip; § 49 Abs. 2 S. 2 VVG; s. bereits Frage 23). In richtlinienkonformer Auslegung des § 49 Abs. 2 VVG sind Fernabsatzverträge hiervon auszunehmen, ebenso
wie der Gesetzgeber dies in § 49 Abs. 1 S. 2 VVG hinsichtlich dessen S. 1 angeordnet hat (s. PVR Rn. 1080).

174 ▶ Wann endet die vorläufige Deckung?

Kommt ein endgültiger Versicherungsvertrag mit dem Versicherer zustande, so endet die vorläufige Deckung nach Maßgabe der getroffenen Vereinbarungen. Im Regelfall endet der Vertrag mit dem materiellen Versicherungsbeginn des Hauptvertrages oder eines weiteren Vertrages über vorläufige Deckung (§ 52 Abs. 1 S. 1
VVG). Der Hauptvertrag muss im Wesentlichen *gleichartigen* Versicherungsschutz
umfassen, nicht jedoch *gleichwertigen* (s. *Rixecker* zfs 2007, 314, 315). So ist in der
Kfz-Haftpflichtversicherung die vorläufige Deckung typischerweise summenmäßig
unbegrenzt, während der Hauptvertrag sich auf die gesetzliche Mindestversicherungssumme beschränkt.

Der Zweck der vorläufigen Deckung liegt darin, den Zeitraum während der Verhandlungen und der Risikoprüfung bis zum endgültigen Vertragsschluss zu über-
brücken. Auch wenn mit einem anderen Versicherer ein Vertrag zustande kommt,
endet die vorläufige Deckung mit dem dort eintretenden Haftungsbeginn (§ 52
Abs. 2 VVG).

Gilt für den Hauptvertrag das Einlösungsprinzip, so endet der Vertrag über vorläufige Deckung spätestens zu dem Zeitpunkt, zu dem der Versicherungsnehmer mit
der Prämienzahlung in Verzug gerät, sofern der Versicherer den Versicherungsnehmer durch gesonderte Mitteilung über diese Rechtsfolge belehrt hat (§ 52 Abs. 1
S. 2 VVG). Diese Regelung soll verhindern, dass der Versicherungsnehmer durch
Verzögerung der Prämienzahlung das Ende der vorläufigen Deckung hinausschiebt
(s. RegBegr. S. 75).

Ein Vertrag über vorläufige Deckung endet auch dann, wenn der Versicherungsnehmer den mit dem Versicherer der vorläufigen Deckung bestehenden Hauptvertrag nach § 8 VVG widerruft oder nach § 5 Abs. 1 und 2 VVG einen Widerspruch
erklärt. Maßgeblicher Zeitpunkt für das Ende der vorläufigen Deckung ist dann
gem. § 52 Abs. 3 VVG der Zugang des Widerrufs oder Widerspruchs beim Versicherer (s. PVR Rn. 1086).

Kommt ein Hauptvertrag nicht zustande, so führt dies nicht ohne Weiteres zur
Beendigung der vorläufigen Deckung. Vielmehr muss der Versicherer kündigen
(§ 52 Abs. 4 VVG). Die Kündigungsfrist beträgt zwei Wochen; innerhalb dieses
Zeitraums vermag sich ein Versicherungsnehmer nach der Vorstellung des Gesetzgebers um anderweitigen Versicherungsschutz zu bemühen. Der Versicherungsnehmer kann den Vertrag dagegen gem. § 52 Abs. 4 VVG ohne Einhaltung einer Frist
kündigen (s. PVR Rn. 1084).

175 ▶ Welche Prämie hat der Versicherungsnehmer für die vorläufige Deckung
            zu entrichten?

Wenn der Hauptvertrag zustande kommt, wird die Prämie für die vorläufige Deckung regelmäßig in diesen Hauptvertrag einbezogen. Der Versicherungsnehmer
schuldet mithin eine zusammengesetzte Prämie, die so berechnet wird, als würde
nur ein Vertrag bestehen.

Kommt ein endgültiger Vertrag nicht zustande, so kommt die Berechnung nach
einem vereinbarten Kurztarif oder die Zahlung einer Prämie pro rata temporis in
Betracht. § 50 VVG geht von einem Prämienanspruch pro rata temporis aus. Ab-
weichende Vereinbarungen, z. B. in Gestalt eines Kurzzeittarifs, sind zulässig. Bei
Vereinbarung in AVB ist wie stets das Transparenzgebot zu beachten (s. PVR
Rn. 1088).

▶ Kann der Versicherungsschutz aus vorläufiger Deckung rückwirkend ent-   **176**
    fallen, wenn die Erstprämie für den Hauptvertrag nicht rechtzeitig ge-
    zahlt wird?

Ja. Freilich gilt dies nur, soweit die Parteien das Einlösungsprinzip (§ 37 Abs. 2
VVG) vereinbart haben, was bei der vorläufigen Deckung grundsätzlich nicht der
Fall ist. Dennoch wird dem Versicherer etwa in der Kfz-Haftpflichtversicherung
gem. § 9 S. 2 KfzPflVV die Möglichkeit eröffnet, in den AVB für die vorläufige
Deckung das Einlösungsprinzip vorzusehen (so auch Abschnitt B Nr. 2.3 AKB
2010). Soweit die Voraussetzungen des § 37 Abs. 2 VVG erfüllt sind, kommt eine
rückwirkende Leistungsfreiheit des Versicherers in Betracht (s. RegBegr. S. 71).
Der Versicherer muss den Versicherungsnehmer aber durch gesonderte Mitteilung
in Textform oder durch einen auffälligen Hinweis im Versicherungsschein auf diese
Rechtsfolge hingewiesen haben. Zudem ist der Versicherer nach § 37 Abs. 2 S. 1
Halbs. 2 VVG zur Leistung verpflichtet, wenn der Versicherungsnehmer den Nachweis erbringen kann, dass er die Nichtzahlung nicht zu vertreten hat (s. PVR
Rn. 1087).

▶ Bedarf es auch bei der erweiterten Einlösungsklausel einer Belehrung?   **177**

Ja. § 37 Abs. 2 S. 2 VVG enthält ein generelles Belehrungserfordernis für Leistungsfreiheit. Nach der Gesetzesbegründung ist der Versicherungsnehmer auch
dann schutzbedürftig, wenn der Versicherungsschutz erst durch Zahlung der Erstprämie begründet wird, da auch in diesen Fällen bei nicht rechtzeitiger Zahlung der
Prämie einschneidende Folgen drohen (s. RegBegr. S. 71).

▶ Trifft den Versicherer eine Aufklärungspflicht hinsichtlich der Möglichkeit   **178**
    einer vorläufigen Deckung?

Ja. Rechtsgrundlage hierfür ist die *bedarfsbezogene Beratungspflicht* des Versicherers gem. § 6 Abs. 1 VVG. Danach hat der Versicherer den Versicherungsnehmer
darüber aufzuklären, dass eine vorläufige Deckung vereinbart werden kann, wenn
für den Versicherer erkennbar ist, dass der Versicherungsnehmer umgehend Versicherungsschutz benötigt. Oftmals beantragt der Versicherungsnehmer neben dem

Abschluss des Versicherungsvertrags auch konkludent eine vorläufige Deckung. Aufgrund des aus § 242 BGB folgenden Kooperationsgebots ist der Versicherer in diesem Fall gehalten, diesen Antrag unverzüglich anzunehmen oder abzulehnen (s. PVR Rn. 1089).

179 ▶ Wodurch unterscheiden sich Rückwärtsversicherung und Rückdatierung?

Bei der *Rückwärtsversicherung* liegt der materielle Versicherungsbeginn vor dem formellen Versicherungsbeginn (§ 2 Abs. 1 VVG).

Bei der *Rückdatierung* zahlt der Versicherungsnehmer zusätzlich Prämien für die Vergangenheit – ohne dass in dieser Zeit Versicherungsschutz bestanden hätte –, um anderweitige Vorteile zu erlangen (z. B. niedrigeres Eintrittsalter in der Krankenversicherung; s. näher PVR Rn. 1090 ff.).

180 ▶ Was gilt, wenn der Versicherungsnehmer im Antrag auf Abschluss eines Versicherungsvertrages den Tag der Antragstellung als Datum des „Versicherungsbeginns" einträgt?

Es kann fraglich sein, ob in der Angabe eines Datums vor Vertragsabschluss als Versicherungsbeginn ein Antrag auf Abschluss einer Rückwärtsversicherung liegt oder ob nur die Vorverlegung des technischen Versicherungsbeginns vereinbart werden soll (für Letzteres s. früher BGHZ 47, 352).

Nach heute ganz überwiegend vertretener Ansicht gilt die Angabe eines vor dem Vertragsschluss liegenden Datums als Zeitpunkt des „Versicherungsbeginns" als Antrag auf Abschluss einer Rückwärtsversicherung (s. BGHZ 111, 44, 48 f. = VersR 1990, 729; P/M/*Armbrüster* § 2 Rn. 7). Anderenfalls würde der Versicherungsnehmer zur Prämienzahlung verpflichtet sein, ohne dass er einen Vorteil davon hätte (s. PVR Rn. 1093).

181 ▶ In welchem Bereich ist die Annahme einer Rückwärtsversicherung umstritten?

Im Bereich der *Krankenversicherung* ist es umstritten, ob die Angabe eines vor dem Vertragsschluss liegenden Datums als Zeitpunkt des „Versicherungsbeginns" als Antrag auf Abschluss einer Rückwärtsversicherung zu verstehen ist. Denn hier bringt bereits die Vorverlegung des technischen Versicherungsbeginns auch ohne eine damit korrespondierende Leistungspflicht des Versicherers dem Versicherungsnehmer Vorteile. So wird durch den früheren technischen Versicherungsbeginn die Wartezeit verkürzt und der Versicherungsnehmer hat unter Umständen den Vorteil eines günstigeren Eintrittsalters.

Was im konkreten Fall vom Versicherungsnehmer wirklich gewollt ist, muss durch *Auslegung* seiner Erklärung ermittelt werden. Regelmäßig wird es sich nur um eine bloße Rückdatierung des technischen Versicherungsbeginns und nicht um eine Rückwärtsversicherung handeln (s. MünchKommVVG/*Muschner* § 2 Rn. 9).

Allerdings hat der Versicherer nach § 6 Abs. 1 VVG den Versicherungsnehmer bei entsprechendem Anlass hierüber aufzuklären. Verletzt er diese Pflicht, so muss er den Versicherungsnehmer gem. § 6 Abs. 5 VVG i. V. m. § 249 BGB so stellen, als wäre ihm von Anfang an materieller Versicherungsschutz gewährt worden.

▶   Welchen Vorteil hat eine vorläufige Deckung für den Versicherungsneh-   **182**
    mer gegenüber einer Rückwärtsversicherung oder einer erweiterten Ein-
    lösungsklausel?

Bei einer Rückwärtsversicherung und einer erweiterten Einlösungsklausel liegt jeweils nur ein einziger Versicherungsvertrag vor, der auch rückwirkend Versicherungsschutz gewährt. Kommt ein Vertrag nicht zustande, so hat auch nie Versicherungsschutz bestanden.

Anders ist die Lage bei der vorläufigen Deckung: Sie setzt nicht den Abschluss eines Hauptvertrages voraus; vielmehr stellt sie einen eigenständigen Vertrag dar, der sofortigen Versicherungsschutz gewährt. Dabei ist die vorläufige Deckung unabhängig vom Schicksal eines späteren Hauptvertrages. Versicherungsschutz besteht mithin auch dann, wenn der Hauptvertrag nicht wirksam zustande kommt (s. PVR Rn. 1082 ff.).

H. Versicherung für fremde Rechnung

▶   Wie ist die Versicherung für fremde Rechnung schuldrechtlich einzuord-   **183**
    nen?

Es handelt sich um eine besondere Form des Vertrages zugunsten Dritter i. S. von §§ 328 ff. BGB (P/M/*Prölss/Klimke* Vor §§ 43–48 Rn. 5).

▶   Wen treffen die Rechte und Pflichten bei einer Versicherung für fremde   **184**
    Rechnung in der Schadensversicherung?

Die Ansprüche auf die Leistungen des Versicherers stehen gem. § 44 Abs. 1 VVG grundsätzlich dem Versicherten zu. Nach § 45 Abs. 1 VVG kann jedoch grundsätzlich nur der Versicherungsnehmer über diese Rechte verfügen und sie gerichtlich gegenüber dem Versicherer geltend machen. Zur Übertragung der Rechte oder zur Annahme von Leistungen aus dem Versicherungsvertrag ist der Versicherungsnehmer dann, wenn ein Versicherungsschein ausgestellt wurde, nur berechtigt, wenn der Versicherte dem zugestimmt hat oder wenn der Versicherungsnehmer im Besitz des Versicherungsscheins ist (§ 45 Abs. 2 VVG). Verlangt der Versicherungsnehmer Zahlung an sich, so muss er auf Verlangen des Versicherers die Zustimmung des Versicherten nachweisen (§ 45 Abs. 3 VVG). Dies bedeutet, dass der Anspruch nicht fällig wird, solange der Versicherer die Auszahlung der Versicherungsleistung vom Nachweis der Zustimmung abhängig macht und der Versicherungsnehmer diese nicht beibringt (s. L/R/*Rixecker* § 45 Rn. 4).

Die Pflichten aus dem Vertrag, insbesondere die Pflicht zur Zahlung der Prämie (s. P/M/*Klimke* Vor §§ 43–48 Rn. 2), trägt der Versicherungsnehmer. Soweit es um das mitversicherte Interesse des Versicherten geht, sind auch das Verhalten und die Kenntnis des Versicherten zu berücksichtigen (§ 47 Abs. 1 VVG). Obliegenheitsverletzungen des Versicherten können nur gegenüber dem Versicherten zur Leistungsfreiheit des Versicherers führen (s. § 47 Abs. 1 VVG: „soweit"). Der Vertrag ist in diesen Fällen einer kombinierten Eigen- und Fremdversicherung gedanklich in einen Vertrag für eigene und einen solchen für fremde Rechnung aufzuspalten. Gegenüber dem Versicherungsnehmer ist der Versicherer aufgrund einer Obliegenheitsverletzung des Versicherten nur dann leistungsfrei, wenn letzterer Repräsentant oder Wissenserklärungsvertreter des Versicherungsnehmers ist (s. PVR Rn. 1767 f.).

185 ▶   Welche Zwecke verfolgt diese Aufspaltung von Rechtsinhaberschaft und Verfügungsbefugnis?

Die §§ 44, 45 VVG dienen dem Versicherer primär zur Vereinfachung der Vertragsverwaltung. Will er das Vertragsverhältnis betreffende Erklärungen abgeben, so kann er sich an den Versicherungsnehmer als seinen Vertragspartner wenden und muss nicht zugleich den – ihm womöglich bislang unbekannten – Versicherten kontaktieren. Mag letzteres zwar in einem gewöhnlichen Dreiecksverhältnis noch mit wirtschaftlich vertretbarem Aufwand möglich sein, so wäre dies bei einer Vielzahl von Versicherten nicht mehr der Fall. Dies gilt insbesondere dann, wenn die Versicherten im Vertrag nicht einmal namentlich bezeichnet sind, der Versicherungsschutz vielmehr durch die Zugehörigkeit zu einer bestimmten Gruppe konkretisiert wird (wie etwa in der D&O-Versicherung [vgl. Ziff. 1.1 AVB-AVG 2011/2013] oder in der betrieblichen Gruppen-Unfallversicherung).

Auf der anderen Seite verleiht die Aufspaltung von Rechtszuständigkeit und Verfügungsbefugnis dem Versicherungsnehmer eine starke Rechtsposition im Verhältnis zum Versicherten. Nicht selten wird zwischen Versicherungsnehmer und Versichertem ein Vertragsverhältnis bestehen. Dem Versicherungsnehmer wird in diesen Fällen durch § 45 VVG die Möglichkeit eröffnet, auf den Versicherten einen gewissen Druck auszuüben und ihn zur Erfüllung seiner vertraglichen Pflichten anzuhalten (s. PVR Rn. 1762 f.).

186 ▶   Wie kann festgestellt werden, ob eine Versicherung für fremde Rechnung vorliegt?

Es kann ausdrücklich vereinbart werden, dass die Versicherung (auch) zugunsten einer anderen Person wirken soll. Dies geschieht häufig in AVB (Beispiel: Ziff. 1.2 AKB 2008). Fehlt eine ausdrückliche Vereinbarung, so ist eine Auslegung anhand der maßgeblichen Umstände vorzunehmen; hierfür bestehen einige gesetzliche Vermutungen (§§ 43 Abs. 2, 48 VVG). Letztlich kann auch eine ergänzende Vertragsauslegung zur Mitversicherung fremder Interessen in einer primär für eigene Rechnung genommenen Versicherung führen (s. dazu PVR Rn. 1409 ff.).

▶ Kann der Versicherte seine Rechte aus dem Vertrag selbst geltend ma- 187
chen?

Grundsätzlich nein. Der Versicherte bedarf hierfür vorbehaltlich abweichender vertraglicher Vereinbarungen einer Mitwirkung des Versicherungsnehmers. Er benötigt entweder dessen Zustimmung oder den Besitz am Versicherungsschein (§ 44 Abs. 2 VVG). Freilich können die Parteien die Bestimmung des § 44 Abs. 2 VVG vertraglich abbedingen (Beispiel: Ziff. 10.1 AVB-AVG 2011/2013).

Bei einer D&O-Versicherung kann sich der Versicherer im Fall der Innenhaftung des Versicherten gegenüber der Gesellschaft als Versicherungsnehmerin allerdings nach Treu und Glauben nicht darauf berufen, dass der Versicherungsschutz vereinbarungsgemäß nur durch die Versicherten geltend gemacht werden darf, wenn er den Deckungsanspruch abgelehnt hat, die Versicherten keinen Versicherungsschutz geltend machen und keine schutzwürdigen Interessen des Versicherers einer Geltendmachung durch den Versicherungsnehmer entgegenstehen (BGH VersR 2017, 683 Rn. 14 ff.).

▶ Wieso bedarf es der Regelung in § 34 Abs. 1 VVG, wonach der Versicherte 188
anstelle des Versicherungsnehmers die Prämie mit Erfüllungswirkung an
den Versicherer zahlen kann?

Da es sich um einen Vertrag zugunsten Dritter i. S. von § 328 BGB handelt, stehen nach § 334 BGB dem Versicherer die Einwendungen, die er gegenüber dem Versicherungsnehmer hat, auch gegenüber dem Versicherten zu (dies ist teils anders in der Kfz-Pflichtversicherung hinsichtlich des Dritten; s. § 117 VVG). Ficht etwa der Versicherer den Vertrag aufgrund arglistiger Täuschung an, so kann dies auch dem Versicherten entgegengehalten werden (s. BGH VersR 2011, 1563 Rn. 32). Gleiches gilt für den Prämienverzug. Nach der allgemeinen Regel des § 267 Abs. 2 BGB könnte der Versicherer die Entgegennahme von Zahlungen des Versicherten ablehnen, wenn der Versicherungsnehmer widerspricht (s. L/R/*Rixecker* § 34 Rn. 1). Zahlt der Versicherungsnehmer die Erstprämie nicht, so verlöre der Versicherte seinen Versicherungsschutz, wenn er nicht selbst durch schuldbefreiende Leistung eingreifen könnte (§ 37 Abs. 2 S. 1 VVG). Diese Gefahr wird durch § 34 VVG gebannt; der Versicherer kann demnach Zahlungen des Versicherten auch dann nicht zurückweisen, wenn der Versicherungsnehmer diesen widersprochen hat.

▶ Wie stehen Versicherungsnehmer und Versicherter im Innenverhältnis 190
zueinander?

Zwischen Versicherungsnehmer und Versichertem kann ein vertragliches Schuldverhältnis bestehen (z. B. Lagervertrag), welches das Innenverhältnis regelt (s. PVR Rn. 1773). Gibt es eine solche Vereinbarung nicht, so besteht zumindest ein *gesetzliches Treuhandverhältnis* (s. BGH VersR 2011, 1392 Rn. 10). Aus diesem Verhältnis ergeben sich insbesondere Auskehrungspflichten des Versicherungsnehmers: Leistet der Versicherer an den Versicherungsnehmer, so erfüllt er damit seine

Leistungspflicht gegenüber dem Versicherten. Der Versicherungsnehmer muss das Empfangene dann aufgrund des gesetzlichen Treuhandverhältnisses an den Versicherten auskehren. Der Versicherungsnehmer ist zudem verpflichtet, begründete Ansprüche gegenüber dem Versicherer – erforderlichenfalls auch gerichtlich – geltend zu machen oder jedenfalls seine Zustimmung zur Geltendmachung durch den Versicherten zu erteilen.

191 ▶   Grenzen Sie die Begriffe Gefahrperson, Versicherter und Bezugsberechtigter voneinander ab!

Gefahrperson ist die Person in der Personenversicherung, auf welche die Versicherung genommen wird. Beispielsweise kann eine Lebensversicherung gem. § 150 Abs. 2 S. 1 VVG auf das Leben eines anderen genommen werden, wenn dieser vor Abschluss des Versicherungsvertrages seine schriftliche Zustimmung erteilt hat. Dasselbe gilt über § 176 VVG für die Berufsunfähigkeitsversicherung und gem. § 193 Abs. 1 VVG auch in der Krankenversicherung. Ein eigenes *Interesse* der Gefahrperson ist hier nicht versichert. Vielmehr ist sie allein Bezugspunkt des versicherten (für sie fremden) *Risikos*.

Versicherter ist, wessen Interesse von der Versicherung gedeckt ist, etwa in der Gebäudefeuerversicherung des Vermieters das Sachersatzinteresse des Mieters (s. dazu Fragen 332 ff.). Bisweilen wird – ohne Unterschied in der Sache – auch von der *versicherten Person* gesprochen.

Bezugsberechtigter ist, wem die Leistungen aus einer Personenversicherung bei Eintritt des Versicherungsfalls zustehen. Für die Lebensversicherung ergibt sich dies aus § 159 VVG, der über § 176 VVG auch für die Berufsunfähigkeitsversicherung gilt.

I. Versicherungsschein (Versicherungspolice)

192 ▶   Kann ein wirksamer Versicherungsvertrag ohne einen Versicherungsschein zustande kommen?

Ja. Die Wirksamkeit des Versicherungsvertrages hängt grundsätzlich nicht von der Überlassung des Versicherungsscheins (gleichbedeutend: Police) ab. Zwar nimmt der Versicherer das Vertragsangebot des Versicherungsnehmers meist konkludent durch Übersendung des Versicherungsscheins an (so jedenfalls beim Antragsmodell; beim Invitatio-Modell ist hierin in der Regel der Antrag des Versicherers zu sehen; s. dazu Frage 143). Indessen ist die Police keine Voraussetzung für das Zustandekommen oder die Wirksamkeit des Versicherungsvertrages. Es handelt sich mithin um ein deklaratorisches, nicht für die Vertragswirksamkeit konstitutives Dokument (s. PVR Rn. 1052).

Ist der Versicherungsschein nicht an den Versicherungsnehmer übermittelt worden, so führt dies allerdings gem. § 8 Abs. 2 Nr. 1 VVG dazu, dass die Widerrufsfrist nicht zu laufen beginnt, der Vertrag also nur schwebend wirksam ist.

▶   Welche Funktion hat der Versicherungsschein?   **193**

Der Versicherungsschein dokumentiert als Vertragsurkunde den Inhalt des abgeschlossenen Vertrages. Für den Versicherungsschein gilt gem. § 416 ZPO die prozessuale *Vermutung der Vollständigkeit und Richtigkeit* (s. PVR Rn. 1060). Daneben kommt dem Versicherungsschein auch eine *Legitimationswirkung* zu. So darf
der Versicherer den Inhaber des Versicherungsscheins nicht nur als kündigungsbe-
rechtigt ansehen, sondern er darf zudem grundsätzlich auch darauf vertrauen, dass
der Inhaber die Kündigung selbst erklärt hat (s. BGH VersR 2009, 1061 Rn. 9 ff.,
13; PVR Rn. 1055 f.) Da es sich bei dem Versicherungsschein gem. § 4 Abs. 1 VVG
um ein Namenspapier mit Inhaberklausel handelt, kann der Versicherer gem. § 808
Abs. 1 BGB mit *befreiender Wirkung* an den Inhaber leisten.

▶   Welche Bedeutung hat der Versicherungsschein für die Fälligkeit der Prämie?   **194**

Die Prämie wird gem. § 33 Abs. 1 VVG erst nach Ablauf von zwei Wochen nach
Zugang des Versicherungsscheins fällig (s. PVR Rn. 1601). Zu diesem Zeitpunkt
läuft im Normalfall die dem Versicherungsnehmer zustehende Widerrufsfrist des
nach § 8 VVG ab (anders beim Invitatio-Modell, bei dem der Zeitpunkt des Vertragsschlusses maßgeblich ist; s. dazu Frage 143).

▶   Wann hat der Versicherungsschein ausnahmsweise konstitutive Wirkung?   **195**

Konstitutive Wirkung erlangt der Versicherungsschein gem. § 5 Abs. 1 VVG ausnahmsweise dann, wenn der Antrag des Versicherungsnehmers inhaltlich von dem
daraufhin ausgestellten Versicherungsschein abweicht. Gleiches gilt, wenn die im
Versicherungsschein ausgewiesenen Vereinbarungen, insbesondere Risikobeschrei-
bungen und -ausschlüsse, von denjenigen in den AVB abweichen. Auch hier ist der
Inhalt des Versicherungsscheins selbst dann maßgeblich, wenn ein darin vorgesehe-
ner Risikoausschluss aus den AVB nicht hervorgeht. Die im Versicherungsschein
bezeichnete Deckung hat in diesem Fall als Individualvereinbarung (§ 305b BGB)
oder gem. § 5 Abs. 1 VVG Vorrang (s. LG München I VersR 2012, 93, 96; PVR
Rn. 1061 f.).

J. Vertragsänderungen

▶   Wenn bereits ein Vertrag besteht und die Parteien Neuerungen verein-   **196**
     baren, kann zweifelhaft sein, ob es sich um eine Vertragsänderung oder
     einen Neuabschluss handelt. Wonach richtet sich die Abgrenzung?

Lässt sich aus den Umständen nicht eindeutig entnehmen, ob ein Neuabschluss oder
eine Änderung eines bestehenden Vertrages gewollt ist, so richtet sich die Entscheidung nach *Art und Gewicht der Änderungen*. Maßgeblich ist nach einer Ansicht, ob
die Vertragsidentität erhalten bleibt oder nicht (s. OLG Frankfurt VersR 1998, 1540,

1541). Teilweise wird auch der Schutzzweck der jeweiligen Regelung für die Abgrenzung herangezogen. Demnach erfolgt die Unterscheidung anhand der Frage, ob die Änderung ein solches Gewicht hat, dass eine Behandlung nach den für Neuabschlüsse geltenden Grundsätzen geboten ist. Dabei sei vor allem ausschlaggebend, ob die Änderung auch Gegenstand eines eigenständigen Versicherungsvertrags sein könnte (s. PVR Rn. 1158).

197 ▶   Wann kommt es auf diese Abgrenzung überhaupt an?

Die Frage kann im Zusammenhang mit der Beratungspflicht nach § 6 VVG bedeutsam werden. Je nachdem, ob eine Vertragsänderung oder ein Neuabschluss vorliegt, ergibt sich der Umfang der Beratungspflicht entweder aus § 6 Abs. 1 VVG oder aus dem restriktiveren § 6 Abs. 4 VVG (zum Unterschied zwischen beiden Beratungspflichten s. Frage 80). Wichtig ist die Unterscheidung zudem für die Frage, ob ein Widerrufsrecht des Versicherungsnehmers nach § 8 VVG besteht, sowie für die Anwendung der Regeln über den Prämienzahlungsverzug gem. §§ 37, 38 VVG. Auch wenn sich die für den Vertrag maßgebliche Rechtslage nach Abschluss des ursprünglichen Vertrages ändert, hängt das anzuwendende Recht von der Abgrenzung ab (s. PVR Rn. 1156; zum Übergangsrecht im Zuge der VVG-Reform s. Art. 1 ff. EGVVG; zum Ganzen s. *Armbrüster/Schreier*, VersR 2015, 1053 ff.).

198 ▶   Vertragsänderungen durch Parteivereinbarung (§ 311 BGB) sind stets möglich. Kann der Inhalt des Versicherungsvertrages darüber hinaus auch durch einseitige Gestaltung seitens des Versicherers geändert werden?

Ja. Der Versicherer kann auf Grundlage von *Bedingungs- und Prämienanpassungsklauseln* die AVB und die Prämie ändern; diese unterliegen freilich strengen Anforderungen (s. PVR Rn. 1147, 1134 ff. und Fragen 205 ff.). Zudem gibt es eine Reihe von spartenbezogenen und spartenübergreifenden gesetzlichen Anpassungsrechten (s. dazu Fragen 199, 200).

Hat der Versicherer sich nicht vertraglich das Recht vorbehalten, die AVB einseitig zu ändern, so bedarf es der Zustimmung des Versicherungsnehmers. In Betracht kommt auch, dass der Versicherer ein Änderungsangebot mit einer Ablaufkündigung für den Fall verbindet, dass der Versicherungsnehmer dem Angebot widerspricht. Aus der maßgeblichen Sicht des Erklärungsempfängers manifestiert sich in der widerspruchslosen Fortsetzung des Vertragsverhältnisses ein Wille des Versicherungsnehmers am Vertrag zu den geänderten Konditionen festzuhalten (P/M/*Armbrüster*, Einl. Rn. 43a; str.).

199 ▶   In welchen Versicherungszweigen bedarf es zur Prämien- und Bedingungsanpassung keiner vertraglichen Anpassungsklausel?

In der Lebens-, Berufsunfähigkeits- und Krankenversicherung hat der Versicherer unter bestimmten, strengen Voraussetzungen ein *gesetzliches Gestaltungsrecht* zur

Neufestsetzung der Prämie und der Bedingungen, d. h. namentlich der AVB und der Tarifbestimmungen (§§ 163, 176, 203 VVG). Auf diese Weise soll das durch unvorhersehbare Umstände gestörte *Äquivalenzverhältnis* zwischen Risikotragung und Prämie wiederhergestellt werden. Es handelt sich damit um einen Spezialfall der Störung der Geschäftsgrundlage (vgl. § 313 BGB). Die genannten Regelungen des VVG tragen dem Umstand Rechnung, dass der Versicherer die genannten Versicherungsverhältnisse grundsätzlich nicht mit vertragsbeendigender Wirkung kündigen kann. Könnte er auf Änderungen der bei Vertragsbeginn zugrunde gelegten künftigen Schadensaufwendungen im Verlauf der oft langfristig bestehenden Vertragsverhältnisse nicht reagieren, so müsste er von vornherein in die Prämie erhebliche Sicherheitszuschläge einkalkulieren, um für Kostensteigerungen gewappnet zu sein. Dies würde dazu führen, dass der Versicherungsnehmer schon zu Beginn des Versicherungsverhältnisses eine hohe Prämie zahlen müsste, obwohl zu diesem Zeitpunkt noch gar kein entsprechender Finanzbedarf besteht (s. PVR Rn. 1124). Zudem müsste er womöglich „auf Verdacht" bestimmte Risikoausschlüsse vereinbaren. All dies wird ihm durch die gesetzlichen Anpassungsmöglichkeiten erspart, was letztlich auch den Versicherungsnehmern zugute kommt.

Ein Unterschied ergibt sich hinsichtlich des Anpassungsverfahrens: Bei der Krankenversicherung muss nach § 203 Abs. 2, 3 VVG jede Änderung von Prämien und Bedingungen von einem *unabhängigen Treuhänder* geprüft werden. Über die Anforderungen an die Unabhängigkeit des Treuhänders und deren gerichtliche Überprüfbarkeit ist in jüngster Zeit Streit entstanden (s. dazu einerseits *Ossyra*, VuR 2018, 373 ff.; andererseits *Thüsing/Jänsch*, VersR 2018, 837 ff.). Im Anwendungsbereich der §§ 164, 203 Abs. 4 VVG ist die Überprüfung durch einen Treuhänder seit der VVG-Reform nicht mehr vorgesehen. Insbesondere bei der Lebensversicherung entspricht es nach Einschätzung des Gesetzgebers dem Interesse des Versicherungsnehmers eher, auf die Mitwirkung eines Treuhänders zu verzichten und den Versicherungsnehmer auf die gerichtliche Kontrolle zu verweisen (s. RegBegr. S. 100). Hintergrund ist, dass der BGH die von einem Treuhänder gebilligten Änderungen in der Lebensversicherung im Jahre 2005 verworfen hat (s. BGHZ 164, 297 = VersR 2005, 1565 und dazu Fragen 33, 721). Daher sah der Gesetzgeber die Gefahr, dass ein Versicherungsnehmer angesichts der Einschaltung eines Treuhänders als Experten von einer anschließenden gerichtlichen Überprüfung Abstand nehmen könnte, obwohl diese keineswegs aussichtslos wäre.

▶   In welchen Fällen gewährt das VVG dem Versicherer unabhängig von be-   **200**
      stimmten Versicherungszweigen ein Anpassungsrecht?

Eine solche Möglichkeit ist etwa in § 19 Abs. 4 S. 2 VVG für die Verletzung von *vorvertraglichen Anzeigeobliegenheiten* durch den Versicherungsnehmer vorgesehen (s. auch Fragen 128 ff.). Hätte der Versicherer den Vertrag auch bei Kenntnis der nicht angezeigten Umstände, wenn auch zu anderen Bedingungen, geschlossen, so entfällt nach § 19 Abs. 4 S. 1 VVG sein Rücktritts- und Kündigungsrecht. Jedoch kann der Versicherer nach § 19 Abs. 4 S. 2 VVG verlangen, dass die anderen Bedingungen Vertragsbestandteil werden. Ob sie rückwirkend zum Zeitpunkt des

Vertragsschlusses oder erst mit Beginn der laufenden Versicherungsperiode Geltung erlangen, hängt davon ab, ob der Versicherungsnehmer die Verletzung der Anzeigeobliegenheit zu vertreten hat (s. PVR Rn. 1121).

Außerdem steht dem Versicherer auch im Falle einer *Gefahrerhöhung* nach § 25 Abs. 1 S. 1 VVG ein Prämienanpassungsrecht zu (s. PVR Rn. 1122).

Zudem kann der Versicherer gem. § 74 Abs. 1 VVG bei einer – nicht betrügerischen – *Überversicherung* die Prämie mit sofortiger Wirkung anpassen (s. PVR Rn. 1123).

201 ▶ Auf welche Weise versucht das Gesetz der Schutzbedürftigkeit des Versicherungsnehmers Rechnung zu tragen, wenn der Versicherer von einem einseitigen Anpassungsrecht Gebrauch macht?

Typischerweise werden die Anpassungsrechte des Versicherers von einem Kündigungsrecht des Versicherungsnehmers flankiert, durch dessen Ausübung er sich von der Bindung an den geänderten Vertrag lösen kann. Mit dieser Kombination von *einseitigem Anpassungsrecht* und *einseitigem Lösungsrecht* unternimmt es der Gesetzgeber, den ursprünglichen Vertragsinhalt in einer für beide Parteien zumutbaren Weise einer veränderten Sachlage anzupassen. Der Versicherungsnehmer soll es in der Hand haben, ob er den Versicherungsvertrag mit einem anderen als dem von ihm konsentierten Inhalt fortführen möchte (s. PVR Rn. 1119).

202 ▶ Kann auch der Versicherungsnehmer die Möglichkeit der einseitigen Gestaltung des Vertragsinhalts haben?

Ja. Die Möglichkeit einer Herabsetzung der Prämie steht im Falle einer – nicht betrügerischen – Überversicherung gem. § 74 Abs. 1 VVG auch dem Versicherungsnehmer zu. Für die Mehrfachversicherung kann sogar allein der Versicherungsnehmer gem. § 79 VVG eine Vertragsanpassung verlangen. Zudem kann der Versicherungsnehmer nach § 41 VVG eine Herabsetzung der Prämie beanspruchen, wenn bestimmte gefahrerhöhende Umstände weggefallen oder bedeutungslos geworden sind.

203 ▶ Wie konnten die Versicherer auf die Neuerungen durch die VVG-Reform reagieren?

Der Gesetzgeber hat es den Versicherern gem. Art. 1 Abs. 3 EGVVG ermöglicht, ihre AVB in Altverträgen, d. h. solchen, die vor Inkrafttreten der VVG-Reform am 01.01.2008 geschlossen wurden, während einer Übergangsfrist an das neue Recht anzupassen. Seit dem 01.01.2009 gilt das neue Recht auch für Altverträge (s. PVR Rn. 1130).

204 ▶ Welches Problem stellt sich, wenn ein Versicherungsunternehmen von diesem Anpassungsrecht nach Art. 1 Abs. 3 EGVVG keinen Gebrauch gemacht hat? Welche Rechtsfolge bringt dies mit sich?

Die Umstellungsmöglichkeit nach Art. 1 Abs. 3 EGVVG haben viele Versicherer wegen des damit verbundenen Aufwands nicht genutzt. Dies ist insbesondere dann problematisch, wenn das neue Recht für den Versicherungsnehmer günstiger ist als das alte. Letzteres ist angesichts des erklärten Ziels der VVG-Reform, die Rechte des Versicherungsnehmers zu stärken, in vieler Hinsicht der Fall. Konnte sich der Versicherer früher etwa bei grob fahrlässiger Verletzung einer vertraglichen Obliegenheit stets auf vollständige Leistungsfreiheit berufen, so ist dies nach neuem Recht nur noch ganz ausnahmsweise möglich. Nunmehr ist gem. § 28 Abs. 2 VVG n. F. eine Quotelung vorgesehen (Quotelungsmodell; s. dazu Fragen 277 ff.).

Außer Streit steht, dass der Versicherer sich nicht auf die seinerzeit vereinbarte Rechtsfolge (Leistungsfreiheit nach § 6 Abs. 3 VVG a. F.) berufen kann, da sie nunmehr gegen halbzwingendes Recht verstößt (§§ 28 Abs. 2, 32 S. 1 VVG). Nach Ansicht des BGH kommt aber nicht einmal ein Kürzungsrecht nach § 28 Abs. 2 VVG in Betracht. Stattdessen bleibt eine grob fahrlässige Verletzung der in den AVB vereinbarten Obliegenheiten sanktionslos (s. BGH VersR 2011, 1550 Rn. 17 ff.). Im Ergebnis läuft dies darauf hinaus, dass die durch den Gesetzgeber vorgesehene *Möglichkeit* einer Vertragsanpassung in eine *Pflicht* umgemünzt wird, die mit scharfen Sanktionen verknüpft ist. Letztlich führt die Begünstigung grob fahrlässig und damit besonders unsorgfältig handelnder Versicherungsnehmer auch dazu, dass sich der Versicherungsschutz für das gesamte Versichertenkollektiv verteuert (s. PVR Rn. 1131 ff.).

▶ Warum bedarf es in der Praxis Änderungsvorbehaltsklauseln in AVB? **205**

Auch jenseits der gesetzlichen Anpassungsregeln kann es erforderlich werden, dass der Versicherer die Prämie und/oder die Bedingungen anpasst. So kann der durchschnittliche Schadensverlauf sich gegenüber den Kalkulationsgrundlagen erheblich und in unvorhersehbarer Weise erhöhen, so dass die vereinbarte Prämie nicht mehr ausreicht. Zudem kann eine Änderung der AVB erforderlich werden, wenn sich gesetzliche Regelungen ändern oder eine neue höchstrichterliche Rechtsprechung vorliegt. In solchen Fällen müssen die AVB an die neue Situation angepasst werden. Der Gesetzgeber trägt diesem Interesse in § 40 Abs. 1, 2 VVG Rechnung, indem er dort von der grundsätzlichen Zulässigkeit entsprechender Anpassungsklauseln ausgeht. Eine einzelvertragliche Vereinbarung mit jedem Versicherungsnehmer ist äußert aufwendig, setzt dessen Einverständnis voraus und birgt die Gefahr unterschiedlicher Vertragsgestaltungen. Im Interesse der Rechtssicherheit und einer rationellen Vertragsabwicklung ist daher eine einheitliche Regelung geboten.

Änderungsvorbehaltsklauseln müssen im Hinblick auf den durch sie ermöglichten einseitigen Eingriff in das „Rechtsprodukt" Versicherung hohen Anforderungen standhalten. Erforderlich ist insbesondere eine hinreichende *Transparenz* (vgl. § 307 Abs. 1 S. 2, Abs. 3 S. 2 BGB). Wesentliche Faktoren für die Beurteilung, ob eine Anpassungsklausel den Versicherungsnehmer unangemessen benachteiligt, sind die Vertragslaufzeit, die Kündigungsmöglichkeiten des Versicherers sowie die aus der Klausel resultierenden wirtschaftlichen Konsequenzen. In jedem Fall darf sich der Versicherer durch die Anpassungsklausel nicht der berechtigten Leistungserwartung des Versicherungsnehmers entziehen. Insbesondere dürfen nur solche Änderungen der maßgeblichen Umstände herangezogen werden, die für den Versicherer bei Vertragsschluss *unvorhersehbar* waren. Zudem hat dem Anpassungsrecht bei Mehrbelastungen des Versicherers eine *Anpassungspflicht* bei späterer für ihn günstiger Entwicklung zu entsprechen (s. zum Ganzen PVR Rn. 1134 ff.).

206 ▶   Wäre folgende Klausel wirksam: *„Sollte sich herausstellen, dass eine vertragliche Bestimmung unwirksam ist, so wird sie durch eine der ursprünglichen Bestimmung möglichst nahe kommende ersetzt."*?

Nein. Es handelt sich um eine sog. *salvatorische Klausel*. Mit dieser Klausel wird eine Umgehung des Verbots der geltungserhaltenden Reduktion bezweckt. Ihre Wirkung liefe darauf hinaus, dass der Verwender jedenfalls insoweit in den Genuss einer an sich unwirksamen Klausel käme, wie ihr Inhalt gerade noch zulässig wäre. Genau dies soll aber mit dem Verbot der geltungserhaltenden Reduktion verhindert werden. Der Verwender könnte sonst weitgehend risikofrei beliebige Klauseln in die AVB aufnehmen, in dem Wissen, dass zumindest der gerade noch zulässige Inhalt Vertragsbestandteil würde (s. P/M/*Armbrüster* Einl. Rn. 201). Dem Verbot der geltungserhaltenden Reduktion soll ein gewisser *Sanktionscharakter* bei bedenkenloser Verwendung unwirksamer Klauseln zukommen. Daher ist eine derartige Klausel insgesamt unwirksam.

Die Klausel verstößt überdies gegen das Transparenzgebot des § 307 Abs. 1 S. 2 BGB, da ihr Inhalt zu unbestimmt ist; darin liegt für den Versicherungsnehmer eine unangemessene Benachteiligung (s. BGH NJW 2002, 894 f.).

207 ▶   Unterliegen Prämienanpassungsklauseln der Inhaltskontrolle nach §§ 307 ff. BGB?

Ja. Aus dem Kündigungsrecht des Versicherungsnehmers nach § 40 Abs. 1 VVG kann nicht gefolgert werden, dass in Anpassungsklauseln die Voraussetzungen für eine Prämienanpassung nicht konkretisiert werden müssten (so aber *Marlow*, FS Baumann, 1999, S. 209, 219 ff.). Der Versicherer hat bei der Gestaltung solcher Klauseln nicht freie Hand. Denn der Gesetzgeber wollte durch die Einführung der Kündigungsmöglichkeit die Rechtsposition des Versicherungsnehmers stärken (s. PVR Rn. 1140).

Eine Inhaltskontrolle ist auch nicht nach § 307 Abs. 3 S. 1 BGB ausgeschlossen, da es nicht um die Überprüfung von Hauptleistungspflichten auf ihre inhaltliche Angemessenheit geht, sondern allein um spätere Änderungen der vereinbarten Prämienhöhe unter Abweichung von dem Grundsatz pacta sunt servanda. Prämienanpassungsklauseln sind mithin bloße *Preisnebenabreden*, die in vollem Umfang kontrollfähig sind. Als maßgebliches gesetzliches Leitbild ist das vertragliche *Äquivalenzprinzip* anzusehen, das in den §§ 311 Abs. 1, 145 ff. BGB, § 40 Abs. 1 S. 1 VVG zum Ausdruck kommt (s. PVR Rn. 1142 ff.).

Hinsichtlich der Inhaltskontrolle ist zu beachten, dass das *Verbot von Preisänderungsvorbehalten* gem. § 309 Nr. 1 BGB nicht eingreift, da es sich bei

Versicherungsverträgen zum einen um Dauerschuldverhältnisse handelt und zum anderen die Preiserhöhungen nicht kurzfristig sind. Der Schwerpunkt der Klauselkontrolle liegt bei der Generalklausel des § 307 BGB, insbesondere dem Transparenzgebot gem. § 307 Abs. 1 S. 2 BGB (s. PVR Rn. 1141).

▶ Welche Möglichkeit der Klauselanpassung hat der Versicherungsverein   **208**
  auf Gegenseitigkeit (VVaG)?

Nach §§ 197 Abs. 1, 195 Abs. 1, 2 VAG können die AVB eines VVaG unter denselben Voraussetzungen geändert werden wie seine Satzung (s. PVR Rn. 1148).

▶ Welche Pflichten treffen den Versicherer im Zusammenhang mit Ver-   **209**
  tragsänderungen?

Aus dem Kooperationsgebot (§ 242 BGB) folgt, dass der Versicherer über einen Antrag des Versicherungsnehmers unverzüglich entscheiden und seine Entscheidung dem Versicherungsnehmer mitteilen muss, soweit erkennbar wird, dass letzterer ein berechtigtes Interesse an einer Vertragsänderung hat.

In der Krankenversicherung besteht nach § 204 VVG ein Anspruch des Versicherungsnehmers darauf, dass der Versicherer einen Antrag auf Wechsel in einen anderen Tarif mit gleichartigem Versicherungsschutz unter Anrechnung der erworbenen Rechte und Altersrückstellungen annimmt (sog. *Tarifwechselrecht*).

▶ Trifft den Versicherer bei einer Vertragsänderung erneut die Informati-   **210**
  onspflicht nach § 7 VVG i. V. m. §§ 1 ff. VVG-InfoV?

Dafür, dass § 7 VVG auch nachträgliche Änderungen des Vertrags erfasst, lässt sich anführen, dass der Versicherungsnehmer im Regelfall ein berechtigtes Informationsbedürfnis hat. Auch der Wortlaut sieht insoweit keine Differenzierungen vor. Auf der anderen Seite spricht das Fehlen einer dem § 6 Abs. 4 VVG entsprechenden Regelung dafür, die umfassende Informationspflicht nach § 7 VVG auf den Zeitraum vor Vertragsschluss zu begrenzen. Dem Schutzbedürfnis des Versicherungsnehmers ist hinreichend Rechnung getragen, wenn er nur bei solchen Vertragsänderungen nach § 7 VVG informiert wird, die auch Gegenstand eines neuen Versicherungsvertrags sein könnten. Wenn die Vertragsänderung durch Anwendung einer Bedingungs- oder Prämienanpassungsklausel herbeigeführt wird, ist dem Informationsbedürfnis bereits bei Vertragsschluss dadurch Genüge getan, dass der Versicherungsnehmer über diese Möglichkeit informiert wurde (s. PVR Rn. 1152 ff.).

▶ Welche Pflichten ergeben sich bei Vertragsänderungen für den Versiche-   **211**
  rungsnehmer?

Auch bei Vertragsänderungen hat der Versicherungsnehmer gefahrerhebliche Umstände nach Maßgabe von § 19 Abs. 1 S. 1 VVG anzuzeigen. Dabei ist wiederum die Obliegenheit des Versicherers zu beachten, die Gefahrumstände in Textform zu erfragen. Daher besteht eine Anzeigeobliegenheit des Versicherungsnehmers nicht in Fällen einer (stillschweigenden) Verlängerung eines Vertrages ohne Inhaltsänderung. Das gilt wiederum dann nicht, wenn der Versicherer den Vertrag für den Versicherungsnehmer erkennbar nur auf Grundlage der bisherigen Gefahrenlage verlängern will und sich diese Lage zwischenzeitlich geändert hat (s. PVR Rn. 1155).

K. Vertragsbeendigung

212 ▶ Wie kann es zur Beendigung eines Versicherungsvertrages kommen?

Ein Versicherungsvertrag kann durch Zeitablauf, durch Ausübung eines Gestaltungsrechts wie Rücktritt, Kündigung, Anfechtung (§§ 119 ff. BGB; beachte aber für das Anfechtungsrecht des Versicherers § 22 VVG), Widerruf (§§ 8, 9 VVG), durch Aufhebungsvertrag (§ 311 BGB) sowie kraft Gesetzes enden (s. PVR Rn. 1165 ff.). Beispiele für Letzteres bieten der Wegfall des versicherten Interesses (§ 80 Abs. 2 VVG) oder die Insolvenz des Versicherers (§ 16 VVG).

213 ▶ Aus welchen Gründen kann der Versicherer vom Vertrag zurücktreten?

Der Versicherer kann wegen Nichtzahlung der Erst- oder Einmalprämie gem. § 37 Abs. 1 VVG (sog. *Einlösungsprinzip*; s. Frage 422) oder wegen Verletzung der vorvertraglichen Anzeigepflicht gem. § 19 Abs. 2 VVG (s. Frage 120) zurücktreten. Zudem kann ein Rücktrittsrecht vertraglich vereinbart werden. Dies ist aufgrund der (halb-)zwingenden Vorschriften des VVG allerdings nur begrenzt zulässig. Dabei ist insbesondere die Regelung des § 28 Abs. 5 VVG zu beachten. Demnach kann eine Obliegenheitsverletzung nicht vertraglich zum Rücktrittsgrund erhoben werden (s. PVR Rn. 1212).

214 ▶ Welche Besonderheiten gilt es beim Rücktritt nach dem VVG zu beachten?

Ein Rücktritt nach den allgemeinen Regeln (§§ 346 ff. BGB) führt zu einem *Rückgewährschuldverhältnis*. Bei den Rücktrittsrechten nach dem VVG ist zu bedenken, dass ein Versicherungsvertrag als Dauerschuldverhältnis nur schwer rückabgewickelt werden kann. Bei einem Rücktritt nach § 37 Abs. 1 VVG steht dem Versicherer eine angemessene Geschäftsgebühr zu (§ 39 Abs. 1 S. 3 VVG). Tritt der Versicherer nach § 19 Abs. 2 VVG zurück, so steht ihm gem. § 39 Abs. 1 S. 2 VVG die Prämie bis zum Wirksamwerden der Rücktrittserklärung zu (s. PVR Rn. 1213). Für die Rücktrittserklärung sieht der Gesetzgeber mitunter besondere Anforderungen vor. So muss der Versicherer, wenn er wegen einer Verletzung der vorvertraglichen Anzeigeobliegenheit den Rücktritt erklärt, bei Ausübung dieses Rechts die Umstände angeben, auf die er seine Erklärung stützt. Zudem darf er nur unter bestimmten Voraussetzungen weitere Gründe nachschieben (§ 21 Abs. 1 S. 3 VVG; s. PVR Rn. 1211).

▶ Welche Kündigungsmöglichkeiten sieht das VVG für den Versicherer vor?   **215**

Der Versicherer kann einen unbefristeten Versicherungsvertrag gem. § 11 Abs. 2 VVG ordentlich kündigen, ohne dass es auf das Vorliegen eines wichtigen Grundes ankäme. Bei einer von vornherein fest vereinbarten Vertragslaufzeit ist eine ordentliche Kündigung für beide Vertragsparteien ausgeschlossen. Möglich ist sie hingegen, wenn der Versicherungsvertrag zwar befristet ist, aber eine *Verlängerungsklausel* enthält (§ 11 Abs. 1 VVG). Eine Krankenversicherung kann der Versicherer nur unter den besonderen Voraussetzungen des § 206 Abs. 1 S. 2, Abs. 3 VVG ordentlich kündigen. Daneben gibt es eine Reihe weiterer Sondervorschriften, welche die allgemeinen Regeln in § 11 Abs. 2–4 VVG modifizieren, so etwa § 52 Abs. 4 VVG (s. PVR Rn. 1168 ff.).

Ein außerordentliches Kündigungsrecht steht dem Versicherer in folgenden Fällen zu (s. PVR Rn. 1189): § 19 Abs. 3 S. 2 VVG (bei unverschuldeter oder einfach fahrlässiger Anzeigepflichtverletzung), § 28 Abs. 1 VVG (wegen Obliegenheitsverletzung), § 24 Abs. 1 VVG (wegen Gefahrerhöhung), § 38 Abs. 3 VVG (wegen Prämienzahlungsverzugs), § 96 Abs. 1 VVG (nach Veräußerung der versicherten Sache), §§ 92, 111 VVG (nach Eintritt des Versicherungsfalles).

▶ In welchen Versicherungszweigen ist eine ordentliche Kündigung durch   **216**
den Versicherer ausgeschlossen?

Die *substitutive Krankenversicherung,* d. h. eine Krankenversicherung, die den Schutz aus der gesetzlichen Krankenversicherung ersetzt und nicht nur ergänzt (s. noch Frage 755), ist gem. § 195 Abs. 1 S. 1 VVG grundsätzlich unbefristet. Mithin stünde sie nach den allgemeinen Regeln einer ordentlichen Kündigung offen. Indessen ist hier eine ordentliche Kündigung des Versicherers gem. § 206 Abs. 1 S. 1 VVG ausgeschlossen. Nach § 206 Abs. 1 S. 3 VVG kann auch eine Krankenhaustagegeldversicherung, die neben einer Krankheitskostenvollversicherung besteht, nicht vom Versicherer ordentlich gekündigt werden.

Auch in der *Lebensversicherung* hat der Versicherer kein ordentliches Kündigungsrecht. Eine entsprechende gesetzliche Regelung fehlt freilich; typischerweise folgt die Unkündbarkeit aus der Vereinbarung einer festen Vertragslaufzeit und damit aus den allgemeinen Regeln. Diese Regeln werden allerdings zugunsten des Versicherungsnehmers außer Kraft gesetzt; er kann den Vertrag nach Maßgabe des § 168 VVG ordentlich kündigen (asymmetrisches Kündigungsrecht). Jene Vorschriften gelten gem. § 176 VVG entsprechend für die Berufsunfähigkeitsversicherung (s. PVR Rn. 1170 ff.)

▶ Worin liegt der Grund für den Kündigungsausschluss gem. § 206 Abs. 1   **217**
VVG?

Ließe man in der substitutiven Krankenversicherung als einer für den Versicherungsnehmer besonders bedeutsamen Sparte eine ordentliche Kündigung durch den Versicherer zu, so würden dem Versicherungsnehmer bei einem dadurch wegen der

gesetzlichen Versicherungspflicht gem. § 193 Abs. 3 S. 1 VVG notwendig werden-
den Neuabschluss schon aufgrund seines gestiegenen Eintrittsalters regelmäßig höhere Prämien drohen. Zudem riskierte er den Verlust von nicht portablen, d. h. von
nicht auf einen neuen Versicherer übertragbaren Altersrückstellungen (s. PVR
Rn. 1170). Vergleichbare Probleme ergeben sich in der Schadensversicherung, wo
Alter und Gesundheitszustand des Versicherungsnehmers regelmäßig keine Rolle
spielen, nicht.

218 ▶ Welche Kündigungsrechte hat der Versicherungsnehmer nach dem VVG?

Der Versicherungsnehmer kann den Versicherungsvertrag *ordentlich* gem. § 11
Abs. 2 VVG (bei unbefristeten Verträgen), § 11 Abs. 4 VVG (bei befristeten Verträgen mit einer Laufzeit von mehr als drei Jahren), § 205 VVG (Krankenversicherung) und § 168 VVG (Lebensversicherung) kündigen (s. PVR Rn. 1168 ff.).
    Außerordentlich kann der Versicherungsnehmer den Versicherungsvertrag gem.
§ 19 Abs. 6 VVG (wegen Prämienerhöhung oder Risikoausschluss nach Anzeigepflichtverletzung), § 25 Abs. 2 VVG (wegen Prämienerhöhung oder Risikoausschluss nach Gefahrerhöhung), § 40 VVG (wegen Prämienerhöhung), § 96 Abs. 2
VVG (als Erwerber einer versicherten Sache) und den §§ 92, 111 VVG (nach Eintritt des Versicherungsfalls in der Sach- und Haftpflichtversicherung) kündigen
(s. PVR Rn. 1188 ff.).

219 ▶ Was ist bei der Kündigung einer substitutiven Krankenversicherung (zum
        Begriff s. Frage 755) durch den Versicherungsnehmer zu beachten?

Eine Kündigung eines Krankenversicherungsvertrages, der eine Pflicht aus § 193
Abs. 3 S. 1 VVG erfüllt, wird erst dann wirksam, wenn dem bisherigen Versicherer
der *Nachweis über eine Anschlussversicherung* zugeht. Eine Rückwirkung auf den
Zeitpunkt des Zugangs der Kündigung beim bisherigen Versicherer kommt nicht in
Betracht (s. PVR Rn. 1171).

220 ▶ Bestehen für die Kündigungserklärung Formvorgaben?

Grundsätzlich nicht. Die Kündigung ist formfrei möglich. Ausnahmen enthalten
insbesondere die §§ 98 S. 2, 171 S. 2 VVG. Nach § 18 VVG kann eine Kündigung
in den AVB nicht an die Schriftform gebunden werden (s. PVR Rn. 1178). Entsprechende Bestimmungen in AVB sind im Übrigen auch gem. § 309 Nr. 13 lit. b BGB
unwirksam. Aus Beweisgründen erfolgen Kündigungen in der Praxis freilich regelmäßig in Text- oder Schriftform, ggf. mit Zugangsnachweis oder der Bitte um Übermittlung einer Kündigungsbestätigung.

221 ▶ Sind auch Teilkündigungen zulässig?

Teilkündigungen sind mangels abweichender Vereinbarung grundsätzlich unzulässig. Ausnahmefälle regelt § 29 Abs. 1, 2 VVG. Darüber hinaus kann die Erklärung

unter Umständen nach § 140 BGB in ein Angebot auf Vertragsänderung umzudeuten sein (s. PVR Rn. 1109, 1179).

▶ Muss der Versicherer eine unwirksame Kündigung des Versicherungs-   222
  nehmers zurückweisen?

Ja. Ist die Kündigung des Versicherungsnehmers unwirksam (unvollständig, verspätet, formunwirksam, verfrüht etc.), so muss der Versicherer den Versicherungsnehmer aufgrund des Kooperationsgebots gem. § 242 BGB unverzüglich über den Mangel belehren, sobald er diesen erkannt hat oder bei Anwendung der verkehrsüblichen Sorgfalt hätte erkennen können (s. BGH VersR 1987, 923, 924; PVR Rn. 1181). Diese *Zurückweisungspflicht* besteht allerdings nach einem allgemeinen Grundsatz dann nicht, wenn dem Versicherungsnehmer die Unwirksamkeit seiner Kündigung bekannt ist.

▶ Welche Rechtsfolge tritt ein, wenn der Versicherer eine unwirksame Kün-   223
  digung des Versicherungsnehmers nicht umgehend zurückweist?

Nach verbreiteter Ansicht muss sich ein Versicherer, der die Unwirksamkeit einer Kündigung seitens des Versicherungsnehmers erkannt hat oder erkennen musste und die Kündigung dennoch nicht unverzüglich zurückgewiesen hat, nach Treu und Glauben so behandeln lassen, als sei die Kündigung wirksam (s. nur OLG Hamm VersR 1991, 663; LSG Essen VersR 2001, 1228f.).

Der BGH hat hingegen vereinzelt erwogen (und im Ergebnis abgelehnt), in der verspäteten Kündigung ein Angebot des Versicherungsnehmers auf einvernehmliche *Vertragsaufhebung* zu sehen und die fehlende Zurückweisung durch den Versicherer als stillschweigende Annahme dieses Angebots zu deuten (s. BGH VersR 1987, 923). Dagegen spricht, dass das Schweigen des Versicherers keine Annahme darstellt und die Voraussetzungen des § 151 S. 1 BGB nicht vorliegen (s. PVR Rn. 1187).

Nach einer weiteren Ansicht bleibt es bei der Unwirksamkeit der Kündigung. Dem Versicherungsnehmer soll aber ein Schadensersatzanspruch gem. § 280 Abs. 1 BGB gegen den Versicherer zustehen. Demnach ist der Versicherungsnehmer so zu stellen, wie er bei einem rechtzeitigen Hinweis auf die Unwirksamkeit der Kündigung stünde (s. PVR Rn. 1184).

▶ Was passiert, wenn eine Kündigung verspätet ist oder einen zu frühen   224
  Endtermin nennt und der Versicherer sie deshalb zurückgewiesen hat?

Streitig ist, ob die Kündigung in einem solchen Fall aus Gründen der Rechtssicherheit und Rechtsklarheit rechtzeitig wiederholt werden muss (dafür etwa AG Bamberg VersR 1987, 678) oder ob sie gem. § 140 BGB in eine Kündigung zum nächstmöglichen Termin umzudeuten ist (so OLG Köln VersR 1974, 462). Die zweite Lösung trägt der für den Versicherer erkennbaren Interessenlage des Versicherungsnehmers Rechnung.

225 ▶   Inwiefern birgt das beiderseitige Kündigungsrecht nach § 92 Abs. 1 VVG
        in der Sachversicherung und nach § 111 VVG in der Haftpflichtversiche-
        rung ein subjektives Risiko?

Da der Gesetzgeber das Kündigungsrecht nicht von einem sachlichen Grund abhängig macht, kann der Versicherungsnehmer den Eintritt des Versicherungsfalls
auch dann zur Kündigung nutzen, wenn ihm ein Konkurrenzangebot vorteilhafter
erscheint oder wenn er den Versicherungsschutz mittlerweile für entbehrlich hält.
Das Kündigungsrecht eröffnet ihm dann ein sog. *Reurecht*. Das birgt die Gefahr,
dass der Versicherungsnehmer den Versicherungsfall selbst vorsätzlich herbeiführt,
um daraus wirtschaftliche Vorteile zu ziehen (zur Strafbarkeit s. Frage 297).
Zwar ist der Versicherer nach § 81 Abs. 1 bzw. § 103 VVG leistungsfrei, wenn die
vorsätzliche Herbeiführung entdeckt wird; der Versicherungsnehmer mag aber auf
Nichtentdeckung spekulieren (s. PVR Rn. 1194). Die Darlegungs- und Beweislast
liegt beim Versicherer.

226 ▶   Besteht für die Vertragsparteien eine Kündigungsmöglichkeit aus wichti-
        gem Grund?

Gesetzlich ist eine solche Kündigungsmöglichkeit im VVG nicht vorgesehen. Mangels spezieller Regelung gilt die allgemeine Vorschrift des § 314 BGB daher auch
für Versicherungsverträge (s. PVR Rn. 1199 ff.). Der *Versicherungsnehmer* hat die
Kündigungsmöglichkeit jedenfalls dann, wenn der Versicherer finanziell „unsicher"
geworden ist (s. PVR Rn. 1203).
   Besonderheiten gelten für die fristlose Kündigung des *Versicherers*, da der Vertrag für den Versicherungsnehmer häufig von wirtschaftlich existenzieller Bedeutung ist. Dies gilt etwa für die substitutive Krankenversicherung (zu ihr s. Fragen
216, 755), weshalb das Kündigungsrecht des Versicherers insoweit nach § 206
Abs. 1 S. 1 VVG grundsätzlich ausgeschlossen ist und nur in gewichtigen Ausnahmefällen besteht. Ein außerordentliches Kündigungsrecht besteht z. B. dann, wenn
der Versicherungsnehmer versucht hat, Versicherungsleistungen zu erschleichen
(s. PVR Rn. 1204 f.).

L. Leistungspflicht des Versicherers

227 ▶   Über die Leistungspflicht des Versicherers herrscht Streit. Welche Mei-
        nungen gibt es?

Nach der *Gefahrtragungstheorie* besteht die Leistung in der Risikoübernahme. Der
Versicherer ist verpflichtet, die Gefahrgemeinschaft zu organisieren, Rücklagen zu
bilden, evtl. eine Rückversicherung abzuschließen etc. Die Leistung des Versicherers nach Eintritt des Versicherungsfalls ist nur eine Folge der Gefahrverwirklichung
(s. OLG Celle VersR 1986, 1099). Die *Geldleistungstheorie* (heute wohl h. M.) sieht
die Leistung des Versicherers hingegen in der Erbringung einer Geldleistung nach

Eintritt des Versicherungsfalls; die Organisationsarbeit vor Eintritt eines Versicherungsfalls ist demnach lediglich eine Vorbereitungshandlung (s. P/M/*Armbrüster* § 1 Rn. 120 ff.). Der Versicherer verspricht dem Versicherungsnehmer eine durch den Eintritt des Versicherungsfalls bedingte Hauptleistung. Eine weitere Ansicht will den Versicherungsvertrag als *Geschäftsbesorgungsvertrag* einordnen, bei dem die Auszahlung der Versicherungsleistung lediglich eine Umverteilung der Prämien darstellt, welche der Versicherer „zu treuen Händen" erhalte (s. *Schünemann*, JZ 1995, 430, 432). Demnach ist die Prämie nur insoweit eine Gegenleistung des Versicherungsnehmers, als damit Dienstleistungen des Versicherers vergütet werden, namentlich die Organisation der Risikogemeinschaft (s. zum Ganzen PVR Rn. 1231 ff.; s. auch Frage 5).

▶ Was spricht für die Gefahrtragungstheorie, was für die Geldleistungs- **228** theorie?

Die *Gefahrtragungstheorie* entspricht am besten dem Bild eines gegenseitigen Vertrages. Die Prämienzahlungspflicht des Versicherungsnehmers und die Risikotragungspflicht des Versicherers stehen einander gegenüber. Nach § 9 S. 1 VVG muss der Versicherer unter bestimmten Voraussetzungen, nachdem der Versicherungsnehmer den Vertrag widerrufen hat (§ 8 VVG), nur den auf die Zeit nach Zugang der Widerrufserklärung entfallenden Teil der Prämien erstatten. Damit bleibt dem Versicherer der Anteil der Prämien, der für den vorangehenden Zeitraum entrichtet wurde, als Entschädigung für die faktische Gefahrtragung erhalten (s. *Schneider*, VersR 2004, 696, 704).

Die Formulierung des § 1 S. 1 VVG spricht demgegenüber für die *Geldleistungstheorie*, wonach der Versicherer die Versicherungsleistung „bei Eintritt des vereinbarten Versicherungsfalls" zu erbringen hat (s. auch Frage 5). Aus § 9 S. 1 VVG lässt sich kein generelles Bekenntnis des Gesetzgebers zur Gefahrtragungstheorie ableiten, da das Behaltendürfen der Prämie an dessen tatbestandliche Voraussetzungen geknüpft ist, insbesondere an die Erteilung des erforderlichen Hinweises nach § 9 Abs. 1 S. 1 VVG. Die Gefahrtragung ist nicht die Leistung i. S. von § 241 BGB, sondern der aus dem bedingten Haftungsversprechen folgende Haftungszustand. Die gesetzlichen und vertraglichen gefahrbezogenen Obliegenheiten des Versicherungsnehmers zeigen, in welch großem Umfang er in die Verantwortung dafür einbezogen ist, dass die vereinbarte Risikodeckung gelingt. Dies spricht dafür, die entscheidende Leistung des Versicherers in seinem bedingten Geldleistungsversprechen zu sehen und nicht in seinen Organisationstätigkeiten, die bei anderen Vertragsarten ohne Weiteres als reine Vorbereitungshandlungen eingestuft werden (s. PVR Rn. 1237).

▶ Welche Unterschiede ergeben sich bei der Abwicklung nichtiger Ver- **229** träge nach der Gefahrtragungslehre und der Geldleistungstheorie?

Stellt sich heraus, dass der Versicherungsvertrag nichtig ist, kann der Versicherungsnehmer bereits geleistete Prämien vom Versicherer herausverlangen (Leistungskondiktion gem. § 812 Abs. 1 S. 1 Fall 1 BGB).

Folgt man der Gefahrtragungstheorie, so hat der Versicherer auch bei einem nichtigen Vertrag zeitweise Leistungen erbracht (Gefahrtragung), die er einem Anspruch des Versicherungsnehmers wegen ungerechtfertigter Bereicherung entgegenhalten kann. Nach der Geldleistungstheorie hat der Versicherer in diesem Fall noch keine Leistung (i. S. einer Geldzahlung) erbracht, sondern lediglich Vorbereitungshandlungen vorgenommen. Indessen greift diese Sichtweise zu kurz. Der vom Versicherer übernommenen Leistungspflicht lässt sich nämlich auch dann, wenn man sie in einem *bedingten Zahlungsversprechen* erblickt, ein Geldwert beimessen; dies erweist schon der Vergleichsfall eines Optionsrechts. Insofern gilt nichts anderes als hinsichtlich einer vom Versicherer getragenen Gefahr. Zu beachten ist in jedem Fall, dass bei einem anfänglich nichtigen Vertrag der Versicherer zu keinem Zeitpunkt verpflichtet war, nach Eintritt eines Versicherungsfalls diesen zu regulieren. Daher sind Zahlungen, die der Versicherer zur Regulierung zwischenzeitlich eingetretener Versicherungsfälle an den Versicherungsnehmer erbracht hat, kondizierbar (s. PVR Rn. 1239).

230 ▶ Was wird an der neueren Ansicht, die den Versicherungsvertrag als Geschäftsbesorgungsvertrag versteht, kritisiert?

Dieser Ansatz lässt sich mit dem Wortlaut des § 1 VVG nicht vereinbaren. Entscheidend ist jedoch Folgendes: Betrachtet man die Auszahlung der Versicherungsleistung lediglich als Umverteilung der von der Gefahrgemeinschaft aufgebrachten und dem Versicherer zu „treuen Händen" überlassenen Gelder, so wären die Versicherungsnehmer gem. §§ 675, 670 BGB nachschusspflichtig, wenn diese Gelder aufgrund eines ungünstigen Schadensverlaufs nicht für die vereinbarungsgemäß erfolgten Schadenszahlungen ausreichen. Damit würde der Versicherungsvertrag seine Funktion verlieren, dem Versicherungsnehmer finanzielle Planungssicherheit zu verschaffen (s. PVR Rn. 1237).

M. Versicherte Gefahr und Gefahrerhöhung (§§ 23 ff. VVG)

231 ▶ Nennen Sie die verschiedenen Schritte zur Festlegung des versicherten Risikos.

Auf einer *ersten Ebene* wird das versicherte Risiko allgemein durch Bezeichnung der versicherten Gefahren, Sachen und Interessen positiv beschrieben. Dies geschieht regelmäßig in den AVB des Versicherers oder (ausnahmsweise) als Individualvereinbarung in Form einer *primären Risikoabgrenzung oder -beschreibung*. Gesetzliche Regelungen zur versicherten Gefahr finden sich selten (Beispiel: § 150 VVG in der Lebensversicherung) oder sie bedürfen zumindest einer Ausgestaltung oder Konkretisierung durch die AVB des Versicherers (Beispiel: §§ 100, 101 VVG für die Haftpflichtversicherung). Durch solche Regelungen will der Gesetzgeber den Anwendungsbereich der jeweils folgenden Normen konkretisieren, nicht aber die Vertragsgestaltungsfreiheit beschränken.

Auf einer *zweiten Ebene* formuliert der Versicherer Ausschlusstatbestände für bestimmte Gefahren, Interessen oder Schäden (*Risikoausschlüsse* oder *sekundäre Risikoabgrenzungen*), welche aus der primären Risikoumschreibung wieder ausgenommen werden. Ein wichtiges Beispiel für einen gesetzlichen (subjektiven) Risikoausschluss sind nach h. M. die Regelungen zur vorsätzlichen Herbeiführung des Versicherungsfalls in § 81 Abs. 1 VVG (Schadensversicherung im Allgemeinen) und in § 103 VVG (Sonderregel für die Haftpflichtversicherung).

Schließlich kann der Versicherer auf einer *dritten Ebene* durch eine *tertiäre Risikoabgrenzung* bestimmte (Teil-)Risiken als „Rückausnahme" wieder in den Versicherungsschutz einbeziehen (s. PVR Rn. 1244 ff.).

▶ Welchen Anforderungen müssen Gefahrbeschreibungen genügen?   232

Durch die Risikoabgrenzungen gestaltet der Versicherer den Vertragszweck. Dies gilt es im Rahmen der Inhaltskontrolle nach den §§ 307 ff. BGB zu berücksichtigen. Die versicherte Gefahr muss durch klare und eindeutige Begriffe und Formulierungen möglichst verständlich und präzise beschrieben sein (Transparenzgebot). Obgleich der Sache nach eine Umschreibung der Hauptleistungspflicht des Versicherers in Rede steht, bleibt insoweit eine Transparenzkontrolle möglich (s. L/R/*Rixecker* § 1 Rn. 85; beachte aber BGH VersR 2014, 625 Rn. 35 [dazu Fragen 27, 546]).

▶ Was ist unter einer Gefahrerhöhung zu verstehen?   233

Eine *Gefahrerhöhung* ist eine nachträgliche Änderung der bei Vertragsschluss vorhandenen gefahrerheblichen Umstände, die den Eintritt des Versicherungsfalls wahrscheinlicher macht oder zu einer Vergrößerung des möglichen Schadens führt (BGH VersR 2010, 1032 Rn. 16; P/M/*Armbrüster* § 23 Rn. 7).

Nach ganz überwiegender Ansicht genügen einmalige, kurzzeitige Gefahrsteigerungen für eine Gefahrerhöhung i. S. von §§ 23 ff. VVG nicht. Vielmehr bedarf es einer gewissen *Dauerhaftigkeit* (s. BGH VersR 2010, 1032 Rn. 16; L/P/*Looschelders*, § 23 Rn. 15). Der Gefahrumstand muss geeignet sein, einen neuen Gefahrzustand von so langer Dauer zu schaffen, dass er die Grundlage eines neuen natürlichen Schadensverlaufs bilden kann und damit den Eintritt des Versicherungsfalls generell zu fördern geeignet ist. Andernfalls würden die §§ 81, 103 VVG weitgehend unterlaufen. Nach einer älteren Ansicht genügen schon einmalige, nicht fortdauernde Gefährdungshandlungen (s. KG VersR 1952, 21, 22).

▶ Gibt es gefahrerhöhende Umstände, die nicht unter § 23 Abs. 1 VVG   234
fallen?

Wenn ein Umstand außer zu einer Erhöhung der Gefahr zugleich auch zu deren Verminderung führt, wird die Erhöhung *kompensiert*. Dann liegt keine Gefahrerhöhung i. S. von § 23 Abs. 1 VVG vor, da der Eintritt des Versicherungsfalls oder die Vergrößerung des Schadens nicht wahrscheinlicher geworden ist (s. BGH VersR 2010, 1032 Rn. 16; B/M/*Matusche-Beckmann* § 23 Rn. 9). Nach überwiegender Ansicht

tritt eine solche Gefahrenkompensation unabhängig davon ein, ob der neben die
Gefahrerhöhung tretende gefahrmindernde Umstand mit ersterem in einem inneren
sachlichen Zusammenhang steht (sog. fehlende Kompensationskongruenz; krit.
dazu *Wandt* Rn. 866).

Des Weiteren können *mitversicherte Umstände* i. S. von § 27 Fall 2 VVG nicht zu
einer Gefahrerhöhung führen (s. Hk/*Karczewski* § 23 Rn. 14; a. A. L/P/*Looschelders*
§ 23 Rn. 16: Vorliegen einer mitversicherten oder unerheblichen Gefahrerhöhung).

Auch in den Fällen, in denen der Eintritt der Gefahrerhöhung zugleich den *Wegfall des versicherten Interesses* bedeutet, greifen die §§ 23 ff. VVG nicht ein. Es gilt
dann vielmehr die Spezialregelung des § 80 Abs. 2 VVG (s. Frage 336).

235 ▶ Welche Gefahrtypen kommen für eine Gefahrerhöhung in Betracht?

Es kann sich die sog. *Grundgefahr* erhöhen, also die Gefahr, dass der Versicherungsfall eintritt. Möglicherweise erhöht sich aber auch die sog. *Schadensauswirkungsgefahr*.
Darunter versteht man die Gefahr, dass sich der Eintritt des Versicherungsfalls wegen der Gefahrerhöhung gravierender auswirkt und einen höheren Schaden hervor-
ruft, als dies ohne Gefahrerhöhung der Fall wäre (s. *Wandt* Rn. 860). In Betracht
kommt auch eine Erhöhung der sog. *Vertragsgefahr*, also des Risikos, dass der Versicherer unberechtigt in Anspruch genommen wird (s. P/M/*Armbrüster* § 23 Rn. 4).

235a ▶ Was versteht man unter sog. indizierenden Umständen? Können indizierende Umstände eine Gefahrerhöhung darstellen?

Indizierende Umstände sind mittelbar gefahrbezogene Gegebenheiten, die abstrakt
auf eine erhöhte oder niedrigere Risikolage hinweisen können, wobei jedoch die
Gefahrerheblichkeit ihres Eintritts oder Wegfalls für den einzelnen Vertrag nicht
positiv festgestellt werden kann (*Klimke* Halbzwingende Vorschriften, S. 247 ff.;
P/M/*Armbrüster* § 23 VVG Rn. 23). Ein Beispiel bietet die Beamtenklausel in der
Kfz-Versicherung, der die Einschätzung zugrunde liegt, dass Beamte weniger
Kfz-Schäden verursachen als Nichtbeamte. Überwiegend wird die Einordnung lediglich indizierender Umstände als Gefahrerhöhung verneint. Dafür spricht, dass
anderenfalls dem Versicherer das scharfe Schwert der außerordentlichen Kündigung zustehen würde, obwohl die konkrete Gefahr sich nicht erhöht hat (§ 24 Abs. 1
S. 1 VVG; *Klimke* Halbzwingende Vorschriften, S. 249).

236 ▶ Wann kann nicht mehr von einer Gefahrerhöhung gesprochen werden?

Eine Gefahrerhöhung liegt nicht vor, wenn sich die Gefahr, gegen die das Interesse
versichert ist, grundlegend ändert. In diesen Fällen ist von einer *Gefahränderung*
oder einem *Gefahrwechsel* zu sprechen. Ein Beispiel bietet der Fall, dass die Nutzung eines versicherten Gebäudes vollständig geändert wird, etwa indem ein
Wohnhaus zu einer Fabrik umgebaut wird. Erwächst daraus eine völlig neue Gefahr, so ist diese nicht mehr vom bestehenden Versicherungsvertrag gedeckt
(s. *Wandt* Rn 867).

▶ Von welcher allgemeinen Regel wird durch die §§ 23 ff. VVG abgewi-   **237**
chen?

Die Änderung der Gefahrenlage wäre nach allgemeinem Schuldrecht eine Störung
der Geschäftsgrundlage gem. § 313 BGB. Die §§ 23 ff. VVG sind dazu vorrangige
Sonderregelungen.

▶ Wie verhalten sich die §§ 23 ff. VVG zu den §§ 19 ff. VVG?   **238**

Dies war nach altem Recht umstritten: Nach einer Meinung waren die §§ 23 ff.
VVG in dem von ihnen erfassten Zeitraum vorrangig (s. P/M/*Prölss*, 27. Aufl. 2004,
§ 29a Rn. 1). Dies bedeutete eine Besserstellung des Versicherungsnehmers, da die
§§ 16 ff. VVG a. F. (jetzt §§ 19 ff. VVG) gegenüber den §§ 23 ff. VVG a. F. strengere Sanktionen vorsahen. Nach anderer Ansicht kamen beide Normenkomplexe
nebeneinander zum Zuge (s. R/L/*Langheid*, 2. Aufl. 2003, § 23–25 Rn. 54).

Dieser Streit hat sich mittlerweile durch die eindeutige Normierung des VVG-
Reformgesetzgebers erledigt: § 23 Abs. 1 VVG erfasst alle Vorkommnisse nach Abgabe der Vertragserklärung des Versicherungsnehmers. Dies ist in der Regel der
Zeitpunkt seiner Antragstellung. Parallel zur Vorschrift des § 23 VVG bleibt der
Versicherungsnehmer gem. § 19 Abs. 1 S. 2 VVG anzeigepflichtig, jedoch nur unter
den strengen Voraussetzungen des § 19 Abs. 1 S. 1 VVG (s. PVR Rn. 1294). Insofern stehen Gefahrerhöhung und vorvertragliche Anzeigepflichtverletzung neben-
einander. Freilich ist zu prüfen, ob der gefahrerhöhende Umstand nach Abgabe der
Vertragserklärung eingetreten ist – dann parallele Anwendbarkeit von §§ 23 ff. und
§§ 19 ff. VVG – oder ob der Versicherungsnehmer lediglich nach Antragstellung
Kenntnis von einem bereits vor Abgabe seiner Vertragserklärung bestehenden, das
Risiko der Gefahrverwirklichung steigernden Umstand Kenntnis erlangt. Im letzteren Fall liegt keine Gefahrerhöhung i. S. von § 23 VVG vor; es bleibt bei § 19 Abs. 1
S. 2 VVG mit der Folge, dass eine Anzeigepflicht vorbehaltlich arglistigen Ver-
schweigens nur auf ausdrückliche Nachfrage des Versicherers hin besteht (s. OLG
Celle VersR 2011, 663, 664; L/P/*Looschelders* § 19 Rn. 8).

▶ Grenzen Sie die Begriffe subjektive und objektive sowie verschuldete   **239**
und unverschuldete Gefahrerhöhung voneinander ab!

Eine *subjektive Gefahrerhöhung* i. S. von § 23 Abs. 1 VVG liegt vor, wenn der Versicherungsnehmer eine Gefahrerhöhung selbst vornimmt oder deren Vornahme
durch einen anderen gestattet. Der Versicherungsnehmer muss folglich einen entsprechenden Willen haben. Teilweise wird von gewollter Gefahrerhöhung gesprochen (s. B/M/*Matusche-Beckmann* § 23 Rn. 20). Bei einer Versicherung für fremde
Rechnung kommt es nach § 47 VVG auch auf das Verhalten des Versicherten an.

§ 23 Abs. 3 VVG regelt die Fälle der Gefahrerhöhung, die unabhängig vom Willen des Versicherungsnehmers eintreten (*objektive Gefahrerhöhung*). Dies ist der
Fall, wenn die Gefahrerhöhung weder vom Versicherungsnehmer selbst bewirkt
wird noch er sie einem Dritten gestattet hat.

Bei einer subjektiven Gefahrerhöhung ist weiter danach zu unterscheiden, ob der Versicherungsnehmer *schuldhaft* gehandelt hat oder nicht (s. PVR Rn. 1272). Verschuldet ist eine subjektive Gefahrerhöhung, wenn der Versicherungsnehmer unter Beachtung der verkehrsüblichen Sorgfalt hätte erkennen können, dass die Änderung der gefahrerheblichen Umstände den Eintritt des Versicherungsfalls oder eine Vergrößerung des möglichen Schadens *generell wahrscheinlicher* macht. Unverschuldet ist eine Gefahrerhöhung, wenn der Versicherungsnehmer die Erhöhung des Risikos nicht hätte erkennen können (s. BGH VersR 1969, 177, 178), wenn er glauben durfte, die Gefahrerhöhung sei genehmigt (s. OLG Hamm VersR 1976, 257 f.) oder wenn er auf das Urteil eines Sachverständigen vertraut hat (s. BGH VersR 1975, 366: Keine Untersagung der Fahrzeugbenutzung durch den TÜV bei nicht funktionstüchtiger Bremsanlage; krit. dazu BK/*Harrer* § 25 Rn. 2).

240 ▶ Bedarf es bei einer Gefahrerhöhung der Kenntnis des Versicherungsnehmers von der gefahrerhöhenden Wirkung des betreffenden Umstandes?

Nein. Zwar enthält der Begriff der „*Vornahme*" in Abgrenzung zu § 23 Abs. 3 VVG ein voluntatives Element. Hierfür genügt es aber, dass der Versicherungsnehmer positive Kenntnis von dem gefahrerhöhenden Umstand selbst hat; die gefahrerhöhende Eigenschaft dieses Umstandes muss ihm nicht bewusst sein (s. BGHZ 50, 385, 387 f. = VersR 1968, 1153, 1154; OLG Karlsruhe r + s 2013, 542, 543; L/P/*Looschelders*, § 23 Rn. 28). Entzieht sich der Versicherungsnehmer arglistig der Kenntnis, so ist dies einer positiven Kenntnis gleichzusetzen.

241 ▶ Erfordert die subjektive Gefahrerhöhung (§ 23 Abs. 1 VVG) ein aktives Tun des Versicherungsnehmers?

Das ist umstritten. Nach einer Ansicht kann der Versicherungsnehmer eine Gefahrerhöhung auch durch Unterlassen der zumutbaren Beseitigung einer ihm bekannten objektiven Gefahrerhöhung verwirklichen (s. BGHZ 50, 385, 388 f. = VersR 1968, 1153, 1154; *Wandt* Rn. 872; in diese Richtung auch LG Kiel VersR 2010, 1366 f. [jedenfalls bei bestehender Rechtspflicht zum Handeln]). Zur Begründung wird angeführt, dass eine klare Trennung zwischen Tun und Unterlassen nach allgemeinen Grundsätzen sich ohnehin nicht zweifelsfrei vornehmen lasse.

Nach anderer Meinung trifft den Versicherungsnehmer in diesen Fällen keine Beseitigungspflicht (vgl. §§ 23 Abs. 3, 24 Abs. 2, 26 Abs. 2 VVG). Es liegt demnach keine Gefahrerhöhung vor (s. BGHZ 79, 156, 161 = VersR 1981, 245; OLG Oldenburg r + s 2010, 367, 369; L/P/*Looschelders* § 23 Rn. 24 f.; s. auch P/M/*Armbrüster* § 23 Rn. 105 ff.). Vielmehr kommt die Vorschrift des § 81 VVG zur Anwendung. Demnach ist der Versicherer leistungsfrei, wenn der Versicherungsnehmer den Versicherungsfall vorsätzlich durch Tun oder Unterlassen herbeigeführt hat; bei grober Fahrlässigkeit kommt es zur quotalen Kürzung des Anspruchs. Für diese Lösung spricht, dass § 23 Abs. 1 Fall 1 VVG aktivisch formuliert ist: Der Versicherungsnehmer kann eine Gefahrerhöhung nur „*vornehmen*" oder „*gestatten*". Es genügt jedoch nicht, wenn unabhängig von seinem Willen oder gar gegen seinen Willen ein

Dritter eine Gefahrerhöhung vornimmt oder die Gefahrerhöhung durch sich ändernde äußere Umstände ohne ein Drittverhalten eintritt. Hierfür spricht auch der systematische Zusammenhang von § 23 Abs. 1 und Abs. 3 VVG. Wenn die objektive Gefahrerhöhung eine von Willen und Verhalten des Versicherungsnehmers unabhängige Änderung der gefahrerheblichen Umstände voraussetzt, so können diese Fälle nicht zugleich von § 23 Abs. 1 VVG erfasst sein. Auch eine teilweise Überschneidung ist mit Blick auf die unterschiedlichen Rechtsfolgen von subjektiver und objektiver Gefahrerhöhung abzulehnen. Sollte im Einzelfall fraglich sein, ob ein Handeln oder Unterlassen in Rede steht, ist nach allgemeinen Grundsätzen der Handlungslehre auf den Schwerpunkt des Verhaltens abzustellen. Im Übrigen wird angeführt, dass der Versicherer vor allzu „sorglosem Unterlassen" des Versicherungsnehmers hinreichend durch § 81 VVG geschützt sei.

▶ Gelten diese Grundsätze auch uneingeschränkt in der Kfz-Pflicht-Haftpflichtversicherung? 242

Nein. Hier soll nach Ansicht des BGH (VersR 1990, 80) die Gefahrerhöhung bei Benutzung eines nicht den Sicherheitsanforderungen der StVZO entsprechenden Fahrzeugs durch einen Dritten darin zu sehen sein, dass der Versicherungsnehmer die Benutzung durch den Dritten gewollt oder zumindest billigend in Kauf genommen hat. Der BGH sieht die Gefahrerhöhung also gerade in der unterlassenen Verhinderung der Benutzung des nicht verkehrstüchtigen Fahrzeugs durch den Dritten. Diese Widersprüchlichkeit in der Rechtsprechung zur Gefahrerhöhung durch Unterlassen ist auf Kritik gestoßen (s. L/R/*Langheid* § 23 Rn. 31 f.).

▶ Welche Rechtsfolgen können bei einer Gefahrerhöhung eintreten? 243

Mögliche Rechtsfolgen einer Gefahrerhöhung sind die Kündigung durch den Versicherer (§ 24 VVG), das Recht zur Prämienerhöhung oder zum Risikoausschluss (§ 25 VVG) sowie die Leistungsfreiheit des Versicherers (§ 26 VVG).

▶ Inwiefern unterscheidet sich das Kündigungsrecht bei den jeweiligen Tatbeständen der Gefahrerhöhung? 244

• Bei der subjektiven, vom Versicherungsnehmer verschuldeten Gefahrerhöhung kann der Versicherer den Vertrag ohne Einhaltung einer Frist kündigen (§ 24 Abs. 1 S. 1 VVG). Gelingt dem Versicherungsnehmer allerdings der Nachweis, dass die Verletzung der Gefahrstandspflicht (zur Terminologie s. Frage 445) weder auf Vorsatz noch auf grober Fahrlässigkeit beruht, so besteht kein Kündigungsrecht. Der Versicherer kann aber unter Einhaltung einer Monatsfrist kündigen, wenn er dem Versicherungsnehmer einfache Fahrlässigkeit nachweisen kann (§ 24 Abs. 1 S. 2 VVG). Bei schuldlosem Handeln besteht grundsätzlich kein Kündigungsrecht.
• Bei der subjektiven, nachträglich erkannten Gefahrerhöhung (§ 23 Abs. 2 VVG) sowie bei der objektiven Gefahrerhöhung kann der Versicherer den Vertrag nur mit einer Frist von einem Monat kündigen (§ 24 Abs. 2 VVG).

- Für subjektive und objektive Gefahrerhöhung gilt gleichermaßen, dass der Versicherer das Kündigungsrecht nicht mehr ausüben kann, wenn er bereits länger als einen Monat Kenntnis von der Gefahrerhöhung hat oder wenn der Zustand wiederhergestellt wird, der vor der Gefahrerhöhung bestand (§ 24 Abs. 3 VVG).

245 ▶ Kann der Versicherer bei einer subjektiven unverschuldeten Gefahrerhöhung kündigen? Besteht ein Kündigungsrecht des Versicherers auch dann, wenn dem Versicherungsnehmer keine Anzeigepflichtverletzung nach § 23 Abs. 2, 3 VVG zur Last fällt?

Aus § 24 Abs. 1 S. 2 VVG folgt e contrario, dass grundsätzlich kein Kündigungsrecht besteht, wenn der Versicherungsnehmer nachweisen kann, dass ihn an der Gefahrerhöhung kein Verschulden trifft. Ein Kündigungsrecht bei unverschuldeter subjektiver Gefahrerhöhung kann sich deshalb nur aus § 24 Abs. 2 Fall 1 VVG ergeben. Dies setzt voraus, dass der Versicherungsnehmer die Gefahrerhöhung nachträglich erkennt. Umstritten ist, ob das Kündigungsrecht nach § 24 Abs. 2 VVG lediglich an das Vorliegen einer Gefahrerhöhung gem. § 23 Abs. 2, 3 VVG oder aber an die Verletzung der aus diesen Vorschriften resultierenden Anzeigepflichten anknüpft. Nach einer Ansicht soll stets eine Pflichtverletzung erforderlich sein. Gestützt wird diese Sichtweise maßgeblich auf die Regierungsbegründung, wo von einer Pflichtverletzung als Voraussetzung für das Kündigungsrecht die Rede ist (s. RegBegr. S. 67; *Wandt* Rn. 875; *Staudinger/Friesen*, DAR 2014, 184 ff.).

Die Gegenansicht steht auf dem Standpunkt, dass eine Anzeigepflichtverletzung nicht Voraussetzung für ein Kündigungsrecht nach § 24 Abs. 2 VVG ist. Dass der Gesetzgeber in der Regierungsbegründung auf eine Pflichtverletzung des Versicherungsnehmers abgestellt habe, sei ein bloßes Redaktionsversehen, was sich an den weiteren Ausführungen der Begründung zeige. Dort heißt es, ein Kündigungsrecht des Versicherers solle *nur* dann nicht bestehen, „wenn der Versicherungsnehmer nachweist, dass die Pflichtverletzung schuldlos erfolgt ist *und auch* die Voraussetzungen für eine Kündigung nach Absatz 2 in Verbindung mit § 23 Abs. 2 und 3 VVG-E nicht vorliegen" (s. RegBegr. S. 67). Offenkundig ging der Gesetzgeber daher davon aus, dass die Voraussetzungen des § 23 Abs. 2 und 3 VVG, die den Versicherer zur Kündigung nach § 24 Abs. 2 VVG berechtigen, unabhängig von einer (wenn auch schuldlosen) Pflichtverletzung vorliegen können. Für diese Sichtweise spricht zudem die in der Regierungsbegründung (S. 68) gezogene Parallele zwischen § 23 Abs. 3 VVG und § 27 VVG a. F. Bei letzterer Vorschrift war allgemein anerkannt, dass die Verletzung der Anzeigepflicht aus § 27 Abs. 2 VVG a. F. nicht Voraussetzung für das ordentliche Kündigungsrecht des Versicherers nach § 27 Abs. 1 VVG a. F. war; der Versicherer sollte nicht dauerhaft mit den Folgen einer objektiven Gefahrerhöhung belastet sein. Diese Erwägung muss auf das neue Recht übertragen werden (s. L/P/*Looschelders* § 24 Rn. 13; P/M/*Armbrüster* § 24 Rn. 10). Der Versicherungsnehmer wird dadurch auch nicht über Gebühr belastet. Innerhalb der einmonatigen Kündigungsfrist kann er sich ggf. um neuen Versicherungsschutz bemühen. Nicht zuletzt würde auch ein Wertungswiderspruch drohen, wenn man das Kündigungsrecht des Versicherers nach § 24 Abs. 2 VVG davon abhängig machen wollte, dass der Versicherungsnehmer schuldhaft eine ihm bekannte Gefahrerhöhung nach § 23 Abs. 2, 3 VVG nicht anzeigt. Insoweit stünde dann der sorgfältige und umsichtige Versicherungsnehmer, dem eine Gefahrerhöhung eher auffallen wird, schlechter als derjenige, der sich nicht um das mögliche Vorliegen einer Gefahrerhöhung kümmert.

▶ Unter welchen Voraussetzungen kann der Versicherer nach einer Gefahr-   246
erhöhung die Prämie erhöhen oder die Absicherung der höheren Gefahr
ausschließen?

Die Rechte zur Prämienerhöhung oder zum Risikoausschluss bestehen als Alternativen zur Kündigung. Ihre Ausübung setzt damit ein bestehendes Kündigungsrecht des Versicherers voraus. Die Rechte erlöschen ebenso wie das Kündigungsrecht, wenn sie nicht innerhalb eines Monats ab Kenntnis des Versicherers von der Gefahrerhöhung ausgeübt werden oder wenn der Zustand wiederhergestellt wird, der vor der Gefahrerhöhung bestand (§§ 25 Abs. 1 S. 2, 24 Abs. 3 VVG).

▶ Wie kann der Versicherungsnehmer auf eine Prämienerhöhung oder ei-   247
nen Risikoausschluss reagieren?

Nach § 25 Abs. 2 S. 1 VVG kann der Versicherungsnehmer den Vertrag innerhalb eines Monats ab Zugang der Mitteilung des Versicherers fristlos kündigen, wenn sich die Prämie um mehr als 10 % erhöht oder wenn der Versicherer die Absicherung der höheren Gefahr ausschließt. Auf dieses Gestaltungsrecht hat der Versicherer den Versicherungsnehmer hinzuweisen (§ 25 Abs. 2 S. 2 VVG).

▶ Wann kann es für den Versicherer sinnvoll sein, das Recht zum Risikoaus-   248
schluss auszuüben?

Die Ausübung dieses Gestaltungsrechts führt dazu, dass die ursprünglich versicherte Gefahr weiter versichert bleibt und nur der durch die Gefahrerhöhung gesteigerte Anteil des Risikos ausgeschlossen ist. Der Versicherer hat im Prozess darzulegen und zu beweisen, in welchem Umfang gerade die in Rede stehende Änderung der gefahrerheblichen Umstände für den Eintritt des Versicherungsfalls ursächlich war. Im Übrigen bleibt er zur Leistung verpflichtet (s. B/M/*Matusche-Beckmann* § 25 Rn. 12 f.). Aus seiner Sicht empfiehlt es sich daher das Recht auf Risikoausschluss nur dann auszuüben, wenn sich die erhöhte Gefahr deutlich von der ursprünglich versicherten Gefahr trennen lässt und er erwarten kann, dass ihm der Nachweis der Kausalität zwischen ausgeschlossener Gefahr und Schadensfall gelingen wird. Ist dies nicht der Fall, so bietet es sich für den Versicherer eher an zu kündigen oder die Prämie zu erhöhen.

▶ Wann tritt Leistungsfreiheit bei subjektiver verschuldeter Gefahrerhö-   249
hung ein? Wie ist die Beweislast verteilt?

Voraussetzung ist zunächst der Tatbestand einer subjektiven Gefahrerhöhung. Dafür ist der Versicherer beweispflichtig. Zu beweisen hat er im Rahmen des § 23 Abs. 1 VVG auch die Kenntnis des Versicherungsnehmers von den gefahrerhöhenden

Umständen (s. BGHZ 50, 385, 391 = VersR 1968, 1153; L/P/*Pohlmann*, § 23
Rn. 35). § 26 VVG differenziert sodann nach Verschuldensgraden:

- Eine vorsätzliche Verletzung der Gefahrstandspflicht (zur Terminologie s. Frage
  445) hat vollständige Leistungsfreiheit zur Folge (§ 26 Abs. 1 S. 1 VVG).
- Bei grober Fahrlässigkeit kann der Versicherer seine Leistung nach der Schwere
  des Verschuldens des Versicherungsnehmers kürzen (§ 26 Abs. 1 S. 2 VVG).
- Im Falle einfacher Fahrlässigkeit ist der Versicherer voll leistungspflichtig.

Gesetzlich vermutet wird grobe Fahrlässigkeit (§ 26 Abs. 1 S. 2 Halbs. 2 VVG). Dem
Versicherer steht es offen, vorsätzliches Handeln des Versicherungsnehmers unter Beweis zu stellen. Umgekehrt obliegt es dem Versicherungsnehmer, sich vom Vorwurf
grober Fahrlässigkeit zu entlasten. Zudem tritt Leistungsfreiheit insoweit nicht ein,
wie die Gefahrerhöhung für den Eintritt des Versicherungsfalls nicht kausal war. Dafür ist der Versicherungsnehmer beweispflichtig (§ 26 Abs. 3 Nr. 2 VVG); man spricht
in solchen Fällen vom *Kausalitätsgegenbeweis*. Leistungsfreiheit kommt dann nicht
in Betracht, wenn der Versicherungsfall nach Ablauf der Kündigungsfrist des Versicherers eintritt und eine Kündigung unterblieben ist (§ 26 Abs. 3 Nr. 2 VVG). Der
Versicherungsnehmer kann dann nämlich davon ausgehen, dass der Versicherer das
Vertragsverhältnis fortsetzen möchte. Für künftig eintretende Versicherungsfälle ist
der Versicherer in diesem Fall ohnehin zur Leistung verpflichtet (s. *Wandt* Rn. 900).

250 ▶   Unter welchen Voraussetzungen kann der Versicherer auch bei subjekti-
         ver unverschuldeter oder objektiver Gefahrerhöhung leistungsfrei sein?

Bei Gefahrerhöhungen nach § 23 Abs. 2, 3 VVG ist der Versicherer leistungsfrei,
wenn der Versicherungsnehmer die ihn treffende Anzeigeobliegenheit verletzt. Dafür ist erforderlich, dass der Versicherungsfall später als einen Monat nach dem
hypothetischen Zugang der (unverzüglichen) Anzeige eintritt und der Versicherer zu
diesem Zeitpunkt keine Kenntnis von der Gefahrerhöhung hatte (§ 26 Abs. 2 VVG).
Es schadet ausschließlich positive Kenntnis; grob fahrlässige Unkenntnis genügt
nicht (MünchKommVVG/*Reusch* § 26 Rn. 14).

Auch hier ist der Versicherer nur bei vorsätzlicher Verletzung der Anzeigeobliegenheit vollständig leistungsfrei. Bei grober Fahrlässigkeit ist der Versicherer zur
Leistungskürzung entsprechend der Schwere des Verschuldens berechtigt. Einfach
fahrlässige Verletzungen der Anzeigeobliegenheit führen nicht zur Leistungsfreiheit
(§ 26 Abs. 2 S. 2 VVG). Auch bei der Leistungsfreiheit wegen Verletzung der Anzeigeobliegenheit gelten die Abweichungen des § 26 Abs. 3 VVG.

251 ▶   Inwiefern weicht die Beweislastverteilung in § 26 Abs. 2 von derjenigen
         in § 26 Abs. 1 VVG ab?

Nach dem Wortlaut des § 26 Abs. 2 S. 2 VVG muss sich der Versicherungsnehmer
nicht nur wie in § 26 Abs. 1 VVG von vermuteter grober Fahrlässigkeit, sondern
auch von vermutetem Vorsatz entlasten.

▶ Wie ist das Wort „ *soweit* " in § 26 Abs. 3 Nr. 1 VVG auszulegen? 252

Der Versicherer ist nur in dem Umfang leistungsfrei, in dem die Verletzung der Gefahrstandspflicht durch den Versicherungsnehmer kausal für die Einstandspflicht des Versicherers wurde. Der Versicherungsnehmer erhält also lediglich den durch seine kausal gewordene Verletzung der Gefahrstandspflicht hervorgerufenen Mehrschaden nicht ersetzt (s. MünchKommVVG/*Reusch* § 26 Rn. 22 f.).

▶ Steht dem Versicherungsnehmer auch bei arglistiger Verletzung der Ge- 253
fahrstandspflicht ein Kausalitätsgegenbeweis offen?

§ 26 Abs. 3 Nr. 1 VVG enthält keine Einschränkung für arglistiges Verhalten. Es kommt aber eine analoge Anwendung der §§ 21 Abs. 2 S. 2, 28 Abs. 3 S. 2, 82 Abs. 4 S. 2 VVG zum Zuge (L/P/*Looschelders* § 26 Rn. 19; P/M/*Armbrüster* § 26 Rn. 6). Die Normen sind materiell vergleichbar; in allen Fällen geht es um Obliegenheitsverletzungen im weiteren Sinne. Nach den Erwägungen des Gesetzgebers zur Aufgabe des Alles-oder-nichts-Prinzips soll betrügerisches Verhalten des Versicherungsnehmers auch dann, wenn es nicht kausal geworden ist, zur Leistungsfreiheit führen (s. RegBegr. S. 49). Dementsprechend hat der BGH (VersR 2014, 565 Rn. 11 ff.) mit Blick auf § 19 Abs. 5 S. 1 VVG entschieden, dass der Versicherer auch bei Erteilung einer fehlerhaften Belehrung über die Folgen einer Anzeigepflichtverletzung gem. § 19 Abs. 2 VVG zurücktreten kann, wenn der Versicherungsnehmer die Anzeigepflicht arglistig verletzt hat. Dabei beruft sich der BGH auf den das VVG durchziehenden Grundsatz, dass ein arglistig handelnder Versicherungsnehmer nicht schutzwürdig ist (s. PVR Rn. 298 f. und speziell zur Arglistanfechtung nach § 22 VVG i. V. mit § 123 Abs. 1 BGB Rn. 1036 ff.). Es ist nicht ersichtlich, wieso für § 26 Abs. 3 VVG etwas anderes gelten sollte. Eine planwidrige Regelungslücke und damit die genannte Gesamtanalogie sind somit zu bejahen.

▶ Besteht dessen ungeachtet in der Praxis überhaupt ein Bedürfnis nach 254
einer solchen Analogie?

Die praktische Bedeutung einer solchen Analogie ist begrenzt. Legt der Versicherungsnehmer es darauf an den Versicherungsfall herbeizuführen, um sich aus dem Versicherungsvertrag zu bereichern, so greift der Risikoausschluss des § 81 Abs. 1 VVG ein. Mithin geht es eher um Konstellationen, in denen sich der Versicherungsnehmer der Kenntnis vom Eintritt einer subjektiven, nachträglich erkannten bzw. einer objektiven Gefahrerhöhung arglistig entzieht. Darüber hinaus gelingt der Kausalitätsgegenbeweis ohnehin nur dann, wenn der Versicherungsnehmer nachweist, dass die Gefahrerhöhung *in keiner Weise* für den Eintritt des Versicherungsfalls mitursächlich war (s. B/M/*Matusche-Beckmann* § 26 Rn. 26). Dieser Beweis wird meist nicht erbracht werden können. Für die verbleibenden Fälle ist hingegen das praktische Bedürfnis nach einer Gesamtanalogie zu den §§ 21 Abs. 2 S. 2, 28 Abs. 3 S. 2, 82 Abs. 4 S. 2 VVG zu bejahen.

255 ▶ Führt die Ausübung des Risikoausschlussrechts nach § 25 Abs. 1 S. 1 Fall 2 VVG rückwirkend zur Leistungsfreiheit hinsichtlich eines bereits eingetretenen Versicherungsfalls?

Das ist zweifelhaft. Zunächst ist festzustellen, dass der Wortlaut des § 25 Abs. 1 Fall 2 VVG auf den Zeitpunkt der Gefahrerhöhung abstellt. Dies spricht für eine Rückwirkung des Risikoausschlusses. Der Versicherer könnte aber mit Ausübung seines Rechts auf Ausschluss der Absicherung die Regelung des § 26 VVG über die Leistungsfreiheit unterlaufen. Ist der Versicherer z. B. nach dieser Vorschrift leistungspflichtig, weil dem Versicherungsnehmer nur einfache Fahrlässigkeit vorzuwerfen ist, so könnte sich der Versicherer, da ihm nach § 24 Abs. 1 S. 2 VVG ein Kündigungsrecht zusteht, noch für den Risikoausschluss entscheiden und damit für alle vergangenen Versicherungsfälle (ab Gefahrerhöhung) zur Leistungsfreiheit gelangen. Dies widerspricht dem Anliegen des Gesetzgebers, Obliegenheitsverstöße unterhalb der groben Fahrlässigkeit grundsätzlich nicht oder nur mit der Kündigungsmöglichkeit als einem für die Zukunft wirkenden Rechtsbehelf zu sanktionieren (s. *Schimikowski*, r + s 2009, 353, 355). Auch im Bereich grober Fahrlässigkeit drohten Wertungswidersprüche. Denn durch einen rückwirkenden Risikoausschluss könnte der Versicherer auch die Quotelung nach § 26 Abs. 1 S. 2 VVG umgehen. Dieses Ergebnis lässt sich durch eine korrigierende Auslegung des § 25 Abs. 1 VVG vermeiden, wenn man die Wörter *„ab dem Zeitpunkt der Gefahrerhöhung"* allein auf den ersten Fall, also die Prämienerhöhung, bezieht. Ein rückwirkender Risikoausschluss ist demgegenüber unzulässig (vgl. L/P/*Looschelders*, § 25 Rn. 6; PVR Rn. 1268; *Schimikowski*, r + s 2009, 353, 355; a. A. ohne nähere Begründung *Rixecker*, ZfS 2007, 136; mit anderem Ansatz, im Ergebnis jedoch ähnlich MünchKommVVG/*Reusch* § 25 Rn. 12 ff.).

256 ▶ Gibt es Parallelen zur Diskussion über die Wirkungen des § 19 Abs. 4 VVG?

Auch mit Blick auf § 19 Abs. 4 S. 2 VVG ist umstritten, ob ein rückwirkender Risikoausschluss bei leicht fahrlässiger Verletzung der vorvertraglichen Anzeigeobliegenheit zulässig ist. Der Sache nach geht es hier wie dort um die Vermeidung von Wertungswidersprüchen. Gewährt der Gesetzgeber dem Versicherer in Fällen leicht fahrlässiger Anzeigepflichtverletzung einzig ein ex nunc wirkendes Kündigungsrecht (§ 19 Abs. 3 VVG) und schließt den zur Leistungsfreiheit führenden Rücktritt nach § 19 Abs. 2 VVG ausdrücklich aus, so vermag es auf den ersten Blick nicht recht einzuleuchten, weshalb der Versicherer auch in Fällen leicht fahrlässiger Obliegenheitsverletzung seine Leistungsfreiheit durch einen rückwirkenden Risikoausschluss herbeiführen können soll. Allerdings gilt es zu bedenken, dass derjenige, der seiner vorvertraglichen Anzeigepflicht ordnungsgemäß nachkommt, nicht schlechter gestellt werden darf als der leicht fahrlässig einen gefahrerheblichen Umstand verschweigende Vertragsinteressent. Würde man im Rahmen des § 19 Abs. 4 S. 2 VVG die Rückwirkung des Risikoausschlusses bei leichter Fahrlässigkeit in Frage stellen, so ließe sich eine Benachteiligung des umsichtigen Versicherungsnehmers nicht verhindern, wäre dieser doch bereits von Anfang an mit einem Risikoausschluss belastet gewesen. Diese Überlegung ist aber auf § 25 Abs. 1 VVG nicht übertragbar. Eine Bedingungsanpassung setzt hiernach ein Kündigungsrecht gem. § 24 Abs. 1, 2 VVG voraus. Ein solches besteht in Fällen unverschuldet verursachter subjektiver Gefahrerhöhung jedoch gerade nicht (arg. § 24 Abs. 1 S. 2 VVG). Ob dem Versicherungsnehmer grobe oder nur einfache Fahrlässigkeit vorzuwerfen ist, macht gleichfalls keinen Unterschied. Das Kündigungsrecht nach § 24 Abs. 2 VVG setzt nicht einmal eine Anzeigepflichtverletzung nach § 23 Abs. 2, 3 VVG voraus. Insoweit besteht ein Kündigungsrecht daher ausnahmslos. Ob der Versicherungsnehmer seine Anzeigepflicht überhaupt nicht, leicht fahrlässig, grob fahrlässig oder gar vorsätzlich verletzt, macht für das Recht zum rückwirkenden Risikoausschluss nach § 25 Abs. 1 VVG auch im Rahmen des § 24 Abs. 2 VVG keinen Unterschied. Jedenfalls eine nicht gerechtfertigte Schlechterstellung des leicht fahrlässig handelnden Versicherungsnehmers wäre daher bei Anerkennung eines rückwirkenden Ausschlussrechts nicht zu befürchten.

▶ Muss der Versicherer, wenn er erst nach Eintritt des Versicherungsfalls   257
von der Gefahrerhöhung erfährt, kündigen, um leistungsfrei zu sein?

Nein. In diesem Fall ist das Recht zur Kündigung noch nicht nach § 24 Abs. 3 Fall 1 VVG erloschen. Die Ausnahme des § 26 Abs. 3 Nr. 2 VVG greift daher nicht. Der Versicherer kann die Leistung an den Versicherungsnehmer verweigern, obwohl er nicht gekündigt hat. Der Vertrag bleibt dann bestehen. Der Versicherer muss ihn nur dann kündigen, wenn er auch bei einem künftigen Eintritt des Versicherungsfalls nicht leistungspflichtig sein will.

▶ Wann tritt bei einem leer stehenden Gebäude eine Gefahrerhöhung in   258
der Feuerversicherung ein? Was folgt daraus für die Anzeigepflicht des
Versicherungsnehmers nach § 23 Abs. 2 VVG?

Der bloße Leerstand eines Gebäudes stellt nach zutreffender Ansicht noch keine Gefahrerhöhung dar (s. BGH VersR 1982, 466 f.; OLG Celle r+s 2010, 65, 66). Zwar erhöht sich die Brandgefahr aufgrund möglicherweise eindringender Personen. Zugleich vermindert sie sich aber auch, da typische, mit der Nutzung als Wohnhaus einhergehende Brandquellen (etwa Benutzung von Kerzen, Gasherden oder elektrischen Geräten) wegfallen. Es findet also eine weitgehende *Gefahrkompensation* statt. Anders ist nur dann zu entscheiden, wenn besondere Umstände hinzutreten. Insoweit ist eine Gesamtabwägung aller in Betracht kommenden Einzelfallumstände vorzunehmen. Für eine erhebliche Erhöhung der Brandgefahr kann es insbesondere sprechen, wenn das Gebäude seit dem Auszug bereits seit längerer Zeit leer steht, es äußerlich verwahrlost wirkt oder in einer wenig von Passanten frequentierten Lage belegen ist (s. PVR Rn. 1276 f.).

In den meisten AVB ist vorgesehen, dass von einer Erhöhung der Gefahr erst ab einer gewissen Dauer des Leerstands auszugehen ist (Beispiel: Abschn. A § 17 Ziff. 1 lit. c) VHB 2010: nach 60 Tagen). Dann tritt die Gefahrerhöhung erst am 61. Tag ein. Folglich hat der Versicherungsnehmer dem Versicherer erst ab diesem Tag „unverzüglich" Anzeige zu erstatten.

259 ▶ Was sind unerhebliche Gefahrerhöhungen i. S. des § 27 Fall 1 VVG? Liegt
überhaupt eine Gefahrerhöhung vor, wenn § 27 Fall 1 VVG eingreift?

Unerhebliche Gefahrerhöhungen i. S. des § 27 Fall 1 VVG sind solche, die an sich
zur Anwendung der §§ 23 ff. VVG geeignet sind, die jedoch nur zu einer unwesent-
lichen Erhöhung der Wahrscheinlichkeit des Eintritts eines Versicherungsfalls führen und daher unter Berücksichtigung von Sinn und Zweck des Versicherungsvertrags vom Versicherer hinzunehmen sind (s. L/P/*Looschelders*, § 27 Rn. 2).
Umstritten ist, ob eine unerhebliche Gefahrerhöhung i. S. von § 27 Fall 1 VVG
überhaupt eine Gefahrerhöhung i. S. von § 23 VVG darstellt. Für die Annahme einer
Gefahrerhöhung spricht, dass § 27 Fall 1 VVG anderenfalls überflüssig und ersatzlos zu streichen wäre (s. L/P/*Looschelders*, § 23 Rn. 16; a. A. Hk/*Karczewski* § 23
Rn. 14).

260 ▶ Welche Besonderheit gilt für Gefahrerhöhungen in der Lebensversicherung, in der Berufsunfähigkeitsversicherung und in der Krankenversicherung?

In der Lebensversicherung gelten nur solche Änderungen der Gefahrumstände als
Gefahrerhöhung, die zwischen den Vertragsparteien ausdrücklich als Gefahrerhöhung vereinbart worden sind (§ 158 Abs. 1 VVG). Ein Beispiel bildet der Nikotin-
konsum in einem sog. Nichtrauchertarif. Zudem kann nach fünf Jahren, bei vorsätzlicher oder arglistiger Verletzung der Pflicht aus § 23 VVG nach zehn Jahren, eine
Gefahrerhöhung nicht mehr geltend gemacht werden (§ 158 Abs. 2 VVG). Diese
Bestimmungen gelten gem. § 176 VVG auch für die Berufsunfähigkeitsversicherung. In der Krankenversicherung finden die Regeln der §§ 23 ff. VVG gem. § 194
Abs. 1 S. 2 VVG überhaupt keine Anwendung.

N. Begriff und Herbeiführung des Versicherungsfalls

261 ▶ Erläutern Sie den Begriff Versicherungsfall!

Der Versicherungsfall ist das Ereignis, das die Leistungspflicht des Versicherers
auslöst („trigger"). Dieses Ereignis fällt in der Schadensversicherung nicht zwingend mit der Entstehung des Schadens zusammen.

262 ▶ Was ist unter einem gedehnten Versicherungsfall zu verstehen?

Ein gedehnter Versicherungsfall liegt vor, wenn der durch das versicherte Ereignis
eingetretene Zustand über einen längeren Zeitraum fortdauert (Beispiele: Heilbe-
handlung in der Krankenversicherung; Rechtsverfolgung in der Rechtsschutzversicherung). Der andauernde Zustand hat Einfluss auf den Umfang der Leistung
(s. PVR Rn. 1307 f.).

▶ Wann liegt ein Versicherungsschaden vor? **263**

Der Versicherungsschaden hängt eng mit der Frage zusammen, worin das versicherte Interesse besteht. Der Versicherer nimmt dem Versicherten das Risiko ab, dass ein bestimmtes (in aller Regel: wirtschaftliches) Interesses beeinträchtigt wird. Genau diese Beeinträchtigung muss er dann nach Eintritt des Versicherungsfalls ausgleichen. Der Höchstbetrag des Schadens ist damit durch den vollen Wert des versicherten Interesses begrenzt.

▶ Welche Gemeinsamkeiten und welche Unterschiede bestehen zum **264** Schadensbegriff im sonstigen Schuldrecht?

Im Versicherungsvertragsrecht geht es in erster Linie um den Umfang eines *vertraglichen Leistungsversprechens*. Die Leistungspflicht des Versicherers (oft auch als „Haftung" bezeichnet, ohne dass es um eine gesetzliche Verantwortlichkeit etwa im Sinne der Deliktshaftung gem. § 823 BGB ginge) ist durch Vertrag begründet. Die §§ 249 ff. BGB bestimmen dagegen den gesetzlichen Inhalt sekundärer Schadensersatzansprüche als eine Reaktion auf eine Rechtsverletzung. Zwar ist beim Versicherungsschaden wie im sonstigen Schuldrecht eine Differenzrechnung vorzunehmen; es gilt den Zustand des versicherten Interesses nach Eintritt des Versicherungsfalls mit der Lage ohne Eintritt des Versicherungsfalls zu vergleichen. Dabei ist im Unterschied zu den §§ 249 ff. BGB aber nicht die gesamte Vermögenslage des Versicherten zu betrachten. Der Umfang der Leistung wird vielmehr durch das vertragliche Versprechen des Versicherers begrenzt und nicht durch allgemein gültige Zurechnungskriterien (s. dazu BGH VersR 2004, 1039, 1040; eingehend *Schreier*, Das Verhältnis zwischen Schadensrecht und Schadensversicherung, 2017, S. 9 ff.).

▶ Wer trägt bei Eintritt des Versicherungsfalls die Beweislast? **265**

Dies hängt vorrangig von vertraglichen Abreden oder gesetzlichen Regelungen zur Beweislast ab. Bestehen solche nicht, so gilt der allgemeine Grundsatz, dass der Anspruchsteller die Beweislast für die rechtsbegründenden Tatsachen trägt. Hingegen trifft die Beweislast für rechtshindernde, rechtsvernichtende oder rechtshemmende Tatsachen denjenigen, der sich auf sie beruft. Mithin hat der *Versicherungsnehmer* den Eintritt des Versicherungsfalls einschließlich des Kausalzusammenhangs zu beweisen, der *Versicherer* z. B. eine vorsätzliche Herbeiführung des Versicherungsfalls durch den Versicherungsnehmer i. S. von §§ 81 Abs. 1, 103 VVG.

Die Gerichte billigen dem Versicherungsnehmer für bestimmte Arten von Versicherungsfällen Beweiserleichterungen zu. Dahinter steht die Überlegung, dass hier gerade auch die Beweisschwierigkeiten typischerweise Teil des versicherten Risikos sind (so z. B. in der Diebstahlversicherung; s. BGH VersR 1997, 733, 734; OLG Köln r + s 2014, 65 f.). Der Versicherungsnehmer hat dann nur eine hinreichende Wahrscheinlichkeit dafür darzutun, dass der Versicherungsfall eingetreten ist. Voraussetzung für das Eingreifen der Beweiserleichterung ist jedoch, dass von *redlichem Verhalten* des Versicherungsnehmers ausgegangen werden kann. Die hierfür regelmäßig eingreifende *Vermutung* kann vom Versicherer erschüttert werden (s. OLG Naumburg r + s 2014, 118 f.; OLG Frankfurt NJW 2018, 1759 Rn. 40 ff.). Als Korrelat wird dem Versicherer der Gegenbeweis (d. h. die Darlegung eines vorgetäuschten Versicherungsfalls) gleichfalls erleichtert, so dass er nur noch konkrete Tatsachen nachweisen muss, die die Annahme einer Vortäuschung mit erheblicher Wahrscheinlichkeit nahe legen. Dem Versicherungsnehmer steht es dann immer noch offen, den vollen Beweis zu erbringen.

266 ▶ Handelt es sich bei § 81 VVG um eine Obliegenheit des Versicherungsnehmers?

Nach ganz überwiegender Ansicht regelt § 81 Abs. 1 VVG nicht eine Obliegenheit, sondern einen subjektiven Risikoausschluss. Sind die Voraussetzungen jener Norm gegeben, so ist die Leistungspflicht des Versicherers kraft Gesetzes ausgeschlossen (s. BGH VersR 2009, 1123 Rn. 14; MünchKommVVG/*Looschelders* § 81 Rn. 6 f.).
Teilweise wird vertreten, dass die Annahme eines subjektiven Risikoausschlusses im Hinblick auf § 81 Abs. 2 VVG wegen der Abschaffung des Alles-oder-nichts-Prinzips nicht mit dem neuen Recht vereinbar sei (*Neumann*, Abkehr vom Alles-oder-Nichts-Prinzip, 2004, S. 169 f.). Indessen ist insoweit von einem beschränkten subjektiven Risikoausschluss, d. h. von einer subjektiven Risikobegrenzung auszugehen. Der Versicherer bleibt im Rahmen des § 81 Abs. 2 VVG regelmäßig teilweise leistungspflichtig, so dass ein Versicherungsfall anzunehmen ist. Der Versicherer übernimmt aber das Risiko der grob fahrlässigen Herbeiführung des Versicherungsfalls von vornherein nur in einem beschränkten Umfang (s. PVR Rn. 1322; unklar BGHZ 191, 159 Ls. 2 = VersR 2011, 1550: gesetzliche Obliegenheit; für letztere *Bruns* § 20 Rn. 47).
In der Haftpflichtversicherung gibt es keine dem § 81 Abs. 2 VVG entsprechende Vorschrift. Vielmehr wird der Versicherer gem. § 103 VVG von vornherein nur bei Vorsatz von der Leistungspflicht befreit, während er bei grober Fahrlässigkeit in vollem Umfang haftet.

267 ▶ Exkurs: Wofür ist die Unterscheidung zwischen Leistungsfreiheit wegen
eines subjektiven Risikoausschlusses oder aufgrund einer Obliegenheitsverletzung bedeutsam?

Wichtig ist die Unterscheidung im Rahmen der Pflicht-Haftpflichtversicherung (hier gilt allerdings § 103 VVG und nicht § 81 VVG). Bei einem subjektiven Risikoausschluss kann sich der Versicherer nach §§ 115 Abs. 1 S. 2 i. V. m. 117 Abs. 3 VVG auch gegenüber dem Direktanspruch des Geschädigten auf seine Leistungsfreiheit berufen (s. L/P/*Schwartze*, § 117 Rn. 5).

268 ▶ Exkurs: Wodurch unterscheiden sich subjektive Risikoausschlüsse von
vorbeugenden Obliegenheiten?

In beiden Fällen handelt es sich um Verhaltensanforderungen. Vorbeugende Obliegenheiten bestehen aber unabhängig von einem konkreten Versicherungsfall. Bei subjektiven Risikoausschlüssen lassen sich dagegen die Verhaltensanforderungen nur mit Blick auf den konkreten Versicherungsfall bestimmen. Zudem trifft den Versicherer hier die Beweislast für alle tatbestandlichen Voraussetzungen, einschließlich der Kausalität zwischen dem Verhalten des Versicherungsnehmers und dem Eintritt des Versicherungsfalls. Dagegen muss der Versicherer bei vorbeugenden Obliegenheiten nur die Obliegenheitsverletzung beweisen. Grobe Fahrlässigkeit und Kausalität werden hingegen vermutet, so dass es dem Versicherungsnehmer obliegt sich insoweit zu entlasten (§ 28 Abs. 2 S. 2 Halbs. 2, Abs. 3 VVG).

▶   Welche Voraussetzungen hat die Leistungsfreiheit des Versicherers nach   **269**
    § 81 VVG?

Der Versicherungsnehmer muss den Versicherungsfall *herbeigeführt* haben. Dies ist nur dann der Fall, wenn sein Verhalten kausal für den Eintritt des Versicherungsfalls war. Mitursächlichkeit genügt (s. BGH VersR 1986, 962, 963). Des Weiteren muss dem Versicherungsnehmer Vorsatz oder grobe Fahrlässigkeit zur Last fallen.

▶   Wie ist die Gefahrerhöhung nach den §§ 23 ff. VVG von der Herbeifüh-   **270**
    rung des Versicherungsfalls nach § 81 VVG abzugrenzen? Inwiefern kann
    die Unterscheidung Bedeutung gewinnen?

Eine trennscharfe Abgrenzung ist nicht möglich. Es kann vorkommen, dass eine vom Versicherungsnehmer vorgenommene subjektive Gefahrerhöhung zugleich den Versicherungsfall herbeiführt. Für diesen Fall ist nach heute einhelliger Ansicht vom Vorliegen einer sog. *Einwendungskonkurrenz* zwischen § 26 und § 81 VVG auszugehen. Ein Abgrenzung in der Weise, dass § 81 VVG nur dann anzuwenden sei, wenn das Fehlverhalten „unmittelbar" den Versicherungsfall herbeigeführt hat, ist abzulehnen (s. B/M/*Baumann* § 81 Rn. 20 ff.).

Zu beachten ist, dass eine Gefahrerhöhung allein dann vorliegt, wenn die geänderten, risikoerhöhenden Umstände von einer gewissen *Dauerhaftigkeit* sind, wenn also ein Zustand entsteht, der aufgrund seiner zeitlichen Dauer Grundlage eines neuen, eigenständigen Gefahrenverlaufs sein kann (s. dazu Frage 233). Wird demgegenüber der Versicherungsfall durch ein Verhalten des Versicherungsnehmers „unmittelbar" herbeigeführt, so liegt jedenfalls keine Gefahrerhöhung, sondern allenfalls ein Fall des § 81 VVG vor (s. PVR Rn. 1294).

Zwar hat die Unterscheidung durch die VVG-Reform aufgrund der differenzierten Beweislastverteilung im Rahmen der §§ 23 ff. VVG weitgehend an Bedeutung verloren. Wichtig ist sie indessen für die Frage, ob sich der Versicherer auch dann auf Leistungsfreiheit nach § 81 VVG berufen kann, wenn im Verhalten des Versicherungsnehmers zugleich eine Gefahrerhöhung zu erblicken ist und der Versicherer eine klarstellende Kündigung nach § 24 VVG unterlassen hat. Um Wertungswidersprüche zu vermeiden, ist dem Versicherer in solchen Fällen die Berufung auf § 81 VVG zu versagen. Dies gilt umso mehr, als beide Regelungskomplexe im Zuge der Reform einander in materieller Hinsicht weitestgehend angeglichen worden sind (s. B/M/*Baumann* § 81 Rn. 222 f.). Liegt hingegen keine Gefahrerhöhung vor, so kann der Versicherer sich uneingeschränkt auf § 81 VVG berufen.

271 ▶ Welche Unterschiede bestehen in Bezug auf den Verschuldensumfang des Versicherungsnehmers?

Nach § 81 Abs. 1 VVG hat die *vorsätzliche* Herbeiführung des Versicherungsfalls eine vollständige Leistungsfreiheit zur Folge. Führt der Versicherungsnehmer den Versicherungsfall *grob fahrlässig* herbei, so kann der Versicherer seine Leistung entsprechend der Schwere des Verschuldens des Versicherungsnehmers kürzen. Es muss eine *Quote* gebildet werden (zum Quotelungsmodell s. Fragen 371, 450; zur Methodik der Quotenbildung s. PVR Rn. 400 ff.).

272 ▶ Setzt § 81 VVG mit Blick auf das Merkmal des „Herbeiführens" ein objektives Fehlverhalten des Versicherungsnehmers voraus?

Dies ist umstritten. Der BGH geht davon aus, dass (teilweise) Leistungsfreiheit nach § 81 VVG nur dann in Betracht zu ziehen ist, wenn der Versicherungsnehmer durch sein Verhalten vertraglich oder gesetzlich vorausgesetzte Sicherheitsstandards deutlich unterschreitet und sich dadurch das Risiko des Schadenseintritts gegenüber der Ausgangslage erhöht hat (s. BGH VersR 1998, 44; wohl auch LG Berlin r+s 2013, 231, 233; L/P/*Schmidt-Kessel*, § 81 Rn. 20). Ob dieses Kriterium mit Blick auf die subjektiven Voraussetzungen des § 81 VVG eigenständige Bedeutung hat, ist jedoch zu bezweifeln (s. PVR Rn. 1321).

273 ▶ Besteht eine allgemeine, aus § 81 VVG herleitbare Pflicht des Versicherungsnehmers, den Eintritt des Versicherungsfalls zu verhindern?

Nein. Aus § 81 VVG ist eine solche sog. *allgemeine Schadensvermeidungspflicht* (gleichbedeutend: Schadensverhütungs-, -verhinderungs-, -abwendungspflicht) nicht zu entnehmen. Lediglich im Rahmen des § 82 VVG ist der Versicherungsnehmer zur Abwendung und Minderung des Schadens verpflichtet (s. PVR Rn. 293).

274 ▶ Greift § 81 VVG auch dann ein, wenn der Versicherungsnehmer den Versicherungsfall aufgrund einer Notwehr- oder Notstandssituation herbeiführt?

Ja. Auch in diesen Fällen ist § 81 VVG anwendbar. Dies gilt auch dann, wenn der Versicherungsnehmer sein versichertes Interesse nicht gerade durch den bestehenden Deckungsschutz motiviert zugunsten eines unversicherten Interesses geopfert hat. Einen unlauteren Vorsatz setzt § 81 Abs. 1 VVG nämlich nicht voraus (s. P/M/*Armbrüster* § 81 Rn. 25; a. A. BK/*Beckmann* § 61 Rn. 57, der Schuldausschluss für möglich hält).

▶   Kann der Versicherungsnehmer den Versicherungsfall durch Unterlassen   **275**
       herbeiführen?

Ja. Die Herbeiführung des Versicherungsfalls kann durch positives Tun oder durch
Unterlassen erfolgen. Zwar trifft den Versicherungsnehmer keine allgemeine Schadensvermeidungspflicht (s. Frage 273). Jedoch kann im Einzelfall eine Pflicht zur
Abwendung einer drohenden Gefährdung des versicherten Interesses bestehen.
Eine Garantenstellung ist dafür ebenso wenig erforderlich wie die unterlassene Befolgung vertraglicher oder gesetzlicher Sicherheitsbestimmungen. Vielmehr genügt
es, wenn der Versicherungsnehmer die Verwirklichung der versicherten Gefahr in
Kenntnis ihrer Existenz zulässt, obwohl es ihm möglich gewesen wäre, zumutbare
gefahrvermeidende oder -mindernde Maßnahmen zu ergreifen (s. BGH VersR 2005,
218, 220; B/M/*Baumann* § 81 Rn. 30). Entscheidend kommt es darauf an, ob der
vertragsgemäß vorausgesetzte Sicherheitsstandard erheblich herabgesetzt ist
(s. BGH VersR 1989, 141). Als Maßstab kann das Verhalten herangezogen werden,
das ein durchschnittlicher Versicherungsnehmer zeigen würde, wenn er nicht versichert wäre.

▶   Wer trägt im Rahmen des § 81 VVG die Beweislast?   **276**

Dem Versicherer obliegt es darzulegen und zu beweisen, dass der Versicherungsnehmer den Versicherungsfall vorsätzlich oder grob fahrlässig – Letzteres sowohl in
objektiver als auch in subjektiver Hinsicht – herbeigeführt hat. Eine Vermutung dergestalt, dass von einem als objektiv grob fahrlässig anzusehenden Verhalten regelmäßig nach den Grundsätzen über den Anscheinsbeweis auf die subjektive Unent-
schuldbarkeit des Verhaltens geschlossen werden könnte, besteht nicht. Zudem hat
der Versicherer im Falle grober Fahrlässigkeit den Grad des Verschuldens nachzu-
weisen (s. BGH VersR 2003, 364 f.; dabei trifft den Versicherungsnehmer eine sekundäre Beweislast hinsichtlich ihn entlastender Umstände: Hk/*Karczewski* § 81
Rn. 8). Auch bezüglich der Kausalität zwischen dem Verhalten des Versicherungsnehmers und dem Eintritt des Versicherungsfalls ist der Versicherer beweispflichtig
(s. L/P/*Schmidt-Kessel* § 81 Rn. 66). Steht fest, dass das vom Versicherungsnehmer
an den Tag gelegte grob fahrlässige Verhalten jedenfalls mitursächlich für den Eintritt des Versicherungsfalls war und behauptet der Versicherungsnehmer im Prozess,
der Versicherungsfall wäre ohnehin unabhängig von seinem Verhalten eingetreten
(hypothetische Kausalität), so trifft ihn hierfür die Darlegungs- und Beweislast
(s. PVR Rn. 1320).

▶   Welcher rechtspolitische Gedanke steht hinter dem quotalen Leistungs-   **277**
       kürzungsrecht des Versicherers bei grober Fahrlässigkeit?

Das so genannte *Quotelungsmodell* stellt das Kernstück der Abkehr vom Alles-
oder-nichts-Prinzip im Zuge der VVG-Reform dar (s. auch Frage 450). Nach diesem Prinzip erhielt der Versicherungsnehmer entweder die volle vertragliche Versicherungsleistung oder aber der Versicherer war insgesamt leistungsfrei, je nachdem,

ob die Grenze zur groben Fahrlässigkeit bereits überschritten war. Mit der Neuregelung soll mehr Einzelfallgerechtigkeit erreicht werden. Ein Versicherungsnehmer, der den Versicherungsfall herbeiführt und dabei die Grenze zwischen einfacher und grober Fahrlässigkeit gerade erst überschritten hat, soll wenigstens einen Teil der Versicherungsleistung erhalten und nicht genauso behandelt werden wie ein Versicherungsnehmer, der den Versicherungsfall mit besonders schwerer grober Fahrlässigkeit oder gar vorsätzlich herbeiführt. Rechtspolitisch erscheint es zwar zweifelhaft, ob die mit der Abkehr vom Alles-oder-nichts-Prinzip verbundenen Vorteile die entstehenden Nachteile (insbesondere Abschwächung der Präventionswirkung und verminderter Schutz der Versichertengemeinschaft) überwiegen (eingehend zur Kritik *Armbrüster*, VersR 2003, 675 ff.; krit. auch *Bruns*, § 4 Rn. 19, 37, § 6 Rn. 8, 13; zu den Problemen der praktischen Handhabung des neuen Rechts s. *Heß*, r + s 2013, 1 ff.). Die berechtigten Erwartungen eines durchschnittlichen Versicherungsnehmers an den Deckungsumfang seines Versicherungsvertrages lassen sich freilich als Argument für die Neuregelung anführen (vgl. auch PVR Rn. 396).

278 ▶ Nach welchen Kriterien richtet sich der Umfang der quotalen Leistungsfreiheit bei grober Fahrlässigkeit?

Nach der Gesetzesbegründung soll es *allein* auf die Schwere des Verschuldens ankommen (s. RegBegr. S. 49). Entscheidend ist also, ob die grobe Fahrlässigkeit eher an der Grenze zur einfachen Fahrlässigkeit oder an derjenigen zum bedingten Vorsatz liegt. Zu berücksichtigen sind namentlich folgende Kriterien: Dauer, Schwere und Intensität des Verstoßes, eine etwaige straf- oder ordnungswidrigkeitsrechtliche Relevanz des fraglichen Verhaltens, die Vorhersehbarkeit von Schadenseintritt und Schadenshöhe sowie die Motivation des Versicherungsnehmers, welche ihn zum Bruch der Verhaltensregel bewogen hat. Nicht in die Beurteilung einzubeziehen sind hingegen die wirtschaftlichen Verhältnisse des Versicherungsnehmers, der Grad der Ursächlichkeit seines Fehlverhaltens für den Schadenseintritt und die Höhe des tatsächlich eingetretenen Schadens (Einzelheiten str.; s. PVR Rn. 401).

279 ▶ Kann bei sehr schwerer grober Fahrlässigkeit eine vollständige Leistungsfreiheit des Versicherers in Betracht kommen?

Diese – mittlerweile vom BGH (VersR 2012, 341 Rn. 10 [zu § 28 Abs. 2 VVG]; 2011, 1037 Rn. 23 ff. [zu § 81 Abs. 2 VVG]) jedenfalls für die Praxis entschiedene – Frage ist umstritten (s. PVR Rn. 409 ff. sowie Frage 452). Der BGH geht mit der überwiegenden Ansicht davon aus, dass § 81 Abs. 2 VVG (ebenso wie § 28 Abs. 2 VVG) einer Kürzung der Versicherungsleistung *auf Null* nicht entgegen steht. Dies wird unter anderem auf den Wortlaut des § 81 Abs. 2 VVG gestützt. Könne der Versicherer seine Leistung entsprechend der Schwere des Verschuldens des Versicherungsnehmers kürzen, bedeute dies nicht, dass bereits vom Wortsinn des Verbs „kürzen" her eine Streichung des Anspruchs insgesamt unzulässig sein soll. Andernfalls denkbare Quoten von 99 % seien zudem bloße Förmelei. Was die Entstehungsgeschichte der Quotelungsregeln angehe, so sei bereits die

VVG-Reformkommission von der Zulässigkeit einer Kürzung auf Null ausgegangen. Für diese Kürzungsmöglichkeit spreche insbesondere die Streichung des Wortes „nur" gegenüber dem ursprünglichen Kommissionsvorschlag zu § 28 Abs. 2 VVG. Hierdurch habe der Gesetzgeber unzweideutig zum Ausdruck gebracht, dass vollständige Leistungsfreiheit nicht nur bei vorsätzlicher Herbeiführung des Versicherungsfalls eintreten kann. Auch wenn sich der zulässige Rahmen für eine Kürzung in einem Bereich von 0 % bis 100 % bewege, komme eine Kürzungsquote von weniger als 10 % praktisch allerdings nicht in Betracht (BGH VersR 2014, 1135 Rn. 12).

Nach anderer Ansicht ist eine Leistungskürzung auf Null bei grob fahrlässiger Herbeiführung des Versicherungsfalls ausgeschlossen. Dazu führe ein Umkehrschluss aus § 81 Abs. 1 VVG, der vollständige Leistungsfreiheit nur für den Fall einer vorsätzlichen Herbeiführung des Versicherungsfalls anordne. Sofern der BGH seine Ansicht mit dem Wortsinn des Begriffs „kürzen" begründet, schließe dies eine gegenteilige Deutung nicht aus (plastisch etwa das Beispiel von *Schäfers*, VersR 2011, 842, 843 ff.: Der Kunde, der gegenüber dem Friseur äußert, er wolle sein Haar gekürzt haben, rechne nach dem allgemeinen Sprachgebrauch nicht damit, den Salon mit einer Glatze zu verlassen). Auch ein systematischer Vergleich mit § 81 Abs. 1 VVG und das generelle Anliegen des Reformgesetzgebers, für den Fall grober Fahrlässigkeit lediglich eine Kürzung und keinen Leistungsausschluss vorzusehen, sollen gegen die Zulässigkeit einer Leistungskürzung auf Null sprechen. Zudem überzeuge der Hinweis des BGH zur Reform des § 28 Abs. 2 VVG nicht. Der Gesetzgeber habe in der Gesetzesbegründung ausdrücklich klargestellt, dass mit der Streichung des Wortes „nur" in § 28 Abs. 2 VVG rein redaktionelle Zwecke verfolgt wurden. Eine inhaltliche Änderung sollte hiermit nicht verbunden sein.

▶ Wie ist die Quote zu berechnen, wenn der Versicherungsnehmer den Versicherungsfall grob fahrlässig herbeiführt und zudem noch eine Obliegenheit grob fahrlässig verletzt?

280

Dies ist im Gesetz nicht geregelt. Fest steht einzig, dass bei einem Zusammentreffen mehrerer Obliegenheitsverletzungen, die versicherungstechnisch denselben Zweck verfolgen, eine *Gesamtbeurteilung* des Verhaltens vorzunehmen ist. Mit Blick auf die übrigen Fälle, in denen mehrere verschiedenartige Obliegenheitsverletzungen zusammentreffen, kommen unterschiedliche Lösungsmodelle in Betracht (Überblick bei B/M/*Heiss* § 28 Rn. 199; PVR Rn. 416 ff.).

Nach dem sog. *Additionsmodell* ist in einem ersten Schritt zunächst für jeden Verstoß eine eigenständige Quote zu bilden. Die sich dabei ergebenden Quoten werden sodann in einem zweiten Schritt addiert. Gegen diese Vorgehensweise spricht jedoch, dass die schlichte Addition der einzelnen Kürzungsquoten rasch zu einem völligen Verlust des Leistungsanspruchs führen kann. Mehrere Verstöße würden somit strenger geahndet, als es bei Verwirklichung mehrerer Straftaten im Rahmen einer Gesamtstrafenbildung der Fall wäre. Zudem würde dieses Modell in vielen Fällen zur faktischen Wiedereinführung des Alles-oder-nichts-Prinzips führen (zur Kritik s. *Heß*, r + s 2013, 1, 5; *Felsch*, r + s 2007, 485, 497).

Einen anderen Ansatz verfolgt das *Multiplikationsmodell*. Hiernach ist zunächst die Quote für den zeitlich ersten Obliegenheitsverstoß zu ermitteln und die Versicherungsleistung entsprechend zu kürzen. Anschließend wird die Quote für den zweiten Obliegenheitsverstoß festgestellt. Im Unterschied zum Additionsmodell wird diese zweite Quote nunmehr aber nicht von der gesamten Versicherungsleistung, sondern von der bereits um die erste Quote verminderten Leistung abgezogen (s. M/S/*Marlow*, Rn. 347). Hierdurch kann ein zu rasches Schwinden des Versicherungsschutzes jedenfalls im Vergleich mit dem Additionsmodell besser verhindert werden.

Das sog. *Konsumtionsmodell* stellt allein auf denjenigen Verstoß ab, der unter Berücksichtigung aller Einzelfallumstände am schwersten wiegt (so noch *Felsch*, r + s 2007, 485, 497; ferner *Veith*, VersR 2008, 1580, 1589). Dieser Ansatz übergeht jedoch, dass es nicht sachgerecht erscheint, einen Versicherungsnehmer, der gleich mehrfach gegen unterschiedlichen Zwecken dienende Verhaltensregeln verstößt, gleich demjenigen zu behandeln, dem nur ein einziger Verstoß vorwerfbar ist.

Aufgrund seiner Adaptionsfähigkeit vorzugswürdig ist das sog. *Gesamtwürdigungsmodell* (s. PVR Rn. 428 f.). Hiernach sind alle festgestellten Obliegenheitsverstöße im Rahmen einer Gesamtwürdigung bei der Gesamtquotenbildung zu berücksichtigen. Für diesen Ansatz sprechen nicht zuletzt seine Unabhängigkeit von mathematischen Mechanismen und seine Flexibilität, die wertende, einzelfallgerechte Lösungen ermöglicht. So kann etwa auch berücksichtigt werden, dass mehrere Obliegenheitsverletzungen in unterschiedlichem Umfang für die Schadensentstehung kausal waren (s. dazu B/M/*Heiss* § 28 Rn. 201). Die Quote kann dann in Anlehnung an die Grundsätze zur Gesamtstrafenbildung nach § 54 Abs. 1 S. 2, 3, Abs. 2 S. 1 StGB ermittelt werden. Demnach sind zunächst die Kürzungsquoten für alle festgestellten Obliegenheitsverstöße unabhängig voneinander zu ermitteln. Die sodann zu bildende Gesamtquote darf die höchste Einzelquote nicht unter- und die Summe aller Einzelquoten nicht überschreiten.

281 ▶   Welche Anforderungen sind an die grobe Fahrlässigkeit bei § 81 Abs. 2 VVG zu stellen?

Der Vorwurf der groben Fahrlässigkeit besteht aus einer objektiven und einer subjektiven Komponente. *Objektiv* grob fahrlässiges Verhalten liegt immer dann vor, wenn der Versicherungsnehmer die im Verkehr erforderliche Sorgfalt in besonders schwerem Maße verletzt, weil er nicht beachtet, was im gegebenen Fall jedem einleuchten müsste (BGH VersR 2003, 364). Erforderlich ist ein Verhalten des Versicherungsnehmers, von dem er wusste oder wissen musste, dass es geeignet war, den Eintritt des Versicherungsfalles oder die Vergrößerung des Schadens zu fördern (s. BGH VersR 2011, 1037 Rn. 17, zur Herbeiführung absoluter Fahruntüchtigkeit mit anschließendem Unfall). Verstößt der Versicherungsnehmer gegen vertragliche oder gesetzliche Sicherheitsvorschriften, so liegt grundsätzlich objektiv fahrlässiges Verhalten vor. Fehlt es an solchen objektiven Verhaltensmaßstäben, schließt dies das Vorliegen grober Fahrlässigkeit jedoch keineswegs aus. Umstritten ist, ob grobe Fahrlässigkeit voraussetzt, dass in dem Fehlverhalten des Versicherungsnehmers gerade gegenüber dem versicherten Interesse eine *besondere Rücksichtslosigkeit* zum Ausdruck kommt (so OLG Frankfurt NVersZ 2001, 417, 418). Dieses Erfordernis würde freilich zu einem je nach Versicherungssparte unterschiedlichen Begriff der groben Fahrlässigkeit führen. Gegen eine solche Aufspaltung spricht zum einen die daraus erwachsende Rechtsunsicherheit (s. BGH VersR 2003, 364). Zum anderen haben sich die Konturen der groben Fahrlässigkeit im Versicherungsrecht – insbesondere durch eine erhebliche Versubjektivierung des Sorgfaltsmaßstabes – in jüngerer Zeit ohnehin weit von den Regeln des allgemeinen Zivilrechts entfernt. Eine weitere Auffächerung des Verschuldens mit Blick auf das konkret versicherte Interesse würde diesen Abstand noch vergrößern, ohne dass dafür ein sachlicher Grund besteht.

Auch in *subjektiver* Hinsicht muss ein erheblich gesteigertes Verschulden vorliegen. Das Verhalten muss subjektiv schlechterdings unentschuldbar sein (s. BGH VersR 1997, 351, 352). Hieran kann es fehlen, wenn besondere individuelle Umstände eine Minderung des Schuldvorwurfs rechtfertigen, insbesondere in Fällen sog. *Augenblicksversagens* (s. Fragen 282, 283).

▶ Kann sich der Versicherungsnehmer einzig mit dem Hinweis auf eine **282** kurzfristige Geistesabwesenheit unter dem Aspekt des Augenblicksversagens vom Vorwurf grob fahrlässigen Verhaltens entlasten?

Mit dem Ausdruck „*Augenblicksversagen*" sind Konstellationen gemeint, in denen der Versicherungsnehmer aufgrund kurzfristiger Unachtsamkeit die gebotene Sorgfalt außer Acht lässt, obgleich er sonst in entsprechenden Situationen den an ihn gestellten Sorgfaltsmaßstäben gerecht wird. Ursprünglich hatte der BGH (VersR 1989, 582, 583) die Auffassung vertreten, eine kurzfristige Geistesabwesenheit könne das Verdikt subjektiv schlechterdings unentschuldbaren Fehlverhaltens nicht rechtfertigen. Diese Ansicht ging indes zu weit, hätte sie doch gerade mit Blick auf die praktisch besonders bedeutsamen Fälle vom Versicherungsnehmer herbeigeführter Straßenverkehrsunfälle zu einem ungerechtfertigten „Freibrief" geführt. Denn hier beruht die Herbeiführung des Versicherungsfalls in aller Regel auf einer kurzfristigen Unachtsamkeit des Versicherungsnehmers (s. Münch-KommVVG/*Looschelders* § 81 Rn. 75 ff.). Auch der BGH (VersR 2003, 364, 365) stellte später erhöhte Anforderungen an eine Entlastung. Demnach genügt allein eine kurzfristige Geistesabwesenheit nicht mehr. Es müssen vielmehr weitere, in der Person des Handelnden liegende oder in der konkreten Situation begründete Umstände hinzutreten, um den Vorwurf grob fahrlässigen Verhaltens entfallen zu lassen.

▶ Ist an der Rechtsprechung zum Augenblicksversagen sowie zu den sub- **283** jektiven Kriterien der groben Fahrlässigkeit nach der VVG-Reform überhaupt noch festzuhalten?

Dies ist angesichts der Abschaffung des Alles-oder-nichts-Prinzips durchaus fraglich. Zweck der Rechtsfigur vom „Augenblicksversagen" war es, dem Versicherungsnehmer nicht aufgrund einer kurzfristigen Unachtsamkeit den kompletten Versicherungsschutz zu versagen. Das Quotelungsmodell des § 81 Abs. 2 VVG ermöglicht mittlerweile aber flexible, interessengerechte Lösungen, so dass die Hilfskonstruktion der alten Rechtsprechung überflüssig sein könnte. Zudem würde sich der versicherungsvertragsrechtliche Begriff der groben Fahrlässigkeit wieder demjenigen des allgemeinen Zivilrechts annähern. Insofern sprechen gute Gründe dafür, den Fahrlässigkeitsvorwurf rein objektiv zu bestimmen und die Rechtsprechung zum „Augenblicksversagen" aufzugeben. Der BGH (VersR 2011, 916 Rn. 8 ff.) hat die zum Augenblicksversagen entwickelten Grundsätze – freilich noch mit Bezug zum altem Recht – auch nach der Reform weiter angewandt. Im Schrifttum wird ihre Fortgeltung überwiegend befürwortet (s. L/P/*Schmidt-Kessel* § 81 Rn. 36 ff.; PVR Rn. 1323 ff.).

284 ▶ Können die Parteien in AVB vereinbaren, dass der Versicherer bereits bei grob fahrlässiger oder gar leicht fahrlässiger Herbeiführung des Versicherungsfalls vollständig leistungsfrei sein soll?

Nein. Zwar ist § 81 VVG nicht halbzwingend (arg. § 87 VVG). Entsprechende Vereinbarungen in AVB verstoßen indes gegen die bewusste Entscheidung des Reformgesetzgebers zur Abschaffung des Alles-oder-nichts-Prinzips. Durch Vereinbarungen in AVB, nach denen der Versicherer bereits im Falle *grob fahrlässiger* Herbeiführung des Versicherungsfalls stets umfassend leistungsfrei sein soll, würde dieses vom Gesetzgeber verworfene Prinzip dann doch zur Grundlage der Haftung des Versicherers. Derartige Klauseln sind daher mit dem Grundgedanken der gesetzlichen Wertung des § 81 Abs. 2 VVG unvereinbar und folglich gem. § 307 Abs. 2 Nr. 1 BGB wegen Leitbildverstoßes unwirksam (s. BGH VersR 2011, 1524 Rn. 12 f.; PVR Rn. 1327; a. A. *Günther/Spielmann*, r + s 2008, 133, 143).

Gleiches muss erst recht für den Fall *einfacher* Fahrlässigkeit gelten. Insoweit wird man einen Leitbildverstoß mit der dem VVG 2008 inhärenten gesetzgeberischen Wertung begründen können, dass mit dem lediglich einfach fahrlässig handelnden Versicherungsnehmer generell milde verfahren werden soll. Ihm soll sein Anspruch auf die Versicherungsleistung in vollem Umfang erhalten bleiben (vgl. §§ 19 Abs. 2, 3; 26 Abs. 1 S. 2; 28 Abs. 2 S. 2; 81 Abs. 2, 82 Abs. 3 S. 2 VVG). Darüber hinaus würde eine AVB, die Leistungsfreiheit auch bei leicht fahrlässiger Herbeiführung des Versicherungsfalls vorschreibt, auch unter dem Gesichtspunkt der Aushöhlungsnichtigkeit (§ 307 Abs. 2 Nr. 2 BGB) bedenklich erscheinen. Zweck des Versicherungsvertrages ist die Entlastung des Versicherungsnehmers durch einen Risikotransfer auf den Versicherer. Wäre die Klausel wirksam, so trüge der Versicherer nur noch das Zufallsrisiko, was insbesondere bei der Versicherung von Gütern des täglichen Gebrauchs mit Blick auf die latente Gefahr eines Schadenseintritts schon aufgrund leichtesten Fehlverhaltens zur Aushöhlung wesentlicher Pflichten des Versicherers führen würde (Aushöhlungsnichtigkeit bejahend OLG Karlsruhe VersR 1997, 1230, zum leicht fahrlässigen Schlüsselverlust in der Hausratversicherung).

O. Anzeige- und Aufklärungsobliegenheiten (§§ 30, 31 VVG)

▶ Was ist das Besondere an den gesetzlichen Regelungen über die Oblie-   **285**
   genheitsverletzungen nach §§ 30, 31 VVG?

§§ 30, 31 VVG haben zwar einen Tatbestand, sie sehen aber keine Rechtsfolgen vor.
Man nennt diese Normen daher *leges imperfectae*. Da das Gesetz die Rechtsfolgen
nicht regelt, müssen diese vertraglich vereinbart werden (dazu s. PVR Rn. 1331,
1344, 1645). Dabei sind die Vorgaben des § 28 VVG zu beachten, die ganz überwiegend halbzwingend sind (§ 32 S. 1 VVG). In Ausnahmefällen kann der Versicherer nach Treu und Glauben (§ 242 BGB) auch ohne besondere Vereinbarung leistungsfrei sein (BGH VersR 1991, 1129, 1130 f.).

▶ Wer ist nach § 30 Abs. 1 VVG zur Anzeige des Versicherungsfalls ver-   **286**
   pflichtet?

Die Anzeigepflicht trifft grundsätzlich den Versicherungsnehmer. Zudem hat nach
§ 30 Abs. 1 S. 2 VVG auch ein Dritter, dem vertraglich oder infolge einer Zession
das Recht auf die Leistung des Versicherers zusteht, den Eintritt des Versicherungsfalls anzuzeigen (s. PVR Rn. 1330 ff.).

▶ Welchen Inhalt muss die Anzeige des Versicherungsnehmers nach § 30   **287**
   Abs. 1 S. 1 VVG haben?

Die bloße Mitteilung, dass sich ein Versicherungsfall ereignet hat, genügt nicht. Die
Anzeige muss vielmehr so gestaltet sein, dass der Versicherer in die Lage versetzt
wird, sich in die Schadensermittlung einzuschalten (s. BGH VersR 1968, 58, 59;
PVR Rn. 1330).

▶ Wann hat die Anzeige zu erfolgen?   **288**

Nach § 30 Abs. 1 S. 1 VVG muss der Versicherungsnehmer, nachdem er vom Eintritt
des Versicherungsfalls Kenntnis erlangt hat, *unverzüglich* die Anzeige vornehmen,
also gem. § 121 Abs. 1 S. 1 BGB ohne schuldhaftes Zögern. Dem Versicherungsnehmer steht eine angemessene Überlegungsfrist zu (s. *Schimikowski* Rn. 219). Da § 30
Abs. 1 S. 1 VVG abdingbar ist, können bestimmte Fristen vereinbart werden. Zudem
sind vorrangige gesetzliche Sonderregeln zu beachten, namentlich die Wochenfristen
des § 104 Abs. 1 S. 1, 2 VVG in der Haftpflichtversicherung. Zur Fristwahrung genügt die rechtzeitige Absendung der Anzeige (s. P/M/*Armbrüster* § 30 Rn. 8; str.). Für
die Anzeigepflicht in der Haftpflichtversicherung ergibt sich dies ausdrücklich aus
§ 104 Abs. 3 S. 1 VVG. Da § 104 VVG die einzige Vorschrift ist, die für die Anzeige
des Versicherungsnehmers Fristen vorsieht, ist ein arg. e contrario nicht möglich.

▶ Kann der Versicherer verlangen, dass die Anzeige auf einem speziellen   **289**
   Formular erfolgen muss?

Grundsätzlich ist die Anzeige nicht formgebunden. Für Versicherungsverträge, die seit dem 01.10.2016 geschlossen worden sind, kann die Anzeige – abweichend von § 32 S. 2 VVG – allerdings in AVB nicht mehr an eine strengere Form als die Textform geknüpft werden (§ 309 Nr. 13 lit. b BGB). Ebenso wenig kann die Benutzung von Formularen des Versicherers verlangt werden.

290 ▶ Ist das Erfordernis der Kenntnis vom Versicherungsfall (§ 30 Abs. 1 S. 1 VVG) abdingbar?

Nein, obwohl § 30 Abs. 1 S. 1 VVG nicht in § 32 VVG erwähnt ist. Fahrlässige Unkenntnis genügt nicht (s. BGH VersR 1967, 56). Eine entsprechende Vereinbarung verstößt außerhalb der Großrisikoversicherung (§ 210 VVG) gegen § 307 Abs. 2 Nr. 1 BGB (s. P/M/*Armbrüster* § 30 Rn. 25; PVR Rn. 1330).

291 ▶ Kann die Empfangszuständigkeit des Versicherungsvertreters für die Anzeige nach § 30 Abs. 1 VVG durch AVB beschränkt werden?

Nein. Nach § 72 VVG sind u. a. Beschränkungen der dem Versicherungsvertreter nach § 69 Abs. 1 Nr. 2 VVG zustehenden Vertretungsmacht unwirksam, wenn sie durch AVB erfolgen (s. auch Fragen 24, 25).

292 ▶ Muss der Versicherer den Versicherungsnehmer gesondert über die Pflicht zur Anzeige des Versicherungsfalls belehren?

Wird als Rechtsfolge für die Verletzung der Anzeigeobliegenheit die Leistungsfreiheit des Versicherers vereinbart, so wird die gesetzliche zur vertraglichen Obliegenheit; sie ist dann an den Anforderungen des § 28 VVG zu messen. Insoweit ist insbesondere § 28 Abs. 4 VVG zu beachten, der speziell für nach Eintritt des Versicherungsfalls zu erfüllende Obliegenheiten eine qualifizierte Hinweispflicht aufstellt. Erforderlich ist demnach eine „gesonderte Mitteilung in Textform". Dafür genügt nach zutreffender, vom BGH geteilter Ansicht eine Belehrung auf dem Schadensanzeigeformular, die drucktechnisch hervorgehoben ist; ein gesondertes Schriftstück ist nicht erforderlich (s. Frage 118; BGH VersR 2013, 297 Rn. 15 ff.; PVR Rn. 1331, 1727). Eine Regelung in den AVB, wonach die Leistungsfreiheit bei Verletzung einer nach Eintritt des Versicherungsfalls bestehenden Auskunfts- oder Aufklärungsobliegenheit voraussetzt, dass der Versicherer den Versicherungsnehmer durch gesonderte Mitteilung auf diese Rechtsfolge hingewiesen hat, wird nicht verlangt (BGH VersR 2018, 532 Rn. 21 ff.).

293 ▶ Wer kann neben dem Versicherungsnehmer nach Eintritt des Versicherungsfalls zur Auskunftserteilung gegenüber dem Versicherer verpflichtet sein?

Steht das Recht auf die vertragliche Leistung des Versicherers einem Dritten zu, so ist auch dieser nach Eintritt des Versicherungsfalls zur Erteilung von Auskünften verpflichtet (§ 31 Abs. 1, 2 VVG).

▶   Welchen Umfang müssen die Auskünfte nach § 31 VVG haben?   **294**

Die Auskunftspflicht nach § 31 VVG ist nur auf *Verlangen* des Versicherers zu erfüllen. Ein solches Verlangen kann aber bereits in den AVB enthalten sein. Der Versicherungsnehmer muss nicht nur vom Versicherer gestellte Fragen wahrheitsgemäß beantworten, sondern darüber hinaus alle Angaben machen, die ersichtlich für
die Leistungspflicht des Versicherers bedeutsam sind (s. BGH VersR 1993, 828,
829). Dazu gehören auch solche Auskünfte, welche der Prüfung von vorvertraglichen Anzeigeobliegenheitsverletzungen dienen (BGH VersR 2017, 469 Rn. 33 ff.;
krit. *Wandt*, VersR 2017, 458, 460 f.).
    Neben der Pflicht zu vollständiger und wahrheitsgemäßer Beantwortung kann
den Versicherungsnehmer auch eine Pflicht zu *eigener Initiative* treffen: Ist ein Umstand offenkundig bedeutsam, so muss er darüber ungefragt Auskunft erteilen. In
solchen Fällen, in denen sich dem Versicherungsnehmer die Mitteilungsbedürftig-
keit auch ohne Auskunftsverlangen aufdrängen muss, besteht eine sog. *spontane
Offenbarungsobliegenheit* (s. BGH VersR 2011, 1549 Rn. 3 f.; PVR Rn. 1339).
    Die Auskunftsobliegenheit findet freilich ihre Grenze im Recht des Versicherungs-
nehmers auf informationelle Selbstbestimmung (BGH VersR 2017, 469 Rn. 45 ff.).

▶   Muss der Versicherer bei fehlerhaften Angaben des Versicherungsneh-   **295**
    mers nachfragen?

Den Versicherer trifft nach Treu und Glauben nur dann eine Rückfrageobliegenheit,
wenn die Angaben des Versicherungsnehmers *offensichtliche Fehler* enthalten.
Fragt er in einem solchen Fall nicht nach, ist davon auszugehen, dass der betreffende Punkt nicht mehr bedeutsam ist (s. BGH VersR 1980, 159, 160; P/M/*Armbrüster* § 31 Rn. 19).

▶   Was versteht man unter dem Erfordernis eines „prüfbereiten" Versiche-   **296**
    rers?

Die Obliegenheit nach § 31 VVG ist nur einem Versicherer gegenüber zu erfüllen,
der die Regulierung des Versicherungsfalls nicht von vornherein ablehnt. Dies ergibt sich unmittelbar aus § 31 Abs. 1 S. 1 VVG, wonach die Auskunftspflicht ein
Verlangen des Versicherers voraussetzt. Fehlt es daran, so verliert der Versicherungsnehmer nicht automatisch seinen Deckungsanspruch, wenn er der Obliegenheit nicht nachkommt (s. BGH VersR 1989, 842; L/R/*Rixecker* § 31 Rn. 3, 20).

▶   Darf der Versicherungsnehmer vorsätzlich falsche Angaben machen,   **297**
    wenn der Versicherer die Deckung endgültig abgelehnt hat?

Dies ist umstritten. Teilweise wird aus der Rechtsprechung des BGH (VersR 1999,
1134, 1136) gefolgert, der Versicherungsnehmer dürfe nach endgültiger Deckungsablehnung durch den Versicherer auch falsche Angaben machen, ohne Sanktionen
befürchten zu müssen (so OLG Hamm VersR 1992, 301). Dafür spricht insbeson-

dere, dass in Fällen, in denen es an einer Obliegenheit zur Auskunft fehlt, nicht an ihrer Stelle eine vertragliche Nebenpflicht angenommen werden kann. Die gesetzlichen und vertraglichen Obliegenheiten regeln abschließend, was der Versicherer an Vertragstreue von dem Versicherungsnehmer erwarten und welche Konsequenzen er aus ihrem Fehlen ziehen kann (s. L/R/*Rixecker* § 31 Rn. 21). Dagegen wird zum Teil vorgebracht, dies gehe über die reine Befreiung von der Aufklärungsobliegenheit weit hinaus und sei daher abzulehnen (s. *Langheid*, r + s 1992, 183). Eine Grenze ist in jedem Fall dann erreicht, wenn der Versicherungsnehmer durch sein Verhalten einen Straftatbestand, insbesondere versuchten Betrug, erfüllt; dann ergeben sich Schadensersatzansprüche des Versicherers aus § 823 Abs. 2 BGB i. V. m. § 263 Abs. 1, 3, 22, 23 Abs. 1 StGB (Versicherungsbetrug als eigenständiger Tatbestand gem. § 265 StGB a. F. existiert heute nicht mehr; die Neufassung dieser Vorschrift betrifft lediglich Vorbereitungshandlungen) sowie aus § 826 BGB.

298 ▶ Wann lebt die Aufklärungsobliegenheit des Versicherungsnehmers nach erfolgter Deckungsablehnung wieder auf?

Dies ist der Fall, wenn der Versicherer dem Versicherungsnehmer deutlich signalisiert, dass er erneut in die Prüfung der Frage eintreten möchte, ob die Voraussetzungen einer Leistungspflicht erfüllt sind (s. L/R/*Rixecker* § 31 Rn. 21).

299 ▶ Kann der Versicherungsnehmer die Leistungsfreiheit des Versicherers durch eine spätere Richtigstellung zunächst falscher Angaben verhindern?

Nach früher allgemeiner Ansicht konnte sich der Versicherer nach Treu und Glauben auf die Leistungsfreiheit jedenfalls dann nicht berufen, wenn der Versicherungsnehmer die falschen Angaben freiwillig und umfassend korrigiert hatte und dem Versicherer bis dahin mangels Kenntnis der Unrichtigkeit noch kein Nachteil entstanden war (s. BGH VersR 2002, 173, 174).

Seit der VVG-Reform steht dem Versicherungsnehmer auch bei vorsätzlicher Obliegenheitsverletzung die Möglichkeit des Kausalitätsgegenbeweises offen (§ 28 Abs. 3 S. 1 VVG). Der Versicherer muss also insoweit leisten, wie der Versicherungsnehmer nachweisen kann, dass die Verletzung der Aufklärungsobliegenheit nicht ursächlich für die Feststellung oder den Umfang der Leistungspflicht des Versicherers war. Ausgenommen sind jedoch Fälle der Arglist (§ 28 Abs. 3 S. 2 VVG).

300 ▶ Steht die anderweitige Kenntniserlangung des Versicherers vom Versicherungsfall einer Aufklärungspflichtverletzung nach § 31 VVG entgegen?

Problematisch ist die Frage, ob der Versicherer sich auch dann auf Leistungsfreiheit wegen Verletzung der Aufklärungsobliegenheit berufen kann, wenn er Kenntnis von der wahren Sachlage hat. Nach Ansicht des BGH soll Leistungsfreiheit dann nicht in Betracht kommen, wenn der Versicherer den vom Versicherungsnehmer verschwiegenen Umstand bereits positiv kennt (s. BGH VersR 2007, 1267 Rn. 13). In diesem Falle fehle das durch § 31 VVG geschützte Aufklärungsbedürfnis des Versicherers. Dagegen spricht indessen ein Vergleich zwischen § 30 Abs. 2 VVG und § 31 Abs. 2 VVG: Während der Gesetzgeber die Kenntnis des Versicherers vom Eintritt des Versicherungsfalls für erheblich erachtet, gibt es keine entsprechende Regelung hinsichtlich der von der Aufklärungsobliegenheit erfassten Informationen. Damit wendet der BGH der Sache nach § 30 Abs. 2 VVG zumindest teilweise analog an, ohne dies dogmatisch zu begründen (s. PVR Rn. 1342).

Dieses Problem stellt sich häufig im Zusammenhang mit einer Kfz-Kaskoversicherung, wenn der Versicherungsnehmer unrichtige Angaben über Vorschäden macht und sich später darauf beruft, er habe auf die Kenntnis des Versicherers vertraut, da dieser die früheren Schadensfälle reguliert und insofern Kenntnis davon habe. Insoweit ist aber zu bedenken, dass der Versicherer nicht dazu verpflichtet ist, alle EDV-Daten auf eventuelle Vorunfälle hin durchzusehen (s. KG VersR 2003, 1119, 1120; LG Köln VersR 2006, 1211). Anders hat allerdings das OLG Brandenburg (VersR 2007, 99, 100) in einem Fall entschieden, in dem der Versicherer tatsächlich die EDV-Daten überprüft und daher Kenntnis von Vorschäden hatte. Es fehlte daher an einer Aufklärungspflichtverletzung.

▶ Trifft den Versicherer auch im Rahmen des § 31 VVG eine Nachfrageobliegenheit?   **301**

Eine Nach- oder Rückfrageobliegenheit des Versicherers wird von einigen OLGs angenommen (s. OLG Hamm VersR 2001, 1419, 1420; OLG Köln VersR 1997, 962). Die Literatur und der BGH bejahen eine Nachfrageobliegenheit nur bei erkennbar lückenhaften, unklaren oder widersprüchlichen Angaben des Versicherungsnehmers (s. BGH VersR 1980, 159, 160; *Schimikowski* Rn. 229) oder in besonders gelagerten Fällen (s. P/M/*Armbrüster* § 31 Rn. 19).

▶ Welche Personen muss der Versicherer belehren (§ 28 Abs. 4 VVG)?   **302**

Neben dem Versicherungsnehmer ist auch der Versicherte zu belehren, den die Auskunftsobliegenheiten treffen (s. dazu Frage 460).

▶ In welchem Verhältnis steht die vorsätzliche Verletzung des der Aufklärungsobliegenheit nach § 31 VVG zur arglistigen Täuschung im Rahmen der Schadensregulierung?   **303**

Da sich in vielen AVB besondere „Verwirkungsklauseln" für den Fall der arglistigen Täuschung im Rahmen der Schadensregulierung finden, handelt es sich nicht um einen Unterfall der Obliegenheitsverletzung nach § 31 VVG, sondern vielmehr um zwei in Idealkonkurrenz stehende Gründe für die Leistungsfreiheit des Versicherers (s. dazu L/R/*Rixecker* § 31 Rn. 25). Solche Klauseln sind mit § 28 Abs. 3 VVG vereinbar, weil dort der Kausalitätsgegenbeweis bei Arglist nicht zugelassen ist.

P. Rettungsobliegenheit (§§ 82, 83 VVG)

304 ▶ Was ist unter einer Rettungsobliegenheit zu verstehen?

Dies ergibt sich aus dem Gesetz: Gem. § 82 Abs. 1 VVG hat der Versicherungsneh-mer bei Eintritt des Versicherungsfalls nach Möglichkeit für die Abwendung und Minderung des Schadens zu sorgen.

305 ▶ Ist der Versicherer verpflichtet, dem Versicherungsnehmer Weisungen zu erteilen?

Zwar muss der Versicherungsnehmer nach § 82 Abs. 2 S. 1 VVG Weisungen des Versicherers einholen. Umgekehrt ist der Versicherer jedoch nicht zur Erteilung von Weisungen verpflichtet (s. P/M/*Voit* § 82 Rn. 22). Bittet der Versicherungsnehmer indes den Versicherer zur Erteilung einer Weisung und teilt ihm zugleich mit, welche Maßnahmen er andernfalls zu ergreifen gedenkt, und lehnt der Versicherer daraufhin die Erteilung einer Weisung ab, so kann der Versicherer nicht im Nach-hinein den Aufwendungsersatzanspruch des Versicherungsnehmers nach § 83 Abs. 1 VVG mangels Erforderlichkeit und Gebotenheit der ergriffenen Maßnahmen zurückweisen (s. OLG Düsseldorf r+s 2001, 379, 380; P/M/*Voit* § 82 Rn. 22).

306 ▶ Muss der Versicherungsnehmer die Weisungen des Versicherers stets be-folgen?

Nach § 82 Abs. 2 S. 1 VVG muss der Versicherungsnehmer Weisungen des Versi-cherers nur befolgen, soweit diese ihm *zumutbar* sind. Dies bedeutet, dass sich der Versicherer bei Erteilung der Weisung nicht über berechtigte Interessen des Versi-cherungsnehmers, die bei Befolgung der Weisung verletzt würden, hinwegsetzen darf (s. L/P/*Schmidt-Kessel* § 82 Rn. 20). Die mittels Weisung angeordnete Maß-nahme darf nicht völlig außer Verhältnis zum konkret drohenden Schaden stehen. Ferner ist der Versicherungsnehmer nicht verpflichtet, Gefährdungen höherrangiger Rechtsgüter, wie insbesondere Leben oder Gesundheit, in Kauf zu nehmen (s. L/R /*Langheid* § 82 Rn. 15). Weicht der Versicherungsnehmer bei der Befolgung der Weisung nur geringfügig von den Vorgaben des Versicherers ab, so ist dies unschäd-lich (s. PVR Rn. 1348 f.).

307 ▶ Was gilt, wenn der Versicherer einander widersprechende oder unklare Weisungen erteilt?

Es stellt sich dann die Frage, ob der Versicherungsnehmer in solchen Fällen befugt ist, nach eigenem Ermessen tätig zu werden und die Weisungen des Versicherers zu ignorieren. Richtigerweise trifft den Versicherungsnehmer eine vertragliche Neben-pflicht, dem Versicherer durch Rückfrage die Präzisierung unklarer Weisungen zu ermöglichen (sog. *Rückfrageobliegenheit*; s. L/P/*Schmidt-Kessel* § 82 Rn. 21).

▶   Gilt dies auch für den Fall, dass mehrere am Versicherungsvertrag betei-   **308**
          ligte Versicherer unterschiedliche Weisungen erteilten, etwa im Falle ei-
          ner Mitversicherung?

Nein. In diesen Fällen ist der Versicherungsnehmer gem. § 82 Abs. 2 S. 2 VVG sofort zum Handeln nach pflichtgemäßem Ermessen berechtigt. Einer gesonderten
Rückfrage bedarf es insoweit nicht.

▶   Welche Rechtsfolgen ziehen grundlose oder schuldhaft fehlerhafte Wei-   **309**
          sungen nach sich?

Erteilt der Versicherer schuldhaft eine fehlerhafte Weisung, so ist er gem. § 280
Abs. 1 BGB zum Ersatz der hieraus resultierenden Schäden verpflichtet (s. BGH
VersR 1984, 1161, 1162; B/M/*Koch* § 82 Rn. 130). Gleiches gilt, wenn der Versicherer eine Weisung erteilt, obwohl es dafür an einer Grundlage fehlt, etwa weil er
in concreto leistungsfrei ist (s. L/P/*Schmidt-Kessel* § 82 Rn. 18). Ist der Versicherer
im Falle einer fehlerhaften Weisung neben der ihn treffenden Schadensersatzpflicht
auch aus dem Versicherungsvertrag zur Leistung verpflichtet, so besteht, wenn die
fehlerhafte Weisung allein zu einer Verletzung des versicherten Interesses geführt
hat, ein Schadensersatzanspruch nur, soweit der eingetretene Schaden die Versicherungsleistung übersteigt (s. BGH VersR 1984, 1161, 1162).

▶   Welche Rechtsfolge sieht § 82 VVG bei einer Verletzung der Rettungsob-   **310**
          liegenheit vor?

Der Versicherer kann leistungsfrei sein. Dabei kommt es (ebenso wie bei §§ 26, 28,
81 VVG) entscheidend auf den *Verschuldensgrad* des Versicherungsnehmers an. Bei
vorsätzlicher Verletzung der Rettungsobliegenheit ist der Versicherer vollständig
leistungsfrei; allerdings trifft ihn dafür auch die Beweislast (§ 82 Abs. 3 S. 1 VVG).
Gesetzlich vermutet wird grob fahrlässiges Verhalten des Versicherungsnehmers
(§ 82 Abs. 3 S. 2 Halbs. 2 VVG). Der Versicherer ist dann wie bei §§ 26, 28, 81 VVG
berechtigt, seine Leistung entsprechend der Schwere des Verschuldens des Versicherungsnehmers zu kürzen (*Quotelungsmodell*; s. dazu Fragen 371, 450). Kann der
Versicherungsnehmer nachweisen, dass keine grobe Fahrlässigkeit vorliegt, so muss
der Versicherer vollständig leisten. Zudem steht es dem Versicherungsnehmer offen,
bei Vorsatz und grober Fahrlässigkeit den Kausalitätsgegenbeweis zu führen (§ 82
Abs. 4 S. 1 VVG). In diesem Fall bekommt er nur den durch seine kausal gewordene
Rettungsobliegenheitsverletzung hervorgerufenen Mehrschaden nicht ersetzt („soweit"). Diese Möglichkeit steht ihm allerdings im Falle arglistiger Verletzung der
Rettungsobliegenheit nicht offen (§ 82 Abs. 4 S. 2 VVG). Dabei verlangt der Begriff
„Arglist" nach der Systematik des Gesetzes mehr als bloßen Vorsatz. Erforderlich ist
eine Schädigungsabsicht oder ein betrügerisches Verhalten (s. RegBegr. S. 49).

▶   Was verstand man nach altem Recht unter der Vorerstreckungstheorie in   **311**
          der Sachversicherung?

Nach dem Wortlaut des § 62 Abs. 1 VVG a. F. war die Obliegenheit „*bei*" *Eintritt des Versicherungsfalls* zu erfüllen. Für die Sachversicherung ging die überwiegende Meinung davon aus, dass die Rettungsobliegenheit bereits beginnt, wenn der Versicherungsfall unmittelbar bevorsteht (sog. *Vorerstreckungstheorie*; s. BGHZ 113, 359, 360 f. = VersR 1991, 459, 460). § 62 Abs. 1 VVG a. F. sprach nicht nur von einer „Pflicht" zur Schadensminderung, sondern auch zur *Schadensabwendung*. Die Vorerstreckungstheorie bezweckte es, dem Versicherungsnehmer den Aufwendungsersatzanspruch zugute kommen zu lassen; freilich lag die Kehrseite der überwiegenden Ansicht darin, dass damit zwingend auch die Rettungsobliegenheit bereits zu dem vorgezogenen Zeitpunkt begann. Eine Mindermeinung bezog die Vorerstreckung hingegen allein auf die Pflicht zum Ersatz der vom Versicherungsnehmer unmittelbar vor Eintritt des Versicherungsfalls zwecks Schadensabwehr getätigten Aufwendungen, nicht auch auf die Rettungsobliegenheit selbst (s. *Knappmann*, VersR 2002, 129, 130).

312 ▶   Ist an der Vorerstreckungstheorie weiterhin festzuhalten?

In der Sachversicherung hat der Versicherungsnehmer gem. §§ 90, 83 Abs. 1 S. 1 VVG einen Anspruch auf Ersatz derjenigen Aufwendungen, die er tätigt, um einen unmittelbar bevorstehenden Versicherungsfall abzuwenden. Angesichts dieser ausdrücklichen Regelung eines *erweiterten Aufwendungsersatzanspruchs* in der Sachversicherung dürfte die Vorerstreckungstheorie im Rahmen der §§ 82, 83 VVG nicht mehr anwendbar sein (s. PVR Rn. 1356). Denn der Gesetzgeber hat ausschließlich eine Vorerstreckung des Aufwendungsersatzanspruchs, nicht auch diejenige der Rettungsobliegenheit, vorgesehen und sich somit im Ergebnis für die bereits zum alten Recht vertretene Mindermeinung entschieden. Unmittelbar vor Eintritt des Versicherungsfalls trifft den Versicherungsnehmer daher keine Rettungsobliegenheit nach § 82 Abs. 1 VVG; gleichwohl kann er zur Abwendung des Versicherungsfalls getätigte Aufwendungen vom Versicherer erstattet verlangen (s. L/R/*Langheid* § 82 Rn. 6). Bleibt er untätig, so braucht er die Sanktionen des § 82 Abs. 3 VVG nicht zu fürchten.

313 ▶   Wie verhält es sich in der Haftpflichtversicherung? Findet hier eine Vorerstreckung der Rettungsobliegenheiten statt?

Der BGH hatte diese Frage ursprünglich verneint (VersR 1965, 325), später jedoch ausdrücklich offen gelassen (VersR 1991, 459, 460). Gegen eine Vorerstreckung spricht insbesondere ein Wertungswiderspruch zwischen § 103 und § 82 Abs. 3 VVG. Während § 103 VVG im Gegensatz zu § 81 VVG nur dann Leistungsfreiheit anordnet, wenn der Versicherungsnehmer den Versicherungsfall vorsätzlich herbeigeführt hat, könnte der Versicherer – nähme man eine Vorerstreckung der Rettungsobliegenheiten nach § 82 Abs. 1 und 2 VVG an – im Rahmen des § 82 Abs. 3 VVG bereits dann anteilig zur Leistungskürzung berechtigt sein, wenn der Versicherungsnehmer hinsichtlich der Abwendung des Versicherungsfalls grob fahrlässig gehandelt hat. Dies führte zu einer allgemeinen Pflicht, den Eintritt des Versicherungsfalls zu verhüten. Eine solche Schadensvermeidungspflicht besteht indes nach einhelliger und zutreffender Auffassung gerade nicht (s. Frage 273). Durch die Einführung des § 90 VVG ist aber auch diese Frage abschließend entschieden; es findet in der Haftpflichtversicherung weder eine Vorerstreckung der Rettungsobliegenheit noch der Kostenersatzpflicht statt (s. PVR Rn. 1883).

▶ Ist § 90 VVG auch außerhalb der Sachversicherung auf andere Sparten   **314**
   der Schadensversicherung entsprechend anwendbar?

Die analoge Anwendbarkeit von § 90 VVG in anderen Sparten der Schadensversicherung würde eine planwidrige Regelungslücke und eine vergleichbare Interessenlage voraussetzen. Jedoch hat der Gesetzgeber in der Regierungsbegründung (s. RegBegr. S. 83) ausdrücklich klargestellt, dass eine Vorerstreckung des Aufwendungsersatzanspruchs ausschließlich in der Sachversicherung gewährt werden sollte. Somit besteht schon im Ausgangspunkt keine dem Regelungsplan des Gesetzgebers widersprechende Gesetzeslücke, die eine analoge Anwendung des § 90 VVG auf sonstige Schadensversicherungen rechtfertigen könnte. Freilich steht es den Parteien frei, einen entsprechenden Aufwendungsersatzanspruch vertraglich zu vereinbaren (s. PVR Rn. 1353).

▶ Wie und unter welchen Voraussetzungen wird die Erfüllung der Ret-   **315**
   tungsobliegenheit honoriert?

Hat der Versicherungsnehmer die Rettungsobliegenheit erfüllt, so kann er nach § 83 VVG vom Versicherer die angefallenen Aufwendungen ersetzt verlangen, wenn diese objektiv geboten waren oder der Versicherungsnehmer sie ex ante für geboten halten durfte. Ob die Rettungshandlungen aus ex post-Sicht erfolgreich waren, ist unerheblich (s. PVR Rn. 1350).

Eine Schadensabwendung, die sich als bloße Reflexwirkung der Handlung des Versicherungsnehmers darstellt, genügt für die Erfüllung der Rettungsobliegenheit nicht (s. BGH VersR 1994, 1181, 1182; L/R/*Langheid* § 83 Rn. 6; a. A. B/M/*Koch* § 83 Rn. 37). Die Rettungshandlung soll als bloßer Reflex anzusehen sein, wenn die der Rettungshandlung zugrunde liegende Motivation des Versicherungsnehmers nach der Verkehrsanschauung nicht oder nur ganz untergeordnet auf die Vermeidung des Schadenseintritts gerichtet ist (s. OLG Koblenz VersR 2007, 831 f.). Hingegen ist es nicht erforderlich, dass der Versicherungsnehmer subjektiv mit Rettungswillen handelt (s. BGH VersR 1997, 351). Die Unterscheidung zwischen bloßer Reflexwirkung der Rettungshandlung mangels subjektiver Motivation zur Schadensvermeidung auf der einen Seite (dann kein Aufwendungsersatzanspruch) und lediglich fehlendem subjektiven Rettungswillen auf der anderen Seite (dann Aufwendungsersatzanspruch) erscheint jedoch gekünstelt. Richtigerweise kommt es auf die subjektive Motivation des Versicherungsnehmers nicht an. So ist es beispielsweise unschädlich, wenn ein vollkaskoversicherter Versicherungsnehmer auf der Landstraße einem ausgewachsenen Wildschwein nur deshalb ausweicht, um sein eigenes Leben zu retten (so auch B/M/*Koch* § 83 Rn. 37 ff.). Allenfalls kann die bloße

Reflexwirkung einer Handlung auf der Rechtsfolgenseite eine Aufteilung der Kosten analog §§ 683, 670 BGB zwischen Versicherungsnehmer und Versicherer bewirken (s. L/P/*Schmidt-Kessel* § 83 Rn. 7).

316 ▶ Wie ist der Begriff der „Aufwendungen" in § 83 Abs. 1 VVG zu verstehen?

Der Aufwendungsbegriff in § 83 Abs. 1 VVG ist entsprechend den im Auftragsrecht (§§ 662, 670 BGB) geltenden Grundsätzen weit auszulegen. Er erfasst grundsätzlich sämtliche – also sowohl freiwillige als auch unfreiwillige – Vermögensopfer, die adäquat kausal auf die Rettungsbemühungen des Versicherungsnehmers zurückführbar sind (s. PVR Rn. 1350; P/M/*Voit* § 83 Rn. 11). Gehört die Tätigkeit zum Beruf oder Gewerbe des Versicherungsnehmers, so kann analog § 1835 Abs. 3 BGB auch Ersatz für den Einsatz eigener Arbeitskraft nach den jeweiligen Stundensätzen verlangt werden. Zudem sind bei Dritten entstehende Rettungskosten erfasst (s. L/P/*Schmidt-Kessel* § 83 Rn. 8).

317 ▶ Wann sind Aufwendungen i. S. von § 83 VVG objektiv geboten?

Die nach § 83 VVG zu ersetzenden Aufwendungen müssen grundsätzlich objektiv geeignet sein, den Schaden abzuwenden oder zu mildern. Objektiv zur Rettung geboten sind dabei nur Aufwendungen, die wirtschaftlich in einem vernünftigen Verhältnis zum bezweckten Erfolg stehen (s. PVR Rn. 1356). Daran fehlt es, wenn unverhältnismäßig hohe Kosten verursacht werden. Die Rettungskosten dürfen nicht höher sein als der ohne die Rettungshandlung drohende Schaden (s. BGH VersR 1997, 351).

318 ▶ Kann der Versicherungsnehmer Ersatz beanspruchen, wenn er sich über die Erforderlichkeit einer objektiv nicht gebotenen Aufwendung geirrt hat?

Bei objektiv nicht gebotenen Rettungsmaßnahmen kommt ein Ersatz in Betracht, wenn der Versicherungsnehmer die Aufwendungen für geboten halten durfte (§ 83 Abs. 1 S. 1 VVG). Nach überwiegender Ansicht schadet dem Versicherungsnehmer bei einem Irrtum über die Gebotenheit nur grobe Fahrlässigkeit. Nur bei einem grob fahrlässigen Irrtum ist demnach der Rettungskostenersatz ausgeschlossen, und dies auch nur quotal; L/R/*Langheid* § 83 Rn. 9; letzteres offen lassend OLG Koblenz VersR 2012, 54, 55). Nach anderer Ansicht ist § 670 BGB als Maßstab für die Gebotenheit heranzuziehen. Demnach kommt es darauf an, ob ein verständiger Versicherungsnehmer unter Berücksichtigung aller Umstände der konkreten Situation die mit der Rettungshandlung verbundenen Gefahren auf sich nehmen durfte (s. OLG Hamm VersR 1999, 46, 47; *Schulz*, VersR 1994, 1275, 1277).

319 ▶ Welche Auswirkung hat das Leistungskürzungsrecht des Versicherers nach § 82 Abs. 3 S. 2 VVG (bei grober Fahrlässigkeit) auf den Aufwendungsersatzanspruch des Versicherungsnehmers?

Nach § 83 Abs. 2 VVG kann der Versicherungsnehmer Ersatz seiner Aufwendungen nur insoweit verlangen, wie er bei Schadenseintritt auch Leistungen aus dem

Versicherungsvertrag in Anspruch nehmen kann. Der Anspruch auf Aufwendungsersatz wird also um den gleichen Anteil gekürzt wie der Anspruch auf die Versicherungsleistung.

▶   Bis zu welcher Höhe leistet der Versicherer Rettungskostenersatz?   320

Der Ersatz der Rettungskosten darf zusammen mit der Entschädigung für den
Hauptschaden grundsätzlich die Versicherungssumme nicht übersteigen. Die AVB
können jedoch einen höheren Ersatz vorsehen. Außerdem kommt es nach § 83
Abs. 3 VVG auf die Höchstgrenze nicht an, wenn die Aufwendungen des Versicherungsnehmers aufgrund von Weisungen des Versicherers erfolgt sind.

▶   Was setzt der erweiterte Aufwendungsersatzanspruch in der Sachversi-   321
     cherung voraus?

Nach § 90 VVG kann der Versicherungsnehmer Ersatz von Aufwendungen verlangen, wenn objektiv ein Versicherungsfall unmittelbar bevorsteht und dieser nach
dem Willen des Versicherungsnehmers durch die Aufwendungen abgewendet oder
in seinen Auswirkungen gemindert werden soll. Nicht erforderlich ist, dass die Aufwendungen erfolgreich sind (s. RegBegr. S. 83). Hinsichtlich der Frage, wann der
Versicherungsfall unmittelbar bevorsteht, kann auf die zum alten Recht entwickelten Grundsätze der *Vorerstreckungstheorie* (s. dazu Frage 311) zurückgegriffen
werden.

▶   Kann § 83 VVG wirksam abbedungen werden?   322

Nach § 87 VVG kann von § 83 VVG nicht zum Nachteil des Versicherungsnehmers
abgewichen werden. § 90 VVG ist dagegen nicht halbzwingend. Abweichende Vereinbarungen zum Nachteil des Versicherungsnehmers sind zulässig, da ihn keine
entsprechende Rettungsobliegenheit trifft (s. PVR Rn. 1352).

Q. Versichertes Interesse

▶   Was versteht man unter den Begriffen „versichertes Interesse" und „ver-   323
     sicherbares Interesse"?

Unter „*versichertem Interesse*" versteht man in der Schadensversicherung die
Rechtsbeziehung einer Person zu einem Vermögensgut, dessen Beeinträchtigung
dem Versicherungsnehmer einen wirtschaftlichen Nachteil bringt. Zwecks Vermeidung dieser Beeinträchtigung vereinbart er Versicherungsschutz (s. PVR Rn. 1364).
Welche vermögenswerten Interessen in concreto durch den Versicherungsvertrag
geschützt sein sollen, ist durch *Auslegung* des Vertrages zu ermitteln. Es steht den
Parteien frei, in ein und demselben Vertrag mehrere Interessen im Wege der kombinierten Eigen- und Fremdversicherung zu versichern.

Eine Frage der „*Versicherbarkeit*" ist dagegen, ob das Interesse überhaupt Gegenstand einer Versicherung sein kann. Versicherbar sind alle wirtschaftlichen Interessen, die als ernsthaft schützenswert angesehen werden können (s. PVR Rn. 488 ff.). Wirtschaftliche Interessen, deren Verfolgung gegen die §§ 134, 138 BGB verstößt, sind damit nicht versicherbar (instruktiv in anderem Kontext etwa BGH NJW 1972, 1575 ff.: Transportversicherung für exportverbotswidrig verschiffte nigerianische Masken).

324 ▶ Erläutern Sie den Begriff des Interesseerfordernisses in der Schadensversicherung. Warum gilt dieses Prinzip und wo kann es im Gesetz festgemacht werden?

Der Gesetzgeber verwendet den Begriff des versicherten Interesses an unterschiedlichen Stellen im Schadensversicherungsrecht. Er setzt damit ein bestehendes vermögenswertes Interesse implizit voraus. Am deutlichsten kommt das Interesseerfordernis in §§ 80, 76 S. 2 VVG zum Ausdruck. Es steht jedenfalls grundsätzlich nicht zur Disposition der Vertragsparteien (vgl. §§ 74 Abs. 1, 75, 76 S. 2 VVG, zu den Einzelheiten und den Grenzen privatautonomer Vertragsgestaltung s. *Armbrüster*, FS J. Prölss, 2009, S. 1, 8 ff.).

Grund für die Geltung des Interesseerfordernisses ist zum einen der mit der Schadensversicherung verfolgte Zweck konkreter Bedarfsdeckung. Sofern ein wirtschaftliches Interesse nicht besteht, hat der Versicherungsnehmer nämlich auch keinen Vermögensnachteil zu befürchten. Im Fall der Überversicherung (§ 74 Abs. 1 VVG) übersteigt die vereinbarte Versicherungssumme den Wert des versicherten Interesses erheblich. Ein Kompensationsbedarf des Versicherungsnehmers in Höhe der Versicherungssumme besteht daher selbst bei Eintritt des größtmöglichen Schadens nicht. Zum anderen ermöglicht das Interesseerfordernis eine Abgrenzung des Versicherungsvertrages von anderen Verträgen mit zufallsabhängigen Leistungspflichten (s. Frage 326). Schließlich wird dadurch das subjektive Risiko auf Seiten des Versicherungsnehmers minimiert (s. zum Ganzen PVR Rn. 484 f.).

325 ▶ Gilt das Interesseerfordernis auch in der Summenversicherung?

Nein. In der Summenversicherung gilt der Grundsatz der *abstrakten Bedarfsdeckung*. Der Versicherer zahlt bei Eintritt des Versicherungsfalls die vereinbarte Summe an den Versicherungsnehmer unabhängig davon, ob diesem durch das Schadensereignis überhaupt ein Vermögensnachteil in Höhe der vereinbarten Versicherungssumme entstanden ist (zur Abgrenzung von Summen- und Schadensversicherung s. PVR Rn. 465 ff., 480 ff.; MünchKommVVG/*Kalis* § 194 Rn. 9 ff.; zur Krankentagegeldversicherung s. BGH VersR 2001, 1100, 1101).

326 ▶ Von welcher Gruppe von Vertragsverhältnissen ist der Versicherungsvertrag mit Blick auf das Interesseerfordernis abzugrenzen? Wofür ist dies von Bedeutung?

Versicherungsverträge sind von sog. aleatorischen Verträgen, wie etwa Spiel und Wette (§ 762 BGB), abzugrenzen. Grund hierfür ist, dass der Gesetzgeber aleatorischen

Verträge aufgrund ihrer Gefährlichkeit unabhängig von den mit ihnen verfolgten Zwecken grundsätzlich skeptisch gegenüber steht und sie daher im BGB als sog. unvollkommene Verbindlichkeiten ausgestaltet hat. Folge davon ist, dass Leistungsansprüche der Vertragspartner aus der Abrede nicht begründet werden, umgekehrt das zwecks Erfüllung bereits Geleistete aber nicht gem. § 812 Abs. 1 S. 1 Fall 1 BGB zurückgefordert werden kann (s. dazu MünchKommBGB/*Habersack* § 762 Rn. 4 ff.). Demgegenüber dient der Versicherungsvertrag der Absicherung eines tatsächlich bestehenden Risikos, wenngleich dessen künftige Verwirklichung ungewiss ist, d. h. vom Zufall abhängt. Der Versicherungsvertrag zielt damit – anders als Spiel und Wette – nicht darauf ab, ein vor Vertragsschluss nicht vorhandenes Risiko zu schaffen, sondern ein bereits bestehendes Risiko abzusichern (s. L/P/*Looschelders* Vorbem A Rn. 21). Hiermit gehen gesellschaftlich erwünschte einzel- und gesamtwirtschaftliche Schadenskompensations- und Umverteilungseffekte einher. Daher kann kein Zweifel an der klageweisen Durchsetzbarkeit von Leistungsansprüchen aus Versicherungsverträgen bestehen (s. PVR Rn. 1359). Von Bedeutung ist die Abgrenzung auch mit Blick auf die Anwendbarkeit des VVG und des VAG (zu letzterem s. Kap. „Versicherungsaufsichtsrecht").

▶ Welche allgemeinen Grenzen bestehen für die Versicherbarkeit von Vermögensinteressen?   327

Grundsätzlich können die Parteien das durch den Versicherungsvertrag abzusichernde Interesse frei festlegen. Die Privatautonomie ermöglicht es ihnen auch, mehrere ungleichartige Vermögensinteressen in ein und demselben Vertrag abzudecken (s. BGH VersR 2001, 94, 95 f.: Versicherbarkeit von Haftpflichtinteressen in der Sachversicherung; anders noch BGHZ 43, 295, 297). Dieser Grundsatz erfährt jedoch in mehrfacher Hinsicht Einschränkungen. So wird die Versicherbarkeit von Vermögensinteressen teils durch *rechtliche* Vorgaben (insbesondere: §§ 134, 138 BGB; vgl. BGH NJW 1972, 1575 ff.), teils durch *ordnungspolitische* Gesellschaftsvorstellungen beschränkt (Beispiel: Unversicherbarkeit des „Unternehmerrisikos"; s. Frage 328). Faktische Grenzen der Versicherbarkeit können sich ferner aus *versicherungsmathematischen* und *allgemeinen wirtschaftlichen* Erwägungen ergeben (s. zum Ganzen PVR Rn. 448 ff.; insbesondere zu den versicherungstechnischen Aspekten s. *Teschabai-Oglu*, Die Versicherbarkeit von Emerging Risks, 2012, S. 45 ff.).

▶ Wie wird das jeweils durch den Versicherungsvertrag versicherte Interesse bestimmt? Nennen Sie weitere Beispiele für versicherbare und nicht versicherbare Interessen.   328

Versicherbar sind z. B. das Interesse des Eigentümers an der Erhaltung einer Sache (*Sachsubstanz- oder Sacherhaltungsinteresse*), das Kreditsicherungsinteresse eines Darlehensgebers (*Sicherungsinteresse*), das *Gewinninteresse* bei der Veräußerung eines Gegenstandes und das *Nutzungsinteresse* des Mieters. Auch künftige Interessen können versichert werden, wobei hier der Versicherungsschutz materiell erst im Augenblick der Entstehung des Interesses einsetzt. In der Sachversicherung versicherbar ist auch das Sachersatzinteresse des potenziell gegenüber dem Eigentümer haftpflichtigen Sachnutzers; dabei handelt es sich um ein Haftpflichtinteresse (s. dazu Fragen 332 ff.).

Nicht versicherbar sind hingegen *immaterielle Interessen*. Für sie kann schon kein wirtschaftlicher Wert festgestellt werden, und eine Summenversicherung ist nur in der Personenversicherung möglich. Schwieriger ist die Frage der Versicherbarkeit von gem. § 253 Abs. 2 BGB ersatzfähigen *immateriellen Schäden* zu beurteilen (s. PVR Rn. 496). Da jene Norm nach neuerer Sichtweise (s. MünchKommBGB/*Oetker* § 253 Rn. 10 ff.) vornehmlich Kompensationszwecke verfolgt und jedenfalls nicht primär und ausschließlich auf Genugtuung des Geschädigten abzielt, wird man die Versicherbarkeit von Schäden nach § 253 Abs. 2 BGB zu bejahen haben. Nicht versicherbar ist hingegen das *unternehmerische Risiko*. Zum einen ist der Ertrag eines Unternehmens kaum kalkulierbar (versicherungsmathematische Grenze); zum anderen soll eine Versicherung nicht als Gewinngarantie fungieren, die den Anreiz zur Unternehmerleistung mindert (ordnungspolitische Grenze).

329 ▶ Was versteht man unter dem Begriff der Allgefahrendeckung? Inwieweit ist dies für die sog. HEROS-Entscheidungen des BGH von Bedeutung?

Gewährt der Versicherer eine *Allgefahrendeckung*, so soll damit in der Regel das nach dem Vertrag versicherte Interesse gegen alle denkbaren Gefahrursachen abgesichert werden. Der BGH legt in seiner HEROS-Rechtsprechung (VersR 2011, 918 und 1563; VersR 2013, 1042) die Allgefahrendeckung allerdings restriktiv aus. Dabei ging es um eine Werttransportversicherung, bei der Versicherungsschutz *„für jegliche Verluste und/oder Schäden, gleichviel aus welcher Ursache einschließlich Veruntreuung und/oder Unterschlagung durch den Versicherungsnehmer"* bestehen sollte. Trotz dieser weiten Formulierung, wie sie typisch für die Allgefahrendeckung ist, versagte der BGH (VersR 2011, 918 Rn. 20 ff.) den Deckungsschutz für Bargeldverluste von Einzelhändlern aufgrund einer planmäßigen Unterschlagung durch die Geschäftsleitung des Transporteurs. Ein Vergleich mit den vereinbarten Risikoausschlüssen belege, dass der Versicherer nur Deckung für solche Schäden habe gewähren wollen, die auf einem „stofflichen Zugriff" auf das zu transportierende Bargeld beruhten (zur Kritik s. *Armbrüster*, VersR 2011, 1081, 1086 f.). Diese Rechtsprechung zeigt, wie bedeutsam die Auslegung des Versicherungsvertrages für die Bestimmung des versicherten Interesses und der versicherten Gefahr ist.

330 ▶ Worauf ist das versicherte Interesse in der Aktivenversicherung gerichtet?

In einer Aktivenversicherung ist das Versicherungsinteresse auf die Erhaltung des Wertes bestimmter Sachen und Forderungen gerichtet, einschließlich einer möglichen Gewinnerzielung (vgl. § 77 Abs. 2 VVG). Versicherte Interessen sind z. B. Eigentum, Besitz oder Nießbrauch. Bei der Sachversicherung geht es um das Substanzerhaltungs- und Schadensfreiheitsinteresse (z. B. Feuerversicherung; s. PVR Rn. 474 f.). Bei der Versicherung einer Forderung ist das Interesse auf die Erfüllung der Forderung gerichtet (z. B. Kreditausfallversicherung).

▶ Welche Interessen werden von Passivenversicherungen geschützt? **331**

In der Passivenversicherung ist das Interesse darauf gerichtet, das Vermögen des Versicherungsnehmers vor Belastungen zu schützen, also Vermögenseinbußen abzuwehren (z. B. Haftpflichtversicherung, Rechtsschutzversicherung).

▶ Nennen Sie Beispiele für gleichartige und ungleichartige Interessen ver- **332** schiedener Personen an ein und demselben Gegenstand!

Gleichartige Interessen bestehen dann, wenn die Sache mehreren Personen auf die gleiche Weise zugeordnet ist, wie dies etwa bei Miteigentum der Fall ist. Um ungleichartige Interessen geht es hingegen dann, wenn zwar alle Personen ein Interesse an der Erhaltung der Sache haben, weil sich eine Beschädigung oder Zerstörung für sie wirtschaftlich auswirken kann, Letzteres aber auf unterschiedlichen Gründen beruht, so z. B. bei Eigentümer und Anwartschaftsberechtigtem oder Sicherungsgeber und Sicherungsnehmer. Ebenfalls hierunter fällt das Sachersatzinteresse des rechtmäßigen (Fremd-)Besitzers (Sachnutzer, z. B. Mieter), der potenziell gegenüber dem Eigentümer haftpflichtig ist.

▶ Wie lässt sich bei ungleichartigen Interessen mehrerer Personen feststel- **333** len, wessen Interesse konkret versichert sein soll? Welche Drittinteressen sind typischerweise, welche in aller Regel nicht mitversichert?

Soll ein Versicherungsvertrag mehrere ungleichartige Interessen abdecken, liegt eine sog. *kombinierte Eigen- und Fremdversicherung* vor. Im Bereich der Sachversicherung können zwei grundlegende Konstellationen unterschieden werden: Zum einen ist es möglich, dass der Versicherungsnehmer eine Versicherung für eigene Sachen nimmt. Zum anderen steht es ihm auch frei, nicht in seinem Eigentum stehende Sachen gegen künftige Schäden zu versichern (vgl. VersRHdb/*Armbrüster* § 6 Rn. 123 ff.).

Ob und in welcher Weise in den beschriebenen Fällen ungleichartige Drittinteressen (Nutzungs-, Sicherungs-, Sachersatzinteresse) mitversichert sind, ist eine Frage der *Vertragsauslegung*, sofern sich keine ausdrücklichen Vereinbarungen im Vertragstext oder in den AVB finden (wie etwa in A.1.2. AKB 2008). Die Rechtsprechung tendiert dazu, in denjenigen Fällen, in denen der Versicherungsnehmer nicht Eigentümer der versicherten Sache ist, zumindest ohne Weiteres das Sacherhaltungsinteresse des Eigentümers als mitversichert anzusehen (vgl. zur vom Leasingnehmer genommenen Kaskoversicherung BGH VersR 1989, 950, 951; OLG München NJW 2013, 3728, 3729; P/M/*Klimke* § 43 Rn. 14). So liegt der Fall etwa dann, wenn der Gewerberaummieter mietvertraglich zum Abschluss einer Gebäudeversicherung verpflichtet wird. Träger des Sacherhaltungsinteresses ist in diesem Fall allein der Vermieter (Versicherter), sofern er Gebäudeeigentümer ist. Regelmäßig mitversichert ist in diesen Fällen das Sachersatzinteresse des Mieters (Versicherungsnehmer).

Schwieriger liegen die Dinge, wenn der Versicherungsnehmer selbst Eigentümer der versicherten Sache ist, Dritte diese jedoch vergleichbar einem Eigentümer tatsächlich nutzen. Es stellt sich dann die Frage, *ob, und wenn ja, auf welche Weise* das Sachersatzinteresse jener potenziell dem Eigentümer für Beschädigungen der Sache haftpflichtigen Personen in den Vertrag mit einbezogen ist (s. noch Frage 334).

Vorbehaltlich ausdrücklicher Vereinbarungen in den AVB ist das Gebrauchs- oder Nutzungsinteresse des Sachnutzers regelmäßig nicht mitversichert. Zu weiteren Einzelheiten und Problemfällen s. P/M/*Klimke* § 43 Rn. 14; PVR Rn. 1403 ff.).

334 ▶ Auf welche beiden Arten kann das Sachersatzinteresse potenziell haftpflichtiger Schädiger sowohl im Falle der Versicherung eigener wie auch fremder Sachen in den Versicherungsvertrag einbezogen werden? Wofür ist die Art der Einbeziehung von Belang und welche rechtlichen Folgen hat sie?

Möglich ist zum einen die Einbeziehung fremder Interessen im Wege einer Versicherung für fremde Rechnung (§§ 43 ff. VVG). Möglich ist aber auch ein dem Schädiger zugutekommender konkludenter Regressverzicht des Versicherers für leicht fahrlässig verursachte Schäden. Die Frage ist insbesondere für den Anspruchsübergang nach § 86 Abs. 1 VVG bedeutsam. Nach jener Vorschrift geht ein dem Versicherungsnehmer gegen Dritte zustehender Ersatzanspruch insoweit auf den Versicherer über, wie dieser den Schaden tatsächlich ersetzt hat. Ist das Sachersatzinteresse im Wege der Versicherung für fremde Rechnung mit in den Versicherungsvertrag einbezogen, so ist der für den Schaden verantwortliche Sachnutzer Versicherter und damit nicht Dritter i. S. von § 86 Abs. 1 VVG. Es besteht schon kein übergangsfähiger Anspruch. Anders ist die Lage im Falle des Regressverzichts: Hier besteht ein auf den Versicherer übergehender Anspruch, der in Fällen leichter Fahrlässigkeit aufgrund des Regressverzichts nicht durchgesetzt werden kann.

Die Unterscheidung kommt immer dann zum Tragen, wenn der Geschädigte nicht den Versicherer, sondern den schädigenden Sachnutzer selbst in Anspruch nehmen will, etwa weil er eine Kündigung des Versicherungsvertrages nach § 92 Abs. 1 VVG oder eine Prämienerhöhung vermeiden möchte. In diesem Fall hätte die Einbeziehung des Sachersatzinteresses im Wege der Fremdversicherung zur Folge, dass dem Schädiger seinerseits ein eigenständiger Anspruch auf die Versicherungsleistung zustünde (§ 44 Abs. 1 VVG). Aktivlegitimiert ist nach § 45 Abs. 1 VVG insoweit zwar allein der geschädigte Versicherungsnehmer selbst. Dieser wäre jedoch aufgrund des zwischen ihm und dem Versicherten bestehenden gesetzlichen Treuhandverhältnisses (s. Frage 190) entweder zur eigenständigen Durchsetzung des Anspruchs gegenüber dem Versicherer und zur anschließenden Herausgabe der Versicherungsleistung verpflichtet. Alternativ dazu müsste er dem Versicherungsnehmer seine Zustimmung zur Geltendmachung nach § 44 Abs. 2 VVG erteilen oder ihm den Versicherungsschein aushändigen, so dass der Versicherte in die Lage versetzt wird, seine Ansprüche eigenständig gerichtlich durchzusetzen (s. BGH VersR 2011, 1435 Rn. 12; PVR Rn. 1773; L/R/*Rixecker* § 46 Rn. 4). Steht demgegenüber allein ein Regressverzicht in Rede, so kann der schädigende Sachnutzer mangels eines eigenen Anspruchs im Falle der Inanspruchnahme durch den geschädigten Versicherungsnehmer nicht aus eigenem Recht gegen den Versicherer vorgehen. Negative Folgen für die Konditionen und den Fortbestand des Versicherungsvertrages oder für eine Beitragsrückvergütung, die mit einer Inanspruchnahme des Versicherers möglicherweise verbunden sind, können dann vermieden werden.

▶ Erklären Sie die Systematik des § 80 VVG! **335**

§ 80 VVG regelt die Fälle, in denen der Versicherungsfall nicht (mehr) eintreten kann, weil das versicherte Interesse aus tatsächlichen Gründen nicht (mehr) besteht. Dabei unterscheidet die Vorschrift zwischen *anfänglichem Interessemangel* (Abs. 1) und *späterem Interessewegfall* (Abs. 2). Fehlt das versicherte Interesse bereits im Zeitpunkt des technischen Versicherungsbeginns oder gelangt es bei einer Versicherung künftigen Interesses nicht zur Entstehung, so ist der Versicherungsnehmer von der Prämieneinzahlungspflicht frei; er muss dem Versicherer aber eine angemessene Geschäftsgebühr zahlen.

Fällt das versicherte Interesse dagegen erst nach dem technischen Versicherungsbeginn weg, so gebührt dem Versicherer die Prämie, die er hätte beanspruchen können, wenn die Versicherung nur bis zu dem Zeitpunkt beantragt worden wäre, zu dem der Versicherer vom Wegfall des Interesses Kenntnis erlangt hat. Dies gilt auch dann, wenn der Interessewegfall auf dem Eintritt des Versicherungsfalls beruht, z. B. indem das kaskoversicherte Kfz zerstört wird (s. RegBegr. S. 79; PVR Rn. 1377). Abs. 3 regelt die betrügerische Versicherung eines anfänglich nicht bestehenden Interesses. In derartiger Absicht geschlossene Versicherungsverträge sind aus präventiven Gründen nichtig. Dem Versicherer steht die Prämie bis zu dem Zeitpunkt zu, in dem er von den die Nichtigkeit begründenden Umständen Kenntnis erlangt hat. Dies ist dann der Fall, wenn ihm anfänglicher Interessemangel und betrügerische Absicht des Versicherungsnehmers positiv bekannt sind.

▶ Nennen Sie Voraussetzungen und Folgen eines nachträglichen Interessewegfalls nach § 80 Abs. 2 VVG! **336**

Voraussetzung ist ein dauerhafter Wegfall. Er liegt etwa dann vor, wenn die versicherte Sache unaufklärbar abhanden gekommen ist (L/P/*von Koppenfels-Spies* § 80 Rn. 11). Bietet der Versicherer für unterjährige Verträge sog. Kurzzeittarife an und fällt das versicherte Interesse bereits während der Dauer des ersten Vertragsjahres weg, so kann er die hierfür üblicherweise erhobene Prämie beanspruchen (s. PVR Rn. 1377). Hält der Versicherer hingegen keine Kurzzeittarife vor, so kann er lediglich eine pro-rata-Prämie zuzüglich einer angemessenen Geschäftsgebühr verlangen (s. P/M/*Armbrüster* § 80 Rn. 23a). Mit dieser Regelung ist der Reformgesetzgeber – wie auch an manch anderer Stelle im neuen VVG (z. B. § 9 Abs. 1 S. 1 VVG; Gegenbeispiel: § 92 Abs. 3 VVG) – vom noch das alte Recht beherrschenden Grundsatz der Unteilbarkeit der Prämie abgerückt (s. PVR Rn. 445 ff.).

R. Veräußerung der versicherten Sache

337 ▶ Welcher Zeitpunkt ist für den Übergang eines Versicherungsverhältnisses nach § 95 Abs. 1 VVG maßgeblich?

Bei Veräußerung einer versicherten Sache geht das Versicherungsverhältnis nach § 95 Abs. 1 VVG vom Veräußerer auf den Erwerber über. Die überwiegende Ansicht stellt auf den Zeitpunkt des sachenrechtlichen Eigentumsübergangs ab, d. h. auf das dingliche Verfügungsgeschäft (BGH VersR 2009, 1114 Rn. 11 f.). Bei einem Verkauf unter Eigentumsvorbehalt gem. § 449 BGB kommt es daher erst bei Eintritt der aufschiebenden Bedingung vollständiger Kaufpreiszahlung zu dem gesetzlichen Vertragseintritt nach § 95 Abs. 1 VVG (B/M/*Staudinger* § 95 Rn. 43). Dieser *formale Veräußerungsbegriff* soll Rechtssicherheit schaffen. Nach anderer Meinung soll es darauf ankommen, wer vom Schicksal der versicherten Sache wirtschaftlich betroffen ist (sog. *Interessentheorie*; vgl. B/M/*Sieg*, 8. Aufl. 1980, § 69 Rn. 20).

338 ▶ Welches Problem entsteht, wenn man für den Übergang des Gebäudeversicherungsvertrages bei Veräußerung eines Grundstücks einen formalen Veräußerungsbegriff zugrunde legt?

Grundsätzlich kommt es nach dem formalen Veräußerungsbegriff auf den Zeitpunkt des Vollrechtserwerbs durch den Grundstückserwerber an. Dies wird in aller Regel erst mit Eintragung des Erwerbers im Grundbuch der Fall sein (§§ 873 Abs. 1, 925 BGB; seltene Ausnahme: § 892 Abs. 2 Fall 2 BGB). Das Grundbuchamt bearbeitet die bei ihm eingehenden Anträge nach dem sog. Prioritätsprinzip (§ 17 GBO). Über den genauen Zeitpunkt der Eintragung werden Veräußerer und Erwerber daher häufig in Unkenntnis sein. Nichtsdestotrotz wird zumeist unmittelbar nach Antragstellung das Grundstück an den Erwerber übergeben, so dass die Gefahr des zufälligen Untergangs (Sachgefahr) gem. § 446 BGB bereits vor Eintragung im Grundbuch auf diesen übergeht. Legt man den formalen Veräußerungsbegriff zugrunde, so trägt der Erwerber also bereits vor Übergang des Versicherungsvertrages nach § 95 Abs. 1 VVG das wirtschaftliche Risiko hinsichtlich eines Untergangs der Sache (z. B. Abbrennen des auf dem Grundstück stehenden Gebäudes), ohne am Schutz des bestehenden Gebäudeversicherungsvertrages teilhaben zu können. Sofern er gem. § 285 BGB im Schadensfall die Versicherungsleistung vom Veräußerer herausverlangen könnte, trägt er dessen Insolvenzrisiko. Demgegenüber vermag auch die Interessentheorie in diesen Konstellationen keine tragfähigen und interessengerechten Lösungen zu finden. Zwar berücksichtigt sie im Gegensatz zur Theorie des formalen Veräußerungsbegriffs das nach Gefahrübergang bestehende Sacherhaltungsinteresse des Erwerbers. Sie übergeht dabei jedoch, dass bis zur Umschreibung im Grundbuch auch ein eigenes Sacherhaltungsinteresse des Veräußerers an der Immobilie fortbesteht (*Reusch*, VersR 2011, 1478, 1479). Teils wird für den Zeitraum zwischen Gefahrübergang und Eintragung im Grundbuch eine Mitversicherung des Sacherhaltungsinteresses des Erwerbers auch ohne entsprechende Abrede zwischen Versicherer und Veräußerer angenommen (so B/M/*Staudinger* § 95 Rn. 40; vgl. auch BGH VersR 2009, 1114 Rn. 11). Diese Ansicht überzeugt jedenfalls nicht völlig, denn auf Seiten des Erwerbers besteht dann das Risiko, dass der Veräußerer die Prämienzahlungen nach Abschluss des Kaufvertrages einstellt und der Erwerber aufgrund dessen seinen Versicherungsschutz verliert. Freilich steht § 95 Abs. 1 VVG einer Abrede zwischen Versicherer und Erwerber, wonach dem Erwerber bereits vor Eintragung im Grundbuch ein eigenständiger Anspruch auf die Versicherungsleistung zukommen soll, nicht entgegen (s. BGH VersR 2009, 1114 Rn. 12; PVR Rn. 1386; L/P/*Heyers* § 95 Rn. 9).

▶   Von welchem grundlegenden Prinzip weicht § 95 Abs. 1 VVG ab? Was   **339** können die Vertragsparteien (Erwerber/Versicherungsnehmer und Versicherer) tun, wenn sie an einer Fortsetzung des Versicherungsvertrages kein Interesse haben?

§ 95 Abs. 1 VVG regelt einen der wenigen Fälle, in denen kraft Gesetzes – also ohne selbstbestimmte, willensgetragene Einigung – ein Vertragsverhältnis zwischen zwei Rechtssubjekten (Erwerber und Versicherer) begründet wird. Darin liegt eine Abweichung vom Konsensprinzip. Zwar werden beide Seiten häufig ein Interesse am Fortbestand des Versicherungsvertrages haben (s. PVR Rn. 1381). Bisweilen ist dies freilich anders. So kann der *Erwerber* Zugang zu anderweitigem Versicherungsschutz zu günstigeren Konditionen (z. B. aufgrund eines bestehenden Rahmenvertrages) haben oder auf einen Schutz verzichten wollen. Der *Versicherer* mag im Einzelfall wegen der „Vorschadensgeschichte" oder der Finanzlage des Erwerbers an einer Fortsetzung des Vertrages mit ihm kein Interesse haben. Für solche Fälle ist das Kündigungsrecht gedacht, das beiden Vertragsparteien nach § 96 VVG zusteht.

Das Kündigungsrecht ist unterschiedlich ausgestaltet: Der *Erwerber* kann den Vertrag mit sofortiger Wirkung oder zum Ende der laufenden Versicherungsperiode kündigen (§ 96 Abs. 2 S. 1 VVG). Sein Kündigungsrecht erlischt einen Monat nach dem Erwerb oder, wenn er zu diesem Zeitpunkt vom Bestehen eines Versicherungsvertrages noch keine Kenntnis hatte, nach Ablauf eines Monats ab Erlangung entsprechender Kenntnis (§ 96 Abs. 2 S. 2 VVG). Der *Versicherer* muss bei einer Kündigung eine Monatsfrist einhalten. Gleich dem Versicherungsnehmer kann er nur innerhalb eines Monats nach Kenntniserlangung von der Veräußerung kündigen (§ 96 Abs. 1 VVG). Der Grund für die asymmetrische Ausgestaltung des Kündigungsrechts liegt darin, dass der Erwerber bei einer Kündigung durch den Versicherer einen angemessenen Zeitraum zur Beschaffung neuen Versicherungsschutzes zur Verfügung gestellt bekommen soll.

▶   Wer schuldet nach einem Übergang des Versicherungsverhältnisses   **340** nach § 95 Abs. 1 VVG die Prämie?

Veräußerer und Erwerber der versicherten Sache haften gem. § 95 Abs. 2 VVG gesamtschuldnerisch für die Prämie der laufenden Versicherungsperiode. Wird der Versicherungsvertrag jedoch nach § 96 Abs. 1 oder 2 VVG gekündigt, so ist nur der Veräußerer Prämienschuldner (§ 96 Abs. 3 VVG). Die Zahlungspflicht endet mit der Beendigung des Versicherungsverhältnisses (vgl. § 39 Abs. 1 S. 1 VVG).

341 ▶ Welche Folgen hat eine Verletzung der Anzeigeobliegenheit nach § 97
Abs. 1 S. 1 VVG?

Der Versicherer ist bei Fehlen einer unverzüglichen Anzeige der Veräußerung durch
Erwerber oder Veräußerer nach Maßgabe des § 97 Abs. 1 S. 2, Abs. 2 VVG leistungsfrei. Leistungsfreiheit setzt hiernach voraus, dass der Versicherungsfall später
als einen Monat nach dem Zeitpunkt eintritt, zu dem die Anzeige hätte zugehen
müssen, und dass der Versicherer den mit dem Veräußerer bestehenden Vertrag mit
dem Erwerber nicht geschlossen hätte (Kausalität). Um diese einschneidende Folge
abzumildern, ist eine *Verhältnismäßigkeitsprüfung* vorzunehmen: Die Rechtsfolge
darf nicht außer Verhältnis zur Schwere der Anzeigeobliegenheitsverletzung stehen
(BGH r+s 2007, 198 Rn. 16; B/M/*Staudinger* § 97 Rn. 26). Dies gilt nach dem
Willen des Gesetzgebers auch nach der Reform. Eine ausdrückliche Regelung
wurde jedoch für entbehrlich gehalten (RegBegr. S. 85). In der Tat kann man die
Verhältnismäßigkeitsprüfung als besonderen Ausfluss von Treu und Glauben be-
greifen. Angesichts des Kausalitätserfordernisses sind aber an eine Unverhältnis-
mäßigkeit erhöhte Anforderungen zu stellen.

Der Versicherer wird trotz Anzeigepflichtverletzung nicht von seiner Leistungs-
verpflichtung frei, wenn er zum Zeitpunkt, in dem ihm die Anzeige hätte zugehen
müssen, Kenntnis von der Veräußerung hatte oder wenn eine Kündigung trotz ab-
gelaufener Kündigungsfrist nicht erfolgt ist (§ 97 Abs. 2 VVG).

S. Mehrere Versicherer; Mehrfachversicherung

342 ▶ Was versteht man unter Mit- und Nebenversicherung und welche Folgen
hat eine Nebenversicherung für den Versicherungsnehmer?

Mit- und Nebenversicherung liegen vor, wenn für ein Interesse gegen dieselbe Gefahr nebeneinander mehrere Versicherungsverträge mit verschiedenen Versicherern geschlossen werden. Bei der Mitversicherung wirken die Versicherer einver-
ständlich zusammen. Eine gesonderte Anzeige durch den Versicherungsnehmer ist
dann überflüssig; § 77 VVG gilt für die Mitversicherung daher nicht
(s. VersRHdb/*Armbrüster* § 6 Rn. 47; vgl. zur Terminologie B/M/*Schnepp* § 77
Rn. 9 ff.).

Bei der Nebenversicherung, die auch nur hinsichtlich eines Teils des versicherten
Interesses und der versicherten Gefahr bestehen kann, fehlt es an einem einver-
nehmlichen Zusammenwirken. Deshalb trifft den Versicherungsnehmer nach § 77
Abs. 1 VVG eine besondere Mitteilungspflicht gegenüber den Versicherern. Verletzt
er diese Pflichten, so kann er nach §§ 280 Abs. 1, 241 Abs. 2 BGB zum Schadensersatz verpflichtet sein (s. PVR Rn. 1387).

343 ▶ Kann der Versicherer Schadensersatz vom Versicherungsnehmer nach
§ 280 Abs. 1 BGB fordern, wenn dieser eine bestehende Neben- oder
Mehrfachversicherung nicht gem. § 77 Abs. 1 VVG anzeigt?

Dies hängt davon ab, ob es sich bei der Anzeige nach § 77 Abs. 1 VVG um eine echte Rechtspflicht des Versicherungsnehmers handelt. Anderenfalls würde es an der für § 280 Abs. 1 BGB erforderlichen Pflichtverletzung fehlen. Der Wortlaut des § 77 Abs. 1 VVG sieht für eine unterbliebene Anzeige keinerlei Sanktionen vor (sog. *lex imperfecta*; vgl. auch Frage 285). Dies spricht indes weder für noch gegen das Vorliegen einer Rechtspflicht, wie ein Vergleich mit §§ 30, 31 VVG belegt (a. A. wohl L/R/*Langheid* § 77 Rn. 23). Denn nach ganz h. M. handelt es bei §§ 30, 31 VVG trotz fehlender Rechtsfolge nicht um einklagbare Rechtspflichten, sondern vielmehr um nach Eintritt des Versicherungsfalls zu erfüllende Obliegenheiten des Versicherungsnehmers, die vorbehaltlich abweichender Vereinbarung sanktionslos bleiben. Nichtsdestotrotz wird § 77 Abs. 1 VVG – anders als §§ 30, 31 VVG – in der Literatur überwiegend als echte Rechtspflicht eingeordnet (s. B/M/*Schnepp* § 77 Rn. 83). Hierfür spricht nicht zuletzt, dass auch der historische Gesetzgeber § 77 Abs. 1 VVG (§ 58 Abs. 1 VVG a. F.) als eine den Versicherungsnehmer treffende Anzeige*pflicht* ausgestalten wollte. Eine Verletzung zieht mithin einen Schadensersatzanspruch gem. § 280 Abs. 1 BGB nach sich. Freilich bleibt es den Parteien unbenommen, die Anzeigepflicht nach § 77 Abs. 1 VVG vertraglich als Obliegenheit auszugestalten. Für Kündigung und Leistungsfreiheit gelten dann die Einschränkungen des § 28 VVG.

▶   Treffen die Mitteilungspflichten nach § 77 Abs. 1 VVG auch den Versicherten?   **344**

Dies ist umstritten. Dafür, dass die Anzeigepflicht allein den Versicherungsnehmer trifft, lässt sich insbesondere der Wortlaut des § 77 Abs. 1 VVG anführen. Anzeigepflichtig ist demnach nur, „wer ein Risiko bei mehreren Versicherern gegen dieselbe Gefahr versichert". Nach anderer Ansicht trifft die Anzeigepflicht sowohl den Versicherungsnehmer als auch den Versicherten, freilich mit der Einschränkung, dass eine einklagbare Rechtspflicht nur gegenüber dem Versicherungsnehmer besteht. Andernfalls läge ein unzulässiger Vertrag zulasten Dritter vor (s. B/M/*Schnepp* § 77 Rn. 76 m. w. N.). Überzeugender erscheint es folgendermaßen zu differenzieren: Die Pflicht aus § 77 Abs. 1 VVG trifft ausschließlich den Versicherungsnehmer. Sehen die AVB jedoch eine Anzeigeobliegenheit vor, so gilt für die Kenntnis und das Verhalten des Versicherten § 47 VVG (VersRHdb/*Armbrüster* § 6 Rn. 31).

▶   Gilt § 77 Abs. 1 VVG auch in der Summenversicherung?   **345**

Nein. In der Summenversicherung ist § 77 Abs. 1 VVG nicht anwendbar. Allerdings ist der Versicherungsnehmer nach § 19 Abs. 1 VVG auch bei Abschluss einer Summenversicherung verpflichtet, bereits bestehende Versicherungsverträge offenzulegen, sofern der Versicherer hiernach in Textform gefragt hat (so zu § 16 VVG a. F. BGH VersR 1977, 660 f.).

▶   Wie verhält sich die Anzeigepflicht nach § 77 Abs. 1 VVG zur allgemeinen   **346**
      Anzeigepflicht nach § 19 Abs. 1 VVG und zu den Regelungen über die
      Gefahrerhöhung?

Dies ist unklar. In Betracht kommt, § 77 Abs. 1 VVG im Verhältnis zu § 19 Abs. 1 VVG als lex specialis einzuordnen, die das Informationsbedürfnis des Versicherers zu bestehenden Neben- und Mehrfachversicherungen abschließend regelt (s. B/M/*Möller*, 8. Aufl. 1980, § 58 Rn. 27). Hiergegen spricht jedoch, dass die §§ 19 Abs. 1, 77 Abs. 1 VVG nach Voraussetzungen und Rechtsfolgen völlig unterschiedlich ausgestaltet sind, dogmatisch also kein Spezialitätsverhältnis vorliegt. Richtigerweise sind die beiden Vorschriften in der Schadensversicherung daher *nebeneinander* anwendbar. Andernfalls käme es zu einer nur schwer begründbaren Ungleichbehandlung von Summen- und Schadenversicherung hinsichtlich der Reichweite der vorvertraglichen Anzeigepflicht nach § 19 VVG. Ferner trägt § 77 Abs. 1 VVG lediglich einem besonderen Informationsbedürfnis des Versicherers Rechnung, soll aber nicht dessen Rechte nach den allgemeinen Vorschriften beschränken. Der ursprünglich im Hinblick auf die spontane Anzeigeobliegenheit nach § 16 VVG a. F. bestehende Streit hat freilich durch die Umgestaltung des § 19 VVG im Zuge der VVG-Reform an praktischer Bedeutung verloren. Nunmehr liegt eine Verletzung der Anzeigeobliegenheit nämlich ohnehin nur noch dann vor, wenn der Versicherer den verschwiegenen Umstand zuvor in Textform erfragt hat. Die zum alten Recht teils befürwortete Einschränkung, der Versicherungsnehmer sei hinsichtlich bestehender Neben- oder Mehrfachversicherungen nur nach ausdrücklicher Frage des Versicherers zur Anzeige verpflichtet (so noch OLG Hamm VersR 1988, 173 f.), ist somit obsolet (s. B/M/*Schnepp* § 77 Rn. 94).

347 ▶   Welche Fälle hat § 77 Abs. 2 VVG vor Augen?

Gem. § 77 Abs. 2 VVG ist der Versicherungsnehmer auch dann zur Anzeige verpflichtet, wenn er bezüglich desselben Interesses bei einem Versicherer eine Gewinnverlust-, bei einem anderen eine Substanzverlustversicherung abgeschlossen hat. Die Bestimmung regelt einen besonderen Fall der Mit- oder Nebenversicherung (s. L/R/*Langheid* § 77 Rn. 27). Ein solcher Fall ist etwa bei Zusammentreffen von Gebäudefeuerversicherung und Mietverlustversicherung gegeben.

348 ▶   Was unterscheidet die „offene" von der „stillen" Mitversicherung?

Die offene Mitversicherung ist dadurch gekennzeichnet, dass mehrere Versicherer sich an der Absicherung eines Risikos *einvernehmlich* und für den Versicherungsnehmer *erkennbar* beteiligen. Die einzelnen Versicherer übernehmen dabei jeweils eine fixe Quote. Der Versicherungsnehmer steht in diesen Fällen in vertraglichen Beziehungen zu allen Mitversicherern. Dies ist bei der sog. stillen Mitversicherung anders. Bei ihr beteiligt der Versicherer lediglich intern weitere Versicherer an der Absicherung des Risikos. Genau genommen handelt es sich um eine Unterart der Rückversicherung (s. BFHE 241, 459 Rn. 25 = BB 2013, 1954).

349 ▶   Was versteht man unter einer sog. Führungsklausel?

Bei der offenen Mitversicherung ist es in der Praxis üblich, einem der an der Risikoabsicherung beteiligten Versicherer durch vertragliche Vereinbarung eine herausgehobene Rolle zuzuweisen. Typischerweise wird dem sog. *führenden Versicherer* Empfangsvollmacht für Erklärungen des Versicherungsnehmers eingeräumt, was etwa für Anzeigen nach § 19 VVG oder Kündigungserklärungen bedeutsam ist. Die Vollmacht führt dazu, dass der Zugang der jeweiligen Erklärung beim führenden Versicherer auch die Wirksamkeit der Erklärung gegenüber den anderen Mitversicherern begründet. Möglich ist es auch, dem führenden Versicherer eine Aktivvertretungsbefugnis einzuräumen (vertiefend *Schaloske*, VersR 2007, 606, 612 ff.).

> ▶   Wann liegt eine Mehrfachversicherung vor? Grenzen Sie die Mehrfach-   **350**
>   versicherung von der Mit- und der Nebenversicherung ab!

Eine *Mehrfachversicherung* liegt nach § 78 Abs. 1 VVG vor, wenn der Versicherungsnehmer für ein bestimmtes Interesse gegen dieselbe Gefahr bei mehreren Versicherern Deckungsschutz genommen hat und die vereinbarten Versicherungssummen zusammen den Versicherungswert überschreiten oder wenn aus sonstigen Gründen die Entschädigungen, die der Versicherungsnehmer im Schadensfall insgesamt beanspruchen könnte, den Gesamtschaden übersteigen. Die Vorschrift ist analog anzuwenden, wenn der Versicherungsnehmer mehrere Versicherungsverträge zur Absicherung desselben Interesses gegen dieselbe Gefahr bei ein und demselben Versicherer genommen hat (s. L/P/*von Koppenfels-Spies* § 78 Rn. 3).

Eine Mehrfachversicherung liegt auch bei *Teilidentität* von versichertem Interesse und versicherter Gefahr vor, also etwa wenn neben der Versicherung gegen eine Einzelgefahr (z. B. Feuer) eine kombinierte Versicherung (z. B. Wohngebäude-neuwertversicherung) oder eine Allgefahrenversicherung (z. B. Transportversicherung) besteht, welche die Einzelgefahr mit einschließt (BGH NJW-RR 1988, 727; zweifelhaft dagegen BGH NJW 2018, 2120 Rn. 22 m. Anm. *Armbrüster*).

Die Mehrfachversicherung unterscheidet sich von *Mit- und Nebenversicherung* dadurch, dass bei letzteren zwar ebenfalls mehrere Verträge dasselbe Interesse gegen dieselbe Gefahr absichern, die in den Verträgen vereinbarten Versicherungssummen indes anders als im Falle der Mehrfachversicherung den Wert des versicherten Interesses nicht übersteigen.

> ▶   Welche Folgen hat eine vom Versicherungsnehmer in betrügerischer Ab-   **351**
>   sicht geschlossene Mehrfachversicherung?

Ein Vertrag, den der Versicherungsnehmer in der Absicht geschlossen hat, sich einen rechtswidrigen Vermögensvorteil zu verschaffen, ist nach § 78 Abs. 3 VVG nichtig. Der Versicherer behält dann den Prämienanspruch für den Zeitraum bis zu dem Zeitpunkt, zu dem er von den die Nichtigkeit begründenden Umständen Kenntnis erlangt. Hat er bereits Leistungen erbracht, so kann er diese nach § 812 Abs. 1 S. 1 Fall 1 BGB zurückverlangen. Die Regelung dient im Wesentlichen der Prävention: Sie soll den Versicherungsnehmer davon abhalten, sich auf Kosten des Versicherers und der Versichertengemeinschaft rechtswidrig über den bei ihm konkret entstandenen Bedarf hinaus zu bereichern.

352 ▶ Wer muss bei einer Mehrfachversicherung ohne betrügerische Absicht
bei Eintritt des Versicherungsfalls leisten?

Die Versicherer haften in diesem Fall gem. § 78 Abs. 1 VVG als Gesamtschuldner.
Der Versicherungsnehmer kann von jedem Versicherer den Betrag fordern, der ihm
nach dem jeweiligen Vertrag zusteht, jedoch insgesamt nicht mehr, als der Schaden
im Ganzen beträgt. Im *Innenverhältnis* sind die Versicherer einander nach § 78
Abs. 2 S. 1 VVG zum Ausgleich verpflichtet. Die Ausgleichsquote im Innenverhältnis der an der Mehrfachversicherung beteiligten Versicherer untereinander bestimmt
sich nach dem Verhältnis der Entschädigungsleistungen, welche die Versicherer
nach Eintritt des Versicherungsfalls dem Versicherungsnehmer vertragsgemäß
schulden (BGH VersR 2011, 105 Rn. 22 ff.; näher VersRHdb/*Armbrüster* § 6
Rn. 67 ff.). § 78 Abs. 2 VVG ist nach Auffassung des BGH analog anzuwenden,
wenn der haftpflichtversicherte Mieter von einer Gebäudeversicherung des Vermieters im Wege eines Regressverzichts profitiert und der Haftpflichtversicherer Schäden an vom Versicherungsnehmer angemietetem Wohnraum deckt (vgl. BGH r + s
2010, 242 Rn. 5 ff., 13 und Ziff. 5.2 Musterbedingungsstruktur IX Privathaftpflicht).
Zwar liegt hinsichtlich des Haftpflichtinteresses des Mieters keine Mehrfachversicherung vor. Letztlich sind die Interessen der Beteiligten aber denjenigen bei echter
Mehrfachversicherung vergleichbar, so dass eine analoge Anwendung insoweit konsequent erscheint (umfassend zum Innenausgleich *Dickmann*, VersR 2013, 1227 ff.).

353 ▶ Wie kann der Versicherungsnehmer auf eine Mehrfachversicherung
reagieren?

Wenn dem Versicherungsnehmer nicht bewusst ist, dass mit Abschluss eines Vertrages eine Mehrfachversicherung entsteht, so kann er verlangen, dass der später
geschlossene Vertrag aufgehoben oder die Versicherungssumme unter verhältnis-
mäßiger Minderung der Prämie auf den Teilbetrag herabgesetzt wird, der durch die
frühere Versicherung nicht gedeckt ist (§ 79 Abs. 1 VVG). Gleiches gilt, wenn die
Mehrfachversicherung dadurch entsteht, dass sich nach Abschluss mehrere Verträge, deren Versicherungssummen zusammengenommen den Versicherungswert
bei Vertragsschluss nicht übersteigen, der Versicherungswert verringert (§ 79 Abs. 2
S. 1 VVG). Sind in diesem Fall jedoch die Verträge gleichzeitig oder im Einverneh-
men der Versicherer geschlossen worden, so kann allein eine verhältnismäßige Herabsetzung der Prämie verlangt werden (§ 79 Abs. 2 S. 2 VVG). Die Vorschrift ist
insoweit auf den vom Gesetzgeber nicht bedachten Fall der anfänglich unbewussten
Mehrfachversicherung bei gleichzeitigem Vertragsschluss analog anzuwenden
(s. B/M/*Schnepp* § 79 Rn. 26).

354 ▶ Welchem Zweck dienen Subsidiaritätsklauseln und welche Arten lassen
sich unterscheiden?

Subsidiaritätsklauseln werden vom Versicherer verwendet, um die Rechtsfolgen der
§§ 78 f. VVG zu vermeiden. Er bestimmt dabei in seinen AVB, dass er gegenüber

einem anderen Versicherer nur subsidiär haftet. Möglich sind neben ausdrücklichen auch konkludente Subsidiaritätsklauseln. Man unterscheidet einfache und qualifizierte Subsidiaritätsklauseln:

Einfache Subsidiaritätsklauseln lassen den Verwender nur dann haften, wenn zwar ein anderer Vertrag besteht, der andere Versicherer aber hinsichtlich des eingetretenen Versicherungsfalls leistungsfrei ist. Maßgeblicher Zeitpunkt für die Bestimmung der Leistungsfreiheit ist der Eintritt des Versicherungsfalls. Verletzt der Versicherungsnehmer daher nach Eintritt des Versicherungsfalls zu erfüllende vertragliche Obliegenheiten und wird der primär haftende Versicherer aufgrund dessen nachträglich leistungsfrei, so lässt dies die Haftung des einfach subsidiär haftenden Versicherers nicht wieder aufleben (s. BGH VersR 2014, 450 Rn. 17 ff.).

Eine *qualifizierte* Subsidiaritätsklausel liegt dagegen vor, wenn der Versicherer nur leistungspflichtig ist, soweit ein anderer Versicherungsvertrag für dasselbe Interesse und dieselbe Gefahr nicht besteht (zur Abgrenzung s. PVR Rn. 1397 ff.; *Fajen*, VersR 2013, 973 ff.).

▶ Wie ist im Fall des Zusammentreffens von Subsidiaritätsklauseln zu entscheiden?   355

Treffen eine *qualifizierte* und eine *einfache* Subsidiaritätsklausel zusammen, so hat erstere Vorrang. Es haftet nur der Versicherer mit der einfachen Subsidiaritätsklausel.

Treffen *zwei einfache* Subsidiaritätsklauseln aufeinander, ergibt eine ergänzende Vertragsauslegung, dass diese sich gegenseitig aufheben und § 78 VVG nicht abbedungen ist (s. BGH VersR 2014, 450 Rn. 17 ff.; *v. Bühren*, VersR 2015, 685, 686).

Sofern *zwei qualifizierte* Subsidiaritätsklauseln (wirksam) zusammentreffen, haftet keiner der Versicherer (s. P/M/*Armbrüster* § 78 Rn. 35). Freilich könnte man die Vereinbarkeit dieser Gestaltung mit den §§ 305 ff. BGB bezweifeln. Richtigerweise ist jedoch im Rahmen der AGB-Kontrolle jedes Klauselwerk isoliert auf eine etwaige unangemessene Benachteiligung des Vertragspartners hin zu untersuchen. Unabhängig voneinander betrachtet begegnen qualifizierte Subsidiaritätsklauseln keinen durchgreifenden Wirksamkeitsbedenken (a. A. *Fajen*, VersR 2013, 973, 974 f.). Freilich ist der Versicherer im Rahmen der ihn gem. § 6 Abs. 1 VVG treffenden vorvertraglichen Beratungspflicht (zu ihr s. Fragen 79 ff.) zu einer bedarfsgerechten Beratung des Versicherungsnehmers verpflichtet. Der Versicherer muss dabei u. U. nach anderen Versicherungsverträgen fragen, die möglicherweise (zumindest teilweise) dasselbe Interesse abdecken. Er hat ggf. auf qualifizierte Subsidiaritätsklauseln hinzuweisen. Unterlässt er dies, so ist er gem. § 6 Abs. 5 VVG zum Ersatz des aus der Beratungspflichtverletzung entstandenen Schadens verpflichtet.

▶ Welche weiteren Vertragsgestaltungsmöglichkeiten zur Vermeidung einer Mehrfachversicherung gibt es?   356

Den Vertragsparteien steht es neben der Vereinbarung einer Subsidiaritätsabrede offen, vertragliche *Abschlussverbote* für Neben- und Mehrfachversicherungen vorzusehen. Auch ein *Zustimmungsvorbehalt* zugunsten des Versicherers ist möglich.

357 ▶ Was versteht man unter dem Versicherungswert und wie wird er be-
         stimmt?

Der Versicherungswert ist der Geldwert des versicherten Interesses. § 74 Abs. 1
VVG geht vom objektiven Wert aus, also dem Wert, den die Sache für jedermann
hat. Gem. § 88 VVG gilt als Versicherungswert in der Sachversicherung der Betrag,
den der Versicherungsnehmer zur Zeit des Eintritts des Versicherungsfalls für die
Wiederbeschaffung oder Wiederherstellung der versicherten Sache in neuwertigem
Zustand unter Abzug „Neu für Alt" aufwenden müsste (*Wiederbeschaffungswert*).
Die Höhe des Wiederbeschaffungswertes bestimmt sich nach der Lage desjenigen
Marktes, auf dem das Gut nachgefragt wird. Es ist auf das durchschnittliche Ange-
bot abzustellen, nicht auf das günstigste (s. L/P/*Heyers* § 88 Rn. 6).
    Die Bestimmung ist abdingbar. Die AVB können daher auch vorsehen, dass der
Wert des versicherten Interesses anders bestimmt werden soll. So kann als Versiche-
rungswert auch der *gemeine Wert*, der *Neuwert* oder der *Zeitwert* vereinbart werden.
Darüber hinaus kann auch ein fester Betrag als Versicherungswert durch eine Taxe
(vgl. § 76 VVG) festgelegt sein (zu den Grenzen s. *Armbrüster*, FS J. Prölss, 2009,
S. 1, 11 ff.). Unter dem in AVB festgelegten gemeinen Wert versteht man den erziel-
baren Kaufpreis, unter dem Neuwert den Wiederbeschaffungspreis einer Sache
gleicher Art und Güte in neuwertigem Zustand. Der Zeitwert bemisst sich nach dem
Neuwert abzüglich der durch den Gebrauch entstandenen Wertminderung (zu den
Gestaltungsmöglichkeiten s. MünchKommVVG/*Staudinger* § 88 Rn. 8 ff.).

358 ▶ Zu welchen Zeitpunkten ist die genaue Bestimmung des Versicherungs-
         wertes wichtig?

Der Versicherungswert spielt zunächst beim Abschluss des Vertrages eine Rolle.
Nach dem Wert des versicherten Interesses richten sich auch die Auswahl der richtigen Versicherungssumme und damit die Prämienkalkulation des Versicherers, ferner
die Beurteilung, ob ggf. Über- oder Unterversicherung (§§ 74, 75 VVG) vorliegt.
    Beim Eintritt des Versicherungsfalls ist die Leistung des Versicherers nach dem
Versicherungswert zu berechnen. Für die Höhe der Entschädigung ist dann jedoch nur
der Wert in dem Zeitpunkt maßgeblich, in dem der Versicherungsfall eingetreten ist.

359 ▶ Gibt es ein allgemeines versicherungsrechtliches Bereicherungsverbot?

Nein. Die frühere Auffassung (BGHZ 103, 228, 231 f. = VersR 1988, 463 f.), es
gebe ein allgemeines versicherungsrechtliches *Bereicherungsverbot* als verbindlichen Rechtssatz, war bereits vor der VVG-Reform von 2008 überholt (s. BGHZ
137, 318, 326 = VersR 1998, 305, 307; L/R/*Langheid* § 78 Rn. 30; s. aber die
Spezialregelung in § 200 VVG für die Krankenversicherung). Den § 74 ff. VVG ist
ein solches Gebot nicht zu entnehmen. Die Vorschrift des § 55 VVG a. F., wonach
der Versicherer unabhängig von Versicherungssumme und -wert lediglich zum Ersatz des konkret entstandenen Schadens verpflichtet war, ist im Zuge der VVG-Reform ersatzlos gestrichen worden. Die Zulässigkeit der Neuwertversicherung ist

gewohnheitsrechtlich anerkannt (s. BGH VersR 2009, 1622 Rn. 11). Grundsätzlich ist maßgeblich, was die Parteien vereinbart haben (s. BGH VersR 2001, 749, 750). Die Bindungswirkung des Leistungsversprechens kann aber weiterhin durch gesetzliche Regelungen begrenzt sein, insbesondere durch das Interesseerfordernis. Dieses wirkt sich etwa bei einer Überversicherung gem. § 74 (s. Frage 362) aus, aber auch dann, wenn eine vereinbarte Taxe den wirklichen Versicherungswert erheblich übersteigt (§ 76 S. 2 VVG).

▶ Ist die Vereinbarung eines Neuwertes immer möglich, insbesondere auch bei gebrauchten Sachen?   360

Nach der Abkehr von einem allgemeinen Bereicherungsverbot ist die Vereinbarung des Neuwertes in den Grenzen des § 76 S. 2 VVG uneingeschränkt möglich. Denn für viele gebrauchte Gegenstände gibt es keinen Gebrauchtwarenmarkt oder aber das Angebot trägt dem Bedürfnis des Versicherten keine Rechnung (Beispiel: Kleidungsstücke).

▶ Welche Funktion hat die Versicherungssumme in der Schadensversicherung?   361

Der Versicherer haftet nur bis zur Höhe der Versicherungssumme. Letztere bildet also die *gesetzliche Obergrenze* der Entschädigung und begrenzt damit die Leistungspflicht des Versicherers (s. PVR Rn. 1456 ff.). Die Versicherungssumme ist grundsätzlich frei vereinbar und veränderbar. In der Pflichtversicherung gilt dies allerdings nur, soweit die gesetzlichen Vorgaben zur Mindestversicherungssumme und zur Jahresmaximierung eingehalten werden. In der Aktivenversicherung sollte die Versicherungssumme dem Versicherungswert entsprechen, damit es nicht zu einer Über- oder Unterversicherung (s. dazu Frage 362) kommt.

▶ Wann liegt eine Über-, wann eine Unterversicherung in der Schadensversicherung vor?   362

Bei einer Überversicherung ist die Versicherungssumme, d. h. der Betrag, bis zu dem der Versicherer haftet, nicht nur unerheblich höher als der Versicherungswert, d. h. der Geldwert des versicherten Interesses (§ 74 Abs. 1 VVG). Wird eine nicht nur unerheblich unter dem Versicherungswert liegende Versicherungssumme vereinbart, so liegt eine Unterversicherung vor (§ 75 Abs. 1 VVG). Die Erheblichkeitsschwelle ist vorbehaltlich besonderer Umstände bei etwa 10 % anzusetzen (s. schon Frage 8; BGH VersR 2001, 749, 750; L/R/*Langheid* § 74 Rn. 3, § 75 Rn. 1).

▶ Was sind die Folgen von Über- und Unterversicherung, wenn ein Versicherungsfall eingetreten ist?   363

Bei einer Überversicherung zahlt der Versicherungsnehmer eine höhere Prämie, bekommt aber nach Eintritt des Versicherungsfalls nur den tatsächlichen Schaden ersetzt.

Hat der Versicherungsnehmer eine Überversicherung in betrügerischer Absicht geschlossen, ist der Vertrag gem. § 74 Abs. 2 VVG sogar nichtig. Den Versicherer trifft dann keine Leistungspflicht; er hat aber kraft Gesetzes einen Anspruch auf die Prämie bis zu dem Zeitpunkt, zu dem er von den die Nichtigkeit begründenden Umständen Kenntnis erlangt.

Liegt eine Unterversicherung vor, so muss der Versicherer nach Eintritt des Versicherungsfalls nur nach dem Verhältnis der Versicherungssumme zu dem höheren Versicherungswert leisten (*Proportionalitätsregel* des § 75 VVG [s. schon Frage 9]; nicht zu verwechseln mit derjenigen des § 6 Abs. 1 S. 1 VVG; s. dazu Frage 51). Da der Versicherungsnehmer eine zu geringe Prämie gezahlt hat, erhält er auch nicht die volle Entschädigung. Die Proportionalitätsregel lässt sich in folgender Formel zusammenfassen: Schaden mal Versicherungssumme geteilt durch Versicherungswert = geschuldete Entschädigung.

364 ▶ Was kann der Versicherungsnehmer möglicherweise geltend machen, wenn der Versicherer aufgrund einer Unterversicherung nicht die volle Entschädigung leistet?

Der Versicherungsnehmer kann dem Versicherer im Einzelfall einen Schadensersatzanspruch aus § 6 Abs. 5 VVG entgegenhalten, wenn der Versicherer die ihn nach § 6 Abs. 1 VVG treffende Beratungspflicht in Bezug auf die Höhe der Versicherungssumme verletzt hat (s. allgemein zum produktbezogenen Anlass PVR Rn. 825 ff.).

T. Anspruchsübergang nach § 86 VVG

365 ▶ Wann kommt es zu einer Legalzession nach § 86 Abs. 1 VVG? Worin liegt der Unterschied zu einem Anspruchsübergang nach § 116 Abs. 1 SGB X?

Nach § 86 Abs. 1 VVG gehen Ansprüche auf den Versicherer über, soweit dieser seine Leistungspflicht erfüllt hat. Die Legalzession erfolgt in dem Zeitpunkt und (nur) in dem Umfang, in dem der Versicherer an den Versicherungsnehmer *tatsächlich leistet* („soweit").

Zu einer Legalzession nach § 116 Abs. 1 SGB X kommt es hingegen bereits, wenn der Sozialversicherungsträger aufgrund des Schadensereignisses Leistungen zu erbringen hat. Die Ansprüche gehen mithin über, sobald eine *Leistungspflicht* besteht. Hintergrund dieser Abweichung ist, dass der Gesetzgeber davon ausgeht, ein Sozialversicherungsträger werde eine ihn kraft Gesetzes treffende Pflicht stets auch tatsächlich erfüllen. In der Privatversicherung soll der Versicherungsnehmer seinen Anspruch gegen den Dritten hingegen erst dann verlieren, wenn der Versicherer als Privatrechtssubjekt tatsächlich leistet (s. PVR Rn. 1487).

366 ▶ Was ist unter dem Kongruenzprinzip zu verstehen?

Die Legalzession nach § 86 Abs. 1 VVG erstreckt sich nicht auf alle Schadensersatzansprüche. Vielmehr gehen nur solche Ansprüche, die denselben Zweck

(Behebung desselben Schadens im selben Zeitraum) haben wie die Leistung des Versicherers, nach § 86 Abs. 1 VVG auf diesen über. Versicherungs- und Ersatzanspruch müssen inhaltlich und umfangsmäßig deckungsgleich sein, damit die Legalzession nach § 86 Abs. 1 VVG eingreift (s. PVR Rn. 1490).

▶ Hängt der Anspruchsübergang davon ab, ob der Versicherer gegenüber dem Versicherungsnehmer zur Leistung verpflichtet war?   **367**

Nach überwiegender Meinung hängt der Übergang nicht vom Bestehen einer Leistungspflicht ab (s. BGH VersR 1989, 250, 251; PVR Rn. 1495), da der Anspruchserwerb zum Inhalt der Versicherungsleistung gehört (s. P/M/*Armbrüster* § 86 Rn. 37). Voraussetzung ist daher grundsätzlich allein die tatsächliche Leistung des Versicherers an den Versicherungsnehmer oder den Versicherten. Nach anderer Ansicht kennt das deutsche Recht keinen generellen Forderungsübergang zugunsten eines nicht verpflichteten, aber gleichwohl irrtümlich zahlenden Dritten (s. L/P/*v. Koppenfels-Spies* § 86 Rn. 24, wonach aber eine aus Treu und Glauben folgende Abtretungspflicht möglich ist).

▶ Was ist unter dem Befriedigungsvorrecht des Versicherungsnehmers zu verstehen?   **368**

Deckt die Versicherungsleistung den Schaden des Versicherungsnehmers nicht voll ab (z. B. aufgrund eines Selbstbehalts oder einer Unterversicherung), so wird der Schadensersatzanspruch des Versicherungsnehmers gespalten: Ein Teil geht auf den Versicherer über (in Höhe der Versicherungsleistung); der Rest verbleibt beim Versicherungsnehmer. Beide Anspruchsinhaber werden dann versuchen gegen den Schädiger vorzugehen. Reicht dessen Vermögen nicht aus, um beide Teilansprüche zu erfüllen, so greift das Befriedigungsvorrecht des Versicherungsnehmers nach § 86 Abs. 1 S. 2 VVG ein. Der Teilanspruch des Versicherungsnehmers genießt demnach Vorrang. Dabei handelt es sich um eine *Rangfolgenbestimmung*, ähnlich wie sie auch in § 10 ZVG oder in § 209 InsO hinsichtlich der verschiedenen Rangklassen vorgesehen ist. In der Zwangsvollstreckung darf der Versicherer nur auf den Teil des Vermögens des Haftpflichtigen zugreifen, den der Versicherungsnehmer nicht zur Befriedigung seines Teilanspruchs braucht (s. PVR Rn. 1505; *Wandt* Rn. 1004).

▶ Was versteht man unter dem Quotenvorrecht des Versicherungsnehmers?   **369**

Ist der Haftpflichtanspruch des Versicherungsnehmers gegen den Dritten (z. B. wegen Mitverschuldens) geringer als der Schaden und bleibt die Versicherungsleistung hinter dem Schaden zurück (Selbstbehalt oder Unterversicherung), so behält der Versicherungsnehmer den Haftpflichtanspruch, soweit der Schaden nicht vom Versicherer gedeckt wird („Quotenvorrecht"). Der Ersatzanspruch des Versicherungsnehmers geht also nur in dem Umfang auf den Versicherer über, in dem er vom Versicherungsnehmer nicht zur vollständigen Schadensdeckung benötigt wird, also nur soweit er zusammen mit der gezahlten Versicherungssumme den Schaden übersteigt (s. PVR Rn. 1502 ff.; *Wandt* Rn. 1004 ff.).

370 ▶ Kann ein Gebäudeversicherer, der einen Versicherungsvertrag mit einem Vermieter (Versicherungsnehmer) abgeschlossen und diesem einen Schaden ersetzt hat, den Mieter in Regress nehmen, wenn letzterer den Schaden leicht fahrlässig verursacht hat?

Das hängt davon ab, ob der Regress nach § 86 Abs. 1 S. 1 VVG vertraglich abbedungen wurde (Regressverzicht; s. sogleich) und ob der Mieter Dritter ist. Nur *Dritte* können nach § 86 Abs. 1 S. 1 VVG in Regress genommen werden. Dritter ist dabei grundsätzlich jeder, der nicht Versicherungsnehmer oder Versicherter ist (s. BGH VersR 1959, 500). Allerdings ist für das richtige Verständnis des § 86 VVG eine wichtige Präzisierung dieser Formel zu beachten: Entscheidend ist nicht die formale Stellung, sondern die Frage, ob und inwieweit das *Interesse* des Versicherungsnehmers oder des Versicherten durch die Versicherung geschützt ist. Im (eher seltenen) Fall einer ausschließlichen Fremdversicherung (§§ 43 ff. VVG), bei der das Interesse des Versicherungsnehmers nicht eingeschlossen ist, kann daher auch der Versicherungsnehmer „Dritter" sein (s. PVR Rn. 1491). Man kann also sagen: Nur derjenige, dessen Interesse durch die Versicherung nicht geschützt wird, ist Dritter.

Die früher von der Rechtsprechung vertretene *haftungsrechtliche Lösung* (s. BGH VersR 1996, 320, 321; dazu PVR Rn. 1416, 1494) geht für den Fall, dass der Mieter die Prämie (teilweise) durch die Miete mitfinanziert, von einer stillschweigenden Haftungsbeschränkung des Mieters auf Vorsatz und grobe Fahrlässigkeit aus, die sich im Wege ergänzender Auslegung aus dem Mietvertrag ergeben soll. Bei leicht fahrlässig verursachten Schäden entsteht demnach von vornherein kein Anspruch, der auf den Versicherer übergehen könnte. Nach dieser Lösung wäre allerdings auch der Versicherungsnehmer (Vermieter) selbst daran gehindert, den Mieter in Anspruch zu nehmen, was seinem Willen regelmäßig nicht entsprechen wird.

Die neuere Rechtsprechung favorisiert daher zu Recht die *versicherungsrechtliche Lösung* (s. BGH VersR 2001, 94, 95; 2017, 36 Rn. 13; dazu PVR Rn. 1417, 1494). Sie umfasst mehrere Feststellungen: Die ergänzende Auslegung des Versicherungsvertrages kann einen *konkludenten Regressverzicht* des Versicherers für leicht fahrlässig verursachte Schäden des Mieters ergeben. Dies ist der Fall, wenn der Vermieter (Versicherungsnehmer) ein für den Versicherer erkennbares Interesse an einem unbelasteten Verhältnis zu seinem Mieter hat, was regelmäßig der Fall ist. Wer nach dem Mietvertrag die Versicherungsprämie trägt, ist dabei unerheblich. Der Mieter ist dann aufgrund des Verzichts vor einem Regress nach § 86 Abs. 1 VVG geschützt.

Zudem kann neben dem Sachsubstanzinteresse des Eigentümers (Vermieters) auch das sog. *Sachersatzinteresse* des haftpflichtigen Mieters als Mitversicherung in den Gebäudeversicherungsvertrag ausdrücklich einbezogen werden, und es ist in der Regel dann, wenn anstelle des Vermieters der Mieter die Versicherung nimmt, auch tatsächlich einbezogen (Auslegung des Versicherungsvertrags). Der Mieter ist in diesem Fall kein Dritter i. S. von § 86 Abs. 1 S. 1 VVG (s. PVR Rn. 1417).

▶ Führt der Wegfall des Alles-oder-nichts-Prinzips dazu, dass der Versiche-   **371**
rer den grob fahrlässig handelnden Mieter nur teilweise, d. h. entsprechend der Schwere der groben Fahrlässigkeit, in Regress nehmen kann
(Quotelungsmodell)?

Das ist konsequent. Nach dem Wortlaut des § 81 Abs. 2 VVG soll die Abschaffung
des „Alles-oder-nichts"-Prinzips dem Versicherungsnehmer bzw. demjenigen zugute kommen, der als Versicherter materiell Inhaber des Versicherungsanspruchs
ist. Zugleich ist es Absicht der Rechtsprechung gewesen, den Mieter faktisch so zu
stellen, als sei er Versicherungsnehmer oder versicherte Person – zumindest dann,
wenn er die Gebäudeversicherungsprämie trägt, was zumindest kalkulatorisch stets
der Fall ist. Daher spricht einiges dafür, den Mieter in den Genuss der Quotelung
kommen zu lassen (in diesem Sinne *Schimikowski* Rn. 358; *Staudinger/Kassing*,
VersR 2007, 10, 11; *Piepenbrock*, VersR 2008, 319, 320).

Würde bei einer ausschließlichen Eigenversicherung der Versicherungsnehmer
(Vermieter) den Versicherungsfall selbst grob fahrlässig herbeiführen, so käme in
dieser Zweipersonenkonstellation das Quotelungsmodell des § 81 Abs. 2 VVG zum
Zuge. Dem Versicherer stünde demnach lediglich ein Leistungskürzungsrecht entsprechend der Schwere des Verschuldens des Versicherungsnehmers zu. Konse-
quenterweise muss dann aber der Rückgriff des Versicherers im Dreipersonenver-
hältnis auch dem Mieter gegenüber einer Quotelung unterliegen. Es wäre nicht
sachgerecht, den Versicherer allein deshalb zu privilegieren, weil nicht sein Versicherungsnehmer, sondern dessen Mieter den Versicherungsfall herbeigeführt hat.

Der BGH hat die Frage nun allerdings mit der Begründung verneint, dass ein so
weitgehender Verzicht nicht mehr den Interessen der Parteien des Gebäudeversiche-
rungsvertrags entspräche (BGH VersR 2017, 36 Rn. 14 ff.). Denn mit Blick auf den
anteiligen Mieterregress des Gebäudeversicherers bliebe der Versicherungsnehmer
gehalten, dessen Position zu unterstützen und auf eine hohe Regressquote hinzu-
wirken (BGH VersR 2017, 36 Rn. 17). Der Gesichtspunkt der Prämiengerechtigkeit
spricht indes für einen nur quotalen Regress des Versicherers. Denn der Mieter darf
berechtigterweise darauf vertrauen, dass ihm der Versicherungsschutz, den er selbst
mitfinanziert, auch im Fall grober Fahrlässigkeit zumindest teilweise zu Gute
kommt (*Dickmann*, r+s 2017, 76, 77; P/M/*Armbrüster*, § 81 Rn. 56a).

▶ Gilt der Regressverzicht auch, wenn der Mieter seinerseits haftpflichtver-   **372**
sichert ist?

Nach einer Ansicht kommt es nicht darauf an, ob der Mieter haftpflichtversichert ist
oder nicht, da dies keinen Einfluss auf den Abschluss des Gebäudeversicherungsvertrages hatte (s. BGH VersR 2006, 1533 Rn. 13 ff.; *Schimikowski* Rn. 358). Dafür
lässt sich auch anführen, dass der Mieter anderenfalls durch seine freiwillige Eigenvorsorge einen Nachteil erleiden würde.

Nach anderer Meinung kommt einem haftpflichtversicherten Schädiger der Regressverzicht nicht zugute. Dies lässt sich darauf stützen, dass der Regressschutz als
Ergebnis einer ergänzenden Vertragsauslegung darauf beruht, dass der Versicherer

dem erkennbaren Interesse des Versicherungsnehmers am Schutz des Dritten Rechnung tragen muss. Fehle es jedoch aufgrund der bestehenden Haftpflichtdeckung an einem Bedürfnis des schädigenden Mieters daran, auch im Rahmen der Gebäudeversicherung Haftpflichtversicherungsschutz zu erlangen, so kommt dieser Aspekt demnach nicht zum Tragen. Nach dieser Ansicht ist der Regressverzicht daher gegenüber der Haftpflichtversicherung subsidiär (s. PVR Rn. 1426; *Gaul/Pletsch*, NVersZ 2001, 497 f.).

373 ▶ Folgefrage bei Zugrundelegung der BGH-Ansicht: Hat der Gebäudeversicherer Ansprüche gegen den Haftpflichtversicherer des Mieters, wenn er letzteren aufgrund des Regressverzichts nicht in Anspruch nehmen kann?

Nach alter Rechtslage stand dem Gebäudeversicherer in diesem Fall ein Anspruch gegen den Haftpflichtversicherer des Mieters auf anteiligen Ausgleich aus § 59 Abs. 2 S. 1 VVG a. F. analog zu (s. BGH VersR 2006, 1536 Rn. 6). Fraglich ist, ob diese Rechtsprechung nach der VVG-Reform noch aufrechtzuerhalten ist. Trotz des BGH-Urteils findet sich diese Fallkonstellation nach der Reform nicht in § 78 Abs. 2 VVG (§ 59 Abs. 2 VVG a. F.) wieder. Insofern könnte es an einer planwidrigen Regelungslücke fehlen, so dass eine Analogie nicht mehr möglich wäre (s. *Staudinger/Kassing*, VersR 2007, 10, 14; *Piepenbrock*, VersR 2008, 319, 320). Geht man allerdings davon aus, dass die Existenz der Haftpflichtversicherung nichts am Bestehen des Regressschutzes ändert (s. Frage 372), so erscheint es konsequent, mit dem BGH für den Innenausgleich zwischen den beteiligten Gebäude- und Haftpflichtversicherern die Regeln über die Mehrfachversicherung (§ 78 Abs. 2 VVG) analog anzuwenden. Daher dürfte sich durch die VVG-Reform insoweit nichts geändert haben (vgl. auch RegBegr. S. 79; s. PVR Rn. 1430 ff.).

374 ▶ Gibt es Fälle, in denen der Versicherer den Versicherungsnehmer in Regress nehmen kann?

Ja, es handelt sich aber um Ausnahmefälle. Wenn bei einer ausschließlichen Fremdversicherung das Interesse des Versicherungsnehmers nicht mitversichert ist und der Versicherte gegen den Versicherungsnehmer Ansprüche hat, so gehen diese auf den Versicherer über, wenn er an den Versicherten leistet (s. PVR Rn. 1491 und Frage 370; BGH NJW-RR 2003, 1107).

375 ▶ Welche Obliegenheit trifft den Versicherungsnehmer, der den Schaden vom Versicherer ersetzt bekommt und seinerseits einen Anspruch gegen einen Dritten hat?

Dem Versicherungsnehmer obliegt es nach § 86 Abs. 2 S. 1 VVG den Ersatzanspruch zu wahren (insbesondere durch Beachtung der geltenden Form- und Fristvorschriften) und bei der Durchsetzung dieses Anspruchs durch den Versicherer mitzuwirken, soweit dies erforderlich ist. Er darf vor allem den Anspruch nicht aufgeben, etwa durch Erlass, Verzicht oder Abtretung (s. PVR Rn. 1507 f.).

▶ Welche Rechtsfolge kann eine Verletzung dieser Obliegenheit haben? **376**

Der Versicherer kann leistungsfrei sein, soweit die Obliegenheitsverletzung ursächlich dafür ist, dass der Versicherer von dem Dritten keinen Ersatz zu erlangen vermag (Kausalitätserfordernis; vgl. § 86 Abs. 2 S. 2 VVG: „infolgedessen"). Die Beweislast für die Kausalität trägt hier – abweichend von § 28 Abs. 3 S. 1 VVG – der Versicherer. Keine Kausalität liegt vor, wenn der Versicherer den Ersatzanspruch gegen den Dritten unabhängig vom Verhalten des Versicherungsnehmers tatsächlich gar nicht hätte durchsetzen können. Der Versicherer ist vollständig leistungsfrei, wenn der Versicherungsnehmer die Obliegenheit vorsätzlich verletzt hat (§ 86 Abs. 2 S. 2 VVG). Bei grob fahrlässiger Verletzung der Obliegenheit kann der Versicherer seine Leistung entsprechend der Schwere des Verschuldens des Versicherungsnehmers kürzen (§ 86 Abs. 2 S. 3 VVG). Kann der Versicherungsnehmer nachweisen (§ 86 Abs. 2 S. 3 Halbs. 2 VVG), dass keine grobe Fahrlässigkeit vorliegt, so muss der Versicherer voll leisten.

▶ Findet ein Anspruchsübergang nach § 86 Abs. 1 S. 1 VVG auch dann statt, **377**
wenn sich der Ersatzanspruch gegen eine Person richtet, mit der der Versicherungsnehmer in häuslicher Gemeinschaft lebt?

Ja. Der Anspruch geht auch in diesen Fällen auf den Versicherer über. Dieser kann den Anspruch aber nicht geltend machen (Regressausschluss), wenn die häusliche Gemeinschaft bereits bei Eintritt des Schadens bestand (§ 86 Abs. 3 VVG; anders noch § 67 Abs. 2 VVG a. F.). Ein Regress ist nur dann möglich, wenn der Versicherer nachweisen kann, dass die betreffende Person den Schaden vorsätzlich verursacht hat (§ 86 Abs. 3 Halbs. 2 VVG).

▶ Worin liegt der Zweck des § 86 Abs. 3 VVG? **378**

Mit dieser Regelung bezweckt der Gesetzgeber mehrerlei: Zum einen soll der Versicherungsnehmer vor einer mittelbaren wirtschaftlichen Belastung geschützt werden. Eine solche Belastung könnte deshalb eintreten, weil innerhalb eines Haushalts die Kosten regelmäßig von den Haushaltsangehörigen gemeinsam getragen werden. Der Regress würde in solchen Fällen dazu führen, dass sich der Versicherer die Versicherungsleistung gleichsam durch einen Griff in dieselbe Kasse zurückholen könnte, wodurch der Versicherungsschutz für den Versicherungsnehmer letztlich entwertet werden würde. Zum anderen soll durch § 86 Abs. 3 VVG der häusliche Frieden gewahrt bleiben. So wird etwa der Versicherungsnehmer von seiner sonst bestehenden Obliegenheit befreit, bei der Verfolgung des Regressanspruches gegen den Dritten mitzuwirken (s. PVR Rn. 1510).

▶ Wann liegt eine häusliche Gemeinschaft vor? **379**

Eine häusliche Gemeinschaft setzt mit Blick auf den Normzweck (s. Frage 378) eine auf Dauer angelegte Gemeinschaft der Wirtschaftsführung sowie eine persönliche

Verbundenheit voraus (s. PVR Rn. 1511). Das bloße „Nebeneinander" in einer Wohnung ohne gemeinsame Verpflegung soll nicht ausreichen (s. *Staudinger/Kassing*, VersR 2007, 10, 13).

380 ▶ Kommt das Privileg des § 86 Abs. 3 VVG auch nichtehelichen Lebensgefährten zugute?

Ja. Dies hat der BGH im Jahr 2009 ausdrücklich festgestellt (BGH VersR 2009, 813, 814 f.). Gegen die Einbeziehung der nichtehelichen Lebensgemeinschaft bestehen auch keine durchgreifenden verfassungsrechtlichen Bedenken. Art. 6 Abs. 1 GG schützt zwar die Institutionen Ehe und Familie, gebietet jedoch nicht, nichteheliche Lebensgemeinschaften etwa durch Entziehung ihrer materiellen Grundlagen zu bekämpfen (so auch BVerfGE 9, 20, 34 f.; s. dazu PVR Rn. 1512).

381 ▶ Wirkt sich eine Haftpflichtversicherung auf der Seite des schädigenden Mitbewohners auf die Privilegierung nach § 86 Abs. 3 VVG aus?

Der Ausschluss nach § 86 Abs. 3 VVG wirkt generell. Es kommt daher im Einzelfall nicht darauf an, ob eine Belastung deswegen ausscheidet, weil hinter dem Dritten ein Haftpflichtversicherer steht (vgl. BGH NJW 1985, 471; L/R/*Langheid* § 86 Rn. 55).

382 ▶ Kann das Privileg nach § 86 Abs. 3 VVG auch in der Kfz-Haftpflichtversicherung herangezogen werden?

Nein. Das Regressprivileg findet keine analoge Anwendung bei einem Regressanspruch des Kfz-Haftpflichtversicherers gegen den Fahrzeugführer, dem gegenüber er leistungsfrei ist und der mit dem an einem Unfall nicht beteiligten Halter in häuslicher Gemeinschaft lebt (Beispiel: Unfallverursachung durch einen in alkoholisiertem Zustand ohne Fahrerlaubnis fahrenden Sohn des Versicherungsnehmers). Anderenfalls wäre der Versicherer gezwungen, ein Risiko zu decken, welches er nach den von ihm verwendeten AVB nicht übernehmen wollte (s. PVR Rn. 1520).

U. Kosten der Schadensermittlung und -feststellung

383 ▶ Was ist unter Schadensermittlung i. S. von § 85 Abs. 1 VVG zu verstehen?

Schadensermittlung ist die Tätigkeit, durch die der technische Sachverhalt ermittelt wird (z. B. Erforschung des Schadens an einem Gebäude). Hier kann es bei der Schadensbegutachtung zum Zweck einer fachgerechten Reparatur zu Überschneidungen mit den Reparaturkosten als Hauptschaden und dem Aufwendungsersatz nach § 83 VVG kommen (s. *Schimikowski* Rn. 341).

▶   Was fällt unter die Schadensfeststellung?   **384**

Zur Schadensfeststellung gehören buchhalterische Maßnahmen des Versicherungsnehmers und die Verhandlungen mit dem Versicherer, die dazu dienen, den Schaden
nach Grund und Höhe festzustellen. Dazu zählen unter anderem die Kostenabrech-
nungen für Reparaturen im eigenen Betrieb und die Auflistung von Schäden durch
Abhandenkommen (s. *Schimikowski* Rn. 342).

▶   Bekommt der Versicherungsnehmer – wie bei § 83 VVG – objektiv nicht   **385**
    gebotene Kosten erstattet, wenn er sie für geboten halten durfte?

Nein. Der Wortlaut des § 85 Abs. 1 VVG weicht von demjenigen des § 83 Abs. 1
VVG dahingehend ab, dass dem Versicherungsnehmer nur Kosten erstattet werden,
die *objektiv* erforderlich waren. Insoweit unterscheidet sich § 85 VVG vom Rettungskostenersatz nach § 83 VVG, wonach auch solche Schadensabwendungs- oder
-minderungskosten ersetzt werden, die der Versicherungsnehmer für erforderlich
halten durfte. Damit wird der unterschiedlichen Situation, in der sich der Versicherungsnehmer jeweils befindet, Rechnung getragen (s. RegBegr. S. 81).

▶   Ist die Gesamtentschädigung durch die Versicherungssumme begrenzt?   **386**

Nein. Nach § 85 Abs. 1 S. 2 VVG sind die Schadensermittlungskosten auch insoweit zu erstatten, wie sie zusammen mit der sonstigen Entschädigung die Versicherungssumme übersteigen.

▶   Muss der Versicherer dem Versicherungsnehmer dessen Kosten für die   **387**
    Schadensermittlung und -feststellung erstatten, obwohl ein entschädi-
    gungspflichtiger Hauptschaden fehlt?

Nein. Ist der Versicherer aufgrund eines Risikoausschlusses oder einer Obliegenheitsverletzung des Versicherungsnehmers von seiner Verpflichtung zur Leistung frei, so
kommt § 85 VVG nicht zur Anwendung. Auch wenn lediglich ein Schadensverdacht
bestand, der sich später als unbegründet erweist, hat der Versicherungsnehmer keinen
Anspruch auf Erstattung der Schadensermittlungskosten (s. OLG Köln r + s 1993, 71 f.).

▶   Werden dem Versicherungsnehmer die Kosten für einen technischen   **388**
    Sachverständigen vom Versicherer nach § 85 Abs. 1 VVG ersetzt?

Die Kosten für einen Sachverständigen oder Beistand sind nach § 85 Abs. 2 VVG nicht
zu erstatten. Dies betrifft insbesondere Rechts- und Versicherungssachverständige.
    Nach einer früher vertretenen Ansicht (zu § 66 Abs. 2 VVG a. F.) fallen *techni-
sche Sachverständige* jedoch nicht unter den Ausschluss des § 85 Abs. 2 VVG (§ 66
Abs. 2 VVG a. F.), da deren Hinzuziehung für eine Schadensermittlung häufig un-
erlässlich ist (so noch P/M/*Voit*, 26. Aufl. 1998, § 66 Rn. 18).

Einer anderen Auffassung zufolge schließt § 85 Abs. 2 VVG den Einsatz sämtlicher Sachverständiger vom Kostenersatz aus, da weder Gesetzeswortlaut noch Sinn und Zweck der Vorschrift eine Differenzierung erforderten. Auch wenn eine Begutachtung durch technische Sachverständige erforderlich ist, ist es demnach zunächst Sache des Versicherers, diese auf seine Kosten zu veranlassen (s. L/R/*Langheid* § 85 Rn. 7; *Schimikowski* Rn. 349; P/M/*Voit* § 85 Rn. 10).

389 ▶ Gibt es Ausnahmen zum Ausschluss der Kostenerstattung nach § 85 Abs. 2 VVG?

Ja. Der Ausschluss des § 85 Abs. 2 VVG kommt nicht zur Anwendung, wenn der Versicherungsnehmer nach dem Versicherungsvertrag zur Zuziehung eines Sachverständigen verpflichtet ist – wie dies bei förmlichen Sachverständigenverfahren nach § 84 VVG der Fall ist – oder wenn der Versicherer vom Versicherungsnehmer die Einbeziehung eines Sachverständigen verlangt (§ 85 Abs. 2 Halbs. 2 VVG).

390 ▶ Welche Folge hat eine quotale Leistungsfreiheit des Versicherers (vgl. §§ 26 Abs. 1 S. 2, 28 Abs. 2 S. 2, 81 Abs. 2, 82 Abs. 3 S. 2 VVG) für die Schadensermittlungskosten?

Nach § 85 Abs. 3 VVG kann der Versicherer auch den Kostenersatz nach § 85 Abs. 1 VVG entsprechend kürzen, wenn er berechtigt ist, die Versicherungsleistung zu kürzen.

391 ▶ Ist § 85 VVG abdingbar?

Ja. Von § 85 VVG kann auch zum Nachteil des Versicherungsnehmers abgewichen werden (vgl. § 87 VVG). Ein vollständiger Ausschluss eines Kostenersatzes durch die AVB würde jedoch den Versicherungsschutz aushöhlen und wäre daher gem. § 307 Abs. 1, Abs. 2 Nr. 2 BGB unwirksam (s. RegBegr. S. 81).

V. Fälligkeit der Versicherungsleistung; Verjährung

392 ▶ Von welcher allgemeinen Regel weicht § 14 Abs. 1 VVG ab?

Durch § 14 Abs. 1 VVG wird von § 271 BGB abgewichen. Die Fälligkeit der Leistung wird hinausgeschoben, damit der Versicherer die Möglichkeit hat seine Leistungspflicht zu prüfen (s. L/R/*Rixecker* § 14 Rn. 1).

393 ▶ Für welche Art von Leistungen gilt § 14 Abs. 1 VVG lediglich?

§ 14 Abs. 1 VVG gilt nur für Geldleistungen. Nicht erfasst werden z. B. die Ansprüche auf Freistellung oder Rechtsschutzleistungen in der Haftpflichtversicherung (vgl. § 106 VVG) oder auf Interessenwahrnehmung in der Rechtsschutzversicherung (vgl. § 125 VVG). Soweit das VVG keine speziellen Regelungen enthält, kommen die allgemeinen Vorschriften des BGB zum Zuge (s. RegBegr. S. 63).

▶   **Was gehört zu den nach § 14 Abs. 1 VVG nötigen Erhebungen?**   **394**

Zu den zur Feststellung des Versicherungsfalls und des Umfanges der Leistung des Versicherers nötigen Erhebungen zählen unter anderem die Beschaffung der Unterlagen und evtl. die Hinzuziehung von polizeilichen Ermittlungsakten. Der Versicherer muss die Tatsachen in Erfahrung bringen und die Rechtsfragen prüfen können. Zudem steht ihm auch eine *Überlegungsfrist* zu.

Nötig sind im Einzelfall diejenigen Erhebungen, die ein durchschnittlicher sorgfältiger Versicherer des entsprechenden Versicherungskreises für eine abschließende Prüfung benötigt (s. OLG Saarbrücken r + s 2006, 385, 386; PVR Rn. 1538). Dazu gehören auch Erhebungen, die der Versicherer zur Prüfung der Vertragswirksamkeit benötigt, etwa um zu klären, ob der Versicherungsnehmer bei Vertragsschluss seine vorvertragliche Anzeigeobliegenheit ordnungsgemäß erfüllt hat (BGH VersR 2017, 469 Rn. 15 ff.).

▶   **Wie viel Zeit hat der Versicherer für die nach § 14 VVG nötigen Erhebungen?**   **395**

Der für die notwendigen Erhebungen erforderliche Zeitrahmen richtet sich nach der Lage des Einzelfalls. Es kann sich um eine Spanne von einigen Tagen bis zu mehreren Wochen handeln (vgl. die Beispiele bei P/M/*Armbrüster* § 14 Rn. 8 ff.).

Stellt der Versicherer aber keine Erhebungen an oder zieht er die Erhebungen grundlos in die Länge, tritt die Fälligkeit in dem Zeitpunkt ein, in dem die Erhebungen bei sachgemäßem Vorgehen beendet gewesen wären (s. OLG Hamm r + s 2001, 263; PVR Rn. 1540).

▶   **Darf der Versicherer den Ausgang eines Strafverfahrens abwarten?**   **396**

Zu den nach § 14 Abs. 1 VVG nötigen Erhebungen gehören auch Ermittlungen, die der Versicherer nicht selbst führt. Daher können grundsätzlich auch das Ende behördlicher Ermittlungen und die Möglichkeit der Einsichtnahme in die entsprechenden Akten Voraussetzung für die Fälligkeit der Versicherungsleistung sein (s. P/M/*Armbrüster* § 14 Rn. 10).

Nach einer Ansicht (s. BGH VersR 1991, 331) kann der Versicherer den Ausgang eines *Strafverfahrens* abwarten, da sich daraus neue Erkenntnisse ergeben können. Aus § 14 Abs. 2 S. 1 VVG ergibt sich, dass der Versicherer zu einer Leistung nur verpflichtet ist, wenn nach Lage der Dinge der Anspruch unstreitig ist. Nach anderer Auffassung (s. OLG Hamm VersR 1991, 1369, 1370) ist ein Aufschieben der Anerkennung oder Ablehnung bis zum Abschluss der Ermittlungen hingegen nicht zulässig.

▶   **Welche Folge hat es, wenn der Versicherer die Leistung endgültig ablehnt?**   **397**

Wenn der Versicherer die Leistung endgültig ablehnt, stellt er damit klar, dass keine weiteren Erhebungen über den gestellten Anspruch erforderlich sind. Daher wird die Leistung mit dem Zugang des Schreibens über die endgültige Deckungsablehnung fällig (s. BGH VersR 2000, 753, 754).

398 ▶ Kann der Versicherer die Durchführung eines Sachverständigenverfahrens nach § 84 VVG verlangen, wenn er eine Entschädigungsleistung abgelehnt hat?

Nein. Die Möglichkeit eines Sachverständigenverfahrens besteht in diesem Fall nicht mehr, da mit dem Zugang der Ablehnung die Leistung fällig geworden ist (s. BGH VersR 2000, 753, 754; P/M/*Voit* § 84 Rn. 9).

399 ▶ Unter welchen Voraussetzungen muss der Versicherer Verzugszinsen zahlen?

Leistet der Versicherer nicht rechtzeitig, so muss er Verzugszinsen zahlen (§ 14 Abs. 3 VVG i. V. m. §§ 286, 288 BGB). Dafür ist grundsätzlich zunächst eine *Mahnung* erforderlich. Diese ist jedoch entbehrlich, wenn der Versicherer die Leistung ernsthaft und endgültig verweigert. Zudem muss dem Versicherer ein *Verschulden* zur Last fallen (§ 286 Abs. 4 BGB). Daran fehlt es, wenn er einem unverschuldeten Rechtsirrtum unterliegt, weil er nach sorgfältiger Prüfung der Sach- und Rechtslage mit einem Unterliegen im Rechtsstreit nicht rechnen musste. Allerdings werden an eine Entlastung strenge Anforderungen gestellt. Der Versicherer ist nur dann entschuldigt, wenn sich in einer schwierigen Rechtsfrage noch keine h. M. gebildet und er sich seine Auffassung mit genügender Sorgfalt erarbeitet hat, so dass er mit einem Prozessverlust nicht zu rechnen brauchte (s. BGH VersR 2007, 537 Rn. 15). Hat der Versicherer die Leistung wegen zweifelhafter Tatfragen abgelehnt, so handelte er unverschuldet, wenn die Erfüllungsverweigerung durch ausreichende Tatsachen begründet ist (s. P/M/*Armbrüster* § 14 Rn. 32).

400 ▶ Wann verjährt ein Anspruch aus einem Versicherungsvertrag?

Mangels spezieller Regelung im neuen VVG gelten für Beginn, Dauer und Unterbrechung der Verjährung die §§ 195 ff. BGB. Somit verjährt ein Anspruch aus einem Versicherungsvertrag in der regelmäßigen Frist von drei Jahren (§ 195 BGB). Diese Frist beginnt nach § 199 Abs. 1 BGB mit dem Schluss des Jahres, in dem der Anspruch entstanden ist und der Gläubiger von den den Anspruch begründenden Umständen Kenntnis erlangt oder ohne grobe Fahrlässigkeit erlangen müsste.

Eine versicherungsvertragliche Besonderheit enthält allein § 15 VVG: Die Verjährung eines Anspruchs aus einem Versicherungsvertrag wird demnach durch die Anmeldung beim Versicherer gehemmt. Die Hemmung endet, wenn dem Anspruchsteller die Entscheidung des Versicherers in Textform zugeht. Gleiches gilt in der Pflichtversicherung, soweit der geschädigte Dritte seinen Direktanspruch gegenüber dem Versicherer geltend macht (§ 115 Abs. 2 S. 3 VVG; s. dazu PVR Rn. 1544 f.).

401 ▶ Die Klagefrist des § 12 Abs. 3 VVG a. F. wurde im Zuge der VVG-Reform ersatzlos gestrichen. War sie gleichwohl im Jahr 2008 noch anwendbar?

Nach Art. 1 Abs. 4 EGVVG ist § 12 Abs. 3 VVG a. F. jedenfalls auf Fristen anzuwenden, die im Jahr 2007 gesetzt wurden und erst im Jahr 2008 ablaufen.

▶ Konnten auch nach dem 01.01.2008 noch wirksam Klagefristen i. S. des   **402**
§ 12 Abs. 3 VVG a. F. gesetzt werden?

Das ist umstritten. Nach einer Ansicht ist bei Altverträgen § 12 Abs. 3 VVG a. F.
auch für Versicherungsfälle anwendbar, die zwischen dem 01.01. und dem 31.12.
2008 eintreten. Dies folge unmittelbar aus Art. 1 Abs. 2 EGVVG (s. OLG Köln
VersR 2011, 383f.; *Neuhaus*, r + s 2007, 177). Nach anderer Ansicht kann auch bei
Altverträgen ab dem 01.01.2008 keine Klagefrist i. S. von § 12 Abs. 3 VVG a. F.
mehr gesetzt werden (s. BGH VersR 2012, 470 Rn. 16 ff.) Dafür lässt sich die Systematik der Art. 1 Abs. 4, 3 Abs. 4 EGVVG anführen. Die Klagefrist wird nämlich
über Art. 3 Abs. 4 EGVVG von der allgemeinen Fristenregelung des Art. 3 Abs. 2
EGVVG und damit von einer Ausnahmevorschrift erfasst. Diese Ansicht ist im Hinblick auf die Rechtssicherheit und die gesetzgeberische Absicht, die rechtspolitisch
nicht mehr zu rechtfertigende Klagefrist für die Zeit nach 2007 abzuschaffen, vorzugswürdig (s. PVR Rn. 1547).

▶ Ist eine § 12 Abs. 3 VVG a. F. entsprechende Regelung in AVB künftig   **403**
möglich?

Diese Frage stellt sich nicht nur für Neuverträge. Auch Altverträge enthielten Klauseln, die den Gesetzeswortlaut des § 12 Abs. 3 VVG a. F. wiederholten (Beispiele:
§ 10 Abs. 2 AHB, § 8 Abs. 1 AKB). Die wohl überwiegende Meinung in der Literatur hält die Regelung einer § 12 Abs. 3 VVG a. F. entsprechenden Klagefrist in AVB
für unzulässig (s. *Neuhaus*, r + s 2007, 177, 180; *Uyanik*, VersR 2008, 468, 469). Die
Klausel weicht demnach vom wesentlichen Grundgedanken der neuen gesetzlichen
Regelung ab und ist daher nach § 307 Abs. 2 Nr. 1 BGB unwirksam. Das gesetzgeberische Leitbild i. S. von § 307 Abs. 2 Nr. 1 BGB liege in der Abschaffung des
bisherigen Leitbildes, was sich nicht zuletzt aus einem Gegenschluss aus der Vorschrift des Art. 1 Abs. 3 EGVVG ergebe (s. L/R/*Rixecker* § 15 Rn. 17).

W. Prämie

▶ Welche Arten von Prämien gibt es?   **404**

Es werden *Einmalprämien* und *laufende Prämien* unterschieden. Bei den laufenden
Prämien kann es sich um die Erstprämie oder eine Folgeprämie handeln (s. PVR
Rn. 1579 ff.). Zu Zahlungsmodalitäten s. ferner § 312a Abs. 3, 4, 6 BGB, die gem.
§ 312 Abs. 6 BGB auch für Versicherungsverträge gelten.

▶ Wonach richten sich Zusammensetzung und Höhe der Prämie?   **405**

Zusammensetzung und Höhe der Prämie richten sich nach dem vereinbarten Tarif (sog.
Tarifprämie). Dieser Tarif ist gleichsam das Preisverzeichnis des Versicherers; dieses
umfasst Differenzierungen in Risikogruppen (sog. *Prämienstaffelung*). Der Tarif enthält
regelmäßig darüber hinaus Klauseln, durch die der Versicherer die Prämienhöhe festlegt

(sog. *Tarifbestimmungen*). Die Höhe der Prämie unterliegt grundsätzlich der freien Parteivereinbarung. Eine besondere Preisobergrenze sieht § 152 Abs. 3 S. 1 VAG für den Basistarif in der Krankenversicherung vor. Zudem gibt es aufsichtsrechtliche Vorgaben für die Prämienkalkulation (§§ 9 Abs. 4 Nr. 5a, 146, 161, 146 ff. ff. VAG), mit denen die dauerhafte Erfüllbarkeit der Verträge sichergestellt werden soll (s. PVR Rn. 1585 ff.)

406 ▶ Warum kommt der Erstprämie besondere Bedeutung zu?

Der Erstprämie ist deshalb besonders bedeutsam, weil gem. § 37 Abs. 2 VVG erst mit ihrer Zahlung der materielle Haftungsbeginn einsetzt (s. PVR Rn. 1619 ff.).

407 ▶ Was ist bei vereinbarter Ratenzahlung als Erstprämie anzusehen?

Ist der Gesamtbetrag der Prämie, wie er im Versicherungsschein ausgewiesen ist, sofort fällig, erhebt der Versicherer aber mit Rücksicht auf die Verhältnisse des *Einzelfalls* die Prämie nur in Raten, so stellt der Gesamtbetrag die Erstprämie dar.

Ist aber von vornherein im Vertrag generell Zahlung in kalendermäßig bestimmten Raten (sog. *unterjährige Ratenzahlung*) vorgesehen, so gilt nur die erste Rate als Erstprämie (s. OLG München VersR 1987, 554; P/M/*Reiff* § 37 Rn. 2; PVR Rn. 1641).

408 ▶ Wer ist der Schuldner der Prämie?

Die Prämie schuldet der Versicherungsnehmer als Vertragspartner des Versicherers (§ 1 S. 2 VVG), *nicht* aber der Versicherte bei der Versicherung für fremde Rechnung, der Bezugsberechtigte in der Lebensversicherung oder der Pfandgläubiger. Versicherter, unwiderruflich Bezugsberechtigter oder Pfandgläubiger haben allerdings nach § 34 VVG das Recht, den Versicherungsschutz durch Zahlung der Prämie aufrechtzuerhalten (s. auch Frage 189). Durch diese Vorschrift wird der Kreis der Ablösungsberechtigten i. S. des § 268 BGB erweitert (s. PVR Rn. 1614).

409 ▶ Welcher Personenkreis wird nicht von § 34 VVG erfasst?

Nicht von § 34 VVG erfasst sind *andere Dritte*, ungeachtet dessen, dass sie gleichfalls ein Interesse daran haben können, die Verzugsfolgen zu vermeiden, wie etwa widerruflich Bezugsberechtigte, Abtretungsempfänger von Versicherungsleistungen sowie der Geschädigte in der Haftpflichtversicherung (s. PVR Rn. 1616).

410 ▶ Inwieweit weicht der Leistungsort nach § 36 VVG von der allgemeinen Regel des § 269 BGB ab?

Nach § 269 Abs. 1 BGB ist Leistungsort der Wohnsitz des Schuldners zur Zeit der Entstehung der Schuld. Nach der speziellen Regelung des § 36 Abs. 1 S. 1, Abs. 2 VVG ist Leistungsort für die Zahlung der Prämie der *jeweilige* Wohnsitz bzw. die *jeweilige* gewerbliche Niederlassung des Versicherungsnehmers, unabhängig von den Verhältnissen bei Vertragsschluss (s. PVR Rn. 1609).

▶ Um welche Art von Schuld handelt es sich bei der Prämienschuld? **411**

Da der Leistungsort der Wohnsitz des Versicherungsnehmers, der Erfolgsort die gewerbliche Niederlassung des Versicherers ist und zudem der Versicherungsnehmer nach § 36 Abs. 1 S. 2 VVG, § 270 Abs. 1 S. 1 BGB die Übermittlungsgefahr trägt, handelt es sich bei der Prämienschuld nach bisherigem Verständnis um eine qualifizierte Schickschuld (P/M/*Reiff* § 36 Rn. 3). Neuerdings wird teils auch von einer modifizierten Bringschuld ausgegangen, da der Versicherungsnehmer nunmehr nicht bloß die Übermittlungs-, sondern auch die Verzögerungsgefahr trage (L/P/*Stagl* § 36 Rn. 1). Möglich ist es freilich auch, innerhalb der Grenzen der §§ 305 ff. BGB in den AVB eine Bringschuld zu vereinbaren. Bei Vereinbarung eines SEPA-Lastschriftverfahrens liegt eine Holschuld vor (s. dazu PVR Rn. 1612 f.).

Nach Auffassung des EuGH fordert die *Zahlungsverzugsrichtlinie* zudem, dass bei einer Zahlung durch Banküberweisung der geschuldete Betrag dem Konto des Gläubigers rechtzeitig gutgeschrieben sein muss, wenn das Entstehen von Verzugszinsen vermieden werden soll. Welche Bedeutung jene Entscheidung für die Zahlung der Versicherungsprämie hat, ist bislang nicht abschließend geklärt (s. MünchKommVVG/*Staudinger* § 36 Rn. 4 ff.). Zu beachten ist in jedem Fall, dass die Richtlinie in ihrem Anwendungsbereich lediglich Entgeltforderungen von Unternehmern gegen Unternehmer erfasst. Daher spricht vieles dafür, die Richtlinie auf die Prämienschuld von Verbrauchern nicht anzuwenden (s. PVR Rn. 1611).

▶ Was ist eine Versicherungsperiode? **412**

Schuldet der Versicherungsnehmer eine laufende Prämie, so wird die komplette Vertragsdauer in gleich große Abschnitte unterteilt, für welche jeweils die Prämie zu entrichten ist. Diese Abschnitte werden Versicherungsperioden genannt; sie haben gem. § 12 VVG eine maximale Länge von einem Jahr (s. PVR Rn. 1582).

▶ Muss der Versicherungsnehmer stets die Prämie für eine Versicherungs- **413** periode auf einmal begleichen?

Nein. Die Zahlungsweise muss nicht mit der Versicherungsperiode übereinstimmen. So kann bei einjähriger Versicherungsperiode z. B. eine vierteljährliche Zahlung vereinbart werden. Es liegt dann ein Fall von Ratenzahlung, eine sog. *unterjährige Ratenzahlung*, vor (s. Frage 407; PVR Rn. 1583).

▶ Handelt es sich bei der unterjährigen Prämienzahlung um eine entgelt- **414** liche Finanzierungshilfe in Form eines entgeltlichen Zahlungsaufschubs i. S. des § 506 Abs. 1 BGB?

Der BGH lehnt dies mit dem Hinweis darauf ab, dass bei einer unterjährigen Prämienzahlung keine für einen Zahlungsaufschub erforderliche Abweichung vom dispositiven Gesetzesrecht vorliege, da das VVG keine Regelung zur Fälligkeit von Folgeprämien enthält (VersR 2013, 341 Rn. 14 ff.). Demzufolge finden die verbraucherkreditrechtlichen Vorschriften des BGB keine Anwendung (s. PVR Rn. 1584).

415 ▶ Wann kann der Versicherer die Einmal- oder Erstprämie nach § 33 Abs. 1 VVG verlangen?

Der Versicherungsnehmer muss eine einmalige Prämie, sowie bei laufenden Prämien die Erstprämie, *unverzüglich nach Ablauf von zwei Wochen nach Zugang des Versicherungsscheins* zahlen. Dies war nach alter Rechtslage anders: Die Prämie wurde nach § 35 S. 1 VVG a. F. sofort nach Vertragsschluss fällig. Eine sofortige Fälligkeit widerspräche aber dem Widerrufsrecht nach § 8 VVG, da der Versicherungsnehmer erst nach Ablauf der Widerrufsfrist endgültig an den Vertrag gebunden ist. § 33 Abs. 1 VVG regelt daher, dass die Prämie zu dem Zeitpunkt fällig wird, zu dem im Normalfall die Widerrufsfrist abläuft (s. RegBegr. S. 70; PVR Rn. 1601).

416 ▶ Wann wird die Einmal- oder Erstprämie fällig, wenn der Versicherungsschein vom Antrag des Versicherungsnehmers abweicht?

Weicht der Versicherungsschein vom Antrag des Versicherungsnehmers ab, so wird die Prämie nach Ablauf der Monatsfrist des § 5 Abs. 2 VVG fällig (s. RegBegr. S. 70). Dies ist sachgerecht, da in solchen Fällen der Vertrag bis zur Genehmigung noch nicht wirksam ist, so dass auch der Anspruch auf Zahlung der Erstprämie nicht fällig werden kann (s. PVR Rn. 1602).

417 ▶ § 33 Abs. 1 VVG ist dispositiv (vgl. § 42 VVG). Ist eine AVB wirksam, die den Zeitpunkt der Fälligkeit auf den Zugang des Versicherungsscheines vorverlegt?

Das ist fraglich. In Betracht kommt eine Unwirksamkeit nach § 307 BGB, insbesondere wegen Verstoßes gegen ein gesetzliches Leitbild nach § 307 Abs. 2 Nr. 1 BGB. Eine Ansicht in der Literatur hält die AVB-Regelung für zulässig, wenn gleichzeitig der Versicherungsschutz entsprechend vorverlegt wird. In diesem Falle liege kein Verstoß gegen das gesetzliche Leitbild der §§ 9, 33 VVG vor. Die Vorverlagerung der Prämienfälligkeit sei zwar nachteilig für den Versicherungsnehmer. Dies werde jedoch dadurch ausgeglichen, dass bereits während der Widerruflichkeit des Vertrages (vgl. § 8 VVG) Versicherungsschutz gewährt wird (*Funck*, VersR 2008, 163, 167; *Wandt/Ganster*, VersR 2007, 1034, 1039). Aus dem Zusammenspiel der §§ 8, 9 und 33 Abs. 1 VVG, die als gesetzliches Leitbild heranzuziehen sind, ergibt sich, dass ein endgültiger Leistungsaustausch bereits während derjenigen Phase möglich sein soll, in der der Versicherungsnehmer den Vertrag noch widerrufen kann (s. PVR Rn. 1603 f.)

418 ▶ Wann wird eine Folgeprämie fällig?

Die Fälligkeit von Folgeprämien wird meist vertraglich vereinbart. Sofern die AVB insoweit nichts regeln, greift mithin die allgemeine Vorschrift des § 271 BGB ein, da eine dem § 33 Abs. 1 VVG entsprechende Regelung für die Fälligkeit der Folgeprämie nicht existiert. Demnach kann der Gläubiger die Leistung dann, wenn auch

aus den Umständen nichts anderes zu entnehmen ist, sofort verlangen. Für die Folgeprämie bedeutet dies, dass die jeweilige auf eine Versicherungsperiode entfal-
lende Prämie im Zweifel zu Beginn der Periode fällig ist (s. PVR Rn. 1605).

▶   Was muss der Versicherer unternehmen, damit der Versicherungsneh-   **419**
    mer die Erstprämie ordnungsgemäß entrichten kann?

Der Versicherungsnehmer kann seiner Zahlungsverpflichtung nur nachkommen,
wenn er die Prämienhöhe kennt. Daher muss der Versicherer die Prämie anfordern
(s. BGHZ 47, 352, 356 = VersR 1967, 569, 570; *Wandt* Rn. 543). Die *Erstprämienanforderung* kann im Versicherungsschein oder gesondert erfolgen. An Klarheit,
Genauigkeit und Richtigkeit der Erstprämienanforderung werden hohe Anforderungen gestellt (s. BGH VersR 1986, 986, 987).

▶   Kann eine Aufrechnung die geschuldete Erstprämienzahlung des Versi-   **420**
    cherungsnehmers ersetzen?

Bestand bereits bei Fälligwerden der Erstprämie eine Verrechnungs- oder Aufrech-
nungslage, so steht die Aufrechnung nach Eintritt des Versicherungsfalls der Prämienzahlung grundsätzlich gleich. Eine Leistungsfreiheit nach § 37 Abs. 2 VVG
widerspräche dem Grundsatz von Treu und Glauben (§ 242 BGB). Der Versicherer
ist nicht schutzwürdig, wenn ihm dies wenigstens bekannt sein könnte, da dann das
Interesse an dem Erhalt der ihm zustehenden Prämie ausreichend gewahrt ist (BGH
NJW 1985, 2478, 2479). Die Gegenforderung kann auch eine streitige Versiche-
rungsforderung sein (s. P/M/*Reiff* § 37 Rn. 16).

▶   Welche Besonderheit besteht für die Aufrechnung seitens des Versicherers?   **421**

§ 35 VVG sieht eine Abweichung vom allgemeinen Schuldrecht vor, indem der Versicherer Prämienansprüche auch gegenüber Dritten geltend machen kann, die Versicherungsleistungen von ihm beanspruchen. Dies stellt eine Durchbrechung des
Erfordernisses der Gegenseitigkeit der Leistungen nach § 387 BGB dar (s. PVR
Rn. 1617).

▶   Welche Folge hat die nicht rechtzeitige Zahlung der Erst- oder Einmal-   **422**
    prämie?

Wird die Erst- oder Einmalprämie nicht rechtzeitig gezahlt, hat der Versicherer gem.
§ 37 Abs. 1 VVG die Möglichkeit vom Vertrag zurückzutreten. Ein Rücktritt ist
nicht möglich, wenn der Versicherungsnehmer nachweisen kann, dass er die Nichtzahlung nicht zu vertreten hat.
   Ist die Erst- oder Einmalprämie bei Eintritt des Versicherungsfalls noch nicht
gezahlt, so ist der Versicherer nach § 37 Abs. 2 VVG von der Verpflichtung zur
Leistung frei (sog. *Einlösungsprinzip*). Der Versicherer muss aber leisten, wenn der
Versicherungsnehmer nachweisen kann, dass er die Nichtzahlung nicht zu vertreten

hat (§ 37 Abs. 2 S. 1 Halbs. 2 VVG) oder wenn der Versicherer den Versicherungsnehmer über die Rechtsfolge der Leistungsfreiheit nicht belehrt hat (§ 37 Abs. 2 S. 2
VVG; s. PVR Rn. 1625).

423 ▶   Wann kann sich der Versicherer nicht auf die Leistungsfreiheit nach § 37
             Abs. 2 S. 1 VVG berufen, obwohl der Versicherungsnehmer die Prämie
             nicht (vollständig) gezahlt hat?

Dem Versicherer kann es gem. § 242 BGB verwehrt sein, sich auf die Leistungsfreiheit nach § 37 Abs. 2 S. 1 VVG zu berufen, wenn der Versicherungsnehmer sich
lediglich mit einem *geringfügigen Prämienbetrag* in Verzug befindet (BGH VersR
1988, 484; P/M/*Reiff* § 37 Rn. 11; PVR Rn. 1627; keine inhaltliche Änderung durch
die VVG Reform: RegBegr. S. 71). Zur Beurteilung der Geringfügigkeit ist der noch
ausstehende Prämienbetrag in Relation zur fälligen Prämie einschließlich Zinsen
und Kosten zu setzen. Die Abgrenzung im Einzelfall ist hier schwierig. So soll ein
geringfügiger Rückstand bei 2 € gegenüber 50 € vorliegen, aber nicht bei 25 € gegenüber 500 € (P/M/*Reiff* § 37 Rn. 11). An dieser Rechtsprechung ist auch nach der
VVG-Reform festzuhalten, wenngleich der Gesetzeswortlaut nicht entsprechend
geändert wurde (s. RegBegr. S. 71).

424 ▶   Kann der Versicherer in der Haftpflichtversicherung die Leistungsfreiheit nach
             § 37 Abs. 2 VVG gegenüber dem geschädigten Dritten geltend machen?

In der Pflichtversicherung kann der Versicherer die Leistungsfreiheit nach § 37
Abs. 2 VVG nicht gegenüber dem Geschädigten geltend machen. Gegenüber dem
Dritten ist der Versicherer gem. § 117 Abs. 1 VVG leistungspflichtig (s. dazu PVR
Rn. 1843 ff.).

425 ▶   Welche Anforderungen sind an die qualifizierte Mahnung nach § 38
             Abs. 1 VVG zu stellen?

Der Versicherer muss den Versicherungsnehmer zur Zahlung in Textform auffordern. Dafür kann er dem Versicherungsnehmer eine Frist von mindestens zwei Wochen setzen (§ 38 Abs. 1 S. 1 VVG). Zudem ist der Versicherungsnehmer über
Grund und Umfang der Zahlungspflicht umfassend und richtig zu informieren sowie auf alle Folgen einer Nichtzahlung ausdrücklich hinzuweisen (§ 38 Abs. 1 S. 2
VVG). Diese Belehrung muss nicht nur die Säumnisfolgen nach § 38 Abs. 2 und 3
VVG enthalten, sondern auch die Möglichkeiten des Versicherungsnehmers, diese
abzuwenden („*qualifizierte Mahnung*"; s. BGH, VersR 1999, 1525 f.; A. *Lang*,
VersR 1987, 1157, 1160 f.; PVR Rn. 1632).

426 ▶   Welche Auswirkungen hat es, wenn der Versicherer in der Mahnung zu
             viel oder zu wenig Prämie verlangt?

Verlangt der Versicherer zu viel Prämie, so ist die Fristsetzung unwirksam. Dies gilt
auch, wenn der Mehrbetrag die Prämie nur geringfügig übersteigt (s. BGH VersR

1992, 1501). Dem Versicherer obliegt es dann, die Mahnung nochmals vorzunehmen. Wird hingegen zu wenig Prämie verlangt, so ist die Frist wirksam gesetzt. Der Versicherungsnehmer muss dann zunächst nur den vom Versicherer verlangten Betrag begleichen. Hinsichtlich des Restbetrages kann ihn der Versicherer erneut mahnen (s. P/M/*Reiff* § 38 Rn. 19).

▶ Zu welchem Zeitpunkt muss sich der Versicherungsnehmer mit einer Folgeprämie in Verzug befinden, damit der Versicherer leistungsfrei ist oder kündigen kann? **427**

Für eine Leistungsfreiheit des Versicherers nach § 38 Abs. 2 VVG muss der Versicherungsnehmer bei Eintritt des Versicherungsfalls in Verzug sein (s. PVR Rn. 1633). Will der Versicherer nach § 38 Abs. 3 VVG kündigen, so kommt es für den Verzug des Versicherungsnehmers auf den Zeitpunkt an, in dem die gesetzte Zahlungsfrist abläuft. Die Kündigung kann dabei bereits mit der Mahnung auf den Zeitpunkt des Ablaufs der Zahlungsfrist erklärt werden (s. PVR Rn. 1636).

▶ Was kann der Versicherungsnehmer tun, um sich den Versicherungsschutz zu erhalten? **428**

Wenn der Versicherungsfall noch nicht eingetreten ist, kann der Versicherungsnehmer vor der Kündigung des Versicherers oder binnen eines Monats nach der Kündigung (§ 38 Abs. 3 S. 3 VVG) die ausstehende Prämie zahlen und sich damit den Versicherungsschutz erhalten.

Zahlt der Versicherungsnehmer erst nach Eintritt des Versicherungsfalls, so bleibt der Versicherer für diesen Versicherungsfall leistungsfrei (§ 38 Abs. 3 S. 3 Halbs. 2 VVG). Eine Kündigung durch den Versicherer ist aber dennoch ausgeschlossen, wenn die Voraussetzungen des § 38 Abs. 3 S. 3 VVG erfüllt sind (s. PVR Rn. 445, 1637).

▶ Steht dem Versicherer bei vorzeitiger Vertragsbeendigung die volle Prämie für die laufende Versicherungsperiode zu? **429**

Nein. Endet das Versicherungsverhältnis vor Ablauf einer Versicherungsperiode, so kann der Versicherer nach § 39 Abs. 1 S. 1 VVG für diese Versicherungsperiode nur denjenigen Teil der Prämie verlangen, der dem Zeitraum entspricht, in dem Versicherungsschutz bestanden hat. Dem Versicherer steht also nur der Teil der Prämie zu, der dem von ihm zeitanteilig (pro rata temporis) getragenen Risiko entspricht. Der früher geltende Grundsatz der *Unteilbarkeit der Prämie* ist im reformierten Recht weitgehend aufgegeben worden (s. Frage 336; PVR Rn. 1588).

▶ In welchen Fällen vorzeitiger Vertragsbeendigung kann § 39 Abs. 1 S. 1 VVG zur Anwendung kommen? **430**

Hauptanwendungsfall der Norm ist die vorzeitige Vertragsbeendigung durch Ausübung eines *besonderen Kündigungsrechts*, z. B. nach §§ 19 Abs. 3 S. 2, 24, 25 Abs. 2, 28 Abs. 1 oder 38 Abs. 3 VVG.

431 ▶   Wieso weicht § 39 Abs. 1 S. 2 Fall 1 VVG für den Fall des Rücktritts aufgrund des § 19 Abs. 2 VVG von der Grundregel des § 39 Abs. 1 S. 1 VVG ab?

Tritt der Versicherer aufgrund vorvertraglicher Anzeigepflichtverletzung zurück (§ 19 Abs. 2 VVG), so ist er nach § 21 Abs. 2 VVG zur Leistung verpflichtet, wenn die Verletzung der Anzeigepflicht für den Versicherungsfall nicht kausal ist. Daher erscheint es angemessen, dem Versicherer einen Prämienanspruch bis zum Zeitpunkt des Wirksamwerdens des Rücktritts zu gewähren (s. RegBegr. S. 72; PVR Rn. 1590).

432 ▶   In welchen weiteren Fällen wird von der Grundregel des § 39 Abs. 1 S. 1 VVG abgewichen?

Bei einer Anfechtung des Versicherers wegen arglistiger Täuschung ist der Versicherungsnehmer nicht schutzwürdig. Daher bestimmt § 39 Abs. 1 S. 2 Fall 2 VVG, dass dem Versicherer die Prämie bis zum Wirksamwerden der Anfechtungserklärung zusteht.

Weitere Ausnahmen sind für Betrugsfälle in § 74 Abs. 2 Halbs. 2 VVG (Überversicherung), § 78 Abs. 3 Halbs. 2 VVG (Mehrfachversicherung) und § 80 Abs. 3 VVG (fehlendes versichertes Interesse) geregelt (s. PVR Rn. 1590).

433 ▶   Wie kann der Versicherungsnehmer reagieren, wenn der Versicherer die Prämie aufgrund einer Anpassungsklausel erhöht?

Der Versicherungsnehmer kann nach § 40 Abs. 1 VVG den Vertrag innerhalb eines Monats fristlos kündigen, wenn die Prämie erhöht wird, ohne dass sich der Umfang des Versicherungsschutzes entsprechend ändert (s. PVR Rn. 1595).

434 ▶   Wann kann der Versicherungsnehmer verlangen, dass die Prämie herabgesetzt wird?

Der Versicherungsnehmer kann nach § 41 VVG verlangen, dass die Prämie herabgesetzt wird, wenn sie wegen bestimmter gefahrerhöhender Umstände vereinbart wurde und diese Umstände nach Antragstellung weggefallen oder bedeutungslos geworden sind. Die Prämie wird dann ab Zugang des Verlangens beim Versicherer angemessen reduziert (s. PVR Rn. 1594).

X. Zurechnung des Verhaltens von Hilfspersonen

435 ▶   Unter welchen Voraussetzungen ist jemand Repräsentant des Versicherungsnehmers?

Repräsentant ist, wer in dem Geschäftsbereich, zu dem das versicherte Risiko gehört, aufgrund eines Vertretungs- oder ähnlichen Verhältnisses an die Stelle des Versicherungsnehmers getreten ist (s. BGHZ 122, 250, 253 f. = VersR 1993, 828, 829).

Dies kann im Wege der Risikoverwaltung und/oder der Vertragsverwaltung geschehen. Nach neuerer Rechtsprechung des BGH ist es für die Repräsentantenstellung nicht länger erforderlich, dass der Dritte zugleich Risiko- *und* Vertragsverwalter ist (s. BGHZ 122, 250, 253 f. = VersR 1993, 828, 829; anders noch BGH VersR 1989, 737). *Risikoverwaltung* liegt vor, wenn jemandem die Obhut für die versicherte Sache überlassen wurde und er die eigenverantwortliche Sorge dafür trägt. Voraussetzung ist stets eine gewisse Selbstständigkeit des mit der Obhut betrauten Repräsentanten im Hinblick auf den Umgang mit dem versicherten Interesse. *Vertragsverwalter* ist, wer eigenverantwortlich die Verwaltung des Versicherungsvertrages ausübt, weil ihm vom Versicherungsnehmer Rechte und Pflichten aus dem Vertrag übertragen worden sind (s. BGHZ 122, 250, 253 f. = VersR 1993, 828, 829). Das Fehlverhalten seines Repräsentanten wird dem Versicherungsnehmer zugerechnet.

▶   Nennen Sie Beispiele!   **436**

Beispiele für *Risikoverwaltung*: Risikoverwalter in der Wohngebäudeversicherung ist etwa der Hausmeister/Verwalter, der vom Eigentümer umfänglich mit der Instandhaltung und -setzung seines Gebäudes betraut worden ist (s. P/M/*Armbrüster* § 28 Rn. 99; OLG Brandenburg r + s 2013, 24). Der Leasingnehmer ist Repräsentant des Leasinggebers, wenn letzterer die Vollkaskoversicherung für den geleasten Gegenstand abgeschlossen hat. Der Wohnungs- oder Gewerberaummieter ist es demgegenüber im Verhältnis zum Vermieter in aller Regel nicht (s. L/R/*Rixecker* § 28 Rn. 44). Ein Ehegatte ist nicht schon aufgrund seiner Stellung als solcher und der damit verbundenen Befugnisse Repräsentant (s. BGH r + s 1994, 284, 285). Vielmehr müssen im Einzelfall die zu Frage 435 erörterten Voraussetzungen erfüllt sein.

Beispiele für *Vertragsverwaltung*: Das Paradebeispiel für einen Vertragsverwalter auf Seiten des Versicherungsnehmers ist dessen Makler, wenn dieser die laufende Vertragsbetreuung übernimmt. Hat der Versicherungsnehmer seinen Ehegatten mit der Abwicklung des Schadensfalles und den Regulierungsverhandlungen mit dem Versicherer betraut, so ist der Ehegatte Vertragsverwalter (s. PVR Rn. 1677 f.). Der Rechtsanwalt ist demgegenüber grundsätzlich kein Repräsentant unter dem Gesichtspunkt der Vertragsverwaltung. Ihm wird die Wahrnehmung der Rechte und Pflichten aus dem Vertrag regelmäßig nicht in genügendem Umfange überantwortet (s. L/R/*Rixecker* § 28 Rn. 46).

▶   Weshalb bedarf es der Repräsentantenhaftung im Versicherungsrecht?   **437**

Nach überwiegender Ansicht (sog. *Voraussetzungstheorie*) ist § 278 BGB im Versicherungsrecht nicht anwendbar, da dies eine unverhältnismäßige Einschränkung des Versicherungsschutzes bedeuten würde (s. BGHZ 11, 120, 122 f.). Bereits dem Wortlaut nach passe die Vorschrift nicht auf Obliegenheiten, da es dabei gerade nicht um die Erfüllung von Verbindlichkeiten geht (s. BGH VersR 1981, 948, 950). Obliegenheiten als echte Nebenpflichten einzuordnen überzeuge auch deshalb nicht, weil ihre Beachtung vom Versicherer nicht eingeklagt werden könne. Da keine Regelungslücke bestehe, soll auch eine Analogie nicht in Betracht kommen (s. L/R/*Rixecker* § 28 Rn. 37; vgl. auch L/P/*Pohlmann* § 28 Rn. 57 ff.).

Aufgrund dessen sind im Versicherungsvertragsrecht eigene Rechtsfiguren für die Zurechnung von Kenntnissen und Verhalten zum Versicherungsnehmer entwickelt worden, insbesondere die Repräsentantenhaftung.

Nach anderer Meinung (sog. *Verbindlichkeitstheorie*) kann § 278 BGB angewendet werden, soweit dadurch der Versicherungsschutz nicht entwertet wird (s. P/M/*Prölss*, 28. Aufl. 2014, § 28 Rn. 53 f.).

438 ▶ Beispielsfall (nach BGH r + s 2007, 273): Die C-GmbH betreibt im dritten Obergeschoss einer Gewerbeimmobilie einen Pelzgroßhandel. Ein Angestellter der C-GmbH, W, ist von dieser mit der fortlaufenden Betreuung der von der C-GmbH genommenen Gebäudefeuerversicherung betraut worden. Am Abend des 24.12. kommt es infolge Brandstiftung zu einem Großbrand. Die Betriebsstätte der C-GmbH brennt vollständig aus. Der Gebäudeversicherer beruft sich im Prozess gegenüber der C-GmbH auf Leistungsfreiheit, da die Beweisaufnahme ergeben habe, dass der Brand von W selbst gelegt worden ist. Zu Recht?

Der Gebäudeversicherer ist nach § 81 Abs. 1 VVG leistungsfrei, wenn die C-GmbH den Versicherungsfall vorsätzlich herbeigeführt hat. Da die C selbst nicht handlungsfähig ist, kann sie jedenfalls durch ihr eigenes Verhalten nicht den Versicherungsfall herbeigeführt haben. Fraglich ist aber, ob sich die C das Verhalten des W zurechnen lassen muss. Eine Zurechnung analog § 31 BGB kommt nicht in Betracht, da W nicht Geschäftsführer der C gewesen ist (im BGH-Fall war zwischen den Parteien streitig, ob W nicht als faktischer Geschäftsführer anzusehen war). Da § 278 BGB auf § 81 Abs. 1 VVG mangels allgemeiner Schadensvermeidungspflicht nicht anwendbar ist (s. Frage 273), bleibt zu klären, ob sich die C das Verhalten des W über die Grundsätze zur *Repräsentantenhaftung* zurechnen lassen muss. Laut Sachverhalt war W von der C-GmbH mit der fortlaufenden Betreuung des Versicherungsvertrages betraut. Er war daher *Vertragsverwalter*; nur hinsichtlich der damit verbundenen Risiken ist er an die Stelle der C-GmbH getreten. Es war ihm nicht auch die Risikoverwaltung übertragen. Eine Zurechnung kommt jedoch nur insoweit in Betracht, wie die C den W an ihre Stelle hat treten lassen. Hieraus folgt, dass C sich das Verhalten des W nur in Vertragsangelegenheiten, nicht auch hinsichtlich der Herbeiführung des Versicherungsfalls zurechnen lassen muss. Daher ist der Gebäudeversicherer nicht nach § 81 Abs. 1 VVG leistungsfrei.

439 ▶ Gibt es weitere Einschränkungen der Repräsentantenhaftung?

Ja. Es gibt Fälle, in denen das Verhalten des Repräsentanten nicht zugerechnet wird, weil der Versicherungsvertrag gerade gegen das *konkrete fehlerhafte Verhalten* – auch wenn es einem Repräsentanten zuzuschreiben ist – schützen soll.

So scheidet die Haftung des Halters für ein Verhalten des Fahrers in der Kfz-Haftpflichtversicherung aus, auch wenn die Voraussetzungen der Repräsentantenhaftung grundsätzlich vorliegen. Der Fahrer hat als Mitversicherter (§ 10 Abs. 2 lit. c) AKB 2008) eigene Obliegenheiten zu erfüllen, deren Verletzung dem Versicherungsnehmer nicht zuzurechnen ist (s. BGH VersR 1998, 79, 81; L/P/*Pohlmann* § 28 Rn. 78). Dies gilt nicht für die Kfz-Kaskoversicherung (s. BGH VersR 1996, 1229, 1230).

▶   Kann die Reichweite der Repräsentantenhaftung in AVB erweitert werden?   **440**

Das ist zweifelhaft. Derartige Klauseln sind nach verbreiteter Ansicht mit dem Grundgedanken der von der Rechtsprechung entwickelten Grenzen der Repräsentantenhaftung nicht vereinbar und daher gem. § 307 Abs. 1 S. 1, Abs. 2 Nr. 1 BGB unwirksam (s. BGH VersR 1993, 830, 831; PVR Rn. 1685). Beispiel: § 17 Abs. 7 ARB 2010 (zur fehlenden Repräsentanteneigenschaft des Rechtsanwalts in der Rechtsschutzversicherung s. *Wendt*, r + s 2010, 221, 230)

▶   Definieren Sie den Begriff Wissenserklärungsvertreter!   **441**

Ein Wissenserklärungsvertreter ist eine Person, die vom Versicherungsnehmer ausdrücklich oder stillschweigend mit der Erfüllung von dessen Obliegenheiten in Form der Erstattung von Anzeigen und Auskünften gegenüber dem Versicherer betraut worden ist.
Dem Versicherungsnehmer sind die von dieser Person an seiner Stelle gemachten oder unterlassenen Angaben zuzurechnen (analog § 166 Abs. 1 BGB; BGH VersR 1967, 343, 344; L/R/*Rixecker* § 28 Rn. 49; krit. zu diesem Anknüpfungspunkt P/M/*Armbrüster* § 28 Rn. 154).

▶   Beispielsfall (nach BGH VersR 2014, 59): Am 01.01. schließt Filmproduzent   **442**
    C mit dem Versicherer V eine sog. Filmausfallversicherung ab. Nach den
    AVB leistet V Entschädigung, „wenn eine oder mehrere der im Versiche-
    rungsantrag genannten Personen, aufgrund von […] Tod […] dauernd für
    die Durchführung des versicherten Filmprojekts nicht zur Verfügung ste-
    hen". Hauptdarstellerin ist die schwer drogenabhängige A. Die Todesfall-
    deckung wurde bei den Vertragsverhandlungen davon abhängig ge-
    macht, dass A eine „Gesundheitsselbsterklärung" abgibt. Der Fragebogen
    des V wurde A durch ihre Maklerin übermittelt. U. a. enthielt der Vordruck
    eine Frage nach regelmäßigem Medikamenten- und Drogenkonsum, die
    A wahrheitswidrig verneinte. Daraufhin gewährte V auch Todesfallde-
    ckung. Unmittelbar vor Beginn der Dreharbeiten stirbt A an den Folgen
    einer Überdosis. C muss daraufhin die Arbeiten absagen; es entsteht ein
    Schaden von 1,5 Millionen €. Als V von der Drogenabhängigkeit der A er-
    fährt, ficht er den Vertrag wegen arglistiger Täuschung an. Zu Recht?

Dies hängt davon ab, ob V von einem ihm zustehenden Anfechtungsrecht fristgemäß gegenüber C Gebrauch gemacht hat. Nach § 123 Abs. 1 BGB ist zur Anfechtung berechtigt, wer zum Vertragsschluss durch arglistige Täuschung bestimmt worden ist. Hier hat C nicht getäuscht. In Betracht kommt aber, dass ihm die Falschangaben der A in der Gesundheitsselbsterklärung zuzurechnen sind. Dies setzt voraus, dass A diese Angaben als Wissenserklärungsvertreterin des C gemacht hat. Wissenserklärungsvertreter ist, wer aufgrund eines Vertretungs- oder einen ähnlichen Verhältnisses vom Versicherungsnehmer damit betraut worden ist, für diesen gegenüber dem Versicherer rechtserhebliche Erklärungen abzugeben. Der BGH hat das hier verneint. A habe nicht eine Erklärung der C, sondern vielmehr eine eigene Erklärung gegenüber V abgegeben. Dies ergebe sich bereits aus der Bezeichnung als Gesundheits*selbst*erklärung. A ist demnach nicht Wissenserklärungsvertreterin der C. Gleichwohl hat der BGH eine Zurechnung analog §§ 156, 179 Abs. 3, 193 Abs. 2 VVG vorgenommen. Der Gesetzgeber des VVG habe die Besonderheiten der Versicherung von Gefahrpersonen nicht allgemein – insbesondere nicht in § 47 VVG – geregelt, sondern lediglich punktuell im Recht der Lebens-, Berufsunfähigkeits- und Krankenversicherung. Deshalb seien die Regelungen über die Zurechnung von Kenntnissen und Verhalten von Gefahrpersonen grundsätzlich analogiefähig. Die §§ 156, 179 Abs. 3, 193 Abs. 2 VVG verfolgten den Zweck, den Versicherer vor falschen Angaben durch die Gefahrperson zu schützen. Ein derartiges Schutzbedürfnis bestehe auch im vorliegenden Fall, so dass die Interessenlage vergleichbar sei. Im Ergebnis muss sich die C daher die Falschangaben der A in der Gesundheitsselbsterklärung zurechnen lassen. Die Anfechtung des V greift mithin durch.

443 ▶   Wer ist Wissensvertreter?

Wissensvertreter ist, wer vom Versicherungsnehmer dazu berufen ist, im Rechtsverkehr für ihn bestimmte Aufgaben in eigener Verantwortung wahrzunehmen und diejenigen dabei anfallenden Informationen, die von rechtlicher Bedeutung für das Versicherungsverhältnis sind, zur Kenntnis zu nehmen und ggf. weiterzuleiten (s. BGHZ 117, 104, 106 f.). Anders als bei den Grundsätzen zur Repräsentantenhaftung (zu ihnen s. Fragen 435 ff.) muss dem Wissensvertreter kein eigener, zum Bereich des versicherten Risikos zählender Verantwortungsbereich von einiger Bedeutung zugewiesen worden sein (s. PVR Rn. 1693). Zu gering darf die Verantwortlichkeit des Dritten indes auch nicht ausfallen (s. L/R/*Rixecker* § 28 Rn. 55).

Dem Versicherungsnehmer wird analog § 166 BGB die Kenntnis des Wissensvertreters zugerechnet (s. BGH VersR 2000, 1133, 1134; krit. P/M/*Armbrüster* § 28 Rn. 135).

Y. Vertragliche Obliegenheiten

444 ▶   Wie wirken Obliegenheiten?

Dem Versicherungsnehmer werden durch das Gesetz, regelmäßig und insbesondere aber auch durch den Versicherer bestimmte Verhaltensweisen auferlegt, die er im eigenen Interesse befolgen muss, um nicht seinen Leistungsanspruch gegen den Versicherer zu verlieren. Die Erfüllung dieser – gesetzlichen bzw. vertraglichen – Obliegenheiten wird somit zur Voraussetzung für die Erhaltung der Ansprüche gegen den Versicherer (sog. *Voraussetzungstheorie*; s. PVR Rn. 1652; a. A. P/M/*Prölss*, 28. Aufl. 2014, § 28 Rn. 38, der der sog. Verbindlichkeitstheorie folgt, nach der Obliegenheiten echte, einklagbare Rechtspflichten darstellen sollen; s. auch Frage 437). Da die Verletzung der Obliegenheit unmittelbar zu einem Nachteil des Versicherungsnehmers führt, spricht man insoweit auch von einem „Selbstvollstreckungselement".

Bei den vorgeschriebenen Verhaltensweisen kann es sich um einmaliges, wiederkehrendes oder dauerhaftes Tun oder Unterlassen handeln. Im Gegensatz zu echten Vertragspflichten sind Obliegenheiten nicht einklagbar, weil der Versicherer in der Regel kein gesteigertes Interesse an ihrer Erfüllung durch den Versicherungsnehmer hat, da die negativen Rechtsfolgen bei Nichterfüllung lediglich diesen treffen.

▶ Welche Arten von Obliegenheiten gibt es?　　　　445

Man unterscheidet nach der *Rechtsgrundlage* zwischen gesetzlichen und vertraglichen Obliegenheiten (s. Frage 444), ferner nach dem *Zeitpunkt*, zu dem sie zu erfüllen sind, solche vor und nach Vertragsschluss sowie vor und nach Eintritt des Versicherungsfalls. Die wichtigsten Obliegenheiten vor Eintritt des Versicherungsfalls sind solche, die zur Vermeidung der Gefahr oder zur Verhütung einer Gefahrerhöhung dienen. Sie werden auch Gefahrstandsobliegenheiten oder – zusammenfassend – *Gefahrstandspflicht* genannt. Dabei sind gefahrbezogene vertragliche Obliegenheiten von den gesetzlichen Obliegenheiten gem. § 23 VVG (Gefahrerhöhung) zu unterscheiden (s. dazu Fragen 233 ff.). Daneben gibt es noch sonstige Obliegenheiten, die meist dazu dienen, eine Erhöhung des subjektiven Risikos zu verhindern (s. PVR Rn. 1700 ff.).

▶ Kann der Versicherer den Vertrag kündigen, wenn der Versicherungsneh-　　446
　mer eine vertragliche Obliegenheit verletzt?

Nach § 28 Abs. 1 VVG steht dem Versicherer nur dann ein Kündigungsrecht zu, wenn der Versicherungsnehmer eine Obliegenheit verletzt hat, die vor Eintritt des Versicherungsfalls zu erfüllen war. In diesen Fällen kann der Versicherer den Vertrag kraft Gesetzes innerhalb eines Monats ab Kenntniserlangung von der Verletzung fristlos kündigen. Eine Kündigung ist nur dann ausgeschlossen, wenn der Versicherungsnehmer nachweisen kann, dass er die Obliegenheit weder vorsätzlich noch grob fahrlässig verletzt hat (s. PVR Rn. 1705).

▶ Kann versicherungsvertraglich vereinbart werden, dass der Versicherer　　447
　bei Verletzung einer vertraglichen Obliegenheit generell leistungsfrei ist?

Nein. Vielmehr sind die Vorgaben des § 28 Abs. 2 VVG einzuhalten. Diese Vorschrift regelt die Voraussetzungen, unter denen sich der Versicherer auf Leistungsfreiheit wegen einer Obliegenheitsverletzung berufen kann (s. dazu Frage 448). Die Regelung ist gem. § 32 S. 1 VVG halbzwingend.

448 ▶ Welche Anforderungen stellt § 28 VVG hinsichtlich des Verschuldens an die Leistungsfreiheit des Versicherers?

Nach § 28 Abs. 2 S. 1 VVG ist der Versicherer nur dann vollständig leistungsfrei, wenn der Versicherungsnehmer die Obliegenheit *vorsätzlich* verletzt hat. Bei *grob fahrlässiger* Obliegenheitsverletzung hat der Versicherer das Recht, seine Leistung entsprechend der Schwere des Verschuldens des Versicherungsnehmers zu kürzen; der Umfang der Leistungsfreiheit richtet sich hier nach der Verschuldensquote (Quotelungsmodell; s. Fragen 371, 450). Aus einem Umkehrschluss zu § 28 Abs. 2 VVG folgt, dass der Versicherer bei unverschuldeter oder einfach fahrlässiger Obliegenheitsverletzung voll leistungspflichtig ist (s. PVR Rn. 1706).

449 ▶ Wer trägt die Beweislast im Rahmen des § 28 Abs. 2 VVG?

Das objektive Vorliegen einer Obliegenheitsverletzung muss der Versicherer beweisen. Nach § 28 Abs. 2 S. 2 Halbs. 2 VVG wird grobe Fahrlässigkeit vermutet. Will sich der Versicherer auf vollständige Leistungsfreiheit berufen, so muss er Vorsatz nachweisen. Der Versicherungsnehmer kann eine Kürzung seines Anspruchs abwenden, wenn ihm der Beweis dafür gelingt, dass er die Obliegenheit nicht grob fahrlässig verletzt hat (s. PVR Rn. 1706).

450 ▶ Welcher rechtspolitische Gedanke steht hinter dem quotalen Leistungskürzungsrecht des Versicherers bei grober Fahrlässigkeit?

Das sog *Quotelungsmodell* stellt das Kernstück der Abkehr vom Alles- oder-nichts-Prinzip im Zuge der VVG-Reform dar (s. auch Frage 277). Nach diesem Prinzip erhielt der Versicherungsnehmer entweder die volle vertragliche Versicherungsleistung oder der Versicherer war insgesamt leistungsfrei, je nachdem ob eine bestimmte Verschuldensgrenze (vgl. § 6 Abs. 1 S. 1, Abs. 3 S. 1 VVG a. F.) bereits überschritten war. Diese Abgrenzung hatte sich nach Ansicht des Reformgesetzgebers in der Praxis als unbefriedigend erwiesen. Mit der Neuregelung sollte mehr Einzelfallgerechtigkeit erreicht werden: Der Versicherungsnehmer, der eine vertragliche Obliegenheit verletzt und dabei die Grenze zwischen einfacher und grober Fahrlässigkeit knapp überschritten hat, erhält demnach wenigstens einen Teil der Versicherungsleistung; er wird nicht genauso behandelt wie ein Versicherungsnehmer, der den Versicherungsfall mit besonders schwerer grober Fahrlässigkeit oder gar vorsätzlich herbeiführt (s. eingehend PVR Rn. 394 ff.).

451 ▶ Nach welchen Kriterien soll die quotale Leistungsfreiheit bei grober Fahrlässigkeit festgestellt werden?

Nach der Gesetzesbegründung soll es allein auf die Schwere des Verschuldens ankommen (s. RegBegr. S. 49). Entscheidend ist mithin, ob die grobe Fahrlässigkeit eher an der Grenze zur einfachen Fahrlässigkeit oder an derjenigen zum bedingten Vorsatz liegt. Erforderlich ist dafür eine *Gesamtbetrachtung* anhand aller Umstände des Einzelfalles (s. auch Frage 278). Dabei sind insbesondere objektive Kriterien bedeutsam, bei denen jeweils für einen Verschuldensvorwurf zusätzlich die Erkennbarkeit für den konkreten Versicherungsnehmer erforderlich ist: Dazu gehören insbesondere das objektive Gewicht der Verhaltensregel und damit des Fehlverhaltens, die Offenkundigkeit jener Verhaltensregel, die Wahrscheinlichkeit der Regelverletzung aufgrund eigenen Verhaltens, die Dauer des Verstoßes, die Motivation des Versicherungsnehmers, die Wahrscheinlichkeit eines Schadenseintritts und die vorhersehbare – nicht aber: tatsächliche – Höhe des Schadens (s. PVR Rn. 401).

▶   Kann bei sehr schwerer grober Fahrlässigkeit eine vollständige Leis-   **452**
     tungsfreiheit des Versicherers in Betracht kommen?

Das ist umstritten. Nach einer Ansicht kann grobe Fahrlässigkeit niemals zu vollständiger Leistungsfreiheit führen. Dafür werden das gesetzgeberische Ziel, das Alles-oder-nichts-Prinzip durch eine Quotelung zu ersetzen, und der systematische Gesichtspunkt angeführt, dass § 28 Abs. 2 S. 1 VVG für vollständige Leistungsfreiheit Vorsatz fordert, § 28 Abs. 2 S. 2 VVG aber nur ein Kürzungsrecht bei grober Fahrlässigkeit vorsieht (M/S/*Marlow*, Rn. 325). Die wohl überwiegende Meinung geht hingegen davon aus, dass bei einem besonders hohen Maß an grober Fahrlässigkeit der Anspruch des Versicherungsnehmers auf Null gekürzt werden kann (*Looschelders*, VersR 2008, 1, 6; *Rixecker,* zfs 2007, 73). Die Norm besage gerade nicht, dass die Leistungspflicht nur bei Vorsatz vollständig ausgeschlossen sein kann.

Der BGH hält in Ausnahmefällen, etwa dann, wenn der Versicherungsfall aufgrund grob fahrlässig herbeigeführter alkoholbedingter absoluter Fahruntüchtigkeit verursacht wird, eine Leistungskürzung auf Null für zulässig (s. auch Frage 279). Die gelte sowohl für die Quotelung bei grob fahrlässiger Herbeiführung des Versicherungsfalls nach § 81 Abs. 2 VVG (s. BGH VersR 2011, 1037 Rn. 23 ff.) als auch für jene aufgrund einer vertraglichen Obliegenheitsverletzung nach § 28 Abs. 2 VVG (s. BGH VersR 2012, 341 Rn. 10 ff.).

Die Argumentation des BGH ist durchaus angreifbar. Soweit etwa darauf verwiesen wird, aus dem Wortlaut des § 81 VVG gehe nicht hervor, dass nur Vorsatz zur vollständigen Leistungsfreiheit führen soll, lässt sich daraus auch nicht das Gegenteil folgern. Auch die Entstehungsgeschichte kann nicht ausschlaggebend sein, denn aus der Regierungsbegründung geht nicht mehr die Auffassung der VVG-Kommission hervor, die sich für eine vollständige Leistungsfreiheit im Einzelfall ausgesprochen hat. Auch die Streichung des Wortes „nur" bezüglich der Leistungsfreiheit bei Vorsatz in der Parallelnorm des § 28 Abs. 2 VVG ist nicht auf eine inhaltliche Korrektur, sondern schlichtweg darauf zurückzuführen, dass dieses Wort als überflüssig angesehen wurde. Nach der Wertung des § 81 Abs. 1 VVG soll allein bei Vorsatz vollständige Leistungsfreiheit eintreten. Teils wird daher vorgeschlagen, die Kürzungsspanne im Bereich von 10 bis 90 % anzusiedeln und damit den Unterschieden von grober Fahrlässigkeit zu Vorsatz einerseits, zu einfacher Fahrlässigkeit andererseits Rechnung zu tragen (s. PVR Rn. 412; *Schäfers*, VersR 2011, 842, 845 f.).

453 ▶ Wie ist die Quote zu berechnen, wenn der Versicherungsnehmer mehrere Obliegenheiten grob fahrlässig verletzt?

Dies ist streitig (s. auch Frage 280). Eine gesetzliche Regelung fehlt. In Betracht kommt
zunächst das sog. *Stufenmodell* (Multiplikationsmodell), das die Obliegenheitsverletzungen ihrer zeitlichen Reihenfolge nach berücksichtigt. Führt z. B. eine Obliegenheitsverletzung vor Eintritt des Versicherungsfalls zu einer Leitungskürzung um 50 % und verletzt
der Versicherungsnehmer sodann gleichfalls grob fahrlässig eine Obliegenheit nach Eintritt des Versicherungsfalls, was wiederum eine Leistungskürzung um 50 % zur Folge hat,
so führt dies nicht zu vollständiger Leistungsfreiheit (so aber das sog. *Additionsmodell*;
vgl. *Maier/Stadler*, AKB 2008 und VVG-Reform, 2008, Rn. 144, 146). Vielmehr werden
von der hälftigen Kürzung wegen der ersten Obliegenheitsverletzung wiederum 50 %
wegen der nachfolgenden Obliegenheitsverletzung abgezogen, so dass dem Versicherungsnehmer eine Versicherungsleistung von 25 % verbleibt (so M/S/*Marlow*, Rn. 347).
    Nach dem *Konsumtionsmodell* konsumiert der schwerwiegendste Verstoß die an-
deren Obliegenheitsverletzungen, so dass die anderen unberücksichtigt bleiben
(s. *Veith*, VersR 2008, 1580, 1589).
    Schließlich wird das *Gesamtwürdigungsmodell* vertreten. Demnach ist eine Ge-
samtquote zu bilden, bei der sämtliche Verstöße und ihr jeweiliges Gewicht zusammen beurteilt werden müssen (s. PVR Rn. 428; *Looschelders*, ZVersWiss 2009, 13,
30; *Wandt* Rn. 649).

454 ▶ Wer ist für den Grad der groben Fahrlässigkeit im Rahmen des Quote-
lungsmodells beweispflichtig?

Auch dies ist umstritten. Ausgangspunkt ist zunächst, dass nach § 28 Abs. 2 S. 2
VVG das *Vorliegen* eines grob fahrlässigen Verhaltens des Versicherten vermutet
wird. Diese Regelung stellt aber keine Vermutung für eine *bestimmte Schwere* dieses Verschuldens auf. Nach einer Ansicht trägt daher der *Versicherer* die Beweislast
für den Grad der groben Fahrlässigkeit (*Marlow*, VersR 2007, 43, 44; *Rixecker*, zfs
2007, 255, 256). Der Versicherer trägt damit die Beweislast für diejenigen Tatsachen, die zu einer Leistungskürzung führen können, da es sich um ein Kürzungsrecht des Versicherers handelt (arg. Wortlaut: „ist berechtigt"; s. PVR Rn. 437).
    Ein weiterer Lösungsansatz in der Literatur geht davon aus, dass ein *mittlerer
Grad* grober Fahrlässigkeit vermutet wird. Demnach tritt im Zweifel hälftige Leistungsfreiheit ein. Dem Versicherer stehe es offen, Tatsachen zu beweisen, die für
eine höhere Leistungsfreiheitsquote sprechen. Der Versicherungsnehmer könne jedoch auch Tatsachen nachweisen, die eine geringere Leistungsfreiheit als 50 %
rechtfertigen (s. *Felsch*, r + s 2007, 485, 493; *Langheid*, NJW 2007, 3665, 3669).
    Eine dritte Ansicht hält den *Versicherungsnehmer* für voll beweispflichtig
(s. *Pohlmann*, VersR 2008, 437 ff.). Er müsse sich von grober Fahrlässigkeit entlasten, indem er Entlastendes beweist und vom Versicherer substanziiert vorgetrage-
nes Belastendes widerlegt. Wo ihm dieser Beweis nicht gelinge, sei dies auch für
den anzunehmenden Verschuldensgrad maßgeblich.

▶ Wann ist der Versicherer trotz vorsätzlicher oder grob fahrlässiger Oblie-   **455**
genheitsverletzung umfassend zur Leistung verpflichtet?

Dem Versicherungsnehmer steht die Möglichkeit des Kausalitätsgegenbeweises of-
fen. Nach § 28 Abs. 3 S. 1 VVG muss der Versicherer abweichend von § 28 Abs. 2
VVG leisten, soweit die Obliegenheitsverletzung keinen Einfluss auf Grund und
Höhe der Entschädigung gehabt hat. Nur bei *arglistiger* Obliegenheitsverletzung
wird der Versicherer ohne Rücksicht auf Kausalität leistungsfrei (§ 28 Abs. 3 S. 2
VVG). Für den erforderlichen Kausalzusammenhang genügt es, wenn die Verlet-
zung der Obliegenheit eine Gefahrenlage geschaffen hat, die bei abstrakt-genereller
Betrachtung geeignet ist, die Wahrscheinlichkeit des Eintritts eines Versicherungs-
falls dieser Art zu erhöhen (sog. *Rechtswidrigkeitszusammenhang*; s. zum Ganzen
PVR Rn. 1707 ff.).

▶ Wann liegt arglistiges Verhalten des Versicherungsnehmers vor? Wen   **456**
trifft insoweit die Beweislast?

Arglist setzt nach Ansicht des Reformgesetzgebers betrügerisches Verhalten voraus
(RegBegr. S. 49). Indessen ist ein zur Leistungsfreiheit des Versicherers führendes
arglistiges Verhalten nicht nur dann anzunehmen, wenn der Versicherungsnehmer
einen Vermögensvorteil erstrebt, auf den er keinen Anspruch hat (vgl. § 263 StGB
zur Betrugsdefinition). Vielmehr genügt lediglich eine (auch bedingt) vorsätzliche
Verletzung der Obliegenheit durch den Versicherungsnehmer und zusätzlich Vorsatz
in Bezug auf eine für den Versicherer nachteilige Auswirkung der Obliegenheitsverletzung. Da es sich um eine (für den Versicherer günstige) Ausnahme zu § 28 Abs. 3
S. 1 VVG handelt, ist der Versicherer für diejenigen Tatsachen, die Arglist begründen, beweispflichtig (s. PVR Rn. 1712 ff.).

▶ Wie ist das Wort „soweit" in § 28 Abs. 3 S. 1 VVG auszulegen?   **457**

Der Versicherer ist nur in dem Maße leistungsfrei, wie die Obliegenheitsverletzung
des Versicherungsnehmers kausal für die Einstandspflicht des Versicherers wurde.
Der Versicherungsnehmer erhält lediglich den durch seine kausal gewordene Obliegenheitsverletzung hervorgerufenen *Mehrschaden* nicht ersetzt (s. PVR Rn. 1707;
anders noch § 6 Abs. 2 VVG a. F.).

▶ Was ist unter der sog. Relevanzrechtsprechung des BGH zu verstehen?   **458**

Nach der früheren sog. Relevanzrechtsprechung sollte eine vorsätzliche, folgenlos
gebliebene Obliegenheitsverletzung dann nicht zur Leistungsfreiheit führen, wenn
der Verstoß objektiv ungeeignet war, die Interessen des Versicherers ernsthaft zu
gefährden (s. BGH VersR 2004, 1117, 1118). Diese Judikatur ist infolge der
VVG-Reform überholt, da durch sie in § 28 Abs. 3 S. 1 VVG ein allgemeines Kausalitätserfordernis eingeführt worden ist.

459 ▶ Welche Besonderheit besteht bei der Leistungsfreiheit wegen Verletzung einer nach Eintritt des Versicherungsfalls zu erfüllenden Auskunfts- oder Aufklärungsobliegenheit?

Bei derartigen Obliegenheitsverletzungen (vgl. § 31 VVG und Fragen 294 ff.) kann sich der Versicherer nach § 28 Abs. 4 VVG nur dann auf Leistungsfreiheit berufen, wenn er den Versicherungsnehmer durch *gesonderte Mitteilung in Textform* auf diese Rechtsfolge hingewiesen hat (s. Frage 118; PVR Rn. 1727). Ein zusätzlicher Hinweis auf die gesetzliche Hinweispflicht in den AVB ist dagegen nicht erforderlich (BGH VersR 2018, 532 Rn. 19 ff.).

460 ▶ Wer kommt als Adressat der Belehrung nach § 28 Abs. 4 VVG in Betracht?

Der Wortlaut der Norm stellt nur auf den Versicherungsnehmer ab. Nach verbreiteter Ansicht muss der Versicherer aber auch den *Versicherten* belehren, wenn er sich diesem gegenüber auf Leistungsfreiheit berufen will. Dies entspricht der bisherigen Rechtsprechung und ist trotz des entgegenstehenden Wortlauts sachgerecht (s. PVR Rn. 1727).

461 ▶ Wann muss der Versicherer nach § 28 Abs. 4 VVG belehren?

Das Gesetz nennt keinen konkreten Zeitpunkt. Im Schrifttum wird von einer Belehrungspflicht aus Anlass des konkreten Versicherungsfalls ausgegangen (s. M/S/*Marlow*, Rn. 375). Dies stelle eine Beachtung durch den Versicherungsnehmer sicher und entspreche der bisherigen Rechtsprechung.

462 ▶ Muss der Versicherer den Versicherungsvertrag kündigen, wenn er sich auf Leistungsfreiheit berufen will?

Nein. Anders als nach alter Rechtslage (vgl. § 6 Abs. 1 S. 3 VVG a. F.) ist die Ausübung des Kündigungsrechts nicht mehr Voraussetzung für die Leistungsfreiheit des Versicherers. Diese Neuregelung dient auch den Interessen des Versicherungsnehmers (s. RegBegr. S. 69). Im Zweifel ist es für ihn vorteilhafter, auf die Leistung des Versicherers im konkreten Fall zu verzichten und dafür den für ihn womöglich sehr vorteilhaften Versicherungsvertrag fortzusetzen. Dem hat der Gesetzgeber mit der Abschaffung des Kündigungserfordernisses Rechnung getragen (s. PVR Rn. 1720).

463 ▶ Was versteht man unter verhüllten Obliegenheiten?

Oft ist es schwierig, Risikoausschlüsse von Obliegenheiten abzugrenzen. Die praktische Bedeutung dieser Abgrenzung ist aber von besonderer Bedeutung; sie kann erhebliche Auswirkungen auf den Umfang des Versicherungsschutzes haben. Denn im Fall von Risikoausschlüssen ist der Versicherer bereits dann leistungsfrei, wenn die Voraussetzungen des Ausschlusses objektiv erfüllt sind. Demgegenüber stellt

§ 28 Abs. 2–5 VVG an die Leistungsfreiheit wegen einer Obliegenheitsverletzung hohe Anforderungen (insbesondere: mindestens grobe Fahrlässigkeit sowie Kausalität; s. Fragen 447 ff.). Ist eine AVB sprachlich so gestaltet, dass eine Berufung auf Leistungsfreiheit bereits aufgrund eines vereinbarten Risikoausschlusses möglich sein soll, so drohen nach verbreiteter Ansicht diese Anforderungen umgangen zu werden. Daher ist dann eine als Risikoausschluss formulierte Verhaltensregel womöglich materiell als Obliegenheit zu behandeln und an den Anforderungen des § 28 VVG zu messen (zu den möglichen Rechtsfolgen s. noch Frage 466). Man spricht in solchen Fällen von einer sog. verhüllten Obliegenheit.

▶ Wie sind verhüllte Obliegenheiten und Risikoschlüsse voneinander abzu-   **464**
grenzen?

Für die Abgrenzung existieren mehrere Theorien (s. PVR Rn. 1745 ff.).

- Nach der sog. *Ausschlusstheorie* ist allein auf den Wortlaut abzustellen. Die Einordnung als Obliegenheit oder als Risikoausschluss hängt also von der Formulierung durch den Versicherer ab.
- Nach der sog. *Verhaltenstheorie* beurteilt sich die Einordnung einer Klausel als Obliegenheit oder aber als Risikoausschluss danach, ob die Klausel an ein Verhalten des Versicherungsnehmers anknüpft. Ein Risikoausschluss liegt nach dieser Ansicht nur dann vor, wenn die Leistungsfreiheit des Versicherers vollkommen unabhängig von irgendeinem Verhalten des Versicherungsnehmers eintreten soll.
- Der *BGH* nimmt die Abgrenzung danach vor, ob die Klausel „der Sache nach" eine *Verhaltensnorm* darstellt (dann Obliegenheit) oder ob sie eine individualisierte Beschreibung eines bestimmten Risikos enthält, für welches der Versicherer *generell keinen Versicherungsschutz* bieten möchte (dann Risikoausschluss). Letzteres soll der Fall sein, wenn nur ausschnittsweise Deckung gewährt werden und nicht lediglich ein bestehender Versicherungsschutz aufgrund eines nachlässigen Verhaltens wieder entzogen werden soll.
- Schließlich wird vertreten, die Unterscheidung danach vorzunehmen, ob es für den Versicherungsnehmer nur eine Frage des *Sicherheitsaufwands* ist, eine nach den AVB ausgeschlossene Situation zu vermeiden (s. PVR Rn. 1748; P/M/*Armbrüster* § 28 Rn. 11 ff.).

▶ Was kann der jeweiligen Theorie entgegengehalten werden?   **465**

Gegen die Ausschlusstheorie spricht, dass es der Versicherer dann in der Hand hätte, die weiteren Voraussetzungen des § 28 VVG allein durch eine geschickte Formulierung auszuschließen. Die Verhaltenstheorie sieht sich dem Einwand ausgesetzt, dass es kaum möglich ist, allein diejenigen Verhaltensweisen auszugrenzen, die geeignet sind, den Versicherungsfall unmittelbar herbeizuführen. Zudem ist eine solche Abgrenzung im Gesetz nicht vorgesehen. Gegen die Ansicht des BGH lässt sich vorbringen, dass auch sie keine materiellen Abgrenzungskriterien bietet und der durchschnittliche Versicherungsnehmer, auf dessen Sicht es für die Auslegung der AVB ankommt, mit der Abgrenzung überfordert sein dürfte. Jene Kritikpunkte sprechen dafür, auf den Sicherheitsaufwand abzustellen, wenngleich sich auch hier Abgrenzungsfragen ergeben können (s. PVR Rn. 1748).

466 ▶ Was geschieht mit einer Klausel, die als Risikoausschluss formuliert, aber als verhüllte Obliegenheit einzuordnen ist?

In Betracht kommt die Unwirksamkeit der Klausel wegen Verstoßes gegen das Transparenzgebot (§ 307 Abs. 1 S. 2 BGB). Teilweise wird eine verhüllte Obliegenheit aber auch als gem. § 307 Abs. 1 S. 1 BGB materiell unwirksam angesehen, da sie den Anforderungen der §§ 28, 32 S. 1 VVG nicht genüge (s. LG Hamburg VersR 1990, 1234, 1235). Daran ist richtig, dass es bei einer als Risikoausschluss formulierten Obliegenheit an den formalen Voraussetzungen des § 28 VVG fehlt (so ist z. B. die Rechtsfolge der Leistungsfreiheit nicht ausdrücklich vereinbart). Nach überwiegender Ansicht ist die verhüllte Obliegenheit hingegen nur inhaltlich ergänzt um die in § 28 VVG angeordneten Rechtsfolgen einer Inhaltskontrolle zu unterwerfen. Demnach kommt es nicht zur Unwirksamkeit der Klausel; vielmehr ist § 28 Abs. 2–5 VVG anzuwenden (vgl. nur BGH r+s 1985, 282; *Schimikowski* Rn. 179; P/M/*Armbrüster* § 28 Rn. 42 ff.). Dafür spricht auch die Regelung des § 306 Abs. 1 BGB, die bei Versicherungsverträgen als Dauerschuldverhältnissen eine besondere Bedeutung hat. Der Vertrag soll unter Berücksichtigung eines ausgewogenen Verhältnisses von Leistung und Gegenleistung aufrechterhalten werden (s. *Martin*, r+s 1988, 185, 190 f.). Dazu kann bei nicht unerwarteten Risikoausschlüssen auch die Fortgeltung in Gestalt einer Obliegenheit gehören. Rechtspolitisch trifft die Rechtsfigur der verhüllten Obliegenheit in jüngerer Zeit freilich auf gewichtige Kritik, und zwar nicht zuletzt im Hinblick auf den offen zutage tretenden Wertungswiderspruch zu den sehr strengen Anforderungen, die der BGH in anderem Kontext an die Transparenz von AVB stellt (s. PVR Rn. 1758; *Felsch*, r+s 2015, 53 ff.; *R. Koch*, VersR 2014, 283 ff.).

467 ▶ Was gilt, wenn der Versicherer in seine AVB eine verhüllte Obliegenheit aufgenommen hat, er zugleich aber für „echte" Obliegenheiten den Versicherungsnehmer besser stellt als das Gesetz dies fordert?

Das Problem stellt sich etwa dann, wenn die AVB Leistungsfreiheit nur bei vorsätzlicher Obliegenheitsverletzung vorsehen, der Versicherungsnehmer aber die verhüllte Obliegenheit grob fahrlässig verletzt hat. Hier ist zwar anzunehmen, dass der Versicherer die in Frage stehende Klausel als Risikoausschluss behandeln und damit den Verschuldensmaßstab der „echten" Obliegenheiten nicht auf jene Klausel erstrecken wollte. Gleichwohl ist dies für einen durchschnittlichen Versicherungsnehmer nicht ohne Weiteres erkennbar. Demzufolge gilt nach der Unklarheitenregel des § 305c Abs. 2 BGB der für ihn günstigere, vom Versicherer nur auf „echte" Obliegenheiten beschränkte Verschuldensmaßstab (s. PVR Rn. 1756).

▶   Wie wirken sich Obliegenheitsverletzungen des Versicherten bei der Ver-   **468**
    sicherung für fremde Rechnung aus?

Bei einer reinen Fremdversicherung schadet die Verletzung einer Obliegenheit
durch den Versicherten (die diesen auch trifft; s. § 47 Abs. 1 VVG) dem
Versicherungsnehmer gleichfalls. Bei einer kombinierten Eigen- und Fremdversicherung, in der der Versicherungsnehmer auch zugleich Versicherter ist, findet hingegen die Regel Anwendung, dass dem Versicherungsnehmer Obliegenheitsverletzungen des Versicherten nur dann schaden, wenn dieser zugleich Repräsentant des
Versicherungsnehmers ist (s. PVR Rn. 1669 ff., 1696 f.).

▶   Wie wirken sich Obliegenheitsverletzungen eines einzelnen Versiche-   **469**
    rungsnehmers aus, wenn der Vertrag von einer Mehrheit von Versiche-
    rungsnehmern geschlossen wurde?

Dies beurteilt sich danach, wessen Interesse im Vertrag versichert ist. Handelt es
sich um ein gemeinsames Interesse aller Versicherungsnehmer, dann wirkt sich das
Verhalten eines Versicherungsnehmers (also sowohl die Verletzung als auch die Erfüllung z. B. einer Mitteilungsobliegenheit) für alle anderen Versicherungsnehmer
aus. Bei selbstständigen Interessen des einzelnen Versicherungsnehmers schadet die
Verletzung hingegen nur ihm selbst, es sei denn, er ist gleichzeitig Repräsentant der
anderen Versicherungsnehmer (zu den Adressaten der Obliegenheiten s. PVR
Rn. 1657 ff.).

▶   Warum fallen die in den §§ 30, 31 VVG aufgeführten Obliegenheiten in   **470**
    den Anwendungsbereich des § 28 VVG?

Es handelt sich bei §§ 30, 31 VVG um sog. sanktionslose Obliegenheiten, da das
Gesetz keine Rechtfolge für den Fall der Verletzung vorsieht (sog. *leges imperfectae*;
s. Frage 285). Die Rechtsfolge (regelmäßig: Leistungsfreiheit des Versicherers)
muss also zwischen Versicherer und Versicherungsnehmer gesondert vereinbart werden. Eine solche Vereinbarung findet sich üblicherweise in den AVB des Versicherers. Dadurch werden die Obliegenheiten aus §§ 30, 31 VVG zum Vertragsinhalt
(s. PVR Rn. 1647). Es handelt es sich um Obliegenheiten nach Eintritt des Versicherungsfalls (zur Unterscheidung s. Frage 445), so dass auch § 28 Abs. 4 VVG eingreift.

Allgemeines Gleichbehandlungsgesetz (AGG)

A. Grundlagen

▶ Wo ist das Benachteiligungsverbot für Versicherungsverträge geregelt **471**
und wieso ist es (in der Regel) nicht von § 19 Abs. 1 Nr. 1 AGG erfasst?

Nach § 19 Abs. 1 *Nr. 2* AGG dürfen Schuldverhältnisse, die privatrechtliche Versicherungen zum Gegenstand haben, nicht gegen das Benachteiligungsverbot verstoßen. Die allgemeinere Norm des § 19 Abs. 1 *Nr. 1 Fall 1* AGG erfasst nur solche Versicherungen, bei denen aufgrund ihres Gegenstands auf eine individuelle Risikoprüfung verzichtet wird (Beispiel: Reiserücktrittskostenversicherung). In diesem Fall ist § 19 Abs. 1 Nr. 2 AGG als lex specialis vorrangig. In der Regel findet bei privaten Versicherungen jedoch eine Risikoprüfung statt. Es kommt somit in aller Regel gerade auf das Ansehen der Person an, so dass kein Massengeschäft oder diesem gleich gestelltes Geschäft i. S. von Nr. 1 vorliegt.

Dennoch unterwirft der Gesetzgeber derartige Versicherungen mit Risikoprüfung denselben Regeln wie den Massengeschäften. Das ist deshalb bemerkenswert, weil die Privatversicherung – anders als die Sozialversicherung – auf Differenzierung geradezu angelegt ist (s. Frage 16). Das Prinzip risikoadäquater Prämienkalkulation ist hier von grundlegender Bedeutung. Daher dient die Anwendung des allgemeinen zivilrechtlichen Benachteiligungsverbots auf private Versicherungsverträge allein dem Schutz des Betroffenen vor *Willkür*, weil die Differenzierung nach dem individuellen Risiko gerade nicht unmöglich gemacht werden soll. Freilich hatte der Gesetzgeber hinsichtlich der Merkmale Rasse/ethnische Herkunft sowie Geschlecht europarechtliche Vorgaben zu beachten (s. PVR Rn. 636).

© Springer-Verlag GmbH Deutschland, ein Teil von Springer Nature 2019
C. Armbrüster, *Examinatorium Privatversicherungsrecht*, Springer-Lehrbuch,
https://doi.org/10.1007/978-3-662-58654-9_2

472 ▶ Was ist der Unterschied zwischen absoluten und relativen Diskriminie-
rungsverboten?

Absolute Diskriminierungsverbote sehen im Gegensatz zu relativen Diskriminie-
rungsverboten keine Rechtfertigungsmöglichkeit vor. Dazu gehören die Merkmale
Rasse und ethnische Herkunft sowie nach Auffassung des EuGH bei Versicherungsverträgen jedenfalls im Ergebnis auch das Geschlecht (s. noch Fragen 476 ff.). Die
übrigen im AGG genannten Merkmale, namentlich Religion, Behinderung, Alter und
sexuelle Identität, sind relative Diskriminierungsverbote; bei ihnen kann mithin eine
Ungleichbehandlung nach § 20 Abs. 2 S. 2 AGG gerechtfertigt sein (s. PVR Rn. 638).

473 ▶ Welche Besonderheiten gelten für die Rechtfertigung von Ungleichbehandlungen in privatrechtlichen Versicherungsverträgen?

Hinsichtlich der Rechtfertigung von Ungleichbehandlungen, die im Zusammenhang mit privatrechtlichen Versicherungsverträgen stehen, enthält § 20 Abs. 2 AGG
besondere Rechtfertigungsmöglichkeiten. Kosten im Zusammenhang mit Schwangerschaft und Mutterschaft dürfen allerdings nach § 20 Abs. 2 S. 1 AGG auf keinen
Fall zu unterschiedlichen Prämien oder Leistungen führen (absolutes Benachteiligungsverbot). Demgegenüber ist eine unterschiedliche Behandlung wegen der Religion, einer Behinderung, des Alters oder der sexuellen Identität im Falle des § 19
Abs. 1 Nr. 2 AGG dann zulässig, wenn sie auf anerkannten Prinzipien risikoadäquater Kalkulation beruht, insbesondere auf einer versicherungsmathematisch ermittelten Risikobewertung unter Heranziehung statistischer Erhebungen (§ 20 Abs. 2 S. 2
AGG; s. dazu PVR Rn. 638). Ungleichbehandlungen aufgrund von Rasse oder eth-
nischer Herkunft sind hingegen stets unzulässig (zum Geschlecht s. Fragen 476 ff.).
Eine Rechtfertigungsmöglichkeit sieht § 20 Abs. 2 AGG insoweit nicht vor. Was die
mittelbare Benachteiligung (Legaldefinition: § 3 Abs. 1 AGG) anbelangt, so ist davon auszugehen, dass auch im Versicherungsbereich bereits ihr tatbestandliches
Vorliegen das Fehlen einer sachlichen Rechtfertigung voraussetzt.

474 ▶ Wer trägt die Darlegungs- und Beweislast für das Vorliegen eines Recht-
fertigungsgrundes für eine Ungleichbehandlung nach dem AGG?

Hinsichtlich der Rechtfertigung einer von § 19 Abs. 1 Nr. 2 AGG erfassten Ungleichbehandlung trifft den Versicherer nach § 22 AGG eine gesteigerte Darle-
gungs- und Beweislast. Der Versicherungsnehmer muss dagegen lediglich Indizien
beweisen, die eine Benachteiligung wegen eines in § 1 AGG genannten Grundes
vermuten lassen (s. PVR Rn. 639).

475 ▶ Kann zur Rechtfertigung einer Ungleichbehandlung auf die sachlichen
Gründe nach § 20 Abs. 1 AGG zurückgegriffen werden?

Umstritten ist, ob neben § 20 Abs. 2 AGG auch im Versicherungsbereich auf § 20
Abs. 1 AGG zurückgegriffen werden kann. Die Frage stellt sich insbesondere für

die Regelung des § 20 Abs. 1 S. 2 Nr. 3 AGG, wonach die Gewährung besonderer Vorteile dann zulässig ist, wenn ein Interesse an der Durchsetzung der Gleichbehandlung fehlt. Dem Wortlaut des § 20 Abs. 2 S. 2 AGG zufolge („ist … nur zulässig") sind die Rechtfertigungsgründe für Ungleichbehandlungen bei Versicherungsverträgen in § 20 Abs. 2 AGG abschließend geregelt. Indessen gilt § 20 Abs. 2 S. 2 AGG nur für die Festlegung von Prämien und Leistungen. Hiervon umfasst ist nach Sinn und Zweck auch die Verweigerung von Versicherungsschutz durch Vertragsablehnung oder Kündigung, da die Auswirkungen denen einer exorbitanten Prämienforderung vergleichbar sind (a. A. MünchKommBGB/*Thüsing*, § 20 AGG Rn. 56). Da § 20 Abs. 2 S. 1 AGG die Einschränkung „bei Prämien und Leistungen" enthält, ist eine Rechtfertigung hinsichtlich sonstiger Ungleichbehandlungen nach dem Grundtatbestand des § 20 Abs. 1 AGG weiterhin möglich. Hierfür ist lediglich ein sachlicher Grund unter Berücksichtigung des Verhältnismäßigkeitsgrundsatzes erforderlich (s. PVR Rn. 640).

B. Benachteiligung aufgrund des Geschlechts

▶   Wann ist eine Benachteiligung aufgrund des Geschlechts zulässig?   **476**

Eine unterschiedliche Behandlung aufgrund des Geschlechts war nach der ursprünglichen Fassung von § 20 Abs. 2 S. 1 AGG a.F. bei den Prämien und Leistungen nur zulässig, wenn die Berücksichtigung des Geschlechts bei einer auf relevanten und genauen versicherungsmathematischen und statistischen Daten beruhenden Risikobewertung ein bestimmender Faktor ist. Der Wortlaut jener Norm entsprach weitgehend demjenigen des Art. 5 Abs. 2 der Gender-Richtlinie (RL 2004/113/EG). Hierbei handelte es sich um eine Öffnungsklausel, die es den Mitgliedstaaten erlaubte, vorhandene Differenzierungen beizubehalten. Diese Öffnungsklausel hat indessen der EuGH in der Rechtssache *Test-Achats* für europarechtswidrig und mit Ablauf des 20.12.2012 für unwirksam erklärt (s. EuGH NJW 2011, 907). Jene Regelung wurde daher durch Art. 8 Nr. 1 des SEPA-Begleitgesetzes (BGBl. I S. 610) mit Wirkung zum 21.12.2012 ersatzlos gestrichen.

Der EuGH begründet seine Entscheidung damit, dass Art. 5 Abs. 2 der Gender-Richtlinie eine Ausnahme von der in Art. 5 Abs. 1 zum Ausdruck kommenden Regel der Anwendung von geschlechtsneutralen Prämien und Leistungen darstelle. Da die Gefahr bestehe, dass diese Ausnahme unbefristet zulässig sei, laufe Art. 5 Abs. 2 der Verwirklichung des mit der Gender-Richtlinie verfolgten Gleichbehandlungsziels zuwider und sei mit Art. 21, 23 der EU-Charta unvereinbar. Die Entscheidung setzt sich nicht mit der Reichweite des Gleichbehandlungsgrundsatzes bei Versicherungsverträgen auseinander. Eine inhaltliche Begründung enthalten hingegen die Schlussanträge der Generalanwältin (*Kokott*, VersR 2010, 1571), welchen der EuGH jedenfalls im Ergebnis gefolgt ist. Die Generalanwältin kritisiert, dass Art. 5 Abs. 2 nicht auf eindeutige biologische Unterschiede zwischen den Versicherten abstelle, sondern vielmehr Fälle betreffe, bei denen sich unterschiedliche Risiken allenfalls statistisch mit dem Geschlecht in Verbindung bringen ließen.

477 ▶ Welche Kritik wird an dem *Test-Achats*-Urteil des EuGH geäußert?

Zutreffend ist, dass das individuelle Risiko durch eine Vielzahl von Faktoren bestimmt wird, wie z. B. Beruf, Ernährungsgewohnheiten, Familienstand, Rauchen, Alkoholkonsum etc. Diese Merkmale sind jedoch (vorbehaltlich digitaler Erfassungsmethoden wie z. B. dem fitness tracking, die freilich datenschutzrechtliche Fragen aufwerfen) nicht als Risikomerkmale geeignet, weil sie dynamisch sind und daher im Lauf der Zeit Änderungen unterliegen können. Gerade in der durch den Versicherer nicht ordentlich kündbaren Lebensversicherung (s. Frage 216) und in der gleichfalls unkündbaren Krankenversicherung, in der nur der Anstieg der allgemeinen Gesundheitskosten eine spätere Prämienerhöhung ermöglichen kann (s. Frage 199), ist der Versicherer jedoch bei Abschluss des Vertrages auf Merkmale angewiesen, die für die gesamte Dauer des Vertrages Erkenntnisse über die Schadenserwartung liefern. In diesem Zusammenhang ist der Rückgriff auf individuelle Risikomerkmale des Versicherten naheliegend, weil diese sowohl mit dem versicherten Risiko korrelieren als auch gut objektivierbar sind. Jedoch sind die Möglichkeiten des Versicherers zur Ausforschung der persönlichen Risikomerkmale im Hinblick auf das allgemeine Persönlichkeitsrecht des Versicherten beschränkt. Fehlt es somit an Alternativen für die Risikobestimmung, so erscheint das Merkmal Geschlecht als Ersatzkriterium (sog. *Proxy*, d. h. ein leicht und zuverlässig erfassbares, manipulationsresistentes Näherungsmerkmal zu den eigentlich bestimmenden Merkmalen) für die Prämienkalkulation geeignet. Dem widerspricht es auch nicht, dass das Merkmal Geschlecht für bestimmte Verhaltensweisen nicht individuell, sondern nur statistisch relevant sein kann. Der Rückgriff auf statistische Durchschnittswerte ist nämlich der Versicherung gerade wesensimmanent (s. auch Frage 1).

Ferner kann nicht geleugnet werden, dass biologische Unterschiede zwischen den Geschlechtern existieren, die sich auf das versicherte Risiko auswirken. Nach aktuellen Studien wird insbesondere die um durchschnittlich fünf Jahre höhere Lebenserwartung von Frauen maßgeblich durch biologische und genetische Faktoren bestimmt. Bestehen jedoch derartige Unterschiede, so darf nach dem Gleichbehandlungsgrundsatz Ungleiches nicht gleich behandelt werden. Daher kann eine unterschiedliche Behandlung aufgrund des Geschlechts bei Prämien und Leistung durchaus mit diesem Grundsatz im Einklang stehen. Entscheidend ist, ob das Geschlecht auch tatsächlich aus rein versicherungsmathematischen Gründen als Kriterium herangezogen wurde. Nach dieser – vom EuGH freilich nicht geteilten – Sichtweise stellen lediglich Verträge, die *willkürlich* auf das Merkmal Geschlecht abstellen, obwohl daneben andere, ähnlich leicht zu ermittelnde Risikofaktoren existieren, ebenso wie Verträge, in denen das Geschlecht trotz fehlender statistischer Risikorelevanz die Prämienhöhe mitbestimmt, eine Diskriminierung dar (s. auch PVR Rn. 644 ff.).

478 ▶ Was ist unter der Problematik der sog. Unisex-Tarife zu verstehen?

Unter Unisex-Tarifen werden Einheitstarife verstanden, bei denen jeder Versicherungsnehmer unabhängig von seinem Geschlecht für das gleiche Leistungsversprechen die gleiche Prämie zahlt, ohne Rücksicht darauf, ob die Summe der im Laufe des Versicherungsverhältnisses vom Versicherer erbrachten Leistungen nach der Statistik je nach Geschlecht unterschiedlich ausfällt. Seit Ablauf des 20.12.2012 sind die Versicherer verpflichtet, Unisex-Tarife zu verwenden (s. Frage 478).

Nicht ausdrücklich hat der EuGH geklärt, ob sich sein Urteil auch auf Bestandsverträge (Vertragsschluss nach dem 20.12.2007, Vertrag läuft am 21.12.2012 noch) erstreckt. Hätte der EuGH gewollt, dass die geschlechtsunabhängige Tarifierung auch für Bestandsverträge gilt, so wäre eine entsprechende Äußerung zu erwarten gewesen. Dies spricht dafür, dass das Urteil nur nach Eintritt der Ungültigkeit von Art. 5 Abs. 2 der Richtlinie abgeschlossene Verträge betrifft. § 33 Abs. 5 S. 1 AGG, eingeführt durch das SEPA-Begleitgesetz (s. Frage 476), sieht mittlerweile ausdrücklich einen Vertrauensschutz vor. Demnach ist bei Versicherungsverhältnissen, die vor dem 21.12.2012 begründet worden sind, eine unterschiedliche Behandlung wegen des Geschlechts im Falle des § 19 Abs. 1 Nr. 2 AGG bei den Prämien oder Leistungen nur zulässig, wenn dessen Berücksichtigung bei einer auf relevanten und genauen versicherungsmathematischen und statistischen Daten beruhenden Risikobewertung ein bestimmender Faktor ist. Kosten im Zusammenhang mit Schwangerschaft und Mutterschaft dürfen allerdings auch bei solchen Altverträgen nach § 33 Abs. 5 S. 2 AGG auf keinen Fall zu unterschiedlichen Prämien oder Leistungen führen (s. Fragen 473, 480).

Unisex-Tarife sind insoweit nicht unproblematisch, als die private Versicherung auf Differenzierungen geradezu angelegt ist. Sie beruht auf dem Grundprinzip der risikoäquivalenten Vertragsgestaltung. Ferner stehen den Interessen des einzelnen Versicherungsnehmers nicht allein diejenigen des Versicherers gegenüber; vielmehr sind auch die Interessen der anderen Versicherungsnehmer zu berücksichtigen. Weist jemand als Versicherungsnehmer ein niedrigeres Risiko als andere auf, so ist ihm daran gelegen, in ein Risikokollektiv mit Personen, die im Schnitt keine höheren Risiken aufweisen, aufgenommen zu werden. Wenn zu einheitlichen Tarifen Risiken mit unterschiedlicher Schadenseintrittswahrscheinlichkeit versichert werden, so ist das Versicherungsangebot für Versicherungsnehmer mit niedrigeren Risiken unattraktiv. Daher werden diese Versicherungsnehmer aus dem Einheitstarif „abwandern", woraufhin die Prämien für die verbleibenden Versicherungsnehmer mit hohen Risiken steigen (Gefahr der sog. *adversen Selektion*; s. PVR Rn. 277, 459).

▶ Welche Auswirkungen haben Unisex-Tarife auf die private Krankenversicherung? Wie hat der Gesetzgeber hierauf reagiert? **479**

Die EuGH-Entscheidung führte insbesondere zu Problemen hinsichtlich des Tarifwechselrechts in der privaten Krankenversicherung gem. § 204 VVG. Hiernach war es dem Versicherungsnehmer früher möglich, frei von alten in neue Tarife und umgekehrt zu wechseln. Da Bestandsverträge nicht auf Geschlechtsneutralität umgestellt werden mussten (s. Frage 478), bestand die Gefahr einer Umgehung des Urteils des EuGH: Unisex-Tarife führen in der Krankenversicherung bei jungen Frauen zu einer Beitragssenkung, bei jungen Männern hingegen zu Erhöhungen. Daher war davon auszugehen, dass junge Frauen voraussichtlich durchweg in den

neuen Unisex-Tarif wechseln, junge Männer hingegen in dem alten geschlechts-
abhängigen Tarif bleiben oder nach Abschluss eines zwingenden Unisex-Tarifs in
einen alten Tarif wechseln würden. Damit drohte die Folge, dass der Unisex-Tarif
deutlich teurer würde als der Männertarif, weil im Unisex-Tarif wenige Männer
wären.

Der Gesetzgeber hat auf diese Gefahr reagiert, indem das Tarifwechselrecht in
§ 204 Abs. 1 S. 1 Nr. 1 VVG neu gefasst worden ist. Ein Wechsel aus einem Tarif,
bei dem die Prämien geschlechtsunabhängig kalkuliert werden, in einen solchen,
bei dem dies nicht der Fall ist, kann demnach nicht mehr erfolgen. Damit steht zugleich fest, dass andere Wechsel zulässig sind (s. *Beyer/Britz*, VersR 2013, 1219,
1226).

Ein weiteres Problem stellte § 146 Abs. 2 S. 2 VAG dar. Nach jener aufsichtsrechtlichen Vorgabe dürfen Prämien der substitutiven Krankenversicherung (zum
Begriff s. Frage 755) für das Neugeschäft nicht niedriger sein als Prämien, die sich
im Altbestand für gleichaltrige Versicherte ohne Berücksichtigung ihrer Altersrückstellung ergeben. Die Neuzugangsprämien der Unisex-Tarife sind für junge
Frauen jedoch niedriger als für gleichaltrige Frauen im Bestand. Durch Art. 6 Nr. 3
des SEPA-Begleitgesetzes wurde ein weiterer Halbsatz in § 12 Abs. 4 S. 2 VAG
a.F. angefügt, wonach Unterschiede, die sich daraus ergeben, dass die Prämie im
Neugeschäft geschlechtsunabhängig kalkuliert wird, außer Betracht bleiben müssen. Die Regelung findet sich seit dem 01.01.2016 inhaltsgleich in § 146 Abs. 2
S. 3 VAG.

480 ▶ **Warum dürfen Kosten im Zusammenhang mit Schwangerschaft und**
         Mutterschaft nie zu unterschiedlichen Prämien und Leistungen führen?

Nach § 20 Abs. 2 S. 1 AGG dürfen Kosten für Schwangerschaft und Mutterschaft
auf keinen Fall zu unterschiedlichen Prämien oder Leistungen führen. Zur Rechtfertigung einer unterschiedlichen Behandlung muss der Versicherer daher nachweisen, dass die verwendeten Daten unabhängig von den Kosten von Schwangerschaft
und Mutterschaft ermittelt worden sind. Die fehlende Rechtfertigungsmöglichkeit
bezweckt es, die Verantwortung für die Fortpflanzung als gesellschaftliches Anliegen auf die Versichertengemeinschaft insgesamt zu verteilen und die Kosten gleich-
mäßig auf die Geschlechter umzulegen.

Im *Zusammenhang mit einer Schwangerschaft* stehen Kosten dann, wenn die
Schwangerschaft zumindest mitursächlich für ihre Entstehung gewesen ist. Der Begriff der Mutterschaft ist eng auszulegen: Es geht um die biologisch begründete
Schwäche und Schutzbedürftigkeit der Mutter nach der Geburt. Der Schutz allein-
erziehender Mütter im alltäglichen Leben hingegen ist nicht erfasst. Für ein solches
Verständnis sprechen der fehlende korrespondierende Schutz der Vaterschaft sowie
der systematische Zusammenhang mit dem Begriff der Schwangerschaft.

Nicht unproblematisch ist daher eine Entscheidung des AG Hannover (VersR
2009, 348). Das Gericht war der Auffassung, der Versicherer verstoße nicht gegen

das Verbot der Anknüpfung an Schwangerschaft oder Mutterschaft, wenn er die Annahme eines Antrags auf Abschluss einer Krankenversicherung bei bereits bestehender Schwangerschaft von der Vereinbarung eines Leistungsausschlusses für diese Schwangerschaft und die anschließende Entbindung abhängig mache. Dies ist bedenklich, weil § 20 Abs. 2 S. 1 AGG (§ 20 Abs. 2 S. 2 AGG a.F.) gerade vor Benachteiligungen aufgrund einer Schwangerschaft schützen soll. Der Leistungsausschluss führt aber zu einer Schlechterstellung des Versicherungsnehmers. Ferner ist der Wortlaut des § 20 Abs. 2 S. 1 AGG erfüllt, denn die Vereinbarung eines Leistungsausschlusses führt nämlich durchaus zu „unterschiedlichen Leistungen". Andererseits war hier bei Vertragsschluss der Eintritt des Versicherungsfalls angesichts der Schwangerschaft schon vorprogrammiert.

C. Benachteiligung aufgrund einer Behinderung

▶   Was ist vom Merkmal „Behinderung" i. S. des § 19 Abs. 1 AGG umfasst?   **481**

Dieses Merkmal ist europarechtlich bislang nicht gesetzlich definiert. Nach dem Verständnis des EuGH handelt es sich jedoch bei einer Behinderung um eine Einschränkung, die insbesondere auf physische, geistige oder psychische Beeinträchtigungen zurückzuführen ist und die ein Hindernis für die Teilhabe des Betroffenen am Berufsleben über einen längeren Zeitraum bildet (s. EuGH Slg. 2006, I-6467 – *Chacón Navas*).

Im deutschen Recht enthält § 2 Abs. 1 SGB IX eine Legaldefinition des Behinderungsbegriffs. Hiernach sind Menschen behindert, wenn ihre körperliche Funktion, geistige Fähigkeit oder seelische Gesundheit mit hoher Wahrscheinlichkeit länger als sechs Monate von dem für das Lebensalter typischen Zustand abweichen und daher ihre Teilhabe am Leben in der Gesellschaft beeinträchtigt ist.

Umstritten ist, ob der Behinderungsbegriff des § 2 Abs. 1 SGB IX für § 19 Abs. 1 AGG herangezogen werden kann. Dafür lässt sich anführen, dass der Schutz vor Benachteiligungen wegen einer Behinderung in den europäischen Richtlinien zur Gleichbehandlung für den Zivilrechtsverkehr nicht gefordert wird und es sich somit hinsichtlich des Merkmals Behinderung um eine überschießende Umsetzung der Richtlinien handelt (s. MünchKommBGB/*Thüsing* § 20 AGG Rn. 67). Auch der Gesetzgeber ist der Auffassung, der Begriff der Behinderung entspreche der Definition in § 2 Abs. 1 S. 1 SGB IX (s. BT-Drs. 16/1780, S. 31). Dagegen ist jedoch einzuwenden, dass der arbeitsrechtliche Teil des AGG (§ 7 Abs. 1 i. V. mit § 1 AGG) auf einer Richtlinie beruht, die auch den Schutz vor Benachteiligungen wegen einer Behinderung im Zusammenhang mit Beschäftigung und Beruf vorsieht. Ist der arbeitsrechtliche Teil des AGG autonom europarechtlich auszulegen, so sollte der Behinderungsbegriff in § 19 Abs. 1 AGG gleichfalls autonom ausgelegt werden, um eine einheitliche Bedeutung des Merkmals innerhalb des AGG zu gewährleisten. Die deutschen Legaldefinitionen in § 2 Abs. 1 S. 1 SGB IX und übereinstimmend in § 3 BGG können daher nur als Anhaltspunkte dienen (s. PVR Rn. 657).

Im Gegensatz zum europäischen Verständnis sieht § 2 Abs. 1 SGB IX eine starre Frist von sechs Monaten, die der Zustand mindestens andauert, als Voraussetzung für eine Behinderung vor. Sollten sich durch die künftige Rechtsprechung des EuGH Abweichungen von dieser Konkretisierung ergeben, so wird die Sechs-Monats-Frist europarechtlich im Anwendungsbereich der Richtlinienvorgaben verdrängt werden. Der Grad der Behinderung ist unerheblich; eine Schwerbehinderung i. S. des § 2 Abs. 2 SGB IX ist daher nicht erforderlich.

Sowohl der europäische als auch der deutsche Behinderungsbegriff bestehen aus einem *medizinisch-pathologischen* („physische, geistige oder psychische Beeinträchtigung"/„Abweichung der körperlichen Funktion (…) von dem für das Lebensalter typischen Zustand") und einem *partizipatorischen* („Hindernis für die Teilnahme des Betroffenen am Berufsleben"/„Beeinträchtigung ihrer Teilhabe am Leben in der Gesellschaft") Element. Das partizipatorische Element beruht auf dem Gedanken, dass die Behinderung vorrangig ein soziales Verhältnis und keine persönliche Eigenschaft darstelle, weil eine Wechselwirkung zwischen den gesundheitlichen Problemen einer Person und ihren umweltbedingten Kontextfaktoren bestehe.

482 ▶ Wie ist eine Behinderung von einer Krankheit abzugrenzen?

Eine solche Abgrenzung fällt nicht leicht, so dass es letztlich auf die Umstände des Einzelfalls ankommt. Nach Auffassung des EuGH ist Krankheit nicht mit Behinderung gleichzusetzen (s. EuGH Slg. 2006, I-6467 – *Chacón Navas*); daher stellt nicht jede Ungleichbehandlung wegen einer Krankheit auch eine solche wegen einer Behinderung dar. Dies schließt es jedoch nicht aus, eine Krankheit zugleich als Behinderung einzustufen. So können z. B. bestimmte schwere Ausprägungen von Diabetes als Behinderung gewertet werden und leichtere nicht. Darüber hinaus hat der EuGH (NZA 2013, 553 – *Ring/Skouboe Werge*) entschieden, dass auch eine ärztlich diagnostizierte heilbare oder unheilbare Krankheit als Behinderung anzusehen ist, wenn sie die volle Teilhabe am Berufsleben hindern kann und von längerer Dauer ist.

483 ▶ Stellt eine HIV-Infektion eine Behinderung i. S. des AGG dar?

Dies ist umstritten. Es kommt darauf an, ob die Infektion sowohl das medizinisch-pathologische als auch das partizipatorische Element erfüllt. Hinsichtlich des medizinisch-pathologischen Elements wird teils vertreten, dass es bei der symptomlosen HIV-Infektion an einer Funktionsbeeinträchtigung fehle. Jedoch stellt bereits eine erhöhte Anfälligkeit für Infekte eine Beeinträchtigung dar. Ferner ist das partizipatorische Element des Behinderungsbegriffs verwirklicht, weil die Teilhabe am gesellschaftlichen Leben auch allein dadurch beeinträchtigt sein kann, dass andere Menschen den Betroffenen aufgrund seiner HIV-Infektion ausgrenzen. Bei einer symptomlosen, nach außen nicht wahrnehmbaren HIV-Infektion kann bereits die begründete Sorge vor einer Ausgrenzung die Teilhabe am gesellschaftlichen Leben erschweren (s. BAG NZA 2014, 372 Rn. 71 ff.).

▶ Kann Adipositas (Fettleibigkeit) als eine Behinderung angesehen werden? **484**

Schwere Adipositas kann eine Behinderung i. S. der arbeitsrechtlichen Richtlinien sein, wenn sie in Wechselwirkungen mit verschiedenen Barrieren den Betroffenen an der vollen, wirksamen und mit anderen Arbeitnehmern gleichberechtigten Teilhabe am Berufsleben hindert (s. EuGH NZA 2015, 33 Rn. 58 ff.; 2018, 159 Rn. 28 ff.). Entsprechendes wird man auch außerhalb des Arbeitsrechts anzunehmen haben.

▶ Wann ist eine Benachteiligung aufgrund einer Behinderung gerechtfertigt? **485**

Eine Ungleichbehandlung aufgrund einer Behinderung – im Übrigen auch aufgrund der Religion, des Alters oder der sexuellen Identität – ist nach § 20 Abs. 2 S. 2 AGG gerechtfertigt, wenn sie auf anerkannten Prinzipien risikoadäquater Kalkulation beruht. Unklar ist jedoch, wann ein Prinzip risikoadäquater Kalkulation als „anerkannt" i. S. von § 20 Abs. 2 S. 2 AGG gelten kann. Für die Prinzipien risikoadäquater Kalkulation gibt es kein formelles Anerkennungsverfahren, so dass insoweit ein gewisser Beurteilungsspielraum besteht.

▶ Ist eine Rechtfertigung gem. § 20 Abs. 2 S. 2 AGG nur bei Vorliegen statistischer Daten zulässig? **486**

Nach der Gesetzesbegründung ist die Heranziehung statistischer Daten dann nicht erforderlich, wenn solche nicht vorhanden sind und sich auch nicht mit vertretbarem Aufwand erstellen lassen. Stattdessen sollen dann medizinische Erfahrungswerte und die Einschätzungstabellen der Rückversicherer herangezogen werden (s. BT-Drs. 16/1780, S. 45; OLG Saarbrücken VersR 2009, 1522, 1525). Dies ist sachgerecht, um eine Risikodifferenzierung den Versicherern nicht übermäßig zu erschweren. Ansonsten wäre insbesondere die Versicherbarkeit neuer Risiken problematisch, für die noch keine statistischen Daten vorhanden sind (s. PVR Rn. 638).

D. Rechtsfolgen einer Diskriminierung

▶ Ist ein Versicherer, der einen Vertragsschluss unter Verstoß gegen das Diskriminierungsverbot des § 19 Abs. 1 Nr. 2, Abs. 2 AGG verweigert, zum Abschluss des Vertrages verpflichtet? **487**

Ob ein solcher *Kontrahierungzwang* besteht, ist umstritten (dafür: L/P/*Looschelders*, Vorbem. A Rn. 50; *Thüsing/v. Hoff*, NJW 2007, 21; dagegen: *Armbrüster*, NJW 2007, 1494, 1495 ff.; *Bachmann*, ZBB 2006, 257, 265 f.; s. zum Ganzen PVR Rn. 670). Die besseren Argumente sprechen dafür, dies zu verneinen. Der Beseitigungs- bzw. Schadensersatzanspruch des Versicherungsnehmers nach § 21

Abs. 1 S. 1, Abs. 2 S. 1 AGG kann schon deshalb nicht zu einem Kontrahierungszwang führen, weil der Vertragsschluss nicht die Behebung eines eingetretenen Schadens ist. Im Gegenteil: Der benachteiligte Antragsteller stünde sogar besser als jeder andere Vertragsinteressent, dem ein Vertragsschluss aus Gründen versagt wird, die keine Ungleichbehandlung i. S. des AGG darstellen. Zudem wäre bei einer Abschlusspflicht das Versicherungsverhältnis, bei dem das für beide Parteien geltende Kooperationsgebot von besonderer Bedeutung ist, von Anfang an mit einem Konfliktpotenzial belastet. Soweit es um die Begründung von Arbeitsverhältnissen geht, hat dieser Rechtsgedanke sogar ausdrücklich in § 15 Abs. 6 AGG seinen Niederschlag gefunden; er lässt sich auf Versicherungsverhältnisse übertragen. Die Gegenansicht will aus dieser Vorschrift indessen ein argumentum e contrario herleiten.

488 ▶   Welche Ansprüche stehen dem Versicherungsnehmer aufgrund einer
             Benachteiligung nach § 19 Abs. 1 Nr. 2, Abs. 2 AGG zu?

Die Ansprüche des Versicherungsnehmers richten sich in diesem Fall nach § 21 AGG. Persönlichkeitsrechtsverletzungen werden insbesondere durch den in § 21 Abs. 2 S. 3 AGG vorgesehenen Anspruch auf *Ersatz des immateriellen Schadens* sanktioniert. Da Ansprüche aus unerlaubter Handlung gem. § 21 Abs. 3 AGG unberührt bleiben, steht dem Versicherungsnehmer ein Schadensersatzanspruch aus § 823 Abs. 1 BGB i. V. mit dem allgemeinen Persönlichkeitsrecht aus Art. 1 Abs. 1, Art. 2 Abs. 1 GG zu. Daneben kommt ein Anspruch wegen Verletzung eines Schutzgesetzes gem. § 823 Abs. 2 BGB i. V. mit § 130 StGB (Volksverhetzung) oder §§ 185 ff. StGB (Beleidigung, Üble Nachrede, Verleumdung) in Betracht.

Einzelne Versicherungszweige

A. Wohngebäudeversicherung

▶ Welchem Zweck dient die Wohngebäudeversicherung? 489

Die Wohngebäudeversicherung gehört zur *Sachversicherung*. Sie bietet dem Eigentümer eines zumindest auch zu Wohnzwecken bestimmten Gebäudes Versicherungsschutz für den Fall der Beschädigung oder der Zerstörung des Gebäudes sowie mitversicherter Sachen.

▶ Auf welche Gefahren bezieht sich der Versicherungsschutz? 490

Bei der Wohngebäudeversicherung spricht man von einem sogenannten „Kombinierten Versicherungsschutz" (zur Abgrenzung von Kombination, Koppelung und Bündelung s. PVR Rn. 1103 ff.). Es werden bestimmte Gefahrengruppen wie Brand/Blitzschlag/Explosion, Leitungswasser/Rohrbruch und Sturm/Hagel in einem einzigen Vertrag zusammengefasst. Insofern erübrigt sich der Abschluss vieler einzelner Verträge. Es ist aber auch möglich, nur einzelne Risiken zu versichern (vgl. § 1 Nr. 1 b) VGB 2010).

▶ Auf welche Art von Gebäuden erstreckt sich die Wohngebäudeversicherung? 491

Die Wohngebäudeversicherung schützt nicht nur reine Wohngebäude, sondern erfasst auch gemischt genutzte Gebäude, die sowohl Wohnzwecken als auch anderen Zwecken dienen. Hingegen werden Risiken gewerblich genutzter Immobilien nicht erfasst; hierfür steht vielmehr die Feuerversicherung (Grundlage: AFB 2010) zur Verfügung. Sie bietet gem. § 1 Nr. 1 lit. a–d) AFB 2010 Versicherungsschutz für durch Brand, Blitzschlag und Explosion sowie für durch bestimmte

© Springer-Verlag GmbH Deutschland, ein Teil von Springer Nature 2019   177
C. Armbrüster, *Examinatorium Privatversicherungsrecht*, Springer-Lehrbuch,
https://doi.org/10.1007/978-3-662-58654-9_3

Flugzeugunglücke zerstörte, beschädigte, oder abhanden gekommene Sachen. Der Versicherungsschutz lässt sich durch Zusatzvereinbarungen auf weitere Elementarschäden ausweiten (B/M/*K. Johannsen* Vor A § 1 VGB 2010 Rn. 1 ff.).

492 ▶ Von welcher Versicherungsart ist die Wohngebäudeversicherung in Bezug auf die versicherten Sachen abzugrenzen?

Sie ist von der *Hausratversicherung* abzugrenzen, die Versicherungsschutz für den Hausrat als Inbegriff beweglicher Sachen des privaten Lebensbereiches gewährt (s. PVR Rn. 2047; instruktiv OLG Köln VersR 1992, 1468 [betreffend Einbauküche]; zur Inbegriffsversicherung allgemein s. P/M/*Armbrüster* § 89 VVG Rn. 1 ff.).

493 ▶ Welche Versicherungsbedingungen liegen der Wohngebäudeversicherung zu Grunde?

Die AVB der Wohngebäudeversicherung werden als VGB bezeichnet. Je nachdem, wann der Versicherungsvertrag abgeschlossen wurde, liegen diesem z. B. die VGB 62, 88 oder 2000 zu Grunde. Nach der VVG-Reform wurden vom GDV neue Allgemeine Wohngebäudeversicherungsbedingungen als unverbindliche Bedingungsempfehlungen erstellt, nämlich die VGB 2008 - Wert 1914 und die VGB 2008 - Wohnflächenmodell, die beide inzwischen durch die Versionen VGB 2010 und (mit wesentlich geänderter Numerierung) VGB 2016 ersetzt worden sind. Im Folgenden werden insbesondere die VGB 2010 behandelt, da sie in der Praxis bislang noch bedeutsamer sind als die VGB 2016.

494 ▶ Worin unterscheiden sich die zwei Versionen der jüngeren VGB?

Die maßgeblichen Unterschiede finden sich insbesondere in den Bedingungen zur Bestimmung von Versicherungswert und Versicherungssumme. Die VGB – Wert 1914 sehen eine sog. *gleitende Neuwertversicherung* auf der Grundlage des Versicherungswertes 1914 mit Anpassung an die Baukostenentwicklung vor (s. Fragen 500, 501).

Die VGB – Wohnflächenmodell enthalten eine Versicherung zum ortsüblichen Neubauwert mit Anpassung an die Baukostenentwicklung und einem Grundbeitrag, der sich aus der Wohnfläche, dem Gebäudetyp, der Bauausführung und Ausstattung, der Nutzung oder sonstiger Merkmale errechnet.

495 ▶ Welche Sachen sind in der Wohngebäudeversicherung versichert? Was gilt für Einbaumöbel und -küchen?

Dies hängt von den dem konkreten Vertrag zugrunde liegenden AVB ab. Nach § 2 VGB 62 sind vorbehaltlich abweichender Vereinbarung die im Versicherungsschein aufgeführten Gebäude mit ihren Bestandteilen, aber ohne Zubehör versichert. In Bezug auf das *Zubehör* und vom Mieter in das Gebäude *eingefügte Sachen* trifft bereits § 1 VGB 88 differenzierende Regelungen. A § 5 VGB 2010 – Wert 1914 enthält detaillierte Definitionen zum Umfang des Versicherungsschutzes. Als Gebäudebestandteile gelten gem. A § 5 Nr. 2 lit. b) VGB 2010 – Wert 1914 solche Sachen, die in das Gebäude derart eingefügt worden sind, dass sie durch die Verbindung mit dem Gebäude ihre Selbstständigkeit verloren haben. Hier kommt es bisweilen zu Abgrenzungsschwierigkeiten hinsichtlich die Deckungsbereiche von Hausrat- und der Wohngebäudeversicherung (s. Frage 492). Zur Konkretisierung kann jedenfalls ergänzend auf die §§ 93 ff. BGB zurückgegriffen werden (B/M/*K. Johannsen* A § 5 Rn. 6 VGB 2010; FAKomm-VersR/*Sohn*, Abschn. A § 5 VGB 2010 Rn. 3: sachenrechtliche Zuordnung indes für sich genommen nicht allein ausschlaggebend; vgl. auch OLG Köln VersR 1992, 1468). Für Einbaumöbel und -küchen enthält A § 5 Nr. 2 lit. b) S. 2 VGB 2010 – Wert 1914 eine Sonderregelung. Hiernach sind als Gebäudebestandteil nur solche Einbaumöbel und -küchen anzusehen, die *individuell für das Gebäude raumspezifisch geplant und gefertigt* worden sind (vgl. LG Düsseldorf VersR 2011, 525 f.).

▶   Welche Vermögenseinbußen werden in der Wohngebäudeversicherung   **496**
    ersetzt?

Von zentraler Bedeutung ist die Entschädigung der durch den Versicherungsfall zerstörten, beschädigten oder abhanden gekommenen Sache (*Sachschäden*). Daneben werden aber auch bestimmte *Kosten* ersetzt, namentlich Aufräum- und Abbruchkosten sowie Bewegungs- und Schutzkosten. Letztere entstehen dadurch, dass zum Zweck der Wiederherstellung oder Wiederbeschaffung versicherter Sachen andere Sachen bewegt, verändert oder geschützt werden müssen (s. A § 7 Nr. 1 b) VGB 2010 – Wert 1914, §§ 2 Nr. 1 b VGB 88/VGB 2000). Des Weiteren ersetzt der Versicherer die beim Wiederaufbau tatsächlich entstehenden Mehrkosten, die auf einer Änderung der öffentlich-rechtlichen Vorschriften (meist gestiegene bauordnungsrechtliche Sicherheitsanforderungen) beruhen. Voraussetzung ist jedoch, dass die Änderung zwischen der Errichtung des Gebäudes oder der letzten genehmigungsbedürftigen Baumaßnahme und dem Eintritt des Versicherungsfalls in Kraft getreten ist (A § 8 Nr. 1 lit. a) VGB 2010). Zu beachten sind hier freilich die in A § 8 Nr. 3 VGB 2010 vorgesehenen Ausschlüsse.

Zudem werden dem Versicherungsnehmer *Mietausfallschäden* ersetzt, die durch einen Eintritt des Versicherungsfalls entstanden sind. Es handelt sich der Sache nach um eine Versicherung entgangenen Gewinns (s. PVR Rn. 2045). Dabei wird zwischen fremdvermieteten und eigengenutzten Räumlichkeiten unterschieden (vgl. § 1 Nr. 3 VGB 62, §§ 3 VGB 88/VGB 2000, § 9 Nr. 1 VGB 2010 – Wert 1914). Bei leer stehenden Gebäuden kann Ersatz von Mietausfall freilich nicht verlangt werden (s. OLG Schleswig r + s 2007, 327).

▶   Werden Mietausfallschäden auch bei gemischt genutzten Gebäuden er-   **497**
    setzt?

Der Wortlaut von A § 9 Nr. 1 VGB 2010 – Wert 1914 (s. auch A 13.1.1 VGB 2016 Privat - Wert 1914 sowie Wohnflächenmodell) ist insofern eindeutig: Der Mietverlust wird nur bei *Wohnräumen* ersetzt. Nach A § 9 Nr. 3 VGB 2010 – Wert 1914 kann zudem vereinbart werden, dass Mietausfallschäden bei gewerblich genutzten Räumen versichert sein sollen. Daraus wird teilweise die Schlussfolgerung gezogen, dass bei *gemischt genutzten Gebäuden* kein Anspruch auf Ersatz des Mietverlustes für gewerblich genutzte Räume besteht (s. OLG Hamm r + s 1993, 107; *Martin*, Sachversicherungsrecht, W. VIII. Rn. 3). Wenn aber für ein gemischt genutztes Gebäude die Bedingungen der Wohngebäudeversicherung vereinbart werden, so ist jedenfalls bei überwiegender Wohnnutzung anzunehmen, dass auch der Mietausfall der gewerblich genutzten Räume ersetzt wird, wenn das Objekt insgesamt zu einer einheitlichen Miete vermietet worden ist und wenn der privat genutzte Teil des Objekts überwiegt (s. OLG Köln VersR 1991, 70; a. A. OLG Celle r + s 1993, 264). Zumindest aber wird man den Versicherer für gem. § 6 Abs. 1 VVG verpflichtet halten müssen, jedenfalls bei überwiegend gewerblich genutzten Objekten auf die Deckungslücke für Mietausfallschäden hinzuweisen (B/M/K. *Johannsen* A § 9 VGB 2010 Rn. 1).

498 ▶ Welche Gefahren und Schäden sind versichert?

Versicherte Schäden sind die Zerstörung, die Beschädigung und das Abhandenkommen versicherter Sachen durch die drei Gefahrengruppen *Feuer* (Brand, Blitzschlag, Explosion, Implosion, Anprall oder Absturz eines Luftfahrzeugs, seiner Teile oder seiner Ladung), *Leitungswasser/Rohrbruch/Frost* und *Sturm/Hagel* (A § 1 Nr. 1 lit. a) VGB 2010 – Wert 1914). Diese allgemeinen Gefahrumschreibungen werden in den §§ 2 bis 4 VGB 2010 – Wert 1914 definiert. Jede Gefahrengruppe der Wohngebäudeversicherung kann auch einzeln versichert werden. Hierdurch wird besonders deutlich, dass es sich bei der Wohngebäudeversicherung der Sache nach um ein *kombiniertes Produkt* handelt (zur Versicherbarkeit mehrerer Risiken in einem einheitlichen Versicherungsvertrag s. PVR Rn. 1107 ff.).

Nach allgemeiner Auffassung sind auch sog. *Folgeschäden* versichert, z. B. Schäden durch Diebstahl oder Zerstörung geretteter Sachen oder Schäden durch Löschen und Niederreißen (VersRHdb/*Rüffer* § 32 Rn. 293).

499 ▶ Was versteht man unter dem Versicherungswert?

Der Versicherungswert ist ein nicht nur speziell für die Wohngebäudeversicherung, sondern für die Sach- und darüber hinaus für die Schadensversicherung insgesamt wichtiger Begriff. Er bezeichnet den Geldwert des versicherten Interesses (§ 74 Abs. 1 VVG; s. auch Frage 357). Für die Bestimmung des Versicherungswerts sieht § 88 VVG eine Regelung zur Sachversicherung vor, die eingreift, soweit nichts anderes vereinbart ist. Danach gilt als Versicherungswert grundsätzlich der *Zeitwert*. Dabei ist der Wert entscheidend, den die versicherte Sache beim Eintritt des Versicherungsfalls hatte. Es kommt also auf den Betrag an, den der Versicherungsnehmer aufwenden muss, um die untergegangene Sache wiederzubeschaffen oder die beschädige Sache wiederherzustellen. Dabei findet ein Abzug „neu für alt" statt, d. h. der Versicherungsnehmer muss sich den Unterschied zwischen neuer Sache und alter Sache abziehen lassen. Anders gewendet: Der Versicherungsnehmer erhält denjenigen Wert in Geld ersetzt, den die beschädigte oder zerstörte Sache bei Eintritt des Versicherungsfalls hatte, egal für wie viel Geld er sich eine neue Sache kaufen oder errichten müsste (s. L/R/*Langheid* § 88 Rn. 6).

▶ Welche anderen Möglichkeiten gibt es, den Versicherungswert zu be-   **500**
   stimmen?

Als Versicherungswert können neben dem von § 88 VVG vorgesehenen Zeitwert
auch der Neuwert, der gleitende Neuwert, der Gemeine Wert und als Unterfälle des
Gemeinen Wertes der Wiederbeschaffungs- oder der Veräußerungswert vereinbart
werden (s. L/R/*Langheid* § 88 VVG Rn. 9 ff.). *Neuwert* ist der Betrag, der aufge-
wendet werden muss, um die Sache wiederzubeschaffen, wobei kein Abzug neu für
alt vorgenommen wird (BGH VersR 1988, 463). In der Wohngebäudeversicherung
lauten die Policen aufgrund des tatsächlichen wirtschaftlichen Bedarfs des Versicherungsnehmers freilich zumeist auf den sog. *gleitenden Neuwert* (vgl. A § 10
Nr. 1 lit. a) VGB 2010 – Wert 1914; s. dazu PVR Rn. 2040; näher Fragen 500, 501).
Hierunter wird derjenige Betrag verstanden, der erforderlich ist, um das Gebäude in
gleicher Art am gleichen Ort neu zu errichten, wobei Wert- oder Preissteigerungen
nicht berücksichtigt werden. Bei beiden Spielarten der Neuwertversicherung kann
es zu einer Bereicherung des Versicherungsnehmers kommen. Dies ist aber angesichts des tatsächlichen wirtschaftlichen Bedarfs des Versicherungsnehmers sachlich gerechtfertigt; es gibt im Privatversicherungsrecht kein allgemeines Bereicherungsverbot (s. bereits zum alten Recht BGHZ 137, 318, 326 f. = VersR 1998, 305,
307; s. Frage 359).
   Zudem kann auch die Versicherung des *Gemeinen Werts* vereinbart werden. Dies
ist der Verkehrswert, also der Betrag, der beim Verkauf der Sache durch den Versicherungsnehmer zu erzielen wäre, sei es auf dem Gebrauchtwarenmarkt oder als
Altmaterial (s. Hk/*Halbach* § 88 Rn. 7). Stattdessen kann als Gemeiner Wert auch
der Veräußerungswert, also derjenige Wert, den der Versicherungsnehmer bei einer
Veräußerung der Sache bei Eintritt des Versicherungsfalls am Markt hätte erzielen
können, vereinbart werden. Was in concreto maßgeblich ist, muss wie stets durch
Auslegung der einschlägigen Vertragsbedingungen ermittelt werden (s. L/R/*Langheid* § 88 Rn. 10).

▶ Kann in der Neuwertversicherung in den AVB vereinbart werden, dass   **501**
   nur der Zeitwert ersetzt wird, falls dieser nicht einen bestimmten Prozentsatz des Neuwerts beträgt?

Die Vereinbarung einer solchen sog. *Entwertungsgrenze* ist grundsätzlich möglich.
Der BGH hält eine Klausel in der Neuwertversicherung für wirksam, wonach der
Versicherungswert der Zeitwert der versicherten Sache ist, wenn dieser weniger als
40 % des Neuwerts beträgt (s. BGH VersR 2009, 1622 Rn. 7 ff.; krit. *Wälder*, r + s
2009, 513, 515).

▶ Welche Besonderheit besteht bei der Wohngebäudeversicherung?   **502**

Bei der Wohngebäudeversicherung ist die Vereinbarung des Neuwerts, des Zeit-
werts oder des Gemeinen Werts möglich (A § 10 Nr. 1 b–d VGB 2010 – Wert 1914).
Üblich ist hier aber die gleitende Neuwertversicherung. Darunter versteht man den

ortsüblichen Neubauwert des Gebäudes, ausgedrückt in den Preisen des Jahres 1914, mit variabler Prämie (s. A § 10 Nr. 1 a VGB 2008 – Wert 1914; näher B/M/*K. Johannsen* A § 10 VGB 2010 Rn. 2 f.).

503 ▶ Welchen Zweck verfolgt die „gleitende Neuwertversicherung"?

Hintergrund ist die vor allem inflationsbedingte ständige Veränderung des Baupreisniveaus. Steigen die Baukosten, so steigt auch der Neubauwert des Gebäudes. Daher kann bei Vertragsschluss nicht abgeschätzt werden, wie hoch die Versicherungssumme sein muss, um für einen in Zukunft auftretenden Versicherungsfall ausreichend Deckung zu bieten. Niemand weiß, wie kostspielig der Neubau des Gebäudes in 20 Jahren sein wird. Legt man hier einfach eine Versicherungssumme X fest, die sich am aktuellen Baupreisniveau orientiert, so besteht die Gefahr, dass diese Summe nach einem künftigen Eintritt des Versicherungsfalls nicht mehr ausreicht, um die Neubaukosten zu decken. In diesem Fall liegt eine *Unterversicherung* vor, da der Versicherungswert (Neuwert) höher ist als die Versicherungssumme. Der Versicherungsnehmer bekommt dann (bei einem Teilschaden) nur ein anteilige Entschädigung nach der Formel: Entschädigung = Schaden mal Versicherungssumme geteilt durch Versicherungswert ersetzt (s. Frage 363). Gerade zur Vermeidung dieser Unterversicherung gibt es die gleitende Neuwertversicherung. Dabei orientiert sich der Versicherungsschutz an der Baukostenentwicklung: Der Versicherer verspricht dem Versicherungsnehmer die vollen Neubaukosten zum zukünftigen Zeitpunkt X zu leisten; dementsprechend wird die Versicherungssumme ständig an den steigenden Neubauwert angepasst. Daraus folgt zugleich eine ständige Erhöhung der Versicherungsprämie (zu Einzelheiten betreffend das Prämienanpassungsrecht des Versicherers s. § 12 VGB 2010 – Wert 1914). Der Versicherungsnehmer „erkauft" sich damit gleichsam den Neuwert in Zukunft mit steigenden/variablen Prämien in der Gegenwart (s. *Martin*, Sachversicherungsrecht, S IV Rn. 8).

504 ▶ In der (gleitenden) Neuwertversicherung verspricht der Versicherer dem Versicherungsnehmer eine Leistung, die den konkret eingetretenen Schaden meist nicht nur unerheblich übersteigt. Hierdurch erhöht sich freilich das subjektive Risiko. Wie wird dem in der Kautelarpraxis begegnet?

In nahezu allen Bedingungswerken finden sich sog. *Wiederherstellungsklauseln* (Beispiel: A § 13 Nr. 7 VGB 2010 – Wert 1914). Durch sie wird die Auszahlung desjenigen Teils der Entschädigung, der den Zeitwert des versicherten Gebäudes bei Eintritt des Versicherungsfalls übersteigt (sog. Neuwertanteil), davon abhängig gemacht, dass der Versicherungsnehmer innerhalb eines bestimmten Zeitraums (etwa: von drei Jahren) nach Eintritt des Versicherungsfalls die Wiederherstellung eines gleichartigen Gebäudes sicherstellt (s. PVR Rn. 1474). Der Versicherungsnehmer erhält folglich weder in der einfachen noch in der gleitenden Neuwertversicherung mit Eintritt des Versicherungsfalls umgehend den Neuwertanteil ausgezahlt. Sein Anspruch beschränkt sich vielmehr zunächst auf den Zeitwertanteil. Stellt er im

Folgenden die Wiederherstellung des zerstörten Gebäudes auf dem versicherten Grundstück oder, sofern dies rechtlich nicht möglich bzw. wirtschaftlich nicht zu vertreten ist, an einer anderen Stelle im Inland sicher, so erwirbt er auch den Anspruch auf den Neuwertanteil (§ 93 S. 1 VVG). Anders ist dies nur, wenn dem Vertrag eine – freilich mittlerweile seltene – einfache Wiederherstellungsklausel zugrunde liegt (s. dazu P/M/*Armbrüster* § 93 Rn. 5).

▶   Wann ist die Wiederherstellung in diesem Sinne „sichergestellt"?   **505**

Ob die Wiederherstellung in diesem Sinne gesichert ist, ist eine Prognoseentscheidung. Diese kann nur prospektiv unter wertender Betrachtung des konkreten Falles getroffen werden. Eine restlose Sicherheit ist freilich nicht erforderlich, solange keine vernünftigen Zweifel an der Wiederherstellung bestehen (s. BGH VersR 2011, 1180 Rn. 13). Die Wiederherstellung ist z. B. dann sichergestellt, wenn der Versicherungsnehmer innerhalb von drei Jahren nach Eintritt des Versicherungsfalls einen für ihn bindenden Bauvertrag oder einen Fertighauskaufvertrag über die Errichtung eines gleichartigen Gebäudes abschließt (s. BGH r + s 2004, 238, 239 f.).

▶   Kann der Versicherungsnehmer den Neuwertanteil auch dann beanspru-   **506**
chen, wenn er das zerstörte Gebäude in Eigenregie wieder errichtet hat?

Ja. Den üblichen Wiederherstellungsklauseln ist insoweit keine Einschränkung zu entnehmen. Auch erfordert es ihr versicherungstechnischer Zweck, das subjektive Risiko zu begrenzen, nicht, dem Versicherungsnehmer den Anspruch auf den Neuwertanteil allein deshalb zu versagen, weil er das Gebäude zum Großteil in Eigenarbeit wiederhergestellt hat. Denn insoweit steht offenkundig fest, dass der Neuwertanteil lediglich zum Ausgleich unvorhergesehener Belastungen verwendet wird; eine zweckwidrige Verwendung des Neuwertanteils oder gar ein missbräuchliches Handeln, welches die Klausel gerade zu verhindern sucht, ist dann nicht länger zu befürchten (s. BGH VersR 2011, 1180 Rn. 11 ff.; PVR Rn. 1478).

▶   Wie wird die variable Versicherungssumme/Prämie in der gleitenden   **507**
Neuwertversicherung berechnet?

Die Berechnung richtet sich nach A § 12 VGB 2010 – Wert 1914. Um eine Versicherungssumme/Prämie variabel anpassen zu können, braucht es zunächst eine Bezugsgröße. Diese ist der *Versicherungswert 1914*: Bei Vertragsschluss wird der aktuelle Neubauwert des Gebäudes umgerechnet auf das Preisniveau des Jahres 1914. Dies geschieht unter Heranziehung von Indexzahlen. Jene Berechnungsweise ermöglicht es dem Versicherer, bei allen seinen Versicherungsnehmern von einem einheitlichen Grundpreisniveau auszugehen. Für die solchermaßen berechnete Versicherungssumme wird dann ein Prämiensatz vereinbart; die Versicherungssumme – Wert 1914 multipliziert mit dem Prämiensatz ergibt die Grundprämie 1914. Diese Prämie muss noch mit dem jeweils gültigen Anpassungsfaktor multipliziert werden (A § 12 Nr. 1 VGB 2010 – Wert 1914).

Der Anpassungsfaktor verändert sich zum 1. Januar eines jeden Jahres um denjenigen Prozentsatz, um den sich ein näher bestimmter Baupreisindex und Tariflohnindex verändert haben. Beide Indizes werden vom Statistischen Bundesamt bekannt gegeben (A § 12 Nr. 2 lit. b) VGB 2010).

Sofern man von einer richtigen Wertermittlung des Versicherungswerts 1914 ausgeht, ist die Gefahr einer Unterversicherung damit ausgeschlossen, da die entsprechenden Indizes ständig an die aktuellen Preise angepasst werden. Dies gilt jedenfalls, solange das versicherte Gebäude in seiner Substanz nicht werterhöhend verändert wird (s. VersRHdb/*Rüffer* § 32 Rn. 373 ff.).

508 ▶ Warum werden gerade die Preise des Jahres 1914 zugrunde gelegt?

Die Zeit kurz vor Ausbruch des 1. Weltkrieges war von einem relativ stabilen Preisniveau geprägt. In den Folgejahren stiegen die Baupreise hingegen rasant an (s. PVR Rn. 2039). Um eine ständige Überprüfung und Anpassung der Versicherungssumme zu vermeiden, begannen die Versicherer zu dieser Zeit Haftung und Prämie zu dynamisieren und wählten als Grundlage den letzten Zeitpunkt stabiler Preise. Die heutigen Versicherer haben die Preisbasis 1914 übernommen, um die Vertragsverhältnisse vergleichbar zu machen und Unklarheiten und Verunsicherungen unter Wohngebäudeeigentümern zu vermeiden. Freilich wird aus Vereinfachungsgründen der Versicherungswert 1914 nicht länger originär, sondern vielmehr durch ein kompliziertes Rückrechnungsverfahren von einem neueren Bauwert aus bestimmt. Hiermit verfolgt der Versicherer den Zweck, eine fortlaufende Anpassung von Versicherungswert und -summe im Umfang der inflationsbedingten Baukostensteigerung entbehrlich zu machen (näher *Armbrüster*, VersR 1997, 931, 932).

509 ▶ Inwiefern unterscheidet sich die Versicherungssumme bei der gleitenden Neuwertversicherung von derjenigen bei einer einfachen Neuwertversicherung?

Bei der gleitenden Neuwertversicherung wird die Versicherungssumme laufend an den Versicherungswert angepasst. Bei der einfachen Neuwertversicherung besteht hingegen eine feste Versicherungssumme (s. PVR Rn. 2039).

510 ▶ Die variable Prämie der gleitenden Neuwertversicherung führt in der Regel zu steigenden Versicherungsprämien. Welche Möglichkeiten bieten die VGB dem Versicherungsnehmer, um darauf – etwa für den Fall finanzieller Engpässe – zu reagieren?

Nach § 12 Nr. 2 c VGB 2010 – Wert 1914 kann der Versicherungsnehmer einer Prämienerhöhung in Textform widersprechen. Dies muss innerhalb eines Monats, nachdem ihm die Mitteilung über die Erhöhung des Anpassungsfaktors zugegangen ist, geschehen.

▶ Welche Folgen hat dieser Widerspruch? **511**

Die Versicherung bleibt als Neuwertversicherung in Kraft. Es gilt die bisherige Prämie und eine Versicherungssumme, deren Wert sich aus der Versicherungssumme „Wert 1914" multipliziert mit 1/100 des Baupreisindexes für Wohngebäude, der im Mai des Vorjahres galt, ergibt. Der in § 11 Nr. 2 lit. a) VGB 2010 vorgesehene Unterversicherungsverzicht gilt dann allerdings nicht mehr.

▶ Halten derartige Prämienanpassungsklauseln einer Inhaltskontrolle **512**
   nach den §§ 307 ff. BGB stand?

Ja. Durch das Widerspruchsrecht ist der Versicherungsnehmer hinreichend geschützt; eines darüber hinausgehenden Sonderkündigungsrechts im Falle der Prämienerhöhung bedarf es daher nicht (s. B/M/*K. Johannsen* A § 12 VGB 2010 Rn. 2; allgemein zu den Wirksamkeitsanforderungen an Prämienanpassungsklauseln s. PVR Rn. 1136 ff.).

▶ Was passiert, wenn das Gebäude zum Abbruch bestimmt oder sonst **513**
   dauernd entwertet ist?

In diesem Fall wird auch bei einer Versicherung zum gleitenden Neuwert, zum Neuwert oder zum Zeitwert lediglich der Gemeine Wert ersetzt, also der erzielbare Verkaufspreis für das Gebäude oder für das Altmaterial (sog. *Entwertungsklauseln*; Beispiel: § 11 Nr. 2 VGB 2010 – Wohnflächenmodell). Hiermit in engem Zusammenhang stehen sog. vertragliche Entwertungsgrenzen (zu deren Zulässigkeit s. BGH VersR 2009, 1622 Rn. 10 ff.). Denn auch die Abbruchsentscheidung verringert den Gemeinen Wert des Grundstücks (so zum Substanzwert L/R/*Langheid* § 88 Rn. 17; zur mit der Abbruchsentscheidung einhergehenden Minderung des gemeinen Wertes s. OLG Hamm VersR 1993, 1352, 1353). Der Entschluss, das Gebäude abzureißen, muss freilich endgültig und unwiderruflich nach außen in Erscheinung getreten sein (s. BGH VersR 1984, 843, 844).

▶ Wonach bemisst sich der gleitende Neuwert bzw. der Neuwert eines Ge- **514**
   bäudes?

Entscheidend sind Größe, Ausstattung sowie Ausbau des Gebäudes. Hierzu gehören auch Architektenhonorare sowie sonstige Planungs- und Konstruktionskosten (s. A § 10 Nr. 1 lit. a) VGB 2010 – Wert 1914).

▶ Welche Schwierigkeiten bestehen bei der Ermittlung der Versicherungs- **515**
   summe?

Die Versicherungssumme soll sich nach dem ortsüblichen Neubauwert, der in den Preisen des Jahres 1914 ausgedrückt wird, richten. Die Ermittlung dieses

Versicherungswerts 1914 bereitet Schwierigkeiten, da er aus dem ortsüblichen Neubauwert abzuleiten und dieser nicht leicht zu ermitteln ist (zu Einzelheiten s. *Armbrüster*, VersR 1997, 931 ff.). Insofern besteht die Gefahr, dass bereits der Ausgangspunkt der dem Versicherungsvertrag zugrundezulegenden Versicherungssumme unzutreffend ist. Dies kann dazu führen, dass der Zweck der gleitenden Neuwertversicherung, eine Unterversicherung zu vermeiden, verfehlt wird.

516 ▶ Welche Folgen zieht die Rechtsprechung aus dieser Problematik?

Grundsätzlich ist es Sache des Versicherungsnehmers, die Versicherungssumme zutreffend zu ermitteln und so für einen ausreichenden Versicherungsschutz zu sorgen (s. BGH VersR 1996, 93, 94). Nach Ansicht des BGH treffen den Versicherer freilich bei der Ermittlung des Versicherungswerts und der Versicherungssumme in der Wohngebäudeversicherung *gesteigerte Beratungs- und Aufklärungspflichten*. Dies gilt vor allem für die richtige Bemessung des Versicherungswerts 1914 und der Versicherungssumme 1914 (grundlegend BGH VersR 1989, 472, 473). Diese Pflichten kann der Versicherer erfüllen, indem er bei Versicherungsnehmern, die sich im Bauwesen nicht ausreichend auskennen, z. B. einen Sachverständigen hinzuzieht oder indem er dem Versicherungsnehmer eine eigene fachkundige Beratung anbietet. Ursprünglich hatte der BGH diese vorvertragliche Aufklärungspflicht noch aus § 242 BGB hergeleitet; seit der VVG-Reform folgt sie unmittelbar aus § 6 Abs. 1 VVG (s. B/M/K. *Johannsen* A § 7 AFB 2010 Rn. 5; näher zum produktbezogenen Beratungsanlass PVR Rn. 825 ff.).

517 ▶ Welche Rechtsfolgen treten ein, wenn der Versicherer diese Aufklärungspflicht schuldhaft verletzt?

Der Versicherer haftet dann nach § 6 Abs. 5 VVG sowie u. U. aus §§ 280 Abs. 1, 241 Abs. 2, 311 Abs. 2 BGB auf Schadensersatz (s. auch Fragen 9, 364). Er hat den Versicherungsnehmer so zu stellen, wie dieser stünde, wenn er ordnungsgemäß beraten worden wäre. Hier muss davon ausgegangen werden, dass der Versicherungsnehmer das Gebäude zum „richtigen" Versicherungswert versichert hätte, wenn ihm die Notwendigkeit vom Versicherer verdeutlicht worden wäre (Vermutung aufklärungsgerechten Verhaltens; s. OLG Saarbrücken VersR 2003, 195, 196 f.). Freilich gilt es im Rahmen der Schadensberechnung zu beachten, dass der Versicherer bei tatsächlich höherem Versicherungswert auch eine höhere Prämie veranschlagt hätte (zur Prämienkalkulation s. PVR Rn. 267 ff.). Dies ist bei der Schadensberechnung dergestalt zu berücksichtigen, dass die vom Versicherungsnehmer „zu wenig gezahlte" Prämie von seinem Schadensersatzanspruch abzuziehen ist (vgl. BGH VersR 1989, 472, 473; MünchKommVVG/*Armbrüster* § 6 Rn. 330).

518 ▶ Welche Erleichterungen im Hinblick auf die Ermittlung der Versicherungssumme sehen die VGB 2010 – Wert 1914 vor?

Nach A § 11 Nr. 1 gilt die Versicherungssumme als richtig ermittelt, wenn

- sie aufgrund einer vom Versicherer anerkannten Schätzung eines Bausachverständigen festgesetzt wird,
- der Versicherungsnehmer im Antrag den Neubauwert in Preisen eines anderen Jahres zutreffend angibt und der Versicherer diesen Betrag umrechnet, oder
- der Versicherungsnehmer Antragsfragen nach Größe, Ausbau und Ausstattung des Gebäudes zutreffend beantwortet und der Versicherer hiernach die Versicherungssumme „Wert 1914" berechnet (sog. *Summenermittlungsbogen*).

Dem Versicherungsnehmer wird damit aber bei den Varianten a) und b) nur das Risiko der Umrechnung bzw. Indexierung abgenommen. Deshalb hat vor allem die in Variante c) genannte Methode große praktische Bedeutung (s. Hk/*Rüffer* § 11 VGB 2010 Rn. 4; B/M/*K. Johannsen* A § 11 VGB 2010 Rn. 4).

▶   Welche Besonderheit besteht, wenn die im Versicherungsvertrag verein-   **519**
     barte Versicherungssumme nach einer der in A § 11 Nr. 1 VGB 2010 –
     Wert 1914 genannten Methoden ermittelt worden ist?

Für diesen Fall verzichtet der Versicherer nach A § 11 Nr. 2 VGB 2010 – Wert 1914 auf den Einwand der Unterversicherung. Der Versicherer nimmt bei der Entschädigung also keinen Abzug wegen Unterversicherung vor. Dies gilt aber nach A § 11 Nr. 2 b bei Benutzung des Summenermittlungsbogens (A § 11 Nr. 1 c) dann nicht, wenn der Versicherungsnehmer falsche Angaben bzgl. der Beschreibung des Gebäudes und seiner Ausstattung gemacht hat. In dem Fall kommt Leistungsfreiheit wegen *Unterversicherung* in Betracht. Zudem kann der Versicherer nach den Regeln über die Anzeigepflichtverletzung vom Vertrag zurücktreten, kündigen oder eine Vertragsanpassung vornehmen.
Nach A § 11 Nr. 2 c VGB 2010 – Wert 1914 greift der Unterversicherungsverzicht auch dann nicht ein, wenn sich der Bauzustand nach Vertragsschluss durch wertsteigernde bauliche Maßnahmen verändert hat und dies dem Versicherer nicht unverzüglich angezeigt wurde. Letzteres gilt aber nicht für wertsteigernde bauliche Maßnahmen, die innerhalb der bei Eintritt des Versicherungsfalls laufenden Versicherungsperiode stattfanden (A § 11 Nr. 2 c S. 2 VGB 2010 – Wert 1914).

▶   Wie wird die Entschädigung des Versicherers bei der gleitenden Neu-   **520**
     wertversicherung berechnet?

Bei *zerstörten Gebäuden* werden die ortsüblichen Wiederherstellungskosten des Gebäudes, einschließlich der Architektenhonorare und sonstiger Planungs- und Konstruktionskosten, ersetzt. Bei *beschädigten Gebäuden* oder sonstigen beschädigten Sachen zahlt der Versicherer die notwendigen Reparaturkosten zuzüglich einer durch die Reparatur nicht ausgeglichenen Wertminderung, höchstens jedoch den Versicherungswert bei Eintritt des Versicherungsfalls. Ob und inwieweit eine

Reparatur in diesem Sinne notwendig ist, kann nur anhand des Maßstabs der Zu-mutbarkeit ermittelt werden. Bei der Entscheidung gilt es daher alle Umstände des Einzelfalls in den Blick zu nehmen (s. B/M/*K. Johannsen* A § 13 VGB 2010 Rn. 6; zu sog. Schönheitsschäden s. Frage 523).

Sind sonstige Sachen *zerstört oder abhanden* gekommen, so wird der Wieder-beschaffungspreis von Sachen gleicher Art und Güte im neuwertigen Zustand er-setzt. Restwerte werden immer angerechnet (A § 13 Nr. 1 VGB 2010 – Wert 1914).

521 ▶   Wie grenzt man einen Totalschaden (der zu einer Neuwertentschädi-gung führt) von einem Teilschaden ab?

Ein Totalschaden liegt vor, wenn die an der Sache entstandenen Beschädigungen technisch nicht mehr zu beseitigen sind oder aber eine Reparatur wirtschaftlich nicht sinnvoll ist. Im ersten Fall spricht man von fehlender Reparatur*fähigkeit*, im zweiten von fehlender Reparatur*würdigkeit*.

522 ▶   Sind auch Nebenkosten und Eigenleistungen des Versicherungsnehmers als Reparaturkosten zu ersetzen?

Ja. Zu den Reparaturkosten zählen auch hierbei anfallende Nebenkosten (sog. Re-giekosten; OLG Köln VersR 1996, 1534) sowie Eigenleistungen des Versicherungs-nehmers, soweit diese qualitativ denen eines Fachbetriebs entsprechen (s. OLG Hamm r+s 1999, 515, 516). Zur Wiederherstellung in Eigenregie s. Frage 506.

523 ▶   Was versteht man unter sog. Schönheitsschäden?

Dies sind Beschädigungen der versicherten Sache, welche die *technische Funktion* nicht beeinträchtigen, wie z. B. Wasserflecken auf Tapeten oder Sprünge in Fliesen. Ist eine Reparatur nicht möglich oder unverhältnismäßig, so kommt es darauf an, ob dem Versicherungsnehmer die weitere Nutzung der in ihrem Aussehen beeinträch-tigten Sache zuzumuten ist. Ist dies der Fall, so kann nur ein Ausgleich für die Wert-minderung verlangt werden (s. B/M/*K. Johannsen* A § 13 VGB 2010 Rn. 6; OLG Düsseldorf VersR 2007, 943, 944).

524 ▶   Wann liegt eine Unterversicherung vor?

Eine Unterversicherung besteht, wenn die Versicherungssumme niedriger ist als der Versicherungswert (§ 75 VVG; s. auch Frage 8).

525 ▶   Wie wird dann die Entschädigung berechnet?

Bei einer Unterversicherung wird der Schadensbetrag multipliziert mit dem Quotienten aus Versicherungssumme und Versicherungswert. Das Ergebnis ist die dem Versicherungsnehmer zustehende Entschädigungssumme (s. Fragen 363, 503).

B. Haftpflichtversicherung

I. Grundlagen

▶ Worin besteht der Zweck einer Haftpflichtversicherung? **526**

Der Zweck einer Haftpflichtversicherung besteht in zweierlei: Der Versicherungsnehmer möchte vermeiden, dass sein *Vermögen* durch Haftpflichtansprüche Dritter gemindert wird. Zudem möchte er nicht mit der Auseinandersetzung um das Bestehen solcher Ansprüche belastet werden (s. PVR Rn. 1819; sog. *Rechtsschutzfunktion* der Haftpflichtversicherung). Daneben können weitere spezielle Zwecke hinzukommen. So wird in Teilbereichen unter bestimmten Voraussetzungen auch eine Deckung ohne Haftung gewährt, weil dies etwa aus sozialen Gründen als notwendig erachtet wird (s. Frage 527). Aus der *Sozialbindung* der Haftpflichtversicherung, wie sie insbesondere in den §§ 108–110 VVG zum Ausdruck kommt, ergibt sich, dass auch das wirtschaftliche Interesse des Geschädigten an der Versicherungsleistung schützenswert ist (st. Rspr.; BGH VersR 2017, 683 Rn. 24).

▶ Nennen Sie ein Beispiel, in dem der Versicherer Deckung ohne Haftung **527**
   gewährt!

In vielen Fällen gewähren Haftpflichtversicherer – wenn auch der Höhe nach beschränkt – Deckung für Schäden, die deliktsunfähige Minderjährige (vgl. § 828 Abs. 1 BGB) verursachen und bei denen auch keine Aufsichtspflichtverletzung der Eltern vorliegt (s. dazu und zur dogmatischen Einordnung derartiger Produkte als atypische Eigenversicherungen *Wandt* Rn. 1049). Freilich kommt gem. § 829 BGB jedenfalls dann eine Deliktshaftung des unzurechnungsfähigen Schädigers in Betracht, wenn die Billigkeit nach den Umständen, insbesondere nach den wirtschaftlichen Verhältnissen der Beteiligten, eine Schadloshaltung erfordert. Nach der Rechtsprechung spricht es hier im Rahmen der Abwägung für die Annahme einer solchen Billigkeitshaftung, wenn der Schädiger haftpflichtversichert ist, mag dies auch im Einzelfall nicht allein ausschlaggebend sein (zu Einzelheiten s. MünchKommBGB/*Wagner* § 829 Rn. 18 ff.; vgl. auch Frage 756). Zu differenzieren ist danach, ob es sich um eine freiwillige oder obligatorische Versicherung handelt. Jedenfalls das Bestehen einer freiwilligen Versicherung soll eine Durchbrechung des materiellen Trennungsprinzips nach Ansicht des BGH nicht rechtfertigen und daher – auch im Rahmen des § 829 BGB – nicht anspruchsbegründend wirken (BGH VersR 2017, 296 Rn. 10 ff.).

▶ Welche Risiken trägt der Versicherer in der Haftpflichtversicherung? **528**

Da der Versicherer verpflichtet ist, den Versicherungsnehmer von begründeten Ansprüchen freizustellen und unberechtigte Ansprüche abzuwehren (vgl. die Definitionsnorm des § 100 VVG), trägt er bei wirtschaftlicher Betrachtung neben dem Haftpflichtrisiko (Freistellung) des Versicherungsnehmers auch dessen Prozessrisiko (Abwehr gem. § 101 Abs. 1 S. 1 VVG).

529 ▶ Wie werden in der Haftpflichtversicherung die zwischen Versicherungsnehmer und Versicherer sowie die zwischen Versicherungsnehmer und
Geschädigtem bestehenden Rechtsbeziehungen genannt?

Die Rechtsbeziehung zwischen Versicherer und Versicherungsnehmer wird als *Deckungsverhältnis* bezeichnet; diejenige zwischen Versicherungsnehmer und Geschädigtem als *Haftpflichtverhältnis* (zu den auf dieser Unterscheidung beruhenden
prozessualen Besonderheiten s. *Armbrüster*, r + s 2010, 441 ff.).

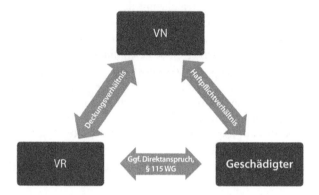

530 ▶ Was verbirgt sich hinter den Begriffen „materielles" und „prozessuales"
Trennungsprinzip?

Das *materielle Trennungsprinzip* besagt, dass bei der Frage, was der Geschädigte
vom Versicherungsnehmer verlangen kann, der Umstand, dass dieser Haftpflichtversicherungsschutz genießt, grundsätzlich unberücksichtigt bleibt (zu den Durch-
brechungen s. P/M/*Lücke*, § 100 VVG Rn. 77 ff.; *Armbrüster*, NJW 2009, 187 ff.;
Frage 534). Umgekehrt richtet sich der Anspruch aus dem Deckungsverhältnis nach
dem Anspruch im Haftpflichtverhältnis.

Das *prozessuale Trennungsprinzip* besagt, dass der Geschädigte keine Möglichkeit hat, den Versicherer direkt in Anspruch zu nehmen (vgl. BGH VersR 2011, 203
Rn. 10; Ausnahme: Direktanspruch gem. § 115 VVG, zum Feststellungsinteresse
des Geschädigten im sog. vorweggenommenen Deckungsprozess s. BGH VersR
2017, 683 Rn. 17).

531 ▶ Welchen Zusammenhang kann es zwischen Haftpflicht- und Deckungsprozess geben?

Der Haftpflichtprozess kann für den Deckungsprozess eine *Bindungswirkung* entfalten.
Eine rechtskräftige Entscheidung im Haftpflichtprozess ist insoweit im Deckungsprozess bindend, als hinsichtlich der fraglichen tatsächlichen Umstände *Voraussetzungsidentität* vorliegt (s. L/R/*Langheid* § 100 Rn. 38 f.). Die Bindungswirkung geht also
nicht weiter, „als eine für die Entscheidung im Deckungsprozess maßgebliche Frage
sich auch im Haftpflichtprozess nach dem vom Haftpflichtgericht gewählten rechtlichen

Begründungsansatz bei objektiv zutreffender rechtlicher Würdigung als entscheidungserheblich erweist" (BGH VersR 2011, 203 Rn. 11). Somit werden insbesondere überschießende Tatbestandsfeststellungen des Tatrichters von der Bindungswirkung ausgenommen (s. *Wandt* Rn. 1089). Diese Grundsätze gelten auch nach der VVG-Reform 2008 fort (s. LG Berlin r+s 2013, 493, 494; a. A. L/R/*Langheid* § 100 Rn. 35).

▶ Weshalb wird eine solche Ausnahme vom Grundsatz der prozessualen Trennung von Haftpflicht- und Deckungsprozess zugelassen?   **532**

Die Bindungswirkung des Haftpflichturteils im nachfolgenden Deckungsprozess liegt darin begründet, dass der Versicherungsnehmer vor einer abweichenden Bewertung der Haftpflichtfrage durch das Gericht im Deckungsprozess geschützt werden soll (s. BGH VersR 2011, 203 Rn. 10).

▶ Woraus folgt die Bindungswirkung?   **533**

Die Bindungswirkung des Haftpflichturteils folgt nicht bereits aus seiner Rechtskraft (§ 322 ZPO), da der Versicherer im Haftpflichtprozess nicht als Partei beteiligt ist (s. PVR Rn. 1836; zur inter partes-Wirkung von Zivilurteilen s. Zöller/*Vollkommer* § 325 ZPO Rn. 3 ff.; zu den Ausnahmen in der Pflichtversicherung [§ 124 Abs. 1 VVG] s. *Armbrüster*, r+s 2010, 441, 454 f.) Nach zutreffender allgemeiner Meinung folgt die Bindungswirkung vielmehr aus dem *Haftpflichtversicherungsvertrag* selbst (s. nur BGH r+s 2001, 408, 409).

▶ Welche Ausnahmen werden vom materiellen Trennungsprinzip zugelassen? Nennen Sie Beispiele!   **534**

In unterschiedlichem Zusammenhang lässt die Rechtsprechung Ausnahmen vom materiellen Trennungsprinzip zu (s. *Armbrüster*, NJW 2009, 187 ff.; B/M/*Koch*, Vor §§ 100–112 Rn. 60 ff.). Diese lassen sich unterteilen in haftungsbegründende, haftungsbegrenzende und haftungsersetzende Wirkungen des Haftpflichtversicherungsschutzes.

Als Beispiel für die *haftungsbegründende Wirkung* der Haftpflichtversicherung lässt sich die Rechtsprechung des BGH zur Annahme konkludenter Haftungsausschlüsse in Gefälligkeitsverhältnissen anführen (vgl. BGH VersR 1980, 384, 385). Hier soll es gegen die Annahme eines stillschweigend vereinbarten Haftungsausschlusses für leicht fahrlässiges Handeln sprechen, wenn der Schädiger haftpflichtversichert ist (so noch BGHZ 63, 51, 59; beachte aber BGH VersR 2006, 1533 Rn. 17 ff., wo der Einschluss des Sachersatzinteresses des Mieters in die vom Vermieter genommene Gebäudeversicherung auch dann bejaht wird, wenn der Mieter haftpflichtversichert ist; s. dazu Frage 372). Nach Ansicht des BGH ist im Rahmen der Schmerzensgeldbemessung (s. dazu BGHZ 18, 149, 165 f.) sowie bei der Haftung aus § 829 BGB (s. dazu BGHZ 23, 90, 100) zu berücksichtigen, ob Haftpflichtversicherungsschutz besteht oder nicht (str.; zum Ganzen s. MünchKommBGB/*Wagner* § 829 Rn. 18 ff.; Frage 527). Auch hierdurch tritt mittelbar eine haftungsbegründende Wirkung bestehenden Haftpflichtversicherungsschutzes ein.

Auf der anderen Seite hat der BGH die Versicherbarkeit eines Risikos teils als Argument für die Annahme eines konkludent vereinbarten Haftungsaus-schlusses zugunsten des Schädigers angeführt (*haftungsbegrenzende Wirkung*; s. BGH NJW 1980, 1681, 1682: Stillschweigender Haftungsverzicht des Kfz-Halters zugunsten des probefahrenden Kaufinteressenten bei gegebener Versicherbarkeit des Personenschadenrisikos durch den Halter). *Haftungserset-zende Wirkung* kann der Haftpflichtversicherung etwa in Fällen des § 86 Abs. 3 VVG zukommen.

535 ▶ Welche Arten der Haftpflichtversicherung kennen Sie?

Wichtige Arten der Haftpflichtversicherung sind die Privathaftpflicht-, die Kfz-Haft-pflicht-, die Berufshaftpflicht-, die Umwelthaftpflicht-, die Produkthaftpflicht- und die D&O-Versicherung (Directors and Officers-Versicherung; s. dazu Fragen 573 ff.). Eine Berufshaftpflichtversicherung ist etwa vorgesehen für Architekten, Ärzte, Rechtsanwälte (§ 51 BRAO), Notare (§ 19a BNotO); zu den rechtsberaten-den Berufszweigen insgesamt s. *v. Bühren/v. Bühren*, r + s 2004, 89 ff.

536 ▶ Wie kommt diese Aufspaltung zustande und wofür kann dies von Bedeu-
              tung sein?

Die einzelnen Haftpflichtrisiken sind – je nachdem, ob sie gewerblich oder privat sind – höchst unterschiedlich geartet. Der Haftpflichtversicherer bietet daher für jeden Lebensbereich gesonderten Versicherungsschutz an, um eine genaue Risiko-abschätzung und risikogerechte Prämienberechnung vornehmen zu können (s. *Wandt* Rn. 1052 ff.; Überblick bei B/M/*Koch*, § 100 Rn. 43 ff.).
        Diese Unterscheidung kann auch bei der Bestimmung der einzelnen Deckungs-bereiche der Haftpflichtversicherungsarten von Bedeutung sein, etwa zur Vermei-dung von Mehrfachversicherung (zur Anwendbarkeit des § 78 VVG auf die Haft-pflichtversicherung s. L/R/*Langheid* § 78 Rn. 3) oder umgekehrt zur Vermeidung von Lücken im Versicherungsschutz (s. zur Abgrenzung von Privat- und Kfz-Haftpflichtversicherung mittels sog. Benzinklauseln [vgl. etwa A.1.1.1 AKB 2008 und Ziff. 3.1 (2) AHB 2012] s. PVR Rn. 1889 ff.).

537 ▶ Welche gesetzlichen Typen der Haftpflichtversicherung gibt es?

Es ist zu unterscheiden zwischen der freiwilligen und der obligatorischen Haft-pflichtversicherung (die auch *Pflicht-Haftpflichtversicherung* genannt wird), insbe-sondere der Kfz-Haftpflichtversicherung.

538 ▶ Wofür ist diese Unterscheidung bedeutsam?

Einige Vorschriften des VVG gelten nur für die obligatorische Haftpflichtversiche-rung (vgl. §§ 113 ff. VVG). Für die Kfz-Haftpflichtversicherung bestehen ergän-zende Regelungen im PflVG; zu beachten sind ferner die Bestimmungen über den Mindestumfang des Kfz-Haftpflichtversicherungsschutzes in der KfzPflVV. Die für die Pflicht-Haftpflichtversicherung geltenden besonderen Vorschriften bezwecken regelmäßig den *Schutz des geschädigten Dritten* (vgl. etwa §§ 114 Abs. 1, 115 Abs. 1, 117 Abs. 1–3, 118 VVG; zur Entwicklung des Geschädigtenschutzes im Pflichtversicherungsrecht s. B/M/*Koch*, Vor §§ 100–112 VVG Rn. 28 ff.). Dem Dritten werden jedoch auch Obliegenheiten gegenüber dem Versicherer auferlegt, obwohl er nicht Vertragspartei ist (s. insbesondere § 119 VVG).

II. Versicherungsfall

▶ Gibt es eine gesetzliche Definition des Versicherungsfalls in der Haft-   **539**
pflichtversicherung?

Eine solche Definition gibt es nicht. § 100 VVG legt vielmehr als Definitionsnorm (s. dazu allgemein PVR Rn. 92) nur einen Rahmen fest, welcher durch die Vertragsparteien ausgefüllt werden muss (vgl. BGH VersR 2014, 625 Rn. 34). Diese Norm enthält lediglich die allgemeine Aussage, dass der Versicherer verpflichtet ist, den Versicherungsnehmer von Ansprüchen freizustellen, die gegen ihn aufgrund seiner Verantwortlichkeit für ein während des versicherten Zeitraums eingetretenes Ereignis von einem Dritten geltend gemacht werden. Zudem muss der Versicherer unbegründete Ansprüche abwehren.

▶ Wer ist „Dritter" nach der gesetzlichen Regelung des § 100 VVG?   **540**

Dritter ist, wer gegen den Versicherungsnehmer einen in den Bereich des Versicherungsvertrages fallenden Haftpflichtanspruch hat oder erhebt. Dabei kann nicht ohne Weiteres auf den Begriff des Dritten, wie er etwa in § 86 Abs. 1 S. 1 VVG verstanden wird (s. dazu L/R/*Langheid* § 86 Rn. 24 f.), zurückgegriffen werden. Dessen ungeachtet ist der Versicherungsnehmer, der sich selbst schädigt, nicht Dritter. In der Fremdversicherung kann hingegen auch der Versicherungsnehmer Dritter sein, wenn er Haftpflichtansprüche gegen die versicherte Person geltend macht (BGH VersR 2016, 786 Rn. 19 f. [betr. D&O-Versicherung]).

▶ Wie ist die Rechtslage, wenn der Versicherungsnehmer eine Sache zer-   **541**
stört, deren Miteigentümer er ist, und er daraufhin von den anderen Miteigentümern auf Schadensersatz in Anspruch genommen wird?

Sofern kein Ausschluss (etwa Ziff. 7 AHB 2012) eingreift, besteht Versicherungsschutz für die Ansprüche der anderen Miteigentümer, nicht aber in Höhe des Eigenanteils des Versicherungsnehmers (s. P/M/*Lücke* § 100 VVG Rn. 38).

▶ Welche Definitionen des Versicherungsfalls werden üblicherweise in den   **542**
AHB zur Haftpflichtversicherung verwandt?

In den AHB findet sich regelmäßig einer der folgenden vier Anknüpfungspunkte für die Bestimmung des Versicherungsfalls: Es wird an den Verstoß bzw. das Kausal- oder

Ursachenereignis, das Schadens- bzw. Folgeereignis (vgl. hierzu Ziff. 1.1 AHB 2012), an die Anspruchserhebung (claims made [vgl. Ziff. 2 AVB-AVG 2011/2013]) oder an die erste nachprüfbare Schadenfeststellung (Discovery- bzw. Manifestationsprinzip [vgl. Ziff. 8 USV; A1-4 AVB-Cyber]) angeknüpft (Überblick s. PVR Rn. 1871 ff.).

543 ▶ Erläutern Sie die Definition für den Verstoß bzw. das Kausal- oder Ursachenereignis!

Als maßgeblicher Zeitpunkt für den Versicherungsfall muss hier der Verstoß des Versicherungsnehmers bestimmt werden, der Haftpflichtansprüche gegen den Versicherungsnehmer zur Folge haben könnte. Als Verstoß wird dabei das Kausalereignis angesehen, verstanden als das haftungsrelevante Verhalten des Versicherungsnehmers, das den Schaden verursacht hat (s. PVR Rn. 1871 f.).

544 ▶ Erläutern Sie die Definition für das Schadens- bzw. Folgeereignis!

Vielfach wird in den AVB vereinbart, dass das Schadensereignis während der Laufzeit der Versicherung eintreten muss. Unter Schadensereignis wird der äußere Vorgang verstanden, der die Schädigung des Dritten herbeiführt. Dieser Vorgang wird mit dem Eintritt der Verletzung gleichgesetzt (s. PVR Rn. 1873 f.).

545 ▶ Erläutern Sie die Definition für das Claims-made-Prinzip und das Discoveryprinzip!

Beim Claims-made-Prinzip wird der Versicherungsfall an den Zeitpunkt der Anspruchserhebung geknüpft (claims made; zur AGB-rechtlichen Zulässigkeit s. OLG München VersR 2009, 1066 ff.). Im Rahmen des Discovery- bzw. Manifestationsprinzips ist entscheidend, dass die erste nachprüfbare Feststellung eines Personen-, Sach- oder mitversicherten Vermögensschadens während der Laufzeit der Versicherung eingetreten ist (s. PVR Rn. 1876).

546 ▶ Begegnet folgende Klausel AGB-rechtlichen Wirksamkeitsbedenken:
„Versicherungsschutz besteht im Rahmen des versicherten Risikos für den Fall, dass der Versicherungsnehmer wegen eines während der Wirksamkeit der Versicherung eingetretenen Schadenereignisses (Versicherungsfall), das einen Personen-, Sach- oder sich daraus ergebenden Vermögensschaden zur Folge hatte, auf Grund gesetzlicher Haftpflichtbestimmungen privatrechtlichen Inhalts von einem Dritten auf Schadensersatz in Anspruch genommen wird. Schadenereignis ist das Ereignis, als dessen Folge die Schädigung des Dritten unmittelbar entstanden ist. Auf den Zeitpunkt der Schadenverursachung kommt es nicht an.[…]"

Die Bestimmung entspricht Ziff. 1.1 AHB 2008. Sie enthält im Gegensatz zu den Musterbedingungswerken aus der Zeit vor 2004 eine Definition des den Versicherungsfall auslösenden Schadensereignisses (s. P/M/*Lücke* Nr. 1 AHB 2008 Rn. 2). Es kommt hiernach auf das sog. Folge- (hierzu s. Frage 544) und nicht auf das Kausalereignis an (offenlassend BGH VersR 2014, 625 Rn. 32; s. Frage 543). Freilich bereitet die Klausel auch ungeachtet dessen erhebliche Auslegungsschwierigkeiten. Dies gilt insbesondere im Zusammenhang mit sog. Nachhaftungsfällen, bei denen das schadenstiftende Kausalereignis vom Versicherungsnehmer während des versicherten Zeitraums gesetzt, der Schaden hingegen erst nach Beendigung des Vertrages eingetreten ist. Hier steht – nicht zuletzt aufgrund des Unmittelbarkeitskriteriums – zwischen den Beteiligten regelmäßig im Streit, auf welches Ereignis es ankommt.

Zwar wird der durchschnittliche Versicherungsnehmer bei aufmerksamer Durchsicht, verständiger Würdigung und unter Berücksichtigung des erkennbaren Sinnzusammenhanges erkennen, dass rein interne Ursachen, wie etwa die Herstellung fehlerhafter Produkte, mangels konkret unmittelbarer Schadensgeneigtheit außer Betracht bleiben. Er wird umgekehrt ebenso erkennen, dass das den Versicherungsfall auslösende Schadensereignis noch (wenn auch unmittelbar) vor der Schädigung des Dritten liegen muss (s. BGH VersR 2014, 625 Rn. 39).

Im Übrigen kommen im Einzelfall unterschiedliche Anknüpfungspunkte in Betracht (Beispiel: Inbetriebnahme eines mangelhaften Produkts auf der einen oder dessen Lieferung auf der anderen Seite). Aus diesem Grunde wurde die Klausel teils wegen Intransparenz für gem. § 307 Abs. 1 S. 2 BGB unwirksam gehalten (s. P/M/*Lücke*, 28. Aufl. 2010, Nr. 1 AHB 2008 Rn. 43). Der Versicherungsnehmer kann demnach nicht mit der erforderlichen Klarheit erkennen, für welche Schadensfälle er Versicherungsschutz genießt. Dieser Ansicht ist der BGH (VersR 2014, 625 Rn. 31 ff.) entgegengetreten. Hiernach soll sowohl eine Inhalts- wie auch eine Transparenzkontrolle von Ziff. 1.1 AHB 2008 ausgeschlossen sein. Für diese These bringt der BGH vor, dass die Definition des Versicherungsfalls den der Inhaltskontrolle entzogenen (§ 307 Abs. 3 S. 1 BGB) Kern des vertraglichen Leistungsversprechens betrifft (vgl. allgemein PVR Rn. 598). Aber auch eine Transparenzkontrolle am Maßstab des § 307 Abs. 1 S. 2 BGB soll nach der Auffassung des BGH entgegen § 307 Abs. 3 S. 2 BGB ausscheiden. Denn andernfalls würden dem Vertrag die essentialia negotii entzogen, was mangels gesetzlicher Auffangregelungen zur Bestimmung des Versicherungsfalls in der Haftpflichtversicherung zum Entzug des Deckungsschutzes insgesamt führen würde. Hiernach ist die Klausel AGB-rechtlich unbedenklich. Es muss daher stets durch Auslegung im Einzelfall das den Versicherungsfall auslösende Schadensereignis bestimmt werden. Nach teils vertretener Ansicht soll es auf den Eintritt der ersten Rechtsgutsverletzung ankommen (zur Diskussion s. B/M/*Koch*, § 100 Rn. 9 ff.).

III. Inhalt und Umfang des Versicherungsschutzes

▶   Hat der Versicherungsnehmer nach § 100 VVG einen Zahlungs- oder aber   **547**
     einen Befreiungsanspruch gegen den Versicherer?

Nach dem eindeutigen Wortlaut des § 100 VVG handelt es sich um einen Befreiungs- (Freistellungs-)anspruch, der auch die Prüfung der Haftpflichtfrage an sich und die Abwehr unberechtigter Ansprüche umfasst (s. Frage 539).

548 ▶ Welche Konsequenz folgt aus dieser dogmatischen Einordnung des Anspruchs?

Die Einordnung als Freistellungsanspruch hat zur Folge, dass der Versicherungsnehmer den Anspruch nur an den Geschädigten selbst abtreten (zedieren) kann. In
dessen Hand verwandelt sich der Freistellungsanspruch in einen Zahlungsanspruch
(B/M/*Koch* § 108 VVG Rn. 13). In der D&O-Versicherung ist der Freistellungsanspruch auch an die geschädigte Gesellschaft als Versicherungsnehmerin abtretbar
(BGH NJW 2016, 2184 Rn. 18 ff.; krit. dazu *Armbrüster*, NJW 2016, 2155, 2156).
Im Übrigen steht einer Abtretung an sonstige Dritte § 399 Fall 1 BGB entgegen,
da die Leistung an den Dritten nicht ohne Veränderung des Anspruchsinhalts möglich ist (s. *Armbrüster*, r + s 2010, 441, 442; *Wandt* Rn. 1094).

549 ▶ Nach § 101 VVG hat grundsätzlich der Versicherer die Kosten des gerichtlichen und außergerichtlichen Rechtsschutzes zu tragen. Gilt dies auch
dann, wenn bereits die Haftpflichtansprüche die Versicherungssumme
überschreiten?

Nach § 101 Abs. 2 S. 1 VVG hat der Versicherer Kosten, die in einem auf seine Ver-
anlassung geführten Rechtsstreit entstehen, und Kosten der Verteidigung auch insoweit zu ersetzen, als sie zusammen mit der übrigen Entschädigung die Versicherungssumme übersteigen. Diese Regelung wird in Ziff. 6.6 AHB 2012 dahingehend
ergänzt, dass der Versicherer in Fällen, in denen die Haftpflichtansprüche die Versicherungssumme übersteigen, die Prozesskosten nur im Verhältnis der Versicherungssumme zur Gesamthöhe der Ansprüche zu tragen hat. Maßgebend ist hierbei
die Höhe der begründeten und nicht diejenige der geltend gemachten Ansprüche
(B/M/*Koch*, Ziff. 6 AHB 2012, Rn. 35; Details str.; näher P/M/*Lücke* § 101 Rn. 20 ff.;
zu abweichenden Regelungen in den AVB-AVG (sog. Kostenanrechnungsklauseln)
s. *Terno*, r + s 2013, 577 ff.; *Armbrüster*, NJW 2016, 897, 898).

550 ▶ Ist der Versicherer auch zur Abwehr eines (unberechtigten) Anspruchs verpflichtet, dessen Umfang unterhalb eines vereinbarten Selbstbehalts liegt?

Die praktische Handhabung der Versicherer war in dieser Hinsicht lange Zeit unterschiedlich. Im Schrifttum war die Frage umstritten. Der Streit ist durch die Klarstellung in den Musterbedingungen (Ziff. 6.4 S. 2 AHB 2012) hinfällig geworden.
Dort heißt es nunmehr, dass der Versicherer ausweichlich einer entgegenstehenden
Abrede zur Abwehr unberechtigter Schadensersatzansprüche auch dann verpflichtet
ist, wenn ein Selbstbehalt vereinbart ist. Hieraus folgt, dass eine Abwehrverpflich-
tung auch dann besteht, wenn die Schadensersatzforderung unterhalb des vereinbarten Selbstbehalts liegt (s. B/M/*Koch* Ziff. 6 AHB 2012 Rn. 32).

551 ▶ Ist der Versicherer im Verhältnis zum Versicherungsnehmer berechtigt, von
der ihm im Vertrag erteilten unbeschränkten Regulierungsvollmacht nur
bis zur Höhe der ihn treffenden Leistungspflicht Gebrauch zu machen?

Einige verneinen dies, da der Versicherungsnehmer anderenfalls jedenfalls in Höhe des die Leistungspflicht des Versicherers übersteigenden Schadens unangemessen belastet würde. Nicht selten reguliere der Versicherer nämlich auf ein dem Dritten gegenüber erklärtes Anerkenntnis dessen Schaden vollständig. In Höhe des nicht vom Versicherungsvertrag gedeckten Anteils könne er dann beim Versicherungsnehmer Regress nehmen. Im Regressprozess träfe den Versicherungsnehmer dann die Beweislast dafür, dass der Versicherer sachwidrig reguliert hat. Dies sei ihm nicht zumutbar. Eine im Innenverhältnis unbeschränkte Regulierungsvollmacht in AVB sei daher gem. § 307 Abs. 1 S. 1 BGB unwirksam (s. P/M/*Lücke*, Ziff. 5 AHB Rn. 18). Dem folgt der BGH (VersR 2006, 1676 f.) freilich nicht. Hierfür spricht insbesondere der Zweck einer umfassenden Regulierungsvollmacht. Der Versicherer soll die Haftpflichtfrage mit dem Geschädigten abschließend und endgültig klären können. Diese Zweckrichtung würde unterlaufen, wollte man die Regulierungsvollmacht gegenständlich auf die Einstandspflicht des Versicherers beschränken (s. *Armbrüster*, r + s 2010, 441, 443 f.).

▶ Kann der Versicherer auch gegen den Willen des Versicherungsnehmers auf einer gerichtlichen Entscheidung über den geltend gemachten Schadensersatzanspruch beharren?   **552**

Grundsätzlich ist die Abwehr eines Anspruches Aufgabe des Versicherers (vgl. Ziff. 5.1 AHB 2012). Nur in seltenen Ausnahmefällen – etwa bei Nichtwahrnehmung einer günstigen Vergleichsmöglichkeit – wird von einer Vertragsverletzung des Versicherers auszugehen sein (s. VersRHdb/*Schneider* § 24 Rn. 14).

▶ Welches Schicksal hat der Anspruch gegen den Versicherer, wenn sich Haftpflichtforderung und Haftpflichtschuld z. B. durch Erbfall oder Verschmelzung vereinigen (Konfusion)?   **553**

Zunächst ist hier zu prüfen, ob das Fortbestehen des Haftpflichtanspruchs fingiert wird. Greift eine derartige Sonderregel nicht ein, wäre nach den allgemeinen Grundsätzen von einem Erlöschen des Anspruchs auszugehen. Indes ist es unangemessen, den Versicherer einen Vorteil aus einem solchen „unverdienten Glücksfall" ziehen zu lassen. Daher ist der Versicherer trotz eingetretener Konfusion leistungspflichtig (str.; wie hier z. B. P/M/*Lücke*, § 100 Rn. 40; L/P/*Schulze Schwienhorst* § 100 Rn. 22).

▶ Wie kann der Versicherungsnehmer für den Fall Vorsorge treffen, dass sich das versicherte Risiko erhöht oder erweitert?   **554**

Für den Versicherungsnehmer besteht die Möglichkeit, eine sog. *Vorsorgeversicherung* zu vereinbaren. Bei ihr erstreckt sich der Versicherungsschutz auf neue Risiken, ohne dass es einer besonderen Anzeige bedarf. Der Versicherungsschutz entfällt aber dann rückwirkend, wenn das neue Risiko nicht innerhalb einer Frist nach Aufforderung durch den Versicherer angezeigt wird (vgl. Ziff. 4.4.1 (1) AHB 2012; ausführlich zur Vorsorgeversicherung MünchKommVVG/*Büsken*, AllgHaftpflV Rn. 83 ff.).

555 ▶   § 100 VVG bildet nur einen (äußeren) Rahmen für den Umfang des Ver-
                 sicherungsschutzes. Worauf beschränkt der Versicherer gewöhnlich
                 seine Leistungspflicht?

Nach Ziff. 1.1 AHB 2012 beschränkt der Versicherer seine Eintrittspflicht auf die
dort genannten *Schadensarten* (Personen-, Sach- und hierdurch verursachte Vermögensschäden, nicht aber reine Vermögensschäden) sowie auf Ansprüche aus *gesetzlichen Haftpflichtbestimmungen privatrechtlichen Inhalts*, die auf *Schadensersatz*
gerichtet sind.

556 ▶   Was folgt daraus?

Daraus folgt, dass etwa Ersatzansprüche öffentlich-rechtlicher Natur sowie Ver-
tragserfüllungsansprüche oder deren Surrogate (vgl. Ziff. 1.1.2. (1) AHB 2012) ausgeschlossen sind (s. PVR Rn. 1823 ff.). Erfasst sind dagegen alle deliktischen und
quasideliktischen Ansprüche (z. B. §§ 228, 231, 823, 833 ff. BGB). Umstritten ist
die Lage für Ansprüche aus § 179 BGB (eine Deckung bejahend BGH VersR 1971,
144; B/M/*Koch* Ziff. 1 AHB 2012 Rn. 50). Erfasst werden auch Ersatzansprüche
aus Gefährdungshaftung, etwa gem. § 1 ProdHaftG, §§ 1, 2 HaftpflG. Dasselbe gilt
für den Anspruch aus § 179 Abs. 1 BGB gegen den falsus procurator, und zwar unabhängig davon, ob der Vertragspartner Erfüllung oder Schadensersatz verlangt, da
es sich nur um zwei Varianten der Entschädigungsberechnung handelt (BGH VersR
1971, 144). Aufwendungsersatzansprüche aus Geschäftsführung ohne Auftrag weisen immer dann schadensersatzähnlichen Charakter auf und sind deshalb von
Ziff. 1.1 AHB 2012 umfasst, wenn der Geschäftsführer gesetzlich zum Eingreifen
verpflichtet war (s. BGH VersR 2011, 1509 Rn. 16). Daneben kann es zur An-
spruchskonkurrenz mit Ansprüchen aus § 280 Abs. 1 oder §§ 280 Abs. 1, 311 Abs. 2
BGB kommen, die ebenfalls von Ziff. 1 AHB 2012 erfasst werden, sofern sie nicht
ausgeschlossen sind (vgl. Ziff. 1.2. und Ziff. 7 AHB 2012). Auch der Anspruch aus
§ 64 S. 1 GmbHG ist erfasst (*Armbrüster/Schilbach*, ZIP 2018, 1853, 1857 ff.;
a. A. OLG Düsseldorf VersR 2018, 1314).

557 ▶   Sind Ansprüche aus den §§ 906, 1004 BGB vom Versicherungsschutz um-
                 fasst?

In einigen wenigen Versicherungsbedingungen werden Ansprüche aus § 906 Abs. 2
S. 2 BGB ausdrücklich in den Versicherungsschutz mit einbezogen (s. die Nach-
weise bei *v. Rintelen*, in: Späte/Schimikowski, AHB, Ziff. 1 Rn. 295 ff.). Bei der
Mehrzahl der Versicherungsbedingungen – insbesondere der vom GDV herausge-
gebenen Musterbedingungen – ist dies aber nicht der Fall. Die Rechtsprechung
stellt den nachbarrechtlichen Ausgleichsanspruch analog § 906 Abs. 2 BGB jedenfalls dann einem Schadensersatzanspruch i. S. der Ziff. 1.1 AHB 2012 gleich, wenn
die Einwirkung zu einer Substanzschädigung geführt hat (s. BGH VersR 1999,
1139, 1140 f.). Ähnliches gilt für Ansprüche aus § 1004 BGB, welche dann als gedeckt angesehen werden, wenn es nur um den Ersatz eines Schadens geht und der

Versicherungsnehmer aus der Beeinträchtigung des Dritten keinen dauernden Vorteil zieht (näher BGH VersR 2000, 311, 312; P/M/*Lücke* Nr. 1 AHB Rn. 6).

▶ Nach § 103 VVG schadet dem Versicherungsnehmer bei der Herbeiführung 558
des Versicherungsfalls nur Vorsatz; es besteht also ein Unterschied zu § 81
VVG. Worauf muss sich der Vorsatz des Versicherungsnehmers beziehen?

Nach dem Wortlaut des § 103 VVG muss sich der Vorsatz nicht nur auf die Handlung, sondern auch auf die Schadensfolgen beziehen (OLG Karlsruhe VersR 2014, 994). Abweichende Vereinbarungen sind aber möglich (arg. e. § 112 VVG).

IV. Obliegenheiten

▶ Kann der Versicherungsvertrag Leistungsfreiheit für den Fall vorsehen, 559
dass der Versicherungsnehmer die Haftpflichtforderung des Dritten
ohne Zustimmung des Versicherers befriedigt oder anerkennt?

Nein. Nach § 105 VVG ist eine derartige Vereinbarung unwirksam. Der Versicherungsnehmer kann somit den Haftpflichtanspruch des Geschädigten anerkennen oder befriedigen, ohne seinen Haftpflichtversicherungsschutz zu verlieren (s. B/M/*Koch* § 105 Rn. 4 ff.).

▶ Kann der Versicherungsnehmer somit durch Anerkenntnis oder Befriedi- 560
gung eines nicht bestehenden Anspruchs auch eine Einstandspflicht des
Versicherers begründen?

Nein. Anerkenntnis oder Befriedigung nicht bestehender Ansprüche können keine Zahlungspflicht des Versicherers begründen. Andernfalls hätte der Versicherungsnehmer die Möglichkeit zu Gunsten des Dritten den Versicherer zu belasten (RegBegr. S. 86). Dies wird z. B. in Ziff. 5.1 UnterAbs. 2 AHB 2012 ausdrücklich klargestellt.

▶ Kann von § 105 VVG zum Nachteil des Versicherungsnehmers abgewi- 561
chen werden?

Nein. Zwar wird § 105 VVG nicht in § 112 VVG erwähnt; die Unabdingbarkeit ergibt sich aber aus der Norm selbst (RegBegr. S. 87). Auch die Unwirksamkeit einer § 105 VVG entgegenstehenden Abrede folgt bereits aus dieser Vorschrift selbst und nicht erst aus § 134 BGB. Selbst im Bereich der Großrisikoversicherung soll eine Abbedingung von § 105 VVG in AVB gem. § 307 Abs. 1 S. 1, Abs. 2 Nr. 1 BGB nach teils vertretener Ansicht unwirksam sein (s. B/M/*Koch* § 105 Rn. 22).

▶ Welche weiteren – von den allgemeinen Regeln abweichenden – Oblie- 562
genheiten treffen den Versicherungsnehmer?

Die wesentliche Obliegenheit des Versicherungsnehmers besteht darin, den Versicherer bei der Abwehr unbegründeter Ansprüche zu unterstützen. In diesem Zusammenhang ist er insbesondere verpflichtet, dem beauftragten Anwalt alle notwendigen Informationen zu verschaffen (vgl. Ziff. 25.5 AHB 2012).

563 ▶ Nach § 108 Abs. 1 S. 1 VVG wird der Dritte vor Verfügungen über den Freistellungsanspruch geschützt. Gilt dies entsprechend auch für Obliegenheitsverletzungen des Versicherungsnehmers?

Grundsätzlich kann eine Obliegenheitsverletzung nicht dem in § 108 Abs. 1 S. 1 VVG geregelten Verfügungsverbot gleichgestellt werden, da hier der Anspruch regelmäßig nicht rechtsgeschäftlich, sondern durch rein tatsächliches Verhalten zu Fall gebracht wird (B/M/*Koch* § 108 Rn. 17). Ausnahmsweise hat der BGH es dem Versicherer aber nach Treu und Glauben (§ 242 BGB) verwehrt, sich auf eine durch den Versicherungsnehmer verursachte Leistungsfreiheit gegenüber dem Geschädigten zu berufen (s. BGH VersR 1993, 1222, 1223).

V. Pflichtversicherung

564 ▶ Können auch bei Pflichtversicherungen Vereinbarungen über eine Begrenzung des Versicherungsschutzes getroffen werden?

Ja. Auch hier können Risikoausschlüsse oder Selbstbehalte vereinbart werden, jedoch nur soweit keine Rechtsvorschriften umgangen werden und der Vertragszweck der Pflichtversicherung nicht gefährdet wird (§ 114 Abs. 2 S. 1 VVG). Diese Bestimmung ist als Generalklausel ausgestaltet; sie bedarf daher einer Konkretisierung im Einzelfall unter Berücksichtigung der Grundrechte von Versicherer und Versicherungsnehmer (s. PVR Rn. 1856 ff.; eingehend *Dallwig*, Deckungsbegrenzungen in der Pflichtversicherung, 2011, S. 102 ff.). Zudem kann ein Selbstbehalt des Versicherungsnehmers dem Direktanspruch des Dritten gegen den Versicherer aus §§ 115 Abs. 1, 117 Abs. 1 VVG nicht entgegengehalten werden; er wirkt somit nur im Innenverhältnis zwischen Versicherer und Versicherungsnehmer (§ 114 Abs. 2 S. 2 VVG). Zu den Rechtsfolgen eines Verstoßes gegen § 114 Abs. 2. S. 1 VVG s. *Armbrüster/Dallwig*, VersR 2009, 150 ff.

565 ▶ Wann kann der geschädigte Dritte den Versicherer direkt in Anspruch nehmen?

Ein Direktanspruch des Dritten besteht bei einer Kfz-Haftpflichtversicherung (§ 115 Abs. 1 S. 1 Nr. 1 VVG i. V. mit § 1 PflVG), ferner in den praktisch weniger bedeutsamen Fällen, dass der Versicherungsnehmer insolvent oder sein Aufenthalt unbekannt ist (§ 115 Abs. 1 S. 1 Nr. 2 und 3 VVG).

566 ▶ Besteht der Direktanspruch auch dann, wenn der Versicherer im Verhältnis zum Versicherungsnehmer leistungsfrei ist?

Insoweit ist zu differenzieren: Grundsätzlich ist eine bestehende Leistungsfreiheit des Versicherers im Verhältnis zum Dritten unbeachtlich; sie kann letzterem nicht entgegengehalten werden (§ 117 Abs. 1 VVG). Man spricht in diesen Fällen von einem sog. *kranken Versicherungsverhältnis* (s. MünchKommVVG/*Schneider* § 117 Rn. 7 ff.). Eine Leistungspflicht besteht aber nur innerhalb der vorgeschriebenen Mindestversicherungssummen und der übernommenen Gefahr (§ 117 Abs. 3 S. 1 VVG). Die Leistungspflicht des Versicherers kann nicht weiter reichen, als nach dem Vertrag gegenüber dem Versicherungsnehmer Deckung bestünde (s. L/P/ *Schwartze* § 117 Rn. 17). Auch eine Leistungsfreiheit nach § 103 VVG kann dem Dritten entgegengehalten werden, da es sich hierbei um einen subjektiven Risikoausschluss handelt (s. PVR Rn. 306).

▶ Kann der Versicherer dem Dritten entgegenhalten, dass der Versiche-   **567**
rungsvertrag bereits vor Eintritt des Versicherungsfalls wirksam beendet
worden oder dass er nie wirksam zustande gekommen ist?

Unter welchen Voraussetzungen der Versicherer auch in einem solchen Falle dem Dritten gegenüber zur Zahlung verpflichtet ist, regelt § 117 Abs. 2 VVG. Nach S. 1 dieser Vorschrift wirkt sich das Nichtbestehen des Versicherungsvertrages oder seine Beendigung vor Eintritt des Versicherungsfalls gegenüber dem Dritten erst nach Ablauf von einem Monat aus, nachdem der Versicherer diesen Umstand der dafür zuständigen Stelle angezeigt hat. Dies gilt gem. S. 2 der Norm insbesondere auch dann, wenn der Vertrag durch Ablauf einer vereinbarten Befristung beendet wird. Die Bestimmung erhält dem Dritten also seinen Anspruch auch dann, wenn der Versicherungsfall – vertragsrechtlich betrachtet – nicht in den materiell versicherten Zeitraum fällt. Um diese Rechtsfolge zu vermeiden, muss der Versicherer der zuständigen Stelle (für den praktisch bedeutsamsten Fall der Kfz-Haftpflichtversicherung ist dies gem. §§ 23 Abs. 1, 46 Abs. 2 FZV die örtlich zuständige Zulassungsbehörde; zu den übrigen Pflicht-Haftpflichtversicherungen s. P/M/*Klimke* § 117 Rn. 11) einen zur Vertragsbeendigung führenden Umstand unverzüglich nach seinem Bekanntwerden anzeigen. Freilich kann dem Dritten die Beendigung oder das anfängliche Nichtbestehen des Vertrages auch ohne entsprechende Anzeige dann entgegen gehalten werden, wenn bei der zuständigen Stelle die Bestätigung einer Anschlussversicherung vorliegt (§ 117 Abs. 2 S. 4 VVG). Besteht zwar ein neuer Vertrag, liegt der zuständigen Stelle aber keine diesbezügliche Bestätigung vor, so verbleibt es bei der Nachhaftung des ursprünglichen Versicherers. Er kann den geschädigten Dritten nicht an den neuen Haftpflichtversicherer verweisen (s. L/P/*Schwartze* § 117 Rn. 12).

▶ Was muss der geschädigte Dritte beachten, um sich seinen Direktan-   **568**
spruch nach § 115 VVG zu erhalten?

Der Geschädigte ist gem. § 119 Abs. 1 VVG gehalten, dem Versicherer das Schadensereignis, aus dem er einen Anspruch gegen den Versicherungsnehmer herleiten oder nach § 115 VVG gegen den Versicherer vorgehen will, innerhalb von zwei Wochen ab Kenntniserlangung vom Schadenseintritt in Textform (s. dazu § 126b BGB) anzuzeigen. Ein gerichtliches Vorgehen gegen den Versicherungsnehmer hat der Dritte dem Versicherer unverzüglich (Legaldefinition: § 121 Abs. 1 S. 1 BGB) in Textform mitzuteilen. Er ist dem Versicherer auf dessen Verlangen hin zur Auskunft verpflichtet, soweit die begehrten Informationen zur Feststellung des Schadensereignisses oder der Höhe des Schadens erforderlich sind. Zeigt der Dritte die gerichtliche Geltendmachung des Anspruchs entgegen § 119 Abs. 2 VVG nicht unverzüglich an oder verstößt er gegen die ihn treffende Auskunftspflicht nach § 119 Abs. 3 VVG, so beschränkt sich die Haftung des Versicherers nach §§ 115, 117 VVG auf den Betrag, den er auch bei ordnungsgemäßer Erfüllung der Anzeige- und Auskunftspflicht zu zahlen verpflichtet gewesen wäre, sofern er den Dritten auf diese Rechtsfolge in Textform gesondert hingewiesen hat (§ 120 VVG). Eine – auch schuldhafte – Verletzung der Anzeigepflicht aus § 119 Abs. 1 VVG führt nach der Gesetzesbegründung (RegBegr. S. 90) nicht zu einem (teilweise) Untergang der Leistungspflicht gegenüber dem Dritten. Insoweit kommt auch eine analoge Anwendung von § 120 VVG nicht in Betracht (s. L/P/*Schwartze* § 120 Rn. 1).

569 ▶ Sind die den Dritten nach § 119 Abs. 1–3 VVG treffenden Verhaltensregeln als Obliegenheiten oder vielmehr als echte Nebenpflichten zu qualifizieren?

Dies ist umstritten. Nach einer Ansicht soll es sich bei den Anzeige- und Auskunftsobliegenheiten des § 119 VVG um schadensersatzbewehrte *Nebenpflichten* des Dritten handeln (hierfür Hk/*Schimikowski* § 119 Rn. 4 [zu Abs. 1]). Nach der Gegenansicht liegt demgegenüber eine gesetzliche Obliegenheit vor. Dafür lässt sich anführen, dass zwischen dem Versicherer und dem Dritten keinerlei schuldrechtliche Sonderbeziehungen bestehen. Sie können sich insbesondere auch nicht aus § 115 VVG ergeben. Zudem kann der Versicherer die Anzeigepflicht nicht gerichtlich einklagen, was ebenso für das Vorliegen einer Obliegenheit sprechen soll (s. B/M/*Beckmann* § 119 Rn. 3). Andere sehen in § 119 VVG eine Konkretisierung der allgemeinen Schadenminderungspflicht aus § 254 Abs. 2 BGB (s. P/M/*Knappmann* § 119 Rn. 3 f.; so auch L/P/*Schwartze* § 119 Rn. 14, freilich mit der Einschränkung, dass eine Anspruchskürzung nur in Betracht kommt, wenn der Dritte einen Direktanspruch nach § 115 VVG gegen der Versicherer geltend macht).

VI. Weitere Einzelfragen

570 ▶ Beispielsfall: In der Kfz-Haftpflichtversicherung reguliert Versicherer V einen Schaden, obwohl der Versicherungsnehmer A der Auffassung ist, dass kein Haftpflichtanspruch besteht. Daraufhin stuft V den A in eine höhere Schadenfreiheitsklasse ein. Welche Möglichkeiten (außer der Kündigung) hat A?

Grundsätzlich hat der Versicherer bei der Schadenregulierung aus der bestehenden Regulierungsvollmacht die Möglichkeit, auch einen Vergleich mit Wirkung für den Versicherungsnehmer abzuschließen (vgl. Ziff. A.1.1.4 AKB 2008). Dabei ist ihm im Hinblick auf ökonomische Überlegungen ein weiter Entscheidungsspielraum zuzubilligen (instruktiv zum Wahlrecht des Versicherers B/M/*Koch* § 100 VVG Rn. 85 ff.). Daraus folgt, dass der Versicherungsnehmer dem Versicherer kein Regulierungsverbot erteilen kann. Daher vermag der Versicherungsnehmer nur dann einen Schadensersatzanspruch gegenüber dem Versicherer geltend zu machen (auf Rückgängigmachung des Schadenfreiheitsrabatt-Verlusts), wenn dieser offensichtlich unbegründete Ansprüche reguliert (s. B/M/*Koch* § 100 Rn. 97; vgl. auch *Armbrüster*, r + s 2010, 441, 443 f. zur möglichen Einschränkung der vom Versicherungsnehmer erteilten Regulierungsvollmacht bei Schäden, die den Deckungsanspruch bereits prima facie übersteigen). Nur unter dieser Voraussetzung kann A von V daher die Rückstufung in die frühere Schadensfreiheitsklasse verlangen.

▶ Um was für eine Art von Klausel handelt es sich bei folgender Regelung: 571
„*Unabhängig von den einzelnen Versicherungsjahren gelten mehrere während der Wirksamkeit des Versicherungsvertrages geltend gemachte Ansprüche eines oder mehrerer Anspruchsteller, die auf derselben Ursache beruhen, als ein Versicherungsfall. Dieser gilt unabhängig von dem tatsächlichen Zeitpunkt der Geltendmachung der einzelnen Haftpflichtansprüche als in dem Zeitpunkt eingetreten, in dem der erste Haftpflichtanspruch geltend gemacht wurde.*"?

Hierbei handelt es sich um eine sog. *Serienschadenklausel*. Sie wird in der Praxis in vielen Arten der Haftpflichtversicherung vereinbart. Bei der zitierten Fassung handelt es sich um eine Ziff. 6.3 Spiegelstrich 1 AHB 2012 nachgebildete Ursachenklausel. Erforderlich ist *echte Ursachenidentität*, die bei nur gleichen oder gleichartigen Ursachen nicht besteht (s. P/M/*Lücke* Ziff. 6 AHB Rn. 12). Die meisten Bedingungswerke enthalten sog. *erweiterte Ursachenklauseln*. Diese ziehen bereits mehrere auf gleichen oder gleichartigen Ursachen beruhende Schadensfälle zu einem Versicherungsfall zusammen, wenn die Ursachen in einem sachlichen und zeitlichen Zusammenhang stehen (vgl. Ziff. 6.2 Spiegelstrich 2 AHB 2012; zur AGB-rechtlichen Zulässigkeit erweiterter Ursachenklauseln s. *Wandt*, in: FS Fenyves, 2013, S. 781, 793 ff.).

▶ Welche Funktion hat eine solche Klausel?   572

Mit einer Serienschadenklausel sollen mehrere Haftpflichtereignisse zusammengefasst werden (sog. Kontraktionswirkung). Grund hierfür ist, dass die Breitenwirkung einer schadensstiftenden Ursache insbesondere im Haftpflichtbereich nur schwerlich im Vorhinein bei der Prämienkalkulation berücksichtigt werden kann (s. MünchKommVVG/*Büsken* AllgHaftpflV Rn. 128). Es besteht daher zumindest grundsätzlich ein legitimes Bedürfnis der Versicherungswirtschaft, die Eintrittspflicht für derartig schwer kalkulierbare Großschäden zu begrenzen (BGH VersR 1991, 175, 176). Einen über die Deckungsbegrenzung hinausgehenden Zweck verfolgt die Bestimmung aber nicht. Die Kontraktionswirkung birgt für den Versicherungsnehmer sowohl Vor- als auch Nachteile. Der Vorteil für den Versicherungsnehmer besteht darin, dass nur einmal ein vereinbarter Selbstbehalt in Abzug gebracht wird; zudem ist die Prämie regelmäßig niedriger. Der (unter Umständen größere) Nachteil liegt darin, dass die Versicherungssumme für die zusammengefassten Verstöße nur einmal zur Verfügung steht.

C. D & O-Versicherung

573 ▶ Wofür steht die Abkürzung „D&O-Versicherung"?

D&O steht für „Directors and Officers Liability". Der Begriff kommt aus dem US-amerikanischen Rechts- und Wirtschaftsleben, wo sich die D&O-Versicherung schon Mitte der 1930er-Jahre entwickelt hat. In Deutschland wird diese Versicherungsart auch als *Vermögensschaden-Haftpflichtversicherung* für Unternehmensleiter bezeichnet (näher zur Entwicklung *Ihlas*, Organhaftung und Haftpflichtversicherung, 1997, S. 35 ff.).

574 ▶ Welchen Zweck verfolgt die D&O-Versicherung? Wie ist sie dogmatisch einzuordnen?

Es handelt sich um eine besondere Ausprägung der Vermögensschaden-Haftpflichtversicherung. Sie dient primär der Absicherung des persönlichen Haftungsrisikos von Unternehmensleitern wie Vorständen, Aufsichtsräten und Geschäftsführern von Kapitalgesellschaften. Diese haften für innerhalb ihrer unternehmerischen Tätigkeit schuldhaft begangene Pflichtverletzungen persönlich und unbeschränkt auf Schadensersatz. In Betracht kommen sowohl gesellschaftsrechtliche (insbesondere: §§ 93 Abs. 2, 116 S. 1 AktG, 43 Abs. 2 GmbHG) als auch allgemein-zivilrechtliche Haftungsnormen. Es ist sowohl eine Außenhaftung gegenüber Gesellschaftsgläubigern als auch eine Innenhaftung gegenüber der Gesellschaft möglich; letztere ist für das deutsche Gesellschaftsrecht typisch. Des Weiteren soll die Gesellschaft bei der Geltendmachung von Innenhaftungsansprüchen gegen ihre Organmitglieder mit dem Versicherer einen liquiden Schuldner zur Verfügung gestellt bekommen. Freilich wäre es unzutreffend, allein aufgrund (zweifelsohne) bestehender wirtschaftlicher Eigeninteressen der Gesellschaft am Abschluss einer D&O-Versicherung diese im Innenverhältnis als reine Eigenversicherung des Unternehmensträgers zu qualifizieren. Vielmehr werden primär die *Haftpflichtinteressen der Versicherten* abgesichert. Es liegt daher im Kern eine Fremdversicherung vor (s. PVR Rn. 1925).

575 ▶ Welche Funktionen hat der D&O-Versicherungsschutz (Umfang des Versicherungsschutzes)?

Wie andere Haftpflichtversicherungen auch (s. Frage 539), bietet die D&O-Versicherung die gerichtliche und außergerichtliche Abwehr unbegründeter

Schadensersatzansprüche (*Abwehrfunktion*) sowie die Befriedigung begründeter Schadensersatzansprüche (*Schadenausgleichsfunktion*). Hier besteht grundsätzlich ein Wahlrecht des Versicherers: Er muss nach pflichtgemäßen Ermessen entscheiden, ob er die Ansprüche des Dritten als berechtigt anerkennen oder als unberechtigt abwehren will (§ 100 VVG). In beiden Fällen erfüllt der Versicherer seine Pflichten aus dem Versicherungsvertrag (s. *Armbrüster/Schilbach*, ZIP 2018, 1853, 1855).

▶   Welche allgemeine dogmatische Frage des Haftungsrechts wirft ein solches Deckungskonzept auf?   **576**

Zunächst war es umstritten, ob die D&O-Versicherung mit den Zwecken des Schadensersatzrechts in Konflikt gerät. In der Literatur wurde argumentiert, dass durch eine fremdfinanzierte Absicherung der Haftungsrisiken von Unternehmensleitern die Präventionsfunktion des Haftungsrechts ausgehöhlt werde. Auch entstünde der Gesellschaft durch die von ihr zu zahlenden Prämien ein quasi vorweggenommener Schaden, was mit der Kompensationsfunktion des Haftungsrechts nicht vereinbar sei. Jedenfalls selbstbeteiligungslose Policen sollten unzulässig sein. Diese Auffassung ist verbreitet auf Ablehnung gestoßen (s. die Streitdarstellung bei *Dreher*, AG 2008, 429 ff.). Mittlerweile ist die Zulässigkeit der D&O-Versicherung vom Gesetzgeber implizit anerkannt worden, indem im Jahr 2009 die Regelung des § 93 Abs. 2 S. 3 AktG eingeführt wurde. Nach dieser Vorschrift muss in D&O-Verträgen mit einer Aktiengesellschaft ein Selbstbehalt zu lasten der versicherten Vorstandsmitglieder vorgesehen sein (s. hierzu auch Fragen 617 f.).

▶   Welche Rechtsgrundlagen gelten für die D&O-Versicherung?   **577**

Eine spezielle gesetzliche Regelung besteht nicht. Als besondere Art der Vermögensschaden-Haftpflichtversicherung unterliegt die D&O-Versicherung den Vorgaben für die Haftpflichtversicherung (§§ 100 ff. VVG). Zudem sind die §§ 43 ff. VVG zu beachten, weil es sich um eine Versicherung für fremde Rechnung und nicht um eine Eigenversicherung handelt (s. Frage 574). Ergänzend sind wie stets im Privatversicherungsrecht die allgemeinen Bestimmungen des BGB, insbesondere dessen §§ 305 ff., heranziehbar. Außerdem ist das Gesellschaftsrecht (AktG, GmbHG) zu beachten (s. L/P/*Haehling von Lanzenauer* D&O-Versicherung Rn. 8 ff.).

In Bezug auf die AVB gibt es Musterbedingungen des GDV, nämlich die „Allgemeinen Versicherungsbedingungen für die Vermögensschaden-Haftpflichtversicherung von Aufsichtsräten, Vorständen und Geschäftsführern" (*AVB-AVG*, Stand: August 2017). Allerdings hat sich auf dem Markt bis heute kein Standardbedingungswerk durchgesetzt.

▶   Wer ist bei der D&O-Versicherung Vertragspartner des Versicherers?   **578**

Bei der D&O-Versicherung handelt es sich um eine Versicherung für fremde Rechnung gem. §§ 43 ff. VVG. Versicherungsnehmer und damit Vertragspartner des Versicherers ist die Gesellschaft, für die die jeweilige Unternehmensleitung tätig ist (s. Frage 591).

579 ▶ Wer kommt als versicherte Person in Betracht?

Die versicherten Personen sind diejenigen, deren Interessen durch den Versicherungsvertrag versichert sind. Dies können je nach den Vereinbarungen, insbesondere in den AVB, die Mitglieder der Organe (Vorstand, Aufsichtsrat, Geschäftsführung) der Versicherungsnehmerin oder eines Tochterunternehmens sowie sog.
outside directors und ggf. darüber hinaus auch leitende Angestellte sein. Die Policen benennen die einzelnen Versicherten meist nicht namentlich; vielmehr wird der
Versicherungsschutz durch die Zugehörigkeit zu einer der oben aufgeführten Gruppen bestimmt. Damit vereinfacht sich die laufende Vertragsverwaltung, insbesondere bei personellen Veränderungen im Unternehmen.

580 ▶ Welche Rechtsbeziehungen sind bei der D&O-Versicherung in Bezug auf
die Innenhaftung (Haftung gegenüber der Gesellschaft) zu unterscheiden?

Auszugehen ist wie stets in der Haftpflichtversicherung vom Trennungsprinzip
(B/M/*Baumann*, Einf AVB-AVG 2011/2013 Rn. 52 f.; allgemein s. PVR Rn. 1833 ff.;
Frage 530). Im sog. *Haftpflichtverhältnis* schuldet die versicherte Person (Vorstand
usw.) dem Versicherungsnehmer (Gesellschaft) Schadensersatz, etwa nach § 93
Abs. 2 (für den Aufsichtsrat: i. V. mit § 116 S. 1) AktG oder gem. § 43 Abs. 2
GmbHG. Daneben besteht zwischen der versicherten Person und dem Versicherer
das sog. *Deckungsverhältnis*, das geprägt wird durch den Anspruch der versicherten
Person auf Versicherungsschutz. Zwischen dem Inhaber des Haftungsanspruchs
(Versicherungsnehmer) und dem Versicherer besteht zwar ein Vertragsverhältnis
(Versicherungsvertrag). Jedoch steht der Versicherungsnehmerin – vorbehaltlich
anderweitiger Vereinbarungen (zur sog. *Entity-Deckung* s. B/M/*Baumann* Ziff. 10
AVB-AVG 2011/2013 Rn. 15) – kein Direktanspruch auf Schadensersatz gegen den
Versicherer zu (s. OLG München VersR 2005, 540, 541). Möglich ist aber eine Ab-
tretung des in der Hand eines Organmitgliedes begründeten Freistellungsanspruchs
auf die Versicherungsleistung an die Versicherungsnehmerin (zum Abtretungsaus-
schluss durch AVB s. § 108 Abs. 2 VVG und Frage 584).

581 ▶ Welche Rechtsbeziehungen bestehen bei einer Außenhaftung?

Auch hier ist zwischen Haftungsverhältnis (Anspruchsteller gegen versicherte Person) und Deckungsverhältnis (versicherte Person gegen Versicherer) zu unterscheiden. Einen Direktanspruch des Geschädigten gegen den Versicherer gibt es auch in
diesem Fall nicht.

582 ▶ Wer ist berechtigt, den Deckungsanspruch gegen den Versicherer geltend zu machen (Prozessführungsbefugnis)?

Grundsätzlich wäre gem. §§ 44 Abs. 2, 45 Abs. 1 VVG die Versicherungsnehmerin,
also die Gesellschaft, dazu berechtigt. In den meisten AVB zur D&O-Versicherung

(vgl. Ziff. 10.1 AVB-AVG 2011/2013) werden diese Normen aber abbedungen. Danach soll, außer im Fall einer Freistellung von der Haftpflichtforderung durch die Versicherungsnehmerin (sog. *company reimbursement-Klausel*; s. Ziff. 1.2 AVB-AVG 2011/2013), nur der Versicherte zur Geltendmachung der Rechte aus dem Versicherungsvertrag befugt sein (s. *Lange*, VersR 2007, 893, 894).

Die Abweichung von den §§ 44 Abs. 2, 45 Abs. 1 VVG ist zulässig. Diese Vorschriften bezwecken nämlich den Schutz des Versicherers, auf den letzterer ohne Weiteres verzichten kann (s. P/M/*Klimke*, § 44 Rn. 2, 25; implizit auch LG Wiesbaden VersR 2005, 545). Eine eigene Prozessführung schützt die Versicherten zudem davor, dass die Versicherungsnehmerin womöglich trotz des sie hierzu verpflichtenden gesetzlichen Treuhandverhältnisses (s. PVR Rn. 1773; Frage 190) nicht bereit ist, den Deckungsanspruch gegen den Versicherer tatsächlich geltend zu machen (s. *Lange*, VersR 2007, 893, 895).

Allerdings kann sich der D&O-Versicherer in einem Innenhaftungsfall trotz entsprechender AVB nach Treu und Glauben nicht auf die Geltendmachung des Versicherungsschutzes durch die versicherten Personen berufen, wenn er einen Deckungsanspruch abgelehnt hat, die versicherten Personen keinen Versicherungsschutz geltend machen und schützenswerte Interessen des Versicherers einer Geltendmachung des Anspruchs durch den Versicherungsnehmer nicht entgegenstehen (BGH VersR 2017, 683 Rn. 19 ff.).

▶ Wer ist prozessführungsbefugt, wenn die AVB hierzu keine Regeln treffen?   **583**

Nach den §§ 44 Abs. 2, 43 Abs. 1 VVG müsste die Versicherungsnehmerin prozessführungsbefugt sein. Nach der Rechtsprechung würde dies aber im Widerspruch zu dem in der Haftpflichtversicherung geltenden *Trennungsprinzip* stehen, wonach Haftpflichtfrage und Deckungsfrage unabhängig voneinander in getrennten Prozessen zu verhandeln sind (OLG München VersR 2005, 540, 541). Zudem bestünde ein Widerspruch dazu, dass dem Haftpflichtversicherer grundsätzlich ein Wahlrecht zwischen Befriedigung begründeter Schadensersatzansprüche und Abwehr unbegründet erscheinender Schadensersatzansprüche zusteht (s. Frage 586).

Die genannten Umstände führen nach verbreiteter Ansicht dazu, dass vorbehaltlich abweichender Vereinbarung der Versicherte zur Geltendmachung des Zahlungsanspruchs gegen den Versicherer berechtigt sein soll (s. OLG München VersR 2005, 540, 542).

▶ Kann die versicherte Person ihren Anspruch auf Versicherungsschutz gegen den Versicherer an den Anspruchsteller abtreten, mit der Folge, dass dieser sodann einen Direktanspruch gegen den Versicherer hat?   **584**

Nach dem reformierten VVG kann die Abtretung des Freistellungsanspruchs an den Dritten nicht durch AVB ausgeschlossen werden (vgl. § 108 Abs. 2 VVG). Diese Änderung der rechtlichen Vorgaben spiegelt sich auch in den Musterbedingungen. So darf der Freistellungsanspruch zwar gem. Ziff. 10.2 S. 1 AVB-AVG vor seiner endgültigen Feststellung ohne Zustimmung des Versicherers nicht abgetreten werden. In Ziff. 10.2 S. 2 wird eine Abtretung an den geschädigten Dritten aber für zulässig erklärt. Der Freistellungsanspruch wandelt sich dann in einen Zahlungsanspruch um (s. *Langheid*, VersR 2007, 865, 867; B/M/*Koch* § 108 Rn. 36).

Ein Abtretungsverbot bleibt zudem mittels Individualvereinbarung möglich. Freilich dürfte dies angesichts der Funktionsweise von Versicherung, die im Wesentlichen auf der Verwendung von AVB zur Bildung von Risikokollektiven aufbaut, weitgehend bedeutungslos sein.

585 ▶   Kann auch die Versicherungsnehmerin geschädigte Dritte i. S. von Ziff. 10. S. 2 AVB-AVG sein? Ist also auch eine Abtretung an sie möglich?

Dies ist umstritten. Nach einer Ansicht kann „Dritter" nur sein, wer außerhalb des Vertragsverhältnisses steht. Da aber die Versicherungsnehmerin Vertragspartnerin des Versicherers ist, kommt eine Abtretung des Freistellungsanspruchs durch die versicherte Person an die Versicherungsnehmerin (Geschädigte) nicht in Betracht (Hk/*Schimikowski* § 108 Rn. 6). Dafür wird auch die Gefahr eines kollusiven Zusammenwirkens zwischen Versicherungsnehmerin und versicherter Person angeführt, die gerade dann besonders hoch sei, wenn die Versicherungsnehmerin Inhaberin der Schadensersatzforderung und Inhaberin des Freistellungsanspruchs gegen den Versicherer ist.

Nach anderer Ansicht kann auch die geschädigte Versicherungsnehmerin Dritte i. S. des § 108 Abs. 2 VVG bzw. der Ziff. 10. 2 S. 2 AVB-AVG sein (BGH VersR 2016, 786 Rn. 20; krit. *Armbrüster*, NJW 2016, 2155 ff.). Dies ergebe sich schon daraus, dass die D&O-Versicherung eine Haftpflichtversicherung ist, für die § 100 VVG gelte. „Dritter" i. S. von § 100 VVG sei jeder, der gegen den Versicherungsnehmer oder einen diesem gleichstehenden Versicherten einen in den Bereich des Versicherungsvertrags fallenden Haftpflichtanspruch hat oder erhebt. Andernfalls werde der die D&O-Versicherung prägende Charakter der Haftpflichtversicherung systemwidrig negiert. Bei der Kontroverse gilt es auch zu bedenken, dass bei Verträgen über Großrisiken (§ 210 VVG) – und solche Risiken werden D&O-Policen zumeist zum Gegenstand haben – § 108 Abs. 2 VVG durch AVB wirksam abbedungen werden kann, sofern man den gesetzlichen Regelungen nicht auch insoweit einen Leitbildcharakter gem. § 307 Abs. 2 Nr. 1 BGB beimisst.

586 ▶   Kann der Versicherer den geschädigten Dritten, der aus abgetretenem Recht auf Zahlung klagt, darauf verweisen, dass der Dritte zunächst einen Haftpflichtprozess gegen den Versicherten führen muss?

Das kann problematisch sein. Die Frage betrifft nicht nur die D&O-Versicherung, sondern die gesamte Haftpflichtversicherung, wenn der Versicherungsnehmer seinen Freistellungsanspruch an den geschädigten Drittem abtritt.

Ausgangspunkt ist das sog. *Erfüllungswahlrecht* des Versicherers gem. § 100 VVG. Dieser kann grundsätzlich nach eigenem Ermessen entscheiden, ob er seine vertragliche Verpflichtung durch Zahlung der Haftpflichtsumme an den Geschädigten oder durch Abwehr des gegen den Versicherten erhobenen Anspruchs erfüllt

(s. auch Frage 583). Ferner gelten bei der Abtretung des Freistellungsanspruchs an den Geschädigten die §§ 398 ff. BGB, also auch § 404 BGB, der dem Schuldner die gegenüber dem Zedenten im Zeitpunkt der Abtretung begründeten Einwendungen auch im Verhältnis zum Zessionar erhält. Prima facie liegt es deshalb nahe, die hier aufgeworfene Frage zu bejahen. Indes ist zu unterscheiden:

- Liegt bereits ein rechtskräftiges Urteil bezüglich der Haftpflichtfrage vor, so kann der Geschädigte nicht auf die Geltendmachung seines Anspruchs gegen den Versicherten verwiesen werden. Das Erfüllungswahlrecht des Versicherers ist untergegangen. Das rechtskräftige Haftpflichturteil entfaltet für diejenigen tatsächlichen Feststellungen, hinsichtlich derer Voraussetzungsidentität vorliegt, Bindungswirkung im Prozess des Geschädigten gegen den Versicherer (s. *Lange*, r + s 2011, 185, 191).
- Hat der Versicherungsnehmer oder bei der D & O-Versicherung der Versicherte den gegen sich gerichteten Haftpflichtanspruch anerkannt, so ist ihm dies zwar gestattet (arg. § 105 VVG); das Anerkenntnis entfaltet aber nur Wirkung für das Verhältnis Geschädigter – Versicherungsnehmer/Versicherter (Haftpflichtverhältnis). Im Deckungsverhältnis kann der Versicherer das Anerkenntnis in Frage stellen (s. *Langheid*, NJW 2007, 3745, 3746). In dem Fall muss die Haftpflichtfrage im Prozess über die Zahlungsklage des Dritten gegen den Versicherer geklärt werden.
- Zweifelhaft ist hingegen der Fall, dass der Dritte nach Abtretung des Freistellungsanspruchs durch den Versicherungsnehmer bzw. den Versicherten direkt gegen den Versicherer vorgeht, obwohl die Haftpflichtfrage noch nicht endgültig geklärt ist. Nach einer Ansicht hat der Versicherer nach Abtretung des Freistellungsanspruchs nicht das Recht, den Dritten erst auf einen Haftpflichtprozess gegen den Versicherungsnehmer zu verweisen. Er muss sich mit dem Dritten sowohl um die Haftungsfrage als auch um die Deckungsansprüche streiten (s. *Baumann*, VersR 2010, 984, 988). Die Gegenauffassung hält den Versicherer für zum Verweis berechtigt (s. *Lange*, r + s 2011, 185, 193). Begründet wird dies vor allem mit § 404 BGB, wonach der Schuldner dem neuen Gläubiger die Einwendungen entgegensetzen kann, die zur Zeit der Abtretung der Forderung gegen den bisherigen Gläubiger begründet waren. Zu diesen Einwendungen gehöre das Erfüllungswahlrecht des Versicherers. Zudem spreche auch § 115 Abs. 1 VVG für die Berechtigung des Versicherers zum Verweis: Nach dem Willen des Gesetzgebers könne der geschädigte Dritte seinen Haftpflichtanspruch nur in den dort genannten Ausnahmefällen ohne Zustimmung des Versicherers gegen diesen geltend machen. Freilich ließe sich dem entgegenhalten, dass § 115 VVG ohnehin nur für die Pflicht-Haftpflichtversicherung gilt.

▶   Ist die vertragliche Einräumung eines Direktanspruchs möglich?   **587**

Ja, dies ist möglich (s. nur P/M/*Klimke*, § 44 VVG Rn. 25).

▶   Welche Haftungsgrundlagen kommen hinsichtlich der Innenhaftung   **588**
     von Organmitgliedern in Betracht?

- *Aktiengesellschaft*: Vorstandsmitglieder und etwaige Stellvertreter können nach §§ 93 Abs. 2, 3, 94 AktG, Aufsichtsratsmitglieder nach §§ 116 S. 1 i. V. mit § 93 AktG haften.
- *GmbH*: Haftungsgrundlagen für Geschäftsführer und deren Stellvertreter sind §§ 43 Abs. 2, 3, 44 GmbHG. Soweit ein Aufsichtsrat besteht, kann dieser nach § 52 GmbHG i. V. mit §§ 116, 93 AktG haften. Hinzu kommt § 64 S. 1 GmbHG (str.).

Zudem gelten die allgemeinen Regeln des Zivilrechts. Vorstände und Geschäftsführer können daher nach § 280 Abs. 1 BGB wegen Verletzung des Dienstvertrages oder nach deliktischen Normen in Anspruch genommen werden (näher zur Haftungssituation von Organmitgliedern B/M/*Henzler* Anh Ziff. 1 AVB-AVG 2011/2013 Rn. 1 ff.).

589 ▶ Nach welchen Vorschriften kann eine Außenhaftung vorliegen?

Hier kommen vor allem deliktische Ansprüche in Betracht, aber auch vertragsähnliche Ansprüche aus §§ 280 Abs. 1, 241 Abs. 2, 311 Abs. 2, 3 BGB sind möglich (VersRHdb/*Beckmann* § 28 Rn. 43). Letzteres wird von der Rechtsprechung freilich sehr restriktiv gehandhabt. Zudem können Aktionäre einer AG den Vorstand aus § 117 Abs. 1, 2 AktG in Anspruch nehmen.

590 ▶ Welche versicherungsrechtliche Besonderheit ergibt sich aus der Tatsache, dass auch Innenansprüche der Gesellschaft gegen ihre Unternehmensleiter versichert sind?

Der Versicherungsschutz der D&O-Versicherung erfasst damit auch Ansprüche des Versicherungsnehmers gegen die versicherten Personen (anders als bei anderen Versicherungsarten; vgl. § 4 Nr. 1 KfzPflVV i. V. m. Ziff. A.1.5.6. AKB 2008).
Bemerkenswert ist dabei, dass eine Gesellschaft Versicherungsprämien zahlt, um eine für sie tätige Person vor der haftungsrechtlichen Inanspruchnahme durch die Gesellschaft selbst zu schützen. Dieser Umstand hat in der Vergangenheit dazu geführt, dass die D&O-Versicherung als gegen das schadensrechtliche Kompensationsprinzip verstoßend angesehen und infolge dessen sogar für unzulässig erachtet wurde (s. Frage 576).

591 ▶ Welche Gesellschaftsformen kommen als Versicherungsnehmerin einer D&O-Versicherung in Betracht?

Die AVB-AVG nehmen ausdrücklich Bezug auf Organe juristischer Personen des Privatrechts als versicherte Personen. Versicherbar sind nicht nur Kapitalgesellschaften. Aufgrund der gleichen Strukturen und Interessenlage können auch andere juristische Personen des Privatrechts, also Vereine, Genossenschaften und Stiftungen, Versicherungsnehmerinnen einer D&O-Versicherung sein. Juristische Personen des öffentlichen Rechts können dagegen aufgrund der Besonderheiten des öffentlichen Rechts, wie z. B. dem Weisungsrecht der Aufsichtsbehörden, keine D&O-Versicherung abschließen (s. VersRHdb/*Beckmann* § 28 Rn. 49).

Ebenfalls vom Versicherungsschutz ausgeschlossen sind Personengesellschaften. Ob hierfür letztlich im Ganzen überzeugende Gründe angeführt werden können, ist zweifelhaft (s. B/M/*Baumann* Ziff. 1 AVB-AVG 2011/2013 Rn. 7 ff.). Dafür spricht, dass die Haftung von Gesellschaftern einer Personengesellschaft und der Gesellschaft selbst im Wesentlichen gleich laufen, während die D&O-Versicherung auf eine ungleichartige und getrennt voneinander zu behandelnde Haftung von Gesellschaft und Organmitgliedern ausgerichtet ist. Würde eine Personengesellschaft eine D&O-Police für ihre vertretungsberechtigten Gesellschafter zeichnen, so läge de facto eine Eigenversicherung vor (so L/P/*Haehling von Lanzenauer* D&O-Versicherung Rn. 72). Möglich ist aber die D&O-Versicherung einer GmbH & Co. KG, bei der eine GmbH Komplementärin und der Geschäftsführer der GmbH versicherte Person ist.

▶ In welchem Fall kann es zu einem Übergang des Anspruchs gegen den   **592**
    Versicherer auf den Versicherungsnehmer (Gesellschaft) kommen, eine
    entsprechende Vereinbarung im Versicherungsvertrag vorausgesetzt?

Dies kann in folgender Situation geschehen: Der Versicherte ist einem Dritten gegenüber zum Schadensersatz im Sinne der AVB-AVG verpflichtet (reiner Vermögensschaden; s. Ziff. 1.1 a. E. AVB-AVG 2011/2013) und hat seinerseits nicht nur einen Anspruch auf Versicherungsschutz gegen den D&O-Versicherer, sondern auch einen Freistellungsanspruch gegen die Gesellschaft (Versicherungsnehmerin), etwa aus §§ 669, 670, 257 BGB. Erfüllt die Versicherungsnehmerin diesen Freistellungsanspruch, indem sie an den geschädigten Dritten zahlt, so geht der Anspruch auf Versicherungsschutz in dem Umfang von dem Versicherten auf die Versicherungsnehmerin über, in welchem diese ihre Freistellungsverpflichtung erfüllt hat (vgl. Ziff. 1.2 AVB-AVG 2011/2013 [„company-reimbursement", auch als Side-B-Deckung bezeichnet]). Die Mehrheit der D&O-Policen sieht einen solchen Anspruchsübergang vom Versicherten auf den Versicherungsnehmer vor (s. VersRHdb/*Beckmann* § 28 Rn. 62).

▶ Welchen Versicherungsschutz bietet die D&O-Versicherung?   **593**

Die Versicherung deckt in der Regel Fälle der Inanspruchnahme für Vermögensschäden auf der Grundlage gesetzlicher Haftpflichtbestimmungen ab, soweit die versicherte Person die Pflichtverletzung in Ausübung ihrer Eigenschaft bei der Versicherungsnehmerin begangen hat (Ziff. 1.1 AVB-AVG 2011/2013).

▶ Was versteht man unter den „Gesetzlichen Haftpflichtbestimmungen"?   **594**

Mit dieser Formulierung wird auf Ziff. 1 AHB 2008 Bezug genommen. Gemeint sind Rechtsnormen, die an die Verwirklichung ihres Tatbestandes unabhängig vom Willen der Verantwortlichen Rechtsfolgen knüpfen (s. B/M/*Baumann*, Ziff. 1 AVB-AVG 2011/2013 Rn. 36; BGH NJW 2000, 1194, 1195 zu Ziff. 1 AHB 2008). Mit der Beschränkung auf „gesetzliche Haftpflichtbestimmungen" soll zugleich

klargestellt werden, dass rein vertraglich begründete Haftpflichtbestimmungen
(z. B. Garantien, Einstands- oder Freistellungsverpflichtungen), die über den gesetzlich geregelten Umfang der Haftung hinausgehen, vorbehaltlich besonderer
Vereinbarung nicht vom Versicherungsschutz umfasst sind.

   Sofern die von Ziff. 1.1 AHB erfassten Anspruchsgrundlagen (s. dazu PVR
Rn. 1823 ff.) reine Vermögensschäden betreffen, sind diese auch von Ziff. 1.1 AVB-
AVG 2011/2013 erfasst (s. VersRHdb/*Beckmann* § 28 Rn. 74). Die Beschränkung
auf privatrechtliche Normen findet sich zwar in den GDV-Musterbedingungen. Üblicherweise weichen D&O-Versicherungsverträge davon aber erheblich ab. Somit
wird oft auch die Haftung aufgrund öffentlich-rechtlicher Normen (Beispiel: § 69
S. 1 i. V. mit § 34 Abs. 1 AO) vom Versicherungsschutz erfasst.

595 ▶   Wie wird der Begriff des Vermögensschadens in den AVB-AVG definiert?

Erfasst sind gem. Ziff. 1.1 Abs. 7 AVB-AVG nur solche Schäden, die weder Personen-
noch Sachschäden sind noch sich aus solchen Schäden herleiten. Damit werden im
Ergebnis von der D&O-Versicherung nur sog. „reine" Vermögensschäden gedeckt. Als
Sachen gelten auch Geld und Geldwertzeichen (Ziff. 1.1 Abs. 7 AVB-AVG).

   Ob es sich um einen von der D&O-Versicherung erfassten reinen Vermögensschaden oder aber um einen auf Personen- bzw. Sachschaden beruhenden Vermögensschaden handelt, ist eine Frage der adäquaten Kausalität.

596 ▶   Beispielsfall: Eine Gesellschaft ist einem Dritten wegen eines Personen-
            oder Sachschadens zum Schadensersatz verpflichtet und leistet an die-
            sen. Ist ein bestehender Regressanspruch gegen ihr Organmitglied vom
            Versicherungsschutz der D&O-Versicherung umfasst?

Wäre dem Dritten ein reiner Vermögensschaden entstanden, so würde die D&O-Ver-
sicherung den Regressanspruch erfassen. Bei Personen- und Sachschäden ist dies
fraglich, weil die D&O-Versicherung nur reine Vermögensschäden ersetzt, während
hier ein sog. unechter Vermögensschaden vorliegt, d. h. ein Schaden, der lediglich
als Folge einer Sachbeschädigung eintritt. Hier wird das Eingreifen der D&O-Ver-
sicherung teils verneint, und zwar mit dem Argument, dass der Vermögensschaden
durch einen Personen- bzw. Sachschaden ausgelöst worden und damit als Folge-
schaden einzustufen sei (s. B/M/*Baumann* Ziff. 1 AVB-AVG 2011/2013 Rn. 48;
a. A. MünchKommVVG/*Ihlas*, D&O Rn. 206). Nach teils vertretener Ansicht lässt
sich diese Problematik durch Subsidiaritätsklauseln, die bei der D&O-Versicherung
regelmäßig vereinbart werden, sowie durch Leistungsausschlüsse lösen. Liegen
aber weder Subsidiaritätsklauseln noch Leistungsausschlüsse vor, so greift demnach die D&O-Versicherung ein (s. VersRHdb/*Beckmann* § 28 Rn. 70).

597 ▶   Welche Tätigkeiten sind versichert?

Versichert sind Schadensersatz auslösende Pflichtverletzungen, welche die versicherte Person bei Ausübung einer Tätigkeit in der ihr zugewiesenen Eigenschaft im

Unternehmen begangen hat (Ziff. 1.1 AVB-AVG 2011/2013). Bei Organmitgliedern handelt es sich um Tätigkeiten, die diese gerade in der ihnen zugewiesenen Funktion als Teil des Organs wahrgenommen oder ausgeübt haben, also sowohl gesetzlich zugewiesene als auch durch Gesellschaftsvertrag oder Satzung bestimmte Aufgaben (s. VersRHdb/*Beckmann* § 28 Rn. 76). Hiermit korrespondierend sind gem. Ziff. 5.7 AVB-AVG 2011/2013 Haftpflichtansprüche aus Pflichtverletzungen bei einer anderen als der versicherten Tätigkeit (etwa Tätigkeit in einem fremden Unternehmen) ausgeschlossen (vgl. P/M/*Voit* Nr. 1 AVB-AVG Rn. 18).

▶ Was bedeutet „bei Ausübung dieser Tätigkeit"? 598

Nach verbreiteter Ansicht (OLG München VersR 2018, 406) muss ein unmittelbarer innerer Zusammenhang zwischen den Tätigkeiten der versicherten Person und der Pflichtverletzung bestehen. Dies ähnele der Rechtsprechung zum Verrichtungsgehilfen (§ 831 BGB) und dem dortigen Tatbestandsmerkmal „in Ausführung der Verrichtung". Gefordert wird, dass der Schaden nicht nur gelegentlich, sondern gerade „bei Ausübung dieser Tätigkeit" zugefügt worden ist. Diese Voraussetzung hat das OLG München für den Fall verneint, dass sich die versicherte Person vollständig von ihrem Auftrag oder Amt löst. In dem zugrunde liegenden Fall bestand die Pflichtwidrigkeit der versicherten Person darin, dass sie ein Konkurrenzunternehmen gründen und dafür Mitarbeiter der Versicherungsnehmerin abwerben wollte (OLG München VersR 2018, 406 = r+s 2017, 589, 592 mit krit. Anm. *Schimikowski*).

▶ Wann liegt in der D&O-Versicherung ein Versicherungsfall vor? 599

Ziff. 2 AVB-AVG 2011/2013 definiert den Versicherungsfall in der D&O-Versicherung als die erstmalige Geltendmachung eines Haftpflichtanspruchs gegen eine versicherte Person während der Dauer des Versicherungsvertrages. Die Bedingungswerke der Versicherer unterscheiden sich teilweise im Detail, stellen jedoch in aller Regel auf das Prinzip der Anspruchserhebung ab (*claims-made-Prinzip*, s. dazu PVR Rn. 1936).

▶ Inwieweit weicht diese Definition von der allgemeinen Haftpflichtversicherung ab? 600

Ziff. 1.1 AHB 2008 stellt auf das Schadensereignis (Folgeereignis, Rechtsgutsverletzung) ab (s. MünchKommVVG/*Büsken* AllgHaftpflV Rn. 7; offenlassend BGH VersR 2014, 625 Rn. 32: s. allgemein Frage 542).

▶ Welche Anforderungen sind an das „Geltendmachen" des Anspruchs zu stellen? 601

Nach Ziff. 2 S. 2 AVB-AVG ist ein Anspruch geltend gemacht, wenn gegen eine versicherte Person ein Anspruch schriftlich erhoben wird oder ein Dritter der

Versicherungsnehmerin, einer Tochtergesellschaft oder der versicherten Person schriftlich mitteilt, einen Anspruch gegen eine versicherte Person zu haben. Dass die Inanspruchnahme als einseitige Willenserklärung ernsthaft darauf gerichtet sein muss, Ersatz für einen nach der Behauptung des Geschädigten vom Versicherten zu verantworteten Schaden zu erhalten, ergibt sich bereits aus den §§ 116–118 BGB. Will der D&O-Versicherer eine solche Ernsthaftigkeit der Erklärung in Zweifel ziehen, muss er darlegen und beweisen, dass die Voraussetzungen der genannten Vorschriften vorliegen. Ein weitergehendes und eigenständiges Erfordernis der Ernsthaftigkeit des Vorsatzes, den Schuldner auch persönlich in Anspruch nehmen zu wollen, besteht im Übrigen nicht (BGH VersR 2016, 786 Rn. 28 ff.; krit. *Armbrüster*, NJW 2016, 2155, 2156 f.). Des Weiteren ist eine gewisse Konkretisierung des erhobenen Anspruchs erforderlich. Es muss Bezug genommen werden auf (rechts-) tatsächliche Umstände, die eine Bestimmung bzw. eine Abgrenzung zu anderen Sachverhalten ermöglichen. Eine genaue Bezifferung des Anspruchs ist aber nicht erforderlich (s. VersRHdb/*Beckmann* § 28 Rn. 103). Auch ist es unerheblich, ob der geltend gemachte Anspruch tatsächlich durchsetzbar ist. Im Übrigen bietet die Rechtsprechung zu § 104 Abs. 1 S. 2 VVG Orientierungsmaßstäbe.

602 ▶ Gilt das Prinzip der Anspruchserhebung (claims-made-Prinzip) uneingeschränkt?

Nach Ziff. 3.1 S. 1 AVB-AVG besteht Versicherungsschutz für während der Dauer des Versicherungsvertrages eingetretene Versicherungsfälle wegen Pflichtverletzungen, welche während der Dauer des Versicherungsvertrages begangen wurden.

Damit besteht eine Deckung grundsätzlich nur, wenn sowohl die Pflichtverletzung, als auch die Geltendmachung des daraus erwachsenen Anspruchs im Versicherungszeitraum liegen. Insofern liegt hier eine *Kombination von Anspruchserhebungs- und Verstoßprinzip* vor (s. VersRHdb/*Beckmann* § 28 Rn. 105; a. A. *Lange*, r+s 2006, 177, 178, der von einem „reinen" Anspruchserhebungsprinzip ausgeht, bei dem lediglich der Umfang des Versicherungsschutzes auf Versicherungsfälle wegen nach Versicherungsbeginn begangener Pflichtverletzungen beschränkt ist). Die Unterscheidung ist bedeutsam für die Darlegungs- und Beweislast.

603 ▶ Inwiefern wird dadurch der Versicherungsschutz in zeitlicher Hinsicht begrenzt?

Ansprüche, die zu Beginn geltend gemacht werden, können auf Pflichtverletzungen beruhen, die vor der Vertragslaufzeit begangen wurden. Pflichtverletzungen, die zum Ende der Laufzeit begangen werden, können Schäden verursachen, die erst nach Ablauf der Vertragszeit geltend gemacht werden (vgl. die grafische Darstellung bei *Schramm*, Das Anspruchserhebungsprinzip, 2009, S. 43).

604 ▶ Wie reagieren die Versicherer auf diese Einschränkung des Versicherungsschutzes?

D&O-Versicherungen enthalten vielfach Regelungen über eine Rückwärtsversicherung (vgl. Ziff. 3.2 AVB-AVG 2011/2013) und/oder eine Nachhaftung (vgl. Ziff. 3.3 AVB-AVG 2011/2013), um diese Konsequenzen abzumildern (s. VersRHdb/*Beckmann* § 28 Rn. 105).

▶   Hält die Definition des Versicherungsfalls in den D&O-Policen einer AGB-   **605**
     Kontrolle stand?

Bereits im Ausgangspunkt ist fraglich, ob die Klausel überhaupt einer Inhaltskontrolle nach den §§ 307 ff. BGB unterliegt. Dies ist gem. § 307 Abs. 3 S. 1 BGB nur dann der Fall, wenn durch die Festlegung des Anspruchserhebungsprinzips von Rechtsvorschriften abgewichen oder diese ergänzt würden. Hiernach sind in AVB die allgemeinste Umschreibung des versicherten Risikos und der versicherten Gefahr kontrollfrei (s. BGHZ 127, 35, 41 = VersR 1994, 1049, 1050; PVR Rn. 598; Kernbereichslehre). Der BGH (VersR 2014, 625 Rn. 34) hat Ziff. 1.1 AHB 2008, soweit diese Klausel für den Eintritt des Versicherungsfalls das sog. *Schadens- bzw. Folgenereignisprinzip* festlegt, unter Rückgriff auf die Kernbereichslehre einer Inhaltskontrolle entzogen. Der Gesetzgeber habe bewusst im VVG nicht geregelt, welcher Vorgang in der Haftpflichtversicherung den Versicherungsfall darstellt, die Klärung dieser Frage vielmehr der Parteivereinbarung überantwortet. Die Definition des Versicherungsfalls gehöre damit zum *engsten Kern des Leistungsversprechens,* ohne dessen Vorliegen mangels Bestimmtheit des Vertragsinhalts ein wirksamer Vertrag nicht mehr angenommen werden könnte; sie sei daher einer Inhaltskontrolle durch die Gerichte entzogen. Mit dieser Begründung hat der BGH auch eine Transparenzkontrolle von Ziff. 1.1 AHB 2008 abgelehnt. Zu ergänzen ist: Es käme insoweit grundsätzlich auch keine ergänzende Vertragsauslegung zur Lückenfüllung in Betracht. Denn es wird sich nicht klären lassen, welchen Vorgang die Parteien als Versicherungsfall redlicherweise festgelegt hätten, wenn sie von der Intransparenz des vereinbarten Anspruchserhebungsprinzips gewusst hätten. Es ließe sich nicht einmal feststellen, ob eine abweichende Definition des Versicherungsfalls den Versicherungsnehmer im Allgemeinen besser stellen würde (zur parallelen Frage zur Anwendbarkeit des § 305c Abs. 2 BGB auf Ziff. 1.1 AHB 2008 s. PVR Rn. 1879). Dies spricht dafür, die vertragliche Festlegung des Versicherungsfalls auch in der D&O-Versicherung als einer Inhalts- wie Transparenzkontrolle schlechthin entzogen anzusehen (s. zum Ganzen *Kubiak,* VersR 2014, 932 ff.).

Nichtsdestotrotz hat das OLG München (VersR 2009, 1066 ff.) das *Anspruchserhebungsprinzip* einer Inhaltskontrolle unterzogen, hält die Klausel aber dennoch weder für überraschend i. S. von § 305c Abs. 1 BGB noch für materiell unangemessen. Stelle man auf den Erwartungshorizont des typischen Adressatenkreises der jeweiligen AVB ab (vgl. dazu Frage 17), so seien die claims-made-Klauseln nicht überraschend, da diese Kundengruppen selbst bei oberflächlicher Recherche feststellen würden, dass die Versicherungswirtschaft D&O-Versicherungen überhaupt nur bei Geltung des claims-made-Prinzips anbietet.

Zudem liegt nach Ansicht des OLG München auch keine unangemessene Benachteiligung i. S. des § 307 Abs. 1, 2 BGB vor: Die Nachteile des claims-made-Prinzips

würden durch Regelungen über Rückwärtsversicherungen und Nachhaftungszeit ausreichend kompensiert. Letztlich soll es auf die Ausgestaltung des Anspruchserhebungsprinzips im Einzelfall ankommen (s. zum Ganzen PVR Rn. 1936 f.).

606 ▶ Welche Folge hat die Vereinbarung einer Rückwärtsversicherung/Rück-
          wärtsdeckung?

In diesem Fall besteht auch Versicherungsschutz für Ansprüche, die auf vor Vertragsschluss begangenen Pflichtverletzungen beruhen, sofern sie während der Vertragslaufzeit erstmals geltend gemacht werden (s. *Loritz/Hecker*, VersR 2012, 385,
387; krit. hierzu *Schramm*, Das Anspruchserhebungsprinzip, 2009, S. 130 ff., die
nur dann von einer Rückwärtsversicherung ausgeht, wenn vom Vertrag auch Inan-
spruchnahmen umfasst sein sollen, die vor dem formellen Vertragsbeginn erfolgt
sind; allgemein zur Rückwärtsversicherung s. PVR Rn. 1090 ff.).

607 ▶ Wann ist die Rückwärtsversicherung/Rückwärtsdeckung in der D&O-
          Versicherung nicht möglich?

Ziff. 3.2 Abs. 2 AVB-AVG 2011/2013 sieht vor, dass eine Rückwärtsversicherung
nicht eingreift, wenn der Versicherungsnehmer oder die versicherte Person die
Pflichtverletzung zum Zeitpunkt des Vertragsschlusses kannte. Eine Pflichtverletzung ist in diesem Sinne bekannt, wenn ein bestimmtes Verhalten der versicherten
Personen von der Versicherungsnehmerin, einer Tochtergesellschaft oder den versicherten Personen selbst als – wenn auch nur möglicherweise – objektiv fehlsam
erkannt oder ihnen gegenüber – wenn auch nur bedingt – als fehlsam bezeichnet
worden ist. Dies gilt auch dann, wenn Schadensersatzansprüche weder erhoben
noch angedroht noch befürchtet worden sind. Damit sollen Zweckabschlüsse vermieden werden, gerade weil insoweit keine echte Rückwärtsversicherung vorliegt,
§ 2 Abs. 2 S. 2 VVG also nicht eingreift.

608 ▶ Wozu führt die Vereinbarung einer Nachhaftung?

Bei einer Nachhaftung besteht Versicherungsschutz auch für Ansprüche wegen
Pflichtverletzungen, die während der Dauer der Vertragslaufzeit begangen wurden,
aber erst innerhalb der Nachhaftungszeit geltend gemacht werden (näher B/M/*Baumann* Ziff. 3 AVB-AVG 2011/2013 Rn. 36 ff.).

609 ▶ Muss sich die Gesellschaft als Versicherungsnehmerin Wissen und/oder
          Verhalten der Organmitglieder zurechnen lassen?

Da es sich um eine Versicherung für fremde Rechnung handelt, gilt § 47 VVG. Nach
Abs. 1 jener Norm sind auch die Kenntnis und das Verhalten des Versicherten zu berücksichtigen. Dieser Grundsatz erfährt nach § 47 Abs. 2 S. 1 VVG eine Einschränkung, wenn der Vertrag ohne Wissen des Versicherten geschlossen worden ist oder
ihm eine rechtzeitige Benachrichtigung des Versicherungsnehmers nicht möglich

oder unzumutbar war. Wichtig ist aber auch die Gegenausnahme in § 47 Abs. 2 S. 2 VVG, wonach der Versicherer den Einwand der Unwissenheit des Versicherten nach S. 1 nicht gegen sich gelten lassen muss, wenn der Versicherungsnehmer den Vertrag ohne Auftrag des Versicherten geschlossen und dies dem Versicherer bei Vertragsschluss nicht angezeigt hat. Das ist bedeutsam, weil mitversicherte Unternehmensleiter (z. B. von Tochterunternehmen) oder ausgeschiedene Organwalter nicht immer wissen, dass eine D&O-Versicherung abgeschlossen werden soll (s. VersRHdb/*Beckmann* § 28 Rn. 155a). Sofern allerdings bereits im Anstellungsvertrag von Seiten der Gesellschaft Versicherungsschutz zugesagt wird, dürfte die Zurechnung keine Probleme bereiten.

▶ Kann ein obliegenheitswidriges Verhalten eines Versicherten bzw. dessen Kenntnis einem anderen Versicherten zugerechnet werden? **610**

Nein. Dies lässt sich weder dem Gesetz noch den AVB entnehmen (s. *Lange*, VersR 2006, 605, 611; vgl. auch P/M/*Klimke* § 47 Rn. 13). Eine andere Frage ist es allerdings, ob sich etwa eine Verletzung der vorvertraglichen Anzeigepflicht durch einen Versicherten ggf. auf den gesamten Vertrag auswirkt und somit mittelbar zu einer Belastung der übrigen Organmitglieder führt. Manchmal wird im Versicherungsvertrag auch eine sogenannte *Severability-Klausel* vereinbart (severability = Trennbarkeit), wonach eine Zurechnung von Wissen und Obliegenheitsverletzungen zwischen versicherten Personen ausdrücklich ausgeschlossen wird (s. VersRHdb/*Beckmann* § 28 Rn. 156).

▶ Wirkt eine Anfechtung des Versicherers wegen arglistiger Täuschung grundsätzlich auch gegenüber solchen Organmitgliedern, die von der Täuschung selbst nichts wussten, mithin gutgläubig waren? **611**

Nach OLG Düsseldorf VersR 2006, 785, 786 f. (sog. *ComRoad-Urteil*) ist ein Versicherer, der den Vertrag wirksam wegen arglistiger Täuschung durch den Versicherungsnehmer (hier: die Gesellschaft) angefochten hat, auch gegenüber versicherten Personen leistungsfrei, die von der Täuschung nichts wussten (ebenso die sog. HEROS-Rechtsprechung des BGH; VersR 2012, 1429 Rn. 28; s. dazu auch Frage 329). Dies soll selbst bei Vereinbarung einer sog. Severability-Klausel gelten. Begründet wird dies damit, dass die Klausel nur die Kenntniszurechnung zwischen versicherten Personen, nicht aber diejenige zwischen Versicherungsnehmern und versicherten Personen regelt (s. OLG Düsseldorf a. a. O.; *Langheid/Grote*, VersR 2005, 1165, 1169). Freilich geht es hier ohnehin nicht um eine Frage der Kenntniszurechnung im engeren Sinne. Denn besteht ein Anfechtungsrecht und wird es vom Berechtigten gegenüber seinem Vertragspartner ausgeübt, so erfasst dieses den Vertrag grundsätzlich ohnehin als Ganzes. Aus einem nichtigen Vertrag können aber auch aus dem Vertrag begünstigte Dritte – unabhängig von etwaiger Gut- oder Bösgläubigkeit mit Blick auf den Anfechtungsgrund – keine Rechte herleiten (§ 334 BGB; für eine Rechtsfolgenbegrenzung ex lege unter Rückgriff auf § 139 BGB demgegenüber OLG Saarbrücken VersR 2012, 429, 430; zu Einzelheiten s. PVR Rn. 1044 ff.).

612 ▶ Das in Frage 611 gefundene Ergebnis kann zu einer misslichen Situation
für gutgläubige Organmitglieder führen. Diese können ihren Schutz im
Falle einer Arglistanfechtung auch dann verlieren, wenn sie selbst mit
der Täuschung nichts zu tun hatten. Kann der Versicherer – etwa durch
sog. qualifizierte Severability-Klauseln – auf sein Anfechtungsrecht verzichten oder dessen Folgen begrenzen?

Dies ist umstritten. Nach Auffassung des BGH (VersR 2011, 1563 Rn. 27 ff.) ist
§ 123 BGB nicht dispositiv. Die Bestimmung schütze die – als Bestandteil der Privatautonomie verfassungsrechtlich garantierte – rechtsgeschäftliche Selbstbestim-
mungsfreiheit des Versicherers. Er soll sich von seinem Leistungsversprechen los-
sagen können, wenn ihn sein Vertragspartner durch arglistige Täuschung zum
Vertragsschluss bestimmt hat. Stünde § 123 BGB zur Disposition der Parteien, so
könnte sich der Versicherer der Willkür seines Vertragspartners ausliefern, was mit
dem aus Art. 2 Abs. 1 GG ableitbaren Recht auf freie Willensbildung nicht vereinbar wäre. Ein Verzicht auf das Anfechtungsrecht ist daher unwirksam, wenn die
Täuschung durch den Vertragspartner selbst oder durch eine Person begangen
wurde, die nicht Dritter i. S. des § 123 Abs. 2 S. 1 BGB ist. Nach der Gegenansicht
soll ein Ausschluss der Täuschungsanfechtung oder eine Begrenzung der Rechtsfolgen des § 142 Abs. 1 BGB im Versicherungsvertrag deshalb ausnahmsweise zulässig sein, weil die Parteien in Ausübung ihrer Privatautonomie die mit der Anfechtung verbundenen, weitreichenden Folgen zumindest für diejenigen Versicherten als
unangemessen ausschließen können sollen, denen die zur Anfechtung berechti-
gende Täuschung nicht bekannt war. Anderenfalls komme es zu einer nicht hin-
nehmbaren Härte für gutgläubige Drittbegünstigte, denen dadurch der Versicherungsschutz entzogen werde. Dies hätten die Vertragsparteien erkannt und sich
bewusst in Ausübung ihrer Privatautonomie für einen Anfechtungsausschluss entschieden (zu Einzelheiten s. *Gädtke*, r + s 2013, 313 ff.).

613 ▶ Nach Ziff. 4.3 Abs. 1 AVB-AVG wird die Versicherungsleistung auf die Versicherungssumme begrenzt. Nach Ziff. 4.3 Abs. 1 S. 2 in Verbindung mit
Ziff. 4.4 sollen von dieser zur Verfügung stehenden Summe Rechtsver-
folgungskosten abgezogen werden. Ist dies AGB-rechtlich zulässig?

Dies ist umstritten. Nach einer Ansicht sollen jedenfalls Klauseln, die alle Rechtsver-
folgungskosten von der Versicherungssumme abziehen wegen Verstoßes gegen das
Transparenzgebot (§ 307 Abs. 1 S. 2 BGB) unwirksam sein (s. OLG Frankfurt/M
r + s 2011, 509, 512; für materielle Unangemessenheit *Terno*, r + s 2013, 577 ff.; dif-
ferenzierend *Werber*, VersR 2014, 1159, 1160 ff.). Für den Versicherungsnehmer sei
nicht erkennbar, welche Versicherungssumme ihm nach Abzug dieser Kosten zur
Verfügung steht. In materieller Hinsicht führe eine Anrechnung bei kostenintensiven
Prozessen dazu, dass die Versicherungssumme schnell verbraucht ist. Unterliegt das
beklagte Organmitglied im Haftpflichtprozess, so stünde für die Freistellung nunmehr keine oder nur noch eine unzureichende Versicherungssumme zur Verfügung.
Hierdurch könnte der Zweck des Vertrages (Absicherung von Haftungsrisiken sowohl

durch Abwehr als auch durch Freistellung) unterlaufen werden. Es bestünde die Gefahr, dass der Versicherer – zu dessen Wahl es steht, ob er den Anspruch abwehrt oder den Versicherten freistellt (§ 100 VVG) – gleichsam „auf gut Glück" auch begründete Ansprüche ohne nähere Prüfung abwehrt; schließlich trüge er bei Wirksamkeit der Kostenanrechnungsklausel einzig das Prozesskostenrisiko. Hierdurch wandle sich die Haftpflichtversicherung der Sache nach zu einer Rechtsschutzpolice.

Nach anderer Ansicht ist die Klausel wirksam. Dafür spreche neben ihrer Branchenüblichkeit die erhöhte Rechtsschutz- und Abwehrfunktion der D&O-Versicherung bei hohem Risiko und nicht immer hoher Versicherungssumme (s. MünchKommVVG/*Ihlas* D&O Rn. 520 ff.; *Armbrüster*, NJW 2016, 897, 898; s. auch *Koch*, VersR 2016, 1405, 1406 ff.). Zudem sei eine Anrechnungsklausel erforderlich, um das versicherte Risiko kalkulierbar eingrenzen zu können, namentlich bei Prozessen, die gleichzeitig gegen mehrere Vorstandsmitglieder geführt werden.

▶ Was versteht man unter einer sog. Eigenschadensklausel (Innenverhältnisdeckung)?   **614**

Eigenschadensklauseln sehen typischerweise vor, dass der Versicherungsschutz nicht den Teil des Schadensersatzanspruchs umfasst, welcher der Quote einer etwaigen Beteiligung der versicherten Person an der Versicherungsnehmerin entspricht (vgl. Ziff. 4.2 AVB-AVG 2011/2013). Gemeint ist der Schaden, den z. B. ein Manager als Schädiger der Gesellschaft (Versicherungsnehmerin) selbst erleidet, weil er an dieser beteiligt ist und die Minderung des Gesellschaftsvermögens eine Minderung des Beteiligungswerts zur Folge hat. Gegen die Klausel werden im Schrifttum AGB-rechtliche Bedenken erhoben. Insbesondere dann, wenn der Versicherte Gesellschafter-Geschäftsführer einer GmbH ist, werde der Versicherungsschutz infolge der mit der Eigenschadenklausel verbundenen Einschränkungen für diesen in wesentlichen Teilen entwertet (s. zum Ganzen *Gruber/Mitterlechner/Wax*, D&O-Versicherung, § 6 Rn. 27 ff.).

▶ Welchen Zweck verfolgen diese Klauseln?   **615**

Zweck ist es, einem kollusiven Zusammenwirken zwischen Schädiger und Geschädigtem zum Nachteil des Versicherers vorzubeugen. Dabei geht es um die Gefahr, dass bei wirtschaftlicher Schieflage der Gesellschaft Aufsichtsrat und Vorstand gemeinsam eine Pflichtverletzung des Vorstands vortäuschen, um die Leistungen aus der D&O-Versicherung erhalten zu können (s. B/M/*Baumann*, Ziff. 4 AVB-AVG 2011/2013 Rn. 20). Sind Manager an der Gesellschaft beteiligt, soll diese Versuchung größer sein. Dem sollen die Eigenschadensklauseln entgegenwirken.

▶ Gibt es in D&O-Versicherungen Selbstbehalts-Klauseln?   **616**

Nach § 93 Abs. 2 S. 3 AktG müssen Versicherungsverträge, die eine Gesellschaft zur Absicherung eines Vorstandsmitglieds gegen Risiken aus dessen beruflicher Tätigkeit für die Gesellschaft abschließt, einen Selbstbehalt von mindestens 10 % des

Schadens bis mindestens zur Höhe des Eineinhalbfachen der festen jährlichen Vergütung des Vorstandsmitglieds vorsehen. Die jedenfalls anteilige Haftung mit dem
Privatvermögen soll Pflichtverletzungen von Vorstandsmitgliedern präventiv entgegenwirken (s. BT-Drs. 16/13433 S. 11). Jenseits dieser Vorschrift, insbesondere
bei der GmbH, steht es den Parteien frei, ob und ggf. in welcher Höhe sie einen
Selbstbehalt vorsehen.

617 ▶ Welche Rechtsfolgen treten ein, wenn entgegen § 93 Abs. 2 S. 3 AktG
kein Selbstbehalt vereinbart wird?

Das ist streitig. Nach einer Ansicht soll § 93 Abs. 2 S. 3 AktG ein Verbotsgesetz
i. S. des § 134 BGB darstellen. Rechtsfolge des Verstoßes sei aber bloß eine Teil-
nichtigkeit (§ 139 BGB) des Versicherungsvertrags der jeweils betroffenen Vorstände bis zur Höhe des Mindest-Selbstbehalts. Der Vorstand einer AG müsse sich
dann also im Schadensfall auch ohne Vereinbarung in der Police die gesetzliche
Selbstbehaltsregelung entgegenhalten lassen. Im Übrigen bleibe der Versicherungsschutz für Vorstands- sowie Aufsichtsratsmitglieder erhalten (s. *Koch,* AG 2009,
637, 639).

Nach anderer Ansicht soll keine (Teil-) Nichtigkeit nach §§ 134, 139 BGB vorliegen (s. *van Kann,* NZG 2009, 1010, 1013, der allerdings zum gleichen Ergebnis
kommt wie die erste Ansicht). Dagegen sehen andere (s. *Dauner-Lieb/Tettinger,*
ZIP 2009, 1555, 1556 f.) § 93 Abs. 2 S. 3 AktG nur als Vorgabe für das gesellschaftsrechtliche Innenverhältnis an, die die Wirksamkeit des Versicherungsvertrags
unberührt lässt. Hierfür spreche die systematische Stellung der Norm innerhalb eines ausschließlich die Innenhaftung regelnden Tatbestandes. Mögliche Folge eines
Verstoßes sei eine Schadensersatzpflicht des bei Abschluss des Versicherungsvertrags gesetz- und pflichtwidrig handelnden Organs. Andernfalls bestünde mangels
Versicherungsvertrag überhaupt kein Deckungsschutz, so dass die Vorstandsmitglieder in voller Höhe persönlich haften würden. Eine solche Rechtsfolge ginge
aber über die vom Gesetzgeber bezweckte Prävention weit hinaus (s. KK-AktG/*Mer-
tens/Cahn* § 93 Rn. 249; zum Meinungsstand s. *Armbrüster/Schilbach,* r+s 2016,
109, 113.).

618 ▶ Können Vorstände das durch die Selbstbehaltsklauseln verbleibende
Risiko ihrerseits wieder versichern?

Dies ist umstritten. Diese Art der Versicherung könnte der Absicht des Gesetzgebers
zuwiderlaufen, mittels Selbstbehaltsverpflichtung eine verhaltenssteuernde Wirkung bei den Vorständen jedenfalls teilweise aufrechtzuerhalten. Möglicherweise
enthält § 93 Abs. 2 S. 3 AktG daher ein implizites Verbot von D&O-
Selbstbehaltsversicherungen. Teils wird angenommen, dass ein derartiges Verbot
wegen Verstoßes gegen Art. 12 Abs. 1 GG verfassungswidrig wäre (*Gädtke,* VersR
2009, 1565, 1569 ff.). Jedenfalls für das sog. Anrechnungsmodell geht die Literatur
mittlerweile verbreitet von einem Verstoß gegen § 93 Abs. 2 S. 3 AktG aus (s. *Lange,*
r+s 2010, 92, 97). Bei diesem Modell wird in der Selbstbehaltsversicherung eine

Anrechnung von Leistungen aus der Selbstbehaltsversicherung auf die Deckungs-
summe der D&O-Versicherung vereinbart. Der Versicherer stellt für beide Verträge
lediglich einheitliche Kapazitäten zur Verfügung, was letztlich zu einer *Quersub-
ventionierung* der Selbstbehaltsversicherung durch die Versicherungsnehmerin der
D&O-Police führt. Dies widerspricht dem Ansinnen des Gesetzgebers, dass die Gesellschaft nur bis zur Grenze des Pflichtselbstbehalts die D&O-Versicherung selbst
finanzieren können soll.

Grundsätzlich unbedenklich sind *Kumulmodelle*, bei denen der Versicherer für
die Selbstbehaltsversicherung zusätzliche Kapazitäten freigibt, und sog. *Stand-
Alone-Policen*, also reine Individualpolicen ohne Beteiligung der Versicherungsnehmerin der D&O-Police.

▶   Welche praktisch besonders bedeutsamen Risikoausschlüsse enthalten   **619**
    die AVB-AVG 2011/2013?

Gem. Ziff. 5 AVB-AVG 2011/2013 sind u. a. folgende Risiken in der D&O-
Versicherung regelmäßig nicht vom Deckungsschutz umfasst:

- Haftpflichtansprüche wegen vorsätzlicher Schadensverursachung und wegen
  wissentlicher Pflichtverletzung (Ziff. 5.1 AVB-AVG). In der ersten Variante (vorsätzliche Schadensverursachung) hat die Klausel aufgrund § 103 VVG lediglich
  deklaratorische Bedeutung (s. B/M/Gädtke, Ziff. 5 AVB-AVG 2011/2013
  Rn. 32). Unter einer *wissentlichen Pflichtverletzung* ist ein Verhalten des Versicherten zu verstehen, durch welches dieser eine Pflicht verletzt, wobei er um die
  Pflichtwidrigkeit seines Handelns positiv weiß. Bedingter Vorsatz genügt nicht
  (s. BGH VersR 2006, 106 Rn. 26). Der Ausschluss greift auch dann ein, wenn
  derselbe Schaden nicht nur durch eine wissentliche Pflichtverletzung, sondern
  auch durch weitere, nicht wissentliche Pflichtverletzungen verursacht worden ist
  (BGH VersR 2015, 1156, 1157).
- Haftpflichtansprüche wegen Schäden verursacht durch von der Versicherungsnehmerin oder einer Tochtergesellschaft in den Verkehr gebrachte Produkte, Ar-
  beiten oder sonstiger Leistungen (Ziff. 5.3 AVB-AVG 2011/2013). Der Ausschluss bezweckt die Abgrenzung der D&O-Deckung von der Betriebs- und
  Produkthaftpflichtversicherung (s. B/M/*Gädtke* Ziff. 5 AVB-AVG 2011/2013
  Rn. 69).
- Haftpflichtansprüche wegen Schäden durch Umwelteinwirkungen und alle sich
  daraus ergebenden weiteren Schäden (Ziff. 5.4 AVB-AVG 2011/2013). Hierdurch wird die D&O-Versicherung von der Umwelthaftpflichtversicherung ab-
  gegrenzt.
- Haftpflichtansprüche, welche vor Gerichten außerhalb der EU geltend gemacht
  werden (Ziff. 5.5 AVB-AVG 2011/2013). Die Klausel beschränkt den Deckungsschutz auf das Gebiet der EU. In der Praxis ist ein solch weitreichender Ausschluss unüblich. Vielmehr wird auf der Ebene der primären Risikobeschreibung
  häufig weltweite Deckung gewährt, wobei auf der Ebene der sekundären Risikobegrenzung Ausschlüsse allein für Haftpflichtansprüche vereinbart werden, die

vor US-amerikanischen Gerichten ganz oder teilweise nach den Regeln des common law geltend gemacht werden (sog. *USA-Ausschluss*). Damit wird bezweckt, die unüberschaubaren Haftungs- und Prozessrisiken bei Klagen vor Gerichten in den USA vom Deckungsschutz auszunehmen. Insbesondere der Haftungsumfang kann aufgrund der im common law üblichen punitive damages horrende Höhen erreichen, wobei im Einzelnen keine festen Vorgaben für die Gerichte existieren (s. insoweit auch Ziff. 5.11 AVB-AVG 2011/2013). Derartige Risiken sind für den Versicherer – verständlicherweise – kaum kalkulierbar (zum Ganzen s. B/M/*Gädtke* Ziff. 5 AVB-AVG 2011/2013 Rn. 81 ff.).

- Haftpflichtansprüche wegen Schäden aufgrund von Vertragsstrafen, Kautionen, Bußgeldern und Entschädigungen mit Strafcharakter (punitive und exemplary damages), die gegen die Versicherungsnehmerin oder eine Tochtergesellschaft verhängt oder von ihnen übernommen wurden (Ziff. 5.10 AVB-AVG 2017). Der Ausschluss ist jedenfalls teilweise nur deklaratorisch. Versicherungsschutz besteht gem. Ziff. 1.1 AVB-AVG ausschließlich für „gesetzliche Haftpflichtbestimmungen", so dass Vertragsstrafen, die darüber hinaus gehen, schon gar nicht in den Deckungsbereich der Versicherung fallen. Die Versicherung von Bußgeldern im Außenverhältnis ist umstritten. Angesichts des Sanktionszwecks sprechen gewichtige Gründe dafür, die Versicherung von Geldstrafen und –bußen als sittenwidrig einzustufen (s. *Armbrüster/Schilbach*, r+s 2016, 109, 110 f.). Im Hinblick auf die Versicherung von Regressansprüchen versicherter Unternehmen (im Innenverhältnis) wirkt der Ausschluss konstitutiv. Auf dem Markt werden teilweise Regelungen angeboten, welche den Innenregress in den Versicherungsschutz einbeziehen. Freilich ist bereits das grundsätzliche Bestehen eines solchen Regressanspruchs umstritten. Das LAG Düsseldorf hat dies etwa mit der Begründung verneint, dass damit das Sanktionsprinzip des Straf- und Ordnungswidrigkeitenrecht unterlaufen werden würde (LAG Düsseldorf BB 2015, 907 mit zust. Anm. *Bachmann*; zum Meinungsstand s. *Armbrüster/Schilbach*, r+s 2016, 109, 112).

D. Rechtsschutzversicherung

620 ▶ Wozu dient eine Rechtsschutzversicherung? Welche Haupt- und Nebenleistungspflichten treffen den Versicherer?

Die Rechtsschutzversicherung verpflichtet den Versicherer im vereinbarten Umfang Leistungen zu erbringen, die für die Wahrnehmung der rechtlichen Interessen des Versicherungsnehmers oder des Versicherten erforderlich sind (vgl. § 125 Abs. 1 VVG, § 1 ARB 2008/10/Ziff. 1. ARB 2012).

Der Anspruch des Versicherungsnehmers aus der Rechtsschutzversicherung ist auf die Befreiung von den bei der Wahrung der rechtlichen Interessen entstehenden Kosten gerichtet (BGHZ 202, 122 = NJW 2014, 3030 Rn. 28). Auf welche Weise der Rechtsschutzversicherer den Versicherungsnehmer von der Gebührenforderung befreit, steht ihm grundsätzlich frei. Der Versicherer kann den Befreiungsanspruch etwa auch dadurch erfüllen, dass er dem Versicherungsnehmer Kostenschutz für einen etwaigen Gebührenprozess zwischen dem Versicherungsnehmer und seinem Prozessbevollmächtigten zusagt. Denn der Freistellungsanspruch des Versicherers umfasst auch die Verpflichtung des Versicherers, den Versicherungsnehmer von unbegründeten Forderungen freizustellen (BGH VersR 2015, 1501 Rn. 34 f.).

▶ Welche Haupt- und Nebenleistungspflichten treffen den Versicherer? **621**

Den Versicherer trifft primär eine *Interessenwahrnehmungspflicht*, die sich grundsätzlich auf die Ermöglichung der Rechtsdurchsetzung oder -verteidigung beschränkt. Dieser Pflicht genügt der Versicherer bereits durch die Übernahme der in diesem Zusammenhang anfallenden Kosten, insbesondere Anwaltshonorar, Gerichts- und Sachverständigenkosten (vgl. § 1, 5 ARB 2010/Ziff. 2.3.1. ff. ARB 2012). Er selbst schuldet keine Rechtsberatung (s. vB/P/*van Bühren* § 1 ARB 2010 Rn. 9, 11). Die Einholung eines allgemeinen Rechtsrats zu präventiven Zwecken ist demgegenüber grundsätzlich nicht vom Leistungsumfang umfasst. Vielmehr wird nur ausnahmsweise im Erb-, Lebenspartner- und Familienrechtsschutz auch *Beratungsrechtsschutz* gewährt (§ 2 lit. k) ARB 2010/Ziff. 2.2.11. ARB 2012). Dies gilt freilich unter der einschränkenden Voraussetzung, dass eine konkrete Änderung der Rechtslage eine Beratung indiziert (§ 4 Abs. 1 S. 1 lit. b) ARB 2010/Ziff. 2.4.1. ARB 2012). Zudem treffen den Versicherer in bestimmtem Umfang *Nebenleistungspflichten* (sog. *Sorgepflichten*; Beispiele: § 17 Abs. 4 ARB 2010/Ziff. 4.1.2. ARB 2012: Erteilung einer Deckungszusage; § 5 Abs. 5 lit. a/b) ARB 2010/ Ziff. 2.3.2.4. und 2.3.3.5. ARB 2012: Übersetzung in fremder Sprache abgefasster Unterlagen zwecks Interessenwahrnehmung im Ausland, Zahlung von Kaution mittels zinslosen Darlehens zwecks Vermeidung von Strafverfolgungsmaßnahmen).

▶ Kann der Versicherer unter Hinweis auf eine fehlerhafte Prozessführung **622** des vom Versicherungsnehmer beauftragten Rechtsanwalts die Kostenübernahme verweigern?

Nein. Er hat den Versicherungsnehmer von den entstandenen Rechtsverfolgungs- bzw. -verteidigungskosten auch dann freizustellen, wenn er die vom Rechtsanwalt gegenüber dem Versicherungsnehmer erhobenen Ansprüche aufgrund fehlerhafter Prozessführung für unbegründet hält. Allerdings gehen etwaige Schadensersatzansprüche des Versicherungsnehmers gegen seinen Rechtsanwalt aus § 280 Abs. 1 BGB gem. § 86 Abs. 1 VVG auf ihn über, so dass er sich hieraus ggf. schadlos halten kann (s. *Wendt*, r + s 2014, 328, 329).

▶ Welche AVB liegen den Rechtsschutzversicherungsverträgen zu Grunde? **623**

Je nach Zeitpunkt des Vertragsschlusses handelt es sich z. B. um die Allgemeinen Bedingungen für die Rechtsschutzversicherung 75 (ARB 75), die ARB 94, 2000 und 2008 bzw. bei Neuverträgen die ARB 2010/2012 (unverbindliche Musterbedingungen des GDV). Inhaltlich weichen die Bedingungswerke ab den ARB 94/2000 freilich nur unwesentlich voneinander ab, so dass hier die ARB 2010/2012 zugrunde gelegt werden sollen (umfassend zu den AVB 2012 *Maier*, r+s 2013, 105 ff.). Erhebliche Unterschiede ergeben sich indes zu den ARB 75 (s. P/M/*Armbrüster* Vor § 1 ARB 2010 Rn. 2 ff.).

624 ▶   Für welche Risiken wird Versicherungsschutz gewährt? Welche Besonderheiten weist die Struktur der ARB 2012 gegenüber den vorangegangenen Bedingungswerken auf?

Die Rechtsschutzversicherung ist keine sog. Allgefahrenversicherung. Vielmehr wird von vornherein nur für bestimmte, nach Lebensbereichen unterschiedene Risiken Versicherungsschutz gewährt. Welche Risiken im Einzelnen versichert werden, ergibt sich aus § 2 lit. a) bis k) ARB 2010/Ziff. 2.1.1. ff. ARB 2012. Beispiele: Schadensersatz-Rechtsschutz, Arbeitsrechtsschutz, Steuerrechtsschutz. Hierbei handelt es sich um die *primäre Risikoabgrenzung* (zum Begriff s. Frage 231). Die § 3, 4 Abs. 2 bis 4 ARB 2010/Ziff. 3.1. ff. und 3.2. ff. ARB 2012 enthalten sodann umfassende Risikoausschlüsse, also *sekundäre Risikoabgrenzungen*. Die ARB 2012 sind nach dem sog. *Baukastenprinzip* strukturiert. Dabei werden die unterschiedlichen Klauseln mittels eines Buchstabenschlüssels jeweils einer oder mehreren Rechtsschutzarten zugewiesen (s. vB/P/*Hillmer-Möbius*, ARB 2012 Rn. 4 ff.; PVR Rn. 1970).

625 ▶   Kann der Versicherer seine Leistungspflicht aufgrund fehlender Erfolgsaussichten oder mutwilliger Rechtsverfolgung ablehnen?

Ja. Ist die Interessenverfolgung durch den Versicherungsnehmer mutwillig oder hat sie keine hinreichende Aussicht auf Erfolg, so kann der Versicherer die Erteilung einer Deckungszusage ablehnen. Dies folgt bereits aus § 128 S. 1 VVG (s. L/R/*Rixecker* § 128 Rn. 1), ist aber ausdrücklich auch in Ziff. 3.4.1.1. ARB 2012 geregelt. Ob eine Rechtsverfolgung durch den Versicherungsnehmer im Einzelfall Aussicht auf Erfolg hat oder nicht, muss anhand der zu § 114 Abs. 1 ZPO (Voraussetzungen für die Gewährung von Prozesskostenhilfe) entwickelten Grundsätze bestimmt werden (s. BGH VersR 1990, 414, 415). Hinreichende Erfolgsaussichten sind gegeben, wenn die zwischen den Prozessparteien streitbefangenen entscheidungserheblichen Tatsachen vom Versicherungsnehmer bewiesen werden können und dessen Rechtsauffassung jedenfalls vertretbar erscheint (s. L/Pa/*Herdter* § 3a ARB 2010 Rn. 10 f.). Bei offenen Rechtsfragen, zu denen sich noch keine herrschende Meinung gebildet hat, sind die erforderlichen Erfolgsaussichten in der Regel zu bejahen (s. BGH VersR 2007, 966 Rn. 7). Mutwilligkeit ist anzunehmen, wenn der durch die Wahrnehmung der rechtlichen Interessen des Versicherungsnehmers voraussichtlich entstehende Kostenaufwand unter Berücksichtigung der berechtigten Belange der Versichertengemeinschaft in einem groben Missverhältnis zum angestrebten Erfolg steht (§ 3a Abs. 1 S. 1 lit. b) ARB 2010/Ziff. 3.4.1.2. ARB 2012. Auch in diesem Zusammenhang kann auf die Grundsätze zu § 114 Abs. 1 ZPO zurückgegriffen werden (s. L/ Pa/*Herdter*, § 3a ARB 2010 Rn. 14).

▶ Welche Rechtsfolgen sind an eine Leistungsablehnung wegen mangeln- **626**
der Erfolgsaussichten oder Mutwilligkeit der Rechtsverfolgung geknüpft?

Lehnt der Versicherer seine Leistungspflicht nach diesen Grundsätzen ab, so hat der Vertrag ein *Gutachterverfahren* oder ein ähnliches, mit vergleichbaren Garantien für die Unparteilichkeit ausgestattetes Verfahren vorzusehen (§ 128 S. 1 VVG). Verbreitet wird in Rechtsschutzversicherungsverträgen dem Versicherungsnehmer neben dem bereits in § 128 S. 1 VVG vorgesehenen Schiedsgutachterverfahren ein sog. *Stichentscheid* ermöglicht (§ 3a ARB 2010/Ziff. 3.4.2 ARB 2012). Demnach ist der Versicherungsnehmer berechtigt, den für ihn tätigen oder noch zu beauftragenden Rechtsanwalt zur Abgabe einer begründeten Stellungnahme zur Leistungspflicht des Versicherers zu veranlassen. Die Entscheidung ist für beide Parteien bindend, es sei denn, dass sie offenbar von der tatsächlichen Sach- und/oder Rechtslage erheblich abweicht (s. BGH VersR 2003, 638, 639; L/R/*Rixecker* § 128 Rn. 4).

Sieht der Vertrag weder ein Gutachter- noch ein ähnliches Verfahren vor oder hat der Versicherer in der Deckungsablehnung nicht auf die Möglichkeit zu seiner Durchführung hingewiesen, so wird das Rechtsschutzbedürfnis des Versicherungsnehmers – nicht aber ein Anspruch des Versicherungsnehmers auf Deckungsschutz (s. PVR Rn. 1967) – gesetzlich fingiert (§ 128 S. 3 VVG). Der Versicherer kann sich dann im Deckungsprozess nicht weiter auf (möglicherweise tatsächlich fehlende) Erfolgsaussichten oder auf Mutwilligkeit der Rechtsverfolgung berufen (s. BGH VersR 2003, 638, 639). Der Versicherer hat in der Deckungsablehnung alle Gründe anzugeben, die seiner Ansicht nach den Einwand fehlender Erfolgsaussichten oder die Mutwilligkeit der Rechtsverfolgung begründen. Ein Nachschieben von Gründen ist nicht statthaft (s. OLG Hamm r + s 2012, 117 f.).

▶ Wie können die einzelnen Leistungsarten vereinbart werden? **627**

Die §§ 21–29 ARB 2010 bündeln verschiedene Leistungsarten aus § 2 ARB 2010 zu einzelnen Rechtsschutzpaketen für unterschiedliche Lebensbereiche. So gibt es z. B. den *Verkehrsrechtsschutz* nach § 21, der u. a. den Schadensersatzrechtsschutz, den Verwaltungsrechtsschutz in Verkehrssachen oder den Ordnungswidrigkeiten-Rechtsschutz enthält. Vergleichbar ist die Lage unter Zugrundelegung der ARB 2012. Hier sind die miteinander kombinierbaren Leistungsarten in den Ziff. 2.1.1. ff. ARB 2012 festgelegt, wobei aufgrund des nunmehr verwendeten Baukastenprinzips (s. Frage 624) eine Gestaltungsflexibilität besteht.

▶ Wie wird der Versicherungsfall in der Rechtsschutzversicherung festge- **628**
legt?

Der Versicherungsfall in der Rechtsschutzversicherung, der sog. „*Rechtsschutzfall*", wird in § 4 ARB 2010 und Ziff. 2.4. ARB 2012 definiert. Auf die Vorgängerklausel des § 14 ARB 75 wird im Folgenden nur bei besonderen Abweichungen eingegangen.

§ 4 Abs. 1 S. 1 ARB 2010/Ziff. 2.4. ARB 2012 unterscheidet hinsichtlich der Definition des Versicherungsfalls zwischen verschiedenen Leistungsarten: *Schadensersatzrechtsschutz* (§ 4 Abs. 1 S. 1 lit. a) ARB 2010 i. V. m. § 2 lit. a) ARB 2010/Ziff. 2.4.2. i. V. m. Ziff. 2.2.1. ARB 2012), *Beratungsrechtsschutz* für Familien-, Lebenspartnerschafts- und Erbrecht (§ 4 Abs. 1 S. 1 lit. b) i. V. m. § 2 lit. k) ARB 2010/Ziff. 2.4.1. i. V. m. Ziff. 2.2.11. ARB 2012) sowie *alle übrigen Fälle* (§ 4 Abs. 1 S. 1 lit. c) ARB 2010/Ziff. 2.4.3. ARB 2012).

629 ▶   Wann liegt gem. § 4 Abs. 1 S. 1 lit. a) ARB 2010 im Schadensersatzrechtsschutz ein Rechtsschutzfall vor?

Nach § 4 Abs. 1 S. 1 lit. a) ARB 2010 besteht im Schadensersatz–Rechtsschutz Anspruch auf Rechtsschutz von dem ersten Ereignis an, durch das der Schaden verursacht wurde oder verursacht worden sein soll. Nach jüngerer Ansicht des BGH (VersR 2015, 485 Rn. 12; krit. *Maier*, r+s 2017, 574 ff.) kommt es bei Aktivprozessen des Versicherungsnehmers allein auf den von ihm behaupteten Verstoß des Gegners an. Folgt man dem, so ist es konsequent, bei Passivprozessen allein auf den vom Gegner behaupteten Verstoß des Versicherungsnehmers abzustellen (s. PVR Rn. 1986). Es reicht bereits die Behauptung einer Verursachung aus. Dabei handelt es sich um das sog. *Kausalereignis*, nicht um das Folgeereignis (= Schadensereignis).

Praktisch bedeutsam wird diese Unterscheidung in Fällen, in denen Schadensursache und Schadenseintritt zeitlich auseinander fallen, wie z. B. im Bereich der Produkt- oder Umwelthaftung. Es kommt danach nicht (wie noch in § 14 Abs. 1 ARB 75 vorgesehen) auf das Schadensereignis/Folgeereignis an, welches im unmittelbaren Zusammenhang mit dem Eintritt des Schadens steht und mit der Rechtsgutsbeeinträchtigung übereinstimmt. Entscheidend ist vielmehr, ob das erste Kausalereignis, welches zum Schaden führte, innerhalb des versicherten Zeitraumes liegt (s. L/Pa/*Looschelders/Paffenholz* § 4 ARB 2012 Rn. 13 ff.).

630 ▶   Welches Problem folgt aus dieser Definition?

Die Kausalkette, die den Schaden herbeigeführt hat, kann weit in die Vergangenheit zurückreichen. Stellt man auf das erste Kausalereignis, also auf den Beginn der Kausalkette ab, so besteht die Gefahr, dass der Versicherungsfall qua Definition vor Vertragsschluss und damit in der Regel vor dem versicherten Zeitraum liegt. Der Wortlaut von § 4 Abs. 1 S. 1 lit. a) ARB 2010 ist insofern zu weit, als er keinen Bezug des entscheidenden Ereignisses zur Person des Haftpflichtigen verlangt (s. BGH VersR 2014, 742 Rn. 15 ff.; P/M/*Armbrüster*, § 4 ARB 2010 Rn. 4).

631 ▶   Hilft hier die Adäquanzformel weiter?

Auch im Versicherungsrecht sind nur adäquate Ursachen relevant. Dies sind Umstände, die geeignet sind, den Schaden nicht nur unter ganz unwahrscheinlichen Bedingungen herbeizuführen. Aber auch diese Formel führt zu keinen nennenswerten Einschränkungen hinsichtlich der Weite des Wortlauts (s. OLG Karlsruhe VersR 2013, 579, 580 f.; L/Pa/*Looschelders/Paffenholz*, § 4 ARB 2010, Rn. 14).

▶ Ist die Klausel deshalb nach AGB-Recht unwirksam? **632**

In Betracht kommt eine Unwirksamkeit wegen *Aushöhlung* des Versicherungsschutzes gem. § 307 Abs. 2 Nr. 2 BGB. Dem ist aber entgegenzuhalten, dass der
Versicherungsfall in der Rechtsschutzversicherung nicht im VVG definiert wird und
es sich bei § 4 Abs. 1 S. 1 lit. a) ARB 2010/Ziff. 2.4.2 ARB 2012 insofern um eine
nach § 307 Abs. 3 S. 1 BGB *kontrollfreie Beschreibung des versicherten Risikos*
handelt. Ohne die Bestimmung des Versicherungsfalls lässt sich der Inhalt des Scha-
densersatzrechtsschutzes nicht sinnvoll ermitteln (so auch BGH VersR 2014, 625
Rn. 33 ff. für die Haftpflichtversicherung; unklar BGH VersR 2014, 742 Rn. 17: nur
einschränkende Auslegung verhindert Unwirksamkeit nach § 307 BGB).

Möglich bleibt aber nach § 307 Abs. 3 S. 2 BGB die Transparenzkontrolle (s. L/
Pa/*Looschelders/Paffenholz* § 4 ARB 2010 Rn. 19; a. A. wohl BGH VersR 2014, 625
Rn. 35 zu Ziff. 1.1. AHB 2008). Bei Intransparenz müsste man mangels dispositiven
Gesetzesrechts eine ergänzende Vertragsauslegung vornehmen (s. P/M/*Armbrüster*,
§ 4 ARB 2010 Rn. 6).

▶ Welche Möglichkeiten bestehen, um den weiten Wortlaut des § 4 Abs. 1 **633**
S. 1 lit. a) ARB zu korrigieren?

Der BGH legt § 4 Abs. 1 S. 1 lit. a) ARB 2010 einschränkend aus. Danach sind aus
Sicht eines durchschnittlichen Versicherungsnehmers nur solche Ursachen gemeint,
die der Schadensersatzpflichtige, gegen den der Versicherungsnehmer Ansprüche
erhebt, zurechenbar selbst gesetzt hat und die einen Schadenseintritt hinreichend
wahrscheinlich machen. Unbeachtlich sind dagegen Umstände, für die Dritte oder
der Versicherungsnehmer die Verantwortung tragen (s. BGH VersR 2002, 1503,
1504). Ferner kann der Rechtsschutzfall nach Ansicht des BGH nur in einer solchen
Pflichtverletzung zu sehen sein, die gerade gegenüber dem Versicherungsnehmer
begangen wurde. Fehlt einem vor Abschluss des Versicherungsvertrages liegendem
Fehlverhalten dieser konkrete Bezug zum Rechtskreis des Versicherungsnehmers,
so kommt es für den Eintritt des Rechtsschutzfalles auf denjenigen Zeitpunkt an,
indem erstmals ein solcher Bezug hergestellt wird. Andernfalls liegt noch kein
Rechtsschutzfall vor (s. BGH VersR 2014, 742 Rn. 19, eingehend *Wendt*, r + s 2014,
328, 336 f.). Der BGH nimmt praktisch eine ergänzende Vertragsauslegung vor.

Nach anderer Ansicht (s. P/M/*Armbrüster* § 4 ARB 2010 Rn. 6) ist eine gesetzesähnliche Auslegung vorzugswürdig: Bei objektiver Auslegung ist demnach das erste Kausalereignis nicht absolut, sondern im Hinblick auf den in Frage stehenden Haftungstat-
bestand und damit auch auf die Person, die ihn verwirklicht hat, zu bestimmen. Insoweit
kommt diese Ansicht zu demselben Ergebnis wie der BGH (so wohl auch OLG Karlsruhe VersR 2013, 579, 580 f.; nunmehr ähnlich BGH VersR 2014, 742 Rn. 19).

▶ Ergeben sich durch die sprachliche Neufassung von Ziff. 2.4.2. ARB 2012 **634**
gegenüber dem vorstehend zu § 4 Abs. 1 S. 1 lit. a) ARB 2010 Gesagten
inhaltliche Unterschiede? Die Klausel lautet nunmehr: *„Der Versicherungsfall ist […] im Schadenersatz-Rechtsschutz das erste Ereignis, bei dem
der Schaden eingetreten ist oder eingetreten sein soll.“*

Dies ist unklar. Die Wendung *„bei dem der Schaden eingetreten ist"* deutet jedenfalls darauf hin, dass nunmehr das Folgeereignis und nicht länger das Kausalereignis für die Bestimmung des Rechtsschutzfalles maßgeblich sein soll (s. L/Pa/*Looschelders/Paffenholz* § 4 ARB 2010 Rn. 28). Die Gegenansicht will auch mit Blick auf die sprachlich nur geringfügige Änderung der Bestimmung an der Kausalereignistheorie festhalten (so wohl *Maier*, r+s 2013, 105, 107, der die BGH-Rechtsprechung zur einschränkenden Auslegung des § 4 Abs. 1 S. 1 lit. a) ARB 2010 auf Ziff. 2.4.2 ARB 2012 überträgt; bei Geltung der Folgenereignistheorie wäre dies nicht erforderlich). Beide Auslegungsergebnisse lassen sich mit guter Begründung vertreten. Daher wird man die Unklarheitenregel (§ 305c Abs. 2 BGB) anzuwenden haben, so dass auf das dem Versicherungsnehmer regelmäßig günstigere Folgenereignis abzustellen ist.

635 ▶   Worin liegt das Kausalereignis dann (folgt man dem eben Gesagten) bei einem rechts- oder vertragswidrigen Verhalten?

Entscheidend ist der *Beginn des (angeblichen) objektiven Verstoßes* gegen gesetzliche oder vertragliche Pflichten (s. P/M/*Armbrüster*, § 4 ARB 2010 Rn. 8), also der Eintritt der Situation, in der der Haftpflichtige im Hinblick auf die Gefahr einer Schädigung gerade des Verletzten anders hätte handeln müssen als geschehen. Bei einem Unterlassen ist auf den Eintritt der Situation abzustellen, in der der Haftpflichtige hätte handeln müssen, um einen Schaden vom Verletzten abzuwehren.

636 ▶   Worin liegt bei einer Gefährdungshaftung das Kausalereignis? Bestimmen Sie das Kausalereignis mit Blick auf eine Haftung nach § 1 ProdHaftG!

Hier kommt es auf den *Beginn der akuten Gefahrverwirklichung* an, welcher in dem Moment eintritt, in dem sich die konkrete Schädigung nicht mehr durch die Beherrschung der Gefahrenquelle vermeiden lässt oder in dem sich die Gefahrenquelle selbst nicht mehr in schadensvermeidender Weise beherrschen lässt (z. B. Zusammenstoß mit einem Kfz) (P/M/*Armbrüster* § 4 ARB 2010 Rn. 11). Im Rahmen der Produkthaftung nach § 1 ProdHaftG ist daher die erste relevante Schadensursache gesetzt, wenn das Produkt in den Verkehr gebracht worden ist (anders L/Pa/*Looschelders/Paffenholz* § 4 ARB 2010 Rn. 22: Es sei auf den Erwerb des Produkts durch den Verbraucher abzustellen).

637 ▶   Wann besteht Beratungsrechtsschutz für Familien-, Lebenspartnerschafts- und Erbrecht?

Für diese Leistungsart ist ein Ereignis maßgebend, welches die Änderung der Rechtslage des Versicherungsnehmers oder einer mitversicherten Person zur Folge hat (§ 4 Abs. 1 S. 1 lit. b) ARB 2010/Ziff. 2.4.1. ARB 2012).

638 ▶   Wann liegt eine „Änderung der Rechtslage" vor?

Eine Änderung der Rechtslage liegt vor, wenn Rechte und Pflichten in zeitlichem oder adäquat ursächlichem Zusammenhang mit einem tatsächlichen Ereignis neu begründet, belastet, übertragen, inhaltlich geändert oder aufgehoben werden. Da an ein tatsächliches Ereignis angeknüpft wird, genügt eine Gesetzesänderung nicht (s. VersRHdb/*Obarowski* § 37 Rn. 401: Der Wortlaut erfordere „einen sinnlich wahrnehmbaren sich ereignenden tatsächlichen Vorgang"). Zu Praxisbeispielen s. L/Pa/*Looschelders/Paffenholz* Rn. 35 ff.

▶ · Liegt ein Rechtsschutzfall auch dann vor, wenn der Versicherungsneh-   **639**
mer sich nur darüber informieren will, ob sich die Rechtslage verändert
hat?

Nein. In diesem Fall besteht kein Versicherungsschutz. Nach dem eindeutigen Wortlaut ist stets erforderlich, dass es tatsächlich zu einer Änderung der Rechtslage gekommen ist. Andernfalls würde der Beratungsrechtsschutz so weit ausgedehnt, dass eine erhebliche Verteuerung zu befürchten wäre.

Nach einer Ansicht soll es aber genügen, wenn die rechtliche Tragweite eines Ereignisses auch für einen Rechtskundigen nicht ohne Weiteres zu durchschauen und insofern objektiv zweifelhaft ist (s. L/Pa/*Looschelders/Paffenholz* § 4 ARB 2010 Rn. 33; vgl. auch P/M/*Armbrüster*, § 4 ARB 2010 Rn. 24: maßgeblich ist, ob sich die Lage, in der sich die Rechtsverhältnisse des Versicherungsnehmers befunden haben, verändert hat, was etwa bei Änderungen einer tatsächlichen Situation der Fall ist, an deren Zustand der Versicherungsnehmer ein rechtlich geschütztes Interesse hat, selbst wenn sich daran bei objektiver Betrachtungsweise noch keine Rechtsfolgen knüpfen).

▶ Wie wird der Versicherungsfall bei den übrigen Leistungsarten definiert?   **640**

Bei allen anderen Leistungsarten kommt es nach § 4 Abs. 1 S. 1 lit. c) ARB 2010/ Ziff. 2.4.3. ARB 2012 auf den Zeitpunkt an, in dem der Versicherungsnehmer oder ein anderer einen Verstoß gegen Rechtspflichten oder Rechtsvorschriften begangen hat oder begangen haben soll. Auch hier genügt also ein behaupteter Verstoß (s. BGH VersR 2014, 742 Rn. 18).

▶ Was versteht man unter einem „Verstoß"?   **641**

„Verstoß" wird definiert als die objektive Zuwiderhandlung gegen Rechtspflichten oder Rechtsvorschriften. Es genügt „jeder tatsächliche, objektiv feststellbare Vorgang, der den Keim eines [späteren] Rechtskonflikts in sich trägt" (s. BGH VersR 2005, 1684, 1685). Ab diesem Zeitpunkt ist der Rechtskonflikt jedenfalls latent vorhanden, gleichsam „vorprogrammiert", und führt ab diesem Zeitpunkt zur Einstandspflicht des Rechtsschutzversicherers (s. BGH VersR 2013, 899 Rn. 16). Unerheblich ist, wann die Beteiligten von dem Verstoß Kenntnis erlangen und wann aufgrund des Verstoßes Ansprüche geltend gemacht werden. Macht jemand von einem gesetzlichen oder vertraglichen Recht Gebrauch, dessen Ausübung seinerseits weder einen Verstoß darstellt noch einen solchen voraussetzt, so liegt kein Verstoß gegen Rechtspflichten vor. Beispiele: Ausübung eines Vorkaufsrechts; Widerruf eines Haustürgeschäfts.

642 ▶ Welche Anforderungen sind an die „Behauptung eines Pflichtverstoßes" zu stellen?

Nach der Rechtsprechung des BGH ist ein Rechtsschutzfall i. S. von § 4 Abs. 1 c) ARB/Ziff. 2.4.3. ARB 2012 anzunehmen, wenn das Vorbringen des Versicherungsnehmers (erstens) einen *objektiven Tatsachenkern* (im Gegensatz zu einem bloßen Werturteil) enthält, mit dem er (zweitens) den *Vorwurf eines Rechtsverstoßes* verbindet und worauf er dann (drittens) seine *Interessenverfolgung stützt* (BGH VersR 2014, 742 Rn. 18; L/Pa/*Looschelders/Paffenholz* § 4 ARB 2010 Rn. 45; *Wendt*, r+s 2014, 328, 334 f.; sog. *Drei-Säulen-Theorie*). Ob der Vorwurf schlüssig, substanziiert oder entscheidungserheblich ist, spielt keine Rolle (s. BGH VersR 2014, 742 Rn. 19). Auch auf die Geschäfts- oder Zurechnungsfähigkeit des Handelnden kommt es nicht an. Ausreichend ist eine mit natürlichem Willen vorgenommene rechtswidrige Handlung. Der Vortrag des Versicherungsnehmers muss aber die Behauptung enthalten, dass der Verstoß *gerade ihm gegenüber* begangen wurde (s. BGH VersR 2014, 742 Rn. 16, 19).

643 ▶ Stellt im Arbeitsrecht die Androhung einer Kündigung einen Rechtsschutzfall dar?

Dies war in der Instanzrechtsprechung lange Zeit umstritten: Eine Ansicht nahm bereits bei einer ernsthaften Kündigungsandrohung einen Versicherungsfall an (s. nur OLG Saarbrücken VersR 2007, 57, 58). Nach anderer Auffassung stellte die Androhung einer Kündigung für den Fall, dass der Arbeitnehmer den Aufhebungsvertrag nicht unterschreibt, keinen Rechtsschutzfall dar (z. B. LG München NJW-RR 2005, 399 f.).

Der BGH hat diese Frage nun unter Verweis auf seine Rechtsprechung zum Rechtsschutzfall des § 4 Abs. 1 c) ARB (*Drei-Säulen-Theorie*) geklärt (vgl. Frage 642): Nach diesen Kriterien stellt die Androhung einer Kündigung des Arbeitgebers einen Versicherungsfall in der Rechtsschutzversicherung dar. Auf die Differenzierungen zwischen verhaltens- und betriebsbedingter Kündigung, eingetretenen oder noch bevorstehenden Beeinträchtigungen, wie sie die Instanzrechtsprechung teilweise vornahm, kommt es demnach nicht an (s. zum Ganzen BGHZ 178, 346, 352 f. = VersR 2009, 109 Rn. 19 ff.; a. A. P/M/*Armbrüster* § 4 ARB 2010 Rn. 82). Gegen die Sichtweise des BGH spricht, dass im Falle der Androhung einer rechtswidrigen Kündigung *noch* kein Verstoß gegen Rechtspflichten, sondern lediglich eine bloße Absichtsbekundung vorliegt. Der den Rechtsschutzfall auslösende Verstoß manifestiert sich vielmehr erst in dem Moment, indem der Arbeitgeber durch einseitige Gestaltungserklärung das Arbeitsverhältnis zu beenden sucht. Erst in diesem Verhalten wird man einen Verstoß gegen die arbeitsvertraglich begründete Beschäftigungspflicht erblicken können. Wäre der Rechtsschutzversicherer bereits vor

Ausspruch der Kündigung zur Deckung anwaltlichen Beratungshonorars verpflichtet, so käme dies einem – im Arbeitsrechtsschutz gerade nicht gewährten – Beratungsrechtsschutz gleich (s. *Will*, r + s 2006, 497, 500).

▶ Muss gerade der Verstoß den Streit der Parteien ausgelöst haben? **644**

Ja. Zwar muss der Verstoß nicht Gegenstand des Streits sein. Ein behaupteter Verstoß ist aber nur dann ein Versicherungsfall, wenn er den Streit *adäquat-kausal* verursacht hat, sei es unmittelbar, sei es vermittelt durch Reaktionen und Gegenreaktionen der Parteien (BGHZ 178, 346, Rn. 21 f. = VersR 2009, 109; L/Pa/*Looschelders/Paffenholz* § 4 ARB 2010 Rn. 46). Unter Kausalität des behaupteten Verstoßes ist hier die – durch die Wahrnehmung ihres Inhalts vermittelte – Kausalität der Behauptung für den späteren Rechtsstreit zu verstehen. Daraus folgt, dass der behauptete Verstoß tatsächlich und nicht nur verbal der Anlass für den Streit oder ein ihn auslösendes Verhalten gewesen sein muss. Dies ist nicht der Fall, wenn die Parteien dem Verstoß vor dem Streit ersichtlich keine Bedeutung mehr beigemessen haben oder wenn der Verstoß so geringfügig war, dass er den Ausbruch des Streits oder ein den Streit auslösendes Verhalten der Gegenpartei nicht erklären kann und daher allenfalls zur Verdeutlichung des Hintergrundes des Streits („*Kolorit*"), also als bloßes Beiwerk, angeführt wird. Beispiel: Frühere Verstöße des Arbeitnehmers sind unerheblich, wenn er gleichwohl befördert worden ist (s. LG Heidelberg VersR 1993, 1395).

▶ Wie ist die Kausalität mehrerer, in der Summe zum Rechtsstreit zwischen **645** den Parteien führender Verstöße zu bestimmen?

Sind mehrere Verstöße erst in ihrer Summe adäquat ursächlich für den späteren Rechtsstreit, so beginnt der Versicherungsfall bereits mit dem ersten Verstoß unabhängig davon, ob dieser den Streit isoliert betrachtet herbeigeführt hat (P/M/*Armbrüster* § 4 ARB 2010 Rn. 53).

▶ In welchem Zeitraum muss der Versicherungsfall eintreten? **646**

§ 4 Abs. 1 S. 2 ARB 2010/Ziff. 2.4. ARB 2012 stellt klar, dass die Voraussetzungen der § 4 Abs. 1 S. 1 lit. a–c) ARB 2010/Ziff. 2.4.1.–2.4.3. ARB 2012 *nach Beginn und vor Beendigung des Versicherungsschutzes* vorliegen müssen. Zudem gibt es für die Leistungsarten § 2 lit. b) bis g) ARB 2010/Ziff. 2.2.2 bis 2.2.7. ARB 2012 eine *Wartezeit von drei Monaten* nach Versicherungsbeginn (s. § 4 Abs. 1 S. 3 ARB 2010/Ziff. 3.1. ARB 2012). Materieller und formeller Versicherungsbeginn fallen somit auseinander (vgl. zur Unterscheidung und zum Auseinanderfallen von materiellem, formellem und technischem Versicherungsbeginn PVR Rn. 961 f.; Frage 162). Durch eine solche Vertragsgestaltung soll Zweckabschlüssen bei sich anbahnenden Streitigkeiten vorgebeugt werden.

▶ Was versteht man unter einem „gedehnten Rechtsschutzfall"? **647**

Bei einem gedehnten Rechtsschutzfall – der zuweilen auch als Dauerverstoß bezeichnet wird (hierzu und zur Abgrenzung s. L/Pa/*Looschelders/Paffenholz* § 4 ARB 2010 Rn. 96) – ist der Verstoß durch einen andauernden Vorgang oder Zustand gekennzeichnet. Man kann kein ganz genau bestimmtes Ereignis festlegen. Beispiele sind Wasserverunreinigungen oder die Vermietung einer mangelbehafteten Wohnung (vgl. auch OLG Hamm r + s 2011, 23: unterlassene Aufklärung betreffend gebotene Behandlungsmethoden bei gleichbleibendem Gesundheitszustand über einen längeren Zeitraum als einheitlicher Dauerverstoß). § 4 Abs. 2 S. 1 ARB 2010/ Ziff. 2.4.4. ARB 2012 bestimmt, dass bei einem gedehnten Rechtsschutzfall der Beginn des andauernden Vorgangs oder Zustands maßgeblich sein soll. Liegt dieser vor Beginn des Versicherungsschutzes, so ist der Rechtsschutzfall nicht gedeckt.

648 ▶ Wie werden Mehrheiten von Rechtsschutzfällen behandelt?

Sind für die Wahrnehmung rechtlicher Interessen mehrere Rechtsschutzfälle ursächlich, so ist grundsätzlich der erste entscheidend. Liegt dieser Rechtsschutzfall vor Beginn des Versicherungsschutzes, so besteht kein Deckungsschutz (§ 4 Abs. 2 S. 2 ARB 2010/Ziff. 2.4.5. S. 3 ARB 2012).

Nicht berücksichtigt werden dabei nach § 4 Abs. 2 S. 2 ARB 2010 aber Rechtsschutzfälle, die *länger als ein Jahr* vor Beginn des Versicherungsschutzes für den betroffenen Gegenstand der Versicherung eingetreten sind. Diese Einschränkung ist in Ziff. 2.4.5. ARB 2012 entfallen. Nunmehr werden ohne zeitliche Begrenzung alle für die Leistungspflicht adäquat ursächlichen Rechtsschutzfälle berücksichtigt (s. L/Pa/*Looschelders/Paffenholz* § 4 ARB 2010 Rn. 106 f.). Ein gedehnter Rechtsschutzfall bleibt außer Betracht, wenn er länger als ein Jahr vor Beginn des Versicherungsschutzes beendet ist.

649 ▶ Welches Problem kann entstehen, wenn man eine Mehrheit von Rechtsschutzfällen von einem gedehnten Versicherungsfall abgrenzen will?

Mehrere Verstöße können einem Dauerverstoß gleichstehen, wenn sie *im Wesentlichen gleichartig* sind und eine *natürliche Handlungseinheit* bilden (s. OLG Köln VersR 1993, 47 f.; L/Pa/*Looschelders/Paffenholz* § 4 ARB 2010 Rn. 97 ff.). Folge davon ist, dass die Jahresfrist des § 4 Abs. 2 S. 2 ARB 2010 nicht eingreift, da diese nicht für Dauerverstöße gilt (VersRHdb/*Obarowski* § 37 Rn. 427). In den AVB 2012 ist die Jahresfrist mit Blick auf mehrere für den Leistungsanspruch ursächliche Rechtsschutzfälle entfallen (zu Mehrheiten von Rechtsschutzfällen s. Frage 648). Das Abgrenzungsproblem ist daher entschärft worden.

650 ▶ Welche Risikoausschlüsse sehen die ARB 2012 in zeitlicher Hinsicht vor?

Wurde der Verstoß durch eine Willenserklärung oder Rechtshandlung ausgelöst, die vor Beginn des Versicherungsschutzes vorgenommen wurde, so besteht kein Rechtsschutz (§ 4 Abs. 3 lit. a) ARB 2010/Ziff. 3.1.2. ARB 2012). Dasselbe gilt, wenn der Anspruch auf Rechtsschutz erstmals später als 3 Jahre nach Beendigung des Versicherungsschutzes für den betroffenen Gegenstand der Versicherung geltend gemacht wird (§ 4 Abs. 3 lit. b) ARB 2010/Ziff. 3.1.3 ARB 2012).

▶ Welche Anforderungen sind an die Kausalität der Willenserklärung zu stellen? **651**

Es reicht nicht aus, dass es sich um eine conditio sine qua non handelt. Die Willenserklärung oder Rechtshandlung muss vielmehr „*streitauslösend*" sein, d. h. sie muss „den Keim eines nachfolgenden Rechtsverstoßes" bereits in sich tragen (s. OLG Hamm VersR 2001, 712, 713; P/M/*Armbrüster* § 4 ARB 2010 Rn. 127 ff.). Dies ist dann der Fall, wenn durch die Willenserklärung oder Rechtshandlung der Rechtsstreit bereits „vorprogrammiert" ist (s. OLG Saarbrücken VersR 2000, 1536, 1537).

▶ Was versteht man unter „vorgenommen"? **652**

Eine Willenserklärung ist „vorgenommen", wenn sie tatsächlich abgegeben und zugegangen ist. Eine behauptete Willenserklärung reicht hier, anders als beim Rechtsverstoß, nicht aus (s. OLG Nürnberg VersR 1992, 441; VersRHdb/*Obarowski* § 37 Rn. 461).

▶ Wann liegt eine „Geltendmachung" i. S. des § 4 Abs. 3 lit. b) ARB 2010/ Ziff. 3.1.3. ARB 2012 vor? **653**

Eine Geltendmachung in diesem Sinne liegt nur dann vor, wenn der vom Versicherungsnehmer mitgeteilte Sachverhalt dem Versicherer die Prüfung seiner Einstandspflicht ermöglicht. Erforderlich ist, dass der Versicherungsnehmer zu erkennen gibt, welche Ansprüche er aufgrund des mitgeteilten Lebenssachverhalts möglicherweise durchzusetzen beabsichtigt (s. BGH VersR 1992, 819, 820 f.). Macht der Versicherungsnehmer gegenüber dem Versicherer hingegen nur ungenaue Angaben über einen möglicherweise eingetretenen Versicherungsfall, ohne erkennen zu lassen, auf welchen Rechtsverstoß er eine spätere Rechtsverfolgung zu stützen gedenkt, so liegt keine Geltendmachung in diesem Sinne vor. Denn der Versicherer wird dadurch nicht in die Lage versetzt, seine Einstandspflicht zu prüfen (s. *Wendt*, r + s 2008, 221, 225).

▶ Gibt es Ausnahmen zu der starren Frist des § 4 Abs. 3 lit. b) ARB 2010/ Ziff. 3.1.3. ARB 2012? **654**

Ja. Die Rechtsprechung versagt dem Versicherer die Berufung auf den Ablauf der Ausschlussfrist aufgrund § 242 BGB, wenn der Versicherungsnehmer unverschuldet erst nach Ablauf der Frist Kenntnis von dem Rechtsschutzfall erlangt und die Geltendmachung unverzüglich, also ohne schuldhaftes Zögern (§ 121 Abs. 1 S. 1 BGB), nachholt (s. BGH VersR 2011, 1173 Rn. 27 ff., betr. Ausschlussfrist in der Vertrauensschadenversicherung für Notare). Hierfür trägt der Versicherungsnehmer die Beweislast. Unkenntnis von der Frist selbst entlastet ihn nicht.

655 ▶   Wie ist der Versicherungsfall zeitlich festzulegen, wenn über die Wirksamkeit eines Vertrages gestritten wird?

Insoweit ist zu unterscheiden: Bei einer Irrtumsanfechtung (§ 119 BGB), Dissens (§§ 154, 155 BGB) oder Wegfall der Geschäftsgrundlage (§ 313 BGB) liegt der Verstoß noch nicht bei Vertragsschluss vor, sondern erst in der Anfechtung oder Behauptung, der Vertrag sei rückabzuwickeln, sofern der Gegner dies ablehnt. Geht es aber um die Nichtigkeit des Vertrages aufgrund von Anfechtung wegen arglistiger Täuschung (§ 123 BGB) oder Missachtung gesetzlicher Vorschriften (§§ 105, 117, 138 BGB), so liegt bereits mit Abschluss des Vertrages ein Versicherungsfall vor (VersRHdb/*Obarowski* § 37 Rn. 418). Wird um die (Un-)Wirksamkeit eines widerrufenen Vertrages gestritten, weil nach dem Vortrag des auf Rückabwicklung klagenden Verbrauchers die Widerrufsfrist aufgrund unzutreffender Belehrung über das Widerrufsrecht im Zeitpunkt der Erklärung des Widerrufs noch nicht abgelaufen war (vgl. §§ 356 Abs. 3, 312 g Abs. 1, 312d Abs. 1 BGB i. V. m Art. 246a § 1 Abs. 2 EGBGB), so soll der den Keim des Rechtstreits in sich tragende Verstoß nicht in der fehlerhaften Belehrung, sondern vielmehr in der Verweigerung der Vertragsrückabwicklung durch den Unternehmer zu sehen sein (s. BGH VersR 2008, 113 Rn. 3 f.; vgl. auch BGH VersR 2013, 899 Rn. 16 zur Rückabwicklung nach Widerspruch gem. § 5a VVG a.F.).

656 ▶   Inwiefern muss die streitauslösende Willenserklärung/Rechtshandlung vom Eintritt des Versicherungsfalls unterschieden werden?

Es handelt sich allein um einen zeitlichen Risikoausschluss. Nur an den Eintritt des Versicherungsfalls werden gewisse Rechtsfolgen geknüpft, z. B. bei Obliegenheitsverletzungen oder beim Prämienverzug. Zudem kann die Willenserklärung/Rechtshandlung nicht den Versicherungsschutz begründen. Wenn also eine rechtliche Auseinandersetzung durch eine Willenserklärung im versicherten Zeitraum ausgelöst wurde, der behauptete Rechtsverstoß und damit der Versicherungsfall aber erst nach Beendigung des Versicherungsvertrages erfolgt ist, so besteht kein Versicherungsschutz (s. OLG Köln r + s 1989, 403, 404; VersRHdb/*Obarowski* § 37 Rn. 460). Liegt in der Willenserklärung zugleich auch der Rechtsschutzfall begründet, so ist § 4 Abs. 3 lit. a) ARB 2010/Ziff. 3.1.2. ARB 2012 nicht anwendbar. Insoweit hat die Willenserklärung den Rechtsschutzfall nicht „ausgelöst". Ohnehin besteht in solchen Konstellationen aufgrund Vorvertraglichkeit des Versicherungsfalls kein Deckungsschutz, so dass ein Rückgriff auf § 4 Abs. 3 lit. a) ARB 2010/Ziff. 3.1.2. ARB 2012 gar nicht erforderlich ist.

657 ▶   Wo sind in den ARB 2010/2012 die Obliegenheiten des Versicherungsnehmers nach Eintritt des Versicherungsfalls geregelt?

Die vom Versicherungsnehmer nach Eintritt des Versicherungsfalls zu erfüllenden Auskunfts-, Aufklärungs- und Schadensminderungsobliegenheiten finden sich in § 17 ARB 2010/Ziff. 4.1. ff. ARB 2012.

▶   Welche Verhaltensregeln muss der Versicherungsnehmer im Einzelnen   **658**
     beachten, um seinen Leistungsanspruch zu erhalten?

Der Versicherungsnehmer hat

- gem. § 17 Abs. 1 S. 1 lit. a) ARB 2010/Ziff. 4.1.1.1. ARB 2012 dem Versicherer
  den Rechtsschutzfall unverzüglich *anzuzeigen*,
- gem. § 17 Abs. 1 S. 1 lit. b) ARB 2010/Ziff. 4.1.1.2. ARB 2012 den Versicherer
  vollständig und wahrheitsgemäß über sämtliche Umstände des Rechtsschutzfalles zu *unterrichten* sowie Beweismittel anzugeben und Unterlagen auf Verlangen
  des Versicherers zur Verfügung zu stellen,
- gem. § 17 Abs. 1 S. 1 lit. c) aa.) und bb.) ARB 2010/Ziff. 4.1.1.3 und 4.1.1.4.
  ARB 2012, soweit seine Interessen nicht unbillig beeinträchtigt werden, kostenauslösende Maßnahmen mit dem Versicherer abzustimmen und für die Minderung des Schadens zu sorgen (sog. *Kostenminderungsobliegenheit*),
- gem. § 17 Abs. 2 S. 2 ARB 2010/Ziff. 4.1.2. S. 2 ARB 2012 kostenauslösende
  Maßnahmen vor Erteilung der Deckungszusage durch den Versicherer zu vermeiden, sowie
- gem. § 17 Abs. 5 lit. a) und b) ARB 2010/Ziff. 4.1.4. ARB 2012 den mit der Interessenwahrnehmung beauftragten *Rechtsanwalt* vollständig und wahrheitsgemäß zu *informieren*, Beweismittel anzugeben, Auskünfte zu erteilen und nach
  Möglichkeit erforderliche Unterlagen zu beschaffen und dem Versicherer auf
  Verlangen Auskunft über den Stand der Angelegenheit zu geben.

▶   Wie ist die AGB-rechtliche Wirksamkeit folgender Klausel zu beurteilen: **659**
     *„Der Versicherungsnehmer hat, soweit seine Interessen nicht unbillig beein-
     trächtigt werden, alles zu vermeiden, was eine unnötige Erhöhung der Kos-
     ten oder eine Erschwerung ihrer Erstattung durch die Gegenseite verursa-
     chen würde."*

Die Klausel fordert vom Versicherungsnehmer, dass er nicht indizierte Kosten-
und Gebührenerhöhungen vermeidet. Es geht der Sache nach um die sog. *Kostenminderungsobliegenheit* nach den ARB 2008 (§ 17 Abs. 5 lit. c) cc)), die
sich – sprachlich neu gefasst – in § 17 Abs. 1 S. 1 lit. c) ARB 2010/Ziff. 4.1.1.3
und 4.1.1.4. ARB 2012 wiederfindet. Ob die Klausel in ihrer alten Fassung dem
Transparenzgebot des § 307 Abs. 1 S. 2 BGB genügte, war umstritten. Die überwiegende Ansicht (s. nur OLG Stuttgart VersR 2016, 1439, 1440; vgl. ferner
Wendt, r + s 2014, 328, 329 f.) bejahte die Unwirksamkeit der Klausel nach § 307
Abs. 1 S. 1, 2 BGB. Von den einschlägigen kosten- und gebührenrechtlichen Vorschriften habe der durchschnittliche Versicherungsnehmer regelmäßig keine
Kenntnis. Es sei ihm daher ohne nähere Erläuterung durch den Versicherer nicht
möglich abzuschätzen, ob ein bestimmtes Verhalten kostentreibend wirkt. Die Gegenansicht hielt die Klausel demgegenüber für wirksam und verwies darauf, dass
eine Kostenminderungsobliegenheit schlechterdings nicht ohne eine gewisse Abs-
traktion zu formulieren sei (s. *Will* VersR 2012, 942, 945 f.). Während gegen die

sprachliche Neufassung der Kostenminderungsobliegenheit unter Transparenzgesichtspunkten keine Bedenken mehr bestehen dürften, ist die Frage für die
Beurteilung von Alt-Verträgen weiterhin bedeutsam.

660 ▶ Muss sich der Versicherungsnehmer eine Obliegenheitsverletzung seines Rechtsanwalts zurechnen lassen?

Dies ist umstritten. Nach einer Ansicht scheidet eine Zurechnung anwaltlichen
Fehlverhaltens betreffend die Obliegenheiten aus § 17 ARB 2010/Ziff. 4.1.1. ff.
ARB 2012 vollständig aus (s. *Wendt*, r+s 2014, 328, 330). Eine Repräsentantenstellung des Rechtsanwalts komme bereits deshalb nicht in Betracht, weil er
lediglich mit der Interessenwahrnehmung im Einzelfall betraut ist und gerade
nicht dauerhaft und in Eigenverantwortung „an die Stelle des Versicherungsnehmers" tritt. Zudem sei er nicht mit der Abgabe von Erklärungen gegenüber
dem Versicherer beauftragt, weshalb auch eine Zurechnung nach den Grundsätzen zur Wissenserklärungsvertretung ausscheide. Da es letztlich um Verhal-
tenszurechnung geht, kommt auch eine Stellung als Wissensvertreter nicht in
Betracht (zur Zurechnung allgemein s. PVR Rn. 1665 ff.; Frage 443). Die Gegenansicht sieht den Rechtsanwalt entweder als Repräsentanten (so LG Karlsruhe VersR 2011, 1044, 1045), oder als Wissenserklärungsvertreter (so *Cornelius-Winkler*, NJW 2011, 646, 647) an. Richtigerweise ist auf den Umfang der
Beauftragung im Einzelfall abzustellen. Wird dem Rechtsanwalt die vollständige Abwicklung des Rechtsschutzfalles mit dem Versicherer überantwortet, so
liegt eine Repräsentantenstellung nahe. Wird er hingegen nur mit der Abgabe
von Erklärungen gegenüber dem Versicherer beauftragt, ohne umfänglich an die
Stelle des Versicherungsnehmers zu treten, so wird in der Regel Wissenserklärungsvertretung vorliegen.

661 ▶ § 17 Abs. 7 ARB 2010/Ziff. 4.1.6. ARB 2012 ordnet entgegen den soeben
genannten Grundsätzen eine umfängliche Wissens- und Verhaltenszu-
rechnung des Anwaltsverschuldens zum Versicherungsnehmer an. Sind
derartige Vereinbarungen wirksam?

Nein. Solche pauschalierenden Klauseln in AVB sind gem. § 307 Abs. 1 S. 1, Abs. 2
Nr. 1 BGB unwirksam. Als gesetzliches Leitbild in diesem Sinne gelten nach allgemeiner Meinung auch ungeschriebene Rechtsgrundsätze wie Gewohnheits- und
Richterrecht (s. MünchKommBGB/*Wurmnest* § 307 Rn. 68). Dazu zählen auch die
vom BGH entwickelten Grundsätze zur Repräsentanz und Wissenserklärungsvertretung (s. PVR Rn. 1685). Die hiernach für eine Verhaltens- oder Wissenszurechnung bestehenden Voraussetzungen verlangen dem Rechtsanwender stets eine wertende Beurteilung von Umfang und Gegenstand der Beauftragung des Rechtsanwalts
im Einzelfall ab. Eine durch AVB begründete, generelle Wissens- und Verhaltens-
zurechnung, wie sie § 17 Abs. 7 ARB 2010/Ziff. 4.1.6. ARB 2012 vorsieht, ist damit
unvereinbar (s. *Cornelius-Winkler*, r+s 2011, 141, 142).

▶   Was verbirgt sich hinter dem Begriff Schadensabwicklungsunternehmen?   **662**

Der Begriff wird in § 164 Abs. 1 S. 1 VAG legaldefiniert. Demnach ist ein Versicherungsunternehmen, welches neben der Rechtsschutzversicherung auch andere Versicherungssparten betreibt, dazu verpflichtet, die Leistungsbearbeitung in der Rechtsschutzversicherung einem anderen Unternehmen zu übertragen (s. auch Frage 786).
Die Regelung beruht auf der EG-Rechtsschutzversicherungsrichtlinie (RL 87/344/
EWG); sie soll Interessenkollisionen auf Seiten des Versicherers verhindern, wenn
der Versicherer beiden Parteien des Rechtsstreits – etwa dem einen über einen Haft-
pflicht-, dem anderen über einen Rechtsschutzvertrag – verbunden ist (s. L/R/*Rixecker* § 126 Rn. 1).

▶   Welche Besonderheiten gilt es bei der Regulierung eines Rechtsschutz-   **663**
     falles durch ein Schadensabwicklungsunternehmen von Seiten des Ver-
     sicherungsnehmers zu beachten?

Gem. § 126 Abs. 2 S. 1 VVG ist für die Regulierung des Rechtsschutzfalls ausschließlich das Schadensabwicklungsunternehmen zuständig. Freilich bleibt das
Versicherungsunternehmen Vertragspartner des Versicherungsnehmers. Es handelt
sich um einen Fall gesetzlicher Prozessstandschaft (s. PVR Rn. 1953). Hieraus folgt
in verfahrensrechtlicher Hinsicht, dass eine unmittelbar gegen den Versicherer gerichtete Leistungs- oder Feststellungsklage von Anfang an unbegründet ist; durch
Erteilung der Deckungszusage im laufenden Prozess kann daher keine Erledigung
des Rechtsstreites eintreten (s. OLG Düsseldorf r + s 2002, 246). Materiell-rechtlich
wird das Schadensabwicklungsunternehmen zur Durchführung der Regulierung
gegenüber dem Versicherungsnehmer bevollmächtigt. Die Erteilung der dafür notwendigen Außenvollmacht erfolgt durch Benennung des Abwicklungsunterneh-
mens im Versicherungsschein. Gem. § 166 Abs. 1 BGB hat sich der Versicherer die
Kenntnis des Schadensabwicklungsunternehmens zurechnen zu lassen. Gem. § 126
Abs. 2 S. 2 VVG wirkt ein gegen das Schadensabwicklungsunternehmen ergange-
nes Urteil auch gegenüber dem Versicherer.

▶   Wem gegenüber hat der Versicherungsnehmer die nach Eintritt des Ver-   **664**
     sicherungsfalls zu erfüllenden Obliegenheiten zu befolgen?

Ob der Versicherungsnehmer die ihn nach Eintritt des Versicherungsfalls treffenden Obliegenheiten gegenüber dem Versicherer oder aber gegenüber dem Schadensabwicklungsunternehmen zu erfüllen hat, ist umstritten. Richtig erscheint es
anzunehmen, dass Anzeige- und Auskunftsobliegenheiten nur gegenüber dem
unmittelbar mit der Regulierung befassten *Abwicklungsunternehmen* erfüllt werden können. Freilich ist der Versicherer aufgrund des aus § 242 BGB resultierenden Kooperationsgebotes gehalten, ihm vom Versicherungsnehmer erteilte Auskünfte und Anzeigen an das Schadensabwicklungsunternehmen weiterzuleiten
(s. PVR Rn. 1954).

E. Lebensversicherung

665 ▶ Unter welchen Gesichtspunkten kommt der Lebensversicherung wirtschaftliche Bedeutung zu?

Die Lebensversicherung dient dem *einzelnen Versicherungsnehmer* zur eigenen Altersversorgung, zur Absicherung von Angehörigen im Falle des vorzeitigen Todes oder zur Kreditsicherung. Sie stellt für die *Versicherungswirtschaft* einen wichtigen Geschäftsbereich dar, weil auf sie allein fast die Hälfte der Prämieneinnahmen der deutschen Versicherungsunternehmen im Inlandsgeschäft entfallen.

In *gesamtwirtschaftlicher* Hinsicht hat die Lebensversicherung eine herausragende Kapitalsammelfunktion. Sie stellt damit einen wesentlichen Faktor des deutschen Kapitalmarktes dar (RegBegr. S. 50 f.). Zudem dient sie der privaten Altersvorsorge als einer der drei – auch sozialpolitisch wichtigen – Säulen (neben staatlicher und betrieblicher Altersvorsorge).

666 ▶ Welche beiden Grundtypen des Lebensversicherungsvertrages gibt es und was kennzeichnet sie?

- *Risikolebensversicherung*: Die Risikolebensversicherung wird auch als Todesfallversicherung bezeichnet. Versicherungsfall ist der Tod des Versicherten; durch die Versicherung wird in der Regel die Versorgung der Hinterbliebenen sichergestellt.

- *Kapitalbildende Lebensversicherung*: Die kapitalbildende Lebensversicherung existiert in zweierlei Gestalt, nämlich als reines kapitalbildendes Produkt und als kombinierte Versicherung auf den Erlebens- und den Todesfall. In der reinen kapitalbildenden Lebensversicherung (*reine Erlebensfallversicherung*) wird der Sache nach kein Risiko im engeren Sinne abgesichert. Der Versicherer verspricht einzig, zu einem Zeitpunkt X in der Zukunft eine bestimmte Versicherungssumme Y an den Versicherungsnehmer auszubezahlen. Versicherungsfall ist also das Erreichen eines bestimmten Ablauftermins. Derartige Policen dienen daher allein der eigenen Altersvorsorge. Häufiger sind sog. Leibrentenverträge (s. B/M/*Winter*, Bd. 8/1 Einf Rn. 36). In der *kombinierten kapitalbildenden Lebensversicherung* gibt es hingegen zwei mögliche Versicherungsfälle: Der erste ist der Tod des Versicherten während der Laufzeit des Vertrages, der andere der Eintritt eines bestimmten Ablauftermins (üblicherweise der Zeitpunkt des Austritts aus dem Berufsleben). Diese Form der Versicherung dient im Erlebensfall der eigenen Altersvorsorge, im Todesfall der Hinterbliebenenvorsorge. Der Eintritt des Versicherungsfalls ist von vornherein gewiss, was die kapitalbildende von der Risikolebensversicherung unterscheidet.

667 ▶ Was versteht man unter einer fondsgebundenen Lebensversicherung?

Bei der fondsgebundene Lebensversicherung wird im Versicherungsvertrag festgelegt, dass der Versicherer mit den vom Versicherungsnehmer zu zahlenden Prämien – bereinigt

um Abschluss- sowie Verwaltungskosten und den Gewinnanteil – bestimmte Fondsbe-
teiligungen erwerben soll. Das Risiko der Wertentwicklung trägt der Versicherungsnehmer. Freilich enthält die fondsgebundene Lebensversicherung in der Praxis aus Gründen
steuerlicher Begünstigung stets auch einen geringen Risikoanteil (s. B/M/*Winter*,
Bd. 8/1 Einf Rn. 71 ff.); es handelt sich daher meist um ein kombiniertes Produkt.

▶ Welche Leistungen verspricht der Versicherer in der kombinierten kapi-   **668**
talbildenden Lebensversicherung?

Der Versicherer verspricht zum einen die vereinbarte Zahlung für den Todesfall während der Laufzeit; zum anderen übernimmt er die Kapitalbildung (Sparvorgang) für
den Erlebensfall. Trotzdem handelt es sich um eine einheitliche Prämie (zur Prämienkalkulation allgemein s. PVR Rn. 267 ff.). Eine Aufspaltung in Risiko- und Sparanteil
dient im Allgemeinen nur der Illustration, ist aber nicht zwingend erforderlich (vgl.
RegBegr. S. 51). Zu beachten sind aber die Informationspflichten nach § 7 Abs. 2 S. 1
Nr. 2 VVG i. V. mit § 2 Abs. 1 Nr. 1 VVG-InfoV (vgl. auch *Wandt* Rn. 1211 f.).

▶ Welche Besonderheiten gelten bei der Prämienkalkulation?   **669**

Gem. § 138 Abs. 1 VAG müssen die Prämien unter Zugrundelegung angemessener
versicherungsmathematischer Annahmen kalkuliert werden. Mit der Bezugnahme
auf derartige Annahmen sind im Wesentlichen wissenschaftliche Statistiken über
die Sterbewahrscheinlichkeit – sog. *Sterbetafeln* – gemeint (s. *Laars* § 11 Rn. 2).
Dabei müssen die Prämien so hoch sein, dass für die einzelnen Verträge ausreichend
Deckungsrückstellungen gebildet werden können. Der Versicherer muss demnach
zusätzlich zum risikoadäquaten Tarif einen *Zuschlag* in die Prämie einkalkulieren,
damit die dauerhafte Erfüllbarkeit der laufenden Verpflichtungen sichergestellt ist.
Dadurch soll der Versicherer in die Lage versetzt werden, auch bei lang laufenden
Verträgen eine dauerhaft gleichbleibende Prämie gewährleisten zu können (s. PVR
Rn. 2140, und Rn. 2143 zur Zinszusatzreserve). Auf diese Weise wird jedenfalls mit-
telbar auch Versicherungsnehmerschutz betrieben. Nach § 138 Abs. 2 VAG ist der
Versicherer verpflichtet, bei gleichen Voraussetzungen die Prämie nach gleichen
Grundsätzen zu ermitteln (Gleichbehandlungsgebot).

▶ Für wen kann eine Lebensversicherung abgeschlossen werden?   **670**

Gem. § 150 Abs. 1 VVG kann eine Lebensversicherung auf die Person des Versicherungsnehmers oder eines anderen genommen werden. Gemeint ist damit nicht ein
(überflüssiger) Verweis auf die Möglichkeit der Fremdversicherung gem. §§ 43 ff.
VVG, sondern die Aussage, dass der Versicherungsnehmer den Versicherungsschutz
auch auf das Leben eines anderen nehmen kann; der Versicherungsfall in der Todesfallversicherung tritt dann mit dem Tod dieses anderen ein.

▶ Welche Begriffe in Bezug auf die beteiligten Personen sind in der Lebens-   **671**
versicherung bedeutsam?

Versicherungsnehmer ist wie sonst auch (s. Frage 2) der Vertragspartner des Versicherers. Die Person, auf dessen Tod die Versicherung genommen wird, ist in der Lebensversicherung die versicherte Person. Sie wird auch *Gefahrperson* genannt (s. L/P/*Peters* § 150 Rn. 1; näher zum Begriff B/M/*Winter* § 150 Rn. 30). Derjenige, der die Leistung des Versicherers bei Eintritt des Versicherungsfalls erhalten soll, wird als *Bezugsberechtigter* bezeichnet (vgl. §§ 159, 160 VVG; s. dazu PVR Rn. 2178). Alle drei Personen können zusammenfallen. Aufgrund mit dem Abschluss eines Lebensversicherungsvertrages zumeist bezweckter Hinterbliebenenvorsorge wird dies aber kaum je der Fall sein.

672 ▶   Welche Besonderheiten bestehen beim Widerruf eines Lebensversicherungsvertrages sowie hinsichtlich der Fälligkeit der Erst- oder Einmalprämie?

Nach § 152 Abs. 1 VVG beträgt die Widerrufsfrist abweichend von § 8 Abs. 1 S. 1 VVG 30 Tage. Der Versicherer muss zudem abweichend von § 9 Abs. 1 S. 1 VVG auch den Rückkaufswert einschließlich der Überschussanteile nach § 169 VVG zahlen (§ 152 Abs. 2 S. 1 VVG). Andernfalls würde der widerrufende Versicherungsnehmer den Rückkaufswert nicht erhalten, den er bei einer Kündigung verlangen könnte. Liegt keine ordnungsgemäße Belehrung vor (Fall des § 9 Abs. 1 S. 2 VVG), so muss der Versicherer gem. § 152 Abs. 2 S. 2 VVG den Rückkaufswert einschließlich der Überschussanteile oder, wenn dies für den Versicherungsnehmer günstiger ist, die für das erste Jahr gezahlten Prämien erstatten. Die einmalige oder erste Prämie ist anders als nach § 33 Abs. 1 VVG erst unverzüglich nach Ablauf von 30 Tagen nach Zugang des Versicherungsscheines zu zahlen (§ 152 Abs. 3 VVG). Hierdurch wird – wie auch bei §§ 8 Abs. 1, 33 Abs. 1 VVG – ein Gleichauf zwischen dem Ablauf der Widerrufsfrist und dem Fälligkeitszeitpunkt der Erst- oder der Einmalprämie erreicht (s. L/R/*Langheid* § 152 Rn. 20).

673 ▶   Ist der Versicherer im Fall des § 152 Abs. 2 S. 2 VVG neben der Zahlung des Rückkaufswertes auch zur Erstattung der Prämien ab dem Zeitpunkt des Widerrufs verpflichtet?

Das ist zweifelhaft. Muss der Versicherer bereits bei ordnungsgemäßer Belehrung die überzahlten Prämien zurückzahlen, so könnte dies erst recht dann gelten, wenn er seinen Informations- und Hinweispflichten nicht nachgekommen ist. Dem wird entgegengehalten, dass nach dem Wortlaut § 9 Abs. 2 VVG vollständig durch das Wahlrecht des § 152 Abs. 2 S. 2 VVG ersetzt werden soll, denn es fehle gegenüber § 152 Abs. 2 S. 1 VVG an dem Wort „auch" (Hk/*Brambach* § 152 Rn. 23). Zudem gehe die Gesetzesbegründung explizit nur von einem Wahlrecht zwischen Rückkaufswert und Prämienerstattung für das erste Jahr aus. Aus diesem Grund müsse der Versicherer bei einem Widerruf nach unterbliebener, falscher oder unvollständiger Belehrung entweder den Rückkaufswert zahlen oder die Prämie des ersten Jahres erstatten.

▶ Welche Ansprüche hat der Versicherungsnehmer bei einer Lebensversi- **674**
cherung mit Einmalzahlung, aber mehrjähriger Laufzeit im Falle des
§ 152 Abs. 2 S. 2 VVG?

Fraglich ist, was in diesem Fall unter dem Tatbestandsmerkmal „für das erste Jahr
gezahlten Prämien" zu verstehen ist. Nach einer Ansicht muss dann die Einmalprämie durch die Laufzeit in Jahren dividiert werden. Diese Summe ist dann mit dem
Rückkaufswert zu vergleichen, um die für den Versicherungsnehmer günstigere Variante bestimmen zu können (s. Hk/*Brambach* § 152 VVG Rn. 24).

Nach anderer Ansicht ist dem Versicherungsnehmer bei der fondsgebundenen Lebensversicherung lediglich das aktuelle Fondsguthaben nebst den einbehaltenen Ab-
schluss- und Vertriebskosten zurückzugewähren. Zudem seien auch die auf die Zeit
vom Vertragsbeginn bis zum Wirksamwerden des Widerrufs zeitanteilig entfallenen
Risikoprämien und Verwaltungskosten zu erstatten (s. M/S/*Grote* Rn. 964 ff.).

▶ Was gilt bei Eintritt des Versicherungsfalls, wenn ein oder wenn kein Be- **675**
zugsberechtigter bestimmt ist?

Ist ein Bezugsberechtigter (§ 159 VVG) bestimmt, so fällt der Anspruch auf die Versicherungsleistung bei Eintritt des Versicherungsfalls nicht in den Nachlass des Versicherungsnehmers. Der Bezugsberechtigte hat dann einen eigenen Anspruch gegen
den Versicherer. Ob er diesen im Verhältnis zu den Erben des Versicherungsnehmers
auch dauerhaft behalten darf, richtet sich danach, ob zwischen ihm und dem Erblasser hierfür eine wirksamer, den Erwerb legitimierender Rechtsgrund besteht. Andernfalls können die Erben den Anspruch kondizieren (sog. *Wettlauf der Erben*; s.
noch Frage 689). Ist kein Bezugsberechtigter bestimmt und die Versicherung auf
den Versicherungsnehmer selbst genommen, so geht mit dessen Tod der Anspruch
auf Leistung gegen den Versicherer gem. §§ 1922, 1967 BGB (Grundsatz der Ge-
samtrechtsnachfolge) auf die Erben über.

▶ Warum ist gem. § 150 Abs. 2 S. 1 VVG die Einwilligung der Gefahrperson **676**
erforderlich, wenn die Versicherung auf den Tod eines anderen genommen wird?

Übersteigt die vereinbarte Leistung des Versicherers den Betrag der gewöhnlichen
Beerdigungskosten, so ist die schriftliche Einwilligung der versicherten Gefahrperson für die Wirksamkeit des Vertrages erforderlich. Damit sollen Spekulationen mit
dem Leben eines anderen unterbunden werden. Vor allem soll die Gefahrperson
davor geschützt werden, dass der Versicherungsnehmer oder ein sonstiger Beteilig-
ter den Tod der Gefahrperson und damit den Versicherungsfall herbeiführen
(s. BGHZ 140, 167, 170 = VersR 1999, 347; P/M/*Schneider* § 150 Rn. 4).

▶ Ist § 150 Abs. 2 S. 1 VVG auch auf spätere Vertragsänderungen (z. B. Über- **676a**
tragung der Versicherungsnehmerstellung oder der Bezugsberechti-
gung) anwendbar?

Die Frage, ob § 150 Abs. 2 S. 1 Halbs. 1 VVG auf eine spätere rechtsgeschäftliche Übertragung der Versicherungsnehmerstellung oder der Bezugsberechtigung entsprechend anwendbar ist, wird unterschiedlich beantwortet. Während die Vorschrift nach einer Ansicht generell nicht auf Änderungen nach Abschluss des Lebensversicherungsvertrags anwendbar sein soll (B/M/*Winter* § 150 Rn. 17, 19), ist nach anderer Ansicht jede rechtsgeschäftliche Änderung der Umstände, die bereits bei Vertragsschluss von der Einwilligung umfasst sein mussten, ihrerseits einwilligungsbedürftig (*Müller*, NVersZ 2000, 454, 458). Nach einer weiteren Ansicht sollen nur solche Änderungen einwilligungsbedürftig sein, die das Risiko der versicherten Person betreffen (L/R/*Langheid*, § 150 Rn. 5; P/M/*Schneider*, § 150 Rn. 15). Der BGH hat sich der letztgenannten Auffassung angeschlossen. Die Vorschrift ist über ihren Wortlaut hinaus anzuwenden, wenn ihr Schutzzweck, jeder Möglichkeit eines Spiels mit dem Leben eines Anderen vorzubeugen, dies gebietet. Dies soll insbesondere bei allen Änderungen der Fall sein, die sich darauf auswirken, wer im Versicherungsfall profitiert und in welcher Höhe (BGH VersR 2018, 985 Rn. 25). Ein Wechsel des Versicherungsnehmers ist dagegen i.d.R. nicht einwilligungsbedürftig, weil damit keine Risikoerhöhung für die versicherte Person verbunden ist (BGH VersR 2018, 985 Rn. 27).

677 ▶︎ Gilt § 150 VVG für alle Arten von Lebensversicherungen?

Nach dem Schutzzweck der Norm ist der Anwendungsbereich teleologisch zu reduzieren. Erfasst sind nur Versicherungen, die an den Tod eines Dritten eine Leistung knüpfen (s. L/P/*Peters* § 150 Rn. 4). Darunter fallen aber nicht nur reine Risikolebensversicherungen, sondern auch kombinierte Versicherungen, sofern das Leistungsversprechen des Versicherers an den Tod der versicherten Person anknüpft. Dies ist z. B. bei einer aufgeschobenen Rentenversicherung der Fall, wenn bei Tod vor Rentenbeginn eine Kapitalzahlung vorgesehen ist (s. BGH VersR 1996, 357 f.). Der Versicherungsnehmer kann dann aufgrund des Gesundheitszustandes der versicherten Person ein höheres Interesse an der Kapitalzahlung als an einer möglicherweise nur sehr kurzen Rentenzahlung haben (s. P/M/*Schneider* § 150 Rn. 5).

678 ▶︎ Wann muss die Zustimmung zum Vertrag erklärt werden?

Die Zustimmung muss vor dem Vertragsschluss erklärt werden. Dies folgt daraus, dass § 150 Abs. 2 S. 1 VVG von „Einwilligung" spricht, wofür die Legaldefinition des § 183 BGB heranziehbar ist (s. BGHZ 140, 167, 172 = VersR 1999, 347).

679 ▶︎ Was gilt, wenn Versicherungsnehmer und versicherte Person identisch sind, letztere aber am Vertragsschluss nicht unmittelbar beteiligt ist, weil sie das Antragsformular blanko (unausgefüllt) unterschrieben und von einem ihr behilflichen Dritten hat vervollständigen lassen?

Zwar ist die Konstellation vom Wortlaut des § 150 Abs. 2 S. 1 VVG nicht umfasst. Denn dieser erfasst nur solche Fälle, in denen Gefahrperson und Versicherungsnehmer auseinanderfallen. Allerdings entsteht auch hier die Gefahr der Spekulation mit dem Leben eines anderen, so dass § 150 Abs. 2 VVG seinem Schutzzweck gemäß entsprechend angewendet werden muss (s. BGHZ 140, 167, 170 = VersR 1999, 347). In der Blankounterschrift kann nicht die Einwilligung in die Versicherung gesehen werden, da sich der Unterzeichnende nicht der besonderen Umstände und der sich daraus für ihn ergebenden Gefahr bewusst ist. Die Erteilung einer Vollmacht zur Erklärung der Einwilligung ist zwar grundsätzlich zulässig; freilich unterliegt dann aber auch die Bevollmächtigung abweichend von § 167 Abs. 2 BGB dem Schriftformerfordernis des § 150 Abs. 2 S. 1 VVG (s. B/M/*Winter* § 150 Rn. 50). Dies gilt umso mehr, wenn der Bevollmächtigte das Bezugsrecht erwerben soll.

▶   Was ist zu beachten, wenn sich der Versicherungsnehmer vor Abschluss   **680**
     des Lebensversicherungsvertrages bei einem vom Versicherer beauf-
     tragten Arzt untersuchen lassen soll?

Der mit der Untersuchung beauftragte Arzt kann hinsichtlich der im Zusammenhang mit der Untersuchung gestellten Fragen und erteilten Auskünfte einem Versicherungsvertreter gleichstehen. Für ihn gelten dann die §§ 69, 70 VVG (vgl. zum alten Recht die Auge-und-Ohr-Rechtsprechung; BGH VersR 2009, 529 Rn. 14 ff.; P/M/*Schneider* § 151 Rn. 4).

▶   Welche Rechtsfolgen treten ein, wenn das Alter der Gefahrperson zu   **681**
     niedrig angegeben wurde und dadurch die Prämie zu niedrig bestimmt
     worden ist?

Die falsche Angabe des Alters stellt für sich genommen eine Verletzung der Anzeigeobliegenheit gem. § 19 Abs. 1 S. 1 VVG dar. Abweichend von den §§ 19 ff. VVG und von § 123 BGB sind der Rücktritt sowie die Anfechtung des Versicherers in diesem Fall aber nach § 157 S. 1 VVG als lex specialis ausgeschlossen (MünchKommVVG/*Heiss* § 157 Rn. 1). Der Versicherer kann vielmehr nur dann zurücktreten, wenn er den Vertrag bei richtiger Altersangabe nicht geschlossen hätte (§ 157 S. 2 VVG; sog. *vertragshindernder Umstand*). Hierfür ist er beweisbelastet, so dass er im Prozess seine Risikoprüfungs- und Annahmegrundsätze regelmäßig wird offenlegen müssen.

Die Leistung des Versicherers wird im Normalfall des § 157 S. 1 VVG gemindert. Dies geschieht ipso iure; einer Gestaltungserklärung des Versicherers bedarf es nicht (s. L/P/*Peters* § 157 Rn. 4). Bei einer zu hohen Altersangabe erhöht sich die Versicherungsleistung.

▶   Welche von den §§ 23 ff. VVG abweichenden Regelungen sind für die   **682**
     Lebensversicherung maßgeblich?

Nach § 158 Abs. 1 VVG gelten nur solche Umstände als Erhöhung der Gefahr, die ausdrücklich als gefahrerhöhende Umstände vereinbart wurden. Der Versicherungsnehmer soll davor geschützt werden, dass allgemein in das Risiko einer Lebensversicherung

hineinspielende Gefahrumstände, wie Krankheiten oder Unfälle, seinen Versicherungsschutz gefährden. Die Bestimmung verhindert ferner Unsicherheiten darüber, ob nach
den zu §§ 23 ff. VVG entwickelten Grundsätzen in concreto überhaupt eine Gefahrerhöhung vorliegt (s. L/R/*Langheid* § 158 Rn. 3). Die Vereinbarung unterliegt der Textform
(§ 158 Abs. 1 Halbs. 2 VVG). Beispiel: Regelmäßig als Gefahrerhöhung vereinbart wird
etwa der Beginn des Rauchens, wenn der Versicherungsnehmer im sog. Nichtrauchertarif versichert ist (näher *Armbrüster*, r+s 2013, 209 ff.).

683 ▶ Kann der Versicherungsnehmer eine Herabsetzung der Prämie wegen
Gefahrminderung verlangen (§ 41 VVG)?

Dies ist nach § 158 Abs. 3 VVG nur wegen einer solchen Minderung der Gefahrumstände möglich, die ausdrücklich als Gefahrminderung vereinbart wurden. Alle
nicht im Vertrag ausdrücklich aufgeführten Umstände bleiben unberücksichtigt
(s. B/M/*Winter* § 158 Rn. 21).

684 ▶ Kann der Versicherungsnehmer den Lebensversicherungsvertrag kündigen?

Ja. Der Versicherungsnehmer kann den Vertrag gem. § 168 VVG jederzeit ohne
wichtigen Grund kündigen. Lebensversicherungsverträge haben in der Regel eine
lange Laufzeit. Die wirtschaftlichen Verhältnisse des Versicherungsnehmers können
sich während dieser langen Zeit verändern, so dass er nicht mehr in der Lage ist die
Prämien zu bezahlen. Auch mag er zwischenzeitlich einen anderen Einsatz seiner
finanziellen Mittel bevorzugen. § 168 Abs. 1 VVG gibt ihm die Möglichkeit auf die
veränderten Gegebenheiten zu reagieren und sich ohne Weiteres, insbesondere ohne
ein berechtigtes Interesse nachweisen zu müssen, von der Prämienzahlungspflicht
zu lösen.

Das Kündigungsrecht nach § 168 Abs. 1 VVG bezieht sich allerdings nur auf
solche Verträge, bei denen eine *laufende Prämie* (vgl. § 33 Abs. 1 VVG) zu zahlen
ist. Abs. 2 erweitert das Kündigungsrecht auf Verträge, die die Zahlung einer *Einmalprämie* vorsehen, wenn diese jedenfalls auch Versicherungsschutz für ein Risiko
bieten, bei dem der Eintritt des Versicherungsfalls gewiss ist. Ein Kündigungsrecht
besteht hingegen nicht bei reinen Risikopolicen und bei reinen Erlebensfallver-
sicherungen, wenn im Vertrag die Zahlung einer Einmalprämie vereinbart ist (s.
L/P/*Peters* § 168 Rn. 3).

685 ▶ Behält der Versicherungsnehmer sein Kündigungsrecht auch, wenn er
einen Dritten als Bezugsberechtigten eingesetzt hat?

Ja, denn auch bei der Bestimmung eines bezugsberechtigten Dritten bleibt der Versicherungsnehmer der Vertragspartner des Versicherers. Ihm stehen damit weiterhin
die den Bestand des Vertrages berührenden Gestaltungsrechte zu (s. BGH VersR
2010, 517 Rn. 14; L/R/*Langheid* § 168 Rn. 10).

▶ Welche Rechtsfolgen löst die Kündigung aus?   **686**

Das Versicherungsverhältnis wird zum Schluss der Versicherungsperiode für die Zukunft beendet. Der Versicherungsnehmer schuldet dann keine Prämien mehr und der Versicherer ist nicht mehr zur Leistung verpflichtet. Bei einer Kapitallebensversicherung löst die Kündigung den Anspruch auf den Rückkaufswert nach § 169 VVG aus (s. BGH VersR 2010, 517 Rn. 12).

▶ Welche Arten der Bezugsberechtigung kann ein Lebensversicherungs-   **687**
vertrag vorsehen und worin unterscheiden sie sich?

Dem Begünstigten kann ein *widerrufliches oder ein unwiderrufliches* Bezugsrecht eingeräumt werden. Die Verfügung eines Bezugsrechts ist ein Vertrag zugunsten Dritter i. S. der §§ 328 ff. BGB (s. BGH VersR 2013, 1029 Rn. 12). Ob in concreto ein widerrufliches oder aber ein unwiderrufliches Bezugsrecht verfügt wurde, ist durch Auslegung zu ermitteln (s. BGH VersR 2014, 321 Rn. 11 ff.). Die Festlegung wirkt sich erheblich auf die Rechtsstellung des Berechtigten aus. Bei einer widerruflichen Bezugsberechtigten erwirbt der Begünstigte ein eigenes Forderungsrecht gegen den Versicherer erst mit Eintritt des Versicherungsfalls (§ 159 Abs. 2 VVG). Das widerrufliche Bezugsrecht ist daher nach Ansicht des BGH (VersR 2010, 1021 Rn. 3) „nicht mehr als eine ungesicherte Hoffnung auf den Erwerb eines künftigen Anspruchs, mithin rechtlich ein Nullum". Handelt es sich hingegen um eine unwiderrufliche Bezugsberechtigung, so erwirbt der Begünstigte das Forderungsrecht sofort (§ 159 Abs. 3 VVG). Der Versicherungsnehmer verliert die Verfügungsbefugnis über den Anspruch aus dem Versicherungsvertrag, der im Übrigen auch nicht mehr zur Insolvenzmasse des Versicherungsnehmers gehört (§ 35 InsO).

▶ Kann der Versicherungsnehmer den Bezugsberechtigten auch ohne Zu-   **688**
stimmung des Versicherers bestimmen oder ändern?

Ja. Nach § 159 Abs. 1 VVG ist es dem Versicherungsnehmer im Zweifel vorbehalten ein Bezugsrecht zu begründen oder zu ändern.

▶ Welche Anforderungen sind an die Bestimmung der Bezugsberechti-   **689**
gung zu stellen? Wozu kann die Unkenntnis des Bezugsberechtigten
von der ihm vom Versicherungsnehmer zugewandten Rechtsposition
führen?

Erforderlich ist eine einseitige, empfangsbedürftige Willenserklärung gegenüber dem Versicherer (s. BGH VersR 2013, 1121 Rn. 10 für die Gruppenunfallversicherung; P/M/*Schneider* § 159 Rn. 4). Eine Vereinbarung zwischen Versicherungsnehmer und Bezugsberechtigtem bindet den Versicherer dagegen nicht. In diesem Fall ist nämlich nur das Valutaverhältnis zwischen dem Versicherungsnehmer und dem Drittem betroffen. Erforderlich ist vielmehr eine Bestimmung des Bezugsrechts im

Deckungsverhältnis zwischen Versicherungsnehmer und Versicherer (vgl. dazu BGH VersR 2013, 1121 Rn. 10). Das VVG verlangt für die Bestimmung keine bestimmte Form; die AVB der Versicherer sehen aber regelmäßig Schrift- oder Textform vor.

Der als bezugsberechtigt Benannte braucht keine Kenntnis von der Bezugsberechtigung zu erhalten. Die Unkenntnis des Bezugsberechtigten von seiner Rechtsposition führt in der Praxis nicht selten dazu, dass es im Valutaverhältnis zwischen Versicherungsnehmer und Begünstigtem an einem vollwirksamen Rechtsgrund fehlt (s. BGH VersR 2013, 302 Rn. 6). Ein Rechtsgrund, der den Bezugsberechtigten auch im Verhältnis zu den Erben des verstorbenen Versicherungsnehmers zum dauerhaften Behaltendürfen des Anspruchs auf die Versicherungsleistung legitimiert, kann dann lediglich noch dadurch zustande kommen, dass der Versicherer ein ihm gegenüber vom Erblasser bereits zu dessen Lebzeiten entäußertes Schenkungsangebot (meist konkludent in der Erklärung über die Verfügung des Bezugsrechts enthalten) an den Bezugsberechtigten als Bote übermittelt und dieser das Angebot konkludent durch Entgegennahme des Geldes annimmt (zum *„Wettlauf der Erben"* s. BGH VersR 2013, 1029 Rn. 7 ff.; zur Kritik an der Konstruktion des BGH vgl. MünchKommBGB/*Musielak* § 2301 Rn. 32 ff.; s. auch PVR Rn. 2188 f.).

690 ▶ Wann kommt eine Leistungsfreiheit des Versicherers wegen der Herbeiführung des Versicherungsfalls in der Lebensversicherung in Betracht?

In der Lebensversicherung wird der Versicherer gem. § 161 Abs. 1 S. 1 VVG von der Leistung frei, wenn entweder der Versicherungsnehmer, soweit die Versicherung auf ihn genommen ist, oder die versicherte Person innerhalb von drei Jahren nach Abschluss des Versicherungsvertrages eine *Selbsttötung* begeht. Nach Ablauf von drei Jahren geht der Gesetzgeber davon aus, dass ein planmäßiger Zweckabschluss und damit einhergehender Missbrauch ausgeschlossen ist (s. PVR Rn. 2176). Dabei kommt die Leistungsfreiheit nur zum Tragen, wenn die Gefahrperson die Selbsttötung vorsätzlich begangen hat; Fahrlässigkeit genügt nicht. Die Beweislast trägt insoweit der Versicherer (s. BGH VersR 1992, 861). Die Leistungsfreiheit scheidet gem. § 161 Abs. 1 S. 2 VVG dann aus, wenn die Gefahrperson die Tat in einem die freie Willensbildung ausschließenden Zustand krankhafter Störung der Geistestätigkeit begangen hat. Der Versicherer wird außerdem leistungsfrei, wenn gem. § 162 Abs. 1 VVG die Versicherung für den Fall des Todes eines anderen als des Versicherungsnehmers genommen wurde und der Versicherungsnehmer vorsätzlich und durch widerrechtliche Handlung den Tod der Gefahrperson verursacht.

691 ▶ Was gilt, wenn der Bezugsberechtigte den Tod der Gefahrperson verursacht?

Der Bezugsberechtigte gilt gem. § 162 Abs. 2 VVG als nicht eingesetzt, wenn er den Tod der Gefahrperson verursacht hat. Hier wird der Versicherer nicht leistungsfrei, sondern er hat an denjenigen zu leisten, der ohne die Einsetzung des Bezugsberechtigten Inhaber des Anspruchs wäre, also an den Versicherungsnehmer oder dessen Erben (s. L/P/*Patzer* § 162 Rn. 1287).

▶ Wann kann der Versicherer die Neufestsetzung der Prämie oder eine He-   **692**
rabsetzung der Versicherungsleistung verlangen?

Dazu müssen die Voraussetzungen des § 163 Abs. 1, 2 VVG erfüllt sein. Dem Versicherer steht ein Prämien- und Leistungsänderungsrecht zu, wenn sich der Leis-
tungsbedarf nicht nur vorübergehend und nicht voraussehbar gegenüber den Rechnungsgrundlagen der vereinbarten Prämie geändert hat, die nach den berichtigten
Rechnungsgrundlagen neu festgesetzte Prämie angemessen und erforderlich ist, um
die dauernde Erfüllbarkeit der Versicherungsleistung zu gewährleisten und ein un-
abhängiger Treuhänder die Rechnungsgrundlagen und die Voraussetzungen der
§ 163 Abs. 1 S. 1 Nr. 1 und 2 VVG überprüft und bestätigt hat.

War die Versicherungsleistung unzureichend kalkuliert und hätte dies ein ordent-
licher und gewissenhafter Aktuar (d. h. Versicherungsmathematiker) erkennen können, so ist das Prämienänderungsrecht des Versicherers insoweit ausgeschlossen
(§ 163 Abs. 1 S. 2 VVG). In jenem Fall soll der Versicherer nicht die Nachteile einer
bereits bei Vertragsschluss vorhersehbaren ungünstigen Risikoentwicklung auf den
Versicherungsnehmer abwälzen können (s. MünchKommVVG/*Wandt* § 163 Rn. 36;
RegBegr. S. 99).

▶ Welche Besonderheit gilt in der Lebensversicherung gegenüber anderen   **693**
Versicherungszweigen für Vertragsänderungen?

§ 164 VVG eröffnet dem Versicherer eine besondere Möglichkeit zur Ersetzung von
AVB-Klauseln, die durch höchstrichterliche Entscheidung oder durch bestandskräf-
tigen Verwaltungsakt für unwirksam erklärt worden sind (zur Grundregel des § 306
Abs. 2 BGB s. Frage 27). Der Versicherer kann eine unwirksame Klausel ersetzen,
wenn dies zur Fortführung des Vertrages notwendig ist oder wenn das Festhalten an
dem Vertrag ohne neue Regelung für eine Vertragspartei eine unzumutbare Härte
darstellen würde (§ 164 Abs. 1 S. 1 VVG). Dabei sind die Belange des Versicherungsnehmers unter Wahrung des Vertragsziels angemessen zu berücksichtigen
(§ 164 Abs. 1 S. 2 VVG). Dabei ist die Mitwirkung eines unabhängigen Bedin-
gungsänderungstreuhänders – anders als bei der Prämienänderung nach § 163
Abs. 1 Nr. 3 VVG – nicht mehr erforderlich (RegBegr. S. 100; zur Bedingungsanpassung in der privaten Krankenversicherung s. § 203 Abs. 3 VVG und dazu Frage
199). Zu beachten ist auch, dass dann, wenn die Voraussetzungen für eine Bedingungsänderung nach § 164 Abs. 1 VVG vorliegen, weil eine Klausel wegen Intransparenz unwirksam ist, diese Klausel nach Auffassung des BGH (VersR 2005, 1565,
1570) nicht lediglich durch eine inhaltsgleiche, aber transparente Klausel ersetzt
werden darf. Vielmehr muss mit der Neuregelung stets eine materielle Besserstellung des Versicherungsnehmers im Vergleich zur alten Bedingungslage einhergehen
(zur Kritik daran s. PVR Rn. 611).

▶ Ist eine AVB auch dann „zur Fortführung des Vertrages notwendig"   **694**
i. S. von § 164 Abs. 1 VVG, wenn der Vertrag schon gekündigt oder beitragsfrei gestellt worden ist?

Das ist umstritten. Eine Auffassung sieht in diesem Fall keine Notwendigkeit für
eine Ersetzung der Klausel (s. etwa AG Karlsruhe VersR 2003, 316). Ganz überwiegend wird hingegen darauf verwiesen, dass auch bei beitragsfrei gestellten oder
bereits gekündigten Verträgen ggf. noch eine Abwicklung erfolgen müsse, welche
die Ersetzung einer Klausel notwendig machen könne (s. BGH VersR 2005, 1565,
1569; P/M/*Schneider* § 164 Rn. 9). Mithin komme es auf den Einzelfall an. Hierfür
spricht, dass nach der Bedingungsänderung für die sich nach Beendigung des Vertrages ergebenden Ansprüche nunmehr allein die Neuregelung maßgeblich ist.

695 ▶ Welche besondere Möglichkeit hat der Versicherungsnehmer in der Lebensversicherung, wenn er die Prämie nicht mehr bezahlen kann?

Der Versicherungsnehmer kann gem. § 165 Abs. 1 VVG für den Schluss der laufen-
den Versicherungsperiode die Umwandlung der Versicherung in eine prämienfreie
Versicherung verlangen, wenn die dafür vereinbarte Mindestversicherungsleistung
erreicht wird. Das Versicherungsverhältnis und damit auch die Leistungspflicht des
Versicherers bleiben grundsätzlich bestehen (s. L/P/*Krause* § 165 Rn. 10). Die Leistungspflicht beschränkt sich aber auf die beitragsfreie Versicherungssumme. In
Höhe des darüber hinausgehenden Betrages erlischt die Versicherung. Die gleiche
Rechtsfolge tritt ein, wenn der Versicherer das Versicherungsverhältnis kündigt
(§ 166 Abs. 1 VVG). Allerdings gewährt diese Norm – anders als es der Wortlaut
prima facie nahe legt – dem Versicherer kein Kündigungsrecht. Die Bestimmung
setzt vielmehr ein dem Grunde nach bestehendes Kündigungsrecht voraus. Da dem
Versicherer grundsätzlich kein ordentliches Kündigungsrecht zusteht, kann es sich
daher nur um ein außerordentliches Lösungsrecht, etwa aufgrund von §§ 24 Abs. 1,
Abs. 2, 28 Abs. 1, 38 Abs. 3 VVG, handeln (s. PVR Rn. 2171 f.).

696 ▶ Ist der Versicherer von der Leistung frei, wenn die Voraussetzungen des
§ 38 Abs. 2 VVG vorliegen?

Nein. Durch § 166 Abs. 2 VVG wird § 38 Abs. 2 VVG abgeändert. Der Versicherer
ist zur Leistung insoweit verpflichtet, wie er leisten müsste, wenn sich mit dem Eintritt des Versicherungsfalls die Versicherung in eine prämienfreie Versicherung umgewandelt hätte. In Betracht kommt aber eine Kündigung nach Abs. 3 (s. L/R/*Langheid* § 166 VVG Rn. 3; vgl. BGH VersR 2014, 229 Rn. 7 ff.).

697 ▶ Was versteht man unter einer Überschussbeteiligung?

Weil der Versicherer einerseits vorsichtig kalkulieren muss, andererseits aber ein für
die Kunden wirtschaftlich attraktives Produkt anbieten möchte, werden die vertraglich vorgesehenen Leistungen regelmäßig aufgegliedert: Neben die garantierte und
vorsichtig kalkulierte Basisleistung tritt eine zusätzliche Leistung in Form der
Überschussbeteiligung, die nicht garantiert wird. Unter dem Begriff „Überschuss"
versteht man den handelsrechtlich festgestellten (Roh-) Überschuss im Jahresab-
schluss des Versicherungsunternehmens (s. *Engeländer*, VersR 2007, 155, 157;
MünchKommVVG/*Heiss* § 153 Rn. 5, 23).

▶ Wie sind die Ansprüche der Versicherten auf die Beteiligung am erwirt-   **698**
schafteten Überschuss dennoch in gewissem Maße gesichert?

Es besteht dadurch eine gewisse Sicherheit, dass der Versicherer nach §§ 140 Abs. 1,
125 Abs. 2 Nr. 4 VAG zur Sicherung des Anspruchs auf die Überschussbeteiligung
bilanzielle Rückstellungen zu bilden hat. Die Höhe der Rückstellungen ist im Einzelnen in der sog. Mindestzuführungsverordnung geregelt (vgl. § 145 Abs. 2 S. 1
VAG; s. dazu B/M/*Winter* § 153 Rn. 86 ff.). Diese zum Sicherungsvermögen (§ 125
Abs. 1 VAG) zählenden Rückstellungen für die Beitragsrückerstattung unterliegen
gem. § 215 Abs. 1 VAG strengen Anlagegrundsätzen. Sie dürfen vom Versicherer zu
anderen Zwecken als für die Überschussbeteiligung und die hälftige Beteiligung an
den Bewertungsreserven nur noch unter den engen Voraussetzungen des § 140
Abs. 1 S. 2 VAG verwendet werden.

▶ Steht dem Versicherungsnehmer ein Anspruch auf Überschussbeteili-   **699**
gung gesetzlich zu?

Nach dem dispositiven Gesetzesrecht ist dies der Fall: Gem. § 153 Abs. 1 VVG
kann der Versicherungsnehmer grundsätzlich eine Beteiligung an dem Überschuss
und an den Bewertungsreserven verlangen. Dies gilt aber dann nicht, wenn die
Überschussbeteiligung durch ausdrückliche Vereinbarung ausgeschlossen wurde;
dabei ist nur ein vollständiger Ausschluss möglich (§ 153 Abs. 1 a. E. VVG). Auch
kann der Anspruch auf die hälftige Beteiligung an den Bewertungsreserven nicht
isoliert ausgeschlossen werden (s. MünchKommVVG/*Heiss* § 153 Rn. 19). Ein
vollständiger Ausschluss der Überschussbeteiligung kann auch in den AVB vereinbart werden, sofern das Transparenzgebot berücksichtigt wird (s. PVR Rn. 2146;
RegBegr. S. 96).

▶ Wie muss der Versicherer die Beteiligung an dem Überschuss gewähr-   **700**
leisten? Hat der Versicherungsnehmer diesbezüglich ein Auskunftsanspruch gegen den Versicherer?

Der Versicherer ist nach § 153 Abs. 2 VVG verpflichtet, die Beteiligung am Überschuss nach einem verursachungsorientierten Verfahren durchzuführen. Dadurch
soll es dem Versicherungsnehmer ermöglicht werden überprüfen zu lassen, ob die
mit den gezahlten Prämien gebildeten Vermögenswerte beim Versicherungsunternehmen angemessen berücksichtigt sind. Gegen eine vermeintlich nicht ausreichende Überschussbeteiligung sowie gegen ein vermeintlich unzulängliches Ver-
teilungsverfahren kann vor den Zivilgerichten geklagt werden. Zwar trifft den
Versicherungsnehmer hinsichtlich derartiger Unzulänglichkeiten nach den allgemeinen Regeln die Darlegungs- und Beweislast (BGH VersR 2018, 917 Rn. 28); da
ihm aber ohne einen entsprechend substantiierten Vortrag des Versicherers die Darlegung der Unrichtigkeit der ihm erteilten Abrechnung bzw. der Unzulänglichkeit
des praktizierten Verteilungsverfahrens nicht zugemutet werden kann, ist der Versicherer insoweit zur Auskunft verpflichtet (s. B/M/*Winter* § 153 Rn. 208). Ein solcher Auskunftsanspruch kann sich aus Treu und Glauben (§ 242 BGB) ergeben.

Der Auskunftsanspruch umfasst grundsätzlich nicht die Verpflichtung zur Vorlage
der fiktiven versicherungstechnischen Bilanzen oder anderer Geschäftsunterlagen
und auch kein Einsichtsrecht. Die Zubilligung des Auskunftsanspruchs hat unter
Berücksichtigung der jeweiligen Umstände des Einzelfalls und unter Wahrung des
Grundsatzes der Verhältnismäßigkeit zu erfolgen (BGH VersR 2016, 173 Rn. 15).
Nach diesen Maßstäben schuldet der Versicherer jedenfalls keine Auskunft in Form
zahlreicher Einzelangaben, die auf eine Rechnungslegung nach § 259 Abs. 1 BGB
hinauslaufen; zudem sind dessen berechtigte Geheimhaltungsinteressen zu berücksichtigen.

701 ▶ **Was ist mit dem Begriff „verursachungsorientiertes Verfahren" gemeint?**

Dieser unbestimmte Rechtsbegriff wird noch von der Rechtsprechung konkretisiert
werden müssen. Jedenfalls ergibt sich aus der Wendung „verursachungsorientiert",
dass eine streng verursachungsabhängige Berechnung im Sinne einer strikten Kau-
salbeziehung zwischen Prämie und Überschuss nicht erforderlich ist (s. Münch-
KommVVG/*Heiss* § 153 Rn. 41). Dazu führt die Regierungsbegründung Folgendes
aus: „[Verursachungsorientiert] bedeutet, dass wie bisher gleichartige Versicherungsverträge nach anerkannten versicherungsmathematischen Grundsätzen zu Be-
standsgruppen und Gewinnverbänden zusammengefasst werden können und dass
sich die Verteilung des Überschusses auf diese daran zu orientieren hat, in welchem
Umfang die Gruppe oder der Gewinnverband zur Entstehung des Überschusses bei-
getragen hat. Daher ist in Absatz 2 nicht eine verursachungsgerechte Verteilung,
sondern nur ein verursachungsorientiertes Verfahren vorgeschrieben. Der Versicherer erfüllt diese Verpflichtung schon dann, wenn er ein Verteilungssystem entwickelt
und widerspruchsfrei praktiziert, das die Verträge unter dem Gesichtspunkt der
Überschussbeteiligung sachgerecht zu Gruppen zusammenfasst, den zur Verteilung
bestimmten Betrag nach den Kriterien der Überschussverursachung einer Gruppe
zuordnet und dem einzelnen Vertrag dessen rechnerischen Anteil an dem Betrag der
Gruppe zuschreibt." (RegBegr. S. 96). Die Vertragspartner können aber auch andere
vergleichbare angemessene Verteilungsgrundsätze vereinbaren (§ 153 Abs. 2
Halbs. 2 VVG).

702 ▶ **Was versteht man unter Bewertungsreserven?**

Aus Teilen der Prämieneinnahmen bilden Versicherer üblicherweise sog. Bewertungsreserven (stille Reserven). Sie entstehen dadurch, dass im HGB-Jahresabschluss
Kapitalanlagen überwiegend zu fortgeführten Anschaffungskosten nach dem Nie-
derstwertprinzip bewertet werden müssen (§ 253 Abs. 1 S. 1, Abs. 2 S. 3 HGB).
Wertzuwächse dürfen nur dann ausgewiesen werden, wenn sie durch den Markt,
d. h. durch Transaktionen mit Dritten, bestätigt sind (§ 252 Abs. 1 Nr. 4 Halbs. 2
HGB; sog. *Realisationsprinzip*). Durch diese vorsichtige Bilanzierung entstehen
meist stille Reserven, da der Zeitwert der Kapitalanlagen regelmäßig höher ist als
der in der Bilanz ausgewiesene Wert (s. P/M/*Reiff* § 153 Rn. 22 ff.). Der Versicherer
ist verpflichtet, die Bewertungsreserven jährlich neu zu ermitteln und nach einem

verursachungsorientierten Verfahren (s. Frage 701) rechnerisch zuzuordnen (§ 153 Abs. 3 S. 1 VVG). Überdies muss er den Versicherungsnehmer jährlich über seinen Anteil an den Bewertungsreserven informieren (§ 6 Abs. 1 Nr. 3 VVG-InfoV).

▶ Inwieweit sind die Bewertungsreserven bei einer Beendigung des Ver- **703**
trages zu berücksichtigen?

In Zeiten der Reservenbildung werden gewöhnlich weniger Überschüsse erzielt, die den Versicherungsnehmern sonst bei Vertragsbeendigung (als sog. *Schlussüberschuss*) zugutekommen würden. Somit ergeben sich Nachteile für diejenigen Versicherungsnehmer, deren Verträge zu einem Zeitpunkt enden, in dem vorrangig stille Reserven gebildet werden. Das BVerfG hielt das im Hinblick auf Art. 2 Abs. 1, 14 Abs. 1 GG für problematisch (BVerfG VersR 2005, 1127 ff.). Es hat dem Gesetzgeber eine angemessene Regelung abverlangt; diese findet man nun in § 153 Abs. 3 S. 2 VVG. Entscheidend ist der vom Versicherer für den Beendigungszeitpunkt zu ermittelnde Betrag. Der ausscheidende Versicherungsnehmer erhält die Hälfte dieses Betrages. Die andere Hälfte verbleibt beim Versicherer (§ 153 Abs. 3 S. 2 VVG). Damit wird auch den Interessen derjenigen Versicherungsnehmer Rechnung getragen, die den Vertrag fortsetzen (RegBegr. S. 97; s. zum Ganzen *Wandt* Rn. 1176).

▶ Bedeutet dies, dass die Bewertungsreserven selbst ausgeschüttet wer- **704**
den?

Nein. Die Versicherungsnehmer erhalten lediglich eine Schlusszahlung, deren Höhe sich nach den zu einem bestimmten Stichtag zuvor vorhanden gewesenen Bewertungsreserven richtet. Die Bewertungsreserven sind also nur eine Bemessungsgröße für die Schlusszahlung; sie ändern sich durch diese nicht (s. *Engeländer*, VersR 2007, 155, 158).

▶ Kann man auch bei einer Teilkündigung von einer „Beendigung des Ver- **705**
trages" i. S. von § 153 Abs. 3 S. 2 Halbs. 1 VVG sprechen, mit der Folge,
dass Bewertungsreserven zuzuteilen sind?

Der Versicherungsvertrag wird durch eine teilweise Kündigung gerade nicht beendet. Dies könnte dafür sprechen, dass in den Fällen der teilweisen Kündigung die Bewertungsreserven noch nicht zuzuteilen sind. Andererseits wird auch vertreten, dass bei einer teilweisen Kündigung die bis dahin angefallenen Bewertungsreserven teilweise auszuschütten sind. Dies lässt sich auf eine teleologische Auslegung des § 153 Abs. 3 S. 2 VVG stützen (s. M/S/*Grothe* Rn. 1019 ff.; i. E. zust. P/M/*Reiff* § 153 Rn. 24).

▶ Welchen Zweck verfolgt § 153 Abs. 3 Satz 3 VVG? **705a**

§ 153 Abs. 3 S. 3 bestimmt, dass „aufsichtsrechtliche Regelungen zur Sicherstellung der dauernden Erfüllbarkeit der Verpflichtungen aus den Versicherungen,

insbesondere die §§ 89, 124 Absatz 1, § 139 Absatz 3 und 4 und die §§ 140 sowie
214 des Versicherungsaufsichtsgesetzes" unberührt bleiben. Die vorgenannten aufsichtsrechtlichen Vorschriften stellen auf die dauernde Erfüllbarkeit der Verträge
ab. Die Regelung des § 153 Abs. 3 S. 3 VVG in seiner aktuellen Fassung geht auf
das Gesetz zur Absicherung stabiler und fairer Leistungen für Lebensversicherte
(Lebensversicherungsreformgesetz – LVRG) zurück; sie ist am 07.08.2014 in
Kraft getreten. Grund für die Neuregelung war, dass nach Auffassung des Gesetzgebers ein lang anhaltendes Niedrigzinsumfeld mittel- bis langfristig die Fähigkeit
der privaten Lebensversicherungsunternehmen bedrohen würde, die den Versicherten zugesagten Zinsgarantien zu erbringen (BT-Drs. 18/1772, S. 1). Um letzteres
zu gewährleisten, soll der Umfang der Beteiligung der Versicherten an den Bewertungsreserven begrenzt werden können, soweit dies zur Sicherung der den Be-
standskunden zugesagten Garantien erforderlich ist. Ansonsten bestünde die Gefahr, dass Vermögen, welches mittel- und langfristig für die Erfüllung der Garantien
der Versicherten benötigt wird, kurzfristig abfließt. Solche Mittelabflüsse könnten
sich insbesondere durch zu hohe Ausschüttungen an Aktionäre, durch hohe Kosten
in den Versicherungsunternehmen oder durch eine ökonomisch inadäquate Bemessung der Überschussbeteiligung zugunsten eines kleinen Teils der ausscheidenden,
aber zulasten der Mehrheit der verbleibenden Versicherungsnehmer ergeben (BT-
Drs. 18/1772, S. 1 f., 19).

705b ▶ Ist die Regelung des § 153 Abs. 3 S. 3 VVG verfassungskonform?

Bedenken gegen die Regelung des § 153 Abs. 3 S. 3 VVG wurden insbesondere vor
dem Hintergrund des verfassungsrechtlichen Rückwirkungsverbots erhoben. Der
BGH hält die Anforderungen an eine unechte Rückwirkung für eingehalten. Das
LVRG sei eine ausgewogene Reaktion des Gesetzgebers auf die konkrete Gefahr,
dass zahlreiche Versicherer ihre vertraglichen Garantieleistungen in naher Zukunft
nicht mehr würden aufbringen können (BGH VersR 2018, 917 Rn. 16 ff.; zust. *Reiff*,
VersR 2018, 965, 966). Der BGH verweist dafür – mit dem BVerfG – auf die dem
Gesetzgeber zustehenden Einschätzungs- und Gestaltungsspielräume. Anhaltspunkte dafür, dass Vorkehrungen gegen eine Verletzung der den Gesetzgeber treffenden Schutzpflicht überhaupt nicht getroffen wurden, die Regelungen und Maßnahmen offensichtlich ungeeignet oder völlig unzulänglich sind, das gebotene
Schutzziel nicht erreichen oder sie erheblich hinter dem Schutzziel zurückbleiben
(vgl. BVerfG VersR 2017, 409), bestünden nicht.

706 ▶ Welchen Zweck verfolgt § 153 Abs. 4 VVG?

Die Norm bestimmt für die Rentenversicherung einen abweichenden Zeitpunkt für
die Beteiligung an den Bewertungsreserven. Hiernach erfolgt die Zuteilung mit Beendigung der Ansparphase. Eine solche Anpassung ist schon deshalb erforderlich,
weil bei einer Zuteilung bei Beendigung des Vertrages (die meist mit dem Tod des
Versicherungsnehmers einhergeht) in der Regel nicht mehr der Versicherungsnehmer, sondern dessen Erben die Leistung erhalten würden (s. L/P/*Krause* § 153

Rn. 49). Dies würde dem Zweck der Rentenversicherung als einem Instrument zur Altersvorsorge zuwiderlaufen. Daher wird die Zuteilung auf den Beginn des Auszahlungszeitraums vorverlegt.

▶ Ist der Versicherungsnehmer einer Rentenversicherung trotz § 153 Abs. 4   **707**
VVG auch während der Auszahlungsphase am Überschuss zu beteiligen?

§ 153 Abs. 4 VVG bezieht sich nur auf Abs. 3 und damit auf die Beteiligung an den Bewertungsreserven. Der Anspruch auf die Beteiligung am (Roh-) Überschuss richtet sich hingegen nach § 153 Abs. 2 VVG. Insofern erhält der Versicherungsnehmer auch während der Auszahlungsphase nach einem verursachungsorientierten Verfahren einen Anteil am Überschuss (s. Hk/*Brambach* § 153 Rn. 18). Im Übrigen ist umstritten, ob § 153 Abs. 4 VVG auch einer fortlaufenden Beteiligung an den Bewertungsreserven nach Eintritt in die Auszahlungsphase entgegensteht (für eine verfassungskonforme Auslegung dahingehend, dass der Versicherungsnehmer auch nach Eintritt in die Rentenphase an den Bewertungsreserven zu beteiligen ist, P/M/*Reiff* § 153 Rn. 30; dagegen *Wandt* Rn. 1250). Eine tatsächliche „Auszahlung" der Bewertungsreserven findet aber in der Rentenversicherung nicht statt: Die Bewertungsreserven sind als Teil einer einheitlichen Überschussbeteiligung wie die übrigen Überschüsse gem. den AVB-Regelungen zu verwenden; sie erhöhen daher regelmäßig die Rentenleistung. Ein gesonderter Betrag wird nicht ausgezahlt.

▶ Gelten die Neuregelungen zur Überschussbeteiligung auch für Altver-   **708**
träge?

Ja. Art. 4 Abs. 1 S. 2 EGVVG regelt, dass § 153 VVG seit dem 01.01.2008 auch auf Altverträge anzuwenden ist, sofern eine Überschussbeteiligung vereinbart wurde (s. MünchKommVVG/*Heiss* § 153 Rn. 11; a. A. M/S/*Grote* Rn. 1026 ff. für solche Altverträge, die im Jahr 2008 wegen Todes oder Vertragsablaufs endeten: Vorrang des Art. 1 Abs. 2 EGVVG vor Art. 4 Abs. 1 EGVVG, mit der Folge, dass altes Versicherungsvertragsrecht weiter anzuwenden sei). Bereits vereinbarte Verteilungsgrundsätze gelten dabei als angemessen.

▶ Welche besonderen vorvertraglichen Pflichten können den Versicherer   **709**
bei Anbahnung eines Lebensversicherungsvertrages treffen?

Vorvertragliche Pflichten des Versicherers ergeben sich aus § 154 VVG, wenn er vor Abschluss einer Lebensversicherung bezifferte Angaben zur Höhe von möglichen Leistungen über die vertraglich garantierte Leistung hinaus macht. In diesem Fall muss er dem Versicherungsnehmer eine *Modellrechnung* übermitteln, bei der die mögliche Ablaufleistung unter Zugrundelegung der Rechnungsgrundlagen für die Prämienkalkulation mit drei verschiedenen Zinssätzen dargestellt wird (§ 154 Abs. 1 S. 1 VVG).

    Der Versicherer ist zudem verpflichtet, den Versicherungsnehmer klar und verständlich darauf aufmerksam zu machen, dass aus der bloßen Modellrechnung noch keine vertraglichen Ansprüche gegen den Versicherer folgen (§ 154 Abs. 2 VVG). Ein Verstoß gegen diese Pflicht kann nach allgemeinen Regeln zu einem entsprechenden Leistungsanspruch des Versicherungsnehmers oder auch zu einem Anspruch aus culpa in contrahendo (§§ 280 Abs. 1, 241 Abs. 2, 311 Abs. 2 BGB) führen (s. P/M/*Reiff* § 154 VVG Rn. 15). Nicht erfasst werden freilich reine Risikoversicherungen (§ 154 Abs. 1 S. 2 VVG), da Modellrechnungen nur bei Versicherungen in Betracht kommen, bei denen die Überschussbeteiligung erhebliches wirtschaftliches Gewicht hat (s. L/P/*Krause* § 154 Rn. 3). Teils wird angenommen, die Norm sei nach ihrem Schutzzweck nur dann anzuwenden, wenn der Versicherungsnehmer Verbraucher ist. Daran fehle es, wenn im Bereich der betrieblichen Altersversorgung Lebensversicherungsverträge durch Arbeitgeber zu Gunsten ihrer Arbeitnehmer abgeschlossen werden (s. Hk/*Brambach* § 154 Rn. 6).

710 ▶ Welche Unterrichtungspflichten hat der Versicherer während der Vertragslaufzeit in Bezug auf die Überschussbeteiligung?

Nach § 155 S. 1 VVG hat der Versicherer bei Versicherungen mit Überschussbeteiligung den Versicherungsnehmer jährlich in Textform über die *Entwicklung seiner Ansprüche* unter Einbeziehung der Überschussbeteiligung zu unterrichten. Zudem muss er den Versicherungsnehmer auf Abweichungen von den anfänglichen Angaben hinweisen (§ 155 S. 2 VVG). Eine neue, aktualisierte Modellrechnung muss aber nicht übermittelt werden (s. RegBegr. S. 98; MünchKommVVG/*Heiss* § 155 Rn. 18).

711 ▶ Muss der Versicherer den Versicherungsnehmer auch über die Gründe für die Abweichung informieren?

Eine Literaturansicht verneint diese Frage: Nach der amtlichen Begründung sei der Grund für die Information über Abweichungen i. S. von § 155 S. 2 VVG, dass der Versicherungsnehmer ein Interesse an der „Klarheit über die Entwicklung seiner Ansprüche" hat. Dies werde bereits dadurch erreicht, dass er über das „Ob" und das „Wie" einer Abweichung informiert wird. Der Grund für die Abweichung sei dagegen nachrangig (s. P/M/*Reiff* § 155 VVG Rn. 5).

712 ▶ Was versteht man unter dem Rückkaufswert einer Versicherung?

Der Rückkaufswert ist der Betrag, den der Versicherungsnehmer vom Versicherer verlangen kann, wenn eine kapitalbildende Lebensversicherung durch Kündigung des Versicherungsnehmers oder durch Rücktritt oder Anfechtung des Versicherers aufgehoben wird (vgl. § 169 Abs. 1 VVG). Die Berechnung erfolgt nach § 169 Abs. 3 VVG (s. Frage 718; näher L/R/*Langheid* § 169 Rn. 25 f.).

713 ▶ Für welche Arten von Lebensversicherungsverträgen gilt § 169 VVG?

Nach § 169 Abs. 1 VVG muss es sich um eine Versicherung handeln, die Versicherungsschutz für ein Risiko bietet, bei dem der Eintritt der Verpflichtung des

Versicherers „*gewiss*" ist. Dies ist bei reinen Risikodeckungen, also bei Risikolebensversicherungen, Restschuldversicherungen oder Berufsunfähigkeitsversiche-
rungen, nicht der Fall (s. B/M/*Winter* § 169 Rn. 13 ff.).

▶   Was gilt im Falle einer Kündigung des Versicherers?   **714**

Bei einer Kündigung durch den Versicherer ist nach § 166 Abs. 1 VVG ausschließlich die Umwandlung in eine prämienfreie Versicherung nach § 165 VVG vorgesehen (s. L/P/*Krause* § 169 Rn. 15).

▶   Warum erfasst § 169 VVG nicht den Fall der Anfechtung oder des Rück-   **715**
    tritts des Versicherungsnehmers?

In diesen Konstellationen hat der Versicherer Anlass zur Anfechtung oder zu Rücktritt gegeben, so dass seine Privilegierung im Vergleich zum allgemeinen Bereiche-
rungs- und Rücktrittsfolgenrecht nicht angebracht ist. Die Rückabwicklung richtet
sich somit nach allgemeinen Regeln, und der Versicherungsnehmer kann unter Umständen nicht nur den Rückkaufswert, sondern alle gezahlten Prämien und entsprechende Zinsen verlangen (s. B/M/*Winter* § 169 Rn. 61; RegBegr. S. 101). Auch bei
einer Rückabwicklung gem. § 5a VVG a. F. infolge Ausübung des Widerspruchsrechts besteht dem Grunde nach ein solcher, auf die Leistungskondiktion (§ 812
Abs. 1 S. 1 Fall 1 BGB) gestützter Anspruch (s. BGH VersR 2014, 817 Rn. 45;
Frage 140).

▶   Ist § 169 VVG analog auf sonstige Beendigungstatbestände anwendbar?   **716**

Das ist umstritten. Nach verbreiteter Ansicht ist die Norm Ausdruck eines allgemeinen Rechtsgedankens. Sie sei daher analog heranzuziehen, wenn der Versicherungsvertrag aus anderen Gründen beendet wird, z. B. durch einvernehmliche Aufhebung
(s. L/P/*Krause* § 169 Rn. 16; in diese Richtung auch P/M/*Reiff* § 169 Rn. 29). Etwas
anderes sei schon nicht mit der Rechtsprechung des BVerfG (VersR 2005, 1127 ff.)
vereinbar.

Dem wird entgegengehalten, dass es an der für eine Analogie erforderlichen
planwidrigen Regelungslücke fehle: Im Rahmen des Gesetzgebungsverfahrens zur
VVG-Reform wurde die Neuregelung des Rückkaufswerts intensiv beraten. Der
Gesetzgeber habe hier zwischen verschiedenen Beendigungstatbeständen differenziert und damit keinen allgemeinen Rechtsgedanken etablieren wollen (s. Hk/*Brambach* § 169 Rn. 13 f.).

▶   Nach § 169 Abs. 2 S. 1, 2 VVG ist bei einer Kündigung durch den Versiche-   **717**
    rungsnehmer der Rückkaufswert auf die zu diesem Zeitpunkt geschul-
    dete hypothetische Versicherungsleistung begrenzt. Ein überschießen-
    der Betrag ist in eine prämienfreie Versicherung umzuwandeln. Kann
    diese Vorschrift durch abweichende Vereinbarung in den AVB abbedun-
    gen werden?

Ja. Nach allgemeiner Meinung in der Literatur ist dies möglich, da der Versicherungsnehmer sich ohnehin vom Versicherer lösen wollte und dem kündigenden Versicherungsnehmer somit kein Nachteil entsteht (s. nur B/M/*Winter* § 169 Rn. 84).

718 ▶ Wie wird der Rückkaufswert berechnet?

Der Rückkaufswert ist nach § 169 Abs. 3 S. 1 VVG das *Deckungskapital* der Versicherung (zur Diskussion über die begriffliche Konkretisierung des Deckungskapitals s. MünchKommVVG/*Mönnich* § 169 Rn. 65 ff.). Dieses ist nach den anerkannten Regeln der Versicherungsmathematik mit den Rechnungsgrundlagen der Prämienkalkulation zum Schluss der laufenden Versicherungsperiode zu berechnen.

719 ▶ Welche Besonderheit besteht bei fondsgebundenen Versicherungen?

Bei fondsgebundenen Versicherungen trägt der Versicherungsnehmer unmittelbar die Chancen und Risiken der Anlage am Kapitalmarkt (s. Frage 667). Daher bestimmt § 169 Abs. 4 S. 1 VVG, dass in diesen Fällen der Rückkaufswert nach anerkannten Regeln der Versicherungsmathematik als *Zeitwert* der Versicherung zu berechnen ist. Der Zeitwert ist der Barwert unter Berücksichtigung aller zukünftigen Zahlungen des Versicherungsnehmers und aller zukünftigen Verpflichtungen des Versicherers (s. B/M/*Winter* § 169 Rn. 106). Damit wird der Vertrag bis zum vereinbarten Vertragsablaufzeitpunkt, also ohne Berücksichtigung des Kündigungsrechts nach § 165 VVG, abgebildet und auf den Kündigungszeitpunkt zurückgerechnet (RegBegr. S. 102).

720 ▶ Was ist die so genannte Zillmerung?

Der Begriff geht zurück auf den Mathematiker *Dr. August Zillmer* (1831–1893). Bei diesem Verfahren werden die vom Versicherungsnehmer am Beginn des Vertrages gezahlten Prämien zunächst mit den – nicht zuletzt wegen der erheblichen Vermittlungsprovisionen – relativ hohen Abschlusskosten verrechnet. Dadurch wird anfänglich der größte Teil der vom Versicherungsnehmer gezahlten Prämien zur Tilgung dieser Kosten verwendet, und nur ein geringer Teil dient der Kapitalansparung (s. BGH VersR 2012, 1149 Rn. 15 ff.; PVR Rn. 2165). Daher sind bereits unter Transparenzgesichtspunkten gesteigerte Anforderungen an die Klauselgestaltung zu stellen. Sie müssen insbesondere klar und deutlich die mit einer frühzeitigen Kündigung einhergehenden wirtschaftlichen Belastungen zu erkennen geben, die aus der Abschlusskostenverrechnung nach dem Zillmerverfahren resultieren (vgl. BGH VersR 2001, 841, 843 f.).

721 ▶ Wie wirkt sich die Zillmerung auf den Rückkaufswert bei frühzeitiger Kündigung des Versicherungsnehmers aus? Wie sind BVerfG und BGH dem entgegengetreten?

Der Rückkaufswert wäre in den ersten Vertragsjahren sehr niedrig oder gleich null (sogar ein negatives Deckungskapital ist möglich), wenn der Versicherer die Prämienzahlungen uneingeschränkt mit den Abschlusskosten verrechnen könnte (vgl. BGH VersR 2012, 1149 Rn. 25 ff.). Eine vorzeitige Kündigung würde für den Versicherungsnehmer somit erhebliches Verlustgeschäft bedeuten, da er von den gezahlten Prämien wenig oder nichts erstattet bekommt. Das BVerfG (VersR 2006, 489 Rn. 65 ff.) hat deshalb die Auffassung vertreten, dass es mit den aus Art. 2 Abs. 1 und Art. 14 Abs. 1 GG folgenden Schutzaufträgen des Gesetzgebers nicht zu vereinbaren sei, wenn infolge der Abschlusskostenverrechnung in den ersten Jahren kein oder nur ein sehr geringer Rückkaufswert an den Versicherungsnehmer ausgezahlt werde. Der BGH hatte bereits in einem Grundsatzurteil aus dem Jahre 2005 entschieden, dass dem Versicherungsnehmer mindestens die Hälfte des ungezillmerten Deckungskapitals als Rückkaufswert auch im Falle frühzeitiger Stornierung des Vertrages zustehen müsse (VersR 2005, 1565, 1570). Klauseln in AVB, die zu höheren Abzügen führen, benachteiligten den Versicherungsnehmer auch in materieller Hinsicht entgegen den Geboten von Treu und Glauben unangemessen und seien infolgedessen gem. § 307 Abs. 1 S. 1 BGB unwirksam. Der Vertrag könne dann in dem Sinne ergänzend ausgelegt werden, dass dem Versicherungsnehmer mindestens ein Anspruch in Höhe der Hälfte des ungezillmerten Deckungskapitals zusteht. Für diese ergänzende Auslegung hat der BGH sich an einem Vorschlag der VVG-Reformkommission orientiert, der allerdings vom Gesetzgeber nicht aufgegriffen wurde. Dessen ungeachtet hat der BGH an seiner Rechtsprechung festgehalten (s. nur BGH VersR 2013, 1429 ff.). Nach anderer Ansicht muss sich eine ergänzende Vertragsauslegung an der Neuregelung des § 169 Abs. 3 VVG orientieren (s. *Reiff*, VersR 2013, 785, 790; PVR Rn. 2169). Ein solches Vorgehen hat der BGH (VersR 2013, 1429 Rn. 18 f.) indessen abgelehnt. Denn ein Rückgriff auf die Regelung des § 169 Abs. 3 VVG n. F. – wenn auch vermittelt über die Grundsätze zur ergänzenden Vertragsauslegung – stehe dem in Art. 4 Abs. 2 EGVVG unmissverständlich zum Ausdruck kommenden Willen des Gesetzgebers entgegen, § 169 Abs. 3 VVG n. F. gerade keine Rückwirkung auf Altverträge zukommen zu lassen.

▶   **Wie regelt das VVG diese Problematik für Neuverträge?**   **722**

Die Möglichkeit ungehinderter Zillmerung vernachlässigt die Interessen des Versicherungsnehmers. Macht er zulässigerweise in den ersten Vertragsjahren von einem gesetzlichen Kündigungsrecht Gebrauch, so soll ihm ein *Mindestrückkaufswert* zustehen (RegBegr. S. 102). Das Gesetz regelt daher in § 169 Abs. 3 S. 1 VVG, dass der Rückkaufswert bei einer Kündigung des Versicherungsnehmers mindestens den Betrag des Deckungskapitals aufweisen muss, der sich aus der gleichmäßigen Verteilung der angesetzten Abschluss- und Vertriebskosten auf die *ersten fünf Vertragsjahre ergibt*. Für Altverträge bleibt die Problematik materiell unangemessener Zillmerklauseln (s. Frage 721) nichtsdestotrotz weiter bedeutsam, weil der Gesetzgeber es ausdrücklich abgelehnt hat, die Regelung des § 169 Abs. 3 VVG auch auf vor dem 01.01.2008 geschlossene Versicherungsverträge zu übertragen (Art. 4 Abs. 2 EGVVG).

723 ▶ Ist § 169 Abs. 3 S. 1 VVG auch auf Versicherungen mit Einmalprämien anzuwenden?

Das ist fraglich. Vom Wortlaut des § 169 Abs. 3 S. 1 VVG sind grundsätzlich auch Lebensversicherungsverträge mit Einmalzahlung erfasst. Nach einer in der Literatur vertretenen Ansicht ist die Norm aber in diesen Fällen teleologisch zu reduzieren (s. MünchKommVVG/*Mönnich* § 169 Rn. 98; offenlassend L/P/*Krause* § 169 Rn. 38). Begründet wird dies damit, dass bei Verträgen mit Einmalbeitrag das Zillmerverfahren bereits von Grund auf keine Anwendung findet. Dadurch weisen diese Versicherungsverträge, anders als Versicherungen gegen laufenden Beitrag, schon mit der Zahlung der ersten (und einzigen) Prämie einen sehr hohen Rückkaufswert auf. Insofern bestehe kein Bedarf für die Regelung des § 169 Abs. 3 S. 1 VVG. Zudem gehe der Gesetzgeber in seiner Begründung davon aus, dass mehrere Prämien zu zahlen sind; dabei habe er Einmalbeitragsprodukte nicht in den Blick genommen.

724 ▶ Was versteht man unter den „mit dem Deckungskapital vergleichbaren ausländischen Bezugsgrößen" i. S. von § 169 Abs. 3 S. 3 VVG?

Es werden grundsätzlich nur solche Bezugswerte erfasst, bei denen ein Sparprozess stattfindet und bei denen die Rechnungsgrundlagen der Prämienkalkulation verwendet werden (s. B/M/*Winter* § 169 Rn. 104).

725 ▶ Gilt die Neuregelung des § 169 VVG auch für Altverträge?

Nein. Nach Art. 4 Abs. 2 EGVVG gilt für Altverträge vielmehr der inhaltlich deutlich abweichende § 176 VVG a. F.

726 ▶ Was geschieht mit den Verträgen eines Versicherers, wenn er in die Insolvenz gerät?

Für diese Fälle haben die Lebensversicherer gemeinsam die Auffanggesellschaft „Protektor Lebensversicherungs-AG" gegründet, die die notleidenden Verträge dann vom insolventen Lebensversicherer übernimmt und fortführt. Auf diese Gesellschaft sind die Aufgaben und Befugnisse des gesetzlichen Sicherungsfonds (§ 223 VAG) gem. § 224 Abs. 1 VAG übertragen worden (s. PVR Rn. 64; Fragen 812–814).

F. Berufsunfähigkeitsversicherung

727 ▶ Welchen Zwecken kann die Berufsunfähigkeitsversicherung dienen?

Die Berufsunfähigkeitsversicherung verfolgt den Zweck der Wahrung des *berufsbedingten Status* des Versicherten (s. OLG Hamm r+s 1990, 355, 356) oder die Sicherung seiner wirtschaftlichen *Existenzgrundlage* (s. PVR Rn. 2191).

▶ Welche besondere Bedeutung kommt der Berufsunfähigkeitsversiche-   **728**
rung in Bezug auf die persönliche Vorsorge zu?

Das Sozialversicherungsrecht gewährt seit dem 01.01.2001 für nach dem 02.01.1961
Geborene lediglich Schutz bei (teilweiser) *Erwerbsminderung* gem. § 240 SGB
VI. Angesichts der Tatsache, dass statistisch jeder vierte Erwerbstätige vor Erreichen der Altersgrenze aus gesundheitlichen Gründen aus dem Beruf ausscheidet
(s. Hk/*Mertens* § 172 Rn. 1), gewinnt die private Vorsorge in Form der Berufsunfähigkeitsversicherung an Bedeutung. Das hat der Gesetzgeber durch die Aufnahme des
Versicherungszweiges der Berufsunfähigkeitsversicherung ins VVG deutlich gemacht.

▶ Handelt es sich um eine Summen- oder um eine Schadensversicherung?   **729**

Eine Berufsunfähigkeit ist eine Personenversicherung und zugleich eine *Summenversicherung*, da es nicht darum geht, einen konkret eingetretenen Schaden zu ersetzen. Daher sind die Regeln der Schadensversicherung (§§ 74–99 VVG) nicht
anwendbar (s. PVR Rn. 2192).

▶ Wann liegt eine Berufsunfähigkeit im Sinne der Berufsunfähigkeitsversi-   **730**
cherung vor?

Gem. § 172 Abs. 2 VVG ist berufsunfähig, wer seinen zuletzt ausgeübten Beruf, so
wie er ohne gesundheitliche Beeinträchtigung ausgestaltet war, infolge Krankheit,
Körperverletzung oder mehr als altersentsprechenden Kräfteverfalls ganz oder teilweise voraussichtlich auf Dauer nicht mehr ausüben kann (s. PVR Rn. 2194). Es
handelt sich um einen eigenständigen Begriff, der nicht mit gleichlautenden Begriffen in § 240 SGB VI, den Bestimmungen der Versorgungswerke oder der privaten
Krankenversicherung genau übereinstimmt (s. Hk/*Mertens* § 172 Rn. 17). Hierauf
hat der Versicherer gem. § 2 Abs. 4 S. 2 VVG-InfoV hinzuweisen (s. PVR Rn. 2203).

▶ Was versteht man unter einem Beruf?   **731**

Der Begriff ist nach der Alltags- und Rechtssprache auszulegen (s. VersRHdb/*Rixecker* § 46 Rn. 14). Danach ist *Beruf* jede auf Dauer angelegte und auf Erwerb
gerichtete Tätigkeit, die der Schaffung und Erhaltung einer Lebensgrundlage dient
(s. BVerfGE 7, 377, 397 ff.)

▶ Inwiefern muss der Versicherungsnehmer nachweisen, dass er seine kon-   **732**
krete berufliche Tätigkeit nicht mehr ausüben kann?

Der Versicherungsnehmer muss seinen Beruf im Regulierungsverfahren und im
Prozess in allen Einzelheiten beschreiben. Er muss darlegen und beweisen, wie
sich seine gesundheitliche Beeinträchtigung in seinem konkreten Beruf auswirkt.
Dafür ist eine konkrete Tätigkeitsbeschreibung zu erstellen, mit der die für den

Versicherungsnehmer anfallenden Leistungen ihrer Art, ihrem Umfang sowie ihrer Häufigkeit nach für einen Außenstehenden nachvollziehbar werden (s. BGH VersR 2005, 676, 677; Hk/*Mertens* § 172 Rn. 27).

733 ▶ Welche Besonderheiten bestehen bei Selbstständigen?

Selbstständige haben durch ihr Weisungs- und Direktionsrecht gegenüber ihren Mitarbeitern die Möglichkeit ihren Betrieb umzuorganisieren. Der Selbstständige, der Leistungen aus der Berufsunfähigkeitsversicherung beansprucht, muss daher die Struktur und Organisation seines Betriebs darlegen sowie nachweisen, dass Umorganisationsmöglichkeiten nicht bestehen oder unzumutbar sind (s. Hk/*Mertens* § 172 Rn. 31).

734 ▶ Welche Umorganisationsmöglichkeiten sieht die Rechtsprechung als unzumutbar an?

Unzumutbar sind z. B. die Verpachtung des Betriebs (s. OLG Karlsruhe VersR 1990, 608, 609) sowie die Änderung des Betriebscharakters (s. OLG Hamm VersR 1993, 954 f.). Nicht nötig sind auch ein erheblicher Kapitaleinsatz ohne zeitliche Amortisation (s. OLG Frankfurt r + s 2002, 82) oder auf Dauer ins Gewicht fallende Einkommenseinbußen (s. BGH VersR 2003, 631, 633).

735 ▶ Der Beruf muss „infolge" der gesundheitlichen Umstände nicht mehr ausgeübt werden können. Wann kann es an dieser Kausalität fehlen?

Dies kann der Fall sein bei rechtlicher Unmöglichkeit der Berufsausübung (BGH VersR 2007, 821, 823), Kenntniswegfall (BGH VersR 2007, 631, 632) oder Berufsverbot (OLG Celle VersR 2006, 394, 396). Zudem kann es an der Kausalität fehlen, wenn der Versicherte sog. *zumutbare Schutzmaßnahmen* unterlässt (s. VersRHdb/*Rixecker* § 46 Rn. 78 f.). Die Berufsunfähigkeitsversicherung soll nur vor schicksalhaft erlittenen Gesundheitsrisiken schützen. Es sei aber nicht schicksalhaft, wenn der Beruf nur deshalb nicht mehr ausgeübt werden kann, weil der Versicherte etwas unterlässt, was ein anderer in gleicher Lage ohne Versicherungsschutz tun würde (s. OLG Saarbrücken VersR 2007, 635). Dazu zählen z. B. Fälle, in denen die Leistungsfähigkeit mit Medikamenten erhalten oder verbessert werden kann, sofern diese nicht die Gesundheit einschränken (s. Hk/*Mertens* § 172 Rn. 46).

736 ▶ Was setzt der Begriff der Berufsunfähigkeit in zeitlicher Hinsicht voraus?

Dies wird durch das Tatbestandsmerkmal „voraussichtlich auf Dauer" bestimmt. Es muss prognostiziert werden, ob die verloren gegangenen Fähigkeiten in einem überschaubaren Zeitraum wiederhergestellt werden können (s. Hk/*Mertens* § 172 Rn. 54). Der BGH fordert hierfür, dass eine *günstige Prognose* in einem überschaubaren Zeitraum oder in absehbarer Zeit nicht gestellt werden kann (s. BGH VersR 2007, 383 Rn. 10). Dabei wird teils ein Prognosezeitraum von drei Jahren angenommen (s. OLG Hamm VersR 1995, 1039, 1040; zum Ganzen PVR Rn. 2195).

▶ Kann der Versicherungsnehmer bei Berufsunfähigkeit darauf verwiesen   **737**
   werden, einen anderen Beruf auszuüben?

Das hängt vom Inhalt des Versicherungsvertrages ab. Gem. § 172 Abs. 3 VVG kann
als weitere Voraussetzung der Leistungspflicht des Versicherers vereinbart werden,
dass die versicherte Person auch keine andere Tätigkeit ausübt oder ausüben kann,
die zu übernehmen sie aufgrund ihrer Ausbildung und Fähigkeiten in der Lage ist
und die ihrer bisherigen Lebensstellung entspricht. Aufgrund der Formulierung
(*„kann"*) liegt in der Vereinbarung einer *Verweisungsmöglichkeit* kein Verstoß gegen § 307 BGB (s. Hk/*Mertens* § 172 Rn. 61).

▶ Welcher Unterschied besteht zwischen einer abstrakten und einer kon-   **738**
   kreten Verweisung?

Bei einer *konkreten Verweisung* übt der Versicherungsnehmer eine andere Tätigkeit
tatsächlich aus. Dies ist bei einer *abstrakten Verweisung* nicht der Fall: Hier könnte
der Versicherungsnehmer aus medizinischer Sicht noch eine andere Tätigkeit in einem Umfang ausüben, der die Berufsunfähigkeit ausschließt (s. PVR Rn. 2199).
Die Unterscheidung ist bedeutsam für die Zumutbarkeit einer Verweisungstätigkeit.

▶ Welche Anforderungen sind an die Begriffe „Ausbildung und Fähigkei-   **739**
   ten" zu stellen?

Sie stellen eine Ober- und Untergrenze für die tätigkeitsbezogene Vergleichbarkeit
dar (s. Hk/*Mertens* § 172 Rn. 64 ff.). Unzulässig ist eine Verweisung zum einen,
wenn die zur Ausübung notwendige Qualifikation oder Eingangsvoraussetzung
fehlt (*Obergrenze: Überforderung*; BGH VersR 1999, 1134, 1135). Zum anderen
darf nicht auf einen anderen Beruf verwiesen werden, wenn dieser den Versicherungsnehmer *unterfordert (Untergrenze)*. Dies ist dann der Fall, wenn deutlich geringere Erfahrungen und Fähigkeiten in der Vergleichstätigkeit vom Versicherungsnehmer gefordert werden, wobei auch die Dauer der Tätigkeit in einem Anlernberuf
zu berücksichtigen ist (s. BGH VersR 1992, 1073, 1074).

▶ Inwiefern muss die Verweisungstätigkeit „der bisherigen Lebensstellung   **740**
   entsprechen"?

Gemeint ist der *soziale Status*. Dieser ist geprägt durch das Einkommen und die abstrakte Wertschätzung, wobei der Einkommensvergleich vorrangig ist (s. VersRHdb/*Rixecker* § 46 Rn. 119, 126). Zu vergleichen ist das *Bruttoeinkommen* (s. BGH VersR
1998, 42, 43). Bei einer abstrakten Verweisung darf die Verweisungstätigkeit keine
deutlich geringeren Kenntnisse und Fähigkeiten erfordern und auch in ihrer Vergütung
und Wertschätzung nicht spürbar unter dem Niveau des bislang ausgeübten Berufs
liegen (s. PVR Rn. 2199 ff.). Unabhängig von einem unter Umständen auch höheren
Einkommen in dem ausgeübten Verweisungsberuf darf der Versicherte in diesem
nicht „unterwertig" beschäftigt sein, d. h. seine frühere Qualifikation und seinen be-
ruflichen oder sozialen Status nicht unterschreiten (BGH VersR 2018, 152 Rn. 12).

741 ▶ Welche Aspekte sind mit dem Kriterium der „sozialen Wertschätzung" gemeint?

Dies können z. B. Aufstiegsmöglichkeiten, Schichtdienst, Schwere der Arbeit, Kündigungsschutz, Weisungsgebundenheit, Weisungsberechtigung oder Kreativität sein (s. Hk/*Mertens* § 172 Rn. 72).

742 ▶ Wozu ist der Versicherer verpflichtet, wenn der Versicherungsnehmer einen Leistungsantrag stellt?

Der Versicherer muss bei Fälligkeit eine *Erklärung in Textform* abgeben, ob er seine Leistungspflicht anerkennt (§ 173 Abs. 1 VVG). Dies dient dem Schutz des Versicherungsnehmers, der ein Interesse daran hat, etwaige wiederkehrende Leistungen des Versicherers in seine Zukunftsplanung mit einzubeziehen (s. PVR Rn. 2202). Ein Anerkenntnis darf nur einmal zeitlich begrenzt werden; es ist bis zum Ablauf der Frist bindend (§ 173 Abs. 2 VVG).

743 ▶ Muss für die Befristung des Anerkenntnisses ein sachlicher Grund vorliegen?

Das ist umstritten. Der Wortlaut des § 173 Abs. 2 VVG fordert dies nicht. Nach einer Ansicht zur alten Rechtslage gebietet dies aber der Schutz der dauerhaften Lebensplanung des Versicherungsnehmers (s. OLG Köln VersR 2006, 351, 352; zum neuen Recht: M/S/*Marlow* Rn. 1213: Befristung muss zum Schutz vor Missbrauch seitens des Versicherers sachlich begründet sein). Nach anderer Ansicht ist es ausreichend, dass der Versicherungsnehmer für die Dauer der Befristung planen kann (s. Hk/*Mertens* § 173 Rn. 9). Der Versicherungsnehmer werde auch nicht unangemessen benachteiligt, da er die volle Darlegungs- und Beweislast noch nicht getragen hat (s. *Römer*, VersR 2006, 865, 870).

744 ▶ Wie kann der Versicherer reagieren, wenn er feststellt, dass keine Berufsunfähigkeit mehr vorliegt?

Der Versicherer wird in diesem Fall nur leistungsfrei, wenn er dem Versicherungsnehmer diese Veränderung in Textform dargelegt, und auch dann erst frühestens mit Ablauf des dritten Monats nach Zugang der Erklärung beim Versicherungsnehmer (§ 174 Abs. 1, 2 VVG).

745 ▶ Inwiefern haben die Vorschriften der Lebensversicherung auch für die Berufsunfähigkeitsversicherung Bedeutung?

Nach § 176 VVG sind die §§ 150–170 VVG auf die Berufsunfähigkeitsversicherung entsprechend anzuwenden, soweit die Besonderheiten dieser Versicherung nicht entgegenstehen. Handelt es sich aber um halbzwingende Regelungen, so soll diese Einschränkung der Produktgestaltungsfreiheit für die Berufsunfähigkeitsversicherung nicht gelten (s. RegBegr. S. 107).

▶ Ist der Versicherer bei Vorsatz leistungsfrei? **746**

Eine ausdrückliche Regelung findet sich dazu in den §§ 172 ff. VVG nicht. § 161 Abs. 1 VVG ist nicht über § 176 VVG entsprechend anzuwenden, da dieser nur den Fall der Versorgung Dritter bei Selbsttötung regelt und dies vom Gesetz selbst bei Vorsatz anerkannt wird, sofern seit Vertragsschluss drei Jahre vergangen sind. In der Berufsunfähigkeitsversicherung geht es dagegen um „Eigenversorgung". § 81 Abs. 1 VVG greift nicht ein, da er nur für die Schadensversicherung gilt. Daher kommt es darauf an, ob ein *Vorsatzausschluss* in den Versicherungsbedingungen geregelt ist.

▶ Häufig wird die Berufsunfähigkeitsversicherung als Zusatzdeckung zu **747** einer Lebensversicherung genommen. Wie verhalten sich beide Versicherungen zueinander?

Die AVB dieser Zusatzdeckung (sog. *Berufsunfähigkeits-Zusatzversicherung [BUZ]*) sind regelmäßig aufeinander abgestimmt, indem eine einseitige Abhängigkeit hergestellt wird. Die Berufsunfähigkeitsversicherung bildet demnach mit der Lebensversicherung als sog. *Hauptversicherung* eine Einheit. Sie kann nicht ohne die Hauptversicherung abgeschlossen werden und endet mit dieser (Akzessorietät; s. PVR Rn. 2204).

▶ Können Ansprüche aus einer Lebensversicherung zur Sicherheit abge- **748** treten werden, wenn diese mit einer Berufsunfähigkeitsversicherung als Zusatzversicherung verbunden ist?

Tritt der Versicherungsnehmer zur Sicherheit Ansprüche aus einer Lebensversicherung, an die eine Berufsunfähigkeitsversicherung als Zusatzversicherung gekoppelt ist, an Dritte ab, so kann die Wirksamkeit eines solchen Abtretungsvertrages zwischen Zedent (Versicherungsnehmer) und Zessionar (i. d. R. ein Kreditinstitut) in zweierlei Hinsicht zweifelhaft sein. Dabei geht es zum einen um die Frage, ob die Abtretung wegen eines vertraglichen Abtretungsausschlusses nach § 399 Fall 2 BGB unwirksam ist. Dies ist nach Auffassung des BGH nicht der Fall, da die Einheit zwischen Lebens- und Berufsunfähigkeitsversicherung lediglich gewährleisten soll, dass die BUV nicht isoliert ohne die Lebensversicherung als Hauptversicherung existieren kann. Daran ändert die Abtretung als solche indessen gerade nichts, da die vertraglichen Beziehungen zwischen Versicherer und Versicherungsnehmer bestehen bleiben (s. BGH VersR 2010, 237 Rn. 12 ff.).

Zum anderen geht es um die Frage, ob der Wirksamkeit der Abtretung ein Abtretungsverbot nach § 850b Abs. 1 Nr. 1 ZPO i. V. mit § 400 BGB entgegensteht. Auch dies verneint der BGH. Zwar spreche der soziale Schutz des Pfändungsverbots dafür, die Leistungen aus der Berufsunfähigkeitsversicherung als Rente i. S. von § 850b Abs. 1 Nr. 1 ZPO anzusehen. Daraus folge, dass Ansprüche aus jener Versicherung unpfändbar sind und daher nicht abgetreten werden können. Die Unwirksamkeit der Abtretung von Ansprüchen aus einer Berufsunfähigkeitsversicherung führe aber nicht dazu, dass auch die Abtretung der Ansprüche aus der

Lebensversicherung im Übrigen unwirksam wäre. Der BGH argumentiert dabei insbesondere mit der Regelung des § 139 BGB. Gemessen am Parteiwillen führe demnach weder eine isolierte Abtretung der Ansprüche aus der Lebensversicherung noch eine Abtretung der Lebensversicherung mitsamt der BUZ als Gesamtheit zur Unwirksamkeit der Abtretung der Lebensversicherung (s. BGH VersR 2010, 237 Rn. 16 ff.; s. zum Ganzen PVR Rn. 2205 ff.).

748a ▶ Wann verjähren Ansprüche aus einer Berufsunfähigkeitsversicherung?

Dies ist umstritten. Während nach h.M. nach Fälligkeit das sog. Stammrecht, d. h. der Anspruch als Ganzes, verjährt (OLG Saarbrücken VersR 2018, 725; *Neuhaus*, VersR 2018, 711), hat das OLG Jena (VersR 2018, 723) entschieden, dass die abschnittsweise zu erbringenden Leistungen nach § 195 BGB jeweils in drei Jahren verjähren.

G. Private Krankenversicherung

749 ▶ Worin unterscheidet sich die private von der gesetzlichen Krankenversicherung?

In der gesetzlichen Krankenversicherung gilt das *Solidaritätsprinzip*, d. h. der Beitrag ist von der Höhe des Einkommens des Versicherten abhängig. In der privaten Krankenversicherung richtet sich die Prämienhöhe hingegen nach dem individuellen Risiko des Versicherten (sog. *Äquivalenzprinzip*). Dabei ist das sog. *Kapitaldeckungsverfahren* gesetzlich zwingend vorgeschrieben. Demnach muss der Versicherer insbesondere Altersrückstellungen bilden, um den Kostenbedarf vorzufinanzieren. In der gesetzlichen Krankenversicherung erfolgt die Finanzierung dagegen im Wege des *Umlageverfahrens*; dieses macht grundsätzlich die Bildung von Rückstellungen entbehrlich (vgl. *Wandt* Rn. 1313; zur Abgrenzung s. auch PVR Rn. 247 ff.).

In der gesetzlichen Krankenversicherung gilt das *Sachleistungsprinzip*, d. h. der Versicherer schuldet Sach- und Dienstleistungen. Anders ist es in der privaten Krankenversicherung; hier schuldet der Versicherer (vorbehaltlich besonderer Abreden zu Assistance-Leistungen) die anfallenden Geldleistungen. Es gilt das *Kostenerstattungsprinzip* (s. dazu PVR Rn. 2235; Frage 756).

750 ▶ Nennen Sie drei Arten der privaten Krankenversicherung!

- Krankheitskostenversicherung;
- Krankenhaustagegeldversicherung;
- Krankentagegeldversicherung.

751 ▶ Wie sind diese Arten systematisch einzuordnen?

Die Krankenversicherung ist ebenso wie die Lebensversicherung eine Personenversicherung. Sie kann je nach Ausgestaltung eine Summen- oder Schadensversicherung sein (vgl. Frage 7: eine Summenversicherung ist grds. stets eine Personenversicherung, aber nicht umgekehrt).

- Die *Krankheitskostenversicherung* ist eine Schadensversicherung, weil sich nicht vorhersagen lässt, wie hoch die Kosten einer Krankenbehandlung sein werden. Es geht daher um eine *konkrete Bedarfsdeckung*.
- Die *Krankenhaustagegeldversicherung* ist dagegen als Summenversicherung einzuordnen. Nach den Versicherungsbedingungen verpflichtet sich der Versicherer zur Leistung einer im Voraus genau bestimmten Summe pro Kliniktag, ungeachtet der Höhe der tatsächlichen Kosten (*abstrakte Bedarfsdeckung*). Diese Einordnung hat zur Folge, dass die Regelung des § 86 VVG über den gesetzlichen Übergang von Ersatzansprüchen des Versicherungsnehmers gegen Dritte auf den Versicherer nicht anwendbar ist. Dies verbietet allerdings nicht eine Vereinbarung über die Abtretung eines Schadensersatzanspruchs des Versicherten gegen einen schädigenden Dritten (vgl. *Wandt* Rn. 1331).
- Nach verbreiteter Ansicht handelt es sich auch bei der *Krankentagegeldversicherung* um eine Summenversicherung. Auch hier hat der Versicherte Anspruch auf eine im Voraus vereinbarte feste Summe pro Tag einer festgestellten Krankheit. § 86 VVG ist demnach auch hier nicht anwendbar. AVB-Bestimmungen, nach denen die Leistung des Versicherers nicht erheblich über den Verdienstausfall hinausgehen kann, machen die Krankentagegeldversicherung nach Ansicht des BGH (VersR 2001, 1100, 1101 f.) noch nicht zu einer Schadensversicherung. Als solche wäre sie nur dann zu qualifizieren, wenn die zu erbringende Versicherungsleistung nach den AVB den Einkommensschwankungen des Versicherten ständig und automatisch angepasst würde (so auch *Wandt* Rn. 1332; dagegen PVR Rn. 481 ff.).

▶ Wonach richtet sich, welche Personen von Gesetzes wegen in der gesetzlichen Krankenversicherung (GKV) versichert sind? **752**

Eine Versicherungspflicht in der GKV besteht gem. § 5 Abs. 1 Nr. 1 i. V. mit § 6 Abs. 1 Nr. 1 SGB V insbesondere für Arbeitnehmer, deren Brutto-Arbeitsentgelt die *Jahresarbeitsentgeltgrenze* (JAEG) nicht überschreitet. Im Jahr 2018 betrug diese Grenze 59.400 €. Wer sie überschreitet, ist damit lediglich von der Versicherungspflicht in der GKV befreit; er ist jedoch gem. § 193 Abs. 3 VVG verpflichtet, Versicherungsschutz zu unterhalten, sei es in der privaten Krankenversicherung (PKV) oder auf insoweit freiwilliger Basis in der GKV.

▶ Inwieweit kommt der PKV auch eine sozialpolitische Bedeutung zu? **753**

Ebenso wie in der GKV geht es in der PKV um die Absicherung eines Risikos, das wegen seiner dauerhaften und stetig zunehmenden Kostenträchtigkeit für die Versicherten existenziell ist. Die PKV unterliegt daher zwingenden aufsichtsrechtlichen und (halb-) zwingenden vertragsrechtlichen Regelungen. In dem durch das GKV-Wettbewerbsstärkungsgesetz vom 26.03.2007 eingeführten System zeigt sich die besondere sozialpolitische Bedeutung der PKV bereits durch die Versicherungspflicht für Versicherungsnehmer verbunden mit einem Kontrahierungszwang für die

Versicherer, einen Vertrag zum sog. *Basistarif* abzuschließen (§ 152 Abs. 2 VAG, § 193 Abs. 5 VVG). Dieser Basistarif soll einen ausreichenden Versicherungsschutz zu bezahlbaren Prämien ohne individuelle Risikozuschläge und Risikoausschlüsse bieten (s. § 203 Abs. 1 S. 2, 3 VVG). Nach Ansicht des BVerfG (VersR 2009, 957 Rn. 161 ff.) liegt darin kein verfassungswidriger Eingriff in die unternehmerische Freiheit der Versicherer. Im Falle einer Kündigung besteht ein Anspruch auf Übertragung eines Teils der Altersrückstellung; den nicht übertragbaren Teil der Altersrückstellung kann der Kündigende bei seinem bisherigen Versicherer in Zusatzversicherungen umwandeln (vgl. *Wandt* Rn. 1341 ff.).

754 ▶ Inwieweit stellt die PKV eine Sondermaterie dar, die sich vom System des Privatversicherungsrechts abhebt?

Die PKV fügt sich nicht ohne Weiteres in das System des Privatversicherungsrechts ein. Das VVG stellt hier zu grundlegenden Fragen spezielle Regeln auf. Das betrifft etwa den weitreichenden *Ausschluss des Kündigungsrechts des Versicherers* (s. PVR Rn. 1204 ff.). Zudem sind die Vorschriften über die Gefahrerhöhung nicht anwendbar (§ 194 Abs. 1 S. 2 VVG). Außerdem werden Versicherungsnehmer, die ihrer Verpflichtung zur Zahlung der Prämien nicht nachkommen, durch § 193 Abs. 6 VVG privilegiert (s. PVR Rn. 2230).

755 ▶ Was bedeutet die Bezeichnung „substitutive" Krankenversicherung?

Die meisten Deutschen sind kraft Gesetzes zwangsweise Mitglied der gesetzlichen Krankenversicherung (GKV). Für die verbleibenden rund 10 % besteht die Möglichkeit, sich in einer privaten Krankenversicherung (PKV) zu versichern. Die PKV ersetzt (d. h. *substituiert*) also für diesen Personenkreis die GKV. Deshalb gilt die Bezeichnung auch nur für diejenigen Versicherungsverträge, die ganz oder teilweise den im gesetzlichen Sozialversicherungssystem vorgesehenen Kranken- oder Pflegeversicherungsschutz ersetzen können (vgl. § 146 Abs. 1 VAG und § 195 Abs. 1 VVG). Substitutiv sind damit die Heilkostenversicherung, und zwar auch im Basistarif, sowie die Krankentagegeldversicherung, da auch die gesetzliche Krankenversicherung Krankengeld umfasst. Hiervon sind Versicherungen zu unterscheiden, die lediglich die Leistungen der GKV in Gestalt einer Zusatzdeckung aufstocken sollen, etwa in Gestalt der Unterbringung im Einbettzimmer. Auch die Krankenhaustagegeldversicherung gehört zur nicht substitutiven Krankenversicherung (s. PVR Rn. 2228; *Wandt* Rn. 1336 f.)

756 ▶ Auf welchem Prinzip beruht die Leistung des Krankenversicherers in der PKV?

Es gilt nach § 192 Abs. 1 VVG das *Kostenerstattungsprinzip*. Dies bedeutet, dass der Versicherer nicht (wie etwa in der Haftpflichtversicherung) die Freistellung von den Ansprüchen derjenigen Personen schuldet, die dem Versicherungsnehmer Leistungen erbracht haben. Vielmehr hat der Versicherer dem Versicherungsnehmer

diese Aufwendungen zu erstatten. Einen Anspruch auf Erteilung einer Deckungszusage sieht das Gesetz nicht vor (s. PVR Rn. 2235).

▶   In welcher Hinsicht weist das Kostenerstattungsprinzip für die Vertragspart-   **757**
    ner Nachteile auf? Wie versucht das Gesetz gegenzusteuern?

Für den Versicherungsnehmer ist das Kostenerstattungsprinzip insofern nachteilig,
als er grundsätzlich in Vorleistung treten muss, bevor er den Versicherer belangen
kann. Zudem schafft dieses Prinzip für den Versicherungsnehmer keinen Anreiz, die
Rechnungen der Leistungserbringer vor ihrer Begleichung kritisch zu prüfen. Diesem Problem soll § 192 Abs. 3 VVG abhelfen, der es ermöglicht, im Versicherungsvertrag weitere, über die Kostenerstattung hinausgehende Leistungen des Versicherers wie z. B. die Beratung über die Berechtigung von Entgeltansprüchen und die
Abwehr unberechtigter Ansprüche zu vereinbaren (sog. *managed care*). Ein weiterer Nachteil besteht in einem erhöhten subjektiven Risiko, etwa indem tatsächlich
nicht entstandene Kosten unter Vorlage von gefälschten oder „gekauften" Belegen geltend gemacht werden (s. PVR Rn. 2235).

▶   Besteht Deckungsschutz nur für solche Untersuchungs- oder Behandlungs-   **758**
    methoden bzw. Arzneimittel, die von der Schulmedizin anerkannt sind?

Mittlerweile leisten private Krankenversicherer auch für *alternative Methoden* und
Arzneimittel, die sich in der Praxis als ebenso erfolgsversprechend bewährt haben
oder die angewandt werden, weil keine schulmedizinischen Methoden oder Arzneimittel zur Verfügung stehen (vgl. § 4 Abs. 6 MB/KK 2009). Früher wurden dagegen
nicht allgemein anerkannte Untersuchungs- und Behandlungsmethoden und Arzneimittel ausgeschlossen. Diese *Wissenschaftlichkeitsklausel* hat der BGH als den
Versicherungsnehmer unangemessen benachteiligend verworfen, da sie nach dem
Verständnishorizont eines durchschnittlichen Versicherungsnehmers jegliche alternative Medizin ausschloss (s. BGH VersR 1993, 957, 959 f.; PVR Rn. 2234).

▶   Gibt es in der PKV ein Bereicherungsverbot?   **759**

Ja. Das Bereicherungsverbot nach § 200 VVG dient der Begrenzung des subjektiven
Risikos. Hat der Versicherte wegen desselben Versicherungsfalls einen Anspruch
gegen mehrere Erstattungsverpflichtete, so darf die Gesamterstattung die Gesamt-
aufwendungen nicht übersteigen. Neben dem privaten Krankenversicherer kommen
insbesondere die Träger der beamtenrechtlichen Beihilfe (§ 199 VVG) und der gesetzlichen Krankenversicherung in Betracht (s. PVR Rn. 2236).

▶   Welcher von mehreren Erstattungsverpflichteten darf im Falle des § 200   **760**
    VVG seine Leistungen kürzen?

Dies lässt das Gesetz offen. Die VVG-Reformkommission hatte vorgeschlagen, durch
eine ausdrückliche Regelung dem Privatversicherer das Leistungskürzungsrecht und

im Falle der Überzahlung den Anspruch aus Bereicherungsrecht zuzuerkennen (s. Abschlussbericht, S. 412). Der Gesetzgeber hat diesen Vorschlag nicht in das Gesetz übernommen. Daraus könnte gefolgert werden, dass die Ansprüche gegen alle Erstattungspflichtigen anteilig zu kürzen sind (so etwa Pk/*Brömmelmeyer* § 200 Rn. 7). Aus der systematischen Stellung der Regelung im Versicherungsvertragsrecht sowie aus dem Umstand, dass die PKV neben einer gesetzlichen Grundversorgung ergänzenden Charakter hat, folgt allerdings, dass die Leistung des privaten Krankenversicherers *subsidiär* ist und damit diesem das Kürzungs- bzw. Rückforderungsrecht zusteht (s. PVR Rn. 2236; *Wandt* Rn. 1379).

761 ▶ Durch welche weitere Regelung wird das subjektive Risiko begrenzt?

Nach § 201 VVG ist der Versicherer nicht zur Leistung verpflichtet, wenn der Versicherungsnehmer oder die versicherte Person *vorsätzlich* die Krankheit oder den Unfall bei sich selbst herbeiführt. Dabei genügt bedingter Vorsatz. Wer dagegen auf einen guten Ausgang vertraut, handelt in aller Regel nur mit bewusster Fahrlässigkeit. Dies gilt insbesondere für gefährliche Sportarten und regelmäßig auch für Drogenkonsum.

762 ▶ Hat ein fehlgeschlagener Suizidversuch der versicherten Person die Leistungsfreiheit des Versicherers nach § 201 VVG zur Folge?

Hier ist zwischen einem sog. *Bilanzsuizid* und einem *Appellsuizid* zu unterscheiden. Bei einem fehlgeschlagenen „ernsthaften" Selbsttötungsversuch (Bilanzsuizid) soll in der Regel kein Verletzungsvorsatz vorliegen, so dass für aus dem Suizidversuch resultierende Heilungskosten Versicherungsschutz besteht. Abgehoben wird dabei auf die Tatsache, dass beim ernsthaften Suizidversuch eine stattdessen eintretende Gesundheitsschädigung nicht vom Vorsatz des Suizidenten gedeckt sei. Zwar ist der Person, die sich selbst töten will, sehr wohl bewusst, dass sie sich verletzen wird, denn die Selbsttötung ist ohne eine vorhergehende Körperverletzung denklogisch nicht möglich. Gleichwohl macht sich der „ernsthafte" Suizident in der Regel aber keine Gedanken darüber, dass die Körperverletzung behandlungsbedürftig sein und aus der Behandlung Kosten entstehen könnten, denn er geht ja gerade vom Erfolg seiner Tat aus. Dass am Ende der Tat nicht der Tod, sondern „bloß" eine Körperverletzung stehen könnte, ist nicht vom voluntativen Element des Vorsatzes des „ernsthaften Suizidenten" umfasst, so dass kein Vorsatz i. S. des § 201 VVG vorliegt. Demgegenüber sind die Kosten einer Behandlung eines vorgetäuschten Suizidversuchs nicht von der Krankenversicherung gedeckt. Derjenige, der einen scheinbaren Suizidversuch in der Erwartung unternimmt, „gerettet" zu werden (Appellsuizid), fügt sich vorsätzlich eine Körperverletzung zu, so dass § 201 VVG eingreift (vgl. MünchKommVVG/*Hütt* § 201 Rn. 25 f.).

763 ▶ Kann der Versicherer von dem Bedingungsanpassungsrecht i. S. des § 203 Abs. 3 S. 1 VVG auch bei Rechtsprechungsänderungen Gebrauch machen, etwa wenn eine bestimmte AVB-Klausel höchstrichterlich für unwirksam erklärt wird?

Nein. Eine nicht nur als vorübergehend anzusehende Veränderung der Verhältnisse des Gesundheitswesens meint eine Änderung der *tatsächlichen* Verhältnisse. Eine Änderung der Rechtsprechung steht dem nicht gleich; vielmehr fallen diesbezügliche Änderungen in die Risikosphäre des Versicherers (s. BGH VersR 2008, 386 Rn. 15, PVR Rn. 2238 ff.).

▶ Das BVerwG erwähnte einst, dass der Zweck des Tarifwechselrechts des   **764**
Versicherungsnehmers gem. § 204 VVG vor allem darin bestehe, eine
drohende „Vergreisung" der Versichertenstruktur zu vermeiden. Was hat
es damit auf sich?

Mit der Regelung des § 204 Abs. 1 VVG soll bewirkt werden, dass in einen neu eröffneten Tarif nicht nur aus der Sicht des Versicherers „gute", d. h. niedrige Risiken aufgenommen werden. Auch Bestandsversicherte, bei denen nach längerer Versicherungszugehörigkeit unter Umständen ein höheres Risiko eingetreten ist, das der Versicherer zu tragen hat, sollen nicht davon abgehalten werden, in einen günstigeren Tarif zu wechseln. Wird durch eine günstige Tarifstruktur das Interesse von Neukunden auf einen neuen Tarif gelenkt, könnten sonst mit einer „*Vergreisung*" der Versichertenstruktur im alten Tarif die dortigen Beiträge wegen erhöhter Kosten steigen, während Versicherte mit geringem Risiko, typischerweise also jüngere Versicherungsnehmer, den Tarif mit günstigeren Beiträgen wählen. Eine derartige *Unausgewogenheit* soll durch die Regelung des § 204 Abs. 1 VVG verhindert werden (s. BT-Drs. 12/6959 S. 105; BVerwG VersR 2007, 1253 Rn. 32; PVR Rn. 2244).

▶ Welchen Fall betrifft die Regelung des § 204 Abs. 1 Nr. 2 VVG?   **765**

Im Zuge des GKV-Wettbewerbsstärkungsgesetzes (GKV-WSG) von 2007 wurde neben dem Basistarif auch das Recht auf Übertragung der kalkulierten Altersrückstellung (sog. *Portabilität*) eingeführt (§ 204 Abs. 1 Nr. 2 VVG). Der Hintergrund für diese Regelung liegt darin, dass die Krankenversicherer bei ihren Versicherungsnehmern im jüngeren und mittleren Alter deutlich über den Bedarf hinausgehende Prämien zu erheben und daraus eine Altersrückstellung zu bilden haben (§ 150 VAG). Damit soll dem Umstand Rechnung getragen werden, dass mit zunehmendem Alter die Krankheitskosten wesentlich steigen; die Bildung der Rückstellung ermöglicht es, einen entsprechend steilen Anstieg der Prämien im Alter zu vermeiden. Nach früherem Recht waren diese Rückstellungen im Falle eines Versichererwechsels nicht portabel. Durch die Neuregelung bezweckt der Gesetzgeber, einen solchen Wechsel zu erleichtern (s. PVR Rn. 2245).

▶ Schließt § 206 Abs. 1 S. 1 VVG nur die ordentliche oder auch die außer-   **766**
ordentliche Kündigung einer Krankheitskostenversicherung aus?

Wie sich aus dem Wortlaut des § 206 Abs. 1 S. 1 VVG („jede Kündigung") sowie im Umkehrschluss aus der Norm des § 206 Abs. 1 S. 2 VVG ergibt, die weitere

Sonderregelungen nur für die ordentliche Kündigung trifft, sind sowohl die ordentliche als auch die außerordentliche Kündigung einer Krankheitskostenversicherung ausgeschlossen (s. PVR Rn. 1204 ff.). Die Norm ist durch das BVerfG als *absolutes Kündigungsverbot* für verfassungsgemäß befunden worden (s. BVerfG VersR 2009, 957 Rn. 188 ff.).

767 ▶ Gilt der Ausschluss der außerordentlichen Kündigung uneingeschränkt?

Nach Auffassung des BGH (VersR 2012, 219 Rn. 15 ff.) kann gleichwohl aus § 314 BGB ein außerordentliches Kündigungsrecht für eine Krankheitskostenversicherung folgen. § 206 Abs. 1 S. 1 VVG ist demnach insoweit teleologisch zu reduzieren, da diese Vorschrift nach ihrem Sinn und Zweck lediglich die außerordentliche Kündigung wegen Prämienverzugs ausschließen soll. Hingegen bleibt das Recht des Versicherers, den Versicherungsvertrag aufgrund sonstiger schwerer Vertragsverletzungen gem. § 314 BGB außerordentlich zu kündigen, unberührt. Dies folgt insbesondere aus § 193 Abs. 5 S. 4 VVG, wonach der Versicherer den Abschluss eines Versicherungsvertrags im Basistarif ablehnen kann, wenn dem Antragsteller *schwere Verfehlungen* zur Last fallen. Der Versicherungsnehmer wird dadurch geschützt, dass er im Kündigungsfall gem. § 193 Abs. 5 VVG Anspruch darauf hat, von einem anderen Versicherer Deckungsschutz zu erlangen (s. PVR Rn. 1207).

768 ▶ Lassen sich diese Überlegungen zu einer teleologischen Reduktion auch auf die Kündigung einer privaten Pflegeversicherung übertragen?

Nein. Insoweit bestimmt § 110 Abs. 4 SGB XI, dass jede Kündigung, auch die außerordentliche, ausgeschlossen ist. Für eine teleologische Reduktion bleibt kein Raum (s. PVR Rn. 1208).

769 ▶ Welche Vorgaben macht das Gesetz im Hinblick auf eine Kündigung eines Krankenversicherungsvertrags zum Basistarif?

Eine durch den Versicherungsnehmer erklärte Kündigung eines Krankenversicherungsvertrags, der eine Pflicht aus § 193 Abs. 3 S. 1 VVG erfüllt, wird nach § 205 Abs. 6 VVG erst dann wirksam, wenn dem bisherigen Versicherer der *Nachweis über eine Anschlussversicherung* zugeht. Eine Rückwirkung auf den Zeitpunkt des Zugangs der Kündigung beim bisherigen Versicherer kommt nicht in Betracht (s. BGH VersR 2012, 1375 Rn. 22 ff.; PVR Rn. 1171 ff.).

Versicherungsaufsichtsrecht

A. Zwecke der Versicherungsaufsicht

▶ Welche Ziele verfolgt die Versicherungsaufsicht? **770**

Der zentrale Zweck der Versicherungsaufsicht liegt im Schutz der Versicherten (gemeint sind mit dieser dem VAG eigenen Ausdrucksweise alle Träger versicherter Interessen, also bei der Eigenversicherung auch Versicherungsnehmer) gegenüber den Versicherern. Insbesondere soll im Interesse der Versicherungsnehmer die *dauerhafte Erfüllbarkeit der Verpflichtungen* aus den Versicherungsverträgen sichergestellt werden (s. nur §§ 89 Abs. 1 S. 1, 138 Abs. 1, 213 S. 1, 294 Abs. 4 S. 1, 300 S. 1, S. 2 VAG). Dieser Zweck folgt aus dem gewerbepolizeilichen Ursprung der Versicherungsaufsicht, den grundrechtlichen Schutzpflichten des Staates zugunsten der Versicherungsnehmer (s. dazu BVerfG VersR 2005, 1109 ff.; 1127 ff.), dem Sozialstaatsprinzip, den europarechtlichen Vorgaben zur Ausgestaltung der Aufsicht sowie den Motiven und der Ausgestaltung des VAG (s. *Winter*, Versicherungsaufsichtsrecht, S. 56 ff.; PVR Rn. 22).

Nicht einhellig beurteilt wird hingegen die Frage, ob die Versicherungsaufsicht überdies auch der Sicherstellung der *Funktionsfähigkeit des Versicherungswesens* dient (sog. *kollektiver Funktionsschutz*; dafür *Bähr*, Das Generalklausel- und Aufsichtssystem des VAG im Strukturwandel, S. 86; *Winter*, Versicherungsaufsicht S. 83; P/D/*Dreher* Einl. Rn. 8). Darunter wird die Sorge für funktionsfähige Kapitalbildungs- und Risikoverteilungsinstrumente verstanden, deren Vorhandensein im sozialstaatlichen Interesse liegt. Dieser Zweck lässt sich aus zahlreichen Regelungen des VAG sowie seiner Entstehungsgeschichte ableiten (s. zum Zweck ausführlich *Eilert*, VersR 2009, 709 ff.; *Winter*, ZVersWiss 2005, 105 ff.).

© Springer-Verlag GmbH Deutschland, ein Teil von Springer Nature 2019   271
C. Armbrüster, *Examinatorium Privatversicherungsrecht*, Springer-Lehrbuch,
https://doi.org/10.1007/978-3-662-58654-9_4

771 ▶ Weshalb unterliegt der Versicherungssektor der Versicherungsaufsicht?

Für die Regulierung des Versicherungssektors sprechen gewichtige Gründe: Das Versicherungswesen hat eine herausragende gesamt- und einzelwirtschaftliche Bedeutung; sein Geschäftsgegenstand ist ein komplexes, für die Versicherungsnehmer oft kaum nachvollziehbares *Rechtsprodukt*, das umfangreiche Kapitalanlagen erfordert. Darüber hinaus müssen angesichts der Langfristigkeit der eingegangenen Leistungsversprechen die Unternehmen als Schuldner auf einer soliden Grundlage stehen (s. PVR Rn. 21).

772 ▶ Worin unterscheiden sich die Zielsetzungen von Versicherungs- und Bankenaufsicht?

Während im Rahmen der Versicherungsaufsicht die Funktionsfähigkeit des Versicherungswesens als solches nur ergänzend neben dem Schutz der Versicherten steht (vgl. Frage 770), bildet bei der Bankenaufsicht die Sicherung der Existenz eines funktionierenden Banken- und Zahlungssystems im gesamtwirtschaftlichen Interesse den Mittelpunkt („*kollektiver Funktionsschutz*"). Dies meint die Funktionsfähigkeit des Kreditwesens und die Vermeidung einer generellen Bankenkrise. Verhindert werden soll eine Gefährdung des Kreditwesens durch den wirtschaftlichen Zusammenbruch einer Bank, der zum Verlust des Vertrauens in das Bankensystem als solches führt (s. Schimansky/Bunte/Lwowski/*Fischer/Boegl*, Bankrechtshdb., Bd. II, § 125 Rn. 19 ff.). So besteht die bei Banken grundlegende Gefahr, dass Kunden infolge eines Vertrauensverlustes der Branche ihre gesamten Guthaben von ihren Konten abziehen und es dadurch zum Zusammenbruch des Bankensystems kommt, bei Versicherungen nicht. Dort muss vielmehr für ausreichend liquide Mittel für die Regulierung künftig eintretender Versicherungsfälle vorgesorgt werden.

773 ▶ Was versteht man unter dem im Versicherungsaufsichtsrecht geltenden Subsidiaritätsprinzip?

Nach § 294 Abs. 8 VAG nimmt die Aufsichtsbehörde die ihr zugewiesenen Aufgaben ausschließlich im öffentlichen Interesse wahr. Die Vorschrift bezweckt, aus der Tätigkeit der Aufsichtsbehörde drohende Amtshaftungsansprüche gem. Art. 34 GG i. V. mit § 839 BGB auszuschließen (s. Frage 11).

Unabhängig von diesem Zweck lässt sich der Vorschrift aber auch entnehmen, dass der Schutz von Individualinteressen grundsätzlich nicht Aufgabe der Aufsicht ist. Individuen müssen ihre Ansprüche gegen den Versicherer vor den Zivilgerichten verfolgen. Das Subsidiaritätsprinzip besagt, dass das erforderliche öffentliche Interesse an einem Eingreifen der Aufsichtsbehörde nur besteht, falls im Wege des Zivilrechtsschutzes rechtlichen Verstößen des Versicherers gegen die Interessen des Versicherungsnehmers nicht abgeholfen werden kann (s. P/D/*Dreher* § 294 Rn. 90 f.). Des Weiteren muss der Verstoß des Versicherers über den konkreten Einzelfall hinaus für die Gesamtheit der Versicherten derart bedeutsam sein, dass die Schutzgüter des VAG (Schutz der Versicherten und Funktionsschutz des Versicherungswesens [s. Frage 770]) berührt werden.

▶ Steht dem einzelnen Versicherungsnehmer ein subjektives Recht auf **774**
Einschreiten der Versicherungsaufsicht gegen einen Versicherer zu?

Die Frage, ob ein solches subjektives Recht anzuerkennen ist, ist umstritten (dafür *Winter*, Versicherungsaufsichtsrecht, S. 73 f.; *Bähr*, Generalklausel- und Aufsichtssystem, S. 318; dagegen BVerwG VersR 1996, 1133; VG Frankfurt/M. NJW 2011, 2747; Prölss/Dreher/*Dreher*, § 294 Rn. 91).

Für die Anerkennung eines subjektiven Rechtes wird angeführt, dass den Staat im Bereich der Versicherungsaufsicht zumindest in dem Umfang grundrechtliche Schutzpflichten treffen, wie der Versicherte hinsichtlich der Finanzen des Versicherers weder Einblick noch Kontrollmöglichkeiten besitze und folglich dessen Anlagepolitik nicht zutreffend bewerten könne. Die Intensität der gesetzlich angeordneten Aufsicht wecke beim Versicherten Vertrauen in die staatliche Tätigkeit, so dass die Vorenthaltung eines subjektiven Rechts als rechtsmissbräuchlich anzusehen sei.

Die Gegenauffassung stützt sich maßgeblich auf die Regelung des § 294 Abs. 8 VAG (s. Frage 773). Dass die Aufsicht allein im öffentlichen Interesse wahrgenommen werde, stehe auch der Annahme eines subjektiven Rechts auf Einschreiten der Behörde entgegen.

▶ Muss die BaFin die Versicherungsnehmer über bestimmte Rechte aufklären? **775**

Es ist zweifelhaft, ob die BaFin verpflichtet ist, den Versicherungsnehmer über die ihm zustehenden Rechte aufzuklären oder wenigstens die Versicherer hierzu anzuhalten. Die Frage stellt sich insbesondere dann, wenn bestimmte in Versicherungsverträgen verwendete Klauseln höchstrichterlich für unwirksam erklärt werden und sich hieraus etwa Zahlungsansprüche der Versicherungsnehmer ergeben können. Während manche eine dahingehende Informationspflicht der BaFin annehmen (*Schwintowski*, DStR 2006, 429, 432 f.), wird dies überwiegend abgelehnt (s. PVR Rn. 36; *Bürkle*, DStR 2006, 910, 911 f.). Zum einen fehle es für die Annahme einer solchen Aufklärungspflicht an einer entsprechenden Rechtsgrundlage; zum anderen würde dies auf eine unzulässige einseitige Parteinahme für die anspruchsberechtigten Versicherungsnehmer hinauslaufen, deren Interessen diejenigen der Versicherer und ggf. auch der nicht anspruchsberechtigten Versicherungsnehmer desselben Kollektivs gegenüberstehen.

B. Europarechtliche Bezüge des Aufsichtsrechts

▶ Was versteht man unter dem single-licence-Prinzip? **776**

Versicherungsunternehmen bedürfen für den Geschäftsbetrieb einer Erlaubnis (in Deutschland gem. § 8 Abs. 1, 10 Abs. 1 S. 2 VAG). Das single-licence-Prinzip (auch EU passport-Prinzip genannt) besagt, dass ein Versicherungsunternehmen, das in seinem EU-/EWR-Herkunftsland eine Erlaubnis zum Betrieb des Versicherungsgeschäftes besitzt, keine weitere Erlaubnis für den Betrieb einer Niederlassung in einem anderen EU-/EWR-Staat benötigt.

Soll in einem EU-/EWR-Staat eine Niederlassung betrieben werden, darf dieses Land folglich auch nicht überprüfen, ob die Voraussetzungen zum Betrieb des Versicherungsgeschäfts vorliegen. Die laufende Aufsicht über die Tätigkeit der Niederlassung fällt grundsätzlich (s. noch Frage 778) allein in den Zuständigkeitsbereich der Aufsichtsbehörde des Herkunftslandes. Diese Behörde überwacht folglich die gesamte Tätigkeit des Versicherungsunternehmens auch in allen übrigen Ländern, in denen das Unternehmen eine Niederlassung hat, und legt bei der Aufsicht das Recht des Sitzlandes zugrunde (s. PVR Rn. 2251).

777 ▶ In welchen Fällen kommen – in Abweichung vom Grundsatz des single-licence-Prinzips – der Behörde des Tätigkeitslandes aufsichtsrechtliche Befugnisse zu?

- Die Behörde des Tätigkeitslandes kann die Einhaltung solcher Rechtsvorschriften überwachen die dem Schutz von zwingenden Allgemeininteressen dienen und nicht auch Teil der Finanzaufsicht sind. Eingriffsbefugnisse kommen ihr dabei jedoch nicht zu; sie muss vielmehr die Sitzlandbehörde auf Verstöße hinweisen.
- Verletzt die Niederlassung trotz einer Maßnahme der Sitzlandbehörde weiterhin Rechtsvorschriften, so darf die Behörde des Tätigkeitslandes verhältnismäßige Maßnahmen treffen, als ultima ratio auch den Abschluss weiterer Versicherungsverträge untersagen (Art. 155 Abs. 3 Solvency II-Richtlinie; zu den Richtlinien s. Frage 850).
- Die Behörde des Tätigkeitslandes ist zur Amtshilfe verpflichtet, wenn es um die Durchsetzung von Maßnahmen geht, die die Sitzlandbehörde getroffen hat (Art. 19 Abs. 3 Erste Richtlinie Schaden).
- Der Behörde des Tätigkeitslandes stehen Notfallbefugnisse in Dringlichkeitsfällen zu (Art. 155 Abs. 4 Solvency II-Richtlinie).

Die Einzelheiten der Aufsicht über eine Niederlassung durch die BaFin als Behörde des Tätigkeitslandes sind in den §§ 61 f. VAG geregelt.

778 ▶ Wonach richtet sich die Aufsicht für Niederlassungen von Versicherern aus dem Nicht-EU-/EWR-Ausland?

Die rechtlichen Rahmenbedingungen für die Aufsicht über solche Versicherer sind in den §§ 67 ff. VAG geregelt. § 67 Abs. 2 VAG bestimmt, welche aufsichtsrechtlichen Bestimmungen für Erst- und Rückversicherer mit Sitz in einem Drittstaat beim Geschäftsbetrieb im Inland gelten. Dies gilt zunächst unmittelbar für die Vorschriften der §§ 67–73 VAG, bei denen es sich um Spezialregelungen gegenüber den übrigen Vorschriften des VAG handelt. Abweichendes gilt allerdings, wenn – wie

zwischen der EU und der Schweiz – in einem besonderen Abkommen eine Gleich-
stellung zwischen EU-/EWR- und Drittstaaten erfolgt ist (vgl. P/D/*Grote* § 67 Rn. 53).

▶   Welche Ausnahmen von der Aufsichtspflicht durch die BaFin finden sich   **779**
       im grenzüberschreitenden Versicherungsverkehr?

Ausnahmen von der Aufsicht durch die BaFin bestehen in folgenden Fällen:

- *Versicherungsnotstand*
  Kann ein Risiko auf dem deutschen Markt nicht gedeckt werden, weil ein kon-
  kretes Risiko durch die für den inländischen Markt zugelassenen Versicherungsunternehmen nicht gedeckt wird, so können ausländische Versicherungsunternehmen auch ohne Erlaubnis nach § 67 VAG oder Notifikationsverfahren gem.
  § 61 VAG und auch außerhalb der in § 67 VAG geregelten Fallgruppen ein Risiko
  im Inland versichern. Dieser Grundsatz ist gewohnheitsrechtlich anerkannt
  (s. dazu KG VersR 1999, 173 [betr. Luftfahrzeugkaskoversicherung]).
- *Onlineversicherung mit EU/EWR- sowie Drittlandsversicherungsunternehmen/*
  Maklerbeteiligung
  Gem. §§ 105 Abs. 2, 110a Abs. 1 VAG a.F. hing die aufsichtsrechtliche Erlaubnis-
  pflicht davon ab, dass der ausländische Versicherer das Versicherungsgeschäft in
  Deutschland zumindest „durch Mittelspersonen betreibt". Daran fehlt es, wenn –
  wie beim Vertragsschluss via Internet – die Tätigkeit lediglich nach Deutschland
  hineinwirkt. Dies gilt erst recht, wenn ein deutscher Versicherungsnehmer im
  Ausland einen Versicherungsvertrag mit einem ausländischen Versicherer abschließt. In solchen Fällen handelt es sich bloß um die Tätigkeit eines ausländischen Unternehmens im Ausland. Entscheidend für die aufsichtsrechtliche Beurteilung war damit, wie der Begriff der Mittelsperson auszulegen ist. Der vom
  Versicherungsnehmer beauftragte Makler (vgl. § 59 Abs. 3 S. 1 VVG) etwa ist
  nach Sinn und Zweck der Vorschrift nicht als Mittelsperson anzusehen (s. *Winter*,
  Versicherungsaufsichtsrecht, S. 227 f.). Die Vorschrift des § 67 Abs. 1 VAG enthält das Tatbestandsmerkmal der „Mittelsperson" nicht mehr; ebenso wenig § 61
  VAG. Der Reformgesetzgeber hat die Streichung jenes Merkmals damit begründet, dass es im Sinne des Schutzes des inländischen Marktes nicht mehr zeitge-
  mäß erscheine, nur eine Tätigkeit im Dienstleistungsverkehr „durch Mittelspersonen" in den Ordnungsrahmen des VAG aufzunehmen und dagegen eine Tätigkeit
  unmittelbar aus dem Ausland, etwa über das Internet, unreguliert zu belassen. Die
  Korrespondenzversicherung, bei der die im Inland ansässige Person auf eigene
  Initiative Versicherungsschutz bei einem gebietsfremden Versicherungsunternehmen nachsucht, soll nach dem Willen des Gesetzgebers – weiterhin – nicht erlaub-
  nispflichtig sein (BT-Drs. 18/2956, S. 255 [zu § 61 VAG]).
- *Tätigkeit deutscher Versicherungsunternehmen im Wege der Onlineversicherung*
  Aufsichtsfrei ist umgekehrt die Online-Tätigkeit deutscher Versicherungsunter-
  nehmen von Deutschland aus für im EU-/EWR-Ausland sowie in Nicht EU-/

EWR-Staaten belegene Risiken, ohne dabei direkt im Ausland tätig zu werden. Dies folgt aus Wortlaut und Sinn und Zweck der §§ 13a, 13c, 85, 111c VAG a.F. und aus der von Deutschland übernommenen Verpflichtung zur Freistellung der Korrespondenzversicherung nach dem *Code of Liberalisation of Current Invisible Operations* der OECD (s. dazu BT-Drs. 18/2956, S. 255; *Winter*, Versicherungsaufsicht, S. 228 f.).

780 ▶ Was ist Solvency II?

Das unter dem Schlagwort „Solvency II" bekannte EU-Projekt ist ein Bündel von Maßnahmen, die die EU-Kommission zur Neuordnung des Versicherungsaufsichtsrechts in einer Rahmenrichtlinie beschlossen hat (s. dazu *Bürkle*, VersR 2007, 1595 ff.; *Präve*, VW 2007, 1380). Solvency II verfolgt das Ziel, die Aufsicht effektiver zu gestalten. Die Neuregelungen haben Auswirkungen auf die Eigenmittelausstattung, die versicherungstechnischen Rückstellungen, die Kapitalanlagevorschriften, die Rechnungslegung und das Risikomanagement. Dabei werden für die Bewertung der Solvabilität eines Unternehmens stärker die tatsächlichen, individuellen Gegebenheiten des einzelnen Versicherungsunternehmens in den Blick genommen, die das Risiko des Unternehmens quantifizierbar machen, um so eine möglichst risikogerechte Bewertung im Einzelfall zu ermöglichen.

Solvency II beruht auf drei Säulen: Mit Säule I werden quantitative Vorgaben geschaffen, die eine ausreichende Absicherung der Versicherungsunternehmen gewährleisten sollen, etwa hinsichtlich der Berechnung der versicherungstechnischen Rückstellungen und der Höhe des Eigenkapitals (s. dazu *Dreher*, ZVersWiss 2012, 381 ff.). Säule II macht Vorgaben qualitativer Art für Versicherer und Aufsicht, etwa hinsichtlich der Organisation des Unternehmens, d. h. insbesondere der Einführung eines Risikomanagements, und der Befugnisse der Aufsicht. Die dritte Säule schließlich betrifft Offenlegungspflichten und Markttransparenz.

Durch die Neuregelungen sollen bestehende Hindernisse für den EU-Binnenmarkt abgebaut werden, die daraus resultieren, dass die derzeit geltenden europäischen Mindestvorgaben unter bestimmten Voraussetzungen auf nationaler Ebene ergänzt werden können. In der ursprünglichen Fassung war die Solvency II-Richtlinie (2009/138/EG)bereits im Jahr 2009 verabschiedet worden. Anschließend ist die Richtlinie mehrfach geändert worden, insbesondere durch die sog. Omnibus-II-Richtlinie (2014/51/EU). Die Umsetzung ins deutsche Recht ist durch das Gesetz zur Modernisierung der Finanzaufsicht über Versicherungen (BGBl. 2015 I Nr. 14, 434) mit Wirkung zum 01.01.2016 erfolgt. Das VAG wurde zu diesem Stichtag umfassend reformiert.

781 ▶ Gibt es auch eine europäische Versicherungsaufsicht?

Ja. Im Zuge der europäischen Finanzmarktaufsicht ist auch eine Aufsichtsbehörde auf EU-Ebene geschaffen worden (European Insurance and Occupational Pensions Authority; *EIOPA*). Die Rechtsgrundlage von EIOPA bildet eine europäische Verordnung, in der auch Aufgaben und Befugnisse der Behörde geregelt sind

(s. insbesondere Art. 8 ff. EIOPA-VO). Eine wesentliche Aufgabe von EIOPA ist die Konkretisierung der europäischen Vorgaben zur Versicherungsaufsicht. Darüber hinaus bietet EIOPA den mitgliedstaatlichen Aufsichtsbehörden eine Plattform, um ihre Zusammenarbeit bei der Aufsicht im Binnenmarkt zu intensivieren (s. *Gal*, ZVersWiss 2013, 7 ff.; *Goldmann/Purnhagen*, VersR 2012, 29 ff.; *Sasserath-Alberti/Hartig*, VersR 2012, 524 ff.).

C. Wichtige Grundregeln des VAG

▶ Welche Kriterien müssen für den Betrieb von Versicherungsgeschäften **782** (vgl. § 7 Nr. 33 VAG) erfüllt sein? Woraus folgen diese Kriterien?

Das Gesetz selbst definiert nicht, was unter dem Betrieb von Versicherungsgeschäften zu verstehen ist. Der Begriff ist vielmehr im Laufe der Zeit von Rechtsprechung und Schrifttum konkretisiert worden. Dies gilt es bei der Frage zu beachten, ob in einem rechtlich nicht eindeutigen Fall ein Versicherungsgeschäft vorliegt.

Nach allgemeiner Meinung setzt der Betrieb von Versicherungsgeschäften voraus, dass gegen Zahlung eines Entgelts ein fremdes Risiko derart übernommen wird, dass dem Vertragspartner für den Falle des Eintritts eines künftigen ungewissen Ereignisses ein Rechtsanspruch auf eine vermögenswerte Leistung eingeräumt wird. Die so getroffene Abrede darf allerdings nicht nur eine unselbstständige Nebenabrede eines anderen Vertrages, sondern muss rechtlich verselbstständigt sein. Das Risiko muss nach dem Gesetz der großen Zahl kalkuliert sein.

▶ Was ist unter den Merkmalen „Kalkulation nach dem Gesetz der großen **782a** Zahl", „vermögenswerte Leistung" und „Selbstständigkeit der Abrede" zu verstehen?

Kalkulation nach dem Gesetz der großen Zahl: Die Mittel zur Erfüllung der Verpflichtungen des Unternehmens werden durch eine Gefahrengemeinschaft aufgebracht, deren Mitglieder jeweils durch die gleiche Gefahr bedroht werden.

Vermögenswerte Leistung: Die Vereinbarung mit einem Versicherer muss nicht die Verpflichtung zur Zahlung eines Geldbetrags zum Gegenstand haben. So kommen – wie beispielsweise in der Haftpflichtversicherung – insbesondere auch die Verpflichtung zur Abwehr von Ansprüchen und zur Freistellung von einer Verbindlichkeit in Betracht. Die Glasversicherung ist traditionell auf Naturalrestitution gerichtet, indem der Versicherer einen Glaser einschaltet. Zudem können sog. Assistance-Leistungen wie Pflegedienste, ein Renovierungs- oder IT-Service oder Notrufsysteme vereinbart werden.

Selbstständigkeit der Abrede: Eine Abrede ist dann unselbstständige Nebenabrede eines – unzweifelhaft nicht als Versicherung einzuordnenden – Hauptvertrages, wenn sie in innerem Zusammenhang mit jenem Hauptvertrag steht und von dort ihr eigentliches rechtliches Gepräge erhält (BVerwG VersR 1993, 1217, 1218). Häufig handelt es sich bei jenen unselbstständigen, aber versicherungsähnlichen Nebenabreden um

Garantieleistungen, die im Falle der Verschlechterung einer Kaufsache gewährt werden sollen (s. dazu auch Frage 782b).

782b ▶ Handelt es sich in den folgenden Fällen um den Betrieb eines Versicherungsgeschäfts?

a) Ein Händler bietet gegen die Zahlung eines Aufpreises eine Garantie mit dem Inhalt an, dass er – auch nach Ablauf der gesetzlichen Gewährleistung – verpflichtet ist, die Reparatur(kosten) für die mögliche Reparatur einer Kaufsache zu übernehmen.

b) Ein sog. Prozessfinanzierer verpflichtet sich, das Risiko für sämtliche Prozesskosten eines Rechtsstreites zu übernehmen, vereinbart aber zugleich mit dem Forderungsinhaber für den Fall des Obsiegens eine Erfolgsbeteiligung an der erfolgreich durchgesetzten Forderung.

In Konstellation a) ist fraglich, ob die getroffene Abrede unselbstständiger Teil des Kaufvertrages ist (dann kein Versicherungsvertrag) oder aber als eigene, vom Kaufvertrag unabhängige Abrede einzustufen ist (dann Versicherungsvertrag). Richtigerweise handelt es sich um eine unselbstständige Nebenabrede eines Kaufvertrages, da im Mittelpunkt die Pflicht zur Übereignung einer mangelfreien Sache steht und die in Frage stehende Abrede ohne den Kaufvertrag allein nicht abgeschlossen worden wäre und der Kaufvertrag der Vereinbarung ihr Gepräge verleiht (BVerwG VersR 1993, 1217 f.). Anders wäre die Verabredung hingegen dann zu beurteilen, wenn ein am Kaufvertrag unbeteiligter Dritter das Leistungsversprechen abgibt (BVerwGE 32, 196 ff.), da den Dritten keinerlei kaufrechtliche Verpflichtung trifft.

Im Fall b) übernimmt der Prozessfinanzierer zwar ein fremdes Risiko; er geht aber zugleich ein eigenes Risiko ein. Von der Versicherungsaufsicht und vom Schrifttum wird angenommen, dass in einer solchen Abrede kein Versicherungsgeschäft zu sehen sei, da durch den Vertragsschluss maßgeblich ein eigenes Risiko eingegangen werde (BAV VerBAV 1999, 167, 168). Der Finanzierer wolle eigene Chancen realisieren. Durch den Vertragsschluss werde – wie in einer Gesellschaft – ein gemeinsamer Zweck verfolgt. Versicherung setze voraus, dass *ausschließlich* ein fremdes Risiko übernommen wird.

783 ▶ Gem. § 15 Abs. 1 S. 1 VAG dürfen Versicherungsunternehmen nur Geschäfte betreiben, die in unmittelbarem Zusammenhang mit Versicherungsgeschäften stehen (sog. *Verbot versicherungsfremder Geschäfte*). Beeinträchtigt ein Verstoß hiergegen die zivilrechtliche Wirksamkeit eines gleichwohl abgeschlossenen Vertrages?

Dafür kommt es darauf an, ob das aufsichtsrechtliche Verbot versicherungsfremder Geschäfte als Verbotsgesetz i. S. von § 134 BGB einzustufen ist. Gegen diese Annahme wird bereits geltend gemacht, dass Adressat des § 15 Abs. 1 S. 1 VAG (§ 7 Abs. 2 S. 1 VAG a.F.) allein der Versicherer sei, im Anwendungsbereich des § 134 BGB aber ein Verstoß beider Vertragspartner vorliegen müsse (s. *Winter,*

Versicherungsaufsichtsrecht, S. 308). Letzteres ist indessen keineswegs zwingende Voraussetzung für eine Nichtigkeit wegen Verstoßes gegen ein Verbotsgesetz (s. MünchKommBGB/*Armbrüster* § 134 Rn. 48). Entscheidend ist vielmehr, ob die Gesetzesauslegung zu dem Ergebnis führt, dass die betreffende Vorschrift sich nicht allein gegen den Abschluss eines bestimmten Geschäfts, sondern auch gegen den damit bezweckten wirtschaftlichen Erfolg richtet.

§ 15 Abs. 1 S. 1 VAG dient als zum Aufsichtsrecht gehörige Regelung dem Zweck, das Versichertenkollektiv sowie die Funktionsfähigkeit des Versicherungswesens zu schützen (s. dazu Frage 770), indem das besondere Risiko von Verlusten aus planmäßiger versicherungsfremder Geschäftstätigkeit ausgeschlossen werden soll. Die Regelung wendet sich hingegen nicht gegen den wirtschaftlichen Erfolg aller anderen vom Versicherer abgeschlossenen Geschäfte. Dem VAG liegt überdies der Grundsatz der zivilrechtlichen Wirksamkeit aufsichtsrechtswidriger Geschäfte zugrunde. Wo ein Gesetzesverstoß nämlich auch zivilrechtliche Konsequenzen haben soll, ist dies ausdrücklich angeordnet (§§ 12 Abs. 1 S. 1, 2, 171 VAG). Im Ergebnis handelt es sich bei § 15 Abs. 1 S. 1 VAG somit um eine Ordnungsvorschrift, die den Abschluss anderer Geschäfte nicht i. S. von § 134 BGB verbietet (P/D/*Präve* § 15 Rn. 7). Allerdings kann die BaFin im Wege der Missstandsaufsicht gegen Versicherer vorgehen, die gegen derartige Ge- oder Verbote verstoßen (vgl. insbesondere §§ 294 ff. VAG; s. zum Ganzen PVR Rn. 23).

▶ Welche wichtige Ausnahme vom Grundsatz des Verbotes versicherungs-   **783a**
fremder Geschäfte sieht das VAG ausdrücklich vor?

Gem. § 1 Abs. 2 S. 1 VAG sind sog. *Kapitalisierungsgeschäfte* den Lebensversicherungsverträgen gleichgestellt. Bei derartigen Geschäften handelt es sich um verzinsliche Sparprodukte gegen einmalige oder laufende Beitragszahlung, die zu bestimmten Zeitpunkten ausgezahlt werden. Der Vertragspartner erhält im Ergebnis sein Geld nach Ablauf der vereinbarten Laufzeit verzinst zurück. Eine Todesfallversicherung für den Einleger ist dabei nicht obligatorisch (s. P/D/*Präve* § 1 Rn. 75 ff.).

▶ Was ist der Unterschied zwischen Zulassungs- und laufender Aufsicht?   **783b**
Welche Regelungen sind insoweit einschlägig?

Im Rahmen der Zulassungsaufsicht prüft die Aufsichtsbehörde, ob einem Unternehmen erstmals die Zulassung zum Betrieb des Versicherungsgeschäftes erteilt werden kann. Dies ist in §§ 8 ff. VAG geregelt. Die laufende Aufsicht erstreckt sich hingegen auf Versicherungsunternehmen, die den Geschäftsbetrieb bereits aufgenommen haben. Dafür gelten insbesondere die §§ 294 ff. VAG.

▶ Worin unterscheiden sich Finanz- und allgemeine Rechtsaufsicht? Wofür   **783c**
ist der Unterschied bedeutsam?

Zur Finanzaufsicht gehören alle Solvabilitätsfragen. Dazu zählen die versicherungstechnischen und die mathematischen Rückstellungen, die sie bedeckenden Vermögenswerte, aber auch die Aufsicht über die ordnungsgemäße Verwaltung, die Buchhaltung, die Angemessenheit der Kontrollverfahren, der finanzielle Teil des Geschäftsplanes, die Bilanzierung sowie alle sonstigen finanziellen Aspekte bei der Wahrung der Belange der Versicherten.

Die allgemeine Rechtsaufsicht bezieht sich u. a. auf die vertraglichen Beziehungen zwischen dem Versicherungsunternehmen und Drittunternehmen, die Gestaltung der Versicherungsprodukte, die Akquisition, Werbung, Bestandsverwaltung, Schadensregulierung etc.

Bedeutsam ist die Unterscheidung insbesondere für die Frage, worauf sich die Aufsicht der Behörde des Tätigkeitslandes bezieht, wenn ein Unternehmen eine Niederlassung in einem anderen Staat betreibt (s. dazu Fragen 776 f.).

783d ▶▶ Was ist ein Missstand i. S. v. § 298 Abs. 1 S. 1 VAG?

Missstand ist jedes Verhalten eines Versicherungsunternehmens, das den Aufsichtszielen des § 294 VAG widerspricht (vgl. BVerwG VersR 1998, 1137 [zu § 81 VAG a.F.]). Zu den Aufsichtszielen s. Frage 770.

783e ▶▶ In welchem Verhältnis stehen die AVB-Kontrolle durch die Gerichte und durch die Aufsicht zueinander?

Aus dem Subsidiaritätsprinzip wird bisweilen gefolgt, dass die Aufsicht von sich aus eine einzelne Klausel nicht kontrollieren und deren Verwendung durch Verwaltungsakt untersagen dürfe. Der Aufsicht komme lediglich die Aufgabe zu, die Verwendung von zuvor durch die Rechtsprechung in Einzelfällen beanstandeten Klauseln gemeinhin zu untersagen, etwa durch das Instrument des Rundschreibens (s. dazu *Winter*, Versicherungsaufsichtsrecht, S. 656). Diese Auffassung ist jedoch abzulehnen, da weder die europarechtlichen Vorgaben noch § 294 VAG eine derart strenge Auslegung gebieten. Vielmehr ist von einer *Zweispurigkeit* von zivil- und aufsichtsrechtlicher AVB-Kontrolle auszugehen. Die Beanstandung einer Klausel durch ein Zivilgericht ist für das Einschreiten der Aufsicht nicht erforderlich (BVerwG VersR 1998, 1137, 1138; *Präve*, VersR 1998, 1141, 1142). Freilich kann die Aufsichtsbehörde über die inter-partes-Wirkung eines zivilrechtlichen Urteils hinaus deren Verwendung auch anderen Versicherern untersagen oder durch ein Rundschreiben darauf hinwirken, dass die betreffende Klausel künftig nicht mehr verwendet wird.

783f ▶▶ Welche Rechtsmittel sind gegen Maßnahmen der Versicherungsaufsicht statthaft? Welche Gerichte sind zuständig?

Gegen Verwaltungsakte der Versicherungsaufsicht ist zunächst der Widerspruch statthaft. Den Widerspruchsbescheid erlässt der Präsident der BaFin (§ 73 Abs. 1 Nr. 2 VwGO i. V. m. § 6 Abs. 5 FinDAG). Wird dem Begehren des Widerspruchsführers nicht entsprochen, so ist die Anfechtungsklage möglich. Für die sachliche Zuständigkeit gilt die allgemeine Regelung des § 45 VwGO. Danach ist das

Verwaltungsgericht als Eingangsinstanz zuständig. Örtlich zuständig ist gem. § 1
Abs. 3 S. 2 FinDAG das Verwaltungsgericht Frankfurt/M. Für Berufung und Revi-
sion gelten die allgemeinen Regeln der §§ 124, 132 VwGO (zu den Einzelheiten
s. *Fricke*, NVersZ 2002, 337, 342 f.). Der Rechtsweg ist im Jahre 2002 grundlegend
reformiert worden. Bis dahin war das BVerwG in einem einzügigen Verfahren allein
zuständig. Mit der Änderung war zugleich eine Abkehr von dem Gedanken verbunden, dass der Rechtsschutz im Versicherungsaufsichtsrecht wegen der besonderen
Bedeutung für die Versicherungsunternehmen und den weiten Kreis von Versicherungsnehmern beschleunigt werden sollte.

▶   In § 23 VAG sind Anforderungen an die ordnungsgemäße Geschäftsorga-   **784**
     nisation eines Versicherungsunternehmens normiert. Welche Maßnahmen
     kann die Aufsichtsbehörde bei einem Verstoß gegen diese Vorgaben
     treffen?

§ 23 VAG sieht selbst keine speziellen Rechtsfolgen für den Fall eines Verstoßes
vor. Es gelten daher die allgemeinen Vorschriften. § 23 Abs. 1 S. 2 Hs. 2 VAG gebietet, dass die Geschäftsorganisation eine *solide und umsichtige Leitung* des
Unternehmens gewährleistet. Dazu gehört auch, dass Personen, die ein Versicherungsunternehmen tatsächlich leiten oder andere Schlüsselaufgaben wahrnehmen,
zuverlässig und fachlich geeignet sind (vgl. § 24 Abs. 1 S. 1 VAG). Ein Verstoß gegen die Vorgaben der §§ 23 f. VAG kann zur Folge haben, dass ein Geschäftsleiter
die erforderliche Qualifikation nicht (mehr) hat. Wird dieser Mangel festgestellt,
bevor die Erlaubnis zum Geschäftsbetrieb überhaupt erteilt worden ist, muss die
Erlaubnis zwingend verweigert werden (§ 11 Abs. 1 Nr. 2 VAG). Wird das Geschäft
schon betrieben, so kann als ultima ratio die Erlaubnis widerrufen werden (§ 304
Abs. 3 i. V. mit § 11 Nr. 2 VAG), wenn nicht mildere Mittel, wie etwa das Verlangen,
den betreffenden Geschäftsleiter abzusetzen (§ 303 Abs. 2 VAG), Erfolg versprechen. Es gilt der jegliches Verwaltungshandeln prägende *Verhältnismäßigkeits-
grundsatz.*

▶   Hat ein Verstoß des Geschäftsleiters gegen die Vorgaben des § 23 VAG   **785**
     haftungsrechtliche Konsequenzen? Gegenüber wem kommen Scha-
     densersatzansprüche in Betracht?

In Betracht kommen zunächst Schadensersatzansprüche des Versicherungsunternehmens gegen seinen Geschäftsleiter. Mögliche Anspruchsgrundlage ist insoweit bei
der Aktiengesellschaft § 93 Abs. 2 S. 1 i. V. mit Abs. 1 S. 1 AktG. Dazu ist neben den
anderen anspruchsbegründenden Voraussetzungen insbesondere erforderlich, dass
die Geschäftsleiterpflichten gem. § 23 VAG zugleich als Pflicht i. S. von § 93 Abs. 2
AktG anzusehen sind. Bedenken rühren daher, dass § 23 VAG als aufsichtsrechtliche
Norm dem Schutz der Belange der Versicherten und dem Funktionsschutz des Versicherungswesens dient (s. dazu Frage 770) und damit nicht zwangsläufig mit dem
Zweck des § 93 Abs. 2 AktG (Bestandssicherung der Gesellschaft und Schutz ihrer
Gläubiger) kongruent ist. Der Geschäftsleiter hat freilich im Rahmen seiner Tätigkeit

im Interesse der Gesellschaft nicht nur die aktienrechtlichen Vorschriften einzuhalten; vielmehr muss sein Verhalten auch mit der Rechtsordnung im Übrigen konform sein (Legalitätsprinzip). Mit dem Schadensersatzanspruch der Gesellschaft wird das Anliegen des Aufsichtsrechts, deren Liquidität im Interesse der Versicherungsnehmer zu gewährleisten, gewahrt. Der Schaden stellt mithin das Bindungsglied zwischen Gesellschaftsinteresse und Interesse der Versicherungsnehmer dar, so dass eine Pflichtverletzung zu bejahen ist (näher *Armbrüster*, VersR 2009, 1293, 1294 ff.). Folgt man dem nicht, so kommt dennoch ein Schadensersatzanspruch in Betracht. Denn die solide und umsichtige Leitung eines Versicherungsunternehmens bedeutet letztlich nichts anderes als die Erfüllung der Pflicht nach § 93 Abs. 1 S. 1 AktG, bei der Geschäftsführung die *Sorgfalt eines ordentlichen und gewissenhaften Geschäftsleiters* anzuwenden (s. auch P/D/*Dreher* § 23 Rn. 46). Für den VVaG gelten diese Ausführungen wegen § 188 Abs. 1 S. 2 VAG sinngemäß. Zum Verhältnis des Versicherungsaufsichtsrechts zum Aktienrecht s. *Louven/Raapke*, VersR 2012, 257, 258 ff.

In Betracht kommt überdies ein deliktsrechtlicher Anspruch des einzelnen Versicherungsnehmers gegen den Geschäftsleiter gem. §§ 823 Abs. 2 BGB, 23 VAG. Dies setzt voraus, dass es sich bei § 23 VAG um ein Schutzgesetz zugunsten Dritter handelt. Dagegen spricht zum einen, dass die Rechnungslegungspflichten aus § 91 Abs. 1 AktG – welche durch § 23 VAG konkretisiert werden – keine Schutzgesetze i. S. von § 823 Abs. 2 BGB sind. Zum anderen handelt es sich bei § 23 VAG um eine Norm des Versicherungsaufsichtsrechts, welches auch angesichts des § 294 Abs. 8 VAG nicht dem Schutz von Individualinteressen dient (s. dazu Frage 773). Ein Anspruch aus §§ 823 Abs. 2 BGB i. V. mit § 23 VAG scheidet daher aus (s. dazu *Armbrüster*, VersR 2009, 1293, 1302).

786 ▶ Was versteht man unter dem Spartentrennungsgebot?

Versicherungsunternehmen ist es aufgrund von § 8 Abs. 4 S. 2 VAG verwehrt, innerhalb derselben Gesellschaft eine Kranken- oder Lebensversicherung zusammen mit einer anderen Versicherungssparte zu betreiben (s. PVR Rn. 24). Sowohl Kranken- als auch Lebensversicherungen dürfen jeweils nur in einer eigenen Gesellschaft geführt werden. Mit dem sog. Grundsatz der Spartentrennung soll sichergestellt werden, dass nicht sämtliche Risiken bei demselben Rechtsträger versichert und kalkuliert sind und die unterschiedlich hohen Risiken der einzelnen Versicherungssparten miteinander vermengt werden. Aufgrund der großen sozialen Bedeutung von Lebens- und Krankenversicherungen dient die Spartentrennung letztlich dem Schutz der Versicherten (s. P/D/*Präve* § 8 Rn. 26) und damit dem Verbraucherschutz. So sollen vor allem Beeinträchtigungen der Belange der Versicherten durch Quersubventionierungen einer Sparte durch eine andere verhindert werden. Insbesondere VVaGs gründen regelmäßig Tochtergesellschaften in der Form einer AG, um in den Zweigen, in denen das Spartentrennungsprinzip gilt, dennoch tätig werden zu können. Während es den Versicherungsunternehmen untersagt ist, Versicherungen „aus einer Hand", d. h. mit einem einzigen Rechtsträger, anzubieten, treten diese mit ihren jeweiligen rechtlich selbstständigen Spartengesellschaften am Markt in zulässiger Weise wie ein einziges Unternehmen auf. Gesellschaftsrechtlich entsteht in solchen Fällen regelmäßig ein Unterordnungskonzern i. S. von § 18 Abs. 1 S. 1 Halbs. 1 AktG, wenn dem VVaG die Aktien der Tochtergesellschaften mehrheitlich gehören.

Eine weitere, beschränktere Ausprägung des Grundsatzes der Spartentrennung findet sich in § 164 Abs. 1 S. 1 VAG. Danach muss ein Versicherungsunternehmen, das die Rechtsschutzversicherung zusammen mit anderen Versicherungssparten betreibt, die *Leistungsbearbeitung* in der Rechtsschutzversicherung einem anderen Unternehmen übertragen (s. auch Frage 662). Die Regelung soll Interessenkonflikten in der Schadensbearbeitung vorbeugen. So könnte es ansonsten etwa geschehen, dass der Versicherungsnehmer in einem Haftpflichtfall bei demselben Versicherer zugleich sowohl als gegnerischer Anspruchsteller als auch als Rechtsschutz suchender Vertragspartner auftritt (s. PVR Rn. 25 und 1956 ff.).

▶ Was versteht man unter einer Bestandsübertragung?   **787**

Bei einer Bestandsübertragung geht es darum, dass ein Versicherer einen von ihm gehaltenen Versicherungsbestand durch Vereinbarung ganz oder teilweise auf einen anderen Versicherer überträgt. Eine besondere Rolle spielt dies bei Umstrukturierungen innerhalb von Versicherungskonzernen sowie bei der Aufgabe einer Sparte durch den bisherigen Versicherer (sog. Run-off), außerdem bei der sog. Demutualisierung von VVaGs (vgl. dazu Frage 799; s. auch PVR Rn. 49 f.). Bestandsübertragungsverträge bedürfen gem. § 13 Abs. 1 VAG einer aufsichtsbehördlichen Genehmigung. Sie darf nur dann erteilt werden, wenn die Belange der Versicherten gewahrt und die Verpflichtungen aus den Verträgen dauerhaft erfüllbar sind. Speziell für Lebensversicherungsverträge muss mit Blick auf die Eigentumsgarantie aus Art. 14 Abs. 1 GG gewährleistet bleiben, dass der *Wert der Überschussbeteiligung* sich infolge der Bestandsübertragung auf der abgebenden wie auf der aufnehmenden Seite für keinen Versicherungsnehmer verändert. Demgemäß hat das BVerfG entschieden, dass dem Versicherungsnehmer die durch seine Prämienzahlungen geschaffenen Vermögenswerte erhalten bleiben müssen; außerdem ist ein angemessener Ausgleich für den Verlust der Mitgliedschaft in einem VVaG zu leisten (s. BVerfG VersR 2005, 1109, 1117 ff.; PVR Rn. 38).

▶ Was versteht man unter dem aufsichtsrechtlichen Gleichbehandlungs-   **788**
    grundsatz? Wo ist dieser normiert?

Ob es einen verallgemeinerungsfähigen Grundsatz des Inhalts gibt, dass Versicherungsnehmer stets vom Versicherer gleich zu behandeln seien, ist umstritten. Der Gesetzgeber hat zumindest für bestimmte Sparten, in denen besondere Schutzüberlegungen eine Rolle spielen, konkrete Vorgaben gemacht. Dazu zählt insbesondere der in § 138 Abs. 2 VAG normierte Grundsatz der Gleichbehandlung in der *Lebensversicherung*. Demnach dürfen bei gleichen Voraussetzungen Prämien und Leistungen nur nach gleichen Grundsätzen bemessen werden. Zweck der Regelung ist es zu verhindern, dass einzelne Versicherungsnehmer oder Gruppen von Versicherungsnehmern gegenüber anderen Versicherungsnehmern oder Gruppen von Versicherungsnehmern benachteiligt oder bevorzugt werden (s. dazu P/D/*Präve* § 138 Rn. 11).

Weitere Gleichbehandlungsgebote finden sich beispielsweise in § 161 VAG betreffend die Unfallversicherung mit Prämienrückgewähr, in §§ 147, 146 Abs. 2 S. 1, 138 Abs. 2 VAG für die nach Art der Lebensversicherung betriebene nicht substitutive Krankenversicherung, in §§ 237, 212, 138 Abs. 2 VAG zu Pensionsfonds sowie in § 177 Abs. 1 VAG für Mitgliedsbeiträge und Vereinsleistungen eines VVaG. In diesen Bereichen geht es jeweils um sozial bedeutsame Versorgungszwecke, bei denen ein besonderes öffentliches Interesse an der Gleichbehandlung besteht. Während die Sonderregelungen teilweise nur als besondere Ausprägung eines allgemeinen Gleichbehandlungsgrundsatzes angesehen werden, schließt die Gegenmeinung aus der Existenz der Spezialregeln darauf, dass es einen allgemeinen Grundsatz gerade nicht gebe (s. PVR Rn. 340 ff.; P/D/*Präve* § 138 Rn. 12; a. A. *von Koppenfels-Spieß*, VersR 2004, 1085, 1089).

789 ▶   Was bedeutet die Anteilseignerkontrolle?

Die Anteilseignerkontrolle ist in den auf europäischen Richtlinienvorgaben beruhenden §§ 16, 24 VAG geregelt. Im Wege der Kontrolle von Anteilseignern eines Versicherungsunternehmens soll einer möglichen schädlichen Einflussnahme auf dieses Unternehmen vorgebeugt werden. So soll insbesondere der Gefahr begegnet werden, dass der Inhaber einer bedeutenden Beteiligung nicht zuverlässig ist oder sachfremde Interessen – auch in krimineller Absicht, wie z. B. Geldwäsche – verfolgt und dadurch das Versicherungsunternehmen und dessen Versicherte schädigt. Ein Verstoß gegen das Gebot des § 24 Abs. 1 S. 1 VAG ist ein Missstand i. S. von § 298 Abs. 1 S. 1 VAG und zugleich ein Widerrufsgrund nach § 304 Abs. 3 Nr. 1 i. V. mit § 11 Nr. 2 VAG.

Zu beachten ist allerdings, dass ein Anteilseigner nach den in Deutschland geltenden aktienrechtlichen Vorgaben (eigenverantwortliche Geschäftsleitung durch den Vorstand; § 76 Abs. 1 AktG) keinen unmittelbaren Einfluss auf die Geschäftstätigkeit des Unternehmens hat. Immerhin kann er aber mit dem Überschreiten der Sperrminorität i. H. von 25 % der Anteile einen gewissen Einfluss auf die Geschäftstätigkeit nehmen, so dass die Umsetzung der europäischen Vorgaben auch in Deutschland praktische Bedeutung hat.

Versicherungsunternehmensrecht

A. Zulässige Rechtsformen

▶ Welche Rechtsformen kommen für deutsche Versicherungsunterneh-   **790**
men in Betracht?

In § 8 Abs. 2 VAG ist ein numerus clausus der Rechtsformen der Versicherungsunternehmen in Deutschland vorgesehen. Danach darf nur Aktiengesellschaften (AGs) einschließlich der Europäischen Aktiengesellschaft (Societas Europaea; SE), Versicherungsvereinen auf Gegenseitigkeit (VVaGs) sowie Körperschaften und Anstalten des öffentlichen Rechts die Erlaubnis zum Betrieb von Versicherungsgeschäften erteilt werden (s. PVR Rn. 42).

▶ Welche Entwicklungen sind im deutschen und europäischen Versiche-   **791**
rungsunternehmensrecht im Zuge der SE-Verordnung zu verzeichnen?

Eine aktuelle gesellschaftsrechtliche Tendenz ist die Überführung großer, international agierender Versicherungsunternehmen von der Rechtsform einer AG in diejenige einer *Societas Europaea (SE)*. Einige ehemals als AG organisierte Versicherungsunternehmen sind inzwischen in SEs umgewandelt worden, darunter die Holding, d. h. die „Konzernmutter", der Allianz als des größten europäischen Erstversicherungskonzerns und HDI Global als großer Industrie- und Gewerbeversicherer. Auf diese Weise wird es einer Gesellschaft unter anderem erleichtert, ihren Sitz in ein anderes EU-Land zu verlegen. Dabei wird bisweilen allein der Holding die Rechtsform der SE gegeben, während die einzelnen Konzerngesellschaften als Aktiengesellschaft nach dem jeweiligen nationalen Recht ihres Sitzes verfasst sind. Die SE ist durch die europäische SE-Verordnung weitgehend einheitlich geregelt. Auf Unterschiede in den einzelnen europäischen Rechtsordnungen hat der

© Springer-Verlag GmbH Deutschland, ein Teil von Springer Nature 2019   285
C. Armbrüster, *Examinatorium Privatversicherungsrecht*, Springer-Lehrbuch,
https://doi.org/10.1007/978-3-662-58654-9_5

Verordnungsgeber freilich Rücksicht genommen, etwa hinsichtlich der Verteilung von Geschäftsführungs- und Aufsichtsfunktionen oder der Mitbestimmung von Arbeitnehmern bei der Unternehmensführung (s. PVR Rn. 42, 199).

792 ▶ Warum steht nach § 8 Abs. 2 VAG weder Personengesellschaften noch GmbHs die Möglichkeit offen, Versicherungsgeschäfte zu betreiben?

Der Gesetzgeber verfolgt mit dieser Einschränkung der Wahlmöglichkeit den Zweck, eine solide finanzielle Grundlage der Versicherungsunternehmen sicherzustellen. Personengesellschaften (GbR, OHG, KG) erweisen sich unter diesem Gesichtspunkt bereits deshalb von vornherein als ungeeignet, weil bei ihnen keinerlei Mindestkapital gesetzlich vorgeschrieben ist. Unter den Kapitalgesellschaften hat die Aktiengesellschaft im Vergleich zur GmbH unter dem Blickwinkel dauerhafter Stabilität nicht nur den Vorzug, dass die Anforderungen an das Mindestkapital höher sind (50.000 € gegenüber 25.000 € oder – bei der durch das MoMiG eingeführten Unternehmergesellschaft (haftungsbeschränkt) i. S. von § 5a GmbHG – sogar zunächst 1 €; zum Mindeststammkapital s. Baumbach/Hueck/*Fastrich* § 5a Rn. 3, 10); zudem und vor allem stehen ihr über die Wertpapierbörsen ein organisierter Kapitalmarkt und damit der Zugang zu neuem Kapital offen (s. PVR Rn. 43).

793 ▶ Auf welche Weise wird außer in den durch § 8 Abs. 2 VAG zugelassenen Rechtsformen eine Absicherung gegen Risiken gewährleistet?

In § 3 Abs. 1 VAG findet sich eine Auflistung *weiterer Risikoabsicherungssysteme.* Dazu gehören z. B. kommunale Schadensausgleichsvereine oder berufsständische Unterstützungs- und Versorgungseinrichtungen. Derartige Einrichtungen unterliegen nicht der Versicherungsaufsicht. Das ist für die der betrieblichen Altersversorgung dienenden Pensionsfonds (§ 236 VAG) und für Versicherungs-Zweckgesellschaften (§ 168 VAG) zwar anders; diese schließen jedoch – anders als die zum Betrieb des Versicherungsgeschäfts zugelassenen Versicherungsunternehmen – gleichfalls keine Versicherungsverträge i. S. des VVG ab.

794 ▶ Welche Regelungen sind für Versicherungsunternehmen maßgeblich, die in der Rechtsform einer Aktiengesellschaft organisiert sind?

Versicherungsunternehmen, welche – wie es in der Praxis überwiegend der Fall ist – die Rechtsform einer Aktiengesellschaft haben, sind hauptsächlich den auf sie anwendbaren Bestimmungen des AktG unterworfen. Daneben sind jedoch auch einige Sonderregelungen im VAG vorgesehen, die nach dem Spezialitätsprinzip (lex specialis derogat legi generali) Vorrang vor dem AktG genießen. Sie betreffen vor allem Vorgaben zur Kapitalausstattung und Rechnungslegung. Darüber hinaus sind die Pflichten und infolgedessen auch die Haftung der Geschäftsleiter (Vorstandsmitglieder) gem. §§ 23, 24 VAG strenger als die allgemeinen aktienrechtlichen Regeln der §§ 91 Abs. 2, 93 AktG.

▶ Worum handelt es sich bei einem Versicherungsverein auf Gegensei- **795**
tigkeit?

Der Versicherungsverein auf Gegenseitigkeit (VVaG) ist ein wirtschaftlicher Verein
i. S. des § 22 BGB und damit eine juristische Person des Privatrechts (s. bereits
Frage 14). Die für den VVaG maßgeblichen Bestimmungen finden sich indessen –
in der Regel (zu den Ausnahmen s. Frage 798) – nicht in den Vorschriften des BGB
zum Vereinsrecht, sondern im VAG (§§ 171–210 VAG). Hier sind spezielle Regelungen vorgesehen, die den branchenspezifischen Besonderheiten des VVaG Rechnung tragen (s. PVR Rn. 46). Das sog. *Gegenseitigkeitsprinzip*, das im Gesetz nicht
eigens erläutert wird, ist in zahlreichen Einzelregelungen ausgeformt.

▶ Warum sind die Vorschriften über den VVaG im Versicherungsaufsichtsrecht **796**
geregelt?

Die systematische Stellung der für den VVaG maßgeblichen Vorschriften ist allein
historisch zu erklären. Sie ist sachlich verfehlt, da es sich um materielles Unterneh-
mensrecht, mithin um Zivilrecht und nicht um öffentliches Wirtschaftsrecht handelt
(s. PVR Rn. 46).

▶ Auf welchem Prinzip beruht die Rechtsform des VVaG? **797**

Charakteristisch für den VVaG ist ebenso wie für die Rechtsform der Genossenschaft
der Grundgedanke der *Selbsthilfe*: Einige oder viele Einzelne, die ein bestimmtes
wirtschaftliches Interesse verfolgen – hier: die Absicherung von gleichartigen Risiken –, schließen sich zusammen, um dieses Ziel gemeinsam möglichst effizient
durch Leistung eigener Beiträge (Eigenkapital) zu erreichen (s. PVR Rn. 47).

▶ Was unterscheidet den sog. großen VVaG vom sog. kleineren VVaG? Wofür **798**
ist diese Abgrenzung bedeutsam?

Für den Regelfall des sog. *großen VVaG* gelten die §§ 171–209 VAG, die vielfach
auf Vorschriften des AktG, teilweise auch auf Regelungen des HGB und des Genos-
senschaftsgesetzes verweisen. Das allgemeine Vereinsrecht des BGB gilt lediglich
subsidiär. Der große VVaG darf im Gegensatz zum sog. *kleineren VVaG* auch Nicht-
mitglieder versichern (§ 177 Abs. 2 VAG). Im Wesentlichen ist der große VVaG der
Aktiengesellschaft strukturell und im Marktverhalten stark angenähert (*Wandt*
Rn. 57). Demgegenüber sind für den kleineren VVaG die in der Verweisungsnorm
des § 210 VAG genannten Vorschriften maßgebend. Danach sind die Regelungen
der §§ 171–209 VAG nur sehr eingeschränkt anwendbar; im Übrigen gilt das Vereinsrecht des BGB, zum Teil auch Genossenschaftsrecht. Für die Grenzziehung, die
gem. § 210 Abs. 4 VAG die Aufsichtsbehörde vornimmt, kommt es darauf an, ob der
Verein bestimmungsgemäß einen sachlich, örtlich oder dem Personenkreis nach eng
begrenzten Wirkungskreis hat. In diesem Fall erscheint dem Gesetzgeber die
Geltung des Vereinsrechts als sachgerecht (s. PVR Rn. 48).

799 ▶ Was versteht man unter Demutualisierung?

Unter Demutualisierung ist der Rechtsformwechsel eines Versicherungsunternehmens von einem Versicherungsverein auf Gegenseitigkeit in eine Aktiengesellschaft
zu verstehen. Ein solcher Wechsel kann für einen VVaG insbesondere aufgrund von
rechtsformbedingten Schwierigkeiten bei der Konzernbildung oder der Kapitalbe-
schaffung interessant sein. Rechtstechnisch erfolgt eine Demutualisierung regelmäßig durch eine Übertragung des Versicherungsgeschäfts von einem VVaG auf eine
AG (sog. Bestandsübertragung). Eine solche Entwicklung ließ sich bis zur Jahrtau-
sendwende beobachten. So ist die Zahl der VVaGs zwischen 1954 und 2000 von
684 auf 287 gesunken; gleichzeitig hat sich die Anzahl der AGs von 110 auf 317 fast
verdreifacht (s. PVR Rn. 49). Seit der Finanzkrise von 2008/09 ist diese Entwicklung allerdings gebremst worden; der VVaG hat heute wieder eine erhöhte Wertschätzung (s. noch Frage 802).

800 ▶ Was ist unter einer partiellen Bestandsübertragung zu verstehen?

Ein Versicherungsnehmer, der mit einem VVaG einen Versicherungsvertrag schließt,
erlangt damit die Doppelstellung eines Versicherungsnehmers und zugleich eines
Vereinsmitglieds. Kommt es im Zuge einer Demutualisierung (s. Frage 799) zu einer Bestandsübertragung, so geschieht dies in der Regel nicht in der Form, dass der
Bestand an Versicherungsverträgen vollständig übertragen und der VVaG infolgedessen aufgelöst wird. Vielmehr werden lediglich die wesentlichen Teile des Be-
stands auf eine AG übertragen. Dieser Vorgang wird auch als *partielle Bestandsübertragung* bezeichnet (s. PVR Rn. 52).

801 ▶ Inwiefern ist eine solche Umstrukturierung verfassungsrechtlichen
              Bedenken ausgesetzt?

Eine partielle Bestandsübertragung ist aus verfassungsrechtlicher Sicht nicht unproblematisch, da der hiervon betroffene Versicherungsnehmer seine Mitgliedschaft in
dem fortbestehenden VVaG verliert, welche ist typischerweise an den Bestand eines
Versicherungsvertrags gekoppelt ist. Nach Auffassung des BVerfG ist die Mitgliedschaft als eine von Art. 14 Abs. 1 GG geschützte Eigentumsposition anzusehen, so
dass der Versicherungsnehmer einen *angemessenen Ausgleich* für den Verlust seiner
Mitgliedschaft verlangen kann (s. BVerfG VersR 2005, 1109, 1117 ff.; s. dazu *Armbrüster*, ZGR 2006, 683 ff.). Wie sich ein solcher Ausgleich beziffern lässt, hat das
BVerfG allerdings offengelassen (s. PVR Rn. 53).

802 ▶ Worin sind die Vor- und Nachteile der Rechtsform des VVaG im Vergleich
              zu der AG zu sehen?

Vor allem im Zuge der Finanzmarktkrise sind die Vorzüge des VVaG deutlich zutage getreten. Ein VVaG ist nur mittelbar und in weitaus geringerem Maße als eine
börsennotierte AG von Kapitalmarktschwankungen betroffen; zudem kann ihm
keine Übernahme durch Dritte drohen. Darüber hinaus fließen die Erträge anders als

eine Dividende regelmäßig allein den Versicherungsnehmern zu; sie müssen daher nicht mit externen Unternehmenseignern (Aktionären) geteilt werden.

Andererseits ist der VVaG im Vergleich zur AG in seinen marktwirtschaftlichen Möglichkeiten eingeschränkt. So hat der VVaG keinen Zugang zum Kapitalmarkt, was ihm gewisse Nachteile bringt. Hierzu zählt insbesondere die fehlende Möglichkeit, sich durch Emission neuer Anteile günstig frisches Eigenkapital zu beschaffen, wie dies einer AG durch das Instrument der Kapitalerhöhung offensteht (s. PVR Rn. 53).

B. Öffentlich-rechtliche Versicherer

▶ In welchen Rechtsformen können öffentlich-rechtliche Versicherer auftreten? **803**

Nach § 8 Abs. 2 VAG sind öffentlich-rechtliche Versicherer als Körperschaften und Anstalten des öffentlichen Rechts zugelassen. Daneben können sie sich aber auch der privatrechtlichen Rechtsformen bedienen, allerdings wiederum nur der in § 8 Abs. 2 VAG genannten. So sind denn in der Praxis auch einige öffentlich-rechtliche Versicherer als Aktiengesellschaften organisiert (s. PVR Rn. 54). Nicht selten ist ein als rechtsfähige Anstalt des öffentlichen Rechts verfasstes Unternehmen als Holding organisiert, der weitere Aktiengesellschaften untergeordnet sind, die das operative Versicherungsgeschäft betreiben.

▶ Welche Rechtsgrundlagen sind für öffentlich-rechtliche Versicherer maßgeblich? **804**

Rechtsgrundlagen sind meist spezielle Landesgesetze oder Satzungen, aber auch Verordnungen und Staatsverträge zwischen den jeweiligen Bundesländern.

▶ Wer ist Träger der öffentlich-rechtlichen Versicherer? **805**

Träger der öffentlich-rechtlichen Versicherer (d. h. deren Mitglieder, Aktionäre oder vergleichbare konstituierende Subjekte) sind in erster Linie Sparkassenorganisationen, wie etwa Sparkassen- und Giroverbände, Landesbanken sowie Landschaftsverbände, an welche die Bundesländer ihre Anteile veräußert haben. Damit gehören die öffentlichen Versicherer sämtlich zur Sparkassen-Finanzgruppe. Sie betreiben das Versicherungsgeschäft meist regional in einem oder mehreren Bundesländern (s. PVR Rn. 54).

▶ Welche Wesensmerkmale sind für öffentlich-rechtliche Versicherer kennzeichnend? **806**

Sämtliche öffentlich-rechtlichen Versicherer haben einen öffentlichen Versorgungsauftrag (vgl. etwa § 2 Abs. 1 der Satzung der Provinzial Nord-West Holding AG: „[…] Ziel der flächendeckenden Versorgung der Bevölkerung mit Versicherungsschutz und der Aufrechterhaltung eines kundenorientierten, regional dezentralisierten ausgewogenen Marktes für Versicherungsprodukte [...]"). Zudem gilt das sog. *Regionalprinzip*, nach dem sich jene Versorgung durch den Versicherer auf die jeweilige Region beschränkt, für die der Versicherer zur Versorgung zuständig ist.

807 ▶ Vor welche Herausforderung hat die Deregulierung im Jahr 1994 die öffentlich-rechtlichen Versicherer gestellt?

Durch die mit dem europäischen Richtlinienrecht einhergehende Deregulierung des Versicherungsmarktes haben die öffentlich-rechtlichen Versicherer ihre in vielen Bereichen zuvor bestehende regionale Monopolstellung verloren. Früher waren die öffentlich-rechtlichen Versicherer meist Pflicht- oder Monopolanstalten in dem Sinne, dass die Versicherungsnehmer aufgrund eines bestimmten Tatbestandes (z. B. Eigentum an einem Gebäude) entweder automatisch bei ihnen versichert oder zumindest verpflichtet waren, bei ihnen eine Versicherung abzuschließen (insbesondere: Gebäude-Feuerversicherung; vgl. *Wandt* Rn. 59). Seit dem Inkrafttreten des Dritten Durchführungsgesetzes/EWG zum VAG müssen sich die öffentlich-rechtlichen Versicherer nunmehr im Wettbewerb zu den privaten Versicherungsunternehmen behaupten (s. PVR Rn. 56).

808 ▶ Womit sind öffentlich-rechtliche Versicherer nicht zu verwechseln?

Von öffentlich-rechtlichen Versicherungsunternehmen sind gesetzliche Sozialversicherungsträger zu unterscheiden. Letztere betreiben nicht das private Versicherungsgeschäft. Auf sie finden die Vorschriften des Privatversicherungsrechts, d. h. insbesondere das VVG und das VAG, keine Anwendung (s. PVR Rn. 57).

C. Ausländische Versicherer

809 ▶ Können EU-ausländische Versicherer ihre Versicherungsprodukte auch hierzulande anbieten?

Ja, dieses Recht gewährt ihnen die *Dienstleistungsfreiheit* gem. Art. 56 AEUV. Für diese Versicherungsunternehmen gilt der Rechtsformzwang des § 8 Abs. 2 VAG nicht (s. PVR Rn. 58).

810 ▶ Ermöglicht die Dienstleistungsfreiheit nicht nur rechtlich, sondern auch tatsächlich einen grenzüberschreitenden Versicherungsmarkt?

Jedenfalls im sog. Massengeschäft mit Verbrauchern ist bislang kein bedeutender grenzüberschreitender Markt entstanden. Dieses Hindernis ist rechtlichen, vor allem aber faktischen Marktzutrittsbeschränkungen geschuldet, die sich insbesondere aus Sprachbarrieren ergeben. Erschwert wird der grenzüberschreitende Absatz von Versicherungsprodukten auch dadurch, dass es sich bei ihnen um *Rechtsprodukte* handelt, deren Inhalt und Nutzwert für Verbraucher weniger leicht erfassbar sind als etwa eine Kaufsache. Daher wird regelmäßig inländischen Versicherern aufgrund ihrer sichtbaren Präsenz und Erreichbarkeit im Inland größeres Vertrauen entgegengebracht (s. PVR Rn. 58).

▶ Für welches Versicherungsgeschäft lässt sich demgegenüber ein reger **811**
internationaler Vertrieb feststellen?

Das Geschäft der *Rückversicherer*, d. h. der „Versicherer der Versicherer" ist – anders als in der Regel dasjenige von Erstversicherern – stark internationalisiert. Hier wirken oft Rückversicherer mit Sitz in unterschiedlichen Staaten bei der Risikodeckung zusammen (s. PVR Rn. 59). Ähnliches gilt bei der Erstversicherung von großen Industrierisiken.

D. Insolvenzsicherungseinrichtungen

▶ Welche beiden Insolvenzsicherungseinrichtungen gibt es in Deutsch- **812**
land und wofür sind sie zuständig?

Zum einen gibt es seit dem Jahr 2002 die *Protektor Lebensversicherungs-AG* mit Sitz in Berlin. Bei ihr handelt es sich um eine Sicherungseinrichtung für Lebensversicherungsunternehmen in Deutschland, die durch die im GDV organisierten Lebensversicherer zunächst auf freiwilliger Basis gegründet wurde. Sie unterliegt der Aufsicht durch die BaFin. Ziel ist der Schutz angesparter Vermögen der Versicherten vor den Folgen der Insolvenz eines Lebensversicherers. Dies wird durch die Fortführung der Verträge im Insolvenzfall gewährleistet, um die Leistungen für die Altersvorsorge, den Risikoschutz sowie die vorgesehenen Gewinnbeteiligungen zu erhalten.

Zum anderen wurde im Jahr 2003 die *Medicator AG* durch die Mitgliedsunternehmen des PKV-Verbandes gegründet. Tritt bei einem Krankenversicherer eine finanzielle Notlage ein (was bislang nicht der Fall gewesen ist), so übernimmt Medicator alle Vertragsverhältnisse und sichert bestehende und künftige Leistungsansprüche der Versicherungsnehmer ab (s. PVR Rn. 61 f.).

▶ Welches Ereignis war Auslöser für die Gründung dieser Insolvenzsiche- **813**
rungseinrichtungen?

Auslöser für die Gründung von Protektor und Medicator war die durch riskante Aktiengeschäfte und die Börsenturbulenzen von 2002/2003 ausgelöste Insolvenzreife der *Mannheimer Lebensversicherung AG*, eines Konzernunternehmens der Mannheimer Holding AG. Hierbei handelt es sich um den einzigen Vertragsbestand, den Protektor bislang zu verwalten hatte. Im Jahr 2017 hat Protektor ihn auf einen neuen Versicherer übertragen (s. PVR Rn. 61).

▶ Welche Maßnahme hat der Gesetzgeber ergriffen, um die Ansprüche der **814**
Versicherten bei drohender Insolvenz eines Versicherungsunternehmens
zu sichern?

Unter dem Eindruck der finanziellen Schieflage der Mannheimer Lebensversicherung AG ist der Gesetzgeber im Jahr 2004 tätig geworden. Er hat die Bildung eines Sicherungsfonds für die Lebensversicherung und für die substitutive Krankenversicherung vorgeschrieben (§§ 221 ff. VAG) und damit den freiwilligen Initiativen der privaten Versicherungswirtschaft einen verbindlichen gesetzlichen Rahmen gegeben. Die Verwahrung dieses Fonds nimmt für die Lebensversicherung seit 2006 Protektor wahr. Gerät ein Lebensversicherer in eine wirtschaftliche Schieflage, so überträgt die BaFin die Bestände erforderlichenfalls durch privatrechtsgestaltenden Verwaltungsakt gem. § 222 Abs. 2 VAG auf den Sicherungsfonds. Für diesen verwaltet sodann Protektor die Verträge im Wege der Beleihung aufgrund von § 224 VAG. Entsprechendes gilt für Medicator (s. PVR Rn. 64).

E. Versicherungskartellrecht

815 ▶   Welche wesentlichen Regelungen bestimmen die Grenzen zulässigen Wettbewerbsverhaltens von Versicherern?

Hervorzuheben ist in erster Linie das allgemeine europarechtliche Kartellverbot des Art. 101 AEUV (Art. 81 EGV a.F.). Die aufgrund von Art. 101 Abs. 3 AEUV erlassene Gruppenfreistellungsverordnung für den Versicherungssektor (GVO-Vers 2010, VO 267/2010 v. 24.3.2010, AB1. EU L 83/1) ermöglichte es den Versicherern, bestimmte Verhaltensweisen ohne Verstoß gegen das Kartellverbot auszuführen (s. PVR Rn. 65). Die GVO-Vers hatte das Kartellverbot auf bestimmte Formen der Zusammenarbeit zwischen Versicherungsunternehmen mit besonderer Bedeutung im Versicherungssektor für nicht anwendbar erklärt. Sie ist am 31.03.2017 außer Kraft getreten, da die Kommission sie nicht mehr für erforderlich hielt (PVR Rn. 67).

▶   Wonach richtet sich nunmehr die kartellrechtliche Zulässigkeit einer Zusammenarbeit von Versicherern?

816 Die kartellrechtliche Zulässigkeit solcher Tätigkeiten muss nunmehr nach dem allgemeinen Kartellverbot beurteilt werden.

817 ▶   Fallen die von Verbänden veröffentlichten Muster-AVB unter das Kartellverbot?

Die kartellrechtliche Zulässigkeit dieser in der Versicherungswirtschaft besonders wichtigen Tätigkeit war anders als in der GVO-Vers 2003 bereits nicht mehr von der Freistellung durch die GVO-Vers 2010 umfasst. Sie ist nach dem allgemeinen Kartellverbot (s. Frage 816) zu beurteilen. Demnach ist es erforderlich, in jedem Einzelfall die Auswirkungen auf den Wettbewerb zu prüfen. Die Verbände heben daher in aller Regel die *Unverbindlichkeit* der von ihnen veröffentlichten Musterbedingungen deutlich hervor (s. PVR Rn. 67; *Thunnissen*, ZVersWiss 2012, 643 ff.)

Europäisches Versicherungsvertragsrecht

A. Bisherige Entwicklungen

▶ Ist das materielle Versicherungsvertragsrecht durch den europäischen **818**
Gesetzgeber umfassend harmonisiert worden?

Nein. Bisher ist das materielle Versicherungsvertragsrecht lediglich punktuell harmonisiert worden. Der europäische Gesetzgeber hat sich vorrangig darum bemüht, das Versicherungsaufsichtsrecht der Mitgliedstaaten anzugleichen. Das europäische Versicherungsvertragsrecht stellt demgegenüber derzeit noch einen „Flickenteppich" dar; die unionsrechtlichen Vorgaben in Bezug auf das materielle Versicherungsvertragsrecht sind sehr fragmentarisch (s. L/P/*Loacker*/*Perner* Vorbem. C Rn. 33 ff.). Sie finden sich insbesondere in der konsolidierten Kfz-Haftpflichtversicherungs-Richtlinie (RL 2009/103/EG), in der konsolidierten Lebensversicherungs-Richtlinie (RL 2002/83/EG) sowie in der Rechtsschutzversicherungs-Richtlinie (87/344/EWG). Die beiden zuletzt genannten Richtlinien sind zum 01.01.2016 aufgehoben und in die Solvency II-Richtlinie überführt worden. Daneben wurde das Vermittlerrecht zunächst durch die EGVermittlerrichtlinie (RL 2002/92/EG) harmonisiert und in der Versicherungsvertriebsrichtlinie (RL 2016/97/EU – IDD) weiterentwickelt (s. PVR Rn. 2257 ff.).

▶ Worin liegt der Grund für die jahrelange Stagnation der Harmonisie- **819**
rungsbemühungen des europäischen Gesetzgebers in Bezug auf das
Versicherungsvertragsrecht?

Zwar sind Harmonisierungsbestrebungen des europäischen Gesetzgebers schon seit längerer Zeit vorhanden. Bereits im Jahr 1979 hat die Kommission einen Richtlinienvorschlag vorgelegt, der Regelungen etwa zum Versicherungsschein, zu

© Springer-Verlag GmbH Deutschland, ein Teil von Springer Nature 2019
C. Armbrüster, *Examinatorium Privatversicherungsrecht*, Springer-Lehrbuch,
https://doi.org/10.1007/978-3-662-58654-9_6

Anzeigeobliegenheiten, Risikoverminderung, Prämienverzug, zum Verhalten bei Eintritt des Versicherungsfalls und zur Vertragsbeendigung vorsah. Dieses Vorhaben wurde jedoch nicht umgesetzt. Stattdessen wurde der Fokus fortan auf eine Angleichung des Kollisionsrechts sowie des Aufsichtsrechts gerichtet. Grund für diesen Paradigmenwechsel war die Erkenntnis, dass einem gemeinsamen europäischen Versicherungsvertragsrecht seinerzeit angesichts der in den Mitgliedstaaten bestehenden Unterschiede und der fehlenden Harmonisierung des allgemeinen Vertragsrechts, des Haftungs- und Regressrechts kaum Realisierungschancen eingeräumt wurden. Zudem sah man seit einer Entscheidung des EuGH im Jahr 1986, die ein grenzüberschreitendes Angebot von Versicherungsleistungen auch ohne Angleichung des Vertragsrechts ermöglichte, keine dringende Notwendigkeit mehr, eine Harmonisierung voranzutreiben (s. PVR Rn. 2263).

820 ▶ Welche europäischen Richtlinien verpflichten die Mitgliedstaaten, das allgemeine nationale Vertragsrecht und damit auch unmittelbar das Versicherungsvertragsrecht anzupassen?

Neben den bei Frage 818 genannten Richtlinien, die speziell auf das Versicherungsvertragsrecht zugeschnitten sind, gibt es auch umfassendere Richtlinien, die Schuldverträge im Allgemeinen betreffen. Einige dieser Richtlinien wie etwa die Verbraucherrechte-Richtlinie enthalten allerdings Bereichsausnahmen für Finanzdienstleitungen, wozu Versicherungsverträge zählen. Auch für den Versicherungssektor bedeutsam sind hingegen neben der Richtlinie über missbräuchliche Klauseln in Verbraucherverträgen etwa die Fernabsatzrichtlinie II (Finanzdienstleistungs-Fernabsatzrichtlinie), die E-Commerce-Richtlinie, die Verbraucherkreditrichtlinie, die Antirassismus-Richtlinie sowie die Gender-Richtlinie (s. PVR Rn. 2260).

821 ▶ Welche rechtlichen Hindernisse stehen den Versicherern für den grenzüberschreitenden Vertrieb von Versicherungen insbesondere im Wege?

Problematisch ist insbesondere, dass bei grenzüberschreitenden Versicherungsverträgen im Binnenmarkt dem Versicherungsnehmer stets ein *Heimatgerichtsstand* zukommt (vgl. Art. 11 Abs. 1 lit. b EuGVVO) und sich das anwendbare Recht aufgrund der Anknüpfung an die Risikobelegenheit nicht selten nach dem gewöhnlichen Aufenthaltsort des Versicherungsnehmers richtet (Art. 7 Abs. 3 UAbs. 2 Rom I-VO i. V. m. Art. 13 Nr. 13 lit. d sublit. i Solvency II-Richtlinie (RL 2009/138/EG). Im Gegensatz zum Aufsichtsrecht, wo sich das Sitzlandprinzip durchgesetzt hat, gilt im internationalen Versicherungsvertragsrecht also ein *Tätigkeitslandprinzip*. Wegen der das Versicherungsprodukt beeinflussenden Wirkung zwingenden nationalen Versicherungsvertragsrechts ist der grenzüberschreitend anbietende Versicherer im Massengeschäft gezwungen, seine Police an das Recht des gewöhnlichen Aufenthalts des Versicherungsnehmers anzupassen. Eine europaweit einheitliche Police kann daher nicht angeboten werden.

▶ Welche tatsächlichen Hindernisse stehen den Versicherern für den grenz-   **822**
überschreitenden Vertrieb von Versicherungen insbesondere im Wege?

Faktische Marktzutrittsbeschränkungen ergeben sich zum einen in Gestalt von Sprachbarrieren. Zum anderen handelt es sich bei Versicherungsprodukten – anders als etwa bei Kaufsachen – um Rechtsprodukte, die insbesondere für Verbraucher oft schwer erfassbar sind (s. Frage 810). Daher bevorzugen Versicherungsnehmer in der Regel Versicherer, die eine sichtbare Präsenz in Gestalt einer Niederlassung im Inland haben und für sie daher leichter erreichbar sind (s. PVR Rn. 58; Frage 810).

▶ Exkurs zu den europarechtliche Rahmenbedingungen für die Verwirkli-   **823**
chung eines einheitlichen europäischen Versicherungsvertragsrechts
durch die Mitgliedstaaten: Welche Wirkung haben Richtlinien für das nationale Recht?

Nach Art. 288 Abs. 3 AEUV handelt es sich bei Richtlinien um Sekundär-Rechtsakte der Union, die an die Mitgliedstaaten gerichtet sind und sie verpflichten, den Inhalt der Richtlinie innerhalb einer vorgegebenen Zeit so in nationales Recht umzusetzen, dass das in der Richtlinie genannte und verbindliche Ziel erreicht wird. Dabei sind die Mitgliedstaaten auch wegen des Subsidiaritätsprinzips frei in der Wahl der Form und der Mittel. Sie wirken daher im Gegensatz zur Verordnung (Art. 288 Abs. 2 AEUV) grundsätzlich mittelbar; nur in Ausnahmefällen können sie auch unmittelbar auf das nationale Recht einwirken (s. Calliess/Ruffert/*Ruffert* Art. 288 AEUV Rn. 47 ff.).

▶ Was ist unter richtlinienkonformer Auslegung zu verstehen?   **824**

Für die Fälle, in denen die Voraussetzungen der unmittelbaren Wirkung nicht gegeben sind oder aber die Richtlinie nicht zu Lasten des Bürgers bzw. nicht im Verhältnis der Bürger zueinander angewendet werden kann (*keine horizontale Drittwirkung von Richtlinien*; s. dazu *Herdegen*, Europarecht, § 8 Rn. 58 ff.), ist das aus Art. 4 Abs. 3 AEUV herzuleitende Gebot der richtlinienkonformen Auslegung bzw. Rechtsfortbildung in Bezug auf das innerstaatliche Recht zu beachten (s. EuGH, Rs. C-397/01 – *Pfeiffer*, Slg. 2004 I-8835, Rn. 113 ff.). Diese Regel tritt neben die herkömmlichen Auslegungsregeln des nationalen Rechts. Sie besagt, dass Spielräume des nationalen Rechts gemäß dem Wortlaut und dem Zweck der Richtlinie auszufüllen sind. Sie erfasst nicht nur nationales Recht, das zur Umsetzung von EU-Richtlinien erlassen wurde, sondern jede Privatrechtsnorm, die in den Anwendungsbereich einer EU-Richtlinie fällt. Sie gilt erst *mit Ablauf der Umsetzungsfrist* und nicht bereits mit Inkrafttreten der Richtlinie. Zuständig für die richtlinienkonforme Auslegung des nationalen Rechts ist nicht der EuGH, sondern es sind dies die mitgliedstaatlichen Gerichte. Diese können und müssen ggf. sogar mit Blick auf Art. 101 Abs. 1 S. 2 GG sowie Art. 267 Abs. 3 EUV in Fällen, in denen die gerichtliche Entscheidung nicht mehr mit Rechtsmitteln des innerstaatlichen Rechts angefochten werden kann, im Zweifel eine Auslegungsfrage dem EuGH zur *Vorabentscheidung* vorlegen (zum Vorabentscheidungsverfahren s. *Herdegen*, Europarecht, § 9 Rn. 25 ff.).

825 ▶   Was geschieht, wenn der nationale Gesetzgeber die Umsetzungsfrist ver-
           streichen lässt, ohne eine Richtlinie umzusetzen?

Da im Verhältnis zweier Privatrechtssubjekte zueinander eine EU-Richtlinie keine unmittelbare Wirkung entfaltet (zur horizontalen Drittwirkung s. *Haratsch/Koenig/ Pechstein*, Europarecht, Rn. 408 ff.), können sie aus der nicht umgesetzten Richtlinie keine Rechte und Pflichten herleiten. Adressat der Umsetzungspflicht ist vielmehr allein der Mitgliedstaat. Die unmittelbare Wirkung von Richtlinien als Sanktion der Verletzung der Umsetzungspflicht kann sich dementsprechend auch nicht gegen Privatrechtssubjekte richten. In solchen Fällen kann jedoch einem betroffener Bürger ein *EU-rechtlicher Staatshaftungsanspruch* gegen den säumigen Mitgliedstaat zustehen (s. *Herdegen*, Europarecht, § 10 Rn. 10).

B. Harmonisierungsbestrebungen

826 ▶   Was bedeutet PEICL?

PEICL ist die Abkürzung für „Principles of European Insurance Contract Law". Dabei handelt es sich ein Regelwerk, das künftig den Parteien eine Alternative zu dem durch das Kollisionsrecht berufenen materiellen Versicherungsvertragsrecht bieten soll (s. PVR Rn. 2262 ff.; eingehend *Armbrüster*, ZEuP 2008, 775 ff.). Mittlerweile sind die PEICL 2009 durch die PEICL 2015 ersetzt worden. Diese enthalten nunmehr neben allgemeinen Vorschriften für sämtliche Versicherungszweige sowie für die Schadensversicherung erstmals auch solche zu wichtigen Sparten (s. L/P/*Loacker/Perner* Einl. C Rn. 81).

827 ▶   Was ist das Besondere an der Funktionsweise der PEICL?

Die PEICL folgen dem Ansatz eines *optionalen Instruments* (sog. *soft law*; s. dazu *Loacker*, VersR 2009, 289 ff.). Sie geben nicht einen bestimmten Vertragsinhalt verbindlich vor, sondern knüpfen an vertragliche Vertragsinhalte an und setzen lediglich der privatautonomen Gestaltungsfreiheit gewisse inhaltliche Grenzen. Dabei soll es den Parteien des Versicherungsvertrags anheimgestellt werden, ob sie von diesen Normen anstelle des ansonsten auf den Vertrag anwendbaren mitgliedstaatlichen (Versicherungsvertrags-)Recht Gebrauch machen wollen. Die Parteien können allerdings die PEICL nur *im Ganzen* anstelle des Gesetzesrechts wählen, was zur Vermeidung von Rechtszersplitterung und eines „Rosinenpickens" sinnvoll ist. Eine solche Wahl wäre grundsätzlich sowohl in Form einer gemeinsamen Entscheidung der Vertragsparteien für das Instrument (sog. *opt-in*) oder in einer Abwahl desselben (sog. *opt-out*) denkbar. Letzteres ist derzeit – jedenfalls noch – nicht absehbar, da es sich bei den PEICL um einen Entwurf einer privaten Arbeitsgruppe (Restatement of European Insurance Contract Law) handelt und nur der europäische Gesetzgeber eine solche Abwahl bestimmen könnte (s. PVR Rn. 2264 f.).

▶ Welche Gründe haben jene Projektgruppe dazu bewogen, mit PEICL ein **828**
bloßes optionales Vertragsregime in Form von „soft law" vorzusehen? Warum geht man nicht gleich zu verbindlichen Rechtsakten („hard law") über?

Die Entscheidung für ein optionales Vertragswerk liegt in mehreren Umständen begründet. So kann der europäische Gesetzgeber verbindliche Rechtssätze nur schaffen, wenn die Voraussetzungen hinsichtlich Rechtsetzungskompetenz (s. auch Frage 830 f. zur Kompetenz für ein optionales Instrument) und Gesetzgebungsverfahren (vgl. Art. 81 Abs. 2, 114, 352 AEUV) erfüllt sind. Für ein optionales Vertragswerk spricht zudem die Überlegung, dass niemand besser über den Bedarf des Binnenmarktes nach einer Regelung zu befinden vermag als die Vertragsparteien selbst. Darüber hinaus lässt sich mit einer optionalen Regelung gewährleisten, dass die Parteien keine Kosten für die Anpassung ihrer Verträge an neues Recht aufwenden müssen. Den nationalen Gesetzgebern und Marktteilnehmern sollte nicht ein neues Versicherungsvertragsrecht aufgedrängt werden, nachdem in jüngerer Zeit viele Mitgliedstaaten teils umfassende Reformen durchgeführt und die Versicherer ihre Produkte daraufhin an das neue Recht angepasst haben (s. *Heiss*, RabelsZ 76 [2012], 320 f.).

▶ Welche Haltung nimmt die deutsche Versicherungswirtschaft gegen- **829**
über den Harmonisierungsbestrebungen der Union ein?

Der GDV (s. Frage 12) als Interessenverband der deutschen Versicherer begrüßt die Schaffung der PEICL. Er gibt jedoch zu bedenken, dass die divergierenden Rechtsordnungen nicht das einzige Hemmnis seien, welches einem europaweiten Vertrieb eines Versicherungsprodukts im Wege stehe. Vielmehr seien die Risikoprofile in den europäischen Ländern sehr unterschiedlich. Zu berücksichtigen seien zudem unterschiedliche Steuer- und Haftungssysteme sowie ein divergierendes Entgeltniveau. Die inländischen Risiko- und Tarifierungsprinzipien ließen sich nicht ohne Weiteres auf andere Märkte übertragen. Dies alles erschwere es, ein grenzüberschreitendes Versicherungsprodukt anzubieten.

▶ Woraus folgt die Rechtsetzungskompetenz der Europäischen Union für **830**
die Schaffung eines gemeinsamen (optionalen) europäischen Versicherungsvertragsrechts?

Nach einer Stellungnahme des Europäischen Wirtschafts- und Sozialausschusses zum Thema „Das 28. Regime – eine Alternative für weniger Rechtsetzung auf Gemeinschaftsebene" soll die Schaffung eines solchen optionalen Instruments auf die Rechtsgrundlage des Art. 114 AEUV gestützt werden. Demnach erlassen das Europäische Parlament und der Rat die Maßnahmen zur Angleichung der Rechts- und Verwaltungsvorschriften der Mitgliedstaaten, welche die Errichtung und das Funktionieren des *Binnenmarkts* zum Gegenstand haben. Begründet wird dies insbesondere mit dem Hinweis darauf, dass man es mit einer *Angleichung von Rechtsvorschriften* zu tun habe, „die sich unmittelbar auf die Errichtung oder das

Funktionieren des Gemeinsamen Marktes auswirken" und auf „die Verwirklichung der Ziele des Art. 26 AEUV [d. h. eines gemeinsamen Binnenmarkts] gerichtet seien". Außerdem werde ein derartiges optionales Instrument dem *Subsidiaritätsprinzip* (vgl. Art. 5 Abs. 3 EUV) am besten gerecht, indem es die nationalen Vertragsordnungen weniger berühre (s. ABl. C 21/26 vom 21.01.2011, S. 29 Punkt 3.3.3).

831 ▶   Inwiefern ist diese Sichtweise der Kommission angreifbar?

Ob Art. 114 AEUV eine hinreichende Rechtsgrundlage bietet, ist umstritten. Auch im Zuge der Bestrebungen der Union, ein Gemeinsames Europäisches Kaufrecht zu schaffen, wurde darüber gestritten, ob der von der Kommission dafür herangezogene Art. 114 AEUV eine taugliche Kompetenzgrundlage darstellt. Dabei ging es ähnlich wie bei den PEICL um die Schaffung eines optionalen Vertragswerks. Der Rechtsausschuss des Deutschen Bundestages verneint die Frage. Nach seiner Auffassung steht für ein solches optionales Vertragsregime allenfalls die Kompetenzerweiterungsklausel des Art. 352 AEUV zur Verfügung, der allerdings höhere Anforderungen an das Rechtsetzungsverfahren stellt, namentlich Einstimmigkeit (s. BT-Drs. 17/8000, S. 5). Zum einen handele es sich nicht um eine „Angleichung von Rechts- und Verwaltungsvorschriften der Mitgliedstaaten" i. S. des Art. 114 AEUV, da die bestehenden nationalen Vorschriften unverändert bleiben, was nach der Rechtsprechung des EuGH nicht von Art. 114 AEUV erfasst sei (s. EuGH Slg. 2006, I-3733). Zum anderen sei der von Kommission angeführte Erst-Recht-Schluss unzulässig, wonach sich die Kommission darauf beruft, dass dann, wenn Art. 114 AEUV bereits Angleichungen zulasse, erst recht auch weniger einschneidende Maßnahmen wie die Schaffung eines optionalen Instruments möglich sein müssten. Dies stelle einen Verstoß gegen den Grundsatz der begrenzten Einzelermächtigung gem. Art. 5 Abs. 2 EUV dar. Ferner sieht der Bundestag die Grundsätze der Subsidiarität und der Verhältnismäßigkeit verletzt (s. BT-Drs. 17/8000, S. 6).

C. Regelungskern der Principles of European Insurance Contract Law (PEICL)

832 ▶   Was sind die wesentlichen Regelungen der PEICL?

Die PEICL enthalten allgemeine Bestimmungen für alle Versicherungsverträge und zur Schadensversicherung (eingehend *Armbrüster*, ZEuP 2008, 777 ff. [betr. PEICL 2009]) sowie in der Fassung von 2015 auch zu wichtigen Sparten. Ihr materieller Anwendungsbereich umfasst somit alle Versicherungssparten außer der Rückversicherung. Die finale Fassung sieht sechs Teile vor, nämlich einen Allgemeinen Teil und jeweils einen Teil zur Schadensversicherung, zur Summenversicherung, zur Haftpflichtversicherung, zur Lebensversicherung sowie zur Gruppenversicherung. Viele Regelungen der PEICL sind dem deutschen Rechtsanwender im Grundsatz bekannt, etwa zur vorvertraglichen Anzeigepflicht des Versicherungsnehmers

(Art. 2:101 ff. PEICL), zur vorvertraglichen Informationspflicht des Versicherers (Art. 2:201 PEICL), zur rückwirkenden und vorläufigen Deckung (Art. 2:401 ff.), zum Versicherungsschein (Art. 2:501 f.) oder zu den Folgen einer Gefahrerhöhung (Art. 4:201 ff. PEICL).

▶ **Welche aus dem deutschen Versicherungsvertragsrecht bekannten Re-   833
gelungen lassen die PEICL vermissen?**

Die PEICL enthalten keine Bestimmungen über die Beratungspflicht des Versicherers während der Vertragslaufzeit (vgl. § 6 Abs. 4 VVG; s. dazu Fragen 80, 86). Darüber hinaus wird nicht thematisiert, wem bei der Versicherung für fremde Rechnung der Versicherungsschein zusteht und welche Bedeutung sein Besitz hat (vgl. §§ 44 Abs. 1 S. 2, Abs. 2, 45 Abs. 2 VVG; s. dazu Frage 184), wer die angefallenen Schadensermittlungskosten trägt (vgl. § 85 VVG; s. dazu Fragen 385 ff.), welche Wirkungen eine Wiederherstellungsklausel hat (s. dazu Fragen 504 ff.) und wie Grundpfandgläubiger bei ihr geschützt werden (vgl. §§ 93 f. VVG).

▶ **Warum sind die Bestimmungen der PEICL weit überwiegend (halb-)   834
zwingend?**

Die Ursache dafür, dass der europäische Versicherungsbinnenmarkt noch nicht vollständig realisiert ist, liegt in der Unterschiedlichkeit und in der Vielzahl der zu beachtenden Rechtsordnungen. Regelungsbedarf besteht allerdings nur dort, wo es um zwingende Rechtsvorschriften geht. Soweit Gesetzesvorgaben hingegen dispositiv sind, besteht für die Vertragsgestaltung die erforderliche Flexibilität. Der notwendige Gegenstand von Vereinheitlichungsbemühungen ist damit nicht allumfassend, sondern klar begrenzt (*Loacker*, VersR 2009, 289, 294). So werden die hemmenden nationalen zwingenden Vorschriften durch europäische ersetzbar (s. *Basedow*, ZEuP 2007, 280, 285). Die Vorschriften der PEICL sind größtenteils halbzwingend, so dass durch Vertrag von ihnen abgewichen werden kann, solange dies nicht zum Nachteil des Versicherungsnehmers, des Versicherten oder des Begünstigten geschieht (vgl. Art. 1:103 PEICL). Lediglich im Großrisikogeschäft sind Abweichungen auch zum Nachteil des Versicherungsnehmers erlaubt.

▶ **Was geschieht, wenn die PEICL keine Lösungen für bestimmte Einzelfra-   835
gen im Zusammenhang mit dem Versicherungsvertrag vorsehen?**

Besondere Unwägbarkeiten können sich – wiederum ähnlich wie beim Gemeinsamen Europäischen Kaufrecht – daraus ergeben, dass kein optionales Instrument eine vollständige Regelung aller Fragen enthalten kann, die bei Streitigkeiten über einen Vertrag relevant werden können. Solche Lücken müssen jedoch grundsätzlich *ohne Rückgriff auf nationales Recht* geschlossen werden. Daher untersagt Art. 1:105 Abs. 1 S. 1 PEICL ausdrücklich einen solchen Rückgriff und verweist zur Lückenfüllung auf die Principles of European Contract Law (PECL) der Lando-Kommission in ihrer jüngsten Fassung. Dadurch werden die PECL zur lex generalis der PEICL;

zugleich verlieren sie ihre Dispositivität nach Art. 1:103 PEICL (s. *Heiss*, RabelsZ 76 [2012], 316, 322 f.). Zur Lückenfüllung bietet insbesondere I.I: 102 Abs. 4 DCFR (Art. 1:106 Abs. 2 S. 1 PEICL) gewisse Anhaltspunkte (s. *Armbrüster*, ZEuP 2008, 775, 781).

836 ▶ In welchen Fällen ist dagegen ein Rückgriff auf das anzuwendende nationale Recht zwingend erforderlich?

Sollte eine Frage weder in den PEICL noch in den PECL geregelt sein, so muss gem. Art. 1:103 PECIL auf das kollisionsrechtlich anwendbare autonome Recht zurückgegriffen werden. Dies ist insbesondere für Vorschriften erforderlich, die auf bestimmte in den PEICL nicht geregelte Versicherungszweige zugeschnitten sind. Mangels gleichwertiger Bestimmungen in den PEICL müssen diese nationalen Vorschriften daher gem. Art. 1:105 Abs. 1 S. 2 PEICL anwendbar bleiben. Als lex specialis lässt Art. 1:105 Abs. 1 S. 2 PEICL einen Rückgriff auf die zwingenden Spartenregeln des nationalen Rechts aber nur zu, wenn und solange diese spezifische Versicherungssparte (noch) nicht von den PEICL normiert wurde (s. *Heiss*, RabelsZ 76 [2012], 316, 323). Der praktische Erfolg eines optionalen Instruments kann daher unter Umständen auch im Versicherungsrecht zweifelhaft sein. Problematisch erscheint zudem, dass die Auslegung der neuen Regeln wegen des Fehlens von einschlägiger Rechtsprechung für lange Zeit mit großen Unsicherheiten behaftet wäre (s. *Looschelders*, VersR 2013, 653, 661).

837 ▶ Was geschieht, wenn ein nationales Gericht Zweifel hegen sollte, wie eine Regelung der PEICL zu verstehen ist?

Die PEICL sind bislang offiziell nur in englischer Sprache formuliert. Gleichwohl ist mit divergierenden Auslegungen durch die jeweiligen nationalen Gerichten zu rechnen. Diese Gefahr dürfte sich im Falle künftiger offizieller Übersetzungen noch erhöhen. Werden die PEICL als optionales Instrument in Form einer Verordnung erlassen, so bestünde das Recht und für letztinstanzliche Gerichte sogar die Pflicht zur Vorlage zum EuGH (Vorabentscheidungsersuchen gem. Art. 267 AEUV).

838 ▶ Warum ist in Art. 2: 601 Abs. 1 S. 1 PEICL eine Vertragsdauer von einem Jahr vorgesehen?

Aus deutscher Sicht ungewöhnlich (vgl. § 11 Abs. 4 VVG: drei Jahre) erscheint die gesetzliche Vertragsfrist von einem Jahr, die grundsätzlich weder unter- noch überschritten werden kann (Art. 2: 601 Abs. 1 S. 1 PEICL). Ausnahmen sind lediglich für den Fall vorgesehen, dass eine abweichende Vertragsdauer durch die Natur des Risikos angezeigt ist, sowie für die Personenversicherung. Für eine derart kurze Vertragslaufzeit lässt sich das Interesse des Versicherungsnehmers daran anführen, seinen Versicherungsschutz an geänderte Bedürfnisse anpassen sowie kurzfristig zu einem anderen Versicherer wechseln zu können. Zugleich wird neu auftretenden Versicherern der Marktzutritt erleichtert (s. *Armbrüster*, ZEuP 2008, 775, 792).

▶   Was lässt sich an dieser kurzen Vertragsdauer beanstanden?   **839**

Kritisch ist vor allem zu beurteilen, dass damit ein einschneidender *Eingriff in die Vertragsgestaltungsfreiheit* verbunden ist. Angesichts dessen erscheint die Frist von einem Jahr bedenklich kurz, da sie beiden Vertragspartnern die mit einer längeren Vertragsdauer verbundenen Vorteile nimmt. Diese liegen insbesondere in der mit einer Kontinuität verbundenen Verbesserung der Kalkulationsgrundlagen, der Ersparnis von Verwaltungskosten sowie in dem Umstand, dass Bedingungs- und Prämienanpassungen auch durch entsprechende vertragliche Klauseln ermöglicht werden können. Ein weiterer erheblicher Eingriff in die Privatautonomie liegt darin, dass die *Höchst*vertragsdauer von einem Jahr zugleich auch die *Mindest*dauer ist. Es ist keineswegs ersichtlich, warum die Festlegung der Dauer innerhalb eines vorgegebenen Höchstrahmens nicht den Vertragspartnern überlassen werden kann (s. PVR Rn. 2265).

▶   Welche Besonderheit besteht mit Blick auf die Referenzperson für die   **840**
Entscheidung, ob der Versicherer den Vertrag bei Erfüllung der vorvertraglichen Anzeigepflicht nicht geschlossen hätte?

Der Versicherer kann den Vertrag wegen einer Anzeigepflichtverletzung nur dann kündigen, wenn der Versicherungsnehmer schuldhaft handelte oder wenn dem Versicherer der Nachweis gelingt, dass er den Vertrag ohne den Verstoß nicht geschlossen hätte. Hinsichtlich jener Entscheidung über den Vertragsschluss gem. Art. 2:103 lit. b PEICL soll ein objektiver Maßstab anzulegen sein; es soll auf einen „verständigen Versicherer" („*reasonable insurer*") ankommen (s. PVR Rn. 2265).

▶   Was lässt sich gegen diese Lösung einwenden?   **841**

Die PEICL führen mit dem „verständigen Versicherer" eine neue Kunstfigur ein, ohne dass dafür – anders als beim „verständigen Versicherungsnehmer" als Maßstab für die Auslegung von AVB – ein Bedürfnis erkennbar ist. Im Gegenteil ist es sogar bedenklich, den (hypothetischen) Willen des konkreten Versicherers durch einen objektiven Maßstab zu ersetzen. Dies führt nämlich dazu, dass ein Versicherungsnehmer, der objektiv die Anzeigepflicht verletzt, besser stehen kann als derjenige, der sie erfüllt: Letzterer muss angesichts der pflichtgemäß angezeigten Umstände je nach den Annahmerichtlinien des jeweiligen Versicherers mit einem Prämienaufschlag, mit Risikoausschlüssen oder sogar mit einer Ablehnung des Vertragsschlusses rechnen. Sachgerechter erscheint es daher, wie auch im deutschen Recht (§ 19 Abs. 4 S. 1 VVG; s. dazu Fragen 127 f.), auf den Willen des *konkreten* Versicherers abzustellen (s. PVR Rn. 2265).

▶   Die PEICL sehen vielfach die sog. „Verhandlungslösung" vor. Was ist da-   **842**
mit gemeint?

An verschiedenen Stellen in den PEICL (Beispiel: Art. 4:301) ist die Gestaltung anzutreffen, dass die Parteien bei regelungsbedürftigen Fragen eine Verständigung suchen sollen und dass dann, wenn dies nicht gelingt, der Vertrag beendet wird.

Dies ist mit Blick auf den dadurch entstehenden erheblichen Zeit- und Kostenaufwand nicht unbedenklich. Die Verhandlungslösung verträgt sich kaum mit dem Umstand, dass Versicherung in wesentlichen Bereichen ein Massengeschäft ist. Zudem läuft diese Vorgabe auch dem Standardisierungsbedarf im Versicherungswesen zuwider (s. PVR Rn. 2265).

843 ▶ Wie können Versicherungsnehmer, Versicherte oder Begünstige nach den PEICL ihre Ansprüche durchsetzen?

Grundsätzlich müssen sie ihre Ansprüche auf dem *Zivilrechtsweg* durchsetzen. Die PEICL sehen selbst kein alternatives Streitschlichtungsverfahren vor. Dem Versicherungsnehmer ist indessen nicht der Zugang zu nationalen Institutionen der Streitschlichtung genommen, wie sie etwa in Form von Ombudsmannverfahren im nationalen Recht zur Verfügung stehen. Der Versicherer hat den Versicherungsnehmer nach Art. 2:201 (1) lit. k und Art. 2:501 lit. k PEICL daher über die Existenz solcher Streitschlichtungsverfahren zu unterrichten (s. *Heiss*, RabelsZ 76 [2012], 316, 327).

D. Zusammenspiel zwischen Europarecht und nationalem Versicherungsvertragsrecht

844 ▶ Für viel Aufsehen in Versicherungswirtschaft und Medien hat auch die „Unisex"-Entscheidung des EuGH gesorgt. Was hat es damit auf sich?

Ein Paukenschlag für das Versicherungsvertragsrecht stellte das Urteil des EuGH in der Rs. *Test-Achats* dar (EuGH NJW 2011, 907). Nach dieser Entscheidung sind Versicherer seit dem 21.12.2012 verpflichtet, sog. Unisex-Tarife zu verwenden, da Art. 5 Abs. 2 der Gender-Richtlinie (RL 2004/113/EG) europarechtswidrig sei. Nach dieser Regelung war es den Mitgliedstaaten unter bestimmten Voraussetzungen erlaubt, proportionale Unterschiede bei den Prämien und Leistungen mit Rücksicht auf das Geschlecht zuzulassen. Der EuGH sah darin eine Ausnahme zu Art. 5 Abs. 1, der den Versicherern die Anwendung von geschlechtsneutralen Prämien und Leistungen vorschreibt. Es bestehe die Gefahr, dass diese Ausnahme unbefristet zulässig sei. Die Richtlinienvorgabe sei daher unvereinbar mit Art. 21, 23 GRCh.

Die Entscheidung des EuGH hat im Schrifttum verbreitet *Ablehnung* erfahren (s. Frage 478; *Looschelders*, VersR 2013, 653, 658). Zentraler Kritikpunkt ist, dass das Gericht letztlich die Existenz von biometrischen Unterschieden zwischen Männern und Frauen wie insbesondere die unterschiedliche Lebenserwartung negiert. Das Urteil hat in der Praxis insgesamt zu einem *Anstieg der Prämien* geführt, da den Versicherern ein Differenzierungskriterium für die Bildung von Risikokollektiven genommen wurde und sie nunmehr höhere Sicherheitszuschläge berechnen müssen (s. PVR Rn. 645 ff.; Fragen 478 ff.).

▶ Hat die Unisex-Entscheidung des EuGH auch Auswirkungen auf Altver-   **845**
träge, also solche, die vor jenem Stichtag geschlossen wurden?

Durch das SEPA-Begleitgesetz (s. Frage 476) hat der Gesetzgeber die Übergangs-
vorschrift des § 33 Abs. 5 AGG eingeführt. Die Regelung stellt nunmehr für Altverträge klar, dass bei Versicherungsverhältnissen, die vor dem 21.12.2012 begründet
worden sind, eine unterschiedliche Behandlung wegen des Geschlechts im Falle des
§ 19 Abs. 1 Nr. 2 AGG bei den Prämien oder Leistungen nur zulässig ist, wenn
dessen Berücksichtigung bei einer auf relevanten und genauen versicherungsmathematischen und statistischen Daten beruhenden Risikobewertung ein bestimmender
Faktor ist (s. auch Frage 478).

▶ Welche Entwicklungen sind darüber hinaus auf europäischer Ebene im   **846**
Antidiskriminierungsrecht zu verzeichnen?

Schon seit 2008 liegt der Entwurf einer fünften Richtlinie zum Schutz vor Diskriminierung vor (KOM [2008] 426 endg., ABl. EU Nr. C 303, S. 8). Er sieht u. a. eine
Erstreckung der Diskriminierungsmerkmale Alter und Behinderung auf Versicherungsverträge vor. Art. 2 Abs. 7 des Richtlinienentwurfs führt medizinisches Wissen
nunmehr als taugliche Grundlage zur Rechtfertigung von Differenzierungen auf.
Die näheren Anforderungen sind bislang unklar. Dasselbe gilt hinsichtlich der
Frage, inwieweit sich ein Rechtfertigungstatbestand an den Anforderungen messen
lassen muss, die der EuGH in dem Urteil in der Rs. *Test-Achats* für das Merkmal
Geschlecht aufgestellt hat. Bei den Merkmalen Alter und Behinderung dürfte es
hier deutlich größere Spielräume geben. Insofern ist diese Erweiterung janusköpfig:
Einerseits dürften großzügigere Regelungsspielräume vor EuGH keinen Bestand
haben. Falls andererseits die Differenzierungsmöglichkeiten zu sehr eingeschränkt
würden, liefe dies der gewünschten Produktvielfalt in Europa zuwider (s. PVR
Rn. 2269).

▶ Welche Neuerungen sind im Versicherungsvermittlerrecht zu ver-   **847**
zeichnen?

Die Versicherungsvermittlerrichtlinie (Insurance Mediation Directive, IMD) ist
durch die *Versicherungsvertriebsrichtlinie (Insurance Distribution Directive, IDD)*
ersetzt worden. Wie schon an der veränderten Benennung deutlich wird, erstreckt
sich der Anwendungsbereich der neuen Richtlinie nicht nur auf Vermittler, sondern
auch auf den sog. Direktvertrieb durch *Versicherer*. Im Wesentlichen geht es dabei
darum, gleiche Wettbewerbsbedingungen für alle am Vertrieb von Versicherungs-
dienstleistungen beteiligten Marktakteure zu schaffen und den Schutz der Versicherungsnehmer zu verbessern. Zudem sollen die Angemessenheit, Objektivität und
Qualität der Beratung verbessert werden (s. PVR Rn. 2257). Auch wurden einige
der Modalitäten für den Vertrieb von Versicherungsverträgen den praktischen Bedürfnissen des Internet-Vertriebs angepasst.

Weitere wesentliche Neuerungen betreffen die sog. Versicherungsanlageprodukte (Packaged Retail and Insurance-based Investment Products, PRIIP) sowie
inhaltliche Vorgaben zum Sachkundenachweis. Die Mitgliedstaaten hatten die Vorgaben der IDD im Wesentlichen bis zum 23.02.2018 ins mitgliedstaatliche Recht
umzusetzen. In Deutschland ist dies durch das IDD-Umsetzungsgesetz erfolgt, dessen Regelungen nahezu ausnahmslos zu diesem Stichtag in Kraft getreten sind. Der
deutsche Gesetzgeber hat die Umsetzung der IDD zugleich zum Anlass genommen,
das bislang nur im Verordnungsweg aufgestellte Provisionsabgabeverbot in § 48b
VAG gesetzlich zu regeln. Diese Vorschrift ist bereits seit dem 29.07.2017 in Kraft
und beruht nicht auf der Umsetzung der IDD.

848 ▶ Auch das zu Zeiten der alten Rechtslage in Deutschland vorherrschende
Policenmodell (§ 5a VVG a.F.) wurde einer Prüfung durch den EuGH und
den BGH unterzogen. Worum ging es dabei genau?

Schon vor der VVG-Reform bestand Streit darüber, ob der Vertragsschluss nach
dem Policenmodell nach § 5a VVG a.F. (zu ihm s. Fragen 139 ff.) den genannten
europarechtlichen Anforderungen genügt. Das betrifft in erster Linie die Frage, ob
die Regelung des § 5a Abs. 2 S. 4 VVG a.F., wonach das Widerspruchsrecht des
Versicherungsnehmers auch trotz fehlender Informationserteilung ein Jahr nach
Zahlung der ersten Prämie erlischt, mit der Richtlinienvorgabe zu vereinbaren ist,
wonach der Versicherungsnehmer bis zur Übermittlung der Verbraucherinformation
nicht vertraglich gebunden sein soll.

Der EuGH hat in einem Vorabentscheidungsverfahren auf eine Vorlage des BGH
diese Bestimmung für unionsrechtswidrig erklärt (VersR 2014, 225 Rn. 26 ff.; s. auch
Fragen 139 f.). Der BGH hat aufgrund der Vorabentscheidung des EuGH, an dessen
Auslegung er gebunden ist (vgl. Grundsatz der Unionstreue gem. Art. 4 Abs. 3 EUV
sowie Umsetzungsgebot gem. Art. 288 Abs. 3 AEUV), entschieden, dass § 5a Abs. 2
S. 4 VVG a.F. richtlinienkonform einschränkend auszulegen ist (BGH VersR 2014,
817 Rn. 18 ff.; a. A. OLG München VersR 2013, 1025, 1028: § 5a Abs. 2 S. 4 VVG
a.F. sei anzuwenden, da andernfalls eine teleologische Reduktion eine „Rechtsschöp-
fung contra legem" darstellen würde). Danach enthalte § 5a Abs. 2 S. 4 VVG a.F.
eine planwidrige Regelungslücke, die richtlinienkonform dergestalt zu schließen sei,
dass die Vorschrift im Bereich der Lebens- und Rentenversicherung und der Zusatzversicherungen zur Lebensversicherung nicht anwendbar ist. Dies gelte allerdings
nicht für die übrigen Versicherungsarten, da diese insoweit nicht in den Anwendungsbereich der Zweiten und der Dritten Richtlinie Lebensversicherung fallen, mit
der Folge, dass § 5a Abs. 2 S. 4 VVG a.F. weiterhin auf jene Versicherungen uneingeschränkt anzuwenden sei. Im Falle der Unanwendbarkeit des § 5a Abs. 2 S. 4
VVG a.F. bestehe hingegen das Widerspruchsrecht des Versicherungsnehmers, der
nicht ordnungsgemäß über sein Widerspruchsrecht belehrt worden ist und/oder die
Versicherungsbedingungen oder eine Verbraucherinformation nicht erhalten hat,
grundsätzlich fort. Die Entscheidung hat zur Folge, dass ein Versicherungsnehmer
bei unzureichender Informationserteilung auch noch viele Jahre nach Vertragsschluss von seinem Widerspruchsrecht Gebrauch machen kann. Erklärt er den

Widerspruch, so ist allerdings nach Auffassung des BGH bei der bereicherungsrechtlichen Rückabwicklung der erlangte Versicherungsschutz zu berücksichtigen. Näher zum Problem eines sog. ewigen Widerrufsrechts s. PVR Rn. 1010.

▶   Bedeutet dies, dass alle Verträge, die auf Grundlage des Policenmodells   **849**
    geschlossen wurden, unwirksam sind?

Nein. Zu beachten ist nämlich, dass BGH und EuGH allein über die Regelung des § 5a Abs. 2 S. 4 VVG a.F. zu befinden hatten. Es ging daher lediglich um die sog. „kranken" Fälle, in denen der Versicherungsnehmer nicht oder nur unzulänglich über sein Widerspruchsrecht belehrt worden ist. Folglich hatten die Gerichte auch nicht über die Unionsrechtskonformität des Policenmodells als solchem zu befinden.

Ob dennoch auch die „gesunden" Verträge, d. h. die unter der Geltung des § 5a Abs. 1 S. 1 VVG a.F. (ordnungsgemäß) geschlossenen Versicherungsverträge gegen Unionsrecht verstoßen und daher rückabzuwickeln sind, hat der BGH (VersR 2014, 1065 Rn. 16 ff.) kurz darauf in einer anderen Rechtssache verneint. Er begründet dies damit, dass die einschlägigen europäischen Richtlinien insoweit den Mitgliedstaaten keinerlei Vorgaben machen, wie der Abschluss von Versicherungsverträgen rechtstechnisch zu erfolgen hat. Zudem hält der Senat eine Klärung der Frage nach der Vereinbarkeit von § 5a Abs. 1 S. 1 VVG a.F. mit Unionsrecht durch den EuGH im Wege eines Vorabentscheidungsverfahrens nach Art. 267 Abs. 1 lit. b AEUV für nicht geboten, da es nach seinem Verständnis für eine Vorlagepflicht an der erforderlichen *Entscheidungserheblichkeit* mangelt. Dies ist aber nach der Rechtsprechung des BVerfG und des EuGH Voraussetzung für eine Vorlagepflicht (vgl. nur BVerfG VersR 2014, 609 Rn. 27; EuGH Rs. 283/81 – *C.I.L.F.I.T.*, Slg. 1982, S. 3415 Rn. 21). Das BVerfG (VersR 2015, 693 Rn. 29) hat die Einschätzung des BGH zur Vereinbarkeit mit europäischem Recht als „objektiv unvertretbar" bezeichnet und die Nichtvorlage zum EuGH letztlich allein wegen der mangelnden Entscheidungserheblichkeit für das konkrete Verfahren unbeanstandet gelassen.

Internationales Versicherungsvertragsrecht (Kollisionsrecht)

▶ Welche europäischen Richtlinien machten den Mitgliedstaaten ur-　　**850**
sprünglich Vorgaben für das Kollisionsrecht der Versicherungsverträge?

Zu nennen sind die 2. Richtlinie Schadensversicherung (RL 88/357/EG), die durch
Art. 7–14 EGVVG a.F. mit Wirkung vom 01.07.1990 ins deutsche Recht umgesetzt
worden ist, sowie die 2. Richtlinie Lebensversicherung (RL 90/619/EG) und die 3.
Richtlinie Schadensversicherung, die in den bis zum 16.12.2009 geltenden Art. 7–15
EGVVG umgesetzt worden sind (s. PVR Rn. 2271). Diese Kollisionsnormen sind
inzwischen überholt (s. Frage 852).

▶ Inwiefern unterscheiden sich die Vorgaben dieser Richtlinien von dem　　**851**
noch früheren Regelungsansatz des Römischen Schuldvertragsüberein-
kommens von 1980?

Anders als das Römische Schuldvertragsübereinkommen stellten die Richtlinien
nicht die Rechtswahlfreiheit in den Vordergrund. Vielmehr folgten sie einem objektiven Ansatz und eröffneten der privatautonomen Gestaltungsfreiheit nur einen sehr
begrenzten Anwendungsbereich. Damit drängten sie die Rechtswahlfreiheit in einem weitergehenden Maße zurück, als die berechtigten Schutzinteressen des Versicherungsnehmers es erfordern (s. PVR Rn. 2271).

▶ Durch welche Rechtsquelle hat das Internationale Privatrecht der Versiche-　　**852**
rungsverträge seit 2009 eine grundlegende Neuausrichtung erfahren?

Das Kollisionsrecht der Versicherungsverträge ist durch die *Rom I-Verordnung* für seit
dem 17.12.2009 geschlossene Verträge (Art. 28 Rom I-VO) weitgehend neu gestaltet
worden. Da es sich um eine Verordnung handelt, wirkt sie unmittelbar in den nationalen Rechtsordnungen (Art. 288 Abs. 2 AEUV), ohne dass es eines Umsetzungsaktes

© Springer-Verlag GmbH Deutschland, ein Teil von Springer Nature 2019　　307
C. Armbrüster, *Examinatorium Privatversicherungsrecht*, Springer-Lehrbuch,
https://doi.org/10.1007/978-3-662-58654-9_7

durch die mitgliedstaatlichen Gesetzgeber bedürfte. Dennoch hat der Deutsche Bundestag anlässlich des Inkrafttretens der Rom I-VO ein IPR-Anpassungsgesetz verabschiedet (s. PVR Rn. 2295). Für Versicherungsverträge ist Art. 7 Rom I-VO von besonderer Bedeutung (s. PVR Rn. 2272).

853 ▶ Umfasst Art. 7 Rom I-VO in seinem sachlichen Anwendungsbereich sämtliche Versicherungsverträge?

Obwohl die Überschrift des Art. 7 Rom I-VO die Vermutung nahelegt, dass diese Vorschrift alle Arten von Versicherungsverträgen erfasst, ist ihr sachlicher Anwendungsbereich eingeschränkt: Art. 7 Rom I-VO ist allein auf Direktversicherungsverträge (d. h. Erstversicherungsverträge) anwendbar. Hingegen gelten für *Rückversicherungsverträge* sowie für Direktversicherungsverträge außerhalb des räumlichen Anwendungsbereich (s. dazu Frage 854) die allgemeinen Anknüpfungsregeln der Art. 3 ff. Rom I-VO (s. PVR Rn. 2272 f.)

854 ▶ Wie weit reicht der räumliche Anwendungsbereich von Art. 7 Rom I-VO?

Der räumliche Anwendungsbereich von Art. 7 Rom I-VO richtet sich bei Direktversicherungsverträgen zunächst danach, ob der Vertrag Großrisiken (Definition: s. Art. 13 Nr. 13 Solvency II-Richtlinie) deckt. Ist dies der Fall, so ist Art. 7 Rom I-VO in jedem Fall räumlich anwendbar. Im Übrigen richtet sich der räumliche Anwendungsbereich von Art. 7 Rom I-VO nach der Risikobelegenheit (s. PVR Rn. 2280), wie sich aus Art. 7 Abs. 1 S. 1 Rom I-VO ergibt. Art. 7 Rom I-VO ist anwendbar, wenn „das gedeckte Risiko in einem Mitgliedstaat belegen ist" (Art. 7 Abs. 1 S. 1 Rom I-VO). Erfasst werden dabei jedoch nicht nur die Mitgliedstaaten der EU (einschließlich Dänemarks), sondern darüber hinaus auch die weiteren EWR-Staaten, namentlich Island, Liechtenstein und Norwegen. Diese Ausdehnung lässt sich zwar weder aus Art. 7 Rom I-VO noch aus Art. 1 Abs. 4 S. 2 Rom I-VO entnehmen; sie folgt aber aus Art. 4 des EWR-Abkommens. Die in der Ausgrenzung jener Staaten aus den für die Mitgliedstaaten geltenden Regeln liegende Diskriminierung ist durch Behandlung der Staaten als Mitgliedstaaten im Rahmen von Art. 7 Rom I-VO zu beseitigen. Für Mitgliedstaaten, die nicht der Rom I-VO unterliegen, schreibt im Übrigen nunmehr Art. 178 der Solvency II-Richtlinie (zu ihr s. Frage 780) die zwingende Geltung der Anknüpfungsregeln des Art. 7 Rom I-VO vor (s. PVR Rn. 2273).

855 ▶ Verfolgt die Rom I-VO einen gegenüber dem bisherigen Richtlinienrecht und dem Römischen Schuldvertragsübereinkommen (vgl. Fragen 850 f.) abweichenden inhaltlichen Regelungsansatz?

Im Wesentlichen nicht. Vielmehr wird die aus dem Dualismus von Richtlinienrecht und Römischen Schuldvertragsübereinkommen bekannte Differenzierung fortgeführt. Während die allgemeinen Anknüpfungsregeln der Art. 3 ff. Rom I-VO eine weitreichende Rechtswahlfreiheit gewährleisten und mit einer unter bestimmten Voraussetzungen (s. insbesondere Art. 6 Rom-I VO) eingreifenden zwingenden Anknüpfung an

das „Heimatrecht" des Versicherungsnehmers kombinieren, führt Art. 7 Rom I-VO die insoweit restriktivere Linie des Richtlinienrechts fort, indem die Rechtswahl von vornherein nur in ganz bestimmten Fällen eröffnet wird (s. PVR Rn. 2274).

▶ Gilt Art. 7 Rom I-VO auch für solche Direktversicherungsverträge, die **856** Massenrisiken decken, bei denen das versicherte Risiko außerhalb des Europäischen Wirtschaftsraumes (EWR) belegen ist?

Nein. Der Wortlaut des Art. 7 Abs. 1 S. 1 Rom I-VO ist insoweit eindeutig, denn hier ist nicht von „Staat", sondern von „Mitgliedstaat" die Rede. Gleichwohl halten einige Stimmen aus der Literatur die Beschränkung von Art. 7 Abs. 1 S. 1 Rom I-VO auf innerhalb des EWR belegene Risiken für nicht angezeigt (PVR Rn. 2274; *Fricke*, VersR 2008, 443, 448; *Perner*, IPRax 2009, 218, 222), da für eine solche Differenzierung kein sachlicher Grund erkennbar sei. Dies erscheint sachlich zwar richtig; allerdings lässt der eindeutige Wortlaut der Norm eine solche Auslegung nicht zu. Möglicherweise wird eine nach Art. 27 Abs. 1 lit. a Rom I-VO verbindlich vorgeschriebene Überprüfung der auf Versicherungsverträge anwendbaren Regeln zu einer dahingehenden Änderung führen (s. PVR Rn. 2274). Diese Überprüfung steht trotz Fristablaufs bislang aus.

▶ Welche Versicherungsverträge erfasst die Rom I-VO in zeitlicher Hinsicht? **857** Welche Regeln sind für die von der Rom I-VO nicht mehr umfassten Verträge maßgeblich?

Für den zeitlichen Anwendungsbereich ist eine Abgrenzung anhand des *Zeitpunkts des Vertragsschlusses* vorzunehmen. Es gilt folgende Abgrenzung (BeckOGK/*Lüttringhaus*, Stand: 01.08.2018, Art. 7 Rom I-VO Rn. 16 ff.):

- Seit 17.12.2009: In jedem Fall gilt die Rom I-VO.
- 01.07.1990 – 16.12.2009: Differenzierung zwischen EGBGB a.F. und EGVVG a.F. (in seltenen Ausnahmelagen kann allerdings auch das autonome internationale Versicherungsvertragsrecht anwendbar sein). Die Art. 7 ff. EGVVG a.F. (mit wesentlichen Modifikationen zum 29.07.1994) sind im Wesentlichen dann anzuwenden, wenn ein Direktversicherungsvertrag vorliegt, der innerhalb des EWR belegene Risiken deckt. Im Übrigen gilt das EGBGB.
- 01.09.1986 bis 30.06.1990: Differenzierung zwischen EGBGB a.F. und autonomem ungeschriebenen Internationalen Versicherungsvertragsrecht (Art. 37 Nr. 4 EGBGB a.F.). Das EGBGB a.F. gilt im Wesentlich dann, wenn ein Rückversicherungsvertrag in Rede steht oder der Direktversicherungsvertrag ein außerhalb des EWR belegenes Risiko deckt.
- Vor dem 01.09.1986: Gem. Art. 220 Abs. 1 EGBGB gilt allein das autonome ungeschriebene Internationale Versicherungsvertragsrecht. Gewohnheitsrechtlich ist das Betriebsstatut, d. h. die Niederlassung des Versicherers, zum Zeitpunkt des Vertragsschlusses maßgebend. Der Versicherungsnehmer wird durch strenge aufsichtsrechtliche Kontrollen geschützt.

858 ▶   Welche inhaltlichen Regelungen sieht das sog. Versicherungsvertrags-
            statut vor?

Das Versicherungsvertragsstatut der Rom I-VO umfasst alle mit dem Versicherungsvertrag zusammenhängenden Fragen. Dies ergibt sich für das Zustandekommen
und die Wirksamkeit des Versicherungsvertrags bereits aus der allgemeinen Regelung des Art. 10 Abs. 1 Rom I-VO. Daneben sind Regelbeispiele für den Umfang
der Anknüpfung in Art. 12 Rom I-VO vorgesehen. Hervorzuheben sind insbesondere
verschiedene *Beendigungstatbestände* (Art. 12 Abs. 1 lit. d Rom I-VO), namentlich
Anfechtung, Kündigung, Zeitablauf, Rücktritt und vor allem *Widerrufsrechte*. Eine
nicht näher präzisierte Kollisionsregel findet sich allerdings in Art. 12 Abs. 2 Rom
I-VO. Demnach ist im Hinblick auf die Vertragserfüllung das Recht des Staates, in
dem die Erfüllung erfolgt, zu „berücksichtigen". Speziell für das Versicherungsrecht gilt diese Regelung auch für Obliegenheiten als Verhaltensregeln minderer
Intensität. Daneben bestimmen auch mehrere Regelungen der für außervertragliche
Schuldverhältnisse geltenden Rom II-VO den gegenständlichen Anwendungsbereich, etwa Art. 19 Rom II-VO für den Umfang einer Legalzession (vgl. § 86 VVG;
s. dazu Fragen 365 ff.) sowie Art. 18 Abs. 2 Rom II-VO hinsichtlich des Direktan-
spruches des Geschädigten gegen den Haftpflichtversicherer (vgl. § 115 VVG; s.
dazu Fragen 564 f.). S. eingehend PVR Rn. 2276 f.

859 ▶   In welchen Regelungsbereichen stößt das Versicherungsvertragsstatut
            an seine Grenzen? Wo weist es Defizite auf?

Die Rom I-VO gilt gem. Art. 1 Abs. 2 lit. i Rom I-VO generell nicht für Schuldverhältnisse aus vorvertraglichen Verhandlungen, mit der Folge, dass diese durch Art. 1
Abs. 1, 2 Abs. 1, 12 Rom II-VO geregelt werden. Allerdings kommt es im Ergebnis
dennoch in der Regel zu einem Gleichlauf mit der vertragsrechtlichen Anknüpfung,
da Art. 12 Rom II-VO das tatsächliche oder hypothetische Vertragsstatut für anwendbar erklärt. Dies gilt etwa für vorvertragliche Beratungspflichten (vgl. § 6 Abs. 1, 5
VVG). Weitere Einschränkungen des Versicherungsvertragsstatuts ergeben sich aus
den allgemeinen Regeln des Art. 1 Abs. 2 lit. a Rom I-VO (Rechts- und Geschäftsfä-
higkeit), lit. e (Schieds- und Gerichtsstandsvereinbarungen) sowie lit. g (Stellvertretung). Außerdem gilt das Statut nicht für Versicherungsverträge, die im Rahmen einer
betrieblichen Altersversorgung mit außerhalb des EWR ansässigen Versicherern abgeschlossen werden (Art. 1 Abs. 2 lit. j Rom I-VO; s. zum Ganzen PVR Rn. 2278 f.).
    Eine nur begrenzte Reichweite hat das Versicherungsvertragsstatut für die *Ver-
sicherung für fremde Rechnung* (vgl. §§ 43 ff. VVG; s. dazu Fragen 4, 183 ff.). Es
beherrscht hier das Verhältnis zwischen dem Versicherer und dem Versicherungsnehmer als dessen Vertragspartner und regelt zudem das Verhältnis zwischen Versicherer und Versicherten. Das Verhältnis zwischen Versicherungsnehmer und Versichertem richtet sich dagegen nach den dafür maßgeblichen Regeln. Insoweit gilt
das Statut, das das zugrunde liegende Rechtsverhältnis beherrscht, z. B. das Statut
der Geschäftsbesorgung, des Auftrag, des Arbeitsvertrag, der Miete oder der Gesellschaft (s. PVR Rn. 2277).

▶ Wonach bestimmt sich die Anwendbarkeit der verschiedenen Kollisions- **860**
regeln der Rom I-VO?

Wie bereits nach früherem Richtlinienrecht, ist auch nach der Rom I-VO die *Bele-genheit des Risikos* das zentrale Kriterium für die Abgrenzung des Anwendungs-bereichs der verschiedenen Kollisionsregeln, soweit es sich um Direktversiche-rungsverträge handelt, die Massenrisiken decken (vgl. Art. 7 Rom I-VO; ebenso schon Art. 7 EGVVG a.F.). Hinsichtlich der Voraussetzungen der Risikobelegenheit nimmt Art. 7 Abs. 6 Rom I-VO ausdrücklich auf das bisherige Richtlinienrecht Be-zug. Dieses ist mittlerweile durch die Definitionen in Art. 13 Nr. 13, 14 der Sol-vency II-Richtlinie ersetzt worden (s. Art. 310 S. 2 Solvency II-Richtlinie). Inhalt-liche Änderungen sind damit jedoch nicht verbunden, so dass auf die zu Art. 7 EGVVG a.F. entwickelten Regeln auch für das neue Kollisionsrecht zurückgegrif-fen werden kann (s. PVR Rn. 2280 f.; Staudinger/*Armbrüster*, Vor Art. 7 Rom I-VO Rn. 15 ff.). Rückversicherungsverträge richten sich dagegen nie nach Art. 7 Rom I-VO, sondern stets nach den allgemeinen Kollisionsnormen der Rom I-VO. Direkt-versicherungsverträge, die Großrisiken decken, unterfallen wiederum auch dann Art. 7 Rom I-VO, wenn sie außerhalb des EWR belegene Risiken decken.

▶ Beispielsfall: Ein französischer Vertragsinteressent wirft einen Antrag auf **861**
Abschluss einer Auslandsreisekrankenversicherung für Reisen innerhalb
des EWR auf dem Flughafen Frankfurt a. M. in den Postkasten. Der Versicherungsvertrag soll eine dreimonatige Laufzeit haben. Welches Versicherungsvertragsrecht ist anzuwenden?

Eine Auslandsreisekrankenversicherung ist eine Direktversicherung, die Massenrisi-ken deckt. Es kommt mithin auf die *Risikobelegenheit* dieser Versicherung an, um zu bestimmen, ob Art. 7 Rom I-VO anzuwenden ist und welches Sachrecht herrscht. Nach Art. 13 Nr. 13 Solvency II-Richtlinie sind „Reise- oder Ferienrisiken" in demje-nigen Mitgliedstaat belegen, in dem der Versicherungsnehmer den Vertrag geschlos-sen hat. Nach Art. 7 Abs. 2 Nr. 3 EGVVG a.F. sollte es für den Ort des Vertragsschlus-ses darauf ankommen, an welchem Ort der Versicherungsnehmer die zum Vertragsschluss notwendigen Rechtshandlungen vorgenommen hatte. Hierbei han-delte es sich um eine Konkretisierung der Richtlinienvorgabe, die auch für die Rom I-VO heranziehbar ist (so auch MünchKommVVG/*Looschelders*, Int. VersVertragsR Rn. 48 f.). Demnach ist das Risiko am Ort des Flughafens belegen, wo der Versiche-rungsnehmer sein Angebot erklärt hat. Art. 7 Rom I-VO ist deshalb anwendbar, weil der Ort der Risikobelegenheit innerhalb des EWR liegt. Da keine Rechtswahl in Rede steht, gilt für diesen Vertrag, der Massenrisiken deckt, Art. 7 Abs. 3 Unterabs. 3 Rom I-VO. Der Ort der Risikobelegenheit bestimmt das anzuwendende Recht. Es gilt mit-hin deutsches Versicherungsvertragsrecht. Dies ist auch sachgerecht. Denn in der Re-gel wird der Versicherungsnehmer seine Vertragserklärung am Ort seines gewöhnli-chen Aufenthalts abgeben, so dass die Belegenheit ihn schützt. Erklärt er sich hingegen im Ausland, so kann er kein schutzwürdiges Vertrauen darauf in Anspruch nehmen, dass das Recht seines gewöhnlichen Aufenthalts berufen wird (s. PVR Rn. 2282 f.).

862 ▶ Was gilt für Direktversicherungsverträge, die mehrere Risiken in verschiedenen EWR-Staaten decken?

Sind die mehreren Risiken in unterschiedlichen Staaten belegen, spricht man von einer sog. *Mehrfachbelegenheit*. Sind die Risiken in verschiedenen EWR-Staaten belegen, so ordnet Art. 7 Abs. 5 Rom I-VO ausdrücklich an, dass für die Zwecke von Art. 7 Abs. 3 Unterabs. 3 und Abs. 4 Rom I-VO der Vertrag als aus mehreren Verträgen bestehend anzusehen ist, von denen sich jeder auf jeweils nur einen Mitgliedstaat bezieht. Die nachteiligen Wirkungen einer solchen sog. *Statutenspaltung* lassen sich jedoch in gewissem Umfang dadurch vermeiden, dass die Parteien von den ihnen in Art. 7 Abs. 3 Unterabs. 1, 2 Rom I-VO zur Verfügung gestellten Rechtswahlmöglichkeiten Gebrauch machen. Im Übrigen gilt die Regelung ohnehin nur für Verträge über Massenrisiken. Für Großrisiken gilt Art. 7 Abs. 2 Unterabs. 2 Rom I-VO, wonach auf den Sitz des Versicherers abzustellen ist, soweit nicht ohnehin eine subjektive Rechtswahl getroffen wurde (s. PVR Rn. 2285 f.).

863 ▶ Ändert sich hieran etwas, wenn zumindest eines von mehreren Risiken in einem Staat belegen ist, welcher nicht zum EWR gehört?

Auch in diesem Fall der Mehrfachbelegenheit erfolgt eine Statutenspaltung. Das ergibt sich aus Erwägungsgrund 33 der Rom I-VO. Konkret bedeutet dies, dass auf die innerhalb des EWR belegenen Risiken Art. 7 Rom I-VO und auf die außerhalb des EWR belegenen Risiken die allgemeinen Regeln der Art. 3 ff. Rom I-VO anzuwenden sind. Ansichten, die den gesamten Vertrag für die innerhalb des EWR belegenen Risiken geltenden Regeln unterwerfen (so *Kramer*, Internationales Versicherungsvertragsrecht, 1995, S. 172 f.) oder ein Wahlrecht vorsehen wollen (so *Basedow/Drasch*, NJW 1991, 788), sind aufgrund der ausdrücklichen Differenzierung hinsichtlich der Risikobelegenheit abzulehnen (s. PVR Rn. 2284).

864 ▶ Inwieweit ist der Rechtswahlfreiheit der Vertragsparteien nach der Rom I-VO Grenzen gesetzt?

Für Rückversicherungsverträge gewährt die Rom I-VO grundsätzlich unbeschränkte Rechtswahlfreiheit (Art. 7 Abs. 1 S. 2 Rom I-VO i.V.m. Art. 3 Abs. 1 Rom I-VO). Dies gilt ebenso für Direktversicherungsverträge, die Großrisiken decken (Art. 7 Abs. 2 Unterabs. 1 Rom I-VO i V m. Art. 3 Abs. 1 Rom I-VO). Anders liegt es bei Direktversicherungsverträgen über innerhalb des EWR belegene Massenrisiken. Hier schränkt Art. 7 Abs. 3 Unterabs. 1 Rom I-VO die Rechtswahlfreiheit erheblich ein. Nach Art. 7 Abs. 3 Unterabs. 1 lit. a Rom I-VO kann das Recht jedes Mitgliedstaats gewählt werden, in dem das Risiko zum Zeitpunkt des Vertragsschlusses belegen ist. Da auch nach der objektiven Anknüpfung (Art. 7 Abs. 3 Unterabs. 3 Rom I-VO) die Risikobelegenheit maßgeblich ist, ist diese Rechtswahlmöglichkeit praktisch kaum bedeutsam. Auch aus der Möglichkeit, das Recht des gewöhnlichen Aufenthalts des Versicherungsnehmers zu wählen (Art. 7 Abs. 3 Unterabs. 1 lit. b Rom I-VO), folgt praktisch keine wesentliche Erweiterung der Rechtswahl, da dieses

Recht in der Regel mit demjenigen der Risikobelegenheit übereinstimmen wird. Eher bedeutsam ist demgegenüber die Möglichkeit, bei Lebensversicherungsverträgen das Recht der Staatsangehörigkeit des Versicherungsnehmers zu wählen (Art. 7 Abs. 3 Unterabs. 1 lit. c Rom I-VO). Damit wird es dem Versicherungsnehmer ermöglicht, einer noch vorhandenen Bindung an seinen Heimatstaat Rechnung zu tragen, wenn sich sein gewöhnlicher Aufenthalt zwischenzeitlich in einen anderen Staat verlagert hat. Soweit hingegen ein Direktversicherungsvertrag in Rede steht, der außerhalb des EWR belegene Massenrisiken deckt, wird die Parteiautonomie nur über die allgemeinen Grenzen der Rechtswahlfreiheit nach Art. 6 Abs. 2 Rom I-VO bzw. Art. 3 Abs. 3 u. Abs. 4 Rom I-VO beschränkt.

▶ Welchen Kontrollmechanismus hat die Rom I-VO vorgesehen, um auf   **865**
kollisionsrechtliche Schwierigkeiten in Bezug auf Versicherungsverträge
zu reagieren?

Art. 27 Abs. 1 lit. a Rom I-VO gab der Kommission verbindlich auf, bis zum 17.06.2013 einen Bericht vorzulegen, der eine Untersuchung über das auf Versicherungsverträge anzuwendende Recht und eine Abschätzung der Folgen etwaiger einzuführender Bestimmungen umfassen soll. Sie sollen etwaige Änderungsvorschläge für bestimmte Bereiche der Verordnung beinhalten, die sich im Rechtssetzungsverfahren als besonders schwierig erwiesen haben. Die Vorgaben dienen der Qualitätssicherung in der EU-Legislativarbeit. Wünschenswert wäre etwa die Schaffung einheitlicher Regeln für die Anknüpfung von Versicherungsverträgen, die unabhängig davon gelten, ob es sich um Massen- oder Großrisiken sowie um innerhalb oder außerhalb des EWR belegene Risiken handelt (s. PVR Rn. 2298; zu weiteren Vorschlägen de lege ferenda s. *Heiss*, FS Kropholler, 2008, S. 459, 479 f.). Die genannte Frist ist inzwischen verstrichen, ohne dass die Kommission einen entsprechenden Bericht vorgelegt hat.

Klausurfälle mit Lösungshinweisen

A. Fall 1

I. Sachverhalt

1. Ausgangsfall

Kfz-Mechaniker A ist Eigentümer und Halter eines mit einem Dieselmotor ausgestatteten Oldtimers, für den er bei Versicherer V eine Kraftfahrzeug-Vollkaskoversicherung abgeschlossen hat. Den Wagen benutzen ohne Rücksprache gelegentlich auch seine Ehefrau E und sein Sohn S.

Am 16.03. überlässt A an einer Tankstelle das Fahrzeug dem Tankwart T, der den Wagen trotz Nachfrage bei A versehentlich nicht mit Diesel-, sondern mit Ottokraftstoff betankt. A bekommt davon nichts mit; er macht noch Einkäufe in der Tankstelle. Nach der Bezahlung steckt A die Quittung ungelesen ein und fährt nach Hause. Am 25.03. stellt A bei einem Blick auf die alten Tankquittungen fest, dass T den falschen Kraftstoff verwendet hat. Er nimmt sich vor, sich demnächst um die Angelegenheit zu kümmern, vergisst sie dann aber bald wieder. Der Wagen wird erst am 05.05. wieder genutzt, und zwar von S, der nach kurzer Strecke merkt, dass der Wagen „unrund" läuft. Kurz darauf schlagen bereits Flammen aus dem Kühlergrill. S kann sich retten, der Wagen erleidet aber einen Totalschaden. Ursache für den Brand war eine Überhitzung des Katalysators, die auf die falsche Betankung des Fahrzeuges zurückzuführen ist.

A, über das Unglück seines einzigen Sohnes und seines geliebten Oldtimers erschrocken, berichtet E von dem Tankfehler. Um As Nerven zu schonen, übernimmt E ohne Rücksprache mit A die Abwicklung des Schadens mit V: Sie teilt V das Geschehen umgehend mit, sagt aber nichts von der falschen Betankung. Als V den wahren Sachverhalt erfährt, verweigert er die Regulierung.

Kann A von V Ersatz für das zerstörte Fahrzeug verlangen?

© Springer-Verlag GmbH Deutschland, ein Teil von Springer Nature 2019
C. Armbrüster, *Examinatorium Privatversicherungsrecht*, Springer-Lehrbuch,
https://doi.org/10.1007/978-3-662-58654-9_8

2. Abwandlung

A gehört zudem ein Motorroller, der bei V teilkaskoversichert ist. Diesen stellt A am Abend des 15.04. mit eingerasteter Lenkradsperre auf einem Parkplatz ab. In der Nacht plant G den Roller zu stehlen. Dabei wirft er ihn um und versucht das Lenkrad zu überdrehen, um das Fahrzeug entwenden zu können. Dabei entsteht am Lenkrad ein Schaden in Höhe von 150 €. G gelingt es jedoch nicht, die Lenkradsperre zu überwinden. Aus Ärger über das Fehlschlagen des Diebstahls tritt G noch mehrmals gegen den Roller, wodurch ein Schaden von weiteren 350 € entsteht.

1. Welche Ansprüche hat A gegen V?
2. Angenommen, V ist zum Ersatz der Schäden nicht verpflichtet, zahlt aber aus Versehen die 500 € an A. Welche Rechte hat V gegenüber A und G?

Beiden Verträgen liegen die – jeweils wirksam einbezogenen – Allgemeinen Bedingungen für die Kfz-Versicherung (AKB) des V zu Grunde. Diese enthalten u. a. folgende Bestimmungen:

A.2.1.1 Versichert ist Ihr Fahrzeug gegen Beschädigung, Zerstörung, Totalschaden oder Verlust infolge eines Ereignisses nach A.2.2 (Teilkasko) oder A.2.3 (Vollkasko).
A.2.2 Teilkasko:
Versicherungsschutz besteht bei Beschädigung, Zerstörung, Totalschaden oder Verlust des Fahrzeugs einschließlich seiner mitversicherten Teile durch die nachfolgenden Ereignisse:
A.2.2.1 Versichert sind Brand und Explosion.
A.2.2.2 Versichert ist die Entwendung, insbesondere durch Diebstahl und Raub.
A.2.3 Vollkasko:
A.2.3.1 Versichert sind die Schadenereignisse der Teilkasko nach A.2.2.
A.2.3.2 Versichert sind Unfälle des Fahrzeugs. Als Unfall gilt ein unmittelbar von außen plötzlich mit mechanischer Gewalt auf das Fahrzeug einwirkendes Ereignis.
Nicht als Unfallschäden gelten insbesondere Schäden aufgrund eines Brems- oder Betriebsvorgangs oder reine Bruchschäden. Dazu zählen z. B. Schäden am Fahrzeug durch rutschende Ladung oder durch Abnutzung, Verwindungsschäden, Schäden aufgrund Bedienungsfehler oder Überbeanspruchung des Fahrzeugs und Schäden zwischen ziehendem und gezogenem Fahrzeug ohne Einwirkung von außen.
A.2.3.3 Versichert sind mut- oder böswillige Handlungen von Personen, die in keiner Weise berechtigt sind, das Fahrzeug zu gebrauchen.
E. Pflichten im Schadenfall:
E.1.3 Sie sind verpflichtet, alles zu tun, was der Aufklärung des Schadenereignisses dienen kann. Dies bedeutet insbesondere, dass Sie unsere Fragen zu den Umständen des Schadenereignisses wahrheitsgemäß und vollständig beantworten müssen und den Unfallort nicht verlassen dürfen, ohne die erforderlichen Feststellungen zu ermöglichen.
E.6.1 Verletzen Sie vorsätzlich eine Ihrer in E.1 bis E.5 geregelten Pflichten, haben Sie keinen Versicherungsschutz. Verletzen Sie Ihre Pflichten grob fahrlässig, sind wir berechtigt, unsere Leistung in einem der Schwere Ihres Verschuldens entsprechenden Verhältnis zu kürzen. Weisen Sie nach, dass Sie die Pflicht nicht grob fahrlässig verletzt haben, bleibt der Versicherungsschutz bestehen.

Bearbeitervermerk Etwaige Quotenberechnungen sind nicht anzustellen. Sollten Sie in Ihrem Gutachten nicht zu allen im Ausgangsfall und in der Abwandlung aufgeworfenen Rechtsfragen Stellung nehmen, fertigen Sie ein Hilfsgutachten an.

II. Lösungshinweise Ausgangsfall

Anspruch des A gegen V auf Leistung aus dem Kaskoversicherungsvertrag (vgl. § 1 S. 1 VVG)

In Betracht kommt ein Anspruch des A gegen V auf Leistung aus dem Kaskoversicherungsvertrag (vgl. § 1 S. 1 VVG). Das setzt voraus, dass zwischen A und V ein wirksamer Versicherungsvertrag zustande gekommen ist (dazu 1.), der Versicherungsfall im versicherten Zeitraum eingetreten ist (dazu 2.) und schließlich V nicht von seiner Leistungspflicht befreit ist (dazu 3.).

1. Zustandekommen und Wirksamkeit des Versicherungsvertrages

An der Wirksamkeit des Versicherungsvertrages bestehen keine Zweifel. A und V haben sich über den Abschluss eines Versicherungsvertrages in Form einer Kfz-Vollkaskoversicherung geeinigt (§§ 145, 147 Abs. 1 BGB). Wirksamkeitshindernisse sind nicht ersichtlich.

2. Eintritt des Versicherungsfalls im versicherten Zeitraum

a) Unfall (A.2.3.2 AKB)

A verfügt über Vollkaskoversicherungsschutz. In Betracht kommt, dass die falsche Betankung einen Unfall des Fahrzeugs i. S. von A.2.3.2 AKB darstellt. Nach dieser Bestimmung wird Unfall als ein „unmittelbar von außen plötzlich mit mechanischer Gewalt auf das Fahrzeug einwirkendes Ereignis" definiert. Hiervon könnte auch eine falsche Betankung erfasst sein. Für die Auslegung des Unfallbegriffs i. S. von A.2.3.2 ist das Verständnis des durchschnittlichen Versicherungsnehmers maßgeblich (vgl. nur BGH VersR 2003, 1031, 1032). Nach dem herkömmlichen Sprachverständnis könnte unter einem Unfall insoweit auch ein Betankungsfehler zu verstehen sein (a. A. vertretbar).

Zu beachten ist allerdings Satz 3 von A.2.3.2 AKB: Dieser sieht eine beispielhafte Aufzählung von Schadensereignissen vor, welche nicht unter dem Begriff des „Unfalls" fallen und somit nicht versichert sind. Hierbei handelt es sich nicht um echte Risikoausschlüsse, die bestimmte Gefahren von der primären Risikobeschreibung (hier: Unfall) ausnehmen (sog. sekundäre Risikoabgrenzung; s. Frage 231; PVR Rn. 1240 ff.). Vielmehr haben die genannten Ereignisse lediglich deklaratorische Bedeutung, d. h. es fehlt bereits begrifflich an einem „Unfall", weil keine unmittelbare mechanische Einwirkung von außen auf das Fahrzeug vorliegt (vgl. Feyock/Jacobsen/Lemor/*Jacobsen* AKB 2008 A.2 Rn. 82; Halm/Kreuter/Schwab/*Stomper* A.2.2.2.2. AKB 2015 Rn. 19 f.). In der Vollkaskoversicherung stellen daher auch Betriebsschäden gem. A.2.3.2 AKB keine Unfallschäden dar. Dass die Versorgung eines Kfz mit den für die Fortsetzung der Fahrt notwendigen Betriebsmitteln zu den Bedienvorgängen gehört, liegt auf der Hand. Die Wahl des falschen Kraftstoffs stellt damit einen nach A.2.3.2 AKB nicht versicherten Bedienungsfehler dar (s. BGH VersR 2003, 1031, 1032; KG VersR 2012, 1164, 1165; Feyock/Jacobsen/Lemor/*Jacobsen* § 12 AKB Rn. 127; Stiefel/Maier/*Stadler* AKB A.2 Rn. 325; Halm/Kreuter/Schwab/*Stomper* A.2.2.2.2. AKB 2015 Rn. 51; a. A., nach der es sich bei den ausgeschlossenen Gefahren um Risikoauschlüsse handeln soll, vertretbar).

Mithin liegt kein Unfall i. S. von A.2.3.2 AKB vor. Folglich ist der Versicherungsfall jedenfalls nicht nach A.2.3.2 AKB eingetreten.

b) Versicherungsfall in der Teilkaskoversicherung (A.2.3.1 i. V. mit A.2.2.1)
Nach der Klausel A.2.3.1 AKB sind in der Vollkaskoversicherung auch alle Ereignisse der Teilkaskoversicherung versichert. Hier kommt im Hinblick darauf, dass der Wagen durch einen Brand zerstört wurde, A.2.2.1 AKB in Betracht. Einen Ausschluss für Betriebsvorgänge gibt es hier nicht.

Fraglich ist aber, ob sich der Ausschluss gem. A.2.3.2 S. 3 AKB, wonach Betriebsschäden nicht als Unfälle anzusehen sind, über die Verweisung nach A.2.3.1 AKB auch auf Brand- und Explosionsschäden gem. A.2.2.1 AKB übertragen lässt.

Hier geht es um die Anwendung von Elementen der Teilkaskoversicherung im Rahmen einer Vollkaskoversicherung (A.2.3.1 AKB). Ist im Rahmen der Vollkaskoversicherung der Versicherungsschutz für falsches Tanken als Bedienungsfehler ausgeschlossen, so kommt in Betracht, dass dies auch für die Fälle gilt, in denen das falsche Tanken zum Brand des Fahrzeugs geführt hat. Dafür spricht folgende Überlegung: Führt das Falschtanken lediglich zu einem Motorschaden, so besteht kein Versicherungsschutz, weil es sich um einen Bedienungsfehler i. S. von A.2.3.2 AKB handelt. Wird hingegen nicht nur der Motor beschädigt, sondern gerät das Fahrzeug auch in Brand, so würde dieselbe Ursache nur deshalb zum Bestehen des Versicherungsschutzes führen, weil ein größerer Schaden eingetreten ist. Die Höhe des Schadens kann aber nicht maßgeblich dafür sein, ob ein bestimmtes Ereignis in den Leistungsumfang eines Versicherungsvertrages fällt oder nicht.

Andererseits könnte argumentiert werden, dass bei einem Brand infolge eines Motorschadens nicht nur ein höherer Schaden entsteht, sondern auch ein *vollkommen anderes* Schadensereignis vorliegt und der durchschnittliche Versicherungsnehmer von einem umfassenden Schutz vor Brand, egal aufgrund welcher Ursache, ausgeht. Enthält die Brandklausel eben keine der Unfallklausel entsprechende Risikobeschränkung, so muss selbst bei aufmerksamer Durchsicht der Versicherungsbedingungen nicht unbedingt davon ausgegangen werden, dass der Versicherer auch dieses Risiko beschränken wollte. Denn dafür, dass die Ausschlüsse aus der Vollkaskoversicherung auch auf einen in der Teilkaskoversicherung versicherten Brandschaden Anwendung finden könnten, bietet die Regelung keinerlei Anhaltspunkte. Der für die Auslegung maßgebliche durchschnittliche Versicherungsnehmer ohne versicherungsrechtliche Spezialkenntnisse muss daher annehmen dürfen, dass die in A.2.3.2 S. 3 AKB enthaltenen Ausschlüsse im Rahmen der Teilkaskoversicherung nicht gelten, wenn das Fahrzeug durch Brand beschädigt oder zerstört wird (s. OLG Düsseldorf r + s 2009, 273; Stiefel/Maier/*Stadler* AKB A.2 Rn. 73, 288; Halm/Kreuter/Schwab/*Stomper* A.2.2.1 AKB 2015 Rn. 107). Bei anderer Betrachtung würde zudem der Versicherungsnehmer im Rahmen der Vollkaskoversicherung schlechter stehen als wenn er sich lediglich für den Abschluss einer Teilkaskoversicherung entschieden hätte. In letzterem Fall würde sich für ihn diese Frage gar nicht erst stellen, weil die Bestimmungen über die Vollkaskoversicherung und damit auch die in Rede stehenden Ausschlüsse schon nicht Vertragsbestandteil geworden wären. Es findet sich jedoch insbesondere mit Blick auf den eindeutigen Wortlaut von A.2.3.1 kein Hinweis dafür, dass die Leistungen der Vollkaskoversicherung gegenüber denen der Teilkaskoversicherung eingeschränkt wären.

Die Frage lässt sich zudem auch über die Unklarheitenregel (§ 305c Abs. 2 BGB) zu Gunsten des A beantworten.

(*Beides ist vertretbar. Wer einen Risikoausschluss bejaht, muss im Hilfsgutachten weiter prüfen.*)

c) Teilweiser Risikoausschluss i. S. einer Schadensquotelung nach § 81 Abs. 2 VVG

aa) Anwendbarkeit des § 81 VVG neben den Regelungen über die Gefahrerhöhung gem. §§ 23 ff. VVG

Dass es sich bei der Untätigkeit des A nach Kenntnis von der falschen Betankung (als dem möglichen Anknüpfungspunkt für § 81 VVG) u. U. um eine Gefahrerhöhung handelt, hindert die Anwendbarkeit des § 81 VVG nicht. Weil § 81 VVG die Herbeiführung des Versicherungsfalls unabhängig davon regelt, ob sich in dem Eintritt des Versicherungsfalls eine Gefahrerhöhung verwirklicht hat, kann diese Regelung nicht lex specialis zu den Vorschriften über die Gefahrerhöhung nach §§ 23 ff. VVG sein. Umgekehrt ist aber auch nicht erkennbar, weshalb die Regeln der Gefahrerhöhung vorrangig sein sollten. § 81 VVG und die §§ 23 ff. VVG sind deshalb nebeneinander anwendbar (s. P/M/*Armbrüster* § 23 Rn. 119).

bb) Objektiver Tatbestand: Herbeiführung des Versicherungsfalls

(1) Verhalten des Versicherungsnehmers

A hat den falschen Kraftstoff nicht selbst getankt. Anknüpfungspunkt kann deshalb nur das Belassen des Benzins im Tank ohne jegliche aktive Gefahrabwendungshandlung, also ein reines Unterlassen, sein. Der Versicherungsfall kann auch durch Unterlassen i. S. von § 81 VVG herbeigeführt werden (s. BGH VersR 2005, 218, 220; dazu L/R/*Langheid* § 81 Rn. 15 ff.). Dies ist der Fall, wenn der Versicherungsnehmer das ursächliche Geschehen in der Weise beherrscht, dass er die Entwicklung und die drohende Verwirklichung der Gefahr zulässt, obwohl er die geeigneten Mittel zum Schutz des versicherten Interesses in der Hand hat und bei zumutbarer Wahrnehmung seiner Belange davon ebenso Gebrauch machen könnte und sollte wie eine unversicherte Person. Damit andererseits der Versicherungsschutz nicht unangemessen beschränkt wird, muss der Versicherungsnehmer das zum Versicherungsfall führende Geschehen gekannt haben. Notwendig und ausreichend ist dabei die Kenntnis von Umständen, aus denen sich ergibt, dass der Eintritt des Versicherungsfalls in den Bereich der praktisch unmittelbar in Betracht zu ziehenden Möglichkeiten gerückt ist (st. Rspr.; s. BGH NJW 1986, 2838, 2839).

A wusste hier seit dem 25.03., dass sich der falsche Kraftstoff im Tank befand. Er nahm sich vor, sich um diese Angelegenheit zu kümmern, woraus zu schließen ist, dass ihm die Gefahr eines Brandes infolge eines Motorschadens bewusst war. Ihm war es möglich und zumutbar, dafür zu sorgen, dass dieses Geschehen nicht eintritt, z. B. dadurch, dass der Wagen vorerst nicht benutzt wird und der falsche Kraftstoff aus dem Tank entfernt wird. Die genannte Voraussetzung für eine Herbeiführung des Versicherungsfalls durch Unterlassen ist damit erfüllt.

(2) Objektives Fehlverhalten des Versicherungsnehmers

Nach Ansicht der Rechtsprechung sowie Teilen der Literatur verlangt § 81 Abs. 1 VVG, dass der Versicherungsnehmer durch sein Verhalten das Risikopotential vergrößert oder den vertraglich vorausgesetzten Sicherheitsstandard deutlich unterschreitet (s. BGH VersR 1989, 141; 1998, 44; L/R/*Langheid* § 81 Rn. 14). Andere bezweifeln, dass einem solchen Kriterium neben demjenigen des groben Verschuldens eine eigenständige Bedeutung zukommt (so P/M/*Armbrüster* § 81 Rn. 10; PVR Rn. 1321).

Für den hier zu beurteilenden Fall kann dieser Streit letztlich offenbleiben, wenn dem A ohnehin ein objektives Fehlverhalten zur Last fällt. A hat den falschen Kraftstoff im Tank belassen, ohne Vorkehrungen für mögliche Schadenseintritte zu treffen und ohne die anderen potenziellen Fahrer (E, S) hiervon zu unterrichten. Dadurch wurde das Risiko, dass das Fahrzeug in Brand gerät, deutlich erhöht.

(3) Unmittelbarkeit

Vereinzelt wird verlangt, dass zwischen dem Handeln oder Unterlassen und dem Eintritt des Versicherungsfalls eine gewisse zeitliche Nähe besteht. Dies sei erforderlich, um die Vorschrift des § 81 VVG von den Regelungen über die Gefahrerhöhung nach §§ 23 ff. VVG abzugrenzen (vgl. OLG Saarbrücken VersR 1996, 580; *Sieg*, BB 1970, 106, 110). Nach einer anderen Ansicht bedarf es dieses Merkmals nicht; stattdessen lässt man eine bloße Mitursächlichkeit bereits ausreichen (so BGH VersR 1986, 962; PVR Rn. 1318; L/P/*Schmidt-Kessel* § 81 Rn. 26 f.).

Bei lebensnaher Auslegung ist hier davon auszugehen, dass keine zeitliche Zäsur zwischen dem (letztmaligen) Unterlassen einer Schadensabwendung und dem Brand bestand. Damit ist selbst nach der engsten Auffassung, die eine Unmittelbarkeit verlangt, der erforderliche Zurechnungszusammenhang zwischen dem Fehlverhalten des A und dem Eintritt des Versicherungsfalls zu bejahen. Wenn man dies dagegen in Abrede stellt und eine „Unmittelbarkeit" verneint, kommt es auf eine Streitentscheidung an. Für die letztgenannte Auffassung spricht insbesondere, dass Überschneidungen von §§ 23 ff. und § 81 VVG durchaus möglich sind und eine Abgrenzung nicht erforderlich ist. Hinzu kommt, dass andernfalls die wichtigsten Fälle der groben Fahrlässigkeit nicht erfasst wären.

(4) Kausalität für den Versicherungsfall

Hätte A dafür gesorgt, dass das Fahrzeug vorerst nicht benutzt oder dass der falsche Kraftstoff aus dem Tank entfernt wird, wäre es nicht zu dem Brand gekommen (conditio sine qua non-Formel). Das Belassen des Benzins im Fahrzeug war damit mitursächlich dafür, dass der Wagen in Brand geriet. Mitursächlichkeit ist hierbei als ausreichend anzusehen (s. BGH VersR 1986, 962).

cc) Vorsatz des A

A wollte sich um die Angelegenheit kümmern, hat dies aber wieder vergessen. Für eine vorsätzliche Herbeiführung des Versicherungsfalls gem. § 81 Abs. 1 VVG bestehen daher keine Anhaltspunkte, so dass eine vollständige Leistungsfreiheit nicht in Betracht kommt.

dd) Grobe Fahrlässigkeit des A

Fraglich ist, ob A grob fahrlässig gehandelt hat. Unter Fahrlässigkeit ist nach der Legaldefinition in § 276 Abs. 2 BGB allgemein das Außerachtlassen der im Verkehr erforderlichen Sorgfalt zu verstehen. Eine grobe Fahrlässigkeit erfordert darüber hinaus ein objektiv wie subjektiv unentschuldbares Fehlverhalten (vgl. nur BGH VersR 2011, 916 Rn. 10). Hierfür muss der Versicherungsnehmer denjenigen Sorgfaltsmaßstab außer Acht gelassen haben, dessen Einhaltung jedem verständigen Menschen in seiner Situation unmittelbar einleuchten würde. Dabei muss die Wahrscheinlichkeit des eingetretenen Schadens so groß gewesen sein, dass es ohne Weiteres nahelag, zur Vermeidung des Versicherungsfalls ein anderes als tatsächlich an den Tag gelegte Verhalten in Betracht zu ziehen (vgl. P/M/*Armbrüster* § 81 Rn. 22; PVR Rn. 389).

Es ist allgemein bekannt, dass die Nutzung eines ungeeigneten Kraftstoffes zu erheblichen Schäden am Motor des Fahrzeugs und damit auch zu dessen Inbrandsetzung führen kann. Insbesondere kann einem Kfz-Mechaniker, von dem man annehmen darf, dass er sich der Möglichkeit eines derartigen Schadenseintritts bewusst ist, ein erhöhter Sorgfaltsmaßstab abverlangt werden (zur Berücksichtigung eines sog. subjektiven Sonderwissens s. LG Offenburg NJOZ 2003, 2357, 2359). So musste er sich darüber im Klaren sein, dass sein Untätigbleiben geeignet war, den Eintritt des Versicherungsfalls zu fördern. Es war ihm ohne Weiteres zuzumuten, unmittelbar nach Kenntniserlangung von der fehlerhaften Betankung geeignete Vorkehrungen zu treffen, die dazu geführt hätten, dass das Fahrzeug vorerst nicht weiter genutzt werden darf. Auch hätte er problemlos seine Familie über den Vorfall und die Gefahren, die sich aus der Nutzung des Fahrzeugs ergeben können, informieren können. Mithin handelte A grob fahrlässig.

ee) Zwischenergebnis
Es liegt ein beschränkter subjektiver Risikoausschluss vor.

d) Ergebnis zu 2.
Ein Versicherungsfall ist angesichts des nur beschränkten subjektiven Risikoausschlusses gem. § 81 Abs. 2 VVG im versicherten Zeitraum eingetreten.

3. Leistungsfreiheit des V

a) Leistungsfreiheit nach §§ 23 Abs. 1, 26 Abs. 1 VVG (subjektive Gefahrerhöhung)
V kann gem. §§ 23 Abs. 1, 26 Abs. 1 VVG von seiner Leistungspflicht befreit sein, wenn dem Versicherungsfall eine Gefahrerhöhung zugrunde liegt. Unter Gefahrerhöhung ist eine Änderung der bei Vertragsschluss vorhandenen gefahrerheblichen Umstände zu verstehen, die dazu führt, dass der mögliche Schaden sich vergrößert oder der Eintritt des Versicherungsfalls wahrscheinlicher wird und der Versicherer den Vertrag unter diesen Umständen entweder überhaupt nicht oder jedenfalls nicht zu der vereinbarten Prämie abgeschlossen hätte (s. BGH VersR 1951, 67; PVR Rn. 1256 ff.).

aa) Gefahrerhöhung

(1) Dauerhaftigkeit

Eine Gefahrerhöhung setzt zum einen eine gewisse *Dauerhaftigkeit* voraus. Dies bedeutet, dass durch die Änderung der gefahrerheblichen Umstände ein neuer Zustand geschaffen werden muss, der von so langer Dauer ist, dass sich die geänderte Gefahrenlage auf erhöhtem Niveau stabilisiert und Grundlage eines neuen natürlichen Gefahrenverlaufs sein kann, welcher den Eintritt des Versicherungsfalls generell zu fördern geeignet ist (s. BGH VersR 1999, 484).

Hier hat sich die Wahrscheinlichkeit des Eintritts des Versicherungsfalls nicht nur kurzfristig erhöht. Vielmehr befand sich der falsche Kraftstoff über Wochen hinweg in dem Tank, ohne dass Sicherheitsvorkehrungen getroffen worden sind. Damit liegt Dauerhaftigkeit vor.

(2) Erheblichkeit

Ferner muss diese Gefahrerhöhung gem. § 27 VVG *erheblich* sein. Auch dies ist für eine falsche Betankung zu bejahen, da sie die Wahrscheinlichkeit eines Schadenseintritts nachhaltig vergrößert.

(3) Zwischenergebnis

Das Risiko, dass das Fahrzeug in Brand gerät, wurde durch die falsche Betankung dauerhaft und nicht unerheblich gesteigert. Eine Gefahrerhöhung i. S. des § 23 VVG liegt mithin vor.

bb) Vornahme oder Gestattung durch den Versicherungsnehmer

Klärungsbedürftig ist, ob diese Gefahrerhöhung vom Versicherungsnehmer *veranlasst* wurde, d. h. ob eine subjektive oder „nur" eine objektive Gefahrerhöhung vorliegt. Die in der falschen Betankung zu sehende Gefahrerhöhung ist hier ungewollt und ohne vorherige Gestattung durch A eingetreten. Daher liegt keine Gefahrerhöhung durch aktives Tun vor.

Darüber, ob auch eine Gefahrerhöhung durch Unterlassen möglich ist, besteht Streit. Nach einer Auffassung ist ein Unterlassen der Beseitigung einer dem Versicherungsnehmer bekannten Gefahrerhöhung als Vornahme anzusehen, jedenfalls wenn eine Beseitigung ohne Weiteres tatsächlich und rechtlich möglich war (s. *Martin* VersR 1988, 209 ff.; ähnlich P/M/*Armbrüster* § 23 Rn. 101 ff.; L/R/*Langheid* § 23 Rn. 33). Nach überwiegender Ansicht nimmt der Versicherungsnehmer hingegen keine Gefahrerhöhung vor, wenn er es unterlässt, eine ohne sein Zutun eingetretene Gefahrerhöhung zu beseitigen (s. BGH VersR 1987, 653; abweichende Ansätze bei BK/*Harrer* § 23 Rn. 9 ff. [nach willentlichem oder unwillentlichem Eintritt der Gefahrerhöhung differenzierend]; L/P/*Looschelders* § 23 Rn. 24 f.). Für die letztere Auffassung spricht insbesondere die gesetzliche Unterscheidung zwischen gewollter und ungewollter Gefahrerhöhung (PVR Rn. 1287). Mithin liegt keine subjektive Gefahrerhöhung vor.

cc) Ergebnis zu a)

V kann sich daher nicht auf Leistungsfreiheit nach §§ 23 Abs. 1, 26 Abs. 1 VVG berufen.

b) §§ 23 Abs. 3, 26 Abs. 2 VVG (objektive Gefahrerhöhung)

In Betracht kommt weiter eine Leistungsfreiheit des V aufgrund einer Obliegenheitsverletzung durch A nach Eintritt einer objektiven Gefahrerhöhung gem. §§ 23 Abs. 3, 26 Abs. 2 VVG.

aa) Objektive Gefahrerhöhung

Eine objektive Gefahrerhöhung liegt gem. § 23 Abs. 3 VVG vor, wenn sich die Gefahr unabhängig vom Willen des Versicherungsnehmers erhöht. Die Gefahrerhöhung trat hier durch die falsche Betankung durch T und ohne den Willen des A ein. Damit handelt es sich um einen Fall einer objektiven Gefahrerhöhung i. S. des § 23 Abs. 3 VVG.

bb) Verletzung der Anzeigepflicht, § 23 Abs. 3 VVG

A kannte seit dem 25.03. die Umstände, die die Gefahrerhöhung begründeten. Gleichwohl hat er sie V nicht unverzüglich (d. h. nach der Legaldefinition des § 121 Abs. 1 S. 1 BGB: ohne schuldhaftes Zögern) angezeigt. Er hat somit seine Anzeigeobliegenheit aus § 23 Abs. 3 VVG verletzt.

cc) Eintritt des Versicherungsfalls nach Ablauf der Monatsfrist des § 26 Abs. 2 S. 1 Halbs. 1 VVG

Die völlige oder teilweise Leistungsfreiheit tritt darüber hinaus gem. § 26 Abs. 2 S. 1 Halbs. 1 VVG nur ein, wenn der Versicherungsfall später als einen Monat nach dem Zeitpunkt eingetreten ist, in dem die Anzeige dem Versicherer hätte zugegangen sein müssen. Diese Voraussetzung ist wegen § 24 Abs. 2 VVG notwendig, da der Versicherer bei unverzüglicher Anzeige einer subjektiv nachträglich erkannten oder einer objektiven Gefahrerhöhung auch nur mit Monatsfrist hätte kündigen können. Beide Fälle, also der Fall, dass die Anzeige unverzüglich eingegangen ist, und derjenige, dass sie unterlassen wurde, sind gleich zu behandeln; sie führen dazu, dass der Versicherungsnehmer noch einen Monat Versicherungsschutz hat. Mithin handelt es sich also bei der Monatsfrist um eine Schonfrist (s. MünchKommVVG/ *Reusch* § 26 Rn. 13). Hier ist sie verstrichen.

dd) Keine Kenntnis des V, § 26 Abs. 2 S. 1 Halbs. 2 VVG

Ferner ist gem. § 26 Abs. 2 S. 1 Halbs. 2 VVG die Leistungsfreiheit bei Kenntnis des Versicherers von der Gefahrerhöhung ausgeschlossen. Hier war der Geschehensablauf dem V indessen nicht bekannt.

ee) Grad des Verschuldens, § 26 Abs. 2 VVG

Die Leistungsfreiheit bei einer objektiven Gefahrerhöhung richtet sich nach § 26 Abs. 2, 3 i. V. mit § 23 Abs. 3 VVG. Liegt Vorsatz vor, so ist der Versicherer leistungsfrei. Bei grober Fahrlässigkeit ist er gem. § 26 Abs. 2 S. 2 Halbs. 2 i. V. mit § 26 Abs. 1 S. 2 zu einer Leistungskürzung berechtigt. Bei einfacher Fahrlässigkeit bleibt er hingegen (anders als nach altem Recht) vollumfänglich zur Leistung verpflichtet.

Anknüpfungspunkt für das schuldhafte Verhalten ist das Unterlassen der gebotenen Anzeige aus § 23 Abs. 3 VVG. A hat die Angelegenheit vergessen; folglich liegt keine vorsätzliche Verletzung der Anzeigepflicht vor. Die Beweislast für das Nichtvorliegen der groben Fahrlässigkeit liegt gem. § 26 Abs. 1 S. 2 Halbs. 2 VVG beim Versicherungsnehmer. Insoweit sind keine Umstände ersichtlich, mit denen A das Vorliegen von grober Fahrlässigkeit widerlegen könnte. Somit liegt eine grob fahrlässige Verletzung der Anzeigepflicht vor.

ff) Kausalität der Gefahrerhöhung für den Eintritt des Versicherungsfalls, § 26 Abs. 3 Nr. 1 VVG

Selbst wenn der Versicherer nach § 26 Abs. 2 VVG aufgrund des Verschuldens des Versicherungsnehmers an sich von der Verpflichtung zur Leistung frei ist, bleibt er gem. § 26 Abs. 3 Nr. 1 VVG dennoch insoweit verpflichtet, als die Gefahrerhöhung für den Eintritt des Versicherungsfalls nicht ursächlich geworden ist (vgl. Wortlaut von § 28 Abs. 3 Nr. 1 VVG: „soweit").

Der Eintritt des Versicherungsfalls (hier: Brand des Fahrzeugs) ist auf die Gefahrerhöhung (hier: falsche Betankung durch T) zurückzuführen. Die für die Leistungsfreiheit erforderliche Kausalität liegt damit vor.

gg) Leistungspflicht des Versicherers wegen nicht erfolgter Kündigung

Eine weitergehende Leistungspflicht des Versicherers wegen unterlassener Kündigung gem. § 26 Abs. 3 Nr. 2 VVG kommt schon deswegen nicht in Betracht, weil dem Versicherer die Gefahrerhöhung nicht bekannt war (§ 24 Abs. 3 VVG).

hh) Ergebnis zu b)

Es liegt eine grob fahrlässige Verletzung der Anzeigepflicht vor. V ist nach § 26 Abs. 2 S. 2 Halbs. 2 i. V. mit § 26 Abs. 1 S. 2 VVG zu einer Schadensquotelung berechtigt.

c) Leistungsfreiheit nach § 28 Abs. 2 S. 1 VVG i. V. mit E.1.3, E.6.1 AKB

In Betracht kommt schließlich der Ausschluss des Anspruches des A gegen V auf die Versicherungsleistung aufgrund vollständiger Leistungsfreiheit des V infolge einer Verletzung einer vertraglichen Auskunftsobliegenheit gem. § 28 Abs. 2 S. 1 VVG i. V. mit E.1.3, E.6.1 AKB.

aa) Verletzung einer Obliegenheit nach E.1.3

Erforderlich ist dafür zunächst, dass eine vertraglich vereinbarte Obliegenheit verletzt worden ist. In Betracht kommt insoweit eine Verletzung der in der E.1.3 vorgesehenen Obliegenheiten. Danach ist der Versicherungsnehmer u. a. gehalten, die Fragen des Versicherers zu den Umständen des Schadenereignisses wahrheitsgemäß und vollständig zu beantworten.

Hier hat A zwar selbst keine wahrheitswidrigen Angaben gegenüber V gemacht. Möglicherweise muss er sich jedoch das Verhalten seiner Ehefrau E, die dem Versicherer V die falsche Betankung verschwieg, zu seinen Ungunsten zurechnen lassen. Zweifelhaft ist, ob hier die Voraussetzungen für eine Zurechnung fremden Verhaltens erfüllt sind.

Zwar war E nicht bevollmächtigt, den Versicherungsfall überhaupt anzuzeigen. Die Vornahme der Anzeige wirkt aber deshalb für A (und damit zu seinen Gunsten), weil in der Geltendmachung des Anspruchs gegenüber V eine konkludente Genehmigung durch A gem. § 184 Abs. 1 BGB zu sehen ist. Eine Anzeige des Versicherungsfalls durch A ist also gegeben.

Fraglich ist aber, ob auch die ergänzend gemachten falschen Angaben der E zurechenbar sind, auf die A sich gerade nicht beruft.

(1) E als Wissenserklärungsvertreterin

Eine Zurechnung erfolgt analog § 166 Abs. 1 BGB, wenn E *Wissenserklärungsvertreterin* des A war (s. dazu BGH VersR 1993, 960 f.; kritisch P/M/*Armbrüster* § 28 Rn. 153). Unter einem Wissenserklärungsvertreter ist eine Person zu verstehen, die vom Versicherungsnehmer mit der Abgabe der in Frage stehenden Erklärungen betraut wurde. Dafür bedarf es weder einer Bevollmächtigung i. S. von § 166 Abs. 2 S. 1 BGB noch einer ausdrücklichen Beauftragung; ausreichend und erforderlich ist lediglich, dass der Wille des Versicherungsnehmers zutage tritt, der Dritte solle für ihn etwas erklären (s. PVR Rn. 1686). Unter diesen Voraussetzungen kann allerdings allein die formale Stellung der E als Ehegattin des A nicht ohne Weiteres zugleich die Stellung einer Wissenserklärungsvertreterin begründen. Dass A die E mit der Schadensabwicklung betraut hat, ist dem Sachverhalt nicht zu entnehmen. E wurde vielmehr ohne Rücksprache mit A tätig. Eine Zurechnung analog § 166 Abs. 1 BGB scheidet daher aus.

(2) E als Repräsentantin

Eine Verantwortlichkeit des A für das Verhalten der E kommt auch über die sog. Repräsentantenhaftung in Betracht, wenn E *Repräsentantin* war. Nach der neueren Rechtsprechung des BGH ist Repräsentant, wer in dem Geschäftsbereich, zu dem das versicherte Risiko gehört, aufgrund eines Vertretungs- oder ähnlichen Verhältnisses an die Stelle des Versicherungsnehmers getreten ist (st. Rspr.; vgl. nur BGH VersR 2012, 219, 222). Dabei unterscheidet man zwischen der sog. Risikoverwaltung und der Vertragsverwaltung (s. dazu eingehend PVR Rn. 1669 ff.).

Repräsentant in Gestalt der *Risikoverwaltung* ist, wer befugt ist, selbstständig in einem gewissen, nicht ganz unbedeutenden Umfang für den Versicherungsnehmer zu handeln. Dies erfordert, dass der Versicherungsnehmer einer anderen Person die Obhut über die versicherte Sache anvertraut und die eigenverantwortliche Sorgfalt übertragen hat (s. BGH VersR 1993, 1862, 1864).

Demgegenüber kann aber eine Repräsentantenhaftung auch allein (anders noch die frühere Rspr., nach der beide Erscheinungsformen der Repräsentantenhaftung kumulativ vorliegen mussten; vgl. BGH VersR 1989, 737) darin zu sehen sein, dass der Dritte Rechte und Pflichten des Versicherungsnehmers aus dem Versicherungsvertrag wahrnimmt. Für die *Vertragsverwaltung* ist es notwendig, dass der Versicherungsnehmer dem Dritten wesentliche Rechte und Pflichten aus dem Versicherungsvertrag übertragen hat.

Hier hat A hat seine Ehefrau E nicht mit der Vertragsverwaltung betraut. Allein der Umstand, dass sie das Fahrzeug gelegentlich selbst nutzt, macht sie noch nicht zur Repräsentantin. Damit fehlt es an der für eine Vertragsverwaltung erforderlichen Übertragung wesentlicher Rechte und Pflichten durch A. E ist folglich nicht Repräsentantin des A.

(3) Ergebnis zu aa)
Eine zurechenbare Obliegenheitsverletzung liegt nicht vor.

bb) Ergebnis zu c)
Mithin ist V nicht nach § 28 Abs. 2 S. 1 VVG i. V. mit E.1.3, E.6.1 AKB von seiner Leistungspflicht befreit.

d) Ergebnis zu 3
Damit kann sich V nur unter dem Gesichtspunkt einer grob fahrlässigen Verletzung der Anzeigepflicht gem. § 23 Abs. 3 VVG auf Leistungsfreiheit berufen.

4. Gesamtergebnis zum Ausgangsfall
A hat den Versicherungsfall grob fahrlässig herbeigeführt, so dass A von V nur Ersatz eines Teils des Schadens verlangen kann. Dieser bemisst sich nach einer verschuldensabhängig zu bestimmenden Quote (§ 81 Abs. 2 VVG); hierzu war nach dem Bearbeitervermerk nichts weiter auszuführen. Das Gleiche gilt für die grob fahrlässige Verletzung der Anzeigeobliegenheit gem. § 23 Abs. 3 VVG durch A. Dabei ist dann eine Gesamtquote bilden. Dafür werden verschiedene Berechnungsmodelle vorgeschlagen (Übersicht bei P/M/*Armbrüster* § 28 Rn. 215 ff.; s. auch Frage 280; PVR Rn. 416 ff.). In Betracht kommen dabei insbesondere

- das sog. *Multiplikationsmodell* (Stufenmodell), nach dem die zweite Quote mit dem sich unter Abzug der ersten Quote ergebenden Restbetrag multipliziert wird,
- das *Konsumtionsmodell*, nach welchem der schwerwiegendste Verstoß die anderen Obliegenheitsverletzungen konsumiert und damit unberücksichtigt lässt sowie
- das *Gesamtwürdigungsmodell*, nach dem unter Berücksichtigung der Gesamtumstände des Einzelfalls eine Gesamtquote gebildet wird.

III. Lösungshinweise Abwandlung Frage 1: Ansprüche des A gegen V

1. Anspruch des A gegen V auf Leistung für den Schaden am Lenkrad in Höhe von 150 € aus dem Teilkasko-Versicherungsvertrag (vgl. § 1 S. 1 VVG)
In Betracht kommt ein Anspruch des A gegen V auf Zahlung der Versicherungsleistung für den Schaden am Lenkrad in Höhe von 150 € aus dem Teilkasko-Versicherungsvertrag (vgl. § 1 S. 1 VVG).

a) Zustandekommen und Wirksamkeit des Versicherungsvertrages
A und V haben sich über den Abschluss eines Versicherungsvertrages in Form einer Teilkaskoversicherung geeinigt (§§ 145, 147 Abs. 1 BGB). Wirksamkeitshindernisse sind nicht erkennbar.

b) Eintritt des Versicherungsfalls im versicherten Zeitraum

Nach A.2.2.2 AKB sind Schäden versichert, die bei einer Entwendung, insbesondere durch Diebstahl und Raub, entstehen. Dazu gehört auch der Versuch der Entwendung (s. Feyock/Jacobsen/Lemor/*Jacobsen* A.2 AKB Rn. 47). Erforderlich ist hierbei, dass ein besonderer ursächlicher Zusammenhang zwischen der (versuchten) Entwendungshandlung und dem eingetretenen Schaden besteht. Daher sind auch Schäden mitversichert, die dadurch entstanden sind, dass der Täter das Lenkradschloss beschädigt hat (s. LG Mainz VersR 1991, 806; P/M/*Klimke* A.2.2.1 AKB 2015 Rn. 25; Halm/Kreuter/Schwab/*Stomper,* AKB, A.2.2.1 Rn. 193 ff.; a. A. LG Karlsruhe VersR 1984, 979).

Damit ist der Schaden am Lenkrad in Höhe von 150 € als versichertes Risiko von A.2.2.2 AKB erfasst.

c) Keine Leistungsfreiheit des Versicherers

Anhaltspunkte für eine *Leistungsfreiheit* des V sind nicht ersichtlich.

d) Ergebnis

A kann von V Ersatz des Schadens am Lenkrad in Höhe von 150 € gem. A.2.2.2 AKB verlangen.

2. Anspruch des A gegen V auf Leistung für die sonstigen Schäden am Motorroller in Höhe von 350 € aus dem Teilkasko-Versicherungsvertrag (vgl. § 1 S. 1 VVG)

Zudem kommt ein Anspruch von A gegen V auf Zahlung der Versicherungsleistung für die übrigen Schäden am Motorroller in Höhe von 350 € aus dem Teilkasko-Versicherungsvertrag (vgl. § 1 S. 1 VVG) in Betracht.

a) Zustandekommen und Wirksamkeit des Vertrages

Hinsichtlich des *Zustandekommens und der Wirksamkeit des Versicherungsvertrages* gilt das oben zum Schaden am Lenkrad Gesagte.

b) Eintritt des Versicherungsfalls im versicherten Zeitraum

Im Gegensatz zur Vollkaskoversicherung (A.2.3.3 AKB) fehlt in der Teilkaskoversicherung ein Versicherungsschutz für solche Schäden am Fahrzeug, die durch mut- oder böswillige Handlungen betriebsfremder Personen entstehen (sog. *Vandalismusschäden*). Dies hat zur Folge, dass in der Teilkasko ausschließlich Schäden am Fahrzeug versichert sind, die entweder durch die Verwirklichung der Tat (d. h. „durch Entwendung") entstanden sind oder zumindest damit in einem adäquaten Zusammenhang stehen (s. Halm/Kreuter/Schwab/*Stomper* A.2.2.1 Rn. 193 ff.; Feyock/Jacobsen/Lemor/*Jacobsen* A.2 AKB Rn. 47). Mut- und böswillige Schäden, die „bei Gelegenheit" der Entwendungshandlung, aber nicht als deren Folge entstanden sind, gehören nicht dazu. Sie beruhen nämlich nicht adäquat-kausal auf dem Vorgang der Entwendung, sondern auf anderen Motiven und sind auf ein von der Entwendungshandlung unabhängiges, regelmäßig spontanes Verhalten des Täters zurückzuführen (BGH VersR 1975, 225). Dazu zählen auch Schäden aus reiner Zerstörungswut des Täters oder aus Verärgerung über eine misslungene Entwendung oder eine zu geringe Beute (s. BGH VersR 2011, 107 Rn. 7 ff.; P/M/*Klimke* A.2.2.1 AKB 2015 Rn. 24).

Folglich sind die Vandalismusschäden am Motorroller des A nicht vom Teilkaskoschutz nach A.2.2.2 AKB umfasst.

c) Ergebnis

A hat gegen V keinen Anspruch auf Leistung für die übrigen Schäden am Motorroller in Höhe von 350 € aus dem Teilkasko-Versicherungsvertrag.

IV. Lösungshinweise Abwandlung Frage 2: Ansprüche des V gegen A sowie gegen G

Anspruch des V gegen A auf Rückzahlung der 500 € gem. § 812 Abs. 1 S. 1 Fall 1 BGB

A hat von V eine Gutschrift auf seinem Girokonto bzw. einen Auszahlungsanspruch gegen sein Kreditinstitut und damit „etwas" im Sinne eines vermögenswerten Vorteils erlangt. Dies geschah infolge einer bewussten und zweckgerichteten Mehrung des Vermögens des A, mithin infolge einer Leistung durch V (solvendi causa). Schließlich steht A auch kein Recht zum Behaltendürfen zu. Mangels Anspruches auf die Versicherungsleistung erfolgte die Leistung ohne rechtlichen Grund. Damit hat A die erlangte Versicherungsleistung an V gem. §§ 812 Abs. 1 S. 1 Fall 1, 818 Abs. 1 BGB herauszugeben.

Anspruch des V gegen G auf Schadensersatz in Höhe von 500 € gem. § 823 Abs. 1 BGB i. V. mit § 86 Abs. 1 S. 1 VVG aus übergegangenem Recht

In Betracht kommt ferner ein Anspruch des V gegen G auf Schadensersatz gem. § 823 Abs. 1 BGB i. V. mit § 86 Abs. 1 S. 1 VVG (Legalzession).

1. Ersatzanspruch des A gegen G aus § 823 Abs. 1 BGB

G hat widerrechtlich und schuldhaft das Eigentum des A verletzt. A hat demnach gegen G einen Anspruch aus §§ 823 Abs. 1, 249 Abs. 1 BGB auf Ersatz der entstandenen Schäden. Ferner stehen ihm Ansprüche aus § 823 Abs. 2 BGB i. V. mit § 303 Abs. 1 StGB sowie aus § 826 BGB zu.

2. Übergang des Anspruchs auf V gem. § 86 Abs. 1 S. 1 VVG

V hat 500 € an A gezahlt. In Betracht kommt, dass der Schadensersatzanspruch des A gegen G nach § 823 Abs. 1 BGB gem. § 86 Abs. 1 S. 1 VVG auf V übergegangen ist. Dies wäre jedenfalls dann der Fall, wenn V tatsächlich zur Leistung aus dem Versicherungsvertrag verpflichtet gewesen wäre. Hier hat V indessen *irrtümlich* seine Leistungspflicht angenommen.

Fraglich ist, ob der Anspruch des Versicherungsnehmers auch in diesen Fällen auf den Versicherer übergeht. Nach überwiegender Ansicht hängt der Übergang nicht vom Bestehen einer Leistungspflicht ab (s. BGH VersR 1989, 250, 251; OLG Hamm r + s 1998, 184; PVR Rn. 1495). Zur Begründung wird angeführt, dass der

Anspruchserwerb zum Inhalt der Versicherungsleistung gehöre (s. P/M/*Armbrüster* § 86 Rn. 41). Voraussetzung ist demnach grundsätzlich allein die tatsächliche Leistung des Versicherers an den Versicherungsnehmer oder den Versicherten.

Nach anderer Ansicht kennt das deutsche Recht keinen generellen Forderungsübergang zugunsten eines nicht verpflichteten, aber gleichwohl irrtümlich zahlenden Dritten (s. L/P/*v. Koppenfels-Spies* § 86 Rn. 24, wonach aber eine Abtretungspflicht möglich sein soll).

Folgt man der überwiegenden Ansicht, so kann sich der Versicherer entscheiden, ob er sich auf seine Leistungsfreiheit beruft und die Zahlung im Wege der ungerechtfertigten Bereicherung von A zurückverlangt oder ob er den Schädiger G im Wege des Regresses in Anspruch nimmt. Bei erfolgreichem Vorgehen gegen den G mindert sich der Bereicherungsanspruch gegen den A entsprechend. Kondiziert der Versicherer von A, so ist dieser nur Zug um Zug gegen Rückzession des Haftpflichtanspruches zur Leistung verpflichtet (s. PVR Rn. 1497).

3. Ergebnis

Je nachdem, welcher Auffassung man sich anschließt, hat V gegen G einen Anspruch auf Ersatz der entstandenen Schäden aus übergegangenem Recht gem. § 823 Abs. 1 BGB i. V. mit § 86 Abs. 1 VVG.

B. Fall 2

I. Sachverhalt

1. Ausgangsfall

X beantragt Anfang 2014 bei Versicherer V den Abschluss einer Kapitallebensversicherung mit Berufsunfähigkeits-Zusatzversicherung. X hat seit 2011 schmerzhafte Verspannungen im Schulter-Nacken-Bereich, gegen die ihr von ihrem Hausarzt H wiederholt Massagen und Physiotherapie verordnet wurden. Außerdem leidet sie an einer chronischen Leberentzündung, gegen die sie täglich Medikamente einnehmen muss.

X füllt das Antragsformular in Gegenwart des Vertreters A des V aus. Das Formular enthält u. a. folgende Fragen:

> 5. Bestehen oder bestanden bei dem Antragsteller in den letzten vier Jahren Krankheiten, Gesundheitsstörungen oder erhebliche Beschwerden?
> 10. Wer ist Ihr Hausarzt bzw. welcher Arzt ist über Ihre Gesundheitsverhältnisse am besten orientiert?

X wird zudem durch gesonderte Mitteilung in Textform auf die Folgen einer Anzeigepflichtverletzung hingewiesen. X kreuzt bei Frage 5 die Antwortalternative „Nein" an. Im Gespräch erzählt sie A, dass sie unter Verspannungen leide und deswegen massiert worden sei. Von Schmerzen sagt sie dabei nichts. Sie erwähnt zudem weder die Physiotherapie noch weist sie A darauf hin, dass die Massagen ärztlich verschrieben wurden. A hält die Beschwerden deshalb für unerheblich. Darüber, ob sie im Antragsformular angegeben werden sollen, sprechen A und X nicht. Auch X selbst glaubt, dass die Thematik für die Entscheidung des V keine Rolle spielt. Ihre Lebererkrankung erwähnt X weder gegenüber A noch im Antragsformular. Als Antwort auf Frage 10 gibt sie aber neben ihrem Hausarzt auch den „Facharzt für Innere Medizin Dr. I" an, bei dem sie wegen der Leberentzündung in Behandlung ist. Sie geht dabei davon aus, dass V bei I nachfragen wird. V nimmt den Antrag wegen der Antwort auf Frage 5 ohne weitere Risikoprüfung an.

Mitte 2014 erkrankt X an den Bandscheibennerven. Dass die früheren Beschwerden im Schulterbereich dafür mitursächlich sind, lässt sich nicht ausschließen. Wegen ihrer Leberentzündung ist eine Behandlung mit Medikamenten nicht möglich. X muss deshalb operiert werden und wird dadurch berufsunfähig.

Als V von der Berufsunfähigkeit erfährt, erkundigt er sich bei den behandelnden Ärzten nach etwaigen Vorerkrankungen der X. I erteilt ihm am 01.09. nur die allgemeine Auskunft, dass X bei ihm derzeit wegen einer Leberentzündung in Behandlung sei. Auf weitere Nachfragen des V vom 15.09. und vom 15.10. teilt I am 12.11. mit, dass die Erkrankung seit 2011 bestehe. Gleichzeitig erfährt V von H alle Details über die Beschwerden im Nacken-Schulter-Bereich.

V erklärt daraufhin am 20.11. die Anfechtung des Vertrages. Für den Fall, dass die Anfechtung nicht zum Erfolg führt, tritt V zudem schriftlich vom Vertrag zurück. Als Grund gibt er zunächst nur das Verschweigen der Lebererkrankung an. Erst mit Schreiben vom 23.12. stützt V Rücktritt und Anfechtung zusätzlich noch auf die Nichtanzeige der von H behandelten Beschwerden.

X meint, dass V sich viel zu wenig und zu spät selbst um Aufklärung bemüht habe. Kann X von V Leistungen aus der Berufsunfähigkeits-Zusatzversicherung beanspruchen?

2. Abwandlung 1
Wie im Ausgangsfall. Aber: Im Antragsformular findet sich außerdem noch folgender deutlich sichtbare Hinweis:

> Für die Richtigkeit meiner Angaben bin ich selbst verantwortlich. Der Vermittler darf über die Erheblichkeit von Antragsfragen oder Erkrankungen keine verbindlichen Erklärungen abgeben.

X informiert A mündlich wahrheitsgemäß und vollständig über ihre Erkrankungen. A erklärt, das seien ja nur Kleinigkeiten, die sie nicht angeben müsse und von denen V ohnehin erfahren werde, wenn er bei den behandelnden Ärzten nachfrage. X beantwortet Frage 5 deshalb wie im Ausgangsfall mit „Nein".

Kann X Leistungen von V beanspruchen, wenn V unmittelbar nach Erlangung der Kenntnis von den Vorerkrankungen den Rücktritt erklärt?

3. Abwandlung 2
Der Versicherungsantrag besteht aus insgesamt sechs Seiten. Auf der ersten Seite befinden sich Angaben zur versicherten Person und zum versicherten Tarif. Es folgen auf den Seiten zwei und drei Erklärungen des Antragstellers für die zu versichernde

Person und Gesundheitsfragen. Die vierte Seite des Antrages beginnt mit dem fett gedruckten „Hinweis auf die Folgen einer Anzeigepflichtverletzung". Darunter befindet sich im Normaldruck und auch in sonst verwendeter Schriftgröße und Darstellungsform folgender Text:

> Die von Ihnen in diesem Antrag verlangten Angaben sind für den Vertragsschluss erheblich; Ihre Angaben müssen daher wahrheitsgemäß und vollständig sein. Wenn Sie diese Anzeigepflicht verletzen, kann der Versicherer unter den Voraussetzungen des Versicherungsvertragsgesetzes abgestuft nach dem Grad Ihres Verschuldens den Vertrag anpassen, den Vertrag unter Einhaltung einer Monatsfrist kündigen oder vom Vertrag zurücktreten. Im letzteren Fall verlieren Sie mit sofortiger Wirkung Ihren Versicherungsschutz; […]

Im zweiten Drittel der Seite 4 des Antrags befinden sich unter einer fett gedruckten Überschrift in Normalschrift Ausführungen zu einer Leistungsstaffel. Es folgen wiederum unter einer fett gedruckten Überschrift in kleinerer als Normalschrift Angaben zum Beitragseinzug und zur Leistungsauszahlung. Seite 5 enthält im oberen Teil die Empfangsbestätigung über die AVB. Im unteren Teil befinden sich in Fettdruck die Schlusserklärungen. Unterhalb davon steht die Unterschriftsleiste mit Ort, Datum und den Unterschriften der Klägerin und des Vermittlers.

Kann V bei einer Anzeigepflichtverletzung der X vom Vertrag zurücktreten?

II. Lösungshinweise Ausgangsfall

(s. BGH NJW 1992, 1506; NJW-RR 1999, 173; OLG Frankfurt a. M. NVersZ 2000, 130)

Anspruch der X gegen V auf Versicherungsleistungen aus dem Berufsunfähigkeitsversicherungsvertrag (vgl. § 172 Abs. 1 VVG)

X hat gegen V einen Anspruch auf die Versicherungsleistung aus dem Berufsunfähigkeitsversicherungsvertrag (vgl. § 172 Abs. 1 VVG), wenn zwischen A und V ein wirksamer Versicherungsvertrag zustande gekommen ist (dazu 1.), der Versicherungsfall im versicherten Zeitraum eingetreten ist (dazu 2.) und V nicht von seiner Leistungspflicht befreit ist (dazu 3.).

1. Zustandekommen und Wirksamkeit des Versicherungsvertrages

X und V haben sich über den Abschluss eines Versicherungsvertrages in Form einer kapitalbildenden Lebensversicherung mit einer Berufsunfähigkeitszusatzversicherung geeinigt.

Fraglich ist allerdings, ob der Versicherungsvertrag wirksam ist. Er ist aufgrund der Anfechtung durch V gem. § 142 Abs. 1 BGB rückwirkend (ex tunc) als nichtig anzusehen, wenn eine fristgerechte Anfechtungserklärung gem. § 143 Abs. 1 BGB erfolgt ist und ein Anfechtungsgrund besteht.

a) Fristgerechte Anfechtungserklärung (§§ 143 Abs. 1, 124 BGB)

V hat am 20.11.2014 die Anfechtung wegen des Verschweigens der Leberentzündung erklärt. In seiner Erklärung, in der er die Anfechtung zusätzlich auf die Nichtanzeige der

Verspannungen stützt, ist zudem eine Anfechtungserklärung auch wegen dieses Grundes zu erblicken. Beide Erklärungen erfolgten innerhalb der Jahresfrist des § 124 BGB. Auf die Frage, ob nach Ablauf der Frist noch Anfechtungsgründe nachgeschoben werden können, kommt es daher nicht an (zum Parallelproblem beim Rücktritt s. noch unten).

b) Anfechtungsgrund (§ 123 Abs. 1 BGB, § 22 VVG)

Als Anfechtungsgrund kommt eine Anfechtung wegen arglistiger Täuschung gem. § 123 Abs. 1 BGB in Betracht. Die Möglichkeit des Versicherers, den Versicherungsvertrag aufgrund einer arglistigen Täuschung nach § 123 BGB anzufechten, sieht § 22 VVG ausdrücklich vor. Wie sich aus einem Umkehrschluss aus jener Vorschrift ergibt, stellt dies auch den einzig möglichen Anfechtungsgrund dar, der dem Versicherer zur Verfügung steht. Damit ist eine Anfechtung nach § 119 Abs. 1 BGB wegen eines Erklärungs- oder Inhaltsirrtums sowie nach § 119 Abs. 2 BGB wegen eines Irrtums über eine verkehrswesentliche Eigenschaft der X ausgeschlossen.

aa) Täuschung über Tatsachen

Die Anfechtung nach § 123 Abs. 1 BGB setzt zunächst voraus, dass X über Tatsachen getäuscht hat.

Durch Ankreuzen der Antwortalternative „Nein" bei Frage 5 hat X eine objektiv falsche Erklärung abgegeben. Bei der Leberentzündung handelt es sich um eine Krankheit im Sinne der Antragsfrage. Aufgrund ihrer Dauerhaftigkeit, ihrer Schmerzhaftigkeit sowie ihrer Behandlungsbedürftigkeit sind die Verspannungen jedenfalls als nicht unerhebliche Beschwerden einzuordnen. Durch die Angabe des Hausarztes bzw. des Internisten bei Frage 10 wurde die Aussage, dass keine Erkrankungen bzw. Beschwerden vorliegen, nicht wieder zurückgenommen. Mithin liegt eine Täuschungshandlung von X vor.

Problematisch ist allerdings, ob die Täuschungshandlung der X aufgrund der von ihr gemachten *mündlichen Angaben gegenüber dem Versicherungsvertreter A* entfallen ist.

Dabei ist schon fraglich, ob die gesetzliche Vollmacht des A überhaupt die Entgegennahme von solchen (mündlichen) Anzeigen nach § 69 Abs. 1 Nr. 1 VVG umfasst (s. dazu die Abwandlung 1). Diese Frage kann hier allerdings auf sich beruhen, da einer Korrektur der Täuschungshandlung jedenfalls bereits die Tatsache entgegensteht, dass X ihre Verspannungen nur bagatellisierend und ihre chronische Leberentzündung überhaupt nicht angegeben hat. Das reicht jedenfalls nicht, um die schriftlichen Angaben im Antragsformular aufzuheben.

Aufbauhinweis: Man konnte § 69 VVG auch schon an dieser Stelle erörtern.

Durch die Täuschungshandlung hat X bei V auch einen *Irrtum erregt*, der dazu führte, dass V wegen ihrer Antwort auf Frage 5 auf eine Risikoprüfung verzichtete.

bb) Kausalität der Täuschung für die Willenserklärung des V

Ferner verlangt eine Anfechtung nach § 123 Abs. 1 BGB einen ursächlichen Zusammenhang zwischen der Täuschung und der irrtumsbehafteten Willenserklärung, und zwar i. S. einer Doppelkausalität: Der Getäuschte muss durch die Täuschungshandlung in einen Irrtum versetzt und damit wiederum zur Abgabe der Willenserklärung „bestimmt" worden sein. Die Täuschung muss also conditio sine qua non für die Abgabe der Willenserklärung überhaupt oder für einen bestimmten Inhalt dieser Willenserklärung gewesen sein (s. MünchKommBGB/*Armbrüster* § 123 Rn. 20). Die Willenserklärung des Getäuschten wäre also ohne die (erfolgreiche) Täuschung oder Drohung nicht, nicht so oder nicht zu dieser Zeit abgegeben worden (s. BGH NJW 1998, 1860; Jauernig/*Mansel* § 123 Rn. 18). Hier hätte V den Versicherungsvertrag mit X bei ordnungsgemäßer Angabe der gefahrrheblichen Umstände entweder überhaupt nicht oder nur zu anderen Bedingungen abgeschlossen. Kausalität liegt somit ebenfalls vor.

cc) Arglist

Schließlich müsste X arglistig gehandelt haben. Arglist hat hierbei keine andere Bedeutung als Vorsatz (s. MünchKommBGB/*Armbrüster* § 123 Rn. 17). Es genügt daher auch bedingter Vorsatz (s. Jauernig/*Mansel* § 123 Rn. 7). Zu beachten ist aber in jedem Fall, dass sich der Vorsatz des Täuschenden nicht nur auf die Täuschungshandlung, sondern auch auf die Ursächlichkeit der Täuschung auf die Willensentschließung des Getäuschten erstrecken muss.

X kannte hier zwar ihre Krankheiten und wusste deshalb, dass ihre Antwort auf Frage 5 falsch war. Sie hatte aber keinen Vorsatz im Hinblick auf die Erheblichkeit der falschen Angaben für die Willensentschließung des V. Im Hinblick auf die Verspannungen ergibt sich dies daraus, dass sie ihren Beschwerden laut Sachverhalt keine Bedeutung für die Entscheidung des V beimaß. Auch hinsichtlich der Leberentzündung nahm sie fest an, dass V ihre Erkrankung nicht verborgen bleiben würde. Dies zeigt sich daran, dass sie fest von einer Nachfrage des V bei Dr. I ausging. Diesbezüglich handelte X nicht einmal mit bedingtem Vorsatz. Mithin liegt keine Arglist der X vor.

dd) Ergebnis zu b)

Es liegt kein Anfechtungsgrund nach § 123 Abs. 1 BGB vor.

c) Ergebnis zu 1

Der Versicherungsvertrag ist nicht gem. § 142 Abs. 1 BGB nichtig, sondern wirksam.

2. Versicherungsfall im versicherten Zeitraum

Der Versicherungsfall, d. h. die Berufsunfähigkeit der X i. S. von § 172 Abs. 2 VVG, ist im versicherten Zeitraum eingetreten.

3. Leistungsfreiheit des V infolge eines Rücktritts nach § 21 Abs. 2 S. 1 i. V. mit § 19 Abs. 1, 2 VVG

Möglicherweise ist V jedoch aufgrund eines Rücktritts gem. § 21 Abs. 2 S. 1 i. V. mit § 19 Abs. 1, 2 VVG von seiner Leistungspflicht befreit. Dies setzt das Bestehen eines Rücktrittsgrundes (dazu a) sowie die Erklärung des Rücktritts (dazu b) unter Einhaltung der formalen Voraussetzungen des § 21 Abs. 1 (dazu c) voraus. Ferner darf das Rücktrittsrecht nicht ausgeschlossen sein (dazu d und e).

a) Rücktrittsgrund
Es müsste zunächst ein Rücktrittsgrund vorliegen.

aa) Anzeigepflichtverletzung nach § 19 Abs. 1 VVG
Der erforderliche Rücktrittsgrund kann sich hier aus einer Anzeigepflichtverletzung i. S. von § 19 Abs. 1 VVG ergeben (beachte: Dem Gesetzgeber ist hier redaktioneller Fehler unterlaufen: die Anzeigepflicht ist nämlich ihrem Wesen nach keine echte, einklagbare Rechtspflicht, sondern eine bloße Obliegenheit. Ihre Einhaltung liegt im eigenen Interesse des Versicherungsnehmers und ist Voraussetzung dafür, dass der Anspruch auf die Leistung des Versicherers erhalten bleibt [sog. Voraussetzungstheorie; zur Rechtsnatur der Obliegenheiten *s.* PVR Rn. 1652 ff.]. Richtigerweise ist daher von der Verletzung einer Anzeige*obliegenheit* zu sprechen. Da der Gesetzgeber allerdings den Begriff der Anzeigepflicht verwendet, hat sich dieser Begriff eingebürgert).

(1) Gefahrerhebliche Umstände i. S. des § 19 Abs. 1 S. 1 VVG
Das würde voraussetzen, dass die Erkrankungen der X „Gefahrumstände" darstellen, die „für den Entschluss des Versicherers, den Vertrag mit dem vereinbarten Inhalt zu schließen, erheblich sind". Gefahrerheblich sind diejenigen Umstände, die geeignet sind, die Entscheidung des Versicherers dafür, den Vertrag überhaupt nicht oder mit dem vereinbarten Inhalt abzuschließen, zu beeinflussen (s. PVR Rn. 911). Versicherer V hätte bei Kenntnis von den Beschwerden der X im Schulter-Nacken-Bereich sowie von ihrer chronischen Leberentzündung den Versicherungsvertrag nicht oder nur zu anderen Bedingungen geschlossen. Daher sind jene Erkrankungen gefahrerheblich i. S. von § 19 Abs. 1 S. 1 VVG.

(2) Kenntnis der X von den Gefahrumständen
Die Anzeigepflicht nach § 19 Abs. 1 S. 1 VVG setzt Kenntnis des Versicherungsnehmers von den gefahrerheblichen Umstand voraus (vgl. Wortlaut: „bekannte Gefahrumstände"). Auf die Gefahrerheblichkeit muss sich die Kenntnis indessen nicht beziehen, da der Versicherungsnehmer keinen Einblick in die Kalkulationsgrundlagen des Versicherers hat (P/M/*Armbrüster* § 19 Rn. 26). Deswegen muss der Versicherungsnehmer weder die bisherige Annahmepraxis des Versicherers noch die Relevanz der Anzeigen für die Risikobeurteilung durch den Versicherer kennen (s. MünchKommVVG/*Langheid* § 19 Rn. 61). Die Kenntnis von der Gefahrerheblichkeit spielt jedoch an anderer Stelle eine Rolle, nämlich für die Frage des Verschuldens (dazu bb).

(3) Frage des Versicherers in Textform
Anzuzeigen sind nur solche Umstände, nach denen der Versicherer in Textform gefragt hat. Textform bedeutet gem. § 126b BGB, dass die Fragen des Versicherers in einer Urkunde oder in einer anderen „zur dauerhaften Wiedergabe in Schriftzeichen geeigneten Weise" gestellt werden. Nicht mit der Textform zu verwechseln ist die Schriftform i. S. von § 126 BGB. Einer eigenhändigen Unterschrift bedarf es bei der Textform anders als bei der Schriftform nicht. Die Fragen des V entsprechen hier der Textform gem. § 126b BGB.

Zweifelhaft ist jedoch, ob die Fragen konkret genug sind. Der Versicherer fragt hier allgemein nach „Krankheiten, Gesundheitsstörungen und Beschwerden in den letzten vier Jahren". Fraglich ist, ob diese Formulierung noch den Anforderungen des § 19 Abs. 1 S. 1 VVG entspricht. Dieser gebietet zwar nicht ausdrücklich eine Mehrzahl von Fragen nach konkreten Krankheiten usw. Im Zuge der VVG-Reform verfolgte der Gesetzgeber jedoch den Zweck, das Risiko einer Fehleinschätzung bezüglich der Gefahrerheblichkeit eines Umstands nicht mehr dem Versicherungsnehmer aufzuerlegen (RegBegr. S. 64). Je umfassender die Frage, desto weiter ist der nicht mehr gefahrerhebliche Randbereich. Bei pauschalen Fragen könnte daher entgegen dem Gesetzeszweck dem Versicherungsnehmer aufgegeben werden, diesen Randbereich abzugrenzen (s. VersRHdb./*Knappmann* § 14 Rn. 44; *Rixecker*, zfs 2007, 369, 370; *Reusch*, VersR 2007, 1313, 1314). Nach dieser Ansicht würde die unpräzise Frage des V hier keine Anzeigepflicht begründen.

Dem ist jedoch entgegenzuhalten, dass ein gewisser Abstraktionsgrad unvermeidlich ist. Allgemeine Fragen müssen aus Gründen der Praktikabilität möglich bleiben. Eine zu weit gefasste Frage ist für den Versicherungsnehmer nicht unbeachtlich. Sie führt nur dazu, dass die Pflicht zur Beantwortung nicht verletzt ist, wenn die Mitteilung unerheblicher Umstände unterbleibt (s. PVR Rn. 917; P/M/*Armbrüster* § 19 Rn. 38; L/P/*Looschelders* § 19 Rn. 23; M/S/*Marlow* Rn. 163). Für diese Sichtweise spricht auch, dass den Versicherer ohnehin die Beweislast für die Gefahrerheblichkeit seiner Fragen trifft (s. MünchKommVVG/*Langheid* § 19 Rn. 55).

Die von V gestellte Frage hat daher die Anzeigepflicht für gefahrerhebliche Umstände ausgelöst.

(4) Nicht- bzw. Falschanzeige

X hat die Krankheiten nicht angegeben. Zudem kann man das Ankreuzen der Antwortalternative „Nein" auf die Gesundheitsfrage auch als unrichtige Anzeige (hier: pauschale Verneinung von Krankheiten) einordnen. Beides genügt für eine Anzeigepflichtverletzung. Zur Unerheblichkeit der mündlichen Angaben gegenüber A (s. oben sub 1 b aa).

(5) Hinweis nach § 19 Abs. 5 S. 1 VVG

X hat nach dem Sachverhalt eine gesonderte Mitteilung in Textform nach § 19 Abs. 5 S. 1 VVG erhalten, in der auf die Folgen einer Anzeigepflichtverletzung hingewiesen wurde (welche Anforderungen an die formale Gestaltung eines solchen Hinweises zu erheben sind, ist streitig: Nach einer Auffassung bedarf es eines separaten Schriftstückes [so *Neuhaus*, r + s 2008, 45, 52; *Reusch*, VersR 2007, 1313, 1319 f.], nach anderer Ansicht genügt ein hervorstechender Hinweis [so PVR Rn. 932; L/P/*Looschelders*]).

bb) Ausschluss des Rücktrittsrechtes nach § 19 Abs. 3 S. 1 VVG

Der Rücktritt des Versicherers ist nach § 19 Abs. 3 S. 1 VVG ausgeschlossen, wenn der Versicherungsnehmer die Anzeigepflicht *weder vorsätzlich noch grob fahrlässig* verletzt hat; bei einfacher Fahrlässigkeit kann der Versicherer nur (mit Wirkung für die Zukunft) gem. § 19 Abs. 3 S. 2 VVG kündigen. Das Verschulden muss sich auf alle Voraussetzungen für die Entstehung der Pflicht und damit auch auf die Gefahrerheblichkeit beziehen (vgl. P/M/*Armbrüster* § 19 Rn. 113).

Hinsichtlich der *Nackenbeschwerden* fällt X, soweit es um die Gefahrerheblichkeit geht, kein Vorsatz zur Last. Ausweislich des Sachverhalts ging sie fest davon
aus, dass ihre Beschwerden für den Versicherer keine Rolle spielten. Allerdings fällt
ihr insoweit grobe Fahrlässigkeit zur Last. Dass umfangreich behandelte Nackenbeschwerden für eine Berufsunfähigkeitsversicherung von Bedeutung sein können,
muss jedermann einleuchten. Die Nichtanzeige beruht daher auf einer besonders
schweren Sorgfaltspflichtverletzung (a. A. vertretbar).

Im Hinblick auf die Nichtanzeige der *Leberentzündung* könnte X die Anzeigepflicht nach § 19 Abs. 1 S. 1 VVG vorsätzlich verletzt haben. Die Überlegungen, mit denen im Rahmen der arglistigen Täuschung nach § 123 Abs. 1 BGB
ein Täuschungsvorsatz abgelehnt wurden (s. 1 b cc), lassen sich nicht auf den
hier interessierenden Zusammenhang übertragen. Denn die Arglist im Rahmen
des § 123 Abs. 1 BGB muss sich auf die Täuschungshandlung sowie die Kausalität erstrecken, während Bezugspunkt des Verschuldens bei § 19 Abs. 3 S. 1
VVG lediglich die Verletzung der Anzeigepflicht nach § 19 Abs. 1 VVG als
solche ist. Unter dieser Prämisse lässt sich Vorsatz hinsichtlich der Anzeigepflichtverletzung begründen: Dass X glaubte, diese Erkrankung sei für den Versicherer bedeutungslos, ergibt sich aus dem Sachverhalt nicht. X ging lediglich
davon aus, dass V bei Dr. I nachfragen und so von der Krankheit Kenntnis erlangen würde. Dies lässt vielmehr den Rückschluss darauf zu, dass sie selbst
den verschwiegenen Umstand durchaus für gefahrerheblich hielt (a. A. vertretbar, wobei zu beachten ist, dass die Beweislast für das Nichtvorliegen grober
Fahrlässigkeit der Versicherungsnehmer trägt – wenn man Vorsatz verneint,
muss man aber auch hinsichtlich der Leberentzündung jedenfalls von grober
Fahrlässigkeit ausgehen).

Folglich ist das Rücktrittsrecht nicht nach § 19 Abs. 3 S. 1 VVG ausgeschlossen.

cc) Ausschluss des Rücktrittsrechtes nach § 19 Abs. 4 S. 1 VVG
Aus dem Sachverhalt ergibt sich nicht, dass V bei einer korrekten Anzeige den Vertrag zu anderen Konditionen abgeschlossen hätte. Insoweit trägt der Versicherungsnehmer, wie sich aus der Formulierung als Rücktrittsausschluss ergibt, die
Beweislast (L/R/*Langheid* § 19 Rn. 95).

dd) Ausschluss des Rücktrittsrechtes nach § 19 Abs. 5 S. 2 VVG
V kannte die Erkrankungen der X nicht. Auf die Frage, ob V sich das Wissen des
Versicherungsvertreters A zurechnen lassen muss, kommt es bereits deshalb nicht
an, da auch dieser keine Kenntnis von den Erkrankungen der X hatte.

ee) Ausschluss des Rücktritts nach § 242 BGB wegen Verletzung der sog.
Nachfrageobliegenheit des Versicherers
In Betracht kommt, dass der Rücktritt des V wegen eines Verstoßes gegen das Ge-
bot von Treu und Glauben gem. § 242 BGB ausgeschlossen ist. Dies kann dann in
Betracht zu ziehen sein, wenn nach den Umständen des Einzelfalls den Versiche-
rer eine Nachfrageobliegenheit trifft (vgl. PVR Rn. 921 f.; L/R/*Langheid* § 19
Rn. 60 ff.).

(1) Unvollständige oder unklare Angaben
Bei *ersichtlich unvollständigen und unklaren Antworten* des Versicherungsnehmers kann der Versicherer, der Rückfragen unterlassen hat, nach der Rechtsprechung nicht mehr vom Vertrag zurücktreten: Der Versicherer muss schon bei Vertragsschluss Klarheit schaffen. Wenn er die Risikoprüfung auf den Zeitpunkt des Versicherungsfalls verschiebt, soll ein Rücktritt wegen Anzeigepflichtverletzung treuwidrig i. S. von § 242 BGB sein (s. BGH VersR 2011, 909, 910; P/M/*Armbrüster* § 19 Rn. 88; L/R/*Langheid* § 19 Rn. 60). Diese zum alten VVG entwickelten – ungeschriebenen – Grundsätze sind nach der VVG-Reform weiterhin anwendbar. Das neue VVG normiert die Nachfrageobliegenheit des Versicherers zwar nicht. Auch nach der Reform darf der Versicherer die Risikoprüfung jedoch nicht einfach verschieben. Zudem war mit der Reform insoweit keine Schlechterstellung des Versicherungsnehmers beabsichtigt. Die Regelung des § 19 Abs. 5 S. 2 VVG, nach der das Rücktrittsrecht nur bei positiver Kenntnis des Versicherers von den nicht angezeigten Umständen ausgeschlossen ist, steht der Anwendung des § 242 BGB gleichwohl nicht entgegen (s. P/M/*Armbrüster* § 19 Rn. 123 f.). Die von der Rechtsprechung zu § 242 BGB entwickelten Regeln gelten daher fort.

(2) Problem: Angaben der X hier ersichtlich unvollständig oder unklar?
Eine solche Nachfrageobliegenheit besteht, wenn die Antworten des Antragstellers dem Versicherer vor Augen führen müssen, dass der Antragsteller seiner Anzeigeobliegenheit offensichtlich nicht nachgekommen ist. Der Versicherer ist jedenfalls dann zu weiterer Sachverhaltsaufklärung gehalten, wenn ernsthafte Anhaltspunkte dafür vorliegen, dass die bislang erteilten Auskünfte noch nicht abschließend oder nicht vollständig richtig sein können (s. BGH VersR 2011, 909, 910).

(a) Hinsichtlich der Leberentzündung
Zweifelhaft ist, ob unter diesen Rahmenbedingungen eine Nachfrageobliegenheit des V mit Blick auf eine innere Erkrankung angenommen werden kann. Einziges Indiz für Nachforschungsbedarf war die Angabe eines Facharztes für Innere Medizin im Antragsformular. Insoweit besteht ein gewisser Widerspruch zu der Verneinung der Frage, ob sie in den letzten vier Jahren unter Krankheiten, Gesundheitsstörungen oder erhebliche Beschwerden litt (Frage 5). Zwar ist auf den ersten Blick in der Tat nicht ganz nachvollziehbar, weshalb ausgerechnet ein Facharzt für Innere Medizin über den Gesundheitszustand der X am besten informiert sein soll, obwohl sie doch angeblich keinerlei Beschwerden hatte. Indes ist dieses Indiz nicht sehr gewichtig, da es auch noch andere plausible Erklärungen dafür geben konnte, dass Dr. I aufgeführt wurde (z. B.: I betreut auch „normale" Patienten als Hausarzt; oder: X hat I während einer längeren Abwesenheit ihres Hausarztes aufgesucht). Angesichts der eindeutigen Verneinung der Frage 5 genügt die Angabe des Dr. I daher nicht, damit sich V zu einer Risikoprüfung veranlasst sehen musste (a. A. vertretbar).

(b) Hinsichtlich der Verspannungen
Die Angaben im Antragsformular sind eindeutig, die mündliche Ergänzungen gegenüber A (selbst wenn man dessen Kenntnis dem V zurechnet) zu bagatellisierend,

um aus Sicht des V auf weiteren Risikoprüfungsbedarf hinzudeuten (vgl. auch OLG Frankfurt a. M. NVersZ 2000, 130, 131 f.). Auch insoweit ist eine Nachfrageobliegenheit des V hier abzulehnen.

(3) Ergebnis zu ee)
Eine Nachfrageobliegenheit des V bestand nicht. Der Rücktritt ist somit nicht gem. § 242 BGB ausgeschlossen.

ff) Ergebnis zu a)
Ein Rücktrittsgrund aus § 19 Abs. 1 VVG liegt vor.

b) Rücktrittserklärung (§ 21 Abs. 1 VVG)
V hat den Rücktritt schriftlich und damit formgerecht gem. § 21 Abs. 1 S. 1 VVG i. V. mit § 126 BGB erklärt. Obwohl es sich bei dem Rücktritt nach § 21 VVG um ein Gestaltungsrecht handelt, das grundsätzlich bedingungsfeindlich ist (vgl. Rechtsgedanke des § 388 S. 2 BGB), kann der Rücktritt auch hilfsweise für den Fall erklärt werden, dass eine Anfechtung aus rechtlichen Gründen scheitert, da es sich hierbei um eine zulässige Rechtsbedingung handelt. Dies ist insbesondere deshalb erforderlich, weil der Versicherer oftmals nicht eindeutig die Erfolgsaussichten des gewählten Gestaltungsrechts einschätzen kann, etwa weil sich nicht mit Bestimmtheit sagen lässt, welcher Verschuldensgrad dem Versicherungsnehmer vorzuwerfen ist; ein Kriterium, das aber letztlich darüber entscheidet, welche verfügbaren Gestaltungsrechte erfolgreich sind (s. PVR Rn. 939; zu den Einzelheiten s. VersRHdb./*Knappmann* § 14 Rn. 98 ff.). Dass V zunächst nur *einen* denkbaren Grund vorgetragen hat, macht die Rücktrittserklärung – wie sich aus § 21 Abs. 1 S. 3 Halbs. 2 VVG ergibt – nicht generell unwirksam, sondern kann allenfalls zur Verspätung führen.

c) Rücktrittsfrist (§ 21 Abs. 1 VVG)
Ferner setzt ein Rücktritt nach § 21 Abs. 2 i. V. mit § 19 Abs. 1, 2 VVG voraus, dass er innerhalb der in § 21 Abs. 1 S. 1 VVG geregelten Frist erklärt worden ist. Demnach muss der Versicherer den Rücktritt innerhalb eines Monats schriftlich geltend machen. Die Frist beginnt gem. § 21 Abs. 1 S. 2 VVG mit dem Zeitpunkt, zu dem der Versicherer von der Verletzung der Anzeigepflicht, die das von ihm geltend gemachte Recht begründet, Kenntnis erlangt.

Für die Frage, ob die Rücktrittsfrist eingehalten wurde, kommt es damit maßgeblich auf den Zeitpunkt der Kenntniserlangung von dem Rücktrittsrecht durch V an, der gem. § 21 Abs. 1 S. 2 VVG den Lauf der Frist auslöst. Damit ist hier zwischen den nicht angezeigten Erkrankungen der X als Anknüpfungspunkte für das Rücktrittsrecht des V zu differenzieren.

aa) Die Nicht- bzw. Falschanzeige der Leberentzündung
(1) Einhaltung der Monatsfrist ab Kenntniserlangung von der Anzeigepflichtverletzung
Umstritten ist, ob die Frist bereits mit Kenntnis des Versicherers von der Verletzung der Anzeigepflicht beginnt (so P/M/*Armbrüster* § 21 Rn. 18 ff., 21; *Schimikowski*,

r + s 2009, 353, 357) oder ob der Versicherer auch Kenntnis vom Vorliegen der Voraussetzungen für das jeweilige Gestaltungsrecht haben muss, d. h. ob sich seine Kenntnis auch auf das Verschulden des Versicherungsnehmers erstrecken muss (so implizit L/P/*Looschelders* § 21 Rn. 3). Der Streit kann hier unentschieden bleiben, wenn die Frist nach beiden Ansichten gewahrt wurde. Der Zeitpunkt, in dem V Kenntnis von der Verletzung der Anzeigepflicht erlangt hat, kann in jedem Fall nur der Zeitpunkt sein, zu dem er Kenntnis von der unrichtigen Beantwortung der Antragsfrage, soweit es die Leberentzündung betrifft. Dafür kann wiederum nur der Zeitpunkt maßgeblich sein, in dem V Kenntnis davon erlangt hat, dass X schon bei Vertragsschluss an dieser Erkrankung litt. Diese Kenntnis wurde V noch nicht bereits durch die Mitteilung des I vom 01.09.2014 vermittelt, mittelt, da V hierdurch nicht erfuhr, seit wann die Lebererkrankung X tatsächlich besteht. Vielmehr wurde dies dem V erst durch diejenige vom 12.11. bekannt. Daraus folgt, dass die Monatsfrist des § 21 Abs. 1 S. 1 VVG bei Erklärung des Rücktritts am 20.11.2014 noch nicht abgelaufen war.

(2) Verspätung wegen verzögerter Ermittlungen durch V
Möglicherweise muss V sich jedoch so behandeln lassen, als ob er schon zu einem früheren Zeitpunkt Kenntnis gehabt hätte. Dies hätte zur Folge, dass die Erklärung des Rücktritts verspätet wäre, wenn die Kenntniserlangung durch V bereits vor dem 20.10.2014 zu fingieren ist. Hintergrund ist die Überlegung, dass es dem Versicherer wegen eines Bedürfnisses des Versicherungsnehmers nach möglichst rascher Klärung, ob das mit einer Anzeigepflichtverletzung belastete Versicherungsverhältnis fortbesteht, nicht freisteht, wann er zur Vervollständigung seiner Kenntnisse notwendige Rückfragen hält. Er darf die kurze Frist des § 21 Abs. 1 S. 1 VVG nicht dadurch unterlaufen, dass er gebotene Rückfragen unterlässt oder zurückstellt. Deshalb muss der Versicherer in „*angemessener*" Frist gebotene Nachforschungen anstellen (s. BGH NJW-RR 1999, 173, 174).

Hier hat V auf die erste unvollständige Auskunft des I hin zweimal (nach zwei Wochen sowie nach anderthalb Monaten) nachgefragt. Weitere Anstrengungen können ihm daher nicht abverlangt werden, insbesondere war eine Nachfrage in noch kürzeren Abständen nicht geboten (vgl. zu einem ähnlich gelagerten Fall BGH NJW-RR 1999, 173, 174).

(3) Ergebnis zu aa)
Somit wurde die Rücktrittsfrist gem. § 21 Abs. 1 S. 1 VVG in Bezug auf die Nichtanzeige der Leberentzündung eingehalten.

bb) Die Nicht- bzw. Falschanzeige der Verspannungen
Fraglich ist, ob Gleiches auch für die nicht angezeigten bzw. bagatellisierten Verspannungen im Schulter-Nacken-Bereich gilt. Hier hat V erst am 12.11.2014 durch H Kenntnis von der Anzeigepflichtverletzung der X erlangt. Wenn man die Rücktrittserklärung vom 20.11. auch auf diesen Rücktrittsgrund bezieht, wurde die Frist daher gewahrt. Bedenken hiergegen bestehen aber insoweit, als die nach § 21 Abs. 1 S. 2 Halbs. 1 VVG erforderliche Begründung der ursprünglichen Rücktrittserklärung

vom 20.11. ausschließlich auf die Nichtanzeige der Leberentzündung, nicht aber auch zugleich auf die Nichtanzeige der Verspannungen gestützt wurde. Die Begründung mit der Nicht- bzw. Falschanzeige der Verspannungen erfolgte vielmehr erst nach Ablauf der Monatsfrist am 23.12. Der Rücktritt war daher verspätet, wenn eine einmal gegebene Begründung (hier: mit der Nichtanzeige der Leberentzündung) für den Rücktritt den Versicherer bindet mit der Folge, dass er andere Rücktrittsgründe nur innerhalb der Frist geltend machen kann (zum Nachschieben von Rücktrittsgründen s. PVR Rn. 941 ff.).

Nach § 21 Abs. 1 S. 3 Halbs. 2 VVG darf der Versicherer weitere Umstände zur Begründung seiner Erklärung angeben, wenn für diese die Frist nach § 21 Abs. 1 S. 1 VVG nicht verstrichen ist. Nach der Gesetzesbegründung soll dem Versicherer dadurch ein fristgerechtes Nachschieben von Gründen gestattet werden, um eine Überfrachtung der Rücktrittserklärung zu vermeiden (RegBegr. S. 66). Versteht man daher „Umstände" als Rücktrittsgründe (und nicht nur als tatsächliche Erläuterungen oder Untermauerungen eines bereits angegebenen Rücktrittsgrundes [in diesem Fall könnte ein einmal erklärter Rücktritt *gar nicht* mehr auf neue Rücktrittsgründe gestützt werden]), so bedeutet dies, dass ein neuer Rücktrittsgrund zwar auch nach der Rücktrittserklärung noch nachgeschoben werden darf (es muss also kein neuer Rücktritt erklärt werden; teils das Schrifttum: danach bezieht sich „diese" nicht auf die „Umstände", sondern auf die „Erklärung"; vgl. *Neuhaus*, r + s 2008, 45, 53; demnach muss also eine neue, fristgerechte Erklärung abgegeben werden). Im Hinblick auf den nachgeschobenen Grund darf aber die Monatsfrist noch nicht abgelaufen sein, ein darauf gestützter Rücktritt muss also noch rechtzeitig sein. Daran fehlt es hier.

Der Rücktritt in Bezug auf die Nichtanzeige der Verspannungen ist damit verspätet.

cc) Ergebnis zu c)
Rücktritt erfolgte folglich nur hinsichtlich der Leberentzündung rechtzeitig (vgl. § 21 Abs. 1 VVG).

d) Kein Fortbestehen der Leistungspflicht nach § 21 Abs. 2 S. 1 Halbs. 2 VVG
Die *Leberentzündung* war laut Sachverhalt mitursächlich für die Notwendigkeit einer Operation und damit für die Berufsunfähigkeit. Mit einer abweichenden Ansicht ließe sich die Kausalität des Leberleidens verneinen, wenn man – im Gegensatz zur h. M. – auf eine *adäquate* Ursächlichkeit abstellt (s. zum Streitstand näher P/M/*Armbrüster* § 21 Rn. 34 ff.). Dadurch würde § 21 Abs. 2 S. 1 VVG allerdings zu weitgehend eingeschränkt.

e) Kein Ausschluss der Rechte des Versicherers nach § 21 Abs. 3 S. 1 VVG
Der Versicherungsvertrag wurde im Jahr 2014 geschlossen. Der Rücktritt erfolgte im selben Jahr. Damit ist auch die fünfjährige Ausschlussfrist des § 21 Abs. 3 S. 1 VVG gewahrt.

f) Ergebnis zu 3
V ist wegen des am 20.11. erklärten Rücktritts nach § 21 Abs. 2 S. 1 i. V. mit § 19 Abs. 1, 2 VVG von seiner Leistungspflicht befreit.

Ergebnis: X hat gegen V keinen Anspruch auf die Versicherungsleistung aus dem Berufsunfähigkeitsvertrag.

III. Lösungshinweise Abwandlung 1

Anspruch der X gegen V auf Versicherungsleistungen aus dem Berufsunfähigkeitsversicherungsvertrag (vgl. § 172 Abs. 1 VVG)

X kann gegen V einen Anspruch auf Versicherungsleistungen aus dem Berufsunfähigkeitsversicherungsvertrag haben (vgl. § 172 Abs. 2 VVG).

1. Zustandekommen und Wirksamkeit des Versicherungsvertrages

Hinsichtlich des Zustandekommens sowie der Wirksamkeit des Versicherungsvertrages bestehen keine Zweifel.

2. Versicherungsfall im versicherten Zeitraum

Der Versicherungsfall ist im versicherten Zeitraum eingetreten.

3. Leistungsfreiheit des V wegen Rücktritts nach § Abs. 2 S. 1 i. V. mit § 19 Abs. 1, 2 VVG

Allerdings kommt hier eine Leistungsfreiheit nach § 21 Abs. 2 S. 1 i. V. mit § 19 Abs. 1, 2 VVG infolge eines durch V erklärten Rücktritts in Betracht.

a) Rücktrittsgrund

aa) Anzeigepflichtverletzung

Zwar waren die Verspannungen sowie die Leberentzündung gefahrerhebliche Umstände und X auch bekannt; s. oben zum Ausgangsfall. Die mündliche umfassende Auskunft gegenüber A wirkt aber auch V gegenüber, weil A nach § 69 Abs. 1 Nr. 1 VVG als zur Entgegennahme von Anzeigen bevollmächtigt gilt; dazu gehören insbesondere auch Antworten auf die vom Versicherer gestellten Fragen nach gefahrerheblichen Umständen i. S. des § 19 Abs. 1 VVG (s. PVR Rn. 732; L/R/*Rixecker* § 69 Rn. 8). Seine Kenntnis steht daher nach § 70 S. 1 VVG derjenigen des Versicherers gleich. Die vorgedruckte Beschränkung der Vertretungsmacht ist – da es sich dabei um eine Allgemeine Versicherungsbedingung handelt – nach § 72 VVG unwirksam.

bb) Ergebnis zu a)

Ein Rücktrittsgrund besteht damit nicht.

b) Ergebnis zu 3

V kann sich nicht gem. § 21 Abs. 2 i. V. mit § 19 Abs. 1, 2 VVG auf Leistungsfreiheit berufen.

4. Gesamtergebnis

Der Anspruch der X gegen V auf die Versicherungsleistung besteht.

IV. Lösungshinweise Abwandlung 2

(vgl. LG Dortmund VersR 2010, 465 ff.)

Hinweis: Mit dieser Abwandlung wird der übliche Umfang eines Prüfungsfalls überschritten.

V kann nur dann vom Vertrag zurücktreten, wenn er X nach Maßgabe des § 19 Abs. 5 S. 1 VVG ordnungsgemäß belehrt hat. Voraussetzung ist danach eine gesonderte Mitteilung in Textform, in der auf die Folgen einer Anzeigepflichtverletzung hingewiesen wird.

Ergänzender Hinweis

Mit Urteil vom 12.03.2014, abgedruckt in NJW 2014, 1452, hat der BGH entschieden, dass sich der arglistig handelnde Versicherungsnehmer auf die Verletzung der Belehrungspflicht nach § 19 Abs. 5 S. 1 VVG nicht berufen kann (s. hierzu auch L/R/*Langheid* § 19 Rn. 118; a. A. VersRHdb./*Knappmann* § 14 Rn. 14).

Hier ist ein Hinweis an X erfolgt. Fraglich ist aber, ob dieser den formellen und materiellen Anforderungen des § 19 Abs. 5 S. 1 VVG entspricht.

1. Formelle Voraussetzungen des § 19 Abs. 5 S. 1 VVG

a) Form

Die Textform (vgl. § 126b BGB), nach der eine lesbare Erklärung, in der die Person des Erklärenden genannt ist, auf einem dauerhaften Datenträger abgegeben werden muss, ist gewahrt. Fraglich ist aber, ob die Belehrung in einem gesonderten Schriftstück erfolgen muss oder ob es ausreicht, dass sie wie hier im Antragsformular enthalten ist.

Nach einer Ansicht muss die Belehrung in einem separaten Schriftstück zusätzlich zum Fragenkatalog erfolgen (s. *Reusch*, VersR 2007, 1313, 1319 f.; B/M/*Rolfs* § 19 Rn. 115). Dafür wird angeführt, dass das VVG an mehreren Stellen zwischen einer gesonderten Mitteilung in Textform und einem auffälligen Hinweis im Versicherungsschein differenziert (vgl. §§ 51 Abs. 1, 52 Abs. 1 VVG) und § 19 Abs. 5 S. 1 VVG nur von gesonderter Mitteilung in Textform spricht (s. *Neuhaus*, r + s 2008, 45, 52).

Nach anderer Ansicht genügt ein hervorstechender Hinweis im Antragsformular, z. B. durch Farbe oder Schriftgröße (s. BGH VersR 2013, 297, 298 f.; L/P/*Looschelders* § 19 Rn. 70; *Schimikowski*, r + s 2009, 353, 356). Dafür spreche, dass der Warnfunktion besser Genüge getan werde, wenn der Hinweis im Antragsformular selbst enthalten und dort hervorgehoben ist (s. LG Dortmund VersR 2010, 465, 466).

Da nicht formale Kriterien, sondern der Zweck der Hinweispflicht im Vordergrund stehen sollte, ist die letztgenannte Auffassung vorzugswürdig. Der Versicherungsnehmer wird besser gewarnt, wenn ihm die Folgen seiner Anzeigepflichtverletzung in räumlichem Zusammenhang mit den Fragen in hervorstechender Art und Weise verdeutlicht werden (s. BGH VersR 2013, 297, 299).

Insofern ist es zwar nicht zu beanstanden, dass die Belehrung des V hier im Antragsformular integriert ist. Es fehlt jedoch an einem besonderen „Hervorstechen" aus den sonstigen Informationen (s. LG Dortmund VersR 2010, 465, 467). Die Belehrung wird daher bereits aufgrund der unzureichenden formellen Gestaltung des Hinweises nicht den Anforderungen des § 19 Abs. 5 S. 1 VVG gerecht.

b) Zeitpunkt

Die Belehrung muss so rechtzeitig erfolgen, dass der Versicherungsnehmer seine Anzeigeobliegenheit noch erfüllen kann (s. PVR Rn. 933; L/P/*Looschelders* § 19 Rn. 69). Insoweit bestehen hier angesichts des Umstandes, dass die Belehrung bereits dem Antragsformular beigefügt ist, keine Bedenken.

c) Platzierung im Antragsformular

Nach einer Ansicht muss der Hinweis innerhalb des Fragebogens unmittelbar vor den Fragen abgedruckt sein (s. M/S/*Marlow* Rn. 194; VersRHdb./*Knappmann* § 14 Rn. 10). Dafür spreche, dass für den Versicherungsnehmer bei einer Belehrung nach Fragestellung eine psychologische Hürde bestehe, die falsche Anzeige offenbaren zu müssen.

Eine andere Ansicht hält einen Hinweis nach den Fragen bei der Unterschriftsleiste für erforderlich (s. LG Dortmund VersR 2010, 465, 466 f.). Dies wird damit begründet, dass oft der Vermittler die Fragebögen ausfülle und dem Versicherungsnehmer das Formular erst danach vorgelegt werde. Bei diesem Ablauf werde die Kenntnis des Versicherungsnehmers besser gewährleistet, wenn der Hinweis bei der Unterschriftsleiste erfolge.

Teilweise werden auch beide Positionierungen der Belehrung für möglich erachtet, da es darauf ankomme, dass der Versicherungsnehmer den Hinweis sehen kann, bevor er die Vertragserklärung abgebe (s. PVR Rn. 933; *Tschersich*, r + s 2012, 53, 56; LG Köln VersR 2011, 336, 337).

Hier befindet sich die Belehrung inmitten des Antragsformulars, weder vor den Gesundheitsfragen noch bei der Unterschriftsleiste. Sie ist damit auch aus diesem Grund formal fehlerhaft. Eine Entscheidung des Streits kann mithin offen bleiben.

2. Materielle Voraussetzungen des § 19 Abs. 5 S. 1 VVG

Die Belehrung müsste im Übrigen auch inhaltlich richtig und verständlich sein. Der Versicherungsnehmer muss über alle Rechtsfolgen der Anzeigeobliegenheitsverletzung aufgeklärt werden. Dagegen sollen die einzelnen Voraussetzungen, unter denen dem Versicherer die Gestaltungsrechte zustehen, nicht aufgeführt werden müssen. Dies könnte den Versicherungsnehmer überfordern und die Warnfunktion vereiteln (s. LG Dortmund VersR 2010, 465, 467; M/S/*Marlow* Rn. 199; a. A. VersRHdb/ *Knappmann* § 14 Rn. 11).

Problematisch ist hier, dass in der Belehrung der Eindruck erweckt wird, eine Leistungsfreiheit des Versicherers komme nur bei einem Rücktritt in Betracht. Indessen kann auch das Vertragsanpassungsrecht diese Rechtsfolge herbeiführen, indem rückwirkend ein Risikoausschluss eingefügt wird. Da der X diese Rechtsfolge vorenthalten wurde, ist die Belehrung unvollständig (s. LG Dortmund VersR 2010, 465, 467). Folglich ist sie auch in materieller Hinsicht fehlerhaft.

3. Ergebnis

Die Belehrung entspricht weder formell noch materiell den Anforderungen des § 19 Abs. 5 S. 1 VVG. V kann daher im Falle einer Anzeigepflichtverletzung der X nicht vom Vertrag zurücktreten.

C. Fall 3

I. Sachverhalt

1. Ausgangsfall

Hauseigentümer T hat bei Versicherer F eine Feuerversicherung (als Neuwertversicherung) für sein vermietetes Mehrfamilienhaus abgeschlossen. Der Mieter M des T übersieht eines Abends vor dem Schlafengehen durch eine kleine Unachtsamkeit, dass eine von ihm ausgeblasene Kerze noch nicht vollständig erloschen ist. Als M erwacht, steht die Wohnung bereits in Flammen. Bis die Feuerwehr den Brand gelöscht hat, ist ein Teil des Dachstuhls zerstört. Durch das Feuer und die notwendigen Löscharbeiten ist ein Gesamtschaden in Höhe von 80.000 € entstanden. Die Prämie für den Feuerversicherungsvertrag ist in den Nebenkosten des M anteilig enthalten, allerdings nicht ausdrücklich ausgewiesen. Nachdem die F den Schaden gegenüber T beglichen hat, möchte sie M in Regress nehmen. Zu Recht?

2. Abwandlung 1

Spielt es eine Rolle, ob M über eine bei der H-Versicherung abgeschlossene Haftpflichtversicherung verfügt, die auch die Haftung für Mietsachschäden deckt?

3. Abwandlung 2

Wie Abwandlung 1. Das Haus ist jedoch völlig abgebrannt. Der von F ersetzte Neuwert beträgt 500.000 €, der Zeitwert dagegen nur 350.000 €. Kann F einen Teil seiner Zahlung von H ersetzt verlangen?

4. Abwandlung 3

Wie Abwandlung 1. Das Haus ist jedoch noch weitgehend intakt. M nutzt ein vertragliches Kündigungsrecht und zieht am 12. 04. unter ordnungsgemäßer Übergabe an T aus. Nachdem die F den Schaden gegenüber T beglichen hat, verlangt sie mit Schreiben vom 22. 12. Zahlung von M und von H. Zu Recht?

Abschnitt A der AFB 2010 lautet auszugsweise:

> **§ 1 Versicherte Gefahren und Schäden**
> 1. Versicherte Gefahren und Schäden – Brand, Blitzschlag, Explosion, Luftfahrzeuge
> Der Versicherer leistet Entschädigung für versicherte Sachen, die durch
> a. Brand, […]
> zerstört oder beschädigt werden oder abhandenkommen.
> **§ 3 Versicherte Sachen**
> 2. **Versicherte** Sachen
> Versichert sind die in dem Versicherungsvertrag bezeichneten

a. Gebäude und sonstigen Grundstücksbestandteile;
b. beweglichen Sachen.
[…]
3. Gebäude
Gebäude sind mit ihren Bestandteilen, aber ohne Zubehör versichert, soweit nicht etwas
anderes vereinbart ist.

II. Lösungshinweise Ausgangsfall

Zur Vertiefung s. *Harsdorf-Gebhardt*, Die Rechtsprechung des BGH zum Versicherungsrecht – Regress in der Sachversicherung, r + s 2010, 309 ff.; PVR Rn. 1409–1432.

**Anspruch des F gegen M auf Schadensersatz aus übergegangenem Recht
gem. §§ 280 Abs. 1, 241 Abs. 2 sowie aus § 823 Abs. 1 BGB i. V. mit § 86 Abs. 1
S. 1 VVG**
In Betracht kommt ein Anspruch des F gegen M auf Ersatz des entstandenen Scha-
dens in Höhe von 80.000 € aus übergegangenem Recht gem. §§ 280 Abs. 1, 241
Abs. 2 sowie aus § 823 Abs. 1 BGB i. V. mit § 86 Abs. 1 S. 1 VVG.

1. Tatsächliche Leistung des Versicherers

> **Hinweis**
> Voraussetzung des Übergangs ist nach überwiegender Auffassung die tat-
> sächliche Leistung des Versicherers an den Versicherungsnehmer und nicht
> die Leistungspflicht (BGH VersR 1989, 250; MünchKommVVG/*Möller/
> Segger*, § 86 Rn. 111; PVR Rn. 1495 ff.; a. A. L/P/*von Koppenfels-Spies* § 86
> Rn. 24).

F hat die nach den Vereinbarungen des Feuerversicherungsvertrages (§§ 1 Nr. 1a, 3
Nr. 1a AFB 2010) geschuldete Versicherungsleistung tatsächlich an T ausgezahlt.

> **Hinweis**
> In der Praxis wird der Anspruch des Versicherungsnehmers auf Zahlung jenes
> Betrages, der den Zeitwert des Gebäudes übersteigt (sog. Neuwertanteil),
> durch die AVB des Gebäudeversicherers in der Regel davon abhängig ge-
> macht, dass der Versicherungsnehmer die Wiederherstellung eines nach Art
> und Zweckbestimmung gleichartigen Gebäudes innerhalb einer bestimmten
> Frist (z. B. drei Jahre) sicherstellt (sog. strenge Wiederherstellungsklausel).
> Damit soll dem Versicherungsnehmer der Anreiz genommen werden, den Ver-
> sicherungsfall eigenhändig oder zumindest grob fahrlässig herbeizuführen,
> um so in den Genuss der Versicherungsleistung zu kommen (sog. subjektives
> Risiko; s. PVR Rn. 1474 ff.).

2. Ersatzanspruch des Versicherungsnehmers gegen „einen Dritten"

Ein Anspruchsübergang gem. § 86 Abs. 1 S. 1 VVG setzt voraus, dass dem Versicherungsnehmer ein Ersatzanspruch gegen „einen Dritten" zusteht.

Ein solcher Ersatzanspruch kann sich hier zum einen aus §§ 280 Abs. 1, 241 Abs. 2 BGB ergeben. Zwischen T und M besteht ein Mietverhältnis über einen Wohnraum i. S. von §§ 535 Abs. 1, 549 Abs. 1 BGB. T hat hier dadurch, dass er es unterließ, die Kerze rechtzeitig zu löschen, in kausaler und zurechenbarer Weise einen Schaden in Höhe von 80.000 € verursacht. Weil er hierdurch das Eigentum des T verletzt hat, stellt dies eine Verletzung einer Nebenpflicht gem. § 241 Abs. 2 BGB dar. Diese hat M aufgrund seines leicht fahrlässigen Verhaltens auch grundsätzlich gem. § 276 Abs. 1 S. 1 BGB zu vertreten. Der verursachte Schaden wäre daher nach allgemeinen Regeln grundsätzlich durch T zu ersetzen. Nichts anderes würde sich grundsätzlich aus einem Anspruch des T gegen M aus § 823 Abs. 1 BGB aufgrund einer Eigentumsverletzung durch M ergeben.

Der Anspruch des T scheidet jedoch dann aus, wenn wegen eines stillschweigenden Haftungsausschlusses schon kein Schadensersatzanspruch besteht (sog. haftungsrechtliche Lösung) oder wenn der Mieter wegen einer Mitversicherung seines Haftpflichtinteresses nicht Dritter ist oder der Anspruchsübergang durch einen vertraglichen Regressverzicht ausgeschlossen wurde (versicherungsrechtliche Lösung).

a) Haftungsrechtliche Lösung

aa) Offene Beteiligung an den Kosten der Feuerversicherung

Der BGH hat ursprünglich die Auffassung vertreten, dass bei einer leicht fahrlässigen Verursachung eines Gebäudeschadens durch den Mieter zwischen Mieter und Vermieter ein konkludenter Haftungsausschluss besteht (s. BGH VersR 1996, 320, 321), sofern der Mieter die anteiligen Kosten der Gebäudefeuerversicherung zahlt und diese auf den Mieter unter Offenlegung der entsprechenden Prämien in den Nebenkosten abgewälzt werden. Da es hier an einer ausdrücklichen Ausweisung der Prämie in der Nebenkostenabrechnung fehlt, ist ein Haftungsausschluss demnach hier zu verneinen.

bb) Beteiligung an den Kosten der Feuerversicherung

Nach a. A. (z. B. B/M/*Johannsen/Johannsen*, Anm. J 110) genügt es für die haftungsrechtliche Lösung, dass der Mieter die Kosten für die Feuerversicherung überhaupt trägt. Es kommt danach nicht darauf an, ob dies offen oder verdeckt geschieht. Ein Haftungssausschluss ist nach dieser Auffassung zu bejahen.

b) Versicherungsrechtliche Lösung

Anders als die haftungsrechtliche Lösung, die sich auf das Haftpflichtverhältnis zwischen Vermieter und Mieter bezieht, versucht die versicherungsrechtliche Lösung einen sachgerechten Interessenausgleich durch Auslegung des Versicherungsvertrages zwischen Versicherungsnehmer (hier: der Eigentümer und Vermieter) und Feuerversicherer herzustellen.

Nach heute unbestrittener Auffassung kann dabei auch das Sachersatzinteresse in einer Sachversicherung versichert werden (s. B/M/*Voit* § 86 Rn. 71; ausführlich P/M/*Klimke* § 43 Rn. 15 ff.). Das Sachersatzinteresse meint das Interesse einer Person, die mit der Sache in Berührung kommt (wie eben auch der Mieter), daran, dass ihr Vermögen nicht mit Haftpflichtansprüchen wegen schuldhafter Beschädigung oder Zerstörung oder des Verlusts der Sache belastet wird (s. PVR Rn. 1409). Eine solche Versicherung des Sachersatzinteresses kann auch hier vorliegen.

Nimmt man hier einen Schutz des Schädigers auf der versicherungsrechtlichen Ebene an, so gilt es noch zu klären, ob dies im Rahmen eines Regressverzichts oder einer Mitversicherung geschieht.

Hinweis

Der grundlegende Unterschied zwischen einer Mitversicherung des Sachersatzinteresses und einem Regressverzicht besteht darin, dass der Schädiger nur bei einer Mitversicherung Versicherter ist und mithin einen eigenen Anspruch gegen den Versicherer hat (§ 44 Abs. 1 S. 1 VVG). In diesem Fall wird der Regressanspruch des Versicherers rechtstechnisch dadurch ausgeschlossen, dass es sich bei dem Schädiger aufgrund des mitversicherten Sachersatzinteresses bereits nicht um einen „Dritten" i. S. des § 86 Abs. 1 S. 1 VVG handelt. Bei einem bloßen Regressverzicht hat der Schädiger hingegen nur die Aussicht, dass der Versicherungsnehmer sich an den Versicherer hält und dieser wiederum nicht nach § 86 Abs. 1 S. 1 VVG den Dritten in Anspruch nimmt. Freilich darf der Versicherungsnehmer diese anderweitige, den Schädiger als seinen Vertragspartner schonende Ersatzmöglichkeit nicht grundlos ungenutzt lassen (s. zu dieser Frage *Prölss*, ZMR 2005, 241 ff.). Aus dem zugrunde liegenden Mietvertrag erwächst aus § 242 BGB die Pflicht des Vermieters zur Inanspruchnahme des Versicherers anstelle des schädigenden Mieters (vgl. BGH VersR 2005, 488, 499 m. Anm. *Armbrüster*, LMK 2005, 38; ablehnend *Günther*, VersR 2010, 536, 537, der den haftungsrechtlichen Lösungsansatz für vorzugswürdig hält). Der Versicherungsnehmer hat ein dem Versicherer erkennbares Interesse daran, die berechtigte Schutzerwartung des Mieters nicht zu enttäuschen. Der Mieter finanziert nämlich über seine Mietzahlung die Prämie (unabhängig davon, ob dies offen oder verdeckt geschieht). Zudem wäre der Versicherer bei einer Eigennutzung des Gebäudes durch den Versicherungsnehmer bis zur Grenze einer grob fahrlässigen Herbeiführung des Versicherungsfalls in vollem Umfang leistungspflichtig, ohne dass ihm die Möglichkeit eines Regresses offen stünde. Nach dieser Auffassung ist M zwar Dritter i. S. des § 86 Abs. 1 S. 1 VVG, F hätte allerdings auf seine Inanspruchnahme im Regressweg vorab im Versicherungsvertrag verzichtet.

aa) Regressverzicht

Der BGH geht in derartigen Fällen davon aus, dass der Versicherer stillschweigend oder im Rahmen einer ergänzenden Vertragsauslegung auf den Rückgriff nach § 86 Abs. 1 S. 1 VVG verzichtet (VersR 2001, 94, 96; VersR 2005, 498 m. zust. Anm. *Armbrüster*).

> **Hinweis**
>
> Ein Regressverzicht ist nach bisheriger Rechtsprechung nur für die Fälle einfacher Fahrlässigkeit angenommen worden. Im Fall des *grob fahrlässigen* Handelns des Versicherungsnehmers hat der BGH jüngst entschieden, dass ein so weitgehender Verzicht nicht mehr den Interessen der Parteien des Gebäudeversicherungsvertrags entspräche (VersR 2017, 36 Rn. 14 ff.). Denn mit Blick auf den anteiligen Mieterregress des Gebäudeversicherers bliebe der Versicherungsnehmer gehalten, dessen Position zu unterstützen und auf eine hohe Regressquote hinzuwirken (BGH VersR 2017, 36 Rn. 17 f.). Nach Aufgabe des „Alles-oder-Nichts-Prinzips" im Zuge der VVG-Reform erscheint es für die Fälle grob fahrlässigen Handelns des Haftpflichtigen indes vorzugswürdig auch einen Regressschutz im Umfang der Quote gem. § 81 Abs. 2 VVG in Betracht zu ziehen (s. hierzu Frage 371).

bb) Mitversicherung

Nimmt man sogar eine (stillschweigende) Mitversicherung des M an, so ist dieser *nicht Dritter* i. S. von § 86 Abs. 1 S. 1 VVG. Die Voraussetzungen des Regresses liegen demnach ebenfalls nicht vor.

c) Stellungnahme

Einer Entscheidung bedarf es zunächst zwischen der haftungs- und der versicherungsrechtlichen Lösung. Beide gelangen im Ergebnis zu einem Schutz des Schädigers (genauer: des potenziell Haftpflichtigen). Allerdings schneidet die haftungsrechtliche Lösung dem Versicherungsnehmer die Möglichkeit ab, sich direkt an den Schädiger zu wenden. Es überzeugt nicht, dies als von seinem stillschweigenden oder mutmaßlichen Willen gedeckt anzusehen. Vielmehr wird er sich nicht grundlos der privatrechtlich begründeten Schadensersatzansprüche im Voraus begeben wollen, nicht zuletzt auch im Hinblick auf mögliche Deckungslücken im Versicherungsschutz (z. B. Überschreitung der Versicherungssumme oder einer Jahresmaximierung). Hinzu kommen die möglichen Nachteile, dass bei einer Inanspruchnahme des Versicherers die Prämie steigt oder der Versicherer von dem ihm dann zustehenden Kündigungsrecht Gebrauch macht. Der Interessenlage des Versicherungsnehmers wird mithin die versicherungsrechtliche Lösung besser gerecht, die ihm grundsätzlich beide Handlungsoptionen – Inanspruchnahme des Versicherers oder des Schädigers – offen hält.

Innerhalb der versicherungsrechtlichen Lösung stellt sich die Frage, ob M als Versicherter oder lediglich als Begünstigter eines Regressverzichts anzusehen ist. Für Letzteres spricht entscheidend, dass andernfalls der schädigende Mieter als Mitversicherter auch gegen den Willen des Versicherungsnehmers den Versicherer auf Freistellung in

Anspruch nehmen könnte (vgl. § 44 Abs. 1 S. 1 VVG), so dass das grundsätzlich bestehende Wahlrecht des Versicherungsnehmers in diesem Fall vereitelt würde. Anders als bei einer durch den potenziell Haftpflichtigen selbst genommenen Versicherung des Sacherhaltungsinteresses für fremde Rechnung ist hier daher nicht von einem Einschluss des eigenen Sachersatzinteresses, sondern von einem Regressverzicht in der durch den Eigentümer genommenen Versicherung auszugehen.

Zu klären bleibt noch, ob es bei der Problemlösung auf die Unterscheidung zwischen offener oder verdeckter Kostentragung durch den Mieter ankommt. Dagegen spricht, dass es entscheidend ist, dass der Mieter wirtschaftlich die Prämie finanziert. Ob dies offen oder verdeckt geschieht, kann hingegen keine Rolle spielen. Der Regressschutz des Mieters hinge andernfalls von einem für ihn zufälligen und von ihm regelmäßig nicht beeinflussbaren Maßstab ab (s. PVR Rn. 1415). Zudem ist der Mieter schutzbedürftig, jedenfalls soweit ihm kein (ausreichender) anderweitiger Versicherungsschutz zusteht. Mithin kommt M der durch den Versicherungsvertrag bewirkte Schutz in Gestalt eines stillschweigenden Regressverzichts zugute.

3. Ergebnis
F hat keinen durchsetzbaren Anspruch gegen M aus übergegangenem Recht.

III. Lösungshinweise Abwandlung 1

Anspruch der F gegen M auf Schadensersatz aus übergegangenem Recht gem. §§ 280 Abs. 1, 241 Abs. 2 sowie § 823 Abs. 1 BGB i. V. mit § 86 Abs. 1 S. 1 VVG
Auch in der Abwandlung 1 stellt sich die Frage, ob F gegen M ein Anspruch auf Ersatz des entstandenen Schadens in Höhe von 80.000 € aus übergegangenem Recht gem. §§ 280 Abs. 1, 241 Abs. 2 sowie § 823 Abs. 1 BGB i. V. mit § 86 Abs. 1 S. 1 VVG zusteht. Der einzige Unterschied im Vergleich zum Ausgangsfall liegt hier in dem Umstand, dass M Deckung aus einer von ihm abgeschlossenen Haftpflichtversicherung beanspruchen kann. Besteht zugunsten des Schädigers eine Haftpflichtversicherung, so ist es umstritten, ob der Regressverzicht, die Mitversicherung oder die Haftungsmilderung von diesem Versicherungsschutz abhängig gemacht werden kann. Nach Ansicht des BGH spielt es für die Lösung keine Rolle, ob M über eine Haftpflichtversicherung verfügt oder nicht (s. BGH VersR 2001, 94, 96; VersR 2006, 1530, 1531 f.; VersR 2008, 1108, 1109). Dies hat zur Folge, dass der Schädiger auch trotz des bestehenden Deckungsschutzes aus der Haftpflichtversicherung in den Genuss des Regressverzichtes kommt. Eine andere Auffassung stellt dagegen auf die Interessenlage der Beteiligten ab, welche eine solche Differenzierung gebiete (s. *Armbrüster*, NJW 2006, 3683, 3684; VersRHdb./*Hormuth* § 22 Rn. 152 ff.).

1. Argumente gegen eine Berücksichtigung der Haftpflichtversicherung
Gegen die Berücksichtigung der Haftpflichtversicherung des Mieters spricht zunächst das sog. materielle Trennungsprinzip von Haftung und Haftpflichtversicherung. Danach stehen das versicherungsrechtliche Deckungsverhältnis und das Haftungsverhältnis selbstständig nebeneinander, was zur Folge hat, dass allein der

Umstand, dass der Schädiger (zufällig) über einen Haftpflichtversicherungsschutz verfügt, keine Auswirkungen auf die Frage haben darf, was der Geschädigte von dem Schädiger verlangen kann (*Wandt* Rn. 1088). Dementsprechend kann es auch für die Frage, ob dem Mieter ein stillschweigender Regressverzicht zugute kommt, keine Rolle spielen, dass gleichzeitig Deckungsschutz aus einer von ihm abgeschlossenen Haftpflichtversicherung besteht.

Zudem droht dem Mieter – etwa bei einer Obliegenheitsverletzung – der Verlust seines Haftpflichtversicherungsschutzes oder die unberechtigte Deckungsverweigerung des Haftpflichtversicherers. Insoweit besteht die Gefahr, dass die Idee eines umfassenden Schutzes des Mieters durch die Berücksichtigung einer Haftpflichtversicherung letztlich konterkariert wird.

Schließlich kann der Regress des Gebäudeversicherers das Verhältnis von Vermieter und Mieter auch deshalb belasten, weil dem Mieter durch die Inanspruchnahme des Haftpflichtversicherers Aufwand entsteht. So könnte er sich vor allem dann, wenn sein Haftpflichtversicherer eine Deckung ablehnt, zunächst gezwungen sehen, diesen zu verklagen, während ihm gleichzeitig ein Regressprozess des Gebäudeversicherers droht (s. P/M/*Klimke* § 43 Rn. 32).

2. Argumente für eine Berücksichtigung der Haftpflichtversicherung

Demgegenüber lässt sich für eine Berücksichtigung der Haftpflichtversicherung des Mieters insbesondere dessen mangelnde Schutzbedürftigkeit anführen. Der Regressverzicht durch den Versicherer ist das Ergebnis einer ergänzenden Vertragsauslegung, das gerade auf der Überlegung beruht, dass der Versicherer dem erkennbaren Interesse des Versicherungsnehmers am Schutz des Dritten Rechnung tragen muss (vgl. PVR Rn. 1418, 1426). An einem solchen Schutzbedürfnis fehlt es indessen, wenn bereits eine Haftpflichtversicherung Deckungsschutz für derartige Fälle bietet.

Im Übrigen gehört eine Deckungsverweigerung des Haftpflichtversicherers zum allgemeinen Lebensrisiko des Schädigers.

Schließlich würde andernfalls eine Mehrfachversicherung des Sachersatzinteresses bestehen, ohne dass die Beteiligten dies ausdrücklich vereinbart hätten (s. PVR Rn. 1426; *Armbrüster*, NJW 2006, 3683, 3684). Letztlich wird dadurch, dass die Lösung vorrangig über die Haftpflichtversicherung des Mieters erfolgt, dem Annexcharakter des Regressverzichtes Rechnung getragen.

3. Ergebnis

Nach der erstgenannten Auffassung ändert das Bestehen einer Haftpflichtversicherung für M nichts an dessen Regressschutz. Demnach bleibt es wie im Ausgangsfall dabei, dass F aufgrund des stillschweigenden Regressverzichtes keine Schadensersatzansprüche gegen M aus übergegangenem Recht hat.

Folgt man der anderen Ansicht, so kommt dem M hier aufgrund des Deckungsschutzes aus der Haftpflichtversicherung der Regressschutz nicht zugute. Demzufolge haftet er gegenüber F gem. §§ 280 Abs. 1, 241 Abs. 2; 823 Abs. 1 BGB i. V. mit § 86 Abs. 1 S. 1 VVG. Eine andere Frage ist es dann, ob er von H die Freistellung von dem von F geltend gemachten Anspruch verlangen kann (vgl. § 100 VVG).

IV. Lösungshinweise Abwandlung 2

Ausgleichanspruch der F gegen H gem. § 78 Abs. 2 S. 1 VVG (ggf. in analoger Anwendung)

F könnte gegen H einen Ausgleichsanspruch in Höhe der von diesem anteilig zu erbringenden Versicherungsleistung gem. § 78 Abs. 2 S. 1 VVG (ggf. in analoger Anwendung) haben.

> **Hinweis**
> Folgt man der Ansicht des BGH und macht den Regressverzicht nicht vom Bestehen einer Haftpflichtversicherung abhängig, so ist § 86 Abs. 1 S. 1 VVG auch nicht durch § 78 Abs. 2 S. 1 VVG analog ausgeschlossen (s. *Günther*, VersR 2006, 1539, 1543; *Breideneichen*, VersR 2005, 501, 502 f.; dafür aber OLG München VersR 2005, 500 f.).

> **Hinweis**
> Die Frage stellt sich nur, wenn man mit dem BGH den Regressverzicht auch bei bestehender Haftpflichtversicherung annimmt.

1. Anspruch aus § 78 Abs. 2 S. 1 VVG

Eine Mehrfachversicherung liegt nicht vor, wenn man nur von einem Regressverzicht ausgeht (s. BGH VersR 2006, 1536, 1539; a. A. OLG München VersR 2005, 500 f.). Eine direkte Anwendung dieser Vorschrift scheidet somit aus, da – jedenfalls unmittelbar – nicht dasselbe Interesse versichert und nicht einmal dieselbe Person Versicherungsnehmer ist (s. *Bartosch-Koch*, NJW 2011, 484, 485; demgegenüber wäre § 78 Abs. 2 S. 1 VVG unmittelbar anzuwenden, wenn der Mieter den Gebäudeversicherungsvertrag selbst abgeschlossen hat, was etwa bei der Vermietung von Gewerberäumen der Fall sein kann; vgl. PVR Rn. 1421, 1432).

2. Anspruch aus § 78 Abs. 2 S. 1 VVG analog

a) Voraussetzungen einer Analogie

Eine analoge Anwendung des § 78 Abs. 2 S. 1 VVG setzt wie jede Gesetzesanalogie eine planwidrige Regelungslücke sowie eine vergleichbare Interessenlage voraus.

aa) Planwidrige Regelungslücke

Der historische Gesetzgeber des VVG ist sich der Schwierigkeiten, die sich aus der Inanspruchnahme des Mieters nach § 86 Abs. 1 S. 1 VVG (= § 67 Abs. 1 S. 1 VVG a. F.) ergeben können, und der Folgefrage, wie es sich verhält, wenn dieser zugleich über Haftpflichtversicherungsschutz verfügt, nicht bewusst gewesen. Mithin war eine planwidrige Regelungslücke bislang ohne Weiteres zu bejahen. Daran ändert nach zutreffender Auffassung auch das Untätigbleiben des VVG-Reformgesetzgebers nichts, da dies keineswegs zwingend den Rückschluss darauf zulässt, er wolle sich

die Rechtsprechung des BGH in Bezug auf Ausgleichsansprüche zwischen Gebäude-
und Haftpflichtversicherer nicht zu eigen machen. Vielmehr ist davon auszugehen,
dass er sich mit dieser Frage und ihrer Regelungsbedürftigkeit überhaupt nicht be-
fasst hat. Das Schweigen des Gesetzgebers kann schließlich auch dahin ausgelegt
werden, dass er die Analogie als hinreichende Lösung ansieht und aus diesem Grund
auf eine explizite Regelung verzichtet (s. *Bartosch-Koch*, NJW 2011, 484, 485).

bb) Vergleichbare Interessenlage

Bei wirtschaftlicher Betrachtung ist das Interesse des Mieters, einer persönlichen
Haftung für fahrlässig verursachte Schäden zu entgehen, auch durch die Gebäudeversicherung des Vermieters – jedenfalls mittelbar – versichert (s. BGH NJW-RR
2010, 691, 692). Dadurch, dass der Mieter mittelbar die Versicherungsprämie und
mittelbar von den Versicherungsleistungen profitiert, stellt sich die Gebäudeversicherung des Vermieters – bei wirtschaftlicher Betrachtung – als Versicherung des
Mieters gegen eine Inanspruchnahme für den Ersatz fahrlässig herbeigeführter Ge-
bäudeschäden dar (s. *Bartosch-Koch*, NJW 2011, 484, 486). Dasselbe Interesse ist
auch durch die Haftpflichtversicherung des Mieters versichert. Damit besteht erhebliche Parallelität und vergleichbare Interessenlage zum Fall der echten Mehrfachversicherung, so dass eine analoge Anwendung des § 78 Abs. 2 S. 1 VVG angezeigt
ist (s. BGH VersR 2006, 1536, 1539).

b) Voraussetzungen von § 78 Abs. 2 S. 1 VVG analog

Weitere Voraussetzungen außer dem Bestehen einer Mehrfachversicherung – hier
aufgrund der Analogie also eines Regressverzichts – hat § 78 Abs. 2 S. 1 VVG nicht.
Insbesondere ist für den Ausgleichsanspruch nicht erforderlich, dass der Versicherer
bereits an den Versicherungsnehmer gezahlt hat. Allerdings hat der Versicherer bis
zu Zahlung an den Versicherungsnehmer nur einen Befreiungsanspruch gegen den
anderen Versicherer.

c) Umfang des Ausgleichsanspruchs

aa) Subsidiarität der Feuerversicherung

Zu erwägen ist, ob man entgegen dem Wortlaut des § 78 Abs. 2 S. 1 VVG zu einer
(vollständigen) Übernahme des Schadens durch den Haftpflichtversicherer gelangt.
Nur soweit das Interesse in der Haftpflichtversicherung nicht gedeckt ist, hätte der
Feuerversicherer dies zu tragen (vgl. *Breideneichen*, VersR 2005, 501, 503; *J. Prölss*
ZMR 2004, 389, 392 [zugleich auf die entstehenden Widersprüche hinweisend]).
Nach dieser Ansicht könnte F von H 350.000 € verlangen, da dieser Zeitwert bereits
von der Haftpflichtversicherung gedeckt ist. F hätte demgegenüber nur den Neu-
wertanteil, auch Neuwertspitze genannt, in Höhe von 150.000 € zu tragen.

bb) Verhältnismäßige Leistungspflichten

Nach anderer Ansicht hat der Ausgleich nach dem Verhältnis der Leistungspflichten
zu erfolgen, soweit diese deckungsgleich sind. In den Ausgleichsanspruch könne
daher nur der vom Haftpflichtversicherer zu ersetzende Zeitwert eingesetzt werden
(s. BGH VersR 2008, 1108 f.; PVR Rn. 1431; näher zur Berechnung mit Beispielen
Günther, VersR 2006, 1539, 1542 f.). Mithin kann F demnach die Hälfte des

Zeitwertes in Höhe von 350.000 € verlangen, also 175.000 €. Die Neuwertspitze in Höhe von 150.000 € hat hingegen ebenso wie nach der ersten Ansicht der Feuerversicherer F zu tragen.

cc) Stellungnahme

Eine verhältnismäßige Leistungspflicht ist vorzuziehen. Der Feuerversicherer hätte – sofern er nur subsidiär eintrittspflichtig sein wollte – diesem Umstand durch die Vereinbarung einer Subsidiaritätsklausel Rechnung tragen können.

Wie die erstgenannte Ansicht einräumt, bietet der Wortlaut des § 78 Abs. 2 S. 1 VVG für die Annahme einer subsidiären Haftung des Feuerversicherers keinerlei Anhaltspunkte. Zudem widerspricht eine nur subsidiäre Haftung einer Anwendung des § 78 Abs. 2 S. 1 VVG. Es wäre widersprüchlich, eine Rechtslage, die einer Mehrfachversicherung zumindest ähnelt, anzunehmen und gleichzeitig nur eine subsidiäre Haftung zu bejahen (so von seinem Standpunkt aus auch *J. Prölss*, ZMR 2004, 389, 392). Vielmehr schließen sich eine subsidiäre Haftung und eine Mehrfachversicherung aus (s. BGH VersR 2006, 1536, 1539).

d) Ergebnis

F hat gegen H einen Ausgleichsanspruch in Höhe der Hälfte des Zeitwertes des Gebäudes, mithin auf 175.000 €, gem. § 78 Abs. 2 S. 1 VVG analog (a. A. vertretbar).

V. Lösungshinweise Abwandlung 3

Anspruch der F gegen M auf Schadensersatz aus übergegangenem Recht gem. §§ 280 Abs. 1, 241 Abs. 2 sowie § 823 Abs. 1 BGB i. V. mit § 86 Abs. 1 S. 1 VVG

Geht man mit dem BGH davon aus, dass der Regressverzicht auch bei bestehender Haftpflichtversicherung des M eingreift, so kann F die Ansprüche nicht gegen M geltend machen.

Lehnt man einen Regressverzicht bei bestehender Haftpflichtversicherung ab, so sind alle (vertragliche wie gesetzliche) Ansprüche des T, die dieser wegen der Verschlechterung der Mietsache gegen M geltend machen konnte und die gem. § 86 Abs. 1 S. 1 VVG auf F übergegangen sind, mit Ablauf des 22.10. gem. § 548 Abs. 1 BGB verjährt. Jene Regel bezweckt, dass Ansprüche aus dem Mietverhältnis möglichst schnell abgewickelt werden sollen.

Im Ergebnis hat F nach beiden Ansichten (vgl. zum Streitstand 1. Abwandlung) keine durchsetzbaren Ansprüche gegen M.

Ausgleichsanspruch der F gegen H in Höhe des hälftigen Zeitwertes (175.000 €) analog § 78 Abs. 2 S. 1 VVG

Eine Mehrfachversicherung liegt nicht vor, wenn man nur von einem Regressverzicht ausgeht (so BGH VersR 2006, 1536, 1539; a. A. OLG München VersR 2005, 500 f.).

Ein Anspruch der F gegen H gem. § 78 Abs. 2 S. 1 VVG analog kommt nur in Betracht, wenn man mit dem BGH einen Regressverzicht auch in den Fällen annimmt, in denen auf Seiten des Mieters eine Haftpflichtversicherung steht. Hier stellt sich die Frage, ob der dem Grunde nach bestehende Ausgleichsanspruch gem. § 78 Abs. 2 S. 1 VVG analog (s. Abwandlung 2) gem. § 548 Abs. 1 BGB verjährt ist.

Dagegen spricht, dass es sich bei dem Ausgleichsanspruch eben nicht um den übergegangenen Ersatzanspruch des T gegen M nach §§ 280 Abs. 1, 241 Abs. 2 BGB bzw. § 823 Abs. 1 BGB handelt. Die Gründe, die im Mietrecht die kurze Verjährungsfrist rechtfertigen, sind auf den Ausgleichsanspruch nicht anwendbar. Würde der Anspruch innerhalb von sechs Monaten verjähren, wäre er praktisch bedeutungslos. Eine Klage innerhalb von sechs Monaten kann nicht im Sinne der beteiligten Versicherer sein, zumal da gerade bei Brandschäden ausreichend Zeit zur Aufklärung bestehen muss (s. BGH NJW-RR 2010, 691, 693).

Die Verjährung richtet sich folglich nach § 195 BGB. Damit ist der Anspruch der F gegen H noch durchsetzbar.

D. Fall 4

I. Sachverhalt

1. Ausgangsfall

A möchte bei der K-Versicherungs-AG (K-AG) einen privaten Krankenversicherungsvertrag abschließen. Das Antragsformular füllt er im Beisein eines Versicherungsvertreters der K-AG aus. Dabei erklärt er dem Versicherungsvertreter, dass er einen sofortigen Beginn des Versicherungsschutzes wünsche. Er gibt deshalb als Datum des Versicherungsbeginns in dem dafür vorgesehenen Feld des Antragsformulars den Tag der Antragstellung (01.07.) an. Außerdem beantragt er, dass ihm etwaige Wartezeiten erlassen werden. Fragen im Antragsformular nach Vorerkrankungen beantwortet A wahrheitsgemäß mit „nein". Auf die Folgen einer Anzeigepflichtverletzung wird er ordnungsgemäß hingewiesen. Das Formular enthält zudem den deutlich sichtbaren Hinweis, dass dem Versicherer nicht unerhebliche Veränderungen der Antragsangaben und des Gesundheitszustandes, die in der Zeit zwischen dem Tag der Antragstellung und dem Abschluss des Vertrages eintreten, unverzüglich anzuzeigen sind.

In der folgenden Woche hat A plötzlich starke Gelenkschmerzen und sucht deshalb einen Arzt auf, der bei ihm am 09.07. Gelenkrheuma diagnostiziert. Der K-AG macht er von der Diagnose aus Nachlässigkeit keine Mitteilung. Am 01.08. nimmt die K-AG den Antrag des A an. In dem Versicherungsschein ist – ohne weitere Erläuterungen – als Versicherungsbeginn der 01.08. angegeben. Außerdem wird keine Wartezeit vorgesehen. Zusammen mit dem Versicherungsschein werden A auch erstmals die einschlägigen AVB der K-AG und die notwendigen Verbraucherinformationen übersandt. Darin heißt es u. a.:

§ 2 Beginn des Versicherungsschutzes
    Der Versicherungsschutz beginnt mit dem im Versicherungsschein bezeichneten Zeitpunkt (Versicherungsbeginn), jedoch nicht vor Abschluss des Versicherungsvertrages (insbesondere Zugang des Versicherungsscheines). Für Versicherungsfälle, die vor Beginn des Versicherungsschutzes eingetreten sind, wird nicht geleistet...
    § 7 Ende des Versicherungsschutzes
    Der Versicherungsschutz endet – auch für schwebende Versicherungsfälle – mit der Beendigung des Versicherungsverhältnisses.

Am 10.08. erleidet A einen Herzinfarkt und wird deshalb ins Krankenhaus eingeliefert. Kurz darauf erfährt die K-AG von dem Gelenkrheuma des A vor Vertragsschluss. Sie tritt am 15.08. vom Vertrag zurück, weil A ihr diese Umstände vor Vertragsschluss nicht mitgeteilt hatte, und lehnt jede Leistung ab. A verlangt von der K-AG dennoch Ersatz der im Juli für die Behandlung des Rheumas entstandenen Kosten von 250 € sowie für die durch die Herzerkrankung entstandenen Behandlungskosten im Krankenhaus in Höhe von 12.500 €.

Welche Ansprüche stehen A gegen die K-AG zu?

2. Abwandlung

Mit Schreiben vom 24.07. wiederholt die K-AG ihre Fragen nach Vorerkrankungen des A und weist darauf hin, dass auch die seit Antragstellung eingetretenen Veränderungen anzugeben sind. Das Schreiben enthält eine ordnungsgemäße Belehrung über die Folgen einer Anzeigepflichtverletzung. A beantwortet die Fragen mit „nein". Das Antwortschreiben des A geht am 30.07. bei der K-AG ein, die am 01.08. einen Versicherungsschein mit Versicherungsbeginn ab 01.07. ausstellt.

II. Lösungshinweise Ausgangsfall

(s. BGHZ 111, 29 = VersR 1990, 618; BGHZ 111, 44 = VersR 1990, 729; OLG Hamm VersR 2003, 185)

Ansprüche des A gegen die K-AG auf Leistung aus dem Versicherungsvertrag (vgl. § 192 Abs. 1 VVG)
In Betracht kommen zunächst Ansprüche des A gegen die K-AG auf Leistung aus dem Krankenversicherungsvertrag (vgl. § 192 Abs. 1 VVG).

1. Die Kosten für die Behandlung des Rheumas (250 €)
A kann gegen die K-AG, vertreten durch ihren Vorstand gem. § 78 Abs. 1 S. 1 AktG, einen Anspruch auf Erstattung der Behandlungskosten für die Rheumaerkrankung in Höhe von 250 € gem. § 192 Abs. 1 VVG i. V. mit dem Versicherungsvertrag haben.

Hinweis
Der privaten Krankenversicherung liegt gem. § 192 Abs. 1 VVG das sog. **Kostenerstattungsprinzip** zugrunde. Danach hat der Versicherungsnehmer keinen Anspruch auf Freistellung von den Ansprüchen seiner Leistungserbringer, sondern lediglich einen Aufwendungsersatzanspruch für medizinisch notwendige Heilbehandlungen. Das bedeutet, dass der Versicherungsnehmer insoweit grundsätzlich auch in Vorleistung treten muss (s. PVR Rn. 2235). Ausnahmsweise hat bei der Krankheitskostenversicherung im Basistarif i. S. des § 152 VAG der Leistungserbringer unter den Voraussetzungen des § 192 Abs. 7 S. 1 VVG einen Direktanspruch auf Leistungserstattung gegen den privaten Krankenversicherer.

a) Zustandekommen eines wirksamen Versicherungsvertrages
Für den Abschluss eines Versicherungsvertrags gelten die §§ 145 ff. BGB.

aa) Antrag des A
Die Ausfüllung des Antrags auf Abschluss einer Krankenversicherung vom 01.07.
stellt ein rechtsverbindliches Angebot dar, wenn darin eine hinreichend bestimmte
Erklärung liegt. An der Bestimmtheit ergeben sich im Hinblick darauf Zweifel, dass
die Erklärung sich nicht auf die AVB beziehen kann, die dem A erst mit der Übersendung des Versicherungsscheins zugegangen sind. In den AVB wird auch die
Hauptleistungspflicht des Versicherers näher konkretisiert, worüber grundsätzlich
stets eine Einigung erzielt werden muss.

Für eine hinreichende Bestimmtheit des Antrags sprechen verschiedene gesetzliche Regelungen: Nach § 7 Abs. 1 S. 3 VVG kann der Vertrag wirksam auch tele-
fonisch geschlossen werden; zudem kann der Versicherungsnehmer auch ganz auf
die Aushändigung der AVB verzichten. Eine fehlende Aushändigung führt lediglich
zu einem zeitlich unbegrenzten Widerrufsrecht (§ 8 Abs. 2 S. 1 VVG), hindert aber
nicht das Zustandekommen des Versicherungsvertrages.

Außerdem lässt § 49 Abs. 2 VVG für einen Vertrag über vorläufige Deckung ausdrücklich genügen, dass die AVB gar nicht übermittelt werden.

Die genannten gesetzlichen Vorschriften gehen daher davon aus, dass eine wirk-
same Einigung zwischen Versicherungsnehmer und Versicherer auch dann erfolgen
kann, wenn nicht ausdrücklich auf die AVB Bezug genommen wird. Demnach stellt
der Antrag des A ein annahmefähiges, insbesondere hinreichend bestimmtes (genauer: bestimmbares) Angebot dar.

> **Hinweis**
> Problematisch ist bei dieser Lösung allerdings, zu einer wirksamen Einbezie-
> hung der AVB zu gelangen. Die Voraussetzungen des § 305 Abs. 2 BGB sind
> nicht erfüllt. Eine Sondervorschrift besteht nicht. Fraglich erscheint dann, ob
> überhaupt von einer Einbeziehung ausgegangen werden kann. In Betracht
> kommt allerdings eine analoge Anwendung des § 49 Abs. 2 S. 1 VVG, der
> anordnet, dass AVB auch dann Vertragsbestandteil werden können, wenn sie
> nicht übermittelt worden sind (siehe dazu unten sub b bb).

Nach anderer Auffassung soll die Erklärung des A lediglich als invitatio ad offerendum anzusehen sein, auf die hin der Versicherer ein Angebot abgebe, das der Versicherungsnehmer dann seinerseits (auch konkludent) annehmen müsse (kritisch
hierzu *Meixner/Steinbeck* § 3 Rn. 16 ff.). Hierfür spricht, dass die Problematik der
Einbeziehung der AVB dann nicht mehr auftritt. Dagegen lässt sich allerdings einwenden, dass der Versicherungsnehmer regelmäßig davon ausgehen wird, Versicherungsschutz bestehe schon, und nicht damit rechnet, es bedürfe noch einer Annahme. Unter Umständen steht der Versicherungsnehmer dann am Ende ohne
Versicherungsschutz da. Fraglich ist auch, welche Anforderungen an das konkludente Verhalten zu stellen sind.

Nach alledem ist daher von einem wirksamen Angebot des A auszugehen, das in dem Antrag vom 01.07. liegt.

bb) Annahme durch die K-AG
Die K hat das Angebot durch Übersendung des Versicherungsscheins am 01.08. angenommen.

cc) Ergebnis
Am 01.08. ist ein Krankenversicherungsvertrag zwischen A und K wirksam zustande gekommen.

Hinweis

Der Wirksamkeit des Versicherungsvertrages steht hier auch nicht entgegen, dass dieser auf Grundlage des europarechtlich umstrittenen Policenmodells (zu diesem und anderen Vertragsschlussmodellen s. PVR Rn. 964 ff., 975 ff.) geschlossen wurde, welches zu Zeiten vor der VVG-Reform 2008 durch § 5a Abs. 1 S. 1 VVG a. F. ausdrücklich ermöglicht wurde. Nach zutreffender Auffassung des BGH machen die entsprechenden europäischen Richtlinien den Mitgliedstaaten keine Vorgaben, auf welche Weise der Vertragsschluss vollzogen werden muss, so dass gegen das Policenmodell als solches keine durchgreifenden europarechtlichen Bedenken bestehen (s. BGH VersR 2014, 1065 Rn. 20 ff.).

Besondere Schwierigkeiten entstehen allerdings, wenn der Versicherungsnehmer nicht hinreichend über sein Widerspruchsrecht nach Maßgabe des § 5a Abs. 2 S. 1 VVG a. F. belehrt worden ist. In diesem Fall ist der Versicherungsvertrag schwebend unwirksam. Übt der Versicherungsnehmer sein Widerspruchsrecht aus, wird der Vertrag endgültig unwirksam. Die Regelung des § 5a Abs. 2 S. 2 VVG a. F., wonach das Widerspruchsrecht des Versicherungsnehmers spätestens nach einem Jahr erlischt, ist dahingehend richtlinienkonform einschränkend auszulegen, dass die Vorschrift im Bereich der Lebens- und Rentenversicherung und der Zusatzversicherungen zur Lebensversicherung nicht gilt, aber auf die übrigen Versicherungsarten uneingeschränkt anwendbar ist (s. BGH VersR 2014, 817 Rn. 27).

---

b) Versicherungsfall innerhalb des versicherten Zeitraumes
Die Rheumaerkrankung, die hier den Versicherungsfall bildet, müsste nach Beginn des Versicherungsschutzes eingetreten sein. Der Vertrag wurde allerdings erst nach der Erkrankung geschlossen (01.08.). Möglicherweise wurde aber eine Rückwärtsversicherung zum 01.07. vereinbart. Eine Rückwärtsversicherung kann gem. § 2 VVG ohne Weiteres abgeschlossen werden.

aa) Antrag des A auf Abschluss einer Rückwärtsversicherung
Dazu muss der Antrag des A auf Abschluss einer Rückwärtsversicherung gerichtet gewesen sein. Dafür kommt es darauf an, wie es zu verstehen ist, dass A im Antragsformular den 01.07. als Datum des „Versicherungsbeginns" bezeichnete.

Hinweis

Es ist nicht schon bei Antragstellung ein Vertrag über eine vorläufige Deckung (§§ 49 ff. VVG) zustande gekommen. A hat zwar erklärt, dass er den sofortigen Beginn des Versicherungsschutzes wünsche. Da aber auch für ihn als Versicherungsnehmer klar war, dass der Versicherungsvertreter seinen Antrag nicht sofort annehmen würde (sondern die Annahme erkennbar erst durch den Versicherer erfolgen sollte), ist diese Erklärung nicht als Antrag auf vorläufigen Deckungsschutz zu verstehen; jedenfalls durfte A das Schweigen des Versicherungsvertreters nicht als Annahme verstehen.

Grundsätzlich ist die Angabe eines vor dem Vertragsschluss liegenden Datums als Zeitpunkt des „Versicherungsbeginns" als (individualvertraglicher) Antrag auf Abschluss einer Rückwärtsversicherung zu verstehen. „Versicherungsbeginn" meint also den materiellen, nicht den technischen Versicherungsbeginn (s. BGHZ 111, 44, 48 f. = VersR 1990, 729). Dies gilt jedenfalls dann, wenn der Versicherungsnehmer kein Interesse an einer Vorverlegung nur des technischen Versicherungsbeginns haben kann: Dass der Versicherungsnehmer ohne Gegenleistung Prämie zahlen will, darf der Versicherer nicht annehmen.

Ob dies uneingeschränkt auch in der Krankenversicherung gilt, ist allerdings umstritten (offen lassend BGHZ 84, 268, 271 f. = NJW 1982, 2776; vgl. hierzu *Schimikowski* Rn. 104 f.; P/M/*Armbrüster* § 2 Rn. 10: grundsätzlich keine Rückwärtsversicherung). Dort kann nämlich im Einzelfall – insbesondere wegen einer damit verbundenen Verkürzung einer Wartezeit – auch ein Interesse an einer Vorverlegung lediglich des technischen Versicherungsbeginns bestehen. Allerdings herrscht weitgehend Einigkeit, dass der materielle Versicherungsbeginn gemeint ist, wenn – wie hier angesichts des Verzichts auf Wartezeiten – im konkreten Fall kein denkbares Interesse des Versicherungsnehmers allein an einem früheren technischen Versicherungsbeginn besteht und überdies im Antragsformular ein ausdrücklicher Hinweis darauf fehlt, dass nur der technische Versicherungsbeginn bezeichnet werden soll. Zudem hat A hier mündlich ausdrücklich erklärt, dass er sofort Versicherungsschutz wolle. Dies kann nur so zu verstehen sein, dass er das Datum im Antragsformular als Beginn des Versicherungsschutzes verstanden wissen möchte. Diese Äußerung gegenüber dem Versicherungsvertreter ist nach § 69 Abs. 1 Nr. 1 VVG (vgl. zum alten Recht: „Auge-und-Ohr"-Rechtsprechung; s. dazu PVR Rn. 744) auch für die Auslegung der Erklärung im Verhältnis zu dem Versicherer erheblich. Sein Antrag ist daher als Antrag auf Abschluss einer Rückwärtsversicherung zum 01.07. auszulegen.

§ 2 der AVB steht dieser Auslegung dann nicht entgegen, wenn der Antrag des A, soweit er den Versicherungsbeginn betrifft, auf den Abschluss einer Individualvereinbarung i. S. von § 305b BGB gerichtet ist (vgl. P/M/*Armbrüster* § 2 Rn. 6 f.; BGHZ 84, 268 272 f. = NJW 1982, 2776). Letzteres ist der Fall. Welchen Inhalt dieser individualvertragliche Teil des Vertrages haben soll, kann durch den Inhalt der AVB – wenn überhaupt – nur dann bestimmt werden, wenn die AVB dem Versicherungsnehmer bereits bei Antragstellung vorlagen. Andernfalls darf der

Versicherer nicht davon ausgehen, dass der Versicherungsnehmer den Inhalt der AVB kannte und einen diesem Inhalt entsprechenden Antrag abgeben wollte (vgl. auch OLG Hamm VersR 2003, 185, 186 unter I.2.).

bb) Annahme durch den Versicherer
Im Versicherungsschein ist allerdings ein späterer Versicherungsbeginn (01.08.) angegeben; er weicht daher vom Antrag ab. Dies hindert den Abschluss einer Rückwärtsversicherung aber nicht. Die Abweichung gilt mangels eines Hinweises nach § 5 Abs. 2 VVG nicht nach § 5 Abs. 1 VVG als genehmigt. Vielmehr greift § 5 Abs. 3 VVG. Als vereinbart gilt daher der Inhalt des Versicherungsantrages.

Fraglich ist, ob § 2 der AVB diesem Ergebnis entgegensteht. Das ist nicht der Fall: Zwar ist davon auszugehen, dass die AVB und damit auch deren § 2 gem. § 49 Abs. 2 VVG analog Vertragsbestandteil geworden sind. Da der Antrag des A jedoch, soweit es um den Zeitpunkt des Versicherungsbeginns geht, auf den Abschluss einer Individualvereinbarung gerichtet ist (s. o.) und es sich damit auch bei der nach § 5 Abs. 3 VVG geltenden Abrede um eine Individualvereinbarung handelt, geht diese nach § 305b BGB der AVB-Regelung vor (vgl. P/M/*Armbrüster* § 2 Rn. 6 f.).

> **Hinweis**
> Falls man in die Angabe „01.07." auch eine dem § 2 AVB widersprechende Regelung hineinliest, ist die Angabe – unabhängig von ihrem Individualcharakter – schon wegen § 5 Abs. 3 VVG vorrangig.

Daher ist eine Rückwärtsversicherung zum 01.07. zustande gekommen; der am 09.07. eingetretene Versicherungsfall wird daher an sich vom Versicherungsschutz umfasst.

c) Leistungsfreiheit
aa) Kenntnis des Versicherungsnehmers vom Eintritt des Versicherungsfalls, § 2 Abs. 2 S. 2 VVG
Nach § 2 Abs. 2 S. 2 VVG ist der Versicherer von der Verpflichtung zur Leistung frei, wenn der Versicherungsnehmer bei Abgabe seiner Vertragserklärung davon Kenntnis hat, dass der Versicherungsfall bereits eingetreten ist. Vertragserklärung des A war dessen Antrag vom 01.07. Zu diesem Zeitpunkt waren die rheumatischen Erscheinungen noch nicht aufgetreten, so dass A keine Kenntnis vom Eintritt des Versicherungsfalls hatte.

bb) Nichtzahlung der Erstprämie, § 37 Abs. 2 VVG
Zwar hat A die Erstprämie nicht gezahlt. Die Rückwärtsversicherung zeichnet sich jedoch gerade dadurch aus, dass der materielle Versicherungsschutz vor dem formellen Versicherungsbeginn beginnt. Daher lässt sich eine Regelung, nach der

der Versicherungsschutz erst mit Einlösung des Versicherungsscheins, also mit Zahlung der Erstprämie beginnt, nicht mit dem Wesen der Rückwärtsversicherung vereinbaren (s. L/R/*Rixecker* § 2 Rn. 12). Aus diesem Grund ist § 37 Abs. 2 VVG gem. § 2 Abs. 4 VVG nicht auf die Rückwärtsversicherung anzuwenden.

cc) Rücktritt nach § 21 Abs. 2 i. V. mit § 19 Abs. 1, 2 VVG

Möglicherweise kann sich die K-AG infolge eines von ihr erklärten Rücktritts gem. § 21 Abs. 2 i. V. mit § 19 Abs. 1, 2 VVG auf Leistungsfreiheit berufen. Zwar hat A nach der Antragstellung und vor der Annahme die in der Rheumaerkrankung liegenden ihm bekannten Gefahrumstände nicht angezeigt; jedoch trifft den Versicherungsnehmer eine Anzeigepflicht nur bis zur Abgabe seiner Vertragserklärung, also des Antrags vom 01.07. Auf Gefahrumstände, die dem Versicherungsnehmer – wie hier – nach Abgabe der Vertragserklärung und vor Vertragsannahme bekannt werden, muss der Versicherungsnehmer nur dann Angaben machen, wenn er ausdrücklich in Textform danach gefragt wird (§ 19 Abs. 1 S. 2 VVG). Dies war hier nicht der Fall. Zwar enthielt das Formular des Versicherers den deutlich sichtbaren Hinweis, dass dem Versicherer nicht unerhebliche Veränderungen der Antragsangaben und des Gesundheitszustandes, die in der Zeit zwischen dem Tag der Antragstellung und dem Abschluss des Vertrages eintreten, unverzüglich anzuzeigen sind. Dies reicht aber nach Ansicht des Gesetzgebers nicht aus: Aufgrund des Umfangs der vom Versicherungsnehmer vor Vertragsschluss zur Kenntnis zu nehmenden Informationen des Versicherers ist die erweiterte Anzeigepflicht nach § 19 Abs. 1 S. 2 VVG davon abhängig, dass der Versicherer vor Vertragsannahme die in S. 1 umschriebenen Fragen in Textform wiederholt oder auch erstmalig stellt (s. RegBegr. S. 65; s. dazu auch M/S/*Marlow* Rn. 155).

> **Hinweis**
> Eine Leistungsfreiheit gem. § 26 kommt schon deshalb nicht in Betracht, weil die §§ 23–27, 29 VVG gem. § 194 Abs. 1 S. 2 VVG nicht auf die Krankenversicherung anzuwenden sind.

dd) Ergebnis

Die K-AG kann sich nicht auf Leistungsfreiheit berufen.

d) Ergebnis zu 1

A hat gegen die K-AG einen Anspruch auf Erstattung der Heilbehandlungskosten für die Rheumaerkrankung in Höhe von 250 € gem. § 192 Abs. 1 VVG i. V. mit dem Versicherungsvertrag.

2. Die Behandlungskosten für die Herzerkrankung (12.500 €)

Da A keine Anzeigepflicht gem. § 19 Abs. 1 VVG verletzt hat, ist ein Rücktritt ausgeschlossen. Die K-AG ist daher auch insoweit zur Leistung verpflichtet.

3. Ergebnis

A kann von der K-AG Erstattung der Behandlungskosten in Höhe von 12.750 € für die Gelenkrheuma- und die Herzerkrankung gem. § 192 Abs. 1 VVG i. V. mit dem Versicherungsvertrag verlangen.

III. Lösungshinweise Abwandlung

> **Hinweis**
> Die Abwandlung betrifft eine recht spezielle Problematik. Ihre Bewältigung sollte in einer Klausur durch den Aufgabensteller nur erwartet werden dürfen, wenn sie zuvor (insbesondere: in vorbereitenden Lehrveranstaltungen) thematisiert worden ist.

Fraglich ist, ob A gegen die K-AG ein Anspruch auf Erstattung der Heilbehandlungskosten gem. § 192 Abs. 1 VVG i. V. mit dem Versicherungsvertrag zusteht. Hinsichtlich des Zustandekommens und der Wirksamkeit des Versicherungsvertrages sowie des Eintritts des Versicherungsfalls im versicherten Zeitraum ist auf die Ausführungen zum Ausgangsfall zu verweisen.

Die K-AG ist jedoch von ihrer Leistungspflicht befreit, wenn sie mit ihrer Erklärung vom 15.08. gem. § 21 Abs. 2 i. V. mit § 19 Abs. 1, 2 VVG wirksam vom Vertrag zurückgetreten ist. Dies setzt voraus, dass A eine Anzeigepflicht gem. § 19 Abs. 1 S. 2 VVG verletzt hat.

Mithin kommt es darauf an, ob der K-AG ein Rücktrittrecht nach § 19 Abs. 1 VVG zusteht. Die K-AG hat vor der Vertragsannahme mit Schreiben vom 24.07. die Fragen nach den Vorerkrankungen des A in Textform (vgl. § 126b BGB) wiederholt und den A auch gem. § 19 Abs. 5 VVG nochmals über die Folgen einer Anzeigepflichtverletzung belehrt. Nach dem Wortlaut des § 19 Abs. 1 S. 2 VVG bestand somit eine Pflicht des A zur Anzeige der zwischenzeitlich eingetretenen Rheumaerkrankung. Diese Erkrankung hat A jedoch verschwiegen. Problematisch ist die Annahme einer Anzeigepflicht deshalb, weil der Versicherungsnehmer mit einer Ablehnung seines Antrags rechnen muss, wenn der Versicherungsfall bereits eingetreten ist und der Versicherer aufgrund der Rückwärtsversicherung zur Leistung verpflichtet wäre.

1. Meinungsstand

a) Ablehnung einer Anzeigepflicht

Nach einer Ansicht ist die Frage nach dem zwischenzeitlichen Eintritt des Versicherungsfalls unzulässig und kann daher unrichtig beantwortet werden, wenn der Versicherer mit dem Versicherungsnehmer vereinbart, dass der Versicherungsschutz bereits mit Antragstellung beginnen soll. Denn die Nachmeldepflicht widerspreche Sinn und Zweck einer solchen Rückwärtsversicherung (s. VersRHdb/*Knappmann* § 14 Rn. 49; Pk/*Ebers* § 2 Rn. 29). Grundsätzlich bestehe gem. § 19 Abs. 1 S. 2

VVG eine Verpflichtung des Versicherungsnehmers zur Anzeige gefahrerheblicher Umstände, von denen der Versicherungsnehmer nach Antragstellung Kenntnis erlangt und nach denen der Versicherer in Textform gefragt hat. Dagegen könne vom Versicherungsnehmer nicht verlangt werden, einen zwischenzeitlich eingetretenen Versicherungsfall anzuzeigen. Der Versicherer würde dann den Antrag nicht annehmen, so dass die mit der Rückwärtsversicherung bezweckte Risikoabsicherung für die Zeit zwischen Antrag und Vertragsschluss nicht erreicht werden könne (Pk/*Ebers* § 2 Rn. 29). Dann hätte A keine Anzeigepflicht verletzt und die K-AG könnte mangels Rücktrittsgrund nicht wirksam vom Versicherungsvertrag zurücktreten. A hätte wie im Ausgangsfall einen Anspruch auf Zahlung der Behandlungskosten in Höhe von 12.750 € gegen die K-AG.

> **Hinweis**
> Folgt man dieser Ansicht, so wäre noch zu überlegen, ob die Rücktrittserklärung als Anfechtungserklärung ausgelegt werden kann, vorausgesetzt die Voraussetzungen der Anfechtung wegen arglistiger Täuschung werden bejaht. Gegen Letzteres spricht, dass das nach dem Sinn und Zweck der Rückwärtsversicherung zugestandene „Recht zur Lüge" und die Verneinung der Nachmeldepflicht praktisch leerlaufen würden, wenn unabhängig davon der Vertrag wegen arglistiger Täuschung anfechtbar wäre.

b) Anwendbarkeit des § 19 Abs. 1 S. 2 VVG

Nach anderer Ansicht gilt § 19 Abs. 1 S. 2 VVG uneingeschränkt auch für die Fälle der unechten Rückwärtsversicherung, in denen der Versicherungsnehmer nach Antragstellung, aber vor Vertragsschluss vom Eintritt eines Versicherungsfalls Kenntnis erlangt (s. L/P/C. *Schneider* § 2 Rn. 26; MünchKommVVG/ *Muschner* § 2 Rn. 50 ff., der auch ausführlich auf das Verhältnis von § 2 Abs. 2 S. 2 VVG zu §§ 19 ff. VVG eingeht). Zur Begründung wird angeführt, dass der Versicherungsnehmer vor Vertragsschluss noch keine Rechtsposition erlangt hat, die ihm Versicherungsschutz in Form der Rückwärtsversicherung zusichert. Denn der Versicherer habe es stets in der Hand, den Antrag abzulehnen. Dann bestehe im Unterschied zur vorläufigen Deckung auch für den Zeitraum der beantragten Rückwärtsversicherung kein Versicherungsschutz. Die Unsicherheit, dass der Versicherer nach Meldung des Versicherungsfalls möglicherweise den Vertrag nicht mehr abschließen wird, liege in der Natur der unechten Rückwärtsversicherung. Fragen zu Gefahrumständen sollen die Risikoeinschätzung des Versicherers ermöglichen. Gesteht man dem Versicherungsnehmer zu, Nachfragen vorsätzlich wahrheitswidrig zu beantworten, so würden berechtigte Interessen des Versicherers und der Versichertengemeinschaft vernachlässigt. Hiernach könnte die K-AG abweichend vom Ausgangsfall aufgrund einer Anzeigepflichtverletzung des A vom Vertrag zurücktreten. A hätte keine Ansprüche gegen die K-AG.

Ergänzender Hinweis

Erwogen wird bei Bejahung der Anzeigepflicht gem. § 19 Abs. 1 S. 2 VVG auch eine Beratungspflicht des Versicherers gem. § 6 Abs. 1 VVG dahingehend, ggf. anstelle einer Rückwärtsversicherung eine vorläufige Deckung zu beantragen, um mögliche Folgen eines Nichtzustandekommens der Rückwärtsversicherung zu vermeiden. Das würde aber jedenfalls voraussetzen, dass der Versicherer vorläufigen Deckungsschutz überhaupt anbietet, wozu der Sachverhalt keine Angaben enthält (vgl. MünchKommVVG/*Muschner* § 2 Rn. 60).

c) Aufspaltung des Vertrages

Eine vermittelnde Ansicht will einen Versicherungsvertrag, der wie hier eine Vorwärts- mit einer Rückwärtsversicherung kombiniert, gedanklich entsprechend aufspalten und das Problem für jeden Teil isoliert betrachten (s. P/M/*Armbrüster* § 2 Rn. 13).

Ausgegangen wird dabei im Hinblick auf die zukunftsgerichtete Vorwärtsversicherung vom Bestehen einer Anzeigepflicht. Zeige der Versicherungsnehmer den Versicherungsfall nicht an, so könne der Versicherer hieraus nur Konsequenzen für die Vorwärtsversicherung ziehen. Bei Anzeige des Versicherungsfalls vor Vertragsschluss müsse der Versicherer den Versicherungsnehmer im Hinblick auf die Rückwärtsversicherung so behandeln, als habe er keine Kenntnis gehabt und den Vertrag deshalb ggf. den Geschäftsgrundsätzen entsprechend abschließen. Hier könnte die K-AG dann zwar vom Vertrag zurücktreten, aber nur mit Wirkung ab Vertragsschluss. Für den Zeitraum der Rückwärtsversicherung wäre sie leistungspflichtig, so dass A gegen die K-AG einen Anspruch auf Erstattung der aufgewendeten 250 € für die Behandlung der Rheumaerkrankung hätte.

2. Stellungnahme

Hinweis

An dieser Stelle muss eine eigene begründete Stellungnahme zu den vorstehend aufgeführten Ansichten erfolgen. Wie stets zählt nicht das Ergebnis, sondern dessen Begründung.

Gegen die erstgenannte Ansicht, die eine Anzeigeobliegenheit gem. § 19 Abs. 1 S. 2 VVG für solche Fälle verneint, spricht bereits, dass sich dem Gesetz keine Anhaltspunkte dafür entnehmen lassen, dass § 2 Abs. 2 S. 2 VVG eine Sperrwirkung gegenüber der Regelungen über die vorvertragliche Anzeigepflicht entfaltet. Vielmehr betreffen § 2 Abs. 2 S. 2 VVG und § 19 Abs. 1 S. 2 VVG unterschiedliche Phasen im Verlauf der Vertragsschlusses. Während § 2 Abs. 2 S. 2 VVG auf die Kenntnis des Versicherungsnehmers zum Zeitpunkt seiner Vertragserklärung abstellt, erwei-

tert § 19 Abs. 1 S. 2 VVG die Anzeigepflicht des Versicherungsnehmers auf den
Zeitraum zwischen Vertragserklärung des Versicherungsnehmers und Vertragsschluss unter den dort genannten Voraussetzungen. Eine Deckungsgleichheit ist –
anders als nach alter Rechtslage (vgl. § 2 Abs. 2 S. 2 VVG a. F., wonach es auf die
Kenntnis zum Zeitpunkt des Vertragsschlusses ankam) – daher ab dem Zeitpunkt
der Antragstellung nicht vorhanden (s. MünchKommVVG/*Muschner* § 2 Rn. 55).
§ 2 Abs. 2 S. 2 VVG soll den Versicherer in die Lage versetzen, eine vernünftige
Risikokalkulation durchzuführen, und somit vor erheblichen Äquivalenzstörungen
schützen. Vor diesem Hintergrund kann es keinen Unterschied machen, ob der Versicherer bereits im Antragsformular nach gefahrerheblichen Umständen fragt oder
ob er dies erst in der Phase zwischen Antrag und Annahme durch den Versicherer
tut, was ihm § 19 Abs. 1 S. 2 VVG ausdrücklich gestattet.

Gegen die letztgenannte Auffassung spricht schließlich, dass bei einer kombinierten Rückwärts- und Vorwärtsversicherung eine Aufspaltung des Versicherungsvertrages in die Rückwärts- und Vorwärtsversicherung in der Regel überhaupt nicht
möglich ist (s. MünchKommVVG/*Muschner* § 2 Rn. 62). Daher muss der Versicherer auf seine Nachfrage hin insgesamt über Gefahrumstände informiert werden. Soweit der Versicherer bei Erfüllung der Anzeigeobliegenheit von einem Vertragsschluss Abstand nehmen möchte, ist dies Ausfluss der Privatautonomie. Den
Versicherer trotz einer durch den Eintritt des Versicherungsfalls eingetretenen Äqui-
valenzstörung an den Versicherungsvertrag zu binden, liefe letztlich auf einen Kontrahierungszwang hinaus.

3. Ergebnis

Die K-AG ist infolge des Rücktritts gem. § 21 Abs. 2 i. V. mit § 19 Abs. 1, 2 VVG
von ihrer Leistungspflicht befreit. A hat somit gegen die K-AG keinen Anspruch auf
Erstattung der Heilbehandlungskosten für die Rheumaerkrankung (a. A. vertretbar).

E. Fall 5

I. Sachverhalt

1. Ausgangsfall

Der alleinige Geschäftsführer G der Automobil-GmbH (A) beantragt über seinen
Versicherungsmakler bei der V-Versicherung den Abschluss einer Gebäudeversicherung. Versicherungsnehmer soll A und versichertes Objekt ein neu errichtetes
Autohaus sein. Da der Makler bereits mehrfach für A Versicherungsverträge vermittelt hat, werden die Vertragsdaten (Anschrift, Bankverbindung, etc.) der A automatisch in das vom Makler ausgedruckte Antragsformular eingesetzt. Allerdings ist
die Anschrift mittlerweile veraltet, da A seit kurzem ihren Geschäftssitz verlegt hat.
G unterschreibt den Antrag auf Abschluss des Versicherungsvertrages, ohne dies zu
bemerken. Alle erforderlichen Unterlagen (Versicherungsschein, AVB etc.) erhält G
vor Antragstellung. Eine Woche nach Antragstellung geht der A die Annahmeerklärung zu, da noch ein Postnachsendeauftrag bestand.

Nachdem A die Prämien zunächst regelmäßig überwiesen hat, gerät sie in wirtschaftliche Schwierigkeiten. Sie zahlt die monatlichen Prämien trotz Fälligkeit nicht mehr. Daraufhin setzt V der A mit Schreiben vom 18.11. eine Zahlungsfrist. Hierin heißt es u. a.: *„Bitte überweisen Sie die unbezahlten Beiträge innerhalb von zwei Wochen nach Zugang dieses Schreibens"*. V belehrt dabei über alle sich aus dem Fristablauf ergebenden Rechtsfolgen und schlüsselt die rückständige Prämie detailliert auf. Den Brief gibt V per Einwurfeinschreiben am 19.11. auf. Eine Zustellung an die (alte) Anschrift der A schlägt fehl. Am 24.12. brennt das Autohaus ab. Wie sich später herausstellt, wurde das Autohaus durch den Angestellten M der A angezündet.

Ohne von der Brandstiftung zu wissen, beauftragt G – wie stets in solchen Fällen – den für die Versicherungsverträge zuständigen M mit der Abwicklung und Regulierung des Schadensfalls gegenüber V. Im Rahmen der Verhandlung über die Entschädigung fragt V – mittels ihres üblichen Schadensformulars – ausdrücklich nach Vorschäden. M zeigt einen zwei Monate vorher entstandenen Sturmschaden am Dach nicht an, der zur Zeit des Brandes noch nicht behoben war. M will so die Zahlung der vollen Entschädigungsleistung erreichen. Eine Belehrung über die Rechtsfolgen einer Obliegenheitsverletzung erteilt V nicht.

Jedoch wusste der zuständige – allerdings nicht mit dem Brand befasste – Sachbearbeiter von dem Sturmschaden, da M diesen erst kurz vor dem Brand angezeigt hatte. Der Sachbearbeiter hatte auch davon Kenntnis, dass dieser Schaden erst im nächsten Jahr repariert werden sollte.

V verweigert jegliche Zahlung. Zu Recht?

Dem Versicherungsvertrag liegen die VGB 2010 zugrunde. Diese lauten auszugsweise:

Abschnitt A
§ 1 Versicherte Gefahren und Schäden (Versicherungsfall), generelle Ausschlüsse
1. **Versicherungsfall**
Der Versicherer leistet Entschädigung für versicherte Sachen, die durch
a) Brand, Blitzschlag, Überspannung durch Blitz, Explosion, Implosion, Anprall oder Absturz eines Luftfahrzeuges, seiner Teile oder seiner Ladung,
[…]
zerstört oder beschädigt werden oder abhanden kommen.
Abschnitt B
§ 8 Obliegenheiten des Versicherungsnehmers
2. **Obliegenheiten bei und nach Eintritt des Versicherungsfalls**
a) Der Versicherungsnehmer hat bei und nach Eintritt des Versicherungsfalls
[…]
hh) soweit möglich dem Versicherer unverzüglich jede Auskunft – auf Verlangen in Schriftform – zu erteilen, die zur Feststellung des Versicherungsfalls oder des Umfanges der Leistungspflicht des Versicherers erforderlich ist sowie jede Untersuchung über Ursache und Höhe des Schadens und über den Umfang der Entschädigungspflicht zu gestatten
3. **Leistungsfreiheit bei Obliegenheitsverletzung**
a) Verletzt der Versicherungsnehmer eine Obliegenheit nach Nr. 1 oder Nr. 2 vorsätzlich, so ist der Versicherer von der Verpflichtung zur Leistung frei. Bei grob fahrlässiger Verletzung der Obliegenheit ist der Versicherer berechtigt, seine Leistung in dem Verhältnis zu kürzen, das der Schwere des Verschuldens des Versicherungsnehmers entspricht. Das Nichtvorliegen einer groben Fahrlässigkeit hat der Versicherungsnehmer zu beweisen.

2. Abwandlung

G verfügt bei der V-Versicherung zudem über eine Privathaftpflichtversicherung. Seiner 16-jährigen Tochter T gehört ein Pony, welches sie ausschließlich allein versorgt. Die T absolviert eine zweijährige Ausbildung in einer 50 km vom Haus ihrer Eltern entfernten Stadt; sie wohnt in dieser Zeit nur am Wochenende bei ihren Eltern, wo sie allerdings noch über ein eigenes Zimmer verfügt. Wochentags lebt T in einem von ihren Eltern finanzierten Wohnheim für Auszubildende.

Nach einem ihrer Ausritte mit dem Pony, verschließt T die Box des Ponys nicht ordnungsgemäß. Infolgedessen kann das Pony die Tür aufdrücken und ermöglicht so ein Ausbrechen eines weiteren dort untergestellten Pferdes, das sodann auf einer nahe gelegenen Landstraße mit einem PKW kollidiert. Die Eigentümerin des Pferdes und diejenige des beschädigten PKW, A und B, nehmen die T auf Zahlung von insgesamt 300.000 € in Anspruch.

Hat T einen Anspruch gegen V? Unterstellen Sie, dass T den Geschädigten jeweils sowohl aus § 823 als auch aus § 833 BGB haftet.

Dem Versicherungsvertrag liegen auszugsweise folgende AVB zugrunde:

> § 8 Versichert sind der Versicherungsnehmer und alle zu seinem Haushalt gehörenden Personen (Versicherte) gegen Schadensersatzansprüche aus der Verantwortlichkeit für Schadenszufügung, […].
> § 10 Nicht versichert ist die Haftpflicht […] als Tierhalter und Tierhüter.

Bearbeitervermerk: Sollten Sie in Ihrem Gutachten nicht zu allen im Ausgangsfall und in der Abwandlung aufgeworfenen Rechtsfragen Stellung nehmen, fertigen Sie ein Hilfsgutachten an.

II. Lösungshinweise Ausgangsfall

Anspruch der A gegen V auf Leistung aus § 1 S. 1 VVG i. V. mit dem Versicherungsvertrag (§ 1 Nr. 1 a) Abschnitt A VGB 2010)

Die A-GmbH, vertreten durch ihren Geschäftsführer gem. § 35 Abs. 1 S. 1 GmbHG, hat gegen V einen Anspruch auf die Versicherungsleistung gem. § 1 S. 1 VVG i. V. mit dem Gebäudeversicherungsvertrag (§ 1 Nr. 1 lit. a VGB 2010), wenn der Versicherungsfall eingetreten ist und kein Leistungsausschluss eingreift.

1. Zustandekommen und Wirksamkeit des Versicherungsvertrages

Bedenken daran, dass ein wirksamer Versicherungsvertrag vorliegt, bestehen nicht. Gem. § 35 Abs. 1 S. 1 GmbHG konnte G als Geschäftsführer die A vertreten. Den Antrag der A hat V angenommen.

2. Eintritt des Versicherungsfalls im versicherten Zeitraum

Außerdem müsste der Versicherungsfall im versicherten Zeitraum eingetreten sein.

a) Versicherungsfall

aa) Grundsatz

Gem. § 1 Nr. 1 a) Abschnitt A VGB 2010 ist mit dem Brand des Gebäudes der Versicherungsfall eingetreten.

bb) Subjektiver Risikoausschluss gem. § 81 VVG

Allerdings kann hier der subjektive Risikoausschluss des § 81 VVG verwirklicht sein. Da A eine juristische Person des Privatrechts ist, kann sie nicht selbst im natürlichen Sinne handeln und damit nicht selbst den Versicherungsfall herbeigeführt haben. Möglicherweise muss sie sich jedoch insoweit ein fremdes Verhalten zurechnen lassen.

(1) Vorsätzliche oder grob fahrlässige Herbeiführung des Versicherungsfalls

(a) Durch G

Ist der Versicherungsnehmer – wie hier A – eine juristische Person, trifft die Erfüllung der Obliegenheiten den gesetzlichen Vertreter. Dessen Verhalten wird analog § 31 oder § 278 S. 1 Fall 1 BGB zugerechnet (s. RGZ 66, 181, 184 f.; P/M/*Armbrüster* § 28 Rn. 85).

G hat den Versicherungsfall nicht selbst durch aktives Tun herbeigeführt. In Betracht käme allenfalls eine Herbeiführung durch Unterlassen des G. Hierfür wäre aber Kenntnis des G vom Geschehen, das zum Versicherungsfall geführt hat, erforderlich (s. hierzu MünchKommVVG/*Looschelders* § 81 Rn. 38 f.). Zu den Voraussetzungen des Unterlassens führt der BGH (VersR 1986, 962, 963) aus, ein für § 61 VVG a.F. (= § 81 VVG) erhebliches Unterlassen liege vor,

> wenn der Versicherungsnehmer das ursächliche Geschehen in der Weise beherrscht, daß er die Entwicklung und die drohende Verwirklichung der Gefahr zuläßt, obwohl er die geeigneten Mittel zum Schutze des versicherten Interesses in der Hand hat und bei *zumutbarer Wahrnehmung seiner Belange* davon ebenso Gebrauch machen könnte und sollte wie eine nicht versicherte Person. Damit andererseits der Versicherungsschutz nicht unangemessen beschränkt wird, muß der Versicherungsnehmer das zum Versicherungsfall führende Geschehen gekannt haben. Dabei ist notwendig und ausreichend die *Kenntnis von Umständen, aus denen sich ergibt, daß der Eintritt des Versicherungsfalls in den Bereich der praktisch unmittelbar in Betracht zu ziehenden Möglichkeiten gerückt ist*. [Hervorhebung durch Verf.]

Eine solche Kenntnis von der Inbrandsetzung durch M hatte G jedoch nicht.

(b) Durch M

M hat *vorsätzlich* den Brand gelegt und damit wissentlich und willentlich den Versicherungsfalls herbeigeführt.

(2) Zurechnung des Verhaltens des M

Fraglich ist indes, ob A sich das Verhalten des Angestellten M zurechnen lassen muss.

(a) Zurechnung nach § 47 Abs. 1 VVG

Eine Zurechnung nach § 47 Abs. 1 VVG scheidet aus. M ist nicht Versicherter.

(b) Nach § 278 BGB

§ 278 BGB findet nach ganz überwiegender Ansicht keine Anwendung (s. nur BGH VersR 2006, 1530, 1533; L/R/*Langheid* § 81 Rn. 18; L/P/*Schmidt-Kessel* § 81 Rn. 45; P/M/*Armbrüster* § 28 Rn. 93; zum Streitstand s. PVR Rn. 1665 ff.), da es nicht um die Erfüllung einer Verbindlichkeit geht. Eine Zurechnung nach dieser Vorschrift scheidet daher aus.

(c) Zurechnung über die Repräsentantenhaftung

Eine Zurechnung kann aber nach der sogenannten Repräsentantenhaftung in Betracht kommen.

(aa) Repräsentant. Repräsentant ist, wer in dem Geschäftsbereich, zu dem das versicherte Risiko gehört, aufgrund eines Vertretungs- oder sonstigen Verhältnisses an die Stelle des Versicherungsnehmers getreten ist. Die bloße Überlassung der Obhut über die versicherte Sache allein reicht hierfür grundsätzlich nicht aus. Repräsentant kann nur sein, wer befugt ist, selbstständig in einem gewissen, nicht ganz unbedeutenden Umfang für den Versicherungsnehmer zu handeln (*Risikoverwaltung*). Es braucht nicht noch hinzuzutreten, dass der Dritte auch Rechte und Pflichten aus dem Versicherungsvertrag wahrzunehmen hat (*Vertragsverwaltung*). Übt der Dritte aber aufgrund eines Vertrags- oder ähnlichen Verhältnisses die Verwaltung des Versicherungsvertrages eigenverantwortlich aus, kann dies unabhängig von einer Übergabe der versicherten Sache für seine Repräsentantenstellung sprechen (s. BGH VersR 1996, 1229, 1230).

Hier kann M lediglich *im Hinblick auf die Vertragsverwaltung als Repräsentant* angesehen werden. Denn er ist allein bei der Abwicklung des Schadensfalls und hinsichtlich der Vertragsbetreuung selbstständig tätig. Bezüglich des versicherten Risikos enthält der Sachverhalt keine Anhaltspunkte dafür, dass er an die Stelle des Versicherungsnehmers getreten ist.

(bb) Zurechnung. Fraglich ist allerdings, ob die bloße Qualifikation als Repräsentant für einen bestimmten Geschäftsbereich (Vertragsverwaltung) ausreicht, um die Herbeiführung des Versicherungsfalls dem Versicherungsnehmer zuzurechnen.

Nach ganz überwiegender Ansicht kann eine solche Zurechnung nicht erfolgen. Der Versicherungsnehmer muss sich das Verhalten eines Repräsentanten nur insoweit zurechnen lassen, als er den Dritten – hier also M – an seine Stelle hat treten lassen. Überträgt er dem Dritten nur in einem bestimmten Bereich die selbstständige Wahrnehmung seiner Befugnisse, ist die Zurechnung auf diesen Bereich beschränkt (s. BGH VersR 2007, 673, 674; L/R/*Langheid* § 81 Rn. 22; Münch-KommVVG/*Looschelders* § 81 Rn. 124; [wohl] a. A. OLG Hamm VersR 2002, 433, 435). Die Zurechnung über die Repräsentantenhaftung kraft Vertragsverwaltung wird daher nur im Zusammenhang mit Anzeige-, Aufklärungs- und Auskunftsobliegenheiten praktisch relevant. Denn es fehlt im Rahmen des § 81 VVG am sachlichen Zusammenhang zwischen der Wahrnehmung der Vertragsangelegenheiten und der Verwirklichung des versicherten Risikos, so dass eine Zurechnung nur bei (zusätzlicher) Risikoverwaltung erfolgt (s. MünchKommVVG/*Looschelders* § 81 Rn. 124).

Hier hat M zwar den Versicherungsfall durch Brandlegung vorsätzlich herbeigeführt. Dieses Verhalten steht indessen in keinem sachlichen Zusammenhang mit der Wahrnehmung der Schadensabwicklung, mit der er durch G betraut worden ist. Nur insoweit nimmt er aber die Stellung eines Repräsentanten ein. Eine Zurechnung des Verhaltens des M scheidet damit im Rahmen des § 81 VVG aus (a. A. vertretbar).

b) Versicherter Zeitraum

Eine Kündigung ist durch V nicht erfolgt, insbesondere hat V die Fristsetzung nach § 38 Abs. 1 VVG nicht mit der Kündigung gem. § 38 Abs. 3 S. 2 VVG verbunden. Der Versicherungsfall ist somit im versicherten Zeitraum eingetreten.

3. Keine Leistungsfreiheit

Schließlich darf V nicht von der Leistungspflicht frei geworden sein.

a) Leistungsfreiheit wegen Zahlungsverzugs nach § 38 Abs. 2 VVG

V kann nach § 38 Abs. 2 VVG von der Leistungspflicht befreit sein. Dies setzt voraus, dass V die A unter Setzung einer ordnungsgemäßen, mindestens zweiwöchigen Zahlungsfrist ausdrücklich und in qualifizierter Form auf die Rechtsfolgen einer verspäteten Zahlung (§ 38 Abs. 2 und 3 VVG) in Textform hingewiesen hat (sog. *qualifizierte Mahnung*), der Versicherungsfall nach Ablauf der bestimmten Frist eingetreten ist und A sich zum Zeitpunkt des Eintritts in Verzug mit der Prämienzahlung befand.

aa) Wirksame qualifizierte Mahnung

V hat der A mit Schreiben vom 18.11. eine Zahlungsfrist gesetzt und dieses Schreiben am 19.11. auf den Weg gebracht. Die Wirksamkeit der Mahnung setzt aber voraus, dass das Schreiben der A auch zugegangen ist und die formalen Anforderungen des § 38 Abs. 1 VVG erfüllt sind.

(1) Zugang nach allgemeinen Regeln (§ 130 Abs. 1 BGB)

Bei der qualifizierten Mahnung nach § 38 Abs. 2 VVG handelt es sich um eine rechtsgeschäftsähnliche Handlung, für die die Bestimmungen über Willenserklärungen gem. §§ 105 ff. BGB entsprechende Anwendung finden (s. MünchKommVVG/*Staudinger* § 38 Rn. 8). Jene muss daher insbesondere auch gem. § 130 BGB dem Versicherungsnehmer zugehen. Nach den allgemeinen Regeln geht eine Erklärung zu, wenn die Erklärung so in den Machtbereich des Empfängers gelangt, dass er unter normalen Verhältnissen üblicherweise die Möglichkeit hat, vom Inhalt der Erklärung Kenntnis zu nehmen (st. Rspr.; BGH NJW-RR 2011, 1184, 1185; Jauernig/*Mansel* § 130 Rn. 4). Unter diesen Voraussetzungen ist die Mahnung hier nicht zugegangen, da sie nie in den Machtbereich der A gelangt ist.

Hinweis

Hier kommt mangels Zugangsvereitelung allenfalls ein Anspruch des Versicherers wegen Verletzung einer Nebenpflicht (etwa aus § 242 BGB) gem. §§ 280 Abs. 1, 241 Abs. 2 BGB gegen A in Betracht. Dieser scheidet allerdings bei einer Zugangsfiktion – welche vorrangig zu prüfen ist – zumindest mangels kausalen Schadens aus.

(2) Zugangsfiktion nach § 13 Abs. 2 i. V. mit Abs. 1 S. 1, 2 VVG analog
Fraglich ist, ob die Regelung des § 13 VVG – direkt oder jedenfalls analog – auf die hier zu beurteilende Fallkonstellation anwendbar ist. Dann würde gem. § 13 Abs. 1 S. 2 VVG die Mahnung drei Tage nach Absendung des Schreibens, also am 22.11., als zugegangen gelten.

(a) Dem Versicherungsnehmer gegenüber abzugebende Willenserklärung
Zwar handelt es sich bei der Mahnung nach § 38 VVG nicht um eine Willenserklärung; allerdings ist § 13 VVG entsprechend auf die Mahnung als rechtsgeschäftsähnliche Handlung anzuwenden (allg. A.; s. nur P/M/*Armbrüster* § 13 Rn. 8).

Ergänzender Hinweis

Teilweise wird vertreten, dass § 13 VVG nur auf Willenserklärungen nach Vertragsschluss, also insbesondere nicht bereits auf die Annahmeerklärung des Versicherers, anwendbar ist (so B/M/*Johannsen* § 13 Rn. 8; a. A. P/M/*Armbrüster* § 13 Rn. 8; L/R/*Rixecker* § 13 Rn. 1; MünchKommVVG/ *Fausten* § 13 Rn. 19 ff.).

(b) Keine Mitteilung über die Verlegung der gewerblichen Niederlassung
Fraglich ist, ob die Vorschrift des § 13 VVG auch dann eingreift, wenn die Anschrift bereits bei Vertragsschluss unrichtig war (für eine [analoge] Anwendung P/M/*Armbrüster* § 13 Rn. 5; L/R/*Rixecker* § 13 Rn. 2; dagegen MünchKommVVG/*Fausten* § 13 Rn. 32; B/M/*Johannsen* § 13 Rn. 4).

Man könnte annehmen, dass die Obliegenheit zur Mitteilung der Anschriftenänderung (gegen eine Qualifizierung des § 13 VVG als Obliegenheit *Wandt* Rn. 562) im Hinblick auf den Wortlaut der Vorschrift, welche von „Versicherungsnehmer" spricht, erst mit Vertragsschluss entsteht und daher nur spätere Änderungen der Anschrift erfasst. Denn vor Vertragsschluss kann technisch noch nicht von Versicherungsnehmer gesprochen werden. Dies ist aber schon deshalb nicht überzeugend, weil das VVG auch an anderer Stelle die Begriffe Versicherungsnehmer und Versicherer für das vorvertragliche Stadium verwendet (vgl. L/R/*Rixecker* § 13 Rn. 1; s. nur §§ 6, 7, 19 VVG). Im Übrigen könnte aber die Obliegenheit auch vor ihrem Entstehungszeitpunkt liegende Änderungen erfassen, so dass sich aus dem Wortlaut insofern keine eindeutigen Ergebnisse ableiten lassen.

Gegen die Anwendbarkeit des § 13 VVG wird auch angeführt, die Vorschrift stelle auf die Änderung einer jeweils korrekten bzw. tatsächlich existierenden Anschrift ab (s. MünchKommVVG/*Fausten* § 13 Rn. 32). Dies ist insoweit richtig, als ein Bezugspunkt für die Änderung fehlt, wenn dem Versicherer nicht zuvor bereits eine Anschrift mitgeteilt worden ist. Im Hinblick auf den Sinn und Zweck der Vorschrift ist aber eine analoge Anwendung auf die hier zu beurteilende Fallkonstellation in Betracht zu ziehen.

§ 13 VVG bezweckt eine Rationalisierung der Verfahrensabläufe im Massengeschäft (s. L/R/*Rixecker* § 13 Rn. 1). Es macht dabei keinen Unterschied, ob der Versicherungsnehmer die Änderung einer ursprünglich zutreffenden Anschrift nicht anzeigt oder von vornherein – ob bewusst oder versehentlich – eine falsche Anschrift angibt. In beiden Fällen müsste der Versicherer Nachforschungsbemühungen anstellen, von denen § 13 VVG ihn entlasten soll. Die Risikoverlagerung zulasten des Versicherungsnehmers entspricht daher auch in letzterem Fall dem Sinn und Zweck der Vorschrift. In aller Regel kennt auch der Versicherer jedenfalls zu Beginn der Vertragsbeziehung die richtige Anschrift des Versicherungsnehmers. Die hier zu beurteilende, besondere Fallkonstellation einer unrichtigen Anschrift bei Vertragsschluss, die besonders im Rahmen langfristiger Geschäftsbeziehungen in Betracht kommt, wird von § 13 VVG nicht mitgeregelt. Die Interessenlage ist aber, wie soeben aufgezeigt, vergleichbar.

§ 13 VVG ist somit auf eine von Anfang an unzutreffende Anschrift analog anzuwenden.

(c) Einschreiben
Für das Erfordernis des Einschreibens reicht es bereits nach dem Wortlaut des § 13 VVG aus, dass ein Einwurf- oder Übergabe-Einschreiben abgesendet wird. Dies ist hier erfolgt.

(d) Zwischenergebnis
Eine Zugangsfiktion nach § 13 VVG analog ist hier anzunehmen.

(3) „Ordnungsgemäßheit" der Mahnung
Ferner muss V die formalen Anforderungen an die qualifizierte Mahnung beachtet haben. Zwar hat V über die Rechtsfolgen nach § 38 Abs. 2, 3 VVG belehrt. Fraglich ist allerdings, ob die Formulierung „*Bitte überweisen Sie die unbezahlten Beiträge innerhalb von zwei Wochen*" den Anforderungen des § 38 Abs. 1 VVG genügt.

(a) Ansicht des OLG München
Nach Ansicht des OLG München genügt die von V gewählte Formulierung nicht den Anforderungen des § 38 VVG (s. OLG München VersR 2000, 1094, 1095 zu § 39 VVG a. F.). Denn nach ihr ist eine Zahlung nur dann fristgerecht, wenn sie am 14. Tag nach Zugang – bzw. deren Fiktion nach § 13 Abs. 1 S. 2 VVG – der Mahnung erfolgt. Nach dem Verständnis des OLG München ist gem. § 38 Abs. 1 S. 1 VVG bzw. § 39 Abs. 1 S. 1 VVG a. F. hingegen eine Zahlungsfrist von mindestens zwei Wochen zu bestimmen, was bedeuten soll, dass auch eine Zahlung, die am 15. Tag nach Zugang der Mahnung erfolgt, noch rechtzeitig ist.

Nach dieser Ansicht ist keine ordnungsgemäße Frist gesetzt worden. Setzt der Versicherer eine zu kurze Frist, ist die Mahnung insgesamt unwirksam (s. *Riedler*, in: BK-VVG, 1999, § 39 Rn. 30 [zu § 39 VVG a. F.]). Eine Leistungsfreiheit nach § 38 Abs. 2 VVG scheidet demzufolge aus.

> **Hinweis**
> Eine Umdeutung der zu kurzen Frist in eine angemessene Frist scheidet aufgrund des mit § 38 Abs. 1 VVG verfolgten Schutzzweckes aus.

(b) Ausreichende Fristsetzung
Nach anderer Ansicht genügt die Formulierung der V den Anforderungen an die Fristsetzung nach § 38 Abs. 1 S. 1 VVG (s. *Reinhard*, VersR 2000, 1095, 1096).

(c) Stellungnahme
Vorzugswürdig erscheint die zweite Auffassung. Die Berechnung der zweiwöchigen Frist erfolgt nach §§ 187 Abs. 1, 188 Abs. 2 BGB (s. L/R/*Rixecker* § 38 Rn. 3). Danach beginnt die Frist gem. § 187 Abs. 1 BGB an dem Tag, der auf den Zugang folgt. Sie endet gem. § 188 Abs. 2 BGB mit Ablauf des Tages der letzten Woche, welcher durch seine Nennung dem Tage entspricht, in den das Ereignis fällt. Fällt daher der (fiktive) Zugang auf einen Donnerstag endet die Frist mit Ablauf des Donnerstags der übernächsten Woche (s. *Reinhard*, VersR 2000, 1095, 1096). Daher hat die Zahlung bis zum 14. Tag nach dem Tag des (fiktiven) Zugangs der Mahnung zu erfolgen. Die Fristsetzung entsprach somit den Anforderungen des § 38 Abs. 1 S. 1 VVG (a. A. vertretbar).

bb) Eintritt des Versicherungsfalls nach Fristablauf und Verzug des Versicherungsnehmers nach § 38 Abs. 2 VVG
Geht man von einer ordnungsgemäßen Mahnung aus, sind die weiteren Voraussetzungen des § 38 Abs. 2 VVG zu prüfen. Danach muss der Versicherungsfall nach Ablauf der zweiwöchigen Frist eingetreten sein. Fristbeginn ist hier der gem. § 13 Abs. 1 S. 2 VVG fingierte Zugang, also der 22.11. Am 24.12. war folglich die Frist bereits abgelaufen. Gründe, die den Verzug gem. § 286 BGB ausschließen, sind nicht ersichtlich. Die bloße Unkenntnis von der Mahnung lässt das für § 286 Abs. 4 BGB notwendige Verschulden nicht entfallen. Andernfalls würde die Fiktionswirkung des § 13 VVG unterlaufen.

cc) Zwischenergebnis
V ist gem. § 38 Abs. 2 VVG von der Zahlungspflicht befreit (a. A. vertretbar).

b) Leistungsfreiheit nach § 28 Abs. 2 VVG i. V. mit § 8 Abschnitt B VGB 2010
V ist zudem nach § 28 Abs. 2 VVG i. V. mit § 8 Abschnitt B VGB 2010 von der Leistung frei geworden, wenn A eine vereinbarte Obliegenheit verletzt hat und die weiteren Voraussetzungen jener Regelungen vorliegen.

aa) Verletzung einer vereinbarten Obliegenheit

Was die Verletzung einer vertraglichen Obliegenheit durch A angeht, so kommt auch insoweit nur die Zurechnung einer fremden Erklärung in Betracht.

(1) Zurechnung

Anders als im Rahmen des § 81 VVG ist eine Zurechnung des Verhaltens des M für die Erfüllung der vertragsbezogenen Obliegenheiten nach Eintritt des Versicherungsfalls über die Repräsentantenhaftung unschwer möglich (s. BGH VersR 2007, 673, 674; zu § 61 VVG a. F.). Für diesen Bereich tritt M, dem die Vertragsverwaltung überlassen war, gerade an die Stelle des Versicherungsnehmers (s. o.).

Zudem kommt eine Zurechnung über die Figur des Wissenserklärungsvertreters analog § 166 Abs. 1 BGB in Betracht (s. OLG Koblenz VersR 2006, 1120 f.). Danach „haftet" der Versicherungsnehmer für Angaben derjenigen Personen, die er mit der Erstattung von Auskünften gegenüber dem Versicherer betraut (s. P/M/*Armbrüster* § 28 Rn. 153).

M ist daher zugleich Wissenserklärungsvertreter und Repräsentant im Sinne einer Vertragsverwaltung (zum Verhältnis von Repräsentantenhaftung und Wissenserklärungsvertretung s. P/M/*Armbrüster* § 28 Rn. 105). Demgegenüber lehnt die h. M. auch insoweit die Anwendung des § 278 BGB ab, da es sich bei einer vertraglichen Obliegenheit gerade nicht um eine echte Rechtspflicht und somit nicht um eine Verbindlichkeit handelt (vgl. nur BGH NJW 2009, 1123; L/R/*Rixecker* § 28 Rn. 37).

(2) Verletzung der Obliegenheit

Durch die falsche Auskunft über einen Vorschaden hat M grundsätzlich die Obliegenheit nach § 8 Nr. 2 a) hh) Abschnitt B VGB 2010 verletzt. Fraglich ist jedoch, ob eine Obliegenheitsverletzung dadurch entfällt, dass der zuständige Sachbearbeiter Kenntnis von dem nicht behobenen Schaden am Dach hat.

Nach der Rechtsprechung und Teilen der Literatur soll eine Auskunftspflicht mangels Aufklärungsbedürfnisses dann entfallen, wenn der Versicherer den betreffenden Umstand bereits positiv kennt (s. BGH VersR 2005, 493, 494 f.; NJW 2007, 2700, 2701 m. krit. Anm. *Höher*; L/R/*Rixecker* § 31 Rn. 16 ff.). Eine solche Kenntnis ist nach dem BGH bereits dann anzunehmen, wenn der Versicherer einen Vorschaden im Rahmen eines laufenden, auch für die neue Schadensmeldung maßgeblichen Versicherungsvertrages über einen bestimmten versicherten Gegenstand selbst reguliert hat (s. BGH NJW 2007, 2700, 2701).

Der BGH (a. a. O.) führt hierzu aus:

> Hat – wie hier – der Versicherer einen Vorschaden im Rahmen eines laufenden, auch für die neue Schadensmeldung maßgeblichen Versicherungsvertrags über einen bestimmten versicherten Gegenstand selbst reguliert, so kennt er diesen Vorschaden in seinen Einzelheiten. Denn diese Kenntnis ist bei seinem mit der Schadensregulierung befassten Sachbearbeiter – und mithin beim Versicherer selbst – angefallen, und es bleibt im Weiteren allein eine Frage seiner innerbetrieblichen Organisation, wie er dieses Wissen auch anderen Sachbearbeitern zugänglich macht.

So liegt der Fall hier.

Nach anderer Ansicht besteht kein Grund, dass ein Versicherungsnehmer, der vorsätzlich falsche Angaben macht, den Versicherer darauf verweisen darf, dieser habe die Unwahrheit der Angaben aus seinen Unterlagen erkennen können (s. PVR Rn. 1342; P/M/*Armbrüster* § 31 Rn. 28; für eine Auskunftspflicht auch L/P/*Looschelders* § 31 Rn. 29).

Für letztere Ansicht spricht, dass eine dem § 30 Abs. 2 VVG entsprechende Regelung in § 31 VVG gerade nicht vorgesehen ist. Zwar kann man das Schutzbedürfnis des Versicherers bezweifeln, andererseits soll dieser sich aber auf die Richtigkeit und Vollständigkeit der Angaben des Versicherungsnehmers verlassen können (s. L/P/*Looschelders* § 31 Rn. 29). Zudem lässt sich einwenden, dass die Nachfrage gerade dazu dient, den Versicherer von eigenen Recherchen (in seinen Unterlagen/EDV) zu entlasten und die wahrheitsgemäße Beantwortung dem Versicherungsnehmer zumutbar ist. Der Versicherungsnehmer ist auch selbst bei vorsätzlich falschen Angaben bereits durch die Möglichkeit des Kausalitätsgegenbeweises hinreichend geschützt, während ein arglistig handelnder Versicherungsnehmer nicht schutzwürdig ist.

Folgt man dem BGH, so scheidet eine Leistungsfreiheit nach § 28 Abs. 2 VVG aus. Andernfalls sind die Voraussetzungen des § 28 Abs. 3 VVG zu prüfen, wobei hier auf die Ausnahme bei arglistiger Obliegenheitsverletzung nach § 28 Abs. 3 S. 2 VVG einzugehen ist.

Zudem ist bei Aufklärungsobliegenheiten zu beachten, dass V grundsätzlich über die Rechtsfolgen eines Obliegenheitsverstoßes gem. § 28 Abs. 4 VVG hätte belehren müssen.

Hinweis
Bei arglistigem Verhalten ist nach Treu und Glauben (§ 242 BGB) eine Ausnahme von dem Belehrungserfordernis zu machen, obwohl diese im Gegensatz zur Regelung in Abs. 3 nicht vorgesehen ist (RegBegr. S. 69); BGH VersR 2014, 565 Rn. 14; L/P/*Pohlmann* § 28 Rn. 127; L/R/*Rixecker* § 28 Rn. 115).

Folgt man dem, so kann sich V mangels Schutzbedürftigkeit des A auf Leistungsfreiheit berufen.

4. Ergebnis
Je nach vertretener Auffassung zu den unter 3 a) und b) diskutierten Fragen besteht der Anspruch der A gegen V oder er besteht nicht.

III. Lösungshinweise Abwandlung

(vgl. BGH VersR 2007, 939)

Anspruch der T gegen V aus dem Privathaftpflichtversicherungsvertrag auf Freistellung vom Schadensersatzanspruch der A und B i. H. von 300.000 € (§§ 1 S. 1, 100 i. V. mit § 43 Abs. 1 VVG)

T kann gegen V einen Anspruch auf Freistellung von den gegen sie bestehenden Schadensersatzansprüchen der A und B aus dem Privathaftpflichtversicherungsvertrag gem. §§ 1 S. 1, 100 i. V. mit § 43 Abs. 1 VVG haben.

1. Wirksamer Versicherungsvertrag unter Einbeziehung der T

a) Wirksamer Versicherungsvertrag
Ein wirksamer Versicherungsvertrag zwischen G und V liegt vor.

b) Einbeziehung der T in den Versicherungsvertrag
Fraglich ist allerdings, ob T Versicherte i. S. des § 43 VVG ist. Dies ist nach § 8 AVB der Fall, wenn T noch zum Haushalt des G (Versicherungsnehmer) gehört (s. P/M/*Knappmann* § 1 HaushaltVers Rn. 11 f.). Zugehörigkeit zum Haushalt setzt eine *häusliche Gemeinschaft*, also das Zusammenleben in einer Wohnung oder einem gemeinschaftlich genutzten Haus voraus. Erforderlich ist weiter eine *gemeinsame Wirtschaftsführung*.

Gegen eine häusliche Gemeinschaft spricht hier, dass T nur am Wochenende im Haus ihrer Eltern wohnt und damit während des überwiegenden Teils der Woche keine häusliche Gemeinschaft besteht. Allerdings schließt die Klausel nicht aus, dass T zugleich in zwei häuslichen Gemeinschaften leben kann. Kommt eine Auszubildende – wie hier die T – jedes Wochenende nach Hause und verfügt sie dort über ein eigenes Zimmer, ist auch insoweit von einer häuslichen Gemeinschaft auszugehen, da eine gemeinschaftliche Lebens- und Wirtschaftsführung – wenn auch nur für einen Teil der Woche – weiterhin besteht (so i. E. OLG Karlsruhe VersR 1988, 483 zu den VHB 74; eingehend *Littbarski* AHB § 4 Ausschlüsse Rn. 414 ff.). T ist somit Versicherte.

2. Eintritt des Versicherungsfalls im versicherten Zeitraum
Zudem muss der Versicherungsfall im versicherten Zeitraum eingetreten sein. Vom Vorliegen der Voraussetzungen des § 8 der AVB ist auszugehen, da T den Geschädigten aus Delikt haftet.

Fraglich ist jedoch, ob der Risikoausschluss des § 10 AVB eingreift und somit eine Einstandspflicht der V nicht besteht. Entscheidend ist insoweit, ob die Formulierung „*Haftpflicht ... als Tierhalter*" sich nur auf Ansprüche aus §§ 833 f. BGB bezieht oder jegliche Schadensersatzansprüche – also auch solche aus § 823 BGB, die auf der Eigenschaft als Tierhalter beruhen – erfasst.

a) Auslegungsmaßstab
Ausgangspunkt bei der Auslegung von AVB ist der Empfängerhorizont des typischen Versicherungsnehmers. Danach sind AVB so auszulegen, wie sie ein durchschnittlicher Versicherungsnehmer in dem betreffenden Versicherungszweig ohne versicherungsrechtliche Spezialkenntnisse, der die AVB aufmerksam liest und

verständig würdigt – unter Abwägung der Interessen der beteiligten Kreise und unter Berücksichtigung des erkennbaren Sinnzusammenhangs – versteht (s. nur BGHZ 123, 83, 85 = NJW 1982, 2776, 2777; BGH VersR 2012, 1253 Rn. 19; P/M/*Armbrüster* Einl. Rn. 260). Allerdings macht die Rechtsprechung bei fest umrissenen Begriffen der Rechtssprache hiervon eine – im Detail sehr umstrittene – Ausnahme.

Nach Ansicht des BGH liegt ein solcher fest umrissener Begriff der Rechtssprache hier nicht vor, da bereits die amtliche Überschrift des § 833 BGB („Haftung des Tierhalters") maßgeblich von der Klauselformulierung abweicht (s. BGH VersR 2007, 939, 940). Hinzu kommt, dass die Tatbestände der §§ 833 und 823 BGB sich nicht – wie der hier zu beurteilende Fall zeigt – gegenseitig ausschließen. Damit kann auch bei Vorliegen der rechtlichen Voraussetzungen des § 823 BGB von einer „Haftpflicht als Tierhalter" gesprochen werden.

Entscheidend bei der Auslegung der Bestimmung ist nach Ansicht des BGH somit der Horizont des typischen Versicherungsnehmers.

Ebenso vertretbar erscheint es, von einer Auslegung im rechtstechnischen Sinn auszugehen, da das Kriterium des „*feststehenden*" Rechtsbegriffs in der Literatur vielfach kritisiert wird und zudem die Rechtsprechung hierzu sehr uneinheitlich ist (sehr weitgehend etwa BGH VersR 1998, 887 f.; kritisch zur Rspr. des BGH P/M/*Armbrüster* Einl. Rn. 272 f.; *J. Prölss*, NVersZ 1998, 17, 18). Handhabbare Kriterien, wann von einem „einfachen" und wann von einem „feststehenden" Rechtsbegriff auszugehen ist, lassen sich kaum entwickeln.

b) Auslegung
aa) Auslegung am Horizont des typischen Versicherungsnehmers
Geht man mit dem BGH von einer Auslegung am Horizont des durchschnittlichen Versicherungsnehmers aus, spricht vieles dafür, die Klausel in einem weiten Sinn zu verstehen und auch von einem Ausschluss des § 823 BGB auszugehen.

So wird einem Versicherungsnehmer der Unterschied zwischen § 833 und § 823 BGB nicht bekannt sein, da es sich um ein rein juristisches Verständnis handelt. Ferner besteht der für den Versicherungsnehmer erkennbare Zweck der Klausel darin, das mit dem Halten von Tieren erhöhte Haftungsrisiko von dem einer Privatperson aus den Gefahren des täglichen Lebens drohenden Haftungsrisiko abzugrenzen und den Versicherungsschutz insoweit auszuschließen. Ein Versicherungsnehmer wird erkennen, dass die Begrenzung des durch das Halten von Tieren in tatsächlicher und rechtlicher Hinsicht erhöhten Risikos, Haftpflichtansprüchen ausgesetzt zu sein, nur gewährleistet ist, wenn die Tierhalterklausel sämtliche einschlägigen Haftungstatbestände erfasst und sich nicht ausschließlich auf den Tatbestand des § 833 BGB beschränkt. Im Gegenteil wäre es eher fernliegend, dass der Versicherer mit der Tierhalterklausel nicht für einen verschuldensunabhängigen Tierschaden nach § 833 BGB haftet, seine Einstandspflicht für einen verschuldeten Tierschaden aber nicht ausschließen will.

Somit ist vom Vorliegen der Voraussetzungen des § 10 AVB auszugehen. Der Versicherungsfall ist mithin nicht eingetreten.

bb) Auslegung im rechtstechnischen Sinn

Legt man – entgegen dem BGH – einen juristisch geschulten Empfängerhorizont zugrunde, kann der Ausschluss jedenfalls auch dahingehend verstanden werden, dass er sich allein auf §§ 833 f. BGB bezieht. Hierfür spricht insbesondere, dass der Wortlaut – trotz gewisser sprachlicher Abweichungen – einen Bezug zu diesen Regelungen herstellt. Ferner lässt sich eine Begrenzung des Ausschlusses damit rechtfertigen, dass mit der Haftung nach §§ 833 f. BGB als Gefährdungs- bzw. vermuteter Verschuldenshaftung ein erhöhtes Risiko verbunden ist und sich der Versicherer vor diesem schützen will. Die Regelung läuft daher auch bei einer solchen Auslegung nicht leer. Nach dieser Ansicht ist von einem Eintritt des Versicherungsfalls auszugehen.

cc) Auslegungskonflikt

Hinweis
Diese Ausführungen sind in einer Klausur nicht zu erwarten.

Fallen – wie hier – juristischer und allgemeiner Sprachgebrauch bei der Auslegung auseinander, halten einige Stimmen in der Literatur – teilweise unter Heranziehung der Unklarheitenregel – die für den Versicherungsnehmer (konkret) günstigere Auslegung für maßgeblich (so etwa Wolf/Lindacher/Pfeiffer/*Lindacher/Hau* § 305c Rn. 113; s. auch P/M/*Armbrüster* Einl. Rn. 274: gesetzesähnliche Auslegung, falls zugunsten des Versicherungsnehmers). Danach wäre ebenfalls von einem Eintritt des Versicherungsfalls auszugehen, da dann von der Fachbedeutung auszugehen wäre.

3. Ergebnis

Folgt man der Auslegung des BGH, sind die Voraussetzungen des Risikoausschlusses verwirklicht. Nach a. A. ist der Versicherungsfall eingetreten und V hat – mangels Anhaltspunkten für eine Leistungsfreiheit – Deckungsschutz zu gewähren.

Prüfungsübersicht: Anspruchsaufbau

Ansprüche des Versicherungsnehmers gegen den
Versicherer auf Leistung aus dem Versicherungsvertrag

A. Entstehung des Anspruchs

I. Zustandekommen und Wirksamkeit des Versicherungsvertrages

1. Zustandekommen
    a. §§ 145 ff. BGB
    b. § 5 VVG
2. Wirksamkeit
    c. Besondere Unwirksamkeitsgründe (z. B. §§ 74 Abs. 2, 78 Abs. 3, 80 Abs. 3 VVG)
    d. Anfechtung, § 142 Abs. 1 BGB (durch Versicherer: §§ 22 VVG, 123 BGB; durch Versicherungsnehmer: §§ 119, 123 BGB)
3. Beendigung des Vertrags vor Eintritt des Versicherungsfalls
    e. Widerruf des Versicherungsnehmers [§ 8 VVG; ferner evtl. §§ 506 Abs. 1, 495 Abs. 1, 355 BGB (sehr str.)]
    f. Rücktritt des Versicherers (§§ 19 Abs. 2, 37 Abs. 1 VVG)
    g. Kündigung (z. B. ordentlich: § 11 Abs. 2–4 VVG; außerordentlich: §§ 24 Abs. 1 S. 1, Abs. 2, 28 Abs. 1, 38 Abs. 3 S. 1, 96 Abs. 1 (Versicherer); §§ 19 Abs. 6 S. 1, 25 Abs. 2 S. 1, 40 Abs. 1 S. 1, Abs. 2, 96 Abs. 2 (Versicherungs-nehmer); § 314 BGB (beide)
    h. Insolvenz des Versicherers (§ 16 VVG)

II. Eintritt des Versicherungsfalls im versicherten Zeitraum

1. Eintritt des Versicherungsfalls (beachte: Risikoausschlüsse, insbesondere §§ 81, 103 VVG sowie AVB und §§ 305 ff. BGB)
2. Versicherter Zeitraum (beachte: Rückwärtsversicherung, Zusage vorläufiger Deckung; vereinbarte Wartezeiten)

© Springer-Verlag GmbH Deutschland, ein Teil von Springer Nature 2019
C. Armbrüster, *Examinatorium Privatversicherungsrecht*, Springer-Lehrbuch,
https://doi.org/10.1007/978-3-662-58654-9_9

III. Leistungsfreiheit des Versicherers (wichtige Regelungen)

1. Vereinbarter Selbstbehalt in der Schadensversicherung
2. Überschreitung der Versicherungssumme oder der Jahreshöchstentschädigungssumme in der Schadensversicherung
3. Kenntnis bei Rückwärtsversicherung (§ 2 Abs. 2 S. 2 VVG)
4. Widerruf des Versicherungsnehmers bei Fehlen seiner Zustimmung i. S. d. § 9 S. 1 VVG (§ 357a BGB i. V. m. § 8 VVG; seltene Ausnahme)
5. Verletzung der vorvertraglichen Anzeigepflicht (Rücktritt vor Eintritt des Versicherungsfalls: § 346 BGB i. V. m. §§ 19 ff. VVG; nur bei I 3 b) zu prüfen; Rücktritt nach Eintritt des Versicherungsfalls: § 21 Abs. 2 S. 1 VVG; hier zu prüfen)
6. Gefahrerhöhung (§ 26 VVG)
7. Verletzung vereinbarter Obliegenheiten vor Eintritt des Versicherungsfalls; Kausalitätsgegenbeweis offen (§ 28 Abs. 2, 3 VVG)
8. Verspätete Prämienzahlung (§§ 37 Abs. 2, 38 Abs. 2 VVG)
9. Schadensausgleich durch einen anderen Versicherer bei Vorliegen einer Mehrfachversicherung (§ 78 Abs. 1 VVG)
10. Nichtanzeige der Veräußerung in der Sachversicherung (§ 97 VVG)
11. Kürzung wegen Unterversicherung (§ 75 VVG)

B. Untergang des Anspruchs

I. **Leistungsfreiheit wegen Obliegenheitsverletzung nach Eintritt des Versicherungsfalls**
1. Verletzung vereinbarter Obliegenheiten; gesonderte Mitteilung erforderlich; Kausalitätsgegenbeweis offen (§ 28 Abs. 2–4 VVG; Spezialfälle: § 30 VVG i. V. mit AVB [Anzeigeobliegenheit]; § 31 VVG i. V. mit AVB [Auskunftsobliegenheit])
2. Rettungsobliegenheit (§ 82 VVG)
3. Regresssicherungsobliegenheit (§ 86 Abs. 2 VVG)
II. **Erfüllung (§ 362 Abs. 1 BGB)**
III. **Aufrechnung (§ 389 BGB; beachte § 35 VVG)**
IV. **Erlass (§ 397 BGB)**

C. Durchsetzbarkeit des Anspruchs

V. **Fälligkeit von Geldleistungen (§ 14 Abs. 1 VVG)**
VI. **Fälligkeit der Leistung des Haftpflichtversicherers (§ 106 VVG)**
VII. **Einrede der Verjährung (§§ 214 Abs. 1, 195, 199 Abs. 1 BGB; beachte Hemmung der Verjährung gem. § 15 VVG)**

Literatur

Armbrüster, Christian, Privatversicherungsrecht, 2. Aufl. Tübingen 2019 (zit.: PVR)

Bähr, Gunne W., Das Generalklausel- und Aufsichtssystem des VAG im Strukturwandel, Karlsruhe 2000

Baumbach, Adolf/Hueck, Alfred, GmbHG, 21. Aufl. München 2017 (zit.: Baumbach/Hueck/*Autor*)

Beckmann, Roland Michael/Matusche-Beckmann, Annemarie, Versicherungsrechtshandbuch, 3. Aufl. München 2015 (zit.: VersRHdb/*Autor*)

Bruck, Ernst/Möller, Hans, Großkommentar zum Versicherungsvertragsgesetz, Band 1 (§§ 1–32), 9. Aufl. Berlin 2008 (zit.: B/M/*Autor*)

Bruns, Alexander, Privatversicherungsrecht, München 2015 (zit.: Bruns)

Calliess, Christian/Ruffert, Matthias, EUV/AEUV, 5. Aufl. München 2016 (zit.: Calliess/Ruffert/*Autor*)

Fahr, Ulrich/Kaulbach, Detlef/Bähr, Gunne W./Pohlmann, Petra, Versicherungsaufsichtsgesetz, 5. Aufl. München 2012 (zit.: FKBP/*Autor*)

Feyock, Hans/Jacobsen, Peter/Lemor, Ulf, Kraftfahrtversicherung, 3. Aufl. München 2009 (zit.: Feyock/Jacobsen/Lemor/*Autor*)

Gruber, Michael/Mitterlechner, Hermann/Wax, Thomas, D&O-Versicherung, München 2012

Halm, Wolfgang/Kreuter-Lange, Andrea/Schwab, Hans-Josef, Allgemeine Kraftfahrtbedingungen, 2. Aufl. Köln 2015 (zit.: Halm/Kreuter/Schwab/*Autor*)

Haratsch, Andreas/Koenig, Christian/Pechstein, Matthias, Europarecht, 11. Aufl. Tübingen 2018

Herdegen, Matthias, Europarecht, 19. Aufl. München 2017

Honsell, Heinrich, Berliner Kommentar zum Versicherungsvertragsgesetz, Kommentar zum deutschen und österreichischen VVG, Berlin/Heidelberg 1999 (zit.: BK/*Autor*)

Jauernig, Othmar, Kommentar zum BGB, 17. Aufl. München 2018 (zit.: Jauernig/*Autor*)

Laars, Reinhard, Versicherungsaufsichtsgesetz, 3. Aufl. Bonn 2015

Langheid, Theo/Rixecker, Roland, Kommentar zum VVG, 5. Aufl. München 2016 (zit.: *L/R/Autor*)

Langheid, Theo/Wandt, Manfred, Münchener Kommentar zum VVG, Band 1 (§§ 1–99; VVG-InfoV), 2. Aufl. München 2016; Band 2 (§§ 100–216), 2. Aufl. München 2017; Band 3 (Nebengesetze; Systematische Darstellungen), 2. Aufl. München 2017 (zit.: MünchKomm-VVG/*Autor*)

Littbarski, Sigurd, Allgemeine Versicherungsbedingungen für die Haftpflichtversicherung: AHB, München 2000

Looschelders, Dirk/Paffenholz, Christina, Allgemeine Bedingungen für die Rechtsschutzversicherung Kommentar, Köln 2014 (zit.: L/Pa/*Autor*)

Looschelders, Dirk/Pohlmann, Petra, VVG Versicherungsvertragsgesetz, 3. Aufl. Köln 2016 (zit.: L/P/*Autor*)

Marlow, Sven/Spuhl, Udo, Das Neue VVG kompakt, 4. Aufl. Karlsruhe 2010 (zit.: M/S/*Autor*)

Martin, Anton, Sachversicherungsrecht, 3. Aufl. München 1992

Meixner, Oliver/Steinbeck, René, Allgemeines Versicherungsvertragsrecht, 2. Aufl. München 2011 (zit.: Meixner/Steinbeck)

© Springer-Verlag GmbH Deutschland, ein Teil von Springer Nature 2019   381
C. Armbrüster, *Examinatorium Privatversicherungsrecht*, Springer-Lehrbuch,
https://doi.org/10.1007/978-3-662-58654-9

Prölss, Erich R./Dreher, Meinrad, Versicherungsaufsichtsgesetz, 13. Aufl. München 2018 (zit.: P/D/*Autor*)

Prölss, Jürgen/Martin, Anton, Versicherungsvertragsgesetz, 30. Aufl. München 2018 (zit.: P/M/*Autor*)

Rixecker, Roland/Säcker, Franz Jürgen/Oetker, Hartmut, Münchener Kommentar zum Bürgerlichen Gesetzbuch, Band 1 (§§ 1–240, ProstG, AGG), 8. Aufl. München 2018; Band 2 (§§ 241–432), 7. Aufl. München 2016; Band 5 (§§ 705–853), 7. Aufl. München 2017; Band 9 (§§ 1922–2385, §§ 27–35 BeurkG), 7. Aufl. München 2017 (zit.: MünchKommBGB/*Autor*)

Rüffer, Wilfried/Halbach, Dirk/Schimikowski, Peter, Versicherungsvertragsgesetz: VVG, Handkommentar, 3. Aufl. Baden-Baden 2015 (zit.: Hk/*Autor*)

Schimansky, Herbert/Bunte, Hermann-Josef/Lwowski, Hans Jürgen, Bankrechts-Handbuch, Band 2, 5. *Aufl.* München 2017 (zit.: Schimansky/Bunte/Lwowski/*Autor*, Bankrechtshdb.)

Schimikowski, Peter, Versicherungsvertragsrecht, 6. Aufl. München 2017 (zit.: Schimikowski)

Schwintowski, Hans-Peter/Brömmelmeyer, Christoph, Praxiskommentar zum Versicherungsvertragsrecht, 3. Aufl. Münster 2017 (zit. Pk/Autor)

Späte, Bernd/Schimikowski, Peter: Haftpflichtversicherung: AHB, 2. Aufl. München 2015

Staudinger, Ansgar/Halm, Wolfgang/Wendt, Domenik, Fachanwaltskommentar Versicherungsrecht, 2. Aufl. München 2017 (zit.: FAKomm-VersR/*Autor*)

Stiefel, Ernst/Maier, Karl, Kraftfahrtversicherung, 19. Aufl. München 2017 (zit.: Stiefel/Maier/*Autor*)

Van Bühren, Hubert/Plote, Helmut, Allgemeine Bedingen für die Rechtsschutzversicherung: ARB, 3. Aufl. München 2013 (zit.: vB/P/*Autor*)

Von Staudinger, Julius, Kommentar zum Bürgerlichen Gesetzbuch – EGBGB/IPR, Internationales Vertragsrecht 1, Neubearb. Berlin 2016 (zit.: Staudinger/*Autor*)

Wandt, Manfred, Versicherungsrecht, 6. Aufl. Köln 2016 (zit: Wandt)

Winter, Gerrit, Versicherungsaufsichtsrecht: Kritische Betrachtungen, Karlsruhe 2007

Wolf, Manfred/Lindacher, Walter/Pfeiffer, Thomas, AGB-Recht, 6. Aufl. München 2013 (zit.: Wolf/Lindacher/Pfeiffer/*Autor*)

Zöller, Richard, Zivilprozessordnung: ZPO, 32. Aufl. Köln 2018 (zit.: Zöller/*Autor*)

Zöllner, Wolfgang/Noack, Ulrich, Kölner Kommentar zum Aktiengesetz, Band 2 Teil 1, 3. Aufl. Köln 2009 (zit.: KK-AktG/*Autor*)

Sachverzeichnis

© Springer-Verlag GmbH Deutschland, ein Teil von Springer Nature 2019
C. Armbrüster, *Examinatorium Privatversicherungsrecht*, Springer-Lehrbuch,
https://doi.org/10.1007/978-3-662-58654-9

Printed by Printforce, the Netherlands